珍藏本·增订本

纪念版

汉译世界学术名著丛书

语言变化原理

社会因素

〔美〕威廉·拉波夫 著

石锋 魏芳 温宝莹 译

商务印书馆
SINCE 1897 The Commercial Press

William Labov

PRINCIPLES OF LINGUISTIC CHANGE

Social Factors

根据 Blackwell Publishers 2001 年版翻译

献给尤里埃尔·文莱奇

（Uriel Weinreich）

目　　录

第二部分 社会阶层、性别、街区和族群

第三部分　语言变化的引领者

第四部分 传递、增量和持续

前　　言 xi

1966年，尤里埃尔·文莱奇(Uriel Weinreich)先生向他的两个近期的毕业生——马文·赫佐格(Marvin Herzog)和笔者建议，一同为一个即将举行的会议做准备，在语言变化研究原则的基础上，写出一篇具有普遍性的文章。这篇由尤里埃尔·文莱奇先生同我、马文·赫佐格共同写作的文稿于两年后面世，名为“语言变化理论的经验基础”(Weinreich，Labov，and Herzog，1968)。这篇文章后来成为了社会语言学界的奠基之作，而这种巨大的影响主要来源于文莱奇先生在1967年逝世前写成的草稿中提出的两项 1
原则。其中之一在文章开头便阐明：

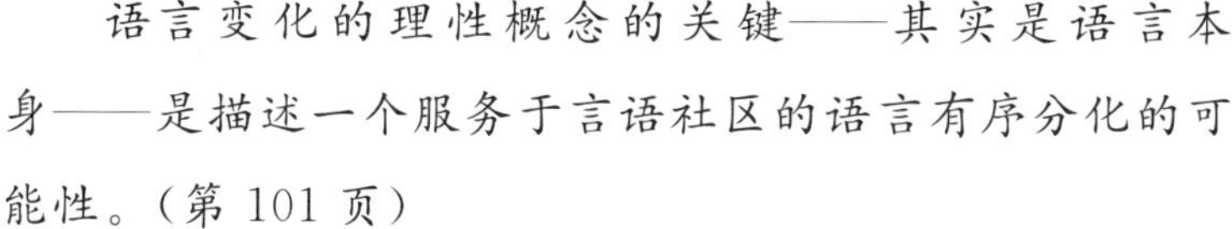

> 语言变化的理性概念的关键——其实是语言本身——是描述一个服务于言语社区的语言有序分化的可能性。(第101页)

另外一项原则在结论中阐明：

> 发生语言变化的语法就是言语社区使用的语法，个人方言不会成为独立的或者内部一致的语法基础。(第188页)

有序的异质性和言语社区的主导性是从两个研究项目中得到证实的：赫佐格以德裔犹太人语言和文化的地图集为基础所做的

关于波兰北方的研究（1965）和笔者基于纽约下东区调查所做的研究（简称 LES）（Labov，1966a）。本卷也采用了两个主要的研究项目，一个是关于单一社区的研究，另一个则是方言地图集。这个言语社区的研究就是对 1970 年代费城的语言变化与变异（简称 LCV）的考察。此项目旨在探索语言变化领导者的社会地位。方言地图集就是《北美英语地图集：音系和语音变化》（*Atlas of North American English：Phonology and Sound Change*，简称
xii ANAE），它反映了美国和加拿大进行中的语言变化的现实状态。这两个研究项目是过去三十年社会语言学研究的两个典型例证，其研究结论不仅与人们先前的预期大相径庭，而且很难用以往的语言变化理论去解释。

这两个结论是：

1. 语言变化并非发源于最高或者最低社会阶层，而是发源于社会经济阶层的中间群体。

2. 尽管大众传媒不断扩张，让语言趋同，迄今为止已研究的所有主要城市的语言变化仍在迅速进行，使得波士顿、纽约、芝加哥、伯明翰和洛杉矶的方言和一百年前相比，更为不同。

这两项研究间隔二十年，以费城为对象的语言变化研究（简称 LCV），是 1970 年代的成果，而《北美英语地图集》则是 1990 年代末的成果。已有十多篇期刊论文和学位论文报告了语言变化和变异的研究成果①，此外，还有一系列社会语言学的研究更新了我们

① 盖伊（Guy）1980；盖伊、博伊德（Guy and Boyd）1990；欣德尔（Hindle）1978、1988；拉波夫（Labov）1980、1984、1989a、1989b、1990；拉波夫、卡伦、米勒（Labov，Karan，and Miller）1991；佩恩（Payne）1976、1980。

对于费城言语社区的认知[①]。另一方面,《北美英语地图集》的研究成果仍然停留在初步报告的形式,地图集的出版也要在本卷结束之后。但是这种年代的差异绝非研究内容生命力的差异,来自费城研究的新发现远未过时。在1970年代,是不可能提供像本文这样全面的报告的。但自那时起,社会语言学的分析技术已经在稳步推进,同时,长期积累下来的系列研究成果也让我们构建起了一个更清晰的视角,去看待费城言语社区的语言变化进程。

LCV的目标明确,即检验当时的"弧形假说",如上文(1)所阐释的那样。虽然这项假说在笔者1980年的报告中已经得到了证实,但是现在看来,上层工人阶级的领先地位只是推进费城语言变化进程的组成部分之一。本书将通过对比稳定的社会语言变量和有活力的新变化来定义语言变化的引领者,运用各种多元分析方法,得出更为详细准确的结论。在每一个社会阶层和社区内,我们就可以把语言变化的引领者同那些跟随者区分开来。我们要描绘出这些引领者在社交网络中和日常生活中的细微状态。使用数学工具可以实现这个目标——多元回归、偏回归、主成分分析——这些并不是新的方法。在分析过程中,性别、社会阶层、年龄之间相互作用的方式等复杂的因素也会考虑在内,这样我们就能更好地了解哪些因素应该归为一类,哪些又应该区分开来。在本卷中语言变化的原则将有更多的限制性,因为考虑了诸多因素相互作用

① 如:阿什(Ash)1982a、1982b;拉波夫、哈里斯(Labov and Harris)1986;拉波夫、奥格(Labov and Auger)1998;此外,从1973年至今,宾夕法尼亚大学的语言学研究生们的录音数量也逐年增加,存留档案越来越多;虽然这是仅供学生使用的一些关于社区研究的年度报告,但是研究成果可信,对于本文也有一定参考意义。

的结果,而不是单一的性别、年龄或者社会地位的主要影响。

这些研究成果的取得依赖于两个项目组的同事们,在费城项目中,我同安妮·鲍尔(Anne Bower)、伊丽莎白·戴顿(Elizabeth Dayton)、格雷戈里·盖伊(Gregory Guy)、唐·辛德尔(Don Hindle)、马特·莱尼格(Matt Lennig)、阿维拉·佩恩(Arvilla Payne)、莎娜·帕普拉克(Shana Poplack)和德波拉·希夫林(Deborah Schiffrin)组成了研究小组。鲍尔、希夫林和佩恩汲取了民族志的方法,并结合着社会语言学访谈,进行了长期的街区调查。他们对社会语言学变量进行编码,构建了社会经济和交际指数,并且在各个阶段为寻求语言变化引领者做出了贡献。戴顿对112位发音人的语音进行了声学分析,这为费城语言变化研究提供了主要数据库;辛德尔(Hindle 1980)策划并实施了电话调查,并分析了佩恩对于卡罗尔·迈耶斯(Carol Meyers)一整天的录音资料,这项分析在第13章中占据重要地位。

在电话调查和《北美英语地图集》的研究中,我的主要合作伙伴是谢里·阿什(Sherry Ash)和查尔斯·博贝格(Charles Boberg),同时马切伊·巴拉诺斯基(Maciej Baranowski)、戴维·鲍伊(David Bowie)、肖恩·梅德(Shawn Maeder)、托马斯·马斯基(Thomas Macieski)、克里斯廷·莫赛特(Christine Moisset)、卡罗尔·奥尔(Carol Orr)、塔拉·桑切斯(Tara Sanchez)、希拉里·沃特曼(Hilary Waterman)也做出了贡献。阿什创造了抽样设计和抽样方法,并开创了访谈的方式;博贝格则负责大部分的声学分析而且对方言分布分析提出了不少见解。

这些人不仅仅是我在这项研究中的同事。自始至终,他们出色的工作给了我很多乐趣而且让我受益匪浅。詹姆斯(James)、莱斯利·米尔罗伊(Lesley Milroy)、杰克·钱伯斯(Jack Chambers)、保罗·克尔斯维尔(Paul Kerswill)、彼得·特拉吉尔(Peter Trudgill)、佩内洛普·埃克特(Penelope Eckert),对于他们,我深怀感恩之情,这种感觉在工作的很多阶段都曾出现。

我的两位宾大的同事:吉利恩·桑科夫(Gillian Sankoff)和罗恩·金(Ron Kim)已经仔细读过本书目前的版本,改正了许多前后不一致或是完全矛盾的地方,并且使本书思路更为清晰。还有本书的责任编辑,玛格丽特·埃亨(Margaret Aherne),确保了本卷书的整体一致性和准确性。

本研究的总体规划

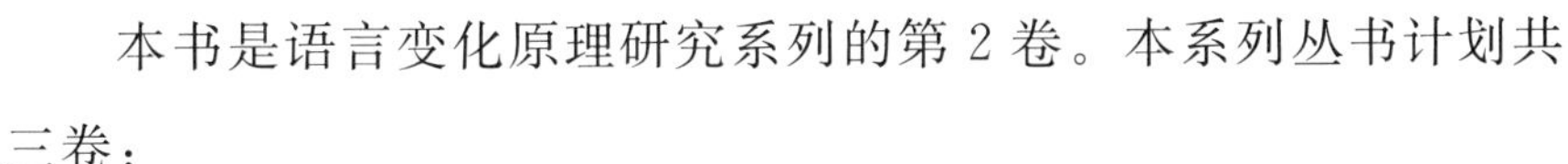

本书是语言变化原理研究系列的第 2 卷。本系列丛书计划共三卷:

第 1 卷:内部因素(1994) xiv

关于链式音变的虚时和实时原理的研究;合并、分化和近似合并,语言变化的规则性;功能作用对语言变化的影响。

第 2 卷:社会因素(本卷)

语言变化创新者的社会地位;社会经济阶层、社区、种族、性别的作用;语言变化的引领者;语言变化的传递、增量和延续。

第 3 卷:认知因素(下一卷)

链式音变对方言内部和方言间相互理解的影响;语音合并和近似合并的认知因素及相关问题;音变规则和限制条件的获得和

传递;语音和语法上不变因素的影响;固有的变异性和竞争性语法的位置。

本书中原理的性质

第1卷的原理意在以少量的一般性陈述取代大量的现象描述。链式音变的三条原理减为一条:外缘性元音在外缘轨道上开口度逐渐减小而在非外缘轨道上开口度逐渐增大。对于新语法学派的争议提出解决方案:语音范畴的变化本质上是有规律的,但其范畴成员的变化表现为词汇扩散。这些概括和简化,在某种意义上有时很可能作为对术语的“解释”,但这并不是这本书的自然用法。这里使用的“解释”不是对事件的简单描述,而是对于前因的叙述。依循着历史和进化的方法,对语言变化的解释不局限于语言内部的原则,而是把语言行为与其他领域的事实和原则联系起来。

这三卷的主要区分并不是语言学上的内容,而是文中介绍的那些非语言学的材料。尽管第一卷主要是关注内部因素,但是对形成音系变化的语言因素的理解,最终还是要建立在语音的生理基础上。第二卷,即本卷,论述外部和社会因素对语言的影响,将把社会语言学的原则同社会学、社会心理学、社会历史学的原则及其学者的成果联系起来。

任何关注语言变化的原因,我们都需要去注意这些原因的性
xv 质。许多语言学家遵循雅各布森的语言目的论(Jakobson,1972),认为在理解语言的结构和行为之前,要理解说话人的意图。但是

这个方法不可靠，因为我们没有确切的方法知道这些意图是什么。在本卷中我们所追寻的语言变化的原因指的是支配和制约语言变化的先决条件。这些可能会牵涉或影响人们的心理状态，这种心理状态在很大程度上会影响实现变化的行为。很明显的，大多数说话者有意地要传递给听众他们自己的想法，当不能实现这一目标时，他们会觉得恼怒和困惑。语言变化的第一个悖论（第1章）是，它使这种混乱更为复杂。

从主观反应测试中（第6章）我们得到了一些证据，证明其他的心理状态也有可能影响语言变化，但是这主要是对最后阶段的不规则修正提供动机。语言变化是说话者渴望得到一定社会认同的结果，这种说法并不少见。但是对于大多数以远低于社会意识水平运作的自下而上的语言变化来说，这种身份认同行为的唯一证据，仅仅是接连几代的人们都改变了说话方式。

从语言功能的角度来解释语言变化的努力，同样需要了解说话者的心理状态，因为"功能"通常是指人们说话时所要表达的事情（Hymes 1961）。在本卷中，"功能"有了一个更客观的属性，指从使用结果来看一个语言特征如何发挥作用。一种语言模式可能会对另外一种语言模式的产生起作用，而诸如急剧的社会分层等社会条件，则有可能会产生社会语言学变量的二分法分布状态。

因此，本卷的一般方法是寻找一种语言变化的物质基础。笔者将遵循梅耶的观点，即语言变化中的个别特性只能够由产生这些现象的语言社区的社会结构与其发生的关系来解释。（Meillet 1926：17）本卷将利用过去三十年中笔者和其他学者对进行中的变化所做的社会语言学研究，以及来自纽约、底特律、蒙特利尔、巴拿马城、诺里奇、芝加哥、伯明翰、开罗和米尔顿凯恩斯的数据，但其中大部分是来源于费城。这种探索不限于社会分布的统计分析，而是会延伸到对说话者本身的直接观察上，他们在当地语言社区中的位置，他们表达的方式，以及他们对于周围说话者的看法。我们也不会过多考虑他们对语言的看法，因为这很少；但我们会关注他们是如何随着语言的变化使用语言的。

xvi 本卷的叙述基本上是连续性的，在开始的第 1 章，阐述了用普遍原则解释语言变化的失败经验；在最终的第 16 章，说明了形成语言变异特征的社会通则。如果这些原则能够成功地解释语言变化的过程，那是因为我们在冲破大学和更广阔的社区之间的壁垒方面做出的努力获得了成功。实际上，大学的孤立是无法提出合理解释的一个主要因素。我们将发现，提出语言变化普遍规律的学者们可能无法察觉到他们自己邻居的表现和他们的说法是矛盾的。那些数百年来让学者们感到困惑不解的问题未必是困难的根源，是学者本身在社会结构中所处的位置掩盖了真正的解释。语言学家的优势可能有利于解决这个问题：他们抽象和概括的天赋，他们文学方面的知识，他们表达的才能以及和同龄人相比的杰出能力。从这种自相矛盾的局面中，我们或许可以得出一个相当重要的发现：凌驾于世界之上将很难理解这个世界。我们必须平等地对待这个世界，才可能解决语言演化中的悖论问题。

体　例

xvii

本书的三卷中都将使用以下符号。

语音学和音系学

*斜体*表示单词的拼写形式。

粗体表示定义历史词群抽象的音系要素：短 **a**，长 **ē**、**ai**。一个词群指的是包含已命名的语音单位的完整的一组词，它们有共同的发展历史。正如第 1 卷第 15—18 章所言，词群作为一个完整的统一体，和特定的时间段相关。这些词的长度可以由一个长音符号来表示，如：**ī**、**ē** 等等。

9

方括号[ ]是国际音标注音，滑音的上标符号[a']通常不用。几乎所有列入讨论的双元音都是下降双元音，第一个元音为核心元音，第二个元音为滑音，比如[aɪ][ɛə]等。英语的上滑双元音通常表示为[aɪ] [aʊ] [eɪ] [oʊ] [ɪi] [ʊu]，因为这些是最容易识别的常规形式。引证文献中的[ι]和[ω]保留原来的形式。

斜线//用于表示音位。

括号()表示经常覆盖几个音位的语言变量，例如(æh)，(oh)。括号表示将关注语言变化的系统性以及变化规则的限制性。

这项研究中也用到了元音的声学空间，第二共振峰(F2)用横坐标表示,左侧数值高右侧数值低,第一共振峰(F1)用纵坐标表示,下方数值高上方数值低。均为线性标度。

研究项目

在本书中,自始至终经常引用宾夕法尼亚大学语言实验室受
xviii 美国国家科学基金会资助的研究成果。我们多数参考的是已经出版的研究成果。但在有些情况下,也引用了尚未发表的数据和分析,这里往往更适合直接参考研究项目本身。文中对这些项目使用的缩写如下:

LES:纽约市下东区的研究,这是研究纽约市方言的社会分层和语言变化的重要组成部分。(Labov 1966a)

LYS:进行中的语音变化的定量研究(1968—1972),这是关于一系列英国和美国方言中的链式音变模式的频谱方面的研究,以及对这种模式的历史记录综述。(Labov, Yaeger, and Steiner 1972)

LCV:语言变化与变异研究项目(1973—1977),这是对费城进行中语言变化的调查研究,是在对费城11个街区进行了长期研究,以及对电话用户进行随机调查的基础上所做的。(Labov 1980,1989a,1990;Hindle 1980;Payne 1976,1980;Guy 1980)

第一部分

语言社区

第1章　达尔文悖论 3

作为一本有关语言变化原理的书，理应首先提出这样一个问题：这些原理——如果我们能够成功地定义它们——对于语言的一般理解将会有怎样的重要性？然而，相当一部分当代语言学的研究对于这类原理缺乏兴趣。去追求一种普遍的、不变的、确实不可改变的语法，这是一种全然不同的研究导向。因此，这类研究不在本书的讨论范围之内。本书关注的是语言中正在发生或已经发生的各种变化，这似乎包括了大部分的语言范畴、结构和内容。这自然就产生了一个问题：除了抽象关系的框架之外，语言变化影响了一切，而我们是否理解引发这些非凡变化的驱动力量呢？

本书第1卷开始就坦承我们尚未理解。一系列长期的探索使我们详细了解到变化的制约和变化模式，然而对于这种现象的范围和持久性还缺乏普遍的解释。语言变化的不断更新与扩展的特性跟我们把语言作为一种社会交际工具的基本概念并不相符。近期社会语言学研究中出乎意料的发现使这种情况更为复杂：在我们研究的所有北美城市中，语言变化都在快速地持续进行着。①

① 我把这一观察局限于北美范围，因其适用于美国所有使用英语的城市和加拿大使用英语和法语的城市。来自下层的活跃变化已经在南美洲、英国、新西兰、埃及、日本、韩国一些城市的研究中进行了描述。而在欧洲和很多其他地区，社区研究更着重于考察来自上层的变化，方言平整（leveling）及柯因内语（Koine）的形成。

这一研究结果跟我们出于常识的设想大相径庭,人们原以为长期在广播和电视的网络标准影响下会导致方言的融合与逐渐消亡。语言变化不仅支配着我们的历史,而且影响着我们的现实生活。语言变化无处不在,这便于我们的研究,但是也增加了寻求解释的紧迫性。本卷书的大部分章节都在关注这种探求,不过在开始之前,我们不妨先简略看一看语言变化的作用。

4

1.1 语言变化的社会影响

在此有必要提醒各位读者,我们每一个人都或多或少遭遇语言变化之苦。这些影响从生活中小小的不便,到令人崩溃的无助,这会使我们年复一年地耗费生命,毫无希望地做徒劳的斗争。

首先我们会注意到家庭中时起时伏的对于单词正确用法的细小争议。我这一代把冰箱叫作 *ice box*,因为在电气化之前冰箱里确实曾有一大块冰,但我的子女一代却一直把冰箱叫作 *refrigerator*,并用"ice box"专指冰箱里冻冰块的隔间。我们这个年龄的群体还会因使用"swell(很棒的)"或"nifty(极好的)"而受到会意的取笑,如今这些词已经无可挽回地过气了,除非是用于讽刺意义。

另一方面,很多老年人对语言中掺入的各种新形式深感困扰。他们不遗余力地向子女说明 *hopefully*、*aren't I*,以及 *like* 用作连词是多么不合逻辑。然而即使是最能言善辩的记者和教师也无法切断这些新的语言形式跟年轻说话人之间的联系。这些有缺陷的形式持续不断地重复出现,直到稳固地固定在语言构造中——

除了很少的教授和编辑中的传统人士，似乎突然间所有的人都觉得它们非常自然且毫无瑕疵了。

传统主义者屡战屡败的事实，没能阻止他们对赢得胜利的学生们施加惩罚。我们之中大部分人都曾有这样的经历，校报被那些老古板降级，他们像堂吉诃德一样支持消亡中的传统，坚持认为不定式跟 *to* 不能分隔开，*data* 后面必须是动词复数形式，在某种微妙条件下必须把 *who* 写成甚至读成 *whom*。

当语法变化最终引起我们注意的时候，它所激起的情绪要比语音变化更温和一些。美国的中产阶级父母尤其感到要不断纠正孩子们对元音的错误发音，因为这些错误发音似乎标示着与当地社会中最低俗的成分相联系。这些家庭内部关于发音的分歧极少上升到公开争论的程度，因为没有现成的词表来规范它们，但争议在本地持续着，其热烈程度不曾减弱。

当我们在一种外国语言中看到这类争议，很容易仅仅当作是语言茶壶里的风波而已。然而到了我们自己的语言中，就难免被卷入由同一事物的新旧说法之间的反差而引起的感情风暴。人们很难做到置身局外来提出这样的基本问题：为什么语言变化会引起如此激烈的情感？

我们烦恼和困惑于周围正在进行的语言变化，其实几百年前 5
发生的语言变化已经使我们遭受了更严重的后果。花费大量的时间和精力用于学会拼写，比如 *bright*、*drought*、*about*、*draft*、*draught*、*cough*、*trough* 和 *enough*。掌握 *whale* 和 *wail*、*mourning* 和 *morning*、*colonel* 和 *kernel* 这些词之间的区别如今得靠死记硬背，而对于没有受到语音变化影响的前几代人来说，区分这些词却是轻而易举的,因为那时发音和拼写是一致的。这些拼写的疑难词例是大量书写形式的典型代表,它们原本是口语的合理表现形式,但是如今却成为语言变化的化石证据,母语说话人不再知道这些情况了。[①] 学习德语、法语、西班牙语或俄语,需要投入更多的时间,而这些语言都曾经是原始印欧语中能够相互理解的方言。即使对语言学习做了极大投入,可能也不足以克服两种语言结构之间难以估量的分歧,这正是几个世纪以来语言变化的结果。我们可能会发现,无论做多少练习,也不能熟练掌握俄语中腭化和非腭化的辅音的产生、法语的非重读元音删除规则,以及这两种语言对"体"范畴的独特用法。更为糟糕的是,我们中的大部分人都发现,自己对于学习母语以外的语言并不擅长。

以上这些都是语言变化的事实带来的一些不利之处。那么,我们可以指出哪些有利之处呢?有些人说他们喜欢学习外语,还有些人发明一些秘密语言使别人难以听懂。[②] 语言学家和语言教师从语言分化的结果中获取了一些就业机会。语言变化所带来的全部好处似乎也就是这些。我们难以避免得出这样的结论:语言作为一种交际工具,如果完全不变,将会最有效地发挥作用。尽管我们从语言游戏中可以得到一些满足,并时常发现隐藏在语言背

---

① 在这里人们会注意到乔姆斯基和哈利提出的英语正字法难以改进的看法(Chomsky 1964,Chomsky and Halle 1968),这是基于这样一些例子的表现,在这些例子中派生替换支持用现有的拼写形式作为深层形式的最佳表现形式。但是英语中有大量的不规则拼写形式并不为任何替换所支持,而是合并的结果,这完全消除了重构原有形式的基础。一般来说,形态音位的交替与合并的影响无关(见第1卷,第13章)。

② 我们可以把广泛流行的游戏性秘密语和其他词语游戏作为正面价值的证据,与语言学习相联系。

后的一些用处，然而，我们并没有从系统的语言变化中获得任何明显的好处。[①]

因此就不难理解为什么关于语言变化的普遍看法都是负面 6
的。我们似乎都在遭受一场不可治愈的语言疾病，而语言就像我们周围世界的众多事物一样，被看作世风日下。尽管“黄金时代”这个法则相当普遍，它只是在一个领域才呈现为一种绝对形式：语言领域。在始于 1960 年代的语言社区研究过程中，我和同事们在说各种英语方言和其他语言的地区访谈调查了几千人。我们发现，无论何时只要语言成为明显的话题，人们对于所觉察到的语音或语法中任何一点变化都有一致的否定反应。不同社区的人们对于新的语言形式的贬低程度各有不同，但我还从没遇到一个人为其鼓掌欢迎。一些老年人接受新的音乐和舞蹈，新的电器和电脑。然而还从没听过有人说：“现在年轻人的说话方式真是好极了，比我小时候好多了。”

1.2　生物进化和语言演化的相似性

“黄金时代”法则并不一定适用于词汇的增加或者对其他系统中权威特征的借用。在后面所有关于语言变化的讨论中，我将集中于语言的语音系统和语法范畴的交替机制：正是这个基本过程导致了千百年来彼此联系的方言和语言变为不能沟通。我们对于

---

① 这些对于语言变化后果的非正式说法将在第 3 卷中研究语言变化认知后果的观测和实验中做出详细论述。

这种语言演化的看法当然是有限的,仅限于其发展变化已经得到可靠探究的那些语系。① 确实,对于语言变化原因的讨论大多是在印欧语系的发展框架中进行的。对于这一庞大的语言谱系的重构使学术界看到,语言演化跟得到广泛观察和评论的生物进化具有一致的显著的相似性。人们常说,语言学中展现出来的物种演化要早于植物学和动物学的研究所得出的清晰结论(Lyell 1873: 406;Christy 1983,ch. 1)。马克斯·缪勒(Max Müller 1861)曾这样写道:“在语言方面,我是比达尔文还要早的达尔文主义者。”尽管我们可以在很多学者的论著中看到初始的进化论观点,本书研究的问题最好还是要看达尔文对于这种情况怎样总结。在《人类的起源》(Darwin 1871)一书中,他根据自己的观察对语言和生物演化之间的相似性进行了非常具体的描述。

7 (1) 各种语言和不同物种的形成,以及二者渐进的发展过程的种种证据,都显示出奇特的相似性。

达尔文发现了这两种进程之间的十五个相同点,他对此并未详细说明。下面把达尔文的原话以斜体字列出,并提供后文将要探讨的进行中的语言变化的当前例证。

1 *我们在各种不同的语言之中,发现因社区的族裔而产生的同源现象*

北方城市音变(第 1 卷:177—201)在罗切斯特、布法罗、锡拉

① 对于努力把语系追溯到比这更早时期的评价,请参见 Ringe 1992。

丘兹、克利夫兰、加里、底特律和芝加哥这些城市中以同样的形式出现。所有这些城市都是同样由发源自纽约州的西进运动而建立起来的。

2　*以及由于相同的形成过程而产生的类似现象*

模式3的链式音变在法国欧特维尔(Hauteville)、瑞典、希腊以及佛得角群岛的圣米格尔各自独立发展，彼此之间没有直接的接触，而音变形式却都大致相同(Martinet 1955)。

3　*某些字母或语音随着其他变化而发生变化的这种方式跟物种身体部位的相关生长很相像*

在元音大转移中以及纽约市的(æh)和(oh)元音高化中，前元音和后元音都出现了并行的移动，而类似的后元音前化同时出现在南方方言音变中。

4　*在二者中都有部分重复的情况*

音系和语法系统的双边对称跟大多数生物体的双侧对称性明显一致。

5　*都有长期连续使用的效果*

高频功能词的极端衰减常常达到仅用一个语音特征来表示一个语素的程度，例如夏威夷的克里奥尔英语中表示过去时的语素 *wen* 在句子[he wːɔk bai ðe we]他路过这里"He walked by the way"中简化为一种时长特征(Labov 1992)。

6　*语言和物种中原基形式的频繁出现更加引人注目*

达尔文给出的例子是 *I am* 缩写为 *I'm* 删掉央元音，除去"一个多余和无用的成分"，而在拼写上仍保留了原来字母(这里我们可以举出 *knee* 中的字母 *k* 和 *gnome* 中的字母 *g*，这两个例子并不支持任何改变)。

7 *语言像生物体一样,可以加以分类,大类下面再划分小类*

这一点对于印欧语言和英语方言本身都是成立的。因此,波士顿方言属于北方方言区的新英格兰东部方言群的成员。

8 8 *这些类别可以依据来源划分为自然类,也可以根据其他特征人为地分类*

北方方言区是以共同的族群历史把不同方言结合在一起,而南方方言音变的分类则是把英格兰南部和美国南部联系在一起,并没有定居历史方面的明确动因。

9 *优势语言和方言得到广泛传播*

在环绕波士顿、费城、里士满和萨凡纳周围的一个很大的(大致上)圆形区域里,很多共有的音系特征中都可以看到居主导地位的文化中心地区对于美国方言的影响。

10 *这将导致其他方言逐渐消逝*

虽然很多美国乡村方言保持稳定或正在扩展,然而据大量可靠的证据报道,其他方言正在濒临消亡(Schilling-Estes and Wolfram 1999),这跟法语和德语的各地方言的情况一样(Hinskens 1992)。

11 *一种语言如同一个物种,一旦灭绝就再也不会重新出现*

尽管这一结论在以色列希伯来语的实例中受到质疑,但是仍得到了语言学家的广泛接受。

12 *同一种语言绝不会有两个发源地*

对于我们正在研究的所有英语方言来说,这一点似乎肯定是成立的,因为一种方言那种独特和复杂的构造使其难以在几个不同地方独立产生。

13　*不同的语言可能杂交或混合在一起*

克里奥尔语正是一个明显的实例，它是在一个地方由语言的混合而产生的。大多数美国英语方言都是多种英语方言相混合而形成的地区通用语。

14　*我们在每一种语言中都看到变异性，并且新词层出不穷*

变异性当然是我们的研究主题。在美国，地区性词汇的更新在很多语义学领域内都有清晰的文献记录。

15　*单个词语也像整个语言一样，会逐渐消亡*

曾经作为定义美国大西洋沿岸各州方言主要特征的乡村词汇，在很大程度上已经消失了，如 *singletree*（用单匹马拉车时使用的车前横木）、*stone boat*（石舫）和 *darting needle*（冲针）都过时被淘汰了。这一点在俚语和口语词汇中表现最为明显。

达尔文利用最后两个相似点作为必需的论点建立生物进化和语言演化类似性：语言演化显示出跟生物进化同样类型的自然选择。

16　*自然选择就是，那些人们喜欢用的词语在生存竞争中幸* 9
存或保留下来

达尔文接下来援引马克斯·缪勒（Max Müller）的话来支持这一观点：

> （2）生存竞争在每一种语言的词汇和语法形式中都在不断地进行着。更好的、更短的、更省力的形式总是会占上风，

它们以自身的优点获得成功。

20 世纪的语言学家普遍共识不支持这种看法，也没有发现语言演化过程中自然选择的证据。人们一致认为，在以狩猎、采集或小规模农业生产为基础的自给型经济的社会中演化的语言，其结构的复杂性等于或大于那些在科技发达的社会中所用的语言。[①] 达尔文本人为此引述施莱格尔（Schlegel）的说法：[②]

(3) 在那些似乎是最低等的蒙昧文化的语言中，我们却往往观察到它们的语法结构已经具有一种高度精细的艺术性。特别是巴斯克语（Basque）、拉普语（Lapponian），以及许多美洲印第安语言都有这种情况。（参见 Darwin 1871：67）

① 海姆斯（Hymes 1961）认为，如果我们将视野放宽到包括写作与言语、正式的科学讨论与非正式的谈话、国际事务与地方事务，我们就会在特定语言中发现演化的进展。这种"对环境的调整范围与多样性的增加"会把科学词汇的发展，讨论语言结构的元语言以及从其他语言系统中借用形式的自由都包括进来。但海姆斯也认为有必要"避开语法特征演化进展的问题……以及语言演化中提高效率和经济性的问题"。

② 虽然这段引文紧随对比生物进化和语言演化的那段文字之后，但它并不是语言中的自然选择问题，而是与反对从语言完善的演化论相关联。达尔文认为，一种语言的"完美"，就像一个有机体的"完美"一样，常常都在一些表面特征的基础上被过分高估了，正如同 20 世纪的语言学家们所期望的那样复杂。"一只海百合有时会由至少 15 万片贝壳组成，所有贝壳都沿着放射状线条完美对称地排列；但是生物学家并不会认为这种生物就比组成部分更少的双侧生物更加完美，双侧动物除了身体两侧之外每一个组成部件都不相像。他公正地考虑到器官的分化和专化作为对于完美性的检验。语言也是如此：在形式上最对称和复杂的语言也并不比那些从各种征服者的、被征服者的、移民的语言中借用了表达形式和有用形式的种种不规则的、删减的、粗俗化的语言更高级。"（Darwin 1871：71）在这里，达尔文自己的观点可能被用来反对那种认为语言展示了适应环境的进化的看法。

20 世纪的语言学家普遍认为，从不断适应交际需求的意义上 10
来说，语言并未显现出一种演化的模式。

> (4) 如果确实存在着一种持续的竞争，其中优势语言创新的胜出作为一个普遍规则，那么把语言变化作为一个整体，似乎并没有预期的明显提高效率的变化。(Greenberg 1959:69)

然而，这不仅是因为缺乏进化适应性的证据，而是跟达尔文的自然选择论完全相背。语言学家几乎普遍的观点都相反：语言变化的主要承载者——语音变化——实际上是不适应，造成语言原来形式携带的信息丢失。正如我们在第 1 卷第四部分看到的，尽管对于音变的性质上各种意见有着很大的分歧，而人们对于这种基本过程都一致持负面看法。在整个 19 世纪，音变的基本机制被看作是一种功能紊乱的现象。历史语言学家坚定地站在音变的敌对一方。

语言变化作为一种破坏性力量

1816 年，弗朗兹·博普(Franz Bopp)总结了研究语言历史的原则，包括认定“对简单的语言有机体逐渐并逐级地破坏……以及力图代之以机械性组合”(Lehmann 1967:43)。拉斯马斯·拉斯克(Rasmus Rask)承认从音变的影响中恢复并非一个简单和直接的过程：“随着新的语言形成，语法屈折和词尾变化不断失落……这需要一个很长时期以及与其他人交流才能重新发展和恢复”(Lehmann 1967:32)。雅各布·格里姆(Jakob Grimm)最初描述日耳曼语音变就曾明确表示，语言中的这类音变是破坏性的和不受欢迎的，并称它们为“野蛮的畸变，是其他较安静的国家所避免的”（Waterman 1963：20）。亚历山大·冯·洪堡特（Alexander von Humboldt）认为语音的制约条件从整体上是反常的，必须服从于一种心智因素的类推重组来进行修正。“已经在一定程度上建立起来的语音模式，猛烈地抓住新的形式，不准它走上根本不同的路径。”（von Humboldt 1836：56）。

奇怪的是，达尔文的自然选择支配语言演化这个看法的主要支持者马克斯·缪勒本人也把语言变化看作是一种摧毁语言本质的过程，并由此造成“语言的生命枯萎以至灭绝”（Müller 1861：
11 54）。奥古斯特·施莱彻尔（August Schleicher）或许更为消极，他把语言中的语音和形式的变化都看作是一种腐坏和衰退，结果就是意义的丢失（Lehmann 1967：90）。惠特尼（W. D. Whitney）更是一位把音变作为破坏性力量的强烈的鼓吹者：

(5) 一种语言可能会因过分流行的损耗过程而发生很大改变，丢弃大量在其他语言中所保留和重视的成分。我们有必要注意这种趋势给英语造成的各种混乱和破坏作用……它们带来了最全面彻底的变化。（Whitney 1904：75）

新语法学派宣称音变的规则性没有例外，并清楚地把它跟类推加以区分，他们同样认为音变的作用有害于语言的主要功能。赫尔曼·保罗（Hermann Paul）并不认为音变本身是反常现象，而是把它归因于遵循物理法则的生理因素。但同时他最雄辩地表达了音变过程具有破坏性特点的学界共识：

> (6) 因此，任何形式系统的对称性都遇到音变这个持续不断、咄咄逼人的宿敌。如果我们耐心容忍音变引起的所有破坏，那就难以想象语言将会变得怎样混乱不堪、支离破碎和难以理解(1891:202)。

对于语音变化的负面评价一直延续到 20 世纪，尽管当时态度已经不再那么激烈。索绪尔这样总结当时的情况：

> (7) 现在已经很清楚，语音变化是一种令人困扰的力量。无论它在哪里产生语音交替，都会削弱词语之间的语法联系；语言形式的数量毫无用处地增加，语言机制变得模糊而复杂，以至于由音变产生的不规则形式胜过按一般模式分类的规则形式……(Saussure 1949:161)

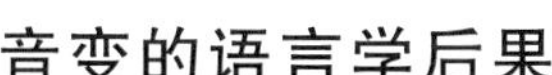

音变的语言学后果

从 19 世纪和 20 世纪早期语言学家的著作中足以清楚地看到，他们把音变看作语言变化中最系统化而又无所不在的主要机制。显然，在他们看来，音变与形态系统相互作用，使词形变化混乱，插入不对称成分，并使系统保持的基本对立发生瓦解；索绪尔甚至用整个一章来讨论这个问题。从形态系统的角度看来，类推 12
变化是最容易恢复词形范式的对称和功效的。因为类推是人所共知的零星分散并难以系统化，于是音变就几乎默认成为“语言变化”概念的同义词。现在句法研究已经成为语言结构研究的主要部分,研究句法变化已经认真开展起来,音变的研究似乎会变成语言变化研究中越来越小的部分。由于本书主要集中于进行中的变化,而很少有进行中的句法变化可以作为例证,似乎当前的研究趋势也不能让我们了解语言的历史。[①] 尽管如此,我们仍然认为表层的语音变化是大多数语言变化背后的驱动力。这包括引发一系列句法结果的附缀化过程,元音紧缩和辅音同化,音节移位和边界重组,连同大量的音段变化——辅音弱化和强化,语音删除与插入,单元音化和双元音化,位置改变和特征融合,声调的发展及其跟语调模式的交互作用。我们越来越多地收到把韵律系统的整体重组作为语言变化的一个成因的提议,但是什么样的音变引发了这种韵律变革,却还不很清楚。此处涉及的一些问题将在本书第三卷中得到更充分的说明。这里足以说明这个命题:研究语音系统中变化的原因和作用仍然是解释和评价语言变化的首要前提。这里所讲的音系变化不仅指低等级的音变,也包括特定的语法位置上形态音位的简缩。

鉴于上述认识,我们与 19 世纪关于音变对语言总体的影响的看法其实并无多大分歧。把语言变化视为一种病态现象的观点并不只是辩论的修辞。本书第 3 卷将报告大量对音变的认知结果,通过观测和实验证明了音变在相当程度上造成北美各种方言音系之间无法沟通理解的情况。本书第 1 卷举出了量化证据说明高频

① 其中最重要的研究是对皮钦语和克里奥尔语发展中句法机构逐渐复杂化的研究(Sankoff and Laberge 1973),这一研究将在本卷和下一卷书中具有重要作用。

功能成分的缩减（参见上文达尔文的列表中第 5 个相似点）难以视为一种改善。正如本书第 1 卷第 20 章所述，西班牙语和葡萄牙语中的尾音脱落造成了可测量的信息缺失。当法语中的音节末尾 13
的/s/脱落时，有些补偿过程保留了复数意义。但是在标准法语中仍有很多情况下，复数意义不能用语法手段标示出来。因此，戴高乐总统曾在一次公开讲演中说道：Je m'addresse aux peuples...（我向人民致意）。作为几百年前业已完成的法语音变的结果，在辅音前位置上的 *aux* 中的 *x* 和单词 *peuples* 中的词尾 *s* 都仅仅在书写形式中保留下来：单数的 *au peuple* 跟复数的 *aux peuples* 是同音的。戴高乐只得承认法语口语在这一点上无法区分单数和复数形式，而在后面加上注释 *au pluriel*（复数）。

在英语辅音简化过程中，研究得最多的就是结尾为/t/或/d/的辅音串的简化。以我本人的北新泽西口音为例，*can't* 中的辅音串 *nt* 常常被简化，使肯定形式 *can* 和否定形式 *can't* 难以区分。[①]于是说这种方言的人时常会提出这样的问题："你说的是 C-A-N，还是 C-A-N-T？"

或许最引人注目的是汉语北方官话历史上发生的单词缩短，其结果是同音词数量的增加。作为补偿，汉语现在大多数的词都是由两个字或者两个语素组成，而不是单字词。在这里，为了补偿的需要而发展出长度约两倍的新形式，于是达尔文认为较短的形式由于本身的优点而胜出的观点就很难成立。

① 纽约市和费城的规则，即助动词 *can* 中的元音变成松元音用以区别于 *can't* 中的紧元音，在这一地区不适用。

那么我们该如何理解达尔文的这最后一个陈述呢？

(8) 在生存竞争中，那些人们喜欢用的词语幸存或保留下来就是自然选择。

我们可以同意这样的结论：这仅仅是以这种形式来重申，一些词语存留下来而另一些词语则消亡这一事实。而它的意义取决于以下两个问题的答案：(a)导致单个词语存留下来的因素跟那些组成语音与意义之间抽象联系的因素是否相同？(b)那些特定的形式或联系的存留能否表明是语言适应环境的结果？到目前为止，对这两个问题的答案都是“未必如此”。

14 在词语方面，词汇的替换似乎带有很多随机变异的特点。这并不是仅仅根据统计规律而得出的结论。[①] 而是我们显然不可能知道，哪些词有更好存活机会而哪些词没有，缩写形式能否继续存在，词汇是否会在某个时期扩充或缩减。[②] 在语言结构方面情况就与此不同了，已经发现了若干方向性的原理。音变的研究已经表明：元音有很大可能朝着特定方向移动(第 1 卷，第 5—第 9 章)；合并现象的扩展是以区别性消失为代价的(第 1 卷，第 11—第 14 章)；流音前的元音比塞音前的元音更容易发生合并现象；词

---

① 也就是说，词汇统计的发现表明，每隔 1000 年，基本词汇中大约有 19%就会被替代(Swadesh 1971)。

② 这一点在俚语词汇的快速替换中看得最为清楚，这些替换影响了很多词语，但也并未影响另外的词语。虽然 *super*，*swell*，*nifty*，*keen* 这些词在美式英语中已经显示出过时的迹象，*fantastic*，*great*，*terrific* 这些词在相当长的一段时间里并没有过时。

形变化表中某些位置上的屈折形式比在其他位置上的更容易失落(Greenberg 1969);无标记的结构一般都比强标记性结构更加稳定。

从结构的变化来看,学界的共识已经反映在引文中(5,6,7)。音变作为这类变化的最普遍和常见的发源,并非语言适应环境的结果。尽管类推和方言借用可能对音变造成的语言结构的损坏起到一些补偿作用,它们的运作还是过于偶发和不可预测,远远比不上自然选择的系统性运作。

因此,我们无法如达尔文所愿,为其生物与语言进化之间的十五个相似点再加上第十六个相似点:自然选择。我们可以把这种情况总结为达尔文悖论:

> (9) 物种进化和语言演化在形式上是一样的,尽管它们的根本原因截然不同。

在本卷书中,我们将始终留意对这一悖论做出回应的可能性。如果语言演化与生物进化之间完全不依赖于变化的根本机制而达到如此相像的程度,这确实令人称奇。如果说我们能够解决这一悖论未免雄心过大,却可以用提出一种解决方案的形式加以解释和处理。①

① 近期从社会语言学视角出发研究语言演化的作者中,钱伯斯(Chambers 1995)是最积极支持语言变异的适应价值的一个,这似乎与文莱奇等(Weinreich,Labov and Herzog 1968)认为完全同质化的语言会功能不良的观点是一致的。不过钱伯斯没有考察进行中的新变化及其对于交流的干扰作用。

其实达尔文本人在最后结论(8)之前的句子中已经提出了一种削弱这种悖论的作用的直接途径。

> (10) 对于某些词语得以幸存的这些更重要的原因中，可以加上新奇和时尚；因为人们心里有一种对于一切事物中细微变化的强烈爱好。

15 达尔文把追求新奇的欲望作为一种次要因素。然而，如果对主要因素的自然选择不加考虑，那么我们可以得出结论：语言演化的驱动力是随机变异。实际上，基因变异是生物进化机制的重要组成部分。语言结构中有足够多的随机变异可以解释因地理上的交流障碍而使语言之间逐渐分离，这样，密克罗尼西亚和波利尼西亚的太平洋语言的多样性可以与加拉帕戈斯群岛上独特的物种变化相媲美。然而变异性只是生物进化的一个必要条件：没有自然选择，变异性不足以解释不同物种如何迅速进化，以及具有不同适应构造的有机体是如何辐射到不同的生态位中。把新奇性原则(10)提升为语言演化的主要因素，可以使达尔文悖论的作用降低为(9′)：

> (9′) 物种进化与语言演化在形式上是相同的，尽管前者的根本机制在后者中并不存在。

这种重新表述只会加重理解音变原因的问题。有多少非方向性变异或是如何夸大这种变异的驱动力都不能解释本书第1卷中描述的那些方向性的链式音变：合并和分化。[①] 如果语言中没有适应性辐射，没有自然选择，那么音变的根本原因是什么呢？对这个问题并不缺少答案。在试图把当前的研究发现用于这个问题之前，我们最好还是先回顾那些已经给出的答案。

1.3　关于音变原因的早期理论

自 19 世纪初以来，语言学家就付出了很大的努力来寻求语音变化的原因。那些深思熟虑的学者们一致认为这个问题有难度。1856 年，冯·劳默尔（von Raumer）这样总结当时人们的认识：

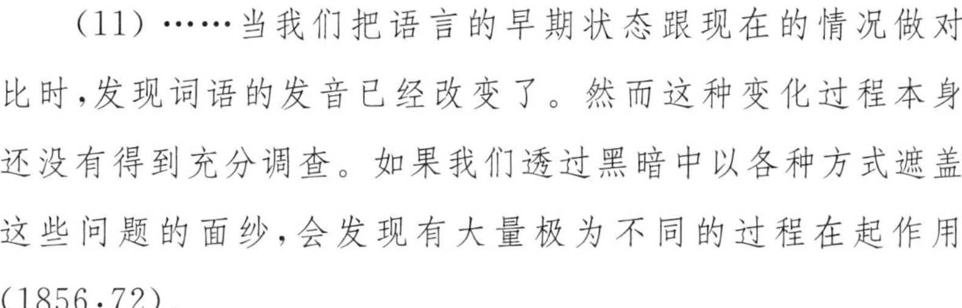
(11) ……当我们把语言的早期状态跟现在的情况做对比时，发现词语的发音已经改变了。然而这种变化过程本身还没有得到充分调查。如果我们透过黑暗中以各种方式遮盖这些问题的面纱，会发现有大量极为不同的过程在起作用（1856：72）。

大约 60 年以后，索绪尔（Saussure）以相似的方式回顾了这种 16
情况：

(12) 对于语音变化的探索是难度最大的语言学问题之

① 一种观点是努力将音变解释为仅仅是周围分散着各种变体发音的一个音位的平均值的随机飘移，参见霍凯特（Hockett 1958：441）。

一。已经提出了多种解释,但是没有一种解释能够彻底说明这种问题(1949 [1916]:147)。

最后,我们可以引述布龙菲尔德(Bloomfield)1933 年所写的话:

(13) 尽管很多音变缩短了语言形式,简化了语音系统,或者以另外的方式减轻了发音负担,然而还没有一个学生成功地在音变跟任何先行现象之间建立起相关性:音变的原因不为人所知。

尽管已经有这些警示,很多语言学家仍然坚持对音变的具体解释。随着时间的推移,已经有很多的研究参与进来,成为人们论证和争辩的话题。对我们这里的探索来说,其中有些研究比另一些更有价值。

先看那些价值较低的研究,我们发现 19 世纪和 20 世纪初提出的很多对语言变化的解释在本质上是唯物的,而支持它们的只是些最单薄的经验证据。随着更多资料的积累,那些基于气候或地形的解释因为反证的数目超出例证而被搁置。此外,对于因果联系所提出的那些机制在我们今天看来通常是极为幼稚。[①] 那些以不同语言说话人之间的生理差异为基础的解释更令

① 例如,在寒冷气候中的说话人不得不总闭嘴以防冷空气进入口腔,因此那里语言的开元音比较少。

人不感兴趣，似乎更多的是出于对种族优越的信奉而不是寻求科学证据。[1] 在那些解释音变原因的传统理论中，我们这里主要关心的有三种：最小努力原理，密度原理和模仿原理。

最小努力原理

这个原理似乎从最早开始一直是对音变原因的语言学思考的一部分。人们现在最经常引述索绪尔（Saussure 1949：148—149）、叶斯泊森（Jesperson 1921）和布龙菲尔德（Bloomfield）等人的论述，其中布龙菲尔德似乎讲得最为准确：

（14）可以肯定地说，我们是以尽可能快的语速和尽可能少的努力来说话的，总是接近使对话者要求我们重复话语的极限。大量的音变在某种程度上跟这个因素相联系（1933：386）。

在这个论述中，最小努力原理是一个精确的结构原理，受到两 17
个限制因素制约，这两个限制因素准确地规定了有关简化的程度。如果要进一步使这个原理更为明确，就可以说：语音形式的简化准确地在信息丢失之前的那一点停止。我们可以这样重新表述：

（14′）最小努力原理Ⅰ　我们以听话人能听懂所需的最

① 参见索绪尔对语音变化原因提出的理论所做的批判性评述（Saussure 1959：147）。

小努力来说话,而同时也要付出足够的努力以保证我们的话被听懂。

然而,(14′)的表述与引文(5,6,7)的音变损害语义的观点并不一致。术语"最小努力"本身意味着一个极限性渐进因素,这只能是语义的保留。布龙菲尔德并不反对音变损害语义这个传统观点。[①] 若非如此,最小努力原则将需要一种完全不同的表述:

(14″) 最小努力原理Ⅱ　我们用小于向听话人传达全部意思所需的努力来说话。

但是,(14″)的表述失去了布龙菲尔德式的精确性,完全没有涉及减少的程度和原因。(14′)定义了可能减少的程度并以合理的效率原则为减少的原因,而(14″)却完全不提。为了得到一种语言变化的理论,就必须做如下的补充:

(14‴) 最小努力原理Ⅲ　在 a_1,a_2……a_n 等因素的影响下,我们减少了传达给听话人的语音信息,有时甚至到了他们听不懂的程度。

在这里最小努力原理不再集中于努力解释变化的原因,而是

① "实际上,音变经常删除那些意义非常重要的特征……同音异义和融合现象,屈折范畴的合并,都是音变的正常结果。"(1933:388)

要找出那些导致这种行为的因素。*惰性*、*粗心*和*无知*常常作为备选的底层原因，这不仅流行于大众的口中，也写在 19 世纪的学术著作中。惠特尼(Whitney)把语言变化视为“语言退化”，这是因为：

> (15) 那些粗心冒失的说话人出现完全令人遗憾的失误，他们把本应细心分离的成分混在一起，还把重要的区别删除(1904：84—85)。

惠特尼在这里强调的是这些说话人的粗心，尽管在其他地方 18
他也同样关注惰性和无知。初看起来，*惰性*、*粗心*和*无知*这三个词似乎都表达了同样的道德指责。然而当我们引入语速这个维度，它们对于音变机制的影响是可以区分的。在处理最小努力原理时，惠特尼指出：

> (16) 我们可以称之为惰性，也可以称之为节省……当放弃多于收获时就是惰性；而当获得多于放弃时就是节省。(1904：70)

音节长度跟发音目标的接近程度有规律地联系在一起，不仅对于音节核心，对于音节边缘也是如此。[①] 与惰性相联系的低水平努力一般是跟慢语速相关，而与粗心有关的低水平努力则跟快

① 这个适用于进行中的变化以及稳定的语言变异。第一卷中的表 18.1 说明了缩短了时长的后接音节是如何限制费城受访者卡罗尔·迈耶斯(Carol Meyers)/æh/音的升高的。

语速相关。因此，对于粗心的说话人，低水平的注意和努力指向正确的言语规范，将会跟更短时间的机械时间效应相结合，来减少产生的语音信息；而对于懒惰的说话人，时间效应将会在相反的方向上运作。

另一方面，无知跟节奏或最小努力原则并没有直接关系。如果惠特尼所描述的说话人确实不了解古典和久远的用法以及有价值的区别，那么他们语言的变化就不能归因于最小努力原理。因此，在合并的过程中，那些知道 *whale*（鲸鱼）和 *wail*（哀嚎）的区别的说话人可能会因为粗心或惰性而忽视这一点，然后他们的孩子会因为不知道这个区别而完成这种语音变化。[①]

语速

语速可以被视为音变的一个独特因素，因为语速的变化可以不受人们讲话努力的影响。布龙菲尔德指出，冯特（Wundt）把音变归因于语速的加快，而语速加快又可以归因于语言社区在文化
19 和一般智力上的进步。跟同时期的其他看法相对立，冯特认为这种变化并不是人类失误的结果，而是智力行为的产物，把语速的加快与智力的提高相联系。人们普遍认为，形态音位的缩简所包括的附缀化、词中音省略、单音化、辅音串简化以及同化现象都跟快速语音规则相关（Dressler and Grosu 1972, Gay 1977, Kaisse 1977, Beckman et al. 1992）。其中有些缩简现象随着时间推移，

---

① 在这种情况下，因为浊辅音/w/与清辅音/ʍ/之间的区别在拼写中仍然体现了出来，而且一些学校也一直在教授这种用法，因此可以说年轻一代在正式言语中未能习得这一形式是由粗心、惰性和无知造成的。

逐渐规则化，成为语言中更为正式的结构或深层形式。① 桑可夫和拉伯奇（Sankoff and Laberge）在 1973 年报告的新美拉尼西亚语（Tok Pisin）[1]母语说话人跟第二语言说话人之间的一个典型区别就是母语说话人语速要快得多。我们随后将考察因语速加快而发生的语言变化。

交际中的非连续性

对语言变化的一种更为普遍的解释是布龙菲尔德在他的方言地理学研究中提出来的，本书第 1 卷的第三部分对此有充分的引述。在论述欧洲本地方言之间的高度分化时，他这样写道：

(17) 造成本地语言强烈分化的原因显然应该是密度原则。每一个说话人都在不断地调整自己的说话习惯适应对话人；放弃自己一直使用的形式而采用新形式。可能最常见的做法就是，改变语音形式的使用频率，既不完全抛弃任何旧的形式，也不完全采用对自己是全新的形式。然而，同一个定居地、村庄或城镇的居民，主要是彼此相互交谈，而不是跟外地的人交谈。当一种说话方式的革新在一个地区传播开来，这种传播的界限必定是沿着口语交流网络的一些薄弱的边线，这些地形线，就是城镇、村庄和定居地之间的边界

① 霍克（Hock）1985：352—354 举了一个有特色的例子，古爱尔兰语中相对标记“yo”的减少，这导致把后接辅音的弱化重新阐释为相对化的信号。

〔1〕 新美拉尼西亚语：巴布亚新几内亚使用的一种以英语为基础的克里奥尔语。——译者

(Bloomfield 1933:476)

如果事情真是这样,解释语言变化扩散的大部分问题就可以简化为一种简单的计算。考虑到上述变异的程度,交际网络中的非连续性必然会导致相邻地区的方言朝着不同方向随机漂移。尽管布龙菲尔德认为自己的假设难以有实际经验的证明,但还是可
20 以通过对于车辆交通和电话通讯的统计数据来检验。基于每日平均交通流量对美国东部方言边界所做的考察表明,除了一个例外,布龙菲尔德的假设对所有边界都是适用的(Labov 1974)。此外,密度原则表明我们不必去寻找在语言变化扩散背后的推动力。这种作用是机械性的必然发生的,其中隐含的假设是社会的评价和态度起着次要的作用。

语言和方言接触

探讨语言变化的原因不能不考虑到一个系统对另一个系统的影响。关于方言接触对语言变化的影响的广泛研究,可以参考特拉吉尔(Trudgil 1986),科斯威尔(Kerswill 1993),钱伯斯(Chambers 1995)以及威廉姆斯和科斯威尔(Williams and Kerswill 1999)的著作。本书则是主要关注那些来自语言系统内部的变化,其中的因果关系问题表现为最尖锐的形式。

交际功能的优化

近些年来,一些语言变化的理论把这个过程描述为一个追求信息交流最大化的平稳运行机制的一部分。语言变化不再被当作

是对交际的干扰，反而被视为以最省力的方式获取最大量的信息流。这些论述中最为显著的就是马丁内(Martinet 1995)的功能理论。他认为大多数音变受到音位区分最大化的需求所控制。音位改变发音的目标位置和分布范围，以保持它的安全边界。语音系统的不稳定性是由于存在两种对立的压力：一种是人们心理上对于对称性的偏好，另一种是发音器官的不对称构造。于是有一种倾向是在口腔前后对舌位高度用同样数目的区分来保持对称性；而另一种倾向则是在口腔后面用较少的高度区分，因为用来区分后元音的生理空间比较小。

在很多支持马丁内观点的实证研究中，有两个研究最为重要。莫尔顿(Moulton 1962)指出在瑞士北部，/aː/音位变体的位置主要决定于前面和后面的其他低、中长元音的配置。奥德里古尔和尤兰德(Haudricount and Juilland 1949)的研究表明，在相当多的语言中，音核/u/和/o/的前化跟后元音的高度从4度减到3度有关。在本书第1卷，我们可以看到，由于美国英语方言中先前有长开元音和短开元音/o/合并，并且那里的后元音仅有三种高度，仍有大量的长后元音前化现象，这就使他们的观点的说服力有些减弱。利钦兰茨和林德布卢姆(Liljencrants and Lindblom 1972)回顾了已发表的研 21
究报告的元音系统和数值模拟，支持元音最大分散的倾向。

本书第1卷第20章认为，元音的链式音变可以被视为支持马丁内以交际效率最大化的方式保持安全边界的原则。这里提出的音变机制取决于误解所造成的后果：在较小安全边界方向上的边缘元音的发音比那些在较大安全边界方向的元音更容易造成误解。因此，为语言学习者提供的数据库中发音样品的平均数会朝着较大安全边界的方向移动，并且音位的分布范围也会朝着这个方向扩展。在这一机制中，功能解释的目的性方面消失了。不过，链式音变的功能解释中仍有两个主要问题未能解决。首先，它没有解释跟链式音变同样或更为常见的大量的合并现象（见第1卷，第10—12章）。其次，它也没有说明任何使元音系统发生移动的驱动力。

最近解释语言变化的努力更多地取决于规则系统的抽象特征。金（King 1969）主张用规则简化的形式来解释所有的语言变化，他后来又收回了这个想法（1975）转向一种考虑社会因素的多元理论。凯帕斯基（Kiparsky 1971，1982）认为语言变化倾向于支持规则的馈给关系，使规则应用实现最大化，并且还倾向于使不透明度最小化而使透明度最大化。第1卷中提出最典型的音变是音位在低级抽象水平上的语音实现的变化，即后词汇输出规则。这些规则的对称推广将代表规则的简化和应用的最大化。[①] 第1卷第8章还提出链式音变可以作为单一过程来处理，跟平行音变的性质没有区别。这样，规则系统化的解释可以跟马丁内的功能解释相互竞争。

对音变各种原因在什么程度上可以被看作是语言对于自身环境和环境需求的适应呢？这里我们必须在交际的便利和交际本身之间做出精细的区分。有很多因素涉及简省交际行为所需要的精
22 力和体力。最小努力原理是一种便利的形式，跟规则简化（便于

① 平行观点产生于基于制约机制的优选论。一条规则的普遍化相当于在一个更普遍的制约等级中的提升。

习得和发音)和透明度最大化(便于解释和习得)一样。另一方面,正确的功能解释通常以传递信息最大化为基础——或者是通过增加信号中的信息总量,或者是通过让接收者注意特定信息来实现。

现在,我们对那些重要学者在语言变化方面的悲观论点(11,12,13)可以有更清楚的理解。每一种解释提出来,就有另一种竞争性的解释来说明同样的变化。元音大转移可以看作是面对使长元音升高的某种未知力量而保留区别,或者是音位系统简化中元音提升的普遍化。不仅对每种现象都有竞争性的不同解释,而且其中大多数解释还都能做出相反的预测。因此,保持任何给定的区别,如/w/和 /ʍ/ 之间的区别,都传递了更多信息,但同时也增加了学习语言的难度——不仅因为多一个区别需要保留,还因为对立的单词是标记性发音。从前元音变到后元音的普遍性简化了系统的结构,但同时也经常引起后元音的合并。

有一个更深层次的问题使得所有这些解释都不能尽如人意。它们全部依赖于语言结构有机体的一些永久性特征,而音变的典型特点就是偶然性,以不可预测的速度加快进行,并在不可预测的时间结束。布龙菲尔德对问题的这一方面非常清楚:

(18) 每一种可以想到的原因都已经提出了……然而没有一个恒定的原因可以解释特定的变化发生在此时此地而不是在彼时彼地。

索绪尔在这一点上的论述更为详细:

(19)……为什么这个现象发生在这个时间而不是另外的时间?同样的问题可以用于先前提出的所有音变原因,若是认为它们能够成立。气候影响、种族倾向,以及最小努力趋势都是恒定持久的:为什么它们的动作却有偶然性,时而在音位系统的这一点,时而又在另一点?(Saussure 1959:15)

梅耶(Meillet)对这些问题做出了一个准确的回答:

23 (20)从语言是一种社会惯例的事实看来,语言学是一门社会科学,而我们能用以解释语言变化的唯一可变因素就是社会变化,语言变异只是其结果,有时是直接的,更多是间接的……我们必须确定跟一个已知的语言结构对应的是哪种社会结构,并且社会结构的变化通常是怎样转化为语言结构的变化的。(Meillet 1926:17—18,作者英译)

这段引文出自梅耶于1906年2月在法兰西学院就任讲席教授的任职讲演,随后的一系列讲演也都是致力于这个研究计划。梅耶的社会性理论采用了关于言语社区中社会关系的既定事实,只是偶然涉及言语社区内部的方言差别或变异。虽然如此,他的见解仍是本卷对于语言变化采用的社会语言学研究方法的基础。足以令人奇怪的是,在梅耶的时代中,提出语言的社会相关理论的是加百利·塔德(Gabriel Tarde),他认为自己的社会理论是涂尔干(Durkheim)的理论的主要竞争者。

模仿

塔德(Tarde 1873)在《模仿法则》(*Laws of Immitation*)一书中,提出了一种基于个体的"心理互动"的普遍语言理论,跟索绪尔的*语言*作为一种社会事实的概念截然相反。他提出的关于语言变化的理论如下:

> (21) 在我看来,语言几乎毫无争议地是一种模仿现象:它的传播从高到低,自上而下,无论在国内还是在国外,出于时尚而习得的外来词语以及由于习俗造成的同化,口音的蔓延,用法本身的强制,都足以一目了然看出它的模仿特点(Tarde 1873:第 5 章)。

塔德充分讨论了这些创新者表现出的创造性行为的性质。他们被描述为优秀的个体,因"公众"的崇拜而受到模仿。塔德也承认"最小努力原则",但并不认为这是说话粗心大意的产物,而是把它看作"必然的"和"定向的",即倾向于一种有效的简化形式。同时,他坚持认为有一种"语音增强"的补偿力,"其作用是引入一种新的意义或强调表现一种已被接受的意义"。塔德没有把音变看作一种盲目的机械性力量,而是作为一种积极的创造性过程;他认为语义变化和语音变化之间没有明显的区别。

虽然塔德认为模仿在社会层级中是单向的,但这种特征的传
递过程并不一定只限于从较高到较低的社会群体。被主流社会阶 24
层污名化的言语形式能长时间保留,甚至面临污名化还能传播开

来,为解释这种现象,就必须考虑那些在正式场合不易出现的一组相反价值观的存在(Labov 1972b:313)。这种潜在声望的存在已经有了一些确凿的证据(Trudgill 1972,Labov et al. 1968)。然而,如果"声望"一词被允许用于任何可能导致人们模仿的语言特点,那么塔德观点的解释力就会大为减弱。因此,一种语言形式有声望的表现就是它被其他人群所采用。

社会群体的分化与整合

布龙菲尔德的密度原理涉及地理差异,如上面的引文(17)所示。后来,他把这一原理进行了概括,应用到单一社区内部的社会差异,这与最近对于城市社区的社会语言学研究结果密切相关:

> (22)我们认为,一个言语社区内部的交际密度的差异不仅是个人和个人的差异,这个社区分为不同的子群体系统,而在子群体内的人们彼此交流远多于跟子群体外的人们的交流。因此,密度薄弱的线路和相应的言语差异是地域性的——仅由于地理上的分隔——也是非地域性的,或是我们通常所说的社会性的。

这个论述清楚地描述了言语社区内部的社会分化的增长,特别是北方城市中高度隔离的种族群体所使用的方言差异(Labov and Harris 1986,Bailey 1993)。然而,它并没有解释语言变化在社会群体之间的不断扩散,这将是本卷中讨论的一种主要现象,或者就是整个言语社区在语言变化过程中推进的方式。

在研究语言和社会的关系方面跟我的观点最为接近的是斯特蒂文特(Strurtevant 1947)。他把语言变化的过程视为对立的社会群体的社会属性跟特定说话形式的结合。那些把一个特定群体作为参照群体[①]的人,希望获得那个群体的社会标志,采用那个群体特有的说话形式。只要这种社会对立仍然存在,两种说话形式之间的对立就会持续下去,而当社会区分消失的时候,这种对立会以某种方式终结。

1.4　音变的不同类别 25

各种各样的关于音变原因的理论,涉及说话人的生理状态、心理状态,以及社会参数。而这些讨论极少涉及对于不同音变类型的区分,尽管其中提出的很多原因只适用于有限的音变类型。为使这些理论能有实证上的支持,对音变类型进行区分是很有必要的。

语音转移

在所有关于最小努力原理的讨论中,显然作者曾经有意或无意地偏重那些从言语发音中减少了语音信息量的变化上。[②] 而最小努力原理主要适用于发音方法的改变,如辅音弱化、元音缩减和音段的删除;对于那些改变发音部位的音变却完全不适用,例如南岛语的/t/在夏威夷语变为/k/;李壬癸提到的泰雅语斯基昆方言

---

① 在技术意义上来说,参见默顿(Merton 1957)。

② 惠特尼(Whitney 1904)在这一点上可能是最直率的,他的书从头到尾仅有弱化和删除两种音变类型。

(Skikun)的舌尖塞音向软腭音的转移(第1卷:第16—第17章);还有在第1卷第5—第9章所展示的任何一种元音转移。在北方城市音变和南方的音变中,多数元音变化都涉及发音的复杂性和发音用力的增加,如:元音延长、双元音化以及向语音空间顶点位置的移动。很少有元音变化涉及缩短,甚至连双元音音核移向非外缘轨道的松音化也常常涉及音节中的音核-滑音分化的增加。通常,纽约的/ay/从[aɪ]到[ɒːi]的变化和费城的/aw/从[æʊ]到[eːɔ]的变化,包括元音轨迹的长度和复杂性的显著增加。总之,音段在发音部位的变化不能用最小努力原理来解释,也不能用引发这个原理的因素即惰性、粗心和无知来解释。语速的加快也不适用于这类音变。人们做了很多努力来证明这些变化代表一种规则系统的优化,尽管总体看来似乎有复杂化,同样也有简单化。对于主流社会群体的模仿似乎同样不太可能,因为当这类音变引起
26 公众注意时,几乎总是被主流社会群体看不起。当然,音变可以进行社会评价,正如在纽约市(Labov 1966a:第12章)和费城(本卷第6章)进行的主观反应测试所展示的那样。至于哪些音变负载着与社会层级中哪个群体相联系的社会价值,这是个实证性问题。

有很多其他类型的变化跟语音转移相反,这些变化随着时间推移,减少了言语链中的语音信息。尽管弱化、合并和删除在这方面都是相似的,但是它们与前面提到的音变原因有不同的关系。

辅音弱化

有不少社会语言学变量是以语音形式的弱化为特征。对语言变异的研究主要集中在西班牙语的送气音和葡萄牙语元音后的

(s),葡萄牙语、汉语、美国黑人英语中(n)在元音后的发音,以及英语词首送气音的失落和流音的元音化等。在利物浦,我们可以观察到跟格里姆定律相似的现象,现代从清塞音到擦音的弱化,这次是在元音后的位置上。这些都是可以证明最小努力原理影响的范例。由于这些变化可以表现为特征的重组或扩展而不是特征的合并或丢失,它们不容易被解释为是响应规则系统优化的需要。另一方面,它们通常在社会评价方面不如其他社会语言学变量那样有显著标记,而随着听觉监控的增加表现为更为温和的语体变换。因此,模仿和参照群体联系的作用对于涉及辅音弱化的音变可能并不那么显著。

对于进行中变化的实证性研究资料还不多。大部分研究过的变量现在已经相当稳定,尽管它们无疑是在过去某个时期活跃的音变的结果。第1卷第3章给出了塞德格伦(Cedergren 1973,1984)研究巴拿马城西班牙语(ch)的弱化这个进行中的音变得到的实时和虚时的证据。美国英语(l)的元音化似乎是最近有活力的一种进行中的自下而来的音变(Ash 1982a,b)。我们在本卷书的下面几章将充分利用这个现象来理解辅音弱化规则的社会轨迹。

合并与分化

在历史比较语言学中,“音变”几乎等同于合并,因为在历史文献和语言比较中,合并是保留得最清晰的语言变化。因此辨别语
言谱系分节点的创新研究主要集中于这类音变上。最小努力原理 27
是否适用于这种合并是个有趣的问题,我还没看到有这方面的讨论。显然,合并表明说话人提供的信息量的减少,尽管赫罗尔德

(Herold)提出的合并机制把合并作为一种信息的获取(1990;参见第1卷第12章)。人们可以认为合并是最小努力的一种概念类型,正如同变量的持续稳定和句中词语的性数一致,都可以认为是有助于言语发音。

当发音部位的变化伴随有条件的合并时,它们可能对一种语言的语素结构规则产生强烈影响,规则简化的争议也是如此。因此,希腊语、意大利语和罗曼语系以及日耳曼语系中非重读音节的尾辅音缩减的一个阶段里对于尾音和词缀的特征限制极严——主要就是舌尖音。这种现象将导致在很多语法构式的语音表征发生极大简化。

在社会评价方面,合并明显与语音转移是截然相反的。由此可见,社会评价几乎不涉及合并,很难把合并看作是在社会模仿与交往的社会压力下的扩散。美国英语有很多进行中的合并,我们有关于它们社会分布的大量资料。第1卷第14章中关于费城*ferry*(轮渡)和*furry*(毛皮的)的合并和近似合并的讨论为我们提供了对语言分类注意水平的差异的细致入微的观点,这将关系到对于语体在合并中的影响做更深入的考察。

删除

以上讨论的弱化规则经常跟删除紧密相联,删除也可以看作是弱化的最后阶段,也可以看作是与零的交替或合并为零。量化研究跟这类变异的联系比跟其他类型更为紧密。西班牙语和葡萄牙语的尾音(s)和(n)的删除,英语和荷兰语辅音串的尾音/t/和/d/的删除,以及美国黑人英语中/s/语素与零形式的替换,都正好位于音系学与形态学的交汇处，这里我们可以深入研究音变与言语信号中信息之间的关系（第 1 卷第 20 章）。它们当然可以用最小努力原理来解释，特别是在被描述为受信息传递需求所制约的时候。所有这些删除现象也对音节类型的分布有深远影响，并最终影响到音节的标准形式，如法语首音/l/和中间的中性元音的删除。虽然它们的最初形式可能代表语法的复杂性，可是在最后阶段，可以解释为简化。可惜的是，所有这些删除现象都表明与进行 28
中的变化无关，因此我们关于最初和最终阶段的观点仅限于我们能够从历史和比较记录中收集的资料。

在社会评价方面，删除与弱化一样：社会影响都相当有限，远远小于语音转移的影响。例如，我们发现-*t*/*d* 删除的社会分层远不如(ing)交替那么明显，语体上的差异就更小了(Labov et al. 1968)。

1.5　语言与社会之间的狭隘界面

在社会语言学的发展中，有不少学者们一度认为语言的社会方面和语言方面是共存的，每种语言成分都有其社会方面的评价。然而实际情况似乎恰恰相反。在大多数情况下，语言结构和社会结构是相互分离的领域，彼此并无影响。正如上文所述，那些造成明显结构变化的音变，即合并，几乎完全没有任何社会的评价。社会评价的作用，或是正面的或是负面的，一般只影响语言的表层方面：词汇和语音。然而，社会影响实际上并不属于表层：得到污名或声望的不是语言的语音，而是对某一音位的特定变体的使用。所以[iːə]这个音一般不会污名化，因为在单词 *idea* 中它是一种有声望的形式,但在单词 *man* 中却作为/æ/的变体而被污名化。同样地,社会评判并非针对单词 *finalize*,而是词干/faynəlayz/,因为它同样出现在 *finalizing*、*finalized* 和 *finalizes* 这些词当中。

抽象的语言结构与社会评价和社会分化相隔离的证据来自许多方面。在变异的量化分析中,我们发现由内部语言因素增加或减少而造成的变化会在其他的内部语言因素的赋值变化中反映出来,而外部的社会因素的值却保持不变。而当外部的社会因素在分析中增加或减少时,同样的情况也适用(Weiner and Labov 1983,Sankoff and Labov 1979)。当语言因素的分析在不同社会阶层或在男性和女性中独立进行时,很少能发现两个社会群体的值有显著差异(Braga 1982)。尽管社会标记变量的总体水平在不同年龄组或不同社会阶层可能会有很大差异,但内部制约却显示

29 出显著的稳定性(Kroch 1989)。在那些有关语言及其社会评价的社会语言学访谈中,受访者几乎从来不会自发地谈论一种对立的有无,或是规则条件的差异。另一方面,我们也将在本卷书中给出证据,证明对于某些特定音位的语音表现有很强的社会反应,以及对于一些特定单词语音表现的社会评价。在某些情况下,特定语法形式的有无也会受到评论,不过这主要是肩负着加强文学传统责任的那些人。①

语言中社会成分和结构成分的相对分离是区别不同类型音变

① 这个总结存在例外:现代英语中的否定一致就是一例。对这个抽象结构模式,整个言语社区都会以这样或那样的方式显示出敏感性,而不依赖于任何一种表层形式的存在与否。今天,这种社会语言学模式没有明显的变化,但第 3 章将会提供一些信息,说明英语结构中的这种变化是怎样发生的。

可能原因的主要因素。因为本卷书探讨的是社会因素在变化中所起的作用，所以我们将主要关注最可能在使用中高度分层并在社会认知中有较强评价的那些语言成分。

1.6 创新者的社会位置

斯特蒂文特(Sturtevant)对于音变扩散的观点是以他对于20世纪上半叶的社会语言模式所做的非正式却很深入的观察为基础的。他把语言变化的路径解释为社会变化的反映，这直接与梅耶(Meillet 1921)的主张相呼应。然而这几乎没有触及语言变化不断更新的深层原因，并且他在简短的论述中也没有用一种特定变化的进行过程来说明他的观点。本卷书将承担起这一任务，去追溯语言变化在社会结构不同层级中的扩散。我们的目的不仅是描述变化的路径，也是为了增进对其根本原因的理解。这里的策略是把传统上“语言为什么会变化?”的问题变为一种不同的形式：“谁是语言变化的带头人?”

很多前面引述过的音变研究的早期学者指出，如果能够知道语言变化最初是从哪个说话人开始的，那将对研究大有帮助。如果社会因素跟音变过程的起始和持续确实有联系，那么了解这些创新者的社会
阶层、性别、种族或职业的情况将非常重要。对于那些把音变视为恶 30
行的人来说，这种探究有些像是刑事侦查。正如惠特尼所写：

(23) 这种语音变化……是不可避免的，并且会潜移默化，而这仅是另一种说法，我们不知道谁应为它们负责。罪有应得,而总归是有人把它们带来的,只是我们能不能找出他(Whitney 1904:43)。

上文(15)中引述的惠特尼把创新者描述为"粗心大意的说话人……对他们来说,一时的偏好胜于过去和将来的任何事情",这是在上层阶级眼中对社会最底层的经典描述。这种推测跟通常人们对于音变的负面看法相吻合。但是惠特尼在理论上并没有完全说明对于这些语言损害者的追寻,他显然把反对创新视为一种社会忠诚:

(24) 新的方言总是在平民中兴起,而受过教育的知识阶层的言语仍然保持原状(Whitney 1904:44)。

在谴责语言变化的影响时,惠特尼呼吁采取社会行动来进行抵制,以下是前面引文(15)的全文:

(25) 那些粗心冒失的说话人出现完全令人遗憾的失误,他们把本应细心区分的成分混淆起来,还把重要的区别删除——所有这些都是语言不断变化的一部分……它们与那种健康的希望保留语言完整性的最好的公众情绪相背离(1868:84—85)。[①]

① 这些引文中强烈的道德色彩,反映在19世纪对这个论题的思考特点,可能会有误导。实际上,惠特尼对音变影响的看法比这些引文中的道德色彩要更为客观。他把"语音堕落"看作"语言的生命与成长"中的主要创造动力,他在1904年的第三次讲演完全说明了这一点。

总之，那些把最小努力原理当作语言变化主要因素的语言学家会在社会最底层寻找最极端的进行中的语言变化的例子。在一定程度上语言变化的原因就是言语社区内部交际的中断，造成对于规范标准的忽视，我们也希望在社会最底层中找到变化的引领者。然 31
而，塔德的预测正好相反，他认为语言变化总是由社会最上层的群体发起的。冯特与塔德持同样观点。他们都认为语速加快造成的简略表明言语效率的提高，这是最有知识和教养的说话人的特点。

鉴于这种根本分歧，似乎对音变创新者的社会定位会有重要的理论后果。费城语言变化与变异研究计划（简称 LCV）接受了惠特尼引文（23）提出的挑战：找出那些造成音变持续过程的社会群体。按照梅耶的观点，音变过程必须通过音变与社会力量的相互作用来解释，我们可以通过在多维结构的言语社区中描绘出音变引领群体的位置，从中找出这些社会力量。

弧形模式

如上所述，据语言变化原因的早期理论推测，变化创新者是在社会最高层或最底层。在马撒葡萄园岛（Labov 1963）和纽约市（Labov，1966a）最早对进行中的语言变化所做的社会语言学研究中，这两种模式都没有发现。关于语言变化机制的第一个普遍的社会语言学模型（Labov 1965）提出，系统内的变化可以发源于任何一个社会群体，并遵循斯特蒂文特所建议的，逐渐散布到每一个相邻的社会群体，直到最后以某种形式传遍语言社区的所有成员。

克罗齐（Kroch 1978）指出，没有例证表明系统性的语言变化（与从外部借入或自上而来的变化相对）是发源于上层阶级。他提出一个二元模型，其中自然的语言变化是工人阶层说话人发起的，而中产阶级和上层社会的说话人会抵制这些变化，把自己的言语修正为跟自然变化相反的方向。

在早期对于自下而来的变化创新者的社会位置的讨论中(Labov 1972b：294—295)，已经明确了最高社会阶层“通常”并不是创新群体，但又指出创新从最低社会群体开始向上的扩散“很少
32 发生”。[①] 与此不同，我们发现创新群体总是处于工人阶级的上层或是中产阶级的下层，而且在很多情况下，这两个群体在口语中的变化进度几乎是相同的。因此，从语言变化的视角来看，社会阶层的关键划分并不是中产阶级与工人阶级之分，而是中位性群体与两极性群体之分。

从这些考察中形成了**弧形假设**：稳定的社会语言变量呈现为一种单调的社会阶层分布，而按照年龄组的单调分布跟社会阶层的弧形模式相联系。这一假设的主要证据来自纽约市(oh)、(ay)、(aw)的高化(Labov 1966a)，诺里奇(el)的后化(Trudgill 1974b)，巴拿马城(ch)的弱化(Cedergren 1973)。图 1.1 据塞德格伦(Cedergren)巴
33 拿马城的研究数据做出：图中显示为(ch)弱化指数随说话人年龄降低而稳定升高以及社会阶层领域的弧形模式的特征耦合。

费城语言变化与变异研究计划(LCV)是为了在一个言语社

① 这一说法是假定对社会层级划分为两个以上的成分。划分社会阶层的实际依据似乎并不重要：有些支持下文所述的模式的是来自以教育为阶级标识的研究；另一些则来自以职业为阶级标识的研究；还有的把综合指数作为标识。如果不把社会层级分出三种或是四种，弧形模式将不会出现。因此，从研究进行中的语言变化的观点来看，按照上层和下层或者中产和工人阶层对社区的描述并不能提供信息，实际上还可能掩盖正在发生的语言变化。

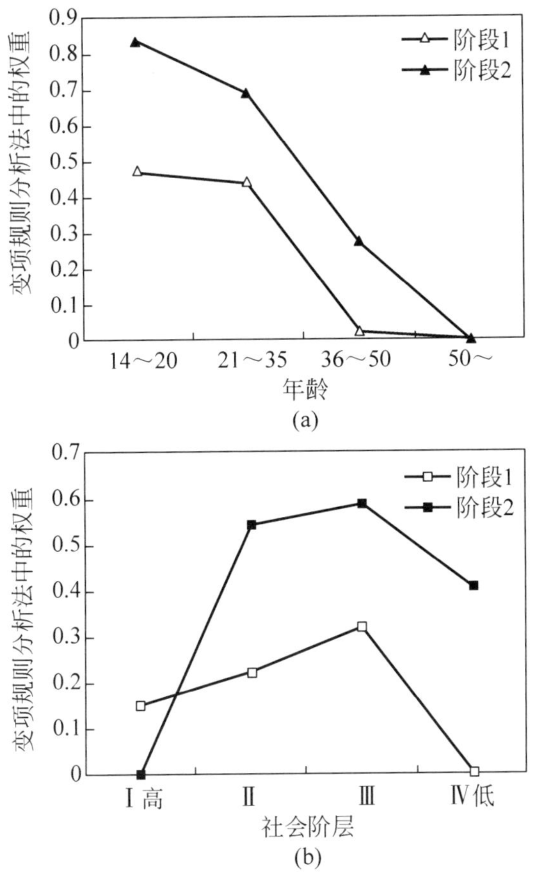

图 1.1　由变项规则分析法的权重展示出来的弧形模式，显示了巴拿马城辅音(ch)弱化的社会制约因素。阶段 1：弱化的塞擦音。阶段 2：擦音。图(A)：年龄的单调函数。图(B)：社会阶层的弧形函数(改编自 Cedergren 1973)

区检验弧形假设，其中有三分之二的元音涉及进行中的语言变化。第 1 卷第 3 章说明了对虚时中变化的研究结果，并且用实时中的考察作为支持，从而在元音系统中建立五个层级的变化。在这里描述的十一种变化中，对弧形假设最重要的是那些有活力的新变化:*out*、*down* 等词中(aw)的前化和高化;*made* 和 *pain* 等闭音节词中(ey)的高化和前化;*right* 和 *fight* 等词中清辅音前(ay)的央化。本卷第 5 章将描述这些变化以及其他变化的社会分布,这将提供充分证据对弧形假设做出证明或反驳。语言变化引领者的社会地位将在很多其他社会维度中得到进一步的考察,其结果将用来阐明并可能减弱达尔文悖论。

1.7 个人、群体、社区

很多社会语言学的学者,包括那些在本书中起重要作用的学者,都认为社会语言学分析的重点应是个体说话人,而不是群体(L. Milroy 1980: 133—134, Douglas-Cowie 1978; Fillmore, Kempler, and Wang 1979)。如果这种策略的最终结果是为更加深入地探索社会群体内部的组成情况,那它很可能会颇有成效。本卷的研究将从社会结构中较大的组成部分开始,越来越细致地进行分析,直到把语言变化的引领者定位于特定的个体。我们的主要数据库是费城街区研究中的 112 位说话人,他们的元音系统已做了声学分析。语言变化的引领者将被定位在一个特定社会阶层中,特定的性别里面,在本地社交网络的特定位置上的离群值。为理解在语言变化中所起的作用,我们必须集中关注少数几个人。我们将研究他们的个人自述、社会经历以及人生哲学。这种对于个人的关注跟 1966 年我在纽约市研究的观念并不矛盾,当时认为只有对社区整体的社会语言模式做出描述之后,才能理解单个说话人的行为。

这种考察不是为了寻觅个体说话人，而是为了寻找社会定位和社会类型。语言变化的引领者并不是某种语言形式的个体发明 34
者，而是那些因他们的社会经历和行为模式，最积极地推动进行中的变化的人们。在追寻语言变化的底层作用力的过程中，我将会按照梅耶的观点，拒绝把社会因素降低为个体的社会心理——即塔德发明的“心理互动”。这种方法延续了文莱奇（Weinreich）、拉波夫（Labov）和赫佐格（Herzog）在 1968 年提出的研究方案，中心理念就是语言研究的主要对象并非个人话语而是言语社区。当然，我们对一个社区研究得足够深入时，不可避免地就会发现每个人的语言模式都跟别人有所不同。然而，这独特的对象，单个的说话人，只能理解为是独特的社会历史的产物，是定义这个人的所有社会群体和社会类别的语言模式的交汇点。语言分析不能识别个人语法或个人音系。个体的规则或制约条件将无法解释，对交际行为也没有任何贡献。从这种意义上来说，个体不作为语言学对象而存在。然而，每一个体在言语社区所提供的各种用法的资源中都展现出个性的特点。

那些在可问责的社会语言学原理之外工作的人一定是希望单凭几个人的直觉就能足以代表言语社区，并有效描述这种语言——这种情形很少实现。正是由于这个原因，所有的社会语言学者都同意，单个说话人的发音和解释是语言调查的主要内容。本书研究的立场是，这些个人不是语言分析的最终单位，而是用于构建我们感兴趣的主要对象——言语社区的模型的组成部分。

35

第2章 费城语言变化和变异的研究(LCV)

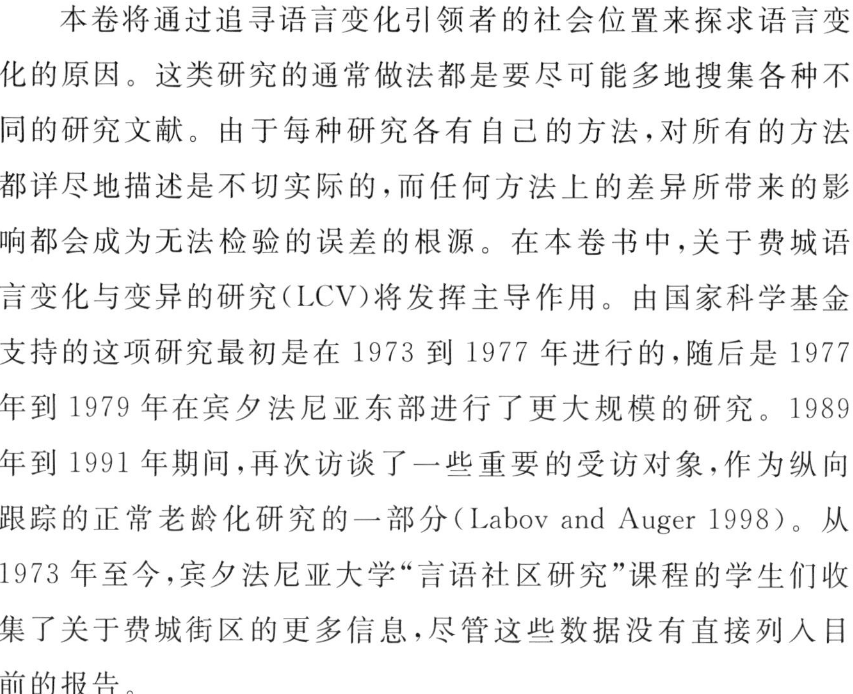

本卷将通过追寻语言变化引领者的社会位置来探求语言变化的原因。这类研究的通常做法都是要尽可能多地搜集各种不同的研究文献。由于每种研究各有自己的方法,对所有的方法都详尽地描述是不切实际的,而任何方法上的差异所带来的影响都会成为无法检验的误差的根源。在本卷书中,关于费城语言变化与变异的研究(LCV)将发挥主导作用。由国家科学基金支持的这项研究最初是在1973到1977年进行的,随后是1977年到1979年在宾夕法尼亚东部进行了更大规模的研究。1989年到1991年期间,再次访谈了一些重要的受访对象,作为纵向跟踪的正常老龄化研究的一部分(Labov and Auger 1998)。从1973年至今,宾夕法尼亚大学"言语社区研究"课程的学生们收集了关于费城街区的更多信息,尽管这些数据没有直接列入目前的报告。

LCV是专门设计来测试第1章所述的弧形假说。支持这个假说的研究成果最先发表于拉波夫(Labov)1980,随后几年LCV项目的其他研究共时和历时变异的很多成果也陆

续发表。[①] 在以后的十五年中,这些成果为另外三种对进行中的语言变化过程的探索奠定了基础。接下来在每一章中,我们都将 36
首先说明 LCV 的研究发现;然后再介绍费城或者其他地方研究的成果,用来证明、扩充或质疑这些结果。因此,LCV 所用的研究方法对于评估本卷书的结论具有最为重要的意义。

LCV 所应用的实地调查方法在拉波夫(Labov)1984 中已经有过具体的说明。不过,对于社会语言学成果的评论者和初涉这个研究领域的新人来说,他们对定量研究方法的概念通常还是基于我在 1963 年所做的纽约市下东区的研究(Labov 1966a,以下称为 LES),而这个研究到本书写作时已经过去三十多年了。自从 LES 以后,社会语言学的研究方法已经发生了很多变化,在许多方面彻底地改变了我们的研究。这里值得注意的是 1963 年所使用的研究方法有四种局限性:

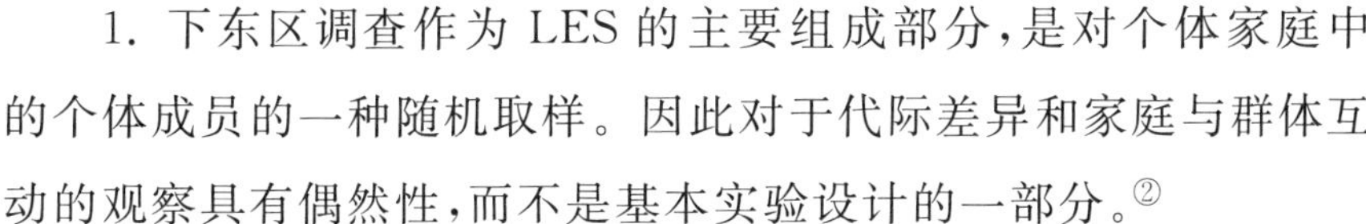

1. 下东区调查作为 LES 的主要组成部分,是对个体家庭中的个体成员的一种随机取样。因此对于代际差异和家庭与群体互动的观察具有偶然性,而不是基本实验设计的一部分。[②]

① LCV 的成果包括了很多研究论题。拉波夫(Labov) 1990 中提供了关于语言变化创新者(性别)社会位置的进一步信息。盖伊(Guy) 1980 和随后的文章探讨了纽约和费城社区的辅音丛简化问题。帕普拉克(Poplack) 1979,1980 和 1981 讨论的是费城社区的西班牙语屈折形式的用法。拉波夫(Labov)1989b 详细描述了费城元音 *a* 分化为紧和松两个类别的情况。佩恩(Payne)1976 和 1980 报告了外来家庭的孩子们习得费城方言的情况。希夫林(Schiffrin)1981 和后来的文章对 LCV 街区研究中的马洛(Mallow)街区做出下文所述的语篇分析。辛德尔(Hindle)1980 描述了电话调查和对一位说话人一整天录音的话语做出声学分析。第一卷中还介绍了 LCV 的其他一些研究成果。

② 在 LES 的 151 例访谈中,只有 50 例是对成人单独进行的。15 例有配偶在场;51 例有孩子在场(从 1 个到 5 个);其他 21 例有另一位成人亲属或朋友在场;还有 14 例是对孩子单独进行的。

2. 为解决观察者悖论并减少受试者对于自己语言的注意力，LES 所用的方法仅仅是在这个方向上试探性的第一步。大部分访谈仍然是来自方言地理学传统的那些问题和回答。因此，可以被称“随意言语”的部分相对较短，访谈中很少超过 10 到 20 分钟。

3. 对音变的测量是基于一个定量的指标，这是把若干主观划分的语音类别按照单向的线性标尺排列而得出的。

4. 对社会语言模式的分析采用交叉列表的方法，最多只能处理社会语言结构的三个维度，不具备多元分析或统计处理的优点。

在其他方面，LES 的研究方法超过了后来的很多研究城市言语社区所用的方法，因此后面的研究可以说既有得也有失。LES 包括一系列收集数据的方法：纽约百货商店的快速隐蔽调查；街头群体
37 互动的记录；对于非受访者的电话调查。LES 的个人访谈中所包含的现场实验内容也比那些后续研究更为广泛，如：读词表、最小对立组测试、自我报告测试和主观反应测试。[①] LES 分析并不仅限于单个变量的社会语言学分布，而是把纽约市元音系统作为一个整体，考察其跨时间和跨社会群体的发展变化。LES 对于社会阶层、语体、年龄和种族的交叉列表的图形显示出社会语言结构的规律性，若是把某个维度的影响缩减为单一的数值，就不会看到这种规律性。这些表现说明了精细分层与简单分层的区别、独立作用与互动作用之间的区别，这些都是形成音变扩散的社会语言学假设的重要组成部分。

LES 把言语社区的个体成员作为分析的中心内容，而后续的

① 在随后从 1965 到 1968 年的南部哈莱姆区非洲裔美国人英语口语（AVVE）的调查（Labov，Cohen，Robins and Lewis 1968，或称为 LCRL）扩展了这些实验方法，包括模仿实验、家庭背景测试、教室更正测试和口语更正测试。

研究却经常局限于用平均值做数字陈述。[1] 内森(Nathan B)不愿按照流行的规范改变自己的说话方式;盲人莫莉(Mollie B)因为自己双目失明而对他人言语中的社会语言学变量特别敏感,而对于自己语言中的变化却毫无察觉;史蒂夫(Steve K)的社会语言经历使他回到布鲁克林区而一事无成;上述各种偏颇的立场正是对社会语言结构的一种说明。①

本章在内容分配上将说明 LES 研究方法上的局限性怎样在 LCV 研究中得到克服,同时又保留了其中的很多优点。接下来的章节会对用这些方法取得的结果进行说明,通过一系列定量分析和对单个说话人的描述提供出语言变化创新者的准确形象。在介绍费城言语社区和怎样对它进行研究的过程中,会有对研究方法的一般说明。

2.1　社区取样

一般取样问题

社会语言学研究首先遇到的问题是研究对象的规模和复杂程度。正如第 1 卷第 16 章所指出的,新语法学派对于城市方言的变 38
异感到灰心。在上一章的最后一节提出了这样的观念:我们研究的主要对象不是个人,而是社区;不应低估获取一个社区的准确描

〔1〕 下面举例的三个人的语音表现在后面的章节中有具体的描述。——译者

① 在 LES 研究中,个体说话人经常是例外的情况。对于典型的个体说话人的描述也能说明这种普遍的认识。这是哈莱姆区研究(Labov et al. 1968)以及里克福特(Rickford)在圭亚那研究(1979)的实践 。

述的问题。20 世纪下半叶社会语言学研究做出的第一个贡献表明,这种变异并非杂乱无章,而是形成良好的规则制约,它确实是语言结构的一个方面。LES 研究显示,纽约市的语言并非使早期方言研究者心灰意冷的混乱语流,[①]事实上是相当有规律有系统的。LES 研究表明每个人都按照相同的社区语体转换模式,并且在给定的语体情境下,整个社会可以整齐有序地进入规则性模式。此外,公众对于城市内地理变异的普遍看法似乎根据不足。如同伦敦和巴黎一样,纽约市方言区是单一的地理单位,而传统上的地区标签如"布朗克斯[1]"口音或者"布鲁克林"[2]口音,原本是对社会阶层模式的描述。[②]

社区研究的这些成就需要一种系统的方法来处理抽样问题。对于一个城市社区的准确看法不能仅仅通过研究少数人或者小的群体,甚至不能通过扩展到 30 或 40 人的社交网络而获得。最重要的是,任何以调查者的个人关系为起点的研究方法都不能取得这种准确观点。真正有代表性的语言社区样本必须建立在随机抽样的基础上,即几百万说话人中的每一位都有同样的机会被选中。这种取样需要对说话人逐一编号计数,按照号码随机抽选,并积极找到选中的个人做调查。这个任务非常艰巨,然而并非力所不及。

---

① 例如,哈贝尔(Hubbell)对于纽约人/r/音用法的描述做出以下结论:"大多数纽约人对这些单词的发音表现出一种模式,对这种模式可能最准确的描述就是没有任何模式"(Hubbell 1962:48)。

〔1〕 纽约市最北端。——译者

〔2〕 纽约市东北部。——译者

② 第 7 章将对这个问题进行更具体的说明。尽管费城人都具有同样的结构模式,一些街区还是比其他街区在语言变化的进程中领先一步。

我们可以对这一过程加以调整，通过把编号计数限制在城市的一
个小区；或者通过建立分层样本，把分配名额放在其中的子群；或
者做好预备人选去替补被选中却找不到的人。[①] 此外，出于语言 39
学目的，一个大城市的可靠样本似乎可以通过比较少的说话人得
到：在多数情况下，不超过 100 人。[②] 但是，如果缺少了编号计数
和随机选择这两个关键步骤，人们就不能获得一个大规模言语社
区内部变异的规则结构。遗憾的是，有些城市社区的社会语言学
研究却脱离了这个标准。在很多研究中，任何一个愿意受访的人
都会被选中，只要他或她具有调查者所期望的社会特点来构成性
别、教育等因素的平均分布。[③] 其他的研究多限于调查者的亲友

① 仅仅是联系被选中对象就要花费大量时间和精力。蒙特利尔的研究(Sankoff and Sankoff 1973)通过一种规则系统选择备用目标，对取样程序做出最小调整，从而提高了效率。如果被选中的人不在家或不符合抽样标准，那么在一个系统模式中，将选取距离此人最近的邻居。

② 用于纽约市研究的主要样本为 81 位说话人；诺里奇研究是 60 人(Trudgill 1974b)；巴拿马市研究有 100 人(Cedergren 1973)；蒙特利尔研究是 120 人(Sankoff and Sankoff 1973)；布兰卡港是 60 人(Weinberg 1974)；渥太华是 100 人(Woods 1979)；巴黎是 109 人(Lennig 1078)；里尔是 101 人(Lefebvre 1991)；巴西的贝洛奥里藏特是 76 人(de Oliveira 1983)；圣保罗是 40 人(Tarallo 1983)；阿曼是 154 人(Abdel-Jawad 1981)；开罗是 49 人(Haeri 1996)；德黑兰是 53 人(Modaressi 1978)；阿拉巴马的安尼斯顿是 65 人(Feagin 1979)；布宜诺斯艾利斯是 87 人(Lavandera 1975)；盐湖城是 65 人(Cook 1969)；圣胡安是 62 人(Cameron 1991)；东京是 88 人(Hibiya 1988)；首尔是 95 人(Chae 1995)；格拉斯哥是 48 人(Macaulay 1978)。唯一的例外是底特律研究(Shuy, Wolfram, and Riley 1967)，共访谈了 795 人，但发表的分析中只包括了 25 位受访者。沃尔夫拉姆(Wolfram)后来从这个样本中选择了 48 位黑人进行研究(1969)。

③ 应该认识到，我们经常还要处理可能的政治问题，很多杰出而重要的研究结果是都出自被删减的研究方法。例如：奥利维拉(Oliveira 1983)的贝洛奥里藏特(Belo Horizonte)研究正好处于一个敏感时期，当时的政治事件使录音成为一种被人怀疑的行为。

或熟人,有时这也有着很好的理由。[①] 这类研究将告诉我们很多对社会距离程度敏感的社会语言学变量,说明导致语言一致性和多样性的社会机制。然而除非伴随有大规模随机取样,否则这些研究不能对言语社区的整体结构及其内部变异的规律形成明确的观点。从社区代表性样本得到的研究提供了社会语言模式的基本的最可靠的发现:语体分层和社会分层的独立性,第二高位群体的矫枉过正模式,以及自下而来的变化的弧形模式。

因此我们必须承认在选择实地调查方法中有一个基本矛盾。LES 调查孤立的个体说话人得到的是代表个人语言行为的看法,
40 但并未捕捉到说话人在家里跟家人、在跟一起欢聚的好朋友,或者跟在工作中的上级、同事、下属的不同言语方式。这些个体调查是社会语言模式的主要来源,但缺少我们所需要的如何形成这些模式的信息。另一方面,在社交网络中研究群体和个人会减轻观察带来的影响,并把语言变异跟社会生活的兴衰联系在一起,然而如果不加上更广泛的社会调查,我们就不会知道这些是主要的社会语言学情景呢,还是仅仅其中的几个片段而已。

这些难题可以归结为“抽样悖论”:我们越是相信一个样本代表一个群体,我们就越不相信这个样本能够解释这个群体的行为。

---

① 在本卷中具有重要作用的哈里(Haeri 1996)的开罗研究明显“不是一种随机样本”,而是基于“介绍和友情网络”。米尔罗伊(Milroy)在动荡时期的贝尔法斯特调查也必须依靠这种技术(Milroy and Milroy 1978)。研究非洲裔美国英语(AAVE)到最近的口语录音都使用了这种方法(Labov et al. 1968,Baugh 1983,Labov and Harris 1986,Rickford et al. 1991,Cukor-Avila 1995,Dayton 1996),这些研究在 AAVE 与其他方言区别最大的方面为我们提供了最可靠的资料。基于初次见面的个人访谈的研究对于考察那些 AAVE 与更大社区共享的变异更有用处(成人系列参见 Labov et al. 1968; Wolfram 1969)。

想出解决办法减少这个悖论的影响并不难,但这些办法都会涉及新的难题。我们可以选择一组说话人而不是只把单个人作为取样单位。可惜还没有一种已知的分组列举的方法给出一套详尽的可比较的取样单位。由于住宅是通常的计数单位,我们可以访谈那些居住在每个单位的家庭,从而把 LES 的年轻人样本系统化。如果每个家庭平均有三到四人,那么就必须把抽样单位的数目减少到三分之一,即不是取 90 位个人,而是取 30 个家庭。这可能会在一个维度上提供统计上显著的社会语言分化,比如说社会阶层;但这种维度不会超过一个,因此族群或街区可能还是不受控制的变量。

LCV 的抽样策略

LCV 项目为解决抽样悖论采用了 LES 研究的基本方法,即分别进行两个具有互补的误差来源的调查。LES 的两个样本是在下东区的随机抽样调查和在三家大型百货商场的快速隐蔽调查。前一个调查得到了这个城市一个地区的代表性图景,其中有每个相互作用的个体的大量语言和人口信息。另一个调查提供了整个城市的代表性样本,说话人是三倍于前者访谈的人数,但是每个说话人的语言学和人口统计学方面的信息很少。在费城,我们决定通过电话调查来获得这个城市的代表性图景,受访者是从电话簿中随机选择的。这些访谈相对较为简短和正式。语言信息的主体取自街区研究,按照跟马撒葡萄园岛的小型乡村社区研究(Labov 1963)同样的判断样本。在这些街区中,调查者要对家庭、
邻里和社交网络进行长期的研究,包括对个人和群体录音。街区 41
研究将为语音和语体的变异分析提供详细的人口统计学和语言学

信息,同时直接观察社交过程和交际模式,这些信息可供稳固深入于本地社交网络的调查者使用。

LCV 计划开始于一个广泛的探索阶段,涉及近百名个体访谈,受访者遍布费城及其郊区,还有距城市约 50 英里的费城周边地区的六个小型社区。其中城区的一些访谈后来合并到街区研究,但大部分没有并入。这些访谈所提供的信息跟范围更广的城市信息合在一起,用于选择街区研究的地点。为了说明这些选择的动机,并为后面很多费城的社会语言学研究提供背景信息,让我们先来看看这座城市的社会形象。

2.2 费城概况

很多社会语言学著作都用整章篇幅介绍他们的研究所在城市的历史、地理、人口和文化。尽管这些事实和数字或多或少有其内在价值,可它们与研究的语言之间的关系并不大。似乎跟社会语言学样本的构建最有关系的事实是人口总数和分布模式、城市与其近郊和乡村的经济文化关系、种族构成与定居史、主要产业、人们使用的其他语言,以及会影响交流模式的城市地理特征。抽样计划还需要城市各方面的详细特征:社会和种族构成、他们的名望和住宅建筑。在美国,这种数据有的可以来自人口普查,有的可以来自城市早先的社会历史。费城是一个经过深入研究的城市——属于最有名的城市之列。[①] 我们的研究中最重要的资料来源是萨

① 在社会历史和街区形成的研究方面,费城仅次于芝加哥。

姆·巴斯·华纳(Sam Bass Warner 1968)写的城市历史,杜波依斯(W. E. B. DuBois 1967)的黑人社区史,迪格比·巴尔泽尔(Digby Baltzell 1958)的上层阶级研究,关于费城种族群体的论文集(Davis and Haller 1973)以及西奥多·赫什伯格(Theodore Hershiberg 1981)领导的费城社会历史研究项目的成果。LCV 的最初研究设计就是基于上述研究,在解释我们研究结果时还会不断提到这些参照。同时,我们所需的很多关于本地街区的信息都要取自阿维拉·佩恩(Arvilla Payne)和安妮·鲍尔(Anne Bower)在 1973 年到 1974 年所进行的探索性研究。

人口与地理 42

表 2.1 显示了美国六个最大城市在 1980 年的人口和后来的增长率。费城当时是第四大城市,但是正如表中负增长率所示,它的地位在下滑,现在已落在休斯顿之后。它是一个具有 4,781,000 人口的综合都市统计区的中心,1980 年到 1994 年间实际增长 3%,同时又是一个更大的 550 万人口的综合都市统计区的中心。

表 2.1　1980 年美国的六大城市

	1980 年人口	排名	1980 到 1992 年间的人口增长率
纽约	7,071,639	1	3.4
芝加哥	3,005,072	2	-7.9
洛杉矶	2,968,528	3	17.6
费城	1,688,210	4	-8.0
休斯顿	1,595,138	5	6.0
底特律	1,203,368	6	-15.9

数据来源:美国人口普查

图 2.1[1] 是第 18 次国家交通区域图，显示出费城位于这个综合都市群的中心。这个更大的城市化地区延伸到周围的宾夕法尼亚州五个县和新泽西州的三个县，并与北部特拉华州的威明顿连接。① 尽管我们经常提到从波士顿到华盛顿的东北部城市群，然而在东北方向费城跟纽约城市群地区之间，在西南方向威明顿和巴尔的摩之间，还是有明显的分隔。费城作为城市化地区的人口规模和相对隔离的特点在社会语言学的研究设计上有重要作用。研究显示，人口在一百万以上的城市对周边地区的影响远远
43 超出周边地区对于城市的影响。要知道有 10 万人的小城市的语言特点，一定要先了解周边地区方言的情况，②但对于伦敦、纽约、芝加哥或费城这样的大都市来说，情况则不然。有些特征仅限于在费城的市区范围。短元音 **a** 的松紧分布在费城市区的均匀分布到城外就发生了变化，然而其他特征还是更大地区的特点。其中有些特征是一个平滑的连续统，沿着从纽约到巴尔的摩的轴线逐
44 步变化。从另一些特征来看，在纽约与费城之间有明显的断裂，③而费城与巴尔的摩之间则并没有出现断裂。

---

[1] 详细地图请参阅英文版第 43 页。——译者

① 《北美英语地图集》(ANAE)表明威明顿与费城相同的语言结构最多。

② 参见特拉吉尔(Trudgill 1974b)对英格兰诺里奇的研究，哈比克(Habick 1980)关于法默城的研究，或瓦尔德对肯尼亚蒙巴萨的斯瓦希里语的调查(Wald 1973)，那里的城市方言被看作是几个地区的交汇。

③ 库拉斯和麦克戴维(Kurath and McDavid 1961)以及北美英语地图集都把纽约市划归北部方言区，把费城划归中部方言。其例证为纽约市紧的外缘性长后元音与费城相同元音的明显前化之间的对比。费城一直把 *on* 归为 *dawn* 中的/oh/词群，跟 *Don* 中的/o/对立；这一特征可能是北部与中部方言之间最鲜明的区分。《北美英语地图集》把纽约市和费城都归为大西洋沿岸中部地区，因为两个地区都同样把短元音 **a** 分成紧和松两个类别，并且都有长开元音/oh/的高化。

市区范围

图 2.2[1]是费城近景图,显示出跟这项研究有关的地区。与同等规模的其他城市相比,它的面积并不大,仅有 135 平方英里。有一个商业区——市中心,位于斯库基尔河(Schuylkill)与特拉华河之间。LCV 的一系列研究中都考虑了这样的问题,即图 2.2 所示的城市边界是否为重要因素,或者是否应该以更大的单位即费城综合都市区作为取样基础。我们有证据表明费城作为对整个地区都有影响的语言和文化中心的重要性;而从其他方面来看,城市边线似乎是一条重要的语言分界线。

在第 1 卷第 14 章中,*merry* 和 *Murray* 的近似合并曾被看作更多的是城里说话人而不是郊区说话人的特色。对于市区西北"主干线"郊区的探索性研究表明,这里的短元音 **a** 模式比市区更为扩散。近年来,从城市的工人居住区向新泽西州的毗邻地区有大范围的人口迁移,因此樱桃山(Cherry Hill)地区的研究构成了 LCV 项目的一个重要组成部分。然而,对于新泽西州短元音 **a** 模式的考察显示出与相近的威灵波罗(Willingboro)社区间的显著差异,如图 2.2 所示,那里距樱桃山北面仅 5 英里。费城方言许多其他词汇和语音特征在城内比在城外更为紧密地聚集在一起。因此,LCV 的取样是市区的样本,设计为代表市区范围内的区域,加上在二战结束后由从市区迁出的居民建立起来的两个近郊区(普鲁士王村和樱桃山)。

---

[1] 具体图示请参阅英文版第 45 页。——译者

历史发展

45 费城历史上与语言发展关系最密切的有两个因素:17 世纪和 18 世纪的早期移民模式,以及 19 世纪和 20 世纪的近期移民史。第一个因素决定了主导言语社区历史的基本语言系统,符合"最初有效定居"(First Effective Settlement)原则(Zelinsky 1992:13)。①

46 显然,费城在美国城市中的相对重要性一直在下降。在美国早期历史上,费城一直是政治、经济和思想的主要重镇。费城是由贵格会教派建立的,他们在观念上和政策上的影响贯穿城市的历史。1800 年以前,它一直是国家的首都,并且在 1840 年代被纽约取代以前,一直是制造业的领军城市(Feldberg 1973)。

在 18 世纪的美国众多城市中,费城是个独一无二实行宽容的宗教政策,及其在奴隶逃亡的"地下铁路"上一个停留处的重要位置,反映了贵格会教徒们反对奴隶制的悠久传统。同时,1830 年代和 1840 年代,在富裕阶层与无产的白人工匠和技工之间发生一系列冲突的运动中,贵格会普遍支持那些有财产的选民(Alexander 1973)。

在决定当地方言特点的各种语言因素中,我们发现有些特征是从北爱尔兰来的苏格兰-爱尔兰移民当中共有的。所有东海岸的其他主要城市——波士顿、普罗维登斯、纽约、里士满、查尔斯

① "每当一块空旷的领土有人定居,或者一处早期的人口被侵入者赶走,无论最初的定居者规模有多小,第一个群体能够建立起自立而持续的社会的具体特征,对于这个地区后来的社会和文化地理都具有至关重要的意义"(Zelinsky 1992:13)。

顿、萨凡纳，都采用了元音后的/r/元音化的伦敦模式；只有费城在这个位置上还保留着紧缩很强的/r/音。在肯定句如 *Farmers are pretty scare around here anymore*（这里的农民越来越少了）中 *anymore* 的这种用法在费城相当普遍，这是北爱尔兰地区通行的一种语法模式。费城方言的另一语法特征，如 *I'm finished my breakfast*（我吃完早饭）中助动词 *be* 跟 *finish* 和 *done* 共现的用法，也在北爱尔兰方言中广泛存在。

我们现在所研究的费城，它最初的人口模式已经增加了很多成分。戴维斯和哈勒(Davis and Haller 1973)对费城社会异质性的发展做了详尽的综述(特别是第 6—12 章)。18 世纪和 19 世纪早期的移民主要是英国的新教徒和德国人。尽管费城不像纽约那样是入境移民的主要港口，可是不同种族的群体陆续迁入的模式跟纽约是一样的。这两个城市目前的人口构成都是三次连续移民潮的结果："老"移民是爱尔兰人、德国人和英国人，1840 年代和 1850 年代来定居的；"新"移民是意大利人、波兰人和俄国犹太人，1885 年到 1914 年间到达；还有二战后到北方城市的"最新"移民，是非洲裔美国人和西班牙人。费城社会历史研究计划(PSHP)通过详尽研究 19 世纪下半叶的人口普查资料及其对城市的家庭、工作和居住模式的影响，来追溯这段移民的历史。

表 2.2 引自赫什伯格(Hershberg 1981)，显示了费城从 1850 年到 1970 年的种族构成情况。根据表格最下一行的总人口数，连续的移民潮增加了将近 50 万人口。爱尔兰人和德国人的第一次 47
移民潮使 1850 年的 40 万人口到 1880 年增加了一倍多；爱尔兰移民的第一代和第二代占总人口的 39%，德国人占 16%；加上英国

移民的3.8%,单是移民的增加就达到大约50%。意大利移民人口于1900年开始有显著影响,到1930年,意大利第一代和第二代在二百万人口中几乎占10%。俄国人也占同样的比例,而且大部分是俄裔犹太人;如果再加上15万波兰的移民,这第二次移民潮的总人口就是1970年[1] 195万人口的26.6%,也就是52万人。

表2.2 1850—1970年费城黑人和外裔人口的百分比

	1850	1880	1900	1930	1970
黑人	4.8	3.6	4.8	11.3	33.6
爱尔兰人					
出生	17.6	11.9	7.6	2.7	0.4
第二代		27.0	21.2	9.4	2.3
德国人					
出生	5.6	6.6	5.5	1.9	0.6
第二代		9.6	9.6	4.8	1.4
意大利人					
出生		0.2	1.4	3.5	1.3
第二代			0.9	5.8	4.0
波兰人					
出生		0.1	0.6	1.6	0.6
第二代		0.3	0.3	5.8	1.8
犹太裔俄罗斯人					
出生		0.03	2.2	4.5	1.3
第二代			1.3	5.3	3.2
外国血统全部人口					
出生	29.0	24.2	22.8	18.9	6.5
第二代		30.4	32.1	31.7	16.6
人口总数	408,081	840,584	1,293,697	1,950,961	1,950,098

数据来源:Hershberg等人1981年著作,第468页,表2

[1] 应为1930年。——译者

1970 年的第三次移民潮主要是大量黑人从南方农村迁到北方城市。黑人的人口从 1930 年的 11%增长到 1970 年的 33.6%。但这并未造成总人口的增长,因为黑人取代了那些迁往市区之外的人口:中产阶级上层迁到了西部和西北部郊区,而中产阶级下层和工人阶级则 48
迁到西南部和新泽西州南部。这个趋势在 1970 年代到 1980 年代一直以缓慢的速度延续。1990 年的人口调查显示城市总人口下降到 170 万人,其中黑人比例增加到 1980 年的 38%和 1990 年的 40%。

所有这些快速移民潮引发了住房问题,最终导致兴建两层或三层的联排住房,成为今日费城的特色。[①] 早期移民的住宅风格有些保留下来,其他的则没有了。1850 年代的德国移民来得最早最快,大量聚居在中心城区的东北部。不过自那以后,德裔人口分散在城市的大部分地区中,因此如今在各个地区都没有德裔移民的聚居点了。爱尔兰移民原本更为分散,因为中心地区没有足够的联排房屋来容纳他们,很多人最后就在正规住宅区后面临时搭建的"胡同住宅"中草草安顿下来。不过,他们在南费城以及肯辛顿已有了密集的聚居区。

街区研究的中心问题是构建一个居住区的样本,可以代表过去一百年来习得和形成费城方言的居民人口。

2.3　探索阶段

进行 LCV 研究的第一年,开展了大范围的探索性访谈。我

① 这里参考了 PSHP 报告中的一篇文章(Burstein 1981),其中有着对此最为准确和详尽的描述。

们采访了大约100人,并分析了很多人的元音系统。我们发现费城方言变化的研究将会集中在白人中,因为绝大部分黑人采用的是与纽约、底特律、芝加哥和洛杉矶基本相同的非洲裔美国人英语方言。我们要考察的社会经济阶层范围从中层工人阶级开始(因为最底层的工人主要是黑人和波多黎各人)。由于上层中产阶级大部分已经移居到郊区,代表这个阶层的子社区最好是设在市区范围之外。市区内没有单一地区能代表工人阶级或下层中产阶级,因为城市的各个区域都有不同族群的聚居区并以不同的速度进行社会流动。

借助1970年人口调查数据以及上述有关费城的很多其他的研究,我们选取了五个区域作为长期进行街区研究的地点。

49 2.4 街区研究

把北费城的肯辛顿作为我们主要调查点之一是合乎逻辑的。在19世纪中叶这里曾有很多磨坊和工厂,吸引了大量爱尔兰移民到此定居(Warner 1968:178—183,Binzen 1970:85—99,Clark 1973,Hershberg 1981)。这个地区在费城民间传统中的形象是城中最为强悍和最具爱尔兰特色的区域之一。[①]

我们的第二个和第三个调查点都位于南费城。这一地区的居民主要是19世纪中期从肯辛顿大量迁入的爱尔兰移民,吸引他们

---

① 在费城帮会组织中,最有名的一个叫做K&A(Kensington and Allegheny)。像费城所有的街头团伙一样,这个组织也是以其经常出没的地方而命名的。

的是特拉华河与斯库基尔河沿岸低廉的住房、铁路和造船厂(Clark 1973:135—154)。20 世纪初开始有意大利移民潮定居在南街下面的地区。到 1930 年代这里成为意大利人聚居区(Varbero 1973:264—272,Warner 1968:183—185)。尽管这个时期很多越来越富有的爱尔兰人移居到河对岸的西费城,然而在南费城斯库基尔河边的格雷渡口区以及特拉华河边的"两条街"或彭斯康(Pennsport)地区(即沿着第二街,见图 2.2 中的 3),还保留着爱尔兰人的社区。① 南费城现在已经主要是意大利裔聚居区,是支持意大利裔跟爱尔兰裔争夺城市公共生活主导权的主要发源地。"南费城口音"已经成为费城工人阶级语言的标志,就像纽约市的"布鲁克林口音"的作用一样(见图 2.2 中 2)。

寻找典型的中产阶级街区必须把视线从城市中心转向城市外缘和远处的郊区。② 我们在位于西费城外围的欧弗布鲁克(Overbrook)选择了这样一个地区(见图 2.2 的 4)。19 世纪中期和晚期,当肯辛顿的工厂和南费城的造船厂吸引劳工移民时,西费城只有小村庄、农场和私人庄园(Warner 1968)。整个 20 世纪上半叶,这个地区一直是住宅区。1935 年,这里只有全市 6.8%的工厂,而包括肯辛顿在内的东北地区则占 40%。同时,西费城的北半部,包括欧佛布鲁克公园,已经呈现出明显的下层中产阶级特点:向上流动的意大利人、犹太人和非洲裔美国人。(本研究进行 50

① 最近引起公众注意的几次种族冲突就发生在格雷渡口。这些冲突是由爱尔兰白人青年对黑人居民的袭击引起的。

② "市中心"居住着相当多的上层中产阶级。但是正如我们在其他研究中所发现的那样,他们并不构成完整的街区可以供我们研究居民内部的社会交际。

之际，欧佛布鲁克公园地区的犹太人已经占有很高的比例了。）与肯辛顿和南费城相比，这些地区的居民生活中街区邻里联系强度减弱——至少成年人是这样的情况（Warner 1968）。

对于上层中产阶级街区的选择有两个目的。为了研究费城方言习得（Payne 1976，1980），我们需要找到这样一个地区：那里有相当多的移居来费城的社会地位较高的家庭，有大量不同年龄的儿童在不同时期生活在费城方言环境中。为了费城方言社会分层的全面研究，我们需要一个向上流动的中产阶级人群，他们从费城中部长大，以搬迁到有独立房屋的新的市郊社区为特色。这样一种变动需要完全重建街区邻里关系的纽带。

普鲁士王村（King of Prussia，图 2.2 的 5）是费城以西的一个郊区，到市中心有铁路或斯库基尔高速路上 40 英里的车程。二战以前这里曾是农田，后来这一地区已发展为研究和技术工业中心，通用电气、西电公司、国际电话电报公司（IT&T）以及通用汽车公司的行政管理办公室都设在这里。这些公司吸引了大批白领和技术工人涌入这一区域。

如果没有这个地区上层阶级语言的记录，费城方言研究就会不完整。过去的社会语言学研究都没有包括这个社区的上层阶级。正如第 1 章所述，有些对于音变的解释是基于这样的想法，即新语言形式的传播是通过地位较低的群体从地位较高的群体那里借用；上层阶级代表着这一过程的上限。费城上层阶级在新闻界和文学界是一个声名显赫的群体（Baltzell 1958）。1978 年到 1979 年，克罗齐（Anthony Kroch）通过一系列连锁式介绍引见，使用 LCV 的访谈方法对上层阶级进行研究（Kroch 1996），现在已经构成街区研究整体的一个部分。

街段的选择

每一个街区研究都以“街段”为中心，定义为两个路口之间隔着街道彼此相对的一系列独立住宅，以及街角商店和其他社交场所。我们通常使用两组标准来选择某一特定街区的代表性街段。首先，这一街段应该具有这个街区的整体代表性，如反映在人口普查的房价、职业、外裔比例等数据中。我们一般只考虑那些位于所 51
选街区中心的街段，跟人口成分截然不同的其他地区相隔一定距离。这意味着我们选择的街段都不靠近主要居民为非洲裔美国人的地区。

其次，我们要考虑的是这一街段的社交互动应该有助于实现社交网络的联系。这意味着适合的街段具有以下三个特点：

(a) 居住稳定性，所有住宅都有人居住，很多成人都是从小就生活在这一街区。

(b) 公共空间与私人空间之间有相对的软界面，①居民之间社交程度较高。

(c) 附近有适当数量的购物和娱乐场所，促进较多的社交活动。

我们选择了五个满足条件的街段来代表上述的五个街区。在

---

① “软”与“硬”界面的概念是由丹麦建筑师格尔(Jan Gehl 1977)在其住宅结构对社交影响的研究中提出的。“软”界面是适于居民高度交往，典型特点是可以直接进入的联排住宅，或是前院建有便于人们交谈的低矮围栏；“硬”界面则抑制这种社交。典型的硬界面是那些石头的高围墙，或是用大片草地和障碍物把住户之间彼此隔离。

后面几章中我们将其称为:

	普查区号(Census tract)
肯辛顿的维克街(Wicket Street)	177
彭思康的皮特街(Pitt Street)	42
南费城的克拉克街(Clark Street)	40
欧弗布鲁克公园的 麦楼街(Malow Street)	98
普鲁士王村的南希道(Nancy Drive)	2058

克罗齐采访的上层阶级说话人来自几个不同的街区,不过都用其中最知名的一个街区“栗子山”(Chestnut Hill)来代表(图2.2的6)。

这个街区研究最全面的分析包括了最初试验性调查的几个附属街区的数据。南费城的街区又补充了两个社交网络:因沃索(W. Inverso)在试验性调查中对南费城中心区上层工人阶级的成年人所做的系列访谈,简称为“南费城”;鲍尔(Anne Bower)最后
52 对于第6街和华莱士街的青少年群体的系列访谈。费城北部街区是从菲什敦(Fishtown)和里士满港(Richmond)的工人阶级地区选取的具有代表性的小规模样本。在中产阶级群体中增加了东北部的几个人。不过最系统的可控数据都来自这五个街段的研究。这是我们分析社会交往与社会语言分层和变化关系的核心。

街段是社交网络的定位起点,而不是语言描述的基本单位。这些网络内的家庭与亲友关系不可避免地会使我们的调查超出上文定义的街段范围。然而,工人阶级的街区中社会交往的高度地域化特点,可以保证大部分有意义的社会交往都是在这个街段或邻近地区。图 2.3 标出了维克街研究中 20 个说话人的位置:除了 4 人以外,其他人都位于其原先的"街段"之中。

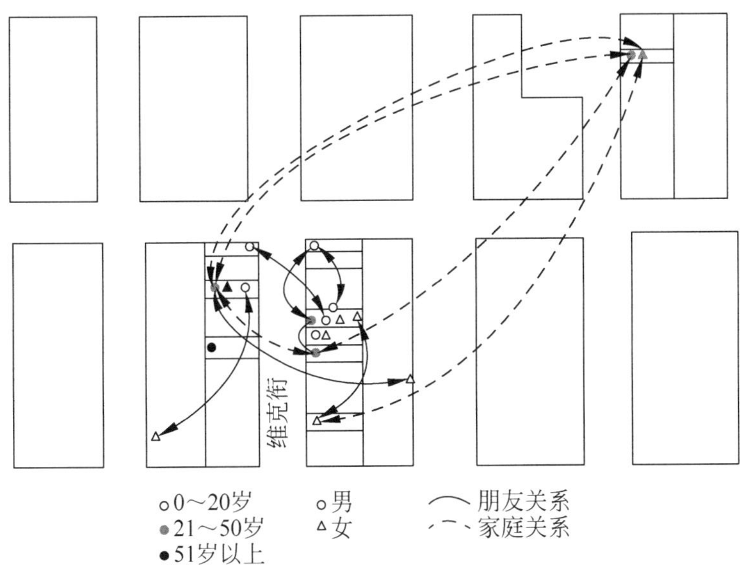

图 2.3　维克街的两个家庭网络

图 2.3 中的虚线表示受访人的家族关系,实线表示朋友关系。这些关系是基于鲍尔用三年时间所做的参与性观察,而不是从一个问题的答案所得到的数据。初看起来,似乎所有这些说话人都是彼此联系的;然而仔细观察就会发现,他们形成了两个完全不同的社交网络。在维克街段的北端,我们发现分别来自莫然(Moran)、哈利(Haley)、康奈利(Connelly)、唐纳利(Donnelly)、丹尼(Danehy)家族的 6 位说话人,跟科科兰(Corcoran)家族 5 位成员中的 4 位有联系:这就是"科科兰网络",其中心就是科科兰家族的核心成员凯特(Kate)。街对面是肯德尔(Kendell)家族,一个范 53
围更大的网络的中心,其中一人来自邻近街段,还有两位亲属住在

几个街段以外;肯德尔家族4位成员中有3位跟其他5个人相联系。唯一的接触点就是通过科科兰家族的小儿子,他跟住在街段另一端的丹尼家族的一个儿子是朋友,丹尼家的这个儿子跟住在几个街段以外的一对年长夫妇是亲戚,而这对老夫妇又是肯德尔家族的亲戚。

这两个网络彼此分离,并有一定程度的敌意。肯德尔家的女性家长麦格(Meg)是一个适合向上流动的人,在我们的研究过程中升职为办公室经理。科科兰家的女性家长凯特则自认不是努力奋斗的人,并对那些争胜好强的人不以为然。在后一章中将把这些人的语言行为和他们的社会行为联系在一起。这里的重要的一点是,现场调查者不能只通过一个联系人进入两个网络。科科兰家不会介绍她去肯德尔家,肯德尔家也不会引荐她去科科兰家。LCV现场调查的总体模式认识这个问题,并要求在任何区域的现场调查都要从几个无关的切入点开始。

在第10—第13章将看到,科科兰家族在我们对于语言变化引领者的追寻中,将会起到重要作用。在街区研究中所使用的现场调查方法和收集数据的技术,拉波夫已经有说明(Labov 1984)。

街段的人口统计学特征

人口普查区域数据

上述街区包括若干人口普查区域。我们所选择的街段就在全部街区中具有代表性的普查区域里。人口普查区域的数据比街段数据包含了更多的信息,使用这些区域信息有利于我们更好地对街段进行比较。

表 2.3 列出了一系列指数，显示出这五个街段在教育、房价、职业和种族方面的差异。以收入和教育指标把这些街段划分为四级：

维克街

皮特街

克拉克街

麦楼街

南希道

房价（或房租）指数保留了这种分级，可是又把皮特街与克拉克街 55
明显区分开来。这两个街段在建筑发展上的差异对于研究文化和种族模式对社会交往的影响起着重要作用。

表 2.3　五个街区的人口普查数据 54

	肯辛顿：维克街	彭斯康：皮特街	南费城：克拉克街	欧弗布鲁克：麦楼街	普鲁士王村：南希道
普查区编号	177	42	40	98	2058
人口	11,215	12,759	13,074	9,325	6,943
社会经济					
家庭收入中位数($)	8,250	9,218	9,186	11,019	15,565
学校教育年数中位数	9.5	9.7	9.6	12.2	12.9
房产价值中位数($)	6,500	7,800	11,000	14,300	28,000
职业					
就业人口总数	4,259	4,948	5,419	4,206	2,460
专业技术人员(%)	4.3	7.4	8.1	13.2	21.3
文职人员(%)	22.9	24.5	21.3	24.5	11.4
技工，领班等(%)	15.9	15.9	18.1	11.8	6.3
服务业工作人员(%)	10.6	13.9	12.4	6.5	4.2

续表

	肯辛顿:维克街	彭斯康:皮特街	南费城:克拉克街	欧弗布鲁克:麦楼街	普鲁士王村:南希道
种族					
本地出生	80.4	76.6	50.7	46.7	83.2
本地出生,父母外国人	16.1	17.8	36.2	39.2	13.7
外国出生	3.5	5.6	13.1	14.1	3.0
籍贯					
(英国),爱尔兰	5.2	2.0	0.9	0.4	0.6
意大利	1.4	2.5	43.6	7.5	3.1
东欧	7.5	12.3	0.9	34.5	3.6
黑人人口百分比	0.0	0.2	0.2	0.1	0.9

资料来源:美国1970年普查

表2.3的职业数据显示出跨越各街区的广泛范围,各街区的区别是数量上的而不是质量上的。最鲜明的对比是专业和技术人员的比例,南希道是维克街的5倍。皮特街和克拉克街又聚在一起,其中克拉克街略占优势。文职人员的比例在所有街段几乎都是相同的,只有南希道例外,比例是其他街段的一半。技术工人比例最高的是克拉克街。

表2.3中关于种族的统计数字有些模糊,因为普查中"外国裔"的定义和原始数字仅包括第一代(非本地人)和第二代。由于爱尔兰和德裔移民在1970年前已经持续一百多年,所以这些数字不能反映维克街的爱尔兰裔美国人实际的高比例。克拉克街几乎一半的居民是意大利裔,麦楼街超过三分之一的居民是来自东欧的犹太人,这些事实反映了最近的移民潮。南希道的外国裔比例最小,那里不少家族是爱尔兰裔美国人,但是他们从当初进入美国社会的落脚处奋斗,比城

内的人群走的更远,这可以从他们的社会地位上推测出来。

这些普查区域中,没有一个区的黑人居民达到显著的比例,只有南希道黑人的统计数字接近 1%。

综合这些社会经济指数可以告诉我们:南希道应该是上层中产阶级街区,麦楼街是下层中产阶级街区,克拉克街和皮特街是上层工人阶级街区,而维克街是中层工人阶级街区。但是很显然,居住在一个街区并不限于其社会经济地位,街区内部的差别范围还是相当大的(参见下文的表 2.5)。

人口普查还为特定街段的研究提供了信息:表 2.4 显示出黑人、18 岁以下和 62 岁以上的人口比例,以及房屋自有和租用的数量。从年龄分布方面,南希道符合我们的预期,儿童比例很高,62 岁以上人口仅有 1%:这是一个最近由年轻夫妇们入住的新社区。这些街段中最明显的区别是租房户的比例:在社会经济地位最低的维克街,58 所房屋中有 16 所是租用的;而南希道所有人都拥有自己的住房。不过这些街段都有一个相同点,这也是费城全市的共同特点,即它们都是主要由房屋业主构成的稳定的社区。

表 2.4　费城五个街区的分块统计数据 56

	肯辛顿:维克街	彭斯康:皮特街	南费城:克拉克街	欧弗布鲁克:麦楼街	普鲁士王村:南希道
黑人人口比例	0.0	0.2	0.2	0.1	0.9
总人口	199	184	227	179	143
18 岁以下人口比例	40	23	42	22	52
62 岁以上人口比例	12	20	6	16	1
住房单元总数	58	59	63	58	31
房主	42	53	59	51	31
租客	16	6	4	7	0

57 街段直观图

我们先来看一看每个街段的地理和社会的布局,也就是进行现场调查的研究人员最初进入街段并与居民们开始接触时所看到的街区样貌。

维克街是一条建有五十座砖结构联排式住宅的狭长街道。这些建筑外观基本一样,只在是否有防风门、铝制窗框和防护窗等方面有些差别。这是爱尔兰裔美国人联排式住宅街区的普遍特点,即住房的外部结构保持不变。这个爱尔兰裔蓝领街区居民的家庭平均分为三种:有青少年子女或已婚子女的家庭、退休的老年夫妇家庭以及在这一街段居住了 30 或 40 年的单身家庭。对男性来说,维克街的职业模式是蓝领工作:男性主要从事体力劳动的工作,如卡车司机、出租车司机和重型建筑设备的操作员,但也有技术工、维修工和熟练的手工业者。还有好几家的户主从事下层中产阶级的工作,如推销员、商店经理等。尽管维克街的社会经济地位相对较低,但在 1970 年代的失业率最低,仅有一家户主失业,另有一个是暂时离职。女性工作主要是文职人员或服务人员,但大多数都是居家主妇。受访居民在学时间的中位值是 10.7 年,比整个普查区域的受教育数据多一年。

皮特街基本上一个是爱尔兰人街区,在许多方面都跟维克街相似。受访居民教育程度的中位值也是 10.7 年。这里的职业女性比维克街多一些,主要从事文职人员、服务员或工厂工人的工作。有几个家庭的户主拥有自己的小企业,或者在百货商店和食品店担任部门经理。总体而言,皮特街居民表现的向上流动性略大于维克街居民。这里联排住宅的外观显示出一派欣欣向荣,外饰更新,改装更多。这要部分地归因于意大利人对于房屋维护的传统(参见下文),以及爱尔兰裔美国人拒绝变化的普遍习惯正在削弱中。

克拉克街在房屋外观上呈现出各种各样的结构和功能的变化。这四十所房屋大部分都进行了改建:窗户加大了、安装了凸窗、更换了外墙砖饰、铺设石材面料、外檐直立、装铁护栏的新台阶等。这种频繁的装修是更为繁荣的意大利裔为主的内城地区的特点。克拉克街的老年人是一些退休的居民,他们退休前的职业都是蓝领熟练工人和白领工作者,与这一街段目前的职业状况相同,如:领班、绘图员、承包商、个体裁缝、油漆匠、裱糊工、保险推销员、汽车销售员和文员等。受访居民教育程度的中位值为 11.8 年,大 58
大高于人口普查区数据中值和其他两个工人阶级街区的中位值。

麦楼街是下层中产阶级区域,这里也有联排式住宅,但总体格局有很大的不同。街道两边种了树,住宅与街道留有空间,街道两边都可以停车。受访的大多数男性居民为白领工作者,如:推销员、会计、公务员、文员、部门经理、小商人等。大多数女性都不工作,有少数从事像小学助理或文员一类的兼职工作。受访居民教育程度的中位值 11.3 年,低于普查区的 12.2,也略低于克拉克街的 11.8。13 位受访者中有 9 人为犹太人。

南希道是普鲁士王村丘陵地带的一条封闭的街巷。这条街上排列着相同的错层式住宅,都有红砖门面、白色铝制墙板、车库、草坪和园艺景观。受访居民的教育程度中位值是 13.9 年,比普查区的总体数值多一年。男性从事的工作是普鲁士王村地区大公司的会计师、推销员、办公室和业务经理,以及部门主管。有一半的女性从事兼职或全职的专业工作,或更高级别的白领工作。

尽管我们最初把这些街区内的居民作为相对同质的人口,街区之间彼此不同,可是显然工人阶级街段内的社会经济地位的范围相当大,比街区之间的区别更大。刚刚提供的这些街段图景的描述表明了各街区的物质基础,从这里再提取其他的人口参数:年龄、性别、社会阶层和种族。我们还要继续在这些街区中测试居住模式的影响,把它作为一种参数用于追溯语言变化的路径。第7章将集中关注街区作为一种社会语言学参数的讨论。第10—第12章的进一步分析将使我们了解在每个街区内支配社会交往的模式。

社会阶级和地位的估测

任何有关社会阶级的讨论都会面临多数美国语言学家在处理这个问题时所遇到的困难。社会阶级的概念长期以来受到美国学术界和新闻界的质疑。一方面,这反映出一种趋势:把“社会阶级”这个词作为左翼思想意识的征兆,会触发我们流动性社会所不相容的冲突。在社会语言学家中更为普遍的是相反的观点:批评美国社会学把社会阶级描述为一种稳定运转的系统,认为社会的不平等是系统的组成部分,并对美国社会内部的矛盾冲突视而不见。

59 第三种经常提到的看法是,社会语言学家采用在美国提出的对社会阶级的描述方法,不加批判地接受了一套标签术语,而没有检验是否适用于所研究的特定社区。这里基本的假设是,用来描述一个美国城市的指标和观念可以扩展用在世界各地的城市研究。亚洲或南美洲的城市研究经常是开篇就驳斥这种社会语言学领域的帝国主义倾向。

在拒绝社会经济分类的过程中,一些学者主张用社会网络数据来代替社会阶层分析。他们不止一次提出,地域网络的密度或多重性可以用来解释语言行为,而不用考虑社会经济分层及其象征性资产的分配。然而,这种局部的调节似乎不能解释规模更大的社会中的社会分层。本卷第 10 章将说明,实际上社交网络的数据对社会经济分析是一种重要的补充,而不能取而代之。

这样不同的意识形态立场使一些研究者拒绝采用社会类别来区分他们的研究对象。相反,他们主张把说话人按照语言变体的频率来分组,然后再考察这些语言学群体的社会特点。这相当于把语言变体作为自变量,把社会因素作为因变量,是一种公认的有效做法,本卷书论述过程中会多次采用这种方法。[①] 当输出群集的数据跟已知范畴相匹配时,这种结果可能会令人满意,但是这些非理论的方法并不总是能够对于提出的问题得出明确的答案。对因素分析维度的解释是有说服力的洞察领悟而不是清晰的论证说明。有些分组没有显示出任何共性。这在弧形模式存在的地方几乎无法避免:费城下层阶级和上层阶级的元音(aw)都表现为低值,这并不表明他们跟其他人相比有任何积极的特征。

因为这项研究的主要目标是理解语言的演化,而不是社会的演化,本卷中的分析将以更直接的程序开始,把语言变量作为因变

① 减少数据集内部变异性的标准方法包括因素分析(也叫主要成分分析),聚类分析和多维尺度。参见帕普拉克(Poplack 1979)、霍瓦特(Horvath 1985),霍瓦特和桑可夫(Horvath and Sankoff 1987),或者第 1 卷第 18 章的程序说明。

量,社会因素为自变量。首要任务是找出哪些因素决定语言变量的水平,而不是根据语言行为构建一种新的社会生活的分析。

60 很多研究美国社会的学生从一种主观角度进行社会阶级的评测,认为阶级最根本的基础是人们赋予不同“人群”“团体”或“阶级”的声望或地位(Warner 1960, Hollingshead and Redlich 1958)。同时,社会根据获取财富来源的不同方式划分层级,这一点可以进行客观的测量。他们还花很大的努力把这些客观指标与声望标准联系在一起。华纳(Warner)以职业(权重 4)、收入、住房类型和居住地区为基础提出客观的“地位特征指数”。职业与主观的“参与评估”之间的相关范围是 0.91 到 0.78(Kahl 1957:43)。在客观指标中,一般认为职业跟其他社会层级概念的相关程度最高,于是努力确定不同职业具有怎样的声望(Reiss 1965)。然而,很多研究者认为多项综合指数(multiple-item index)更为可取。1961 年,邓肯(Duncan)把全国民意研究中心(NORC)调查的职业声望与 1950 年人口普查中关于这些职业的教育和收入水平进行数据匹配,发现声望与教育(r=0.84)和收入(r=0.85)之间高度相关,甚至略高于教育与收入的相关性(r=0.72)。多元回归得出一个表达式,把教育和收入与声望联系在一起,r 值为 0.91(Duncan 1961)。后来这种综合指数的分析方法又有了改进(Nakao and Treas 1992)。

这些综合指数令人满意有几种原因:综合指数有助于解释更多的基于阶级的社会行为,能够发现社会经济地位在不同维度的状态,而各种指数的一致或不一致可以提供社会经济地位模式的更多信息。社会语言学中很大一部分有价值并可复制的研究成果

都是以这类指数为基础的。我们这里检测的弧形假设是以特拉吉尔(Trudgill 1974b)、赛德格伦(Cedergren 1973)和纽约市的初始研究(Labov 1966a)所采用的对于社会阶层的客观量化测定方法为基础建立的。[①]

构建社会经济指数的第一步是为各个指标设立离散的类别。LCV 研究建立了三种指数:职业、教育和房价,各有六个类别,这跟人口普查采用的分类相似。

教育(E) 61

6　专业学院

5　大学毕业

4　大学程度

3　高中毕业

2　高中程度

1　初中程度

职业(O)

6　专业人士,大公司所有人/总经理

5　白领——业主,经理

4　白领——商人、领班、销售人员

3　蓝领——技术工人

① 对于研究美国社会阶级结构的方法早期全面的综述,参见卡尔何(Kahl 1957),更新的有吉尔伯特和卡尔何(Gilbert and Kahl 1993)。研究职业指数及其与声望匹配的方法是由赖斯、邓肯、哈特和诺斯(Reiss, Duncan, Hatt and North)(Reiss 1965)提出并由邓肯(Duncan 1961)、中尾和特雷斯(Nakao and Treas 1990,1992)具体详细阐述的。

2　蓝领——非技术工人

1　失业

住房价值(R)

6　＄25,000＋

5　＄20,000—24,900

4　＄15,000—19,900

3　＄10,000—14,900

2　＄5,000—9,900

1　＄0—4,900

现在,我们来考察一下五个街区的受访者中这些指数的分布情况,看看我们是怎样通过街区研究对费城的社会经济分层成功取样的。图2.4分别标出了五个街段不同指数的百分比的分布情况。在图2.4(a)的职业分布中,我们可以看出维克街和皮特街这两个等级最低的街区很相似,主体值位于蓝领非技术工人。克拉克街峰值为3级,即蓝领技术工人。麦楼街的小样本集中在下层白领职业上。在南希道,业主、店主和专业人士明显占大多数。因此,我们的街区样本中职业分布情况不同于普查区的数据,维克街和皮特街非技术工人的集中程度更高。在这一方面,维克街和皮特街是中下层工人阶级的典型,而不能代表整个普查区。

图2.4(b)关于各街区教育水平的分布表现出相当不同的情况。对于所有街区来说,主要类别都是高中毕业。只有维克街和
63 皮特街居民中有低于高中的情况。南费城的皮特街和克拉克街的峰值同是在高中毕业,但克拉克街有少数人受过高等教育。显然,街段样本更多的是按职业区分而不是按教育程度区分的。

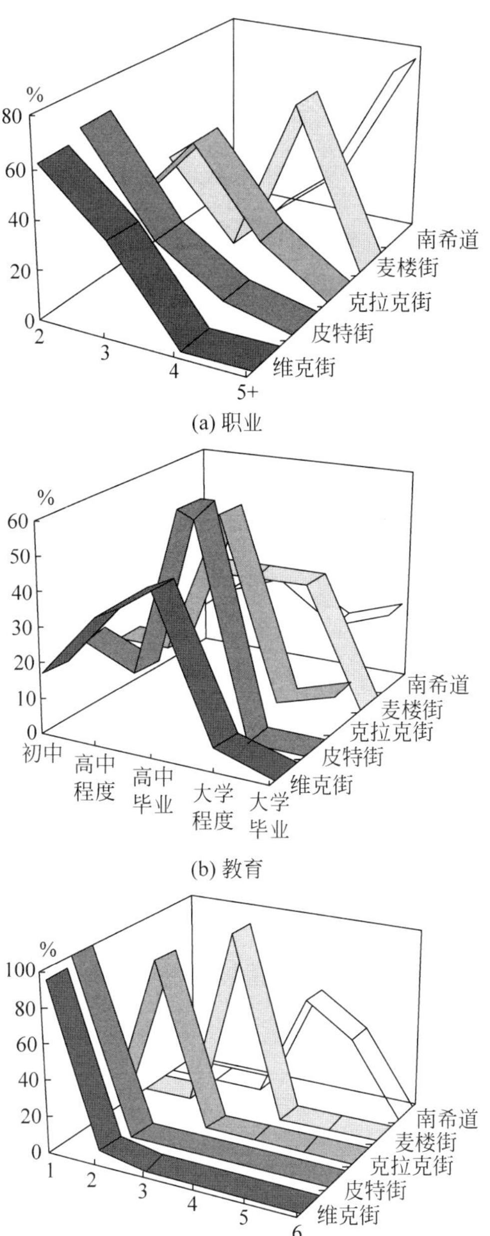

图 2.4　费城五个街区的社会经济指数分布　62

住房价值自然会把不同街段清楚地分出层级,因为一个街段内的房屋都很相似。图 2.4(c) 显示出维克街和皮特街的相似性,正如预期的那样,大部分房屋价值都处于最低的 1 类;克拉克街次之,位于 2 类;麦楼街位于 3 类;南希道是在 4 和 5 类。总之,对街段样本区分最清楚的是住房价值,其次是职业,最后是教育程度。

显然,这三项指标只给出了这五个街段社会经济关系的局部情景,而社会经济状态综合指数(SES)是把这三项评分加起来得到 0—16 的总体测量值。表 2.5 给出所有街段的 SES 指数分布,包括个人访谈和探索性访谈的数据。表中用矩形标示出经过系统研究的这五个街段。可以明显看出维克、皮特、克拉克和麦楼这几个街段的 SES 指数有相当程度的重合。另一方面,我们所有的 11—14 的 SES 指数都在南希道,而 SES 指数 15—16 都来自克罗齐访谈的上层阶级和上层中产阶级的说话人。三个工人阶级群体

64

表 2.5　各街区的社会经济状态指数分布

	社会经济状态指数															
	2	3	4	5	6	7	8	9	10	11	12	13	14	15	16	总数
维克街	1	1	7	5	3	1										18
(里士满)			2		3											5
(菲士敦)				4												4
皮特街		2	2	7	3	1										15
克拉克街	1		1	2	4	5		3	4							20
(南费城)				1	1		2									4
麦楼街						1	1	1								3
(东北区)				1	1			1								3
南希道									2	7		4	4			17
栗子山					1									7	15	23
总数	2	3	12	20	16	8	3	5	6	7	0	4	4	7	15	112

的主体值有规律地上移。而在同一等级的 SES 指数上，不同街区是有差异的。然后多元分析将能够分离出街区成员和 SES 指数各自对于语言变化过程的单独贡献。独立的指标：职业、学校教育和住房价值的图表，呈现出相似的模式。

我们另外增加了社会地位的两种测量来观察社会阶层和状态：一个是*房屋维修*作为社会地位最直观的标志；一个是*流动性*，涉及家族历史，不那么直观的。

房屋维修

在最初研究中，SES 指数似乎把跨街区的社会阶层和语言行为联系在一起，然而 SES 指数并不能反映各街区内部存在的地位差异。街段内的居民对于其他住户维修住宅的情况都很清楚。同是 SES 得分为 6 的几户人家当中，在房屋维修上会有显著差异。一家可能重装了厨房和地下室，另一家改换了室外门厅，还有一家完全没有装修。因为我们感兴趣的是语言变化与本地社会地位之间的关系，做这样的对比会很有意义。

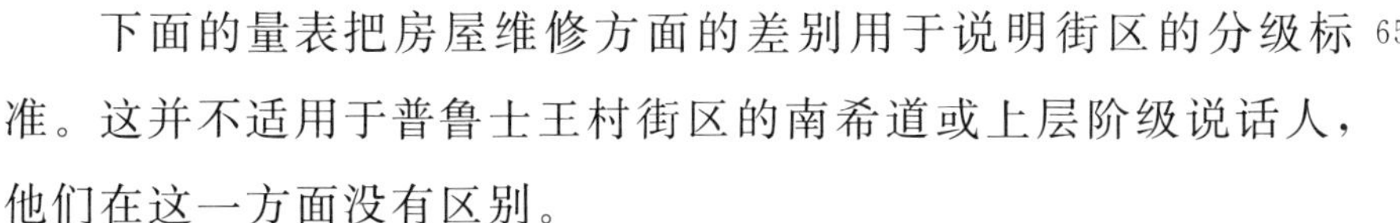

下面的量表把房屋维修方面的差别用于说明街区的分级标 65
准。这并不适用于普鲁士王村街区的南希道或上层阶级说话人，他们在这一方面没有区别。

4 住宅内外重大装修。现代的浴室设备，最流行的家具。新的门面和前门，嵌贴新瓷砖的飞檐，新窗户，门前的新台阶等。得到了人们的赞许。

3 厨房和浴室的内部改装，扩建房间，添置新家具。外部明显的改善是空调、屋前台阶和窗户。当年轻的房主进行这种装修时,显然是要在这里长期居住。

2 保持:只是清洁和粉刷。近期没有现代的装修改善。这样的房屋外观并不难看。邻居们常常为这种跟不上时尚的房屋外表找出理由:“哦,赛丽塔老人住那儿有52年了,”或者“他们是一对年轻夫妇,只是租住在那里。”

1 失修:不符合街段的“维修”标准,没有努力维护房屋的迹象。窗台需粉刷,门已破旧,门前小道又脏又乱。“保持”与“失修”之间的区别通常取决于是谁住这所房子以及邻居们怎样看待这个住户维护房屋的能力。

0 破旧:在这五个街区中不常见。同样,是“破旧”还是“失修”也取决于邻居们如何看待住户维护房屋的能力。

表2.6显示这几种房屋维护类别在五个街区的分布情况。仅

表 2.6 各街区房屋维修指数分布

	房屋维修						
	0	1	2	3	4	无数据	总数
维克街	0	1	**11**	5	1	0	18
(里士满)	0	0	0	5	0	0	5
(菲士敦)	3	0	0	0	0	1	4
皮特街	0	1	4	**9**	0	1	15
克拉克街	0	2	4	**14**	0	0	20
(南费城)	0	0	0	3	0	1	4
麦楼街	0	0	0	**2**	1	0	3
(东北区)	1	0	1	0	0	1	3
南希道	0	0	0	0	0	**17**	17
克罗齐组		0	0	1	0	**22**	23
总数	4	4	20	39	2	43	112

有少数几所房屋标为“破旧”,全都在工人阶级街区。最主要的对比在“保持”和“改善”之间。“改善”与“保持”的住宅比例有规律地从维克街(5:11)增长到皮特街(9:4),再到克拉克街(14:4),然后是麦楼街(2:0)。由此可见,房屋维护这个维度确实可以为街区间和街区内的社会分层增加一个尺度。

社会流动性

以前的一些研究表明,社会流动性与社会语言分层之间的关系跟它与社会经济阶层之间的关系一样,是高度相关的(Labov 1966b,Chambers 1995)。对于稳定的社会语言变量和自上而来的变化来说,向上流动的说话人比其他人更倾向于采用那些有声望的语言形式。到目前为止,还没有人考察过社会流 66
动性与来自下层的变化之间的关系,也没有人尝试对社会流动性的作用进行多元分析。社会流动性指数适用于整个家庭:这是把家中户主的职业与其父母职业相比较而构成的,根据以下的尺度:

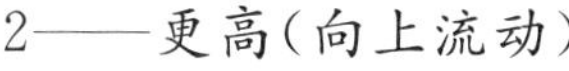

2——更高(向上流动)

1——相同(稳定)

0——更低(向下流动)

表 2.7 显示五个街段居民社会流动性分布的情况。只有很少的人向下流动,[①]在上层群体中也有几个人没能保住上层阶级的

① 在费城,向下流动群体中大部分都是黑人人口,这跟纽约市的情况一样(Labov 1966a)。

位置。总体上,人口在向上流动,这一类占 56%。向上流动的说话人跟稳定不变的说话人的比例呈现出与房屋维护指数非常相似的上升模式,从维克街(8:10)到皮特街(8:7)再到克拉克街(15:4)。麦楼街小样本中只有一人向上流动。南希道的向上流动表现为很高的比例(15:2),这是典型的上层中产阶级的社会经历。在这方面,社会流动性产生的社会分层比房屋维护指数的范围更大,并且除了上层阶级之外,跟 SES 指数的范围平行。

表 2.7 各街区的流动性分布

	户主的职业与父母相比				
	更低 0	相等 1	更高 2	无数据	总数
维克街	0	**10**	8	0	18
(里士满)	0	0	5	0	5
(菲士敦)	3	0	0	1	4
皮特街	0	7	**8**	0	15
克拉克街	1	4	**15**	0	20
(南费城)	0	0	4	0	4
麦楼街	0	2	1	0	3
(东北区)	1	1	1	0	3
南希道	0	2	**15**	0	17
克罗齐组	2	**18**	3	0	23
总数	7	44	60	1	112

67 ## 种族

对费城的定居和移民模式以及街区选择策略的回顾,会使人们预期,这五个街区中的每一个都代表不同的种族。如果要区分街区影响与种族影响，每个街段内部应有一定的种族对比。[①]表 2.8 表明，不同街区确实存在着非常鲜明的种族差异。维克街几乎都是爱尔兰人，与附近的菲什敦一样。里士满的居民具有其他不同背景。克拉克街是意大利人的聚居区。皮特街既有意大利人和爱尔兰人，还有其他种族，我们在选择这个街区时就预料到了。麦楼街的居民都是犹太人。南希道的居民包括盎格鲁-撒克逊人(WASP)、德裔和爱尔兰人，而上层阶级几乎全部都有盎格鲁-撒克逊背景。

表 2.8　各街区的族群分布

	族群						
	英裔	爱尔兰裔	德裔	犹太裔	意大利裔	其他族裔	总数
维克街	0	**17**	0	0	0	1	18
(里士满)	1	1	0	0	0	3	5
(菲士敦)	0	3	0	0	0	1	4
皮特街	0	**9**	0	0	4	2	15
克拉克街	0	3	0	0	**15**	2	20
(南费城)	0	0	0	0	4	0	4
麦楼街	0	0	0	3	0	0	3
(东北区)	0	1	0	1	0	1	3
南希道	**9**	3	5	0	0	0	17
克罗齐组	**22**	1	0	0	0	0	23
总数	32	38	5	4	23	10	112

① 我们对说话人的主要种族和次要种族(父母各自的主要种族彼此不同)进行区分，并把两个变量都输入多元分析，证明次要种族并没有明显的影响，因此我们此处以及下文的讨论都是根据说话人的主要种族背景而来。

67 在种族背景之外,我们还要了解说话人的家族来到美国至今
68 已经有几代人。表 2.9 显示出街区研究中 112 位说话人的代际状况。其中只有 1 位说话人不是出生在美国,还有 16 位说话人的父母不是出生在美国,有 40 位已经是第三代。从我们本章开篇对于移民和定居的说明可以预见到这种不同街区的分布情况。

表 2.9 各街区的代际地位分布

	在美国的代际地位				
	第一代	第二代	第三代	超过第三代	总数
维克街	0	5	**6**	7	18
(里士满)	0	0	5	0	5
(菲士敦)	0	0	1	3	4
皮特街	1	0	5	**9**	15
克拉克街	0	**8**	**8**	4	20
(南费城)	0	1	2	1	4
麦楼街	0	1	**2**	0	3
(东北区)	0	0	0	3	3
南希道	0	0	**11**	6	17
克罗齐组	0	1	0	**22**	23
总数	1	16	40	55	112

69

2.5 电话调查

费城 LCV 项目的基本策略,如在 2.1 节所述,需要再做一种城区调查,用完全不同的误差源补充街区研究的结果。电话调查样本是在费城电话簿上随机选取的电话号码。接通电话后,第一个接电话的人被问到是否愿意协助做费城英语的简短调查。开始的问题

用来确认对方是否出生于费城;如果是这样,就请他允许录音。这种电话访谈时间为 15 到 30 分钟,而街区研究中访谈时间为 45 到 90 分钟。这种访谈相对较为正式,得到的自然言语大多集中于说话人的教育和居住的经历(这常常有相当的扩展)以及这个街区的特点。根据"家庭背景"了解受访者的种族。有一部分是调查对于费城方言的态度,以及最小对立组的提取。总的说来,电话调查比街区访谈更为正式,后者常常有说话人、配偶和朋友进行亲密而兴奋的互动。电话访谈时间更短,可用于研究元音系统的数据总量更有限。有些黑人受访者自称是非洲裔美国人,或直接从说话方式上得出是非洲裔美国人:这些人没包括在分析的主样本中。整个电话调查是由辛德尔设计和进行的,并对此做过详细的报告(Hindle 1980)。

这样,电话调查包含了一些误差来源,妨碍了获取费城方言代表性样本的目标,如:有限的数据,正式的语体,可能还有一些实际上是费城黑人社区的成员而没有确认的说话人。第四个重要的误差源是,受访费城人的选择,有的是电话号码列入电话簿的,有的没列入电话簿(或者没有电话)。幸运的是,我们有一种好方法来发现和测量电话调查中这个源自那些列入电话簿和没列入电话簿的人们之间的差异产生的偏差。在街区调查的 112 名说话人中,我们很清楚哪些人电话号码是公开的,哪些人的电话号码不公开。表 2.10 列出在五个街段和上层阶级的辅助调查中,公开电话号码和未公开电话号码的受访者的数量。总数的 42%到 38% 没有公开电话号码。由于号码不公开是要付费的,我们访谈的大部分人都自然会预料,电话不公开的人数跟社会经济地位相关,中上阶层
中的大多数人会选择号码保密。可是图 2.10 却显示了与原来猜 70

想完全相反的情况:没有一个上层和中上阶层的受访者付费使电话号码不公开。然而,69位工人阶级街区有电话的受访者中,却有38人付费使电话号码不公开。这种情况在维克街、皮特街和克拉克街都是一样的。保密的电话号码占的百分数与社会阶层形成反比,在下层工人阶级的小样本中达到80%。

表2.10 电话号码列入与SES指数[1]

社会经济阶层	未列入	已列入	总数	%未列入
下层工人阶级				
2	1	1	2	
3	3	0	3	80
上层工人阶级				
4	4	8	12	
5	11	9	20	
6	12	4	16	56
下层中产阶级				
7	4	4	8	
8	0	3	3	
9	3	2	5	44
中层中产阶级				
10	4	2	6	
11	0	7	7	31
上层中产阶级				
13	0	4	4	
14	0	4	4	
15	0	7	7	0
上层阶级				
16	0	15	15	0
总数	42	70	112	38

[1] 此处应为SEC,原文有误。——译者

各个街区的调查者可以为这种异常分布情况做出合理的事后解释。在工人阶级街区，电话号码被看作一种宝贵的资源，需要小心保护的社会财产。把自己的电话号码给别人是一种自信的表现。确实，如果不经允许把别人的电话号码泄露出去可能会造成很多社交的矛盾和摩擦。这些封闭的社交网络的成员没有特别的兴趣去接听推销员、收款人、调查员，以及直接社交圈之外人员的电话。另一方面，(相对)封闭的工人阶层网络的成员也不需要联 71
系大范围的圈外人。

中产阶级的情况恰好相反。他们需要让社区组织、专业人士和住在外地的亲友联络到自己。他们有很多开放性的社交网络的联系，使人们从遥远的外地或时隔多年也能找到他们，在电话簿中列出号码就是一种重要的联络途径。经常接听电话的麻烦现在已有自动应答机解决了。对于自己不接电话的上层阶级来说，这从来不是个问题。

电话调查带有一种严重的偏差，就是它难以接近工人阶级网络的那些中心成员。大体上调查中接听电话的人都是社交网络的次要成员甚至是边缘人员。因此，在电话调查中，社会分层和差别很可能被冲淡。幸亏我们可以通过在街区研究的多元分析中输入一个反映说话人是否公开电话号码的自变量来检测这种偏差的程度(第 5 章)。

电话调查的另一个局限性就是电话信号本身的质量。我们不可能指望从一种基本只有 100Hz 到 3000Hz 带宽的电话信号中获取元音音质的准确信息，第 5 章将探讨这个问题。

我们承认电话调查有这些局限和偏差,同时它又有优点。图 2.5 显示了电话调查中接听电话的人在地理上的分布。均匀散开的分布情况表明不存在地理上的偏差;电话调查还把费城街区研究中没能完全代表的地区包括进来(大部分东北地区;大部分西部地区;玛纳杨克[Manayunk];罗克斯伯勒[Roxborough];德国城[Germantown])。同时,电话调查所抽取的受访者也有地图所示的街区研究中已经调查的地区。只有一两个地区代表性较弱:西南部和费城中心区的北部(这里大量聚居着黑人和西班牙裔居民)。

72

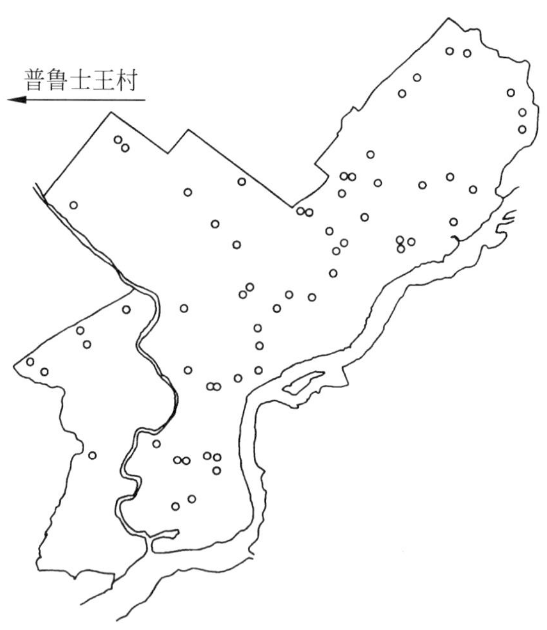

图 2.5 电话调查中费城受访者的地理分布

表 2.11 把电话调查的社会分布跟街区研究在年龄、性别和 SES 指数群体这三个维度上进行比较(不包括上层阶级的受访

者)。这两种样本中都同样把年龄分为 10 岁一组,把社会经济状况分为四组。我们可以看到两个样本都很好地覆盖相当大的范围,在大多数年龄段和社会经济群体中都有两种性别的代表。在街区研究中两种性别较为平衡(50 位男性和 47 位女性),而在电话调查中女性明显居多(19 位男性和 41 位女性)。这也表现出在很多其他研究中常见的情况:在工人阶级居住区,很多男性不愿让别人用电话找到他们。在我们解释电话调查与街区研究之间的差 73
异的时候,要记住这些重要区别。如果进行中的语言变化在两种调查中都呈现出相同的社会分布,我们就可以确定这是一种可信度很高的模式。

表 2.11　费城电话调查和街区研究中,受访者的年龄、SEC 指数和性别分布。不包括上层社会的说话人

	下层工人阶级 0—3		中层工人阶级 4—6		上层工人阶级 7—9		中产阶级 10—15		
年龄	女	男	女	男	女	男	女	男	总数
电话调查									
5—14					1	2			3
15—24		1	1		3	2			3
25—34			2	1	3	3	3		12
35—44			6	1	2	2	2	2	15
45—54			1		2	1			4
55—64	3		3	1	3	1	1	2	14
65—74	4		1						5
总数	7	1	14	3	14	11	6	4	60

续表

年龄	下层工人阶级 0—3		中层工人阶级 4—6		上层工人阶级 7—9		中产阶级 10—15		总数
	女	男	女	男	女	男	女	男	
街区研究									
5—14			3	4	2		2	2	13
15—24		2	5	9	1		2	3	22
25—34	1		7	4	2	3			17
35—44			3	2	1		4	6	16
45—54			2		1	1	2	3	9
55—64			1	1	1	2		2	7
65—74	1	1	5	2	1	1		2	13
总数	2	3	26	22	9	7	10	18	97

因为两种调查中都没有包括少数族裔的群体,所以 SES 0—3 的下层工人阶级的受访人数比较少。主要关注的是在 SES 4—6 的中层工人阶级和 SES 7—9 的上层工人阶级以及中产阶级群体之间的对比。由于电话调查并不是根据社会阶级的层级进行的,所以中产阶级受访者人数较少,在 60 人中有 10 人。电话调查的受访者比例最大的是上层工人阶级。尽管电话调查有其他种种局限,这种对于上层工人阶级的集中研究会有助于为第 1 章中的弧形模式的假设寻求证据。

第3章　稳定的社会语言变量 74

3.1　研究进行中的变化的必要背景

从本章开始，我们的注意力要离开前面一直讨论的对语言变化的理解问题，转而集中考察相反的情形：稳定的语言变量。对语言变化进行仔细研究的第一步并不是检测变化，而是调查特定的言语社区中的社会语言模式，以便对一种怀疑为进行中变化的变量数据做出解释，并把它与稳定的社会语言变量区分开来。

变化和变异的关系

在早期，一些研究语言变异的学者认为，有了普遍原理就可以不用到每个社区去考察具体的社会语言情况了(Bailey 1973)。在这方面，他们在继续走传统的自主语言学道路，只是从这个领域内部来解释语言变异(Martinet 1955，Kurylowicz 1964)。有人认为语言变化完全按照语言学原理进行，而不受任何社会影响。因此，研究者会把语言变异解释为在特定方向上进行的语言变化，而不去考察任何具体的年龄分布或实时对比的进一步数据。这种推理是基于“自然”变化都是单向进行的观念得出的。

按照量化分析，较少的量意味着出现得更晚并进行得更慢，而较多的量意味着出现得更早并进行得更快(Bailey 1973：82)。

对每个社区进行实证调查的需要

从特定社区的历史中的语言变化抽象出来自主语言学原理的
75 研究，与社会语言学调查得到的数据并不一致。这种数据的顽固性表现为进行中变化的三个共同特征：

1 语言变化的发生具有偶发特征，有时开始和结束都是突然的，不能用任何普遍原理来预测。

2 长期稳定的变异，以同样的形式延续几个世纪，可能比即将完成的变化更为常见。

3 在平行社区中，经常会发现变化的方向相反，或者方向相反的逆向移动。

所有这三种特征都出现在费城的进行中的语言变化里，这将是本卷研究的主要焦点。

普遍原理的实证研究方法

本章将继续探索通过第1卷第一部分的推论方式支配语言变化的普遍原理。正如第1卷最后一章指出的，这些原理中最广泛的原理也不能唯一地决定一个语言系统的输出。然而，如果原理还有任何用处，它们必须立足于同样的力量产生同样的结果。实证调查的作用就是确定哪种社会因素跟语言因素的构成是相似的。尽管相同的力量会持续运作，但是它们可能是在一种社会环境中运作的，其中对立力量的配置会逆转正常的结果。[①] 研究费

① 尽管合并变化一般是不可逆的，有时社会压力强大的联合作用也会造成这样一种逆转。

城的语言变化和变异项目(LCV)是为了检验纽约市、巴拿马城、诺里奇和底特律研究中所提出的假设。如果费城和这些城市及其他城市在语言的社会分层和语体分层上具有共同的一般模式,我们可以预期,进行中的变化将会按照同样的模式,遵循同样原理。

因此我们将从其他讲英语的城市中已经有最多研究的那些稳定的社会语言变量开始分析。如果费城在这些语言变量上显示出和其他城市相同的模式,我们可以相信在费城的详细研究中得出的语言变化原理将会有最大的普遍性。

进一步探索虚时与实时的关系

在第 1 卷第 3 章中提出把年龄分布作为"虚时"的方法,在第 76
4 章又探讨了把这个维度转换为实时的关系。那一章的表 4.1 列出个人与社区之间四种可能的关系:*稳定*,两者都保持不变;*年龄阶变*,个人发生变化而社区保持不变;*代际变化*,个人保持自己先前的模式,但整个社区发生变化;*共同变化*,个人和社区一起发生变化。对四种实时的再研究进行回顾,我们发现年龄阶变的要素与正在进行的实时变化紧密相关。

表 3.1 是一个更为具体的实时与虚时之间关系的模型(Labov 1966a:第 9 章)。显然,由于在年龄分布上没有显著差别,稳定的变异不能跟进行中的变化相区分。相反,在类型 IA 中,当整个社区没有变化时,青年人使用的社会低俗特征比老年人更多。因此,年龄阶变是稳定的社会语言变异的一个正常组成部分。

因此,主要的问题就是如何把年龄阶变得稳定变量与进行中 77
的代际变化相区分。当我们把已有的社会语言信息加进图表,就发现稳定的年龄阶变并不独立于社会阶层。在类型 IA 中,在地位最高和最低的社会群体中,老年人和青年人具有相同的高值或低值:只有中位的社会群体表现出年龄分阶。当低俗特征在社会压力下开始瓦解时,这种情况发生有效的逆转。青年人比老年人更少使用低俗形式,而在这里仍然是中位的社会群体出现显著差异,自下而来的波浪式变化就是从这个群体开始的。

表 3.1　年龄阶变与进行中的变化之间的关系

	社会经济阶层			
	1[最低值]	2	3	4[最高值]
IA. 低俗特征:稳定				
年轻人	高	较高	较高	低
年长者	高	较低	较低	低
IB. 低俗特征:消失				
年轻人	[较低]	较低	较低	低
年长者	[较高]	较高	较高	低
IIIA. 自下而来的变化:早期阶段				
最年轻者	高	高	高	中等
年轻成人	中等	高	中等	低
中年人	低	中等	低	低
最年长者	低	低	低	低
IIIB. 自下而来的变化:后期阶段伴有自上而来的修正				
最年轻者	高	高	中等	中等
年轻成人	高	高	低	中等
中年人	中等	高	低	中等
最年长者	低	中等	低	低

来源:改编自拉波夫(Labov 1966a:325—331)

然后,可以把低俗特征有稳定年龄阶变的观点与认为低俗特征正在消亡的观点相对比，例如纽约市的/ʌy/音，或者安尼斯顿(Anniston)南部乡村特征的消失(Feagin 1979)。[1] 在这里，年龄关系出现相反的情况，年轻人的语言中低俗成分更少，而不是更多。

自下而来的进行中变化的证据，可以从表 3.1 中类型 IIIA 更详细的描述得到。这种变化首先出现在社会地位次低的群体的中年层级，并且逐渐向相邻社会群体的青年层级蔓延。这符合弧形假设，不仅允许变化始于中位的社会群体，而且排除了社会阶层极端的 1 和 4 两个群体的语言创新。

自下而来变化的发展导致类型 IIIB 的复杂情况。变化还在两个地位最低的社会群体里继续进行，而在地位较高的群体中，特别是地位次高的群体中，却有所减弱。随着这种纠正的继续，它逐渐跟类型 IA 融合。正如 1996 年讨论所总结的，“发生的情况竟如此复杂，使我们不得不放弃进行虚时分析的尝试，而去依靠我们早先的实时研究得到的任何证据。”[2]

因此，解释虚时数据需要有社会阶层在各个年龄段上分布的详尽信息。[3] 在费城，我们幸运地获得了详尽合理的实时证据，证 78

---

① 费金(Feagin) 的研究使我们能够把乡村模式中一些早期特征的消除跟现在越来越多的 get 过去式的使用之间进行对比。这是遵循表 3.1 类型Ⅲ模式的。

② 这一类的修正并非不可避免，在东部和南部城市中比在中北部和北部内陆各州的城市中更为常见。

③ 目前很多讨论都集中在实时数据能否证明虚时推论上。这类讨论中贝利等人(Bailey et al. 1991)的研究最为详尽，收集了有力证据来对比 IB 型和ⅢB 型的变量。他们最初对这个问题的研究没有反映上文中的想法：“当然，虚时的基本假设是，除非有相反证据，当其他因素如社会阶层等保持稳定的情况下，几代成年人之间的差异反映了语言中实际的历时变化”(p. 242)。表 3.1 预测，当社会阶层保持稳定时，稳定的社会语言变异中一致性的年龄差异并不反映历时变化。贝利等人的结论与上述结论一致：“虚时差异必须根据共时分布的其他特征来阐释，这些特征能够让我们预测变化的方向”(p. 263)。

明有至少7个元音发生实时变化。问题的反面是要确定我们认为稳定的社会语言变量是否真的是稳定的,以及它们在年龄和社会阶层的分布情况是否符合表3.1的模式。仔细比较费城的稳定变异和进行中的变异,可以得到两个不同的年龄分布模板。这可以用来帮助我们在缺少实时数据的时候,从虚时数据中做出推论,并最终说明传递的问题:单向变化是怎样一代一代传递下去的(第13章)。

3.2 本章所要考察的变量

LCV项目选择了四个社会语言变量为语言变化的研究提供稳定的基础。

(dh)。在齿间塞擦音[ð]的*词首*变体中,擦音、塞擦音和塞音的交替。因变量按照常规标号:

dh-0 擦音

dh-1 塞擦音或空缺

dh-2 塞音

(dh)指数是由变体的平均值乘以100得出的。

中和:(dh)出现在舌尖塞音之后时发生中和,因为那时不可能把塞擦音和塞音变体区分开。

排除:对这个变量的交替没有词汇上的排除项。

(dhv)。与(dh)的词首变体相同的/ð/在词中位置上的一组变体。没有中和与排除。

(Neg)。否定和谐：一个否定成分与在深层结构中受到否定 C 统
制的不定词 *any*、*or*、*ever* 的结合。这里记录的因变量是在所有可能
的情况下否定和谐出现的百分比。变量不适用的情况包括不定词 79
any、*or*、*ever* 的标准用法，或否定后置(*He didn't do anything* → *He did nothing*)。

整体的语义语境通常足以把否定和谐与逻辑上的双重否定区分开来，但是没有绝对的方法来检测歧义。(Labov 1972a)

(ing)。/ɪŋ/在非重读音节中/n/和/ŋ/的交替。

因变量把舌尖音定为 1，软腭音定为 0，所以，(ing)指数就是舌尖音的百分比。有些地区，紧元音和舌尖辅音在一起听起来跟软腭发音相同(Woods 1979)。这种情况在费城很少见，所以不作为本研究考虑的因素。

所有的变异范围包括：带有后缀-*ing* 的词，单语素名词例如 *morning* 和 *ceiling*，带有-*thing* 的复合词如 *nothing* 和 *something*。因此，这显然应该定义为一种影响到所有非重读音节/iŋ/的语音交替。然而，几乎所有的社区研究都显示出很强的语法条件制约：越接近动词性结构，舌尖音就越多；而越接近名词性结构，软腭音就越多。舌尖音使用程度最高的通常是进行式结构，其次为非进行式结构的分词、形容词、复合动名词、简单动名词，最后是简单名词。

费城的数据最初编码包括全部 12 种语法环境，后来为了社会语言学的研究目的而缩减为 3 种：进行时(含 *going to*)、分词、名词(含介词 *during*)。

中和：这个变量没有中和现象；即使后接一个软腭音段，舌尖

音和软腭音的区分也很清楚。

排除：在费城，*anything* 和 *everything* 经常是软腭发音，可能反映了末音节的次重音或三级重音。把 *something* 和 *nothing* 排除在名词组之外，因为它们有很高程度的舌尖音，似乎形成了一种不同的社会语言变量。

在北方城市中，带有词尾-*ing* 的专有名词也被排除在外。如纽约的 *Flushing* 和宾夕法尼亚的 *Reading* 这样的地名，如 *Manning* 和 *Harding* 这样的人名，都表现为一致的软腭发音。非词尾-*ing* 可能是舌尖音，如 *Washington*，也可能不是舌尖音，如 *Abingdon*、*Kensington* 或者 *Ellington*。

(ACor)：紧的短元音/a/在词表发音中的纠正。费城的短元音 **a** 在自然言语的核心模式中几乎是不变的，这已经得到证明（Labov
80 1989b）。读词表时，短元音 **a** 通常改为前低长元音[æː]，形成一个稳定的社会语言变量。在 LCV 项目的访谈中，只有最初三分之一的人读了词表，但是这些数据已经足以测定这种变量的社会分布。从词表中选出 15 个带有短元音/a/的词，包括所有紧的音位变体（在前鼻音前，在清擦音前，还有 3 个后接/d/的词 *mad*、*bad*、*glad*）。这个指数就是在这 15 个词中纠正为松元音的数目。

稳定变异的模式

在分析费城的稳定变量之前，我们先来进一步深入考察在纽约下东区研究（LES）中发现的这些变量的社会和语体变异特征的联合模式。图 3.1 显示了 LES 研究中（ing）的社会和语体分层。这里表现的惊人的规律性，已经在许多社会语言学论著和调查中重现，说明城市语言社区中的变异并不是方言混合的杂乱结果，而是一种高度制约的模式，它严密地决定着每一位说话人的语言行为。这种普遍的印象可以归整为稳定社会语言变量的六个具体特征：

1　每种语境语体都保持有规律的社会分层。(ing)是社会阶层的一个单调函数：社会地位每上升一级都伴随着相应的(ing)指数的下降。

2　每个社会阶层都保持有规律的语体分层。(ing)是语境语体的一个单调函数：语体正规程度（或者对自己言语的注意度）每次的提高都伴随着(ing)值的下降。

3　作为(1)的推论，所有的社会群体可以通过如何对待这个变量而区分开来。但是作为(2)的推论，所有的社会群体都遵循相同的语体变换模式。因此，图 3.1 显示出语言社区是怎样通过社会语言变量进行整合与分化的。

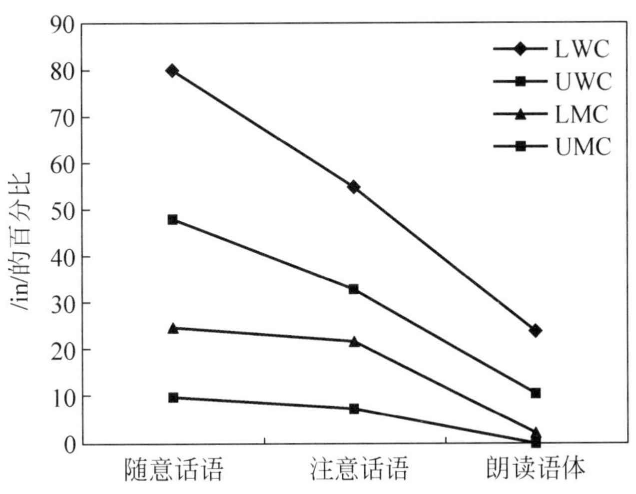

图 3.1　纽约市(ing)的社会与语体分层。LWC：下层工人阶级；UWC：上层工人阶级；LMC：下层中产阶级；UMC：上层中产阶级（引自 Labov 1966a）

4 因此，同一个变量(ing)可以作为文化层次和语境语体的标记。[①]

5 虽然每个群体内都有相当大的个体差异，但是当每个群体有5到10个说话人时，一般还不足以干扰模式的规律性。偏离平均值达到干扰模式的个体，是有异常社会经历的标记。[②]

81 6 虽然变量受到高度制约，但它却仍是一个随机变量：即，一种结果不可预测的事件。图3.1的规律性是以内在变异为基础的。

在LES项目以后的三十年中，又有了很多对于低俗变体的类似研究，图3.1的模式在世界很多地方的大量社区中重复出现。[③]类似的模式还可以在高雅特征的交叉列表中发现：变体的使用随着对言语注意程度的增加而增加，而不是减少。这些交叉列表重现了上述的六种特征，但它们并不是在所有的言语社区中都以相同的配置出现。稳定的社会语言变异模式主要区别在三个方面：

1 *尖锐的和梯度的社会分层*。社会阶层的对立两端可能会有鲜明的分离，而不是图3.1社会阶层的平均间隔。因此，诺里奇的(ing)模式表现为两个中产阶级群体与三个工人阶级群体之间的鲜明区分，这种言语社区的分离反映出英国社会中社会阶层的明显分化(Trudgill 1974b；参见下文图3.3)。

82 2 *尖锐的和梯度的语体分级*。图3.1中，语体的间隔比社

---

① 尽管在凯尼恩(Kenyon 1948)提出的常识性看法中，定义文化层级的变量与定义语境语体的变量大为不同。

② 参见拉波夫(Labov) 1966a中内森(Nathan B)的实例。

③ 底特律(Shuy, Wolfram, and Riley 1967, Wolfram 1969)，诺里奇(Trudgill 1974b)，哈莱姆区南部(Labov, Cohen, Robins, and Lewis 1968)，渥太华(Woods 1979)，布兰卡港(Weinberg 1974)，德黑兰(Modaressi 1978)，东京(Hibiya 1988)。

会阶层的间隔更为凌乱。然而,我们可以清楚地看到,在自然言语(包括随意的和注意的)与受控语体(受试者朗读)之间并没有质的区分。而在波斯语的德黑兰方言中,当受试者开始朗读时,所调查的全部社会语言变量都突然中断:城市口语变体的使用率从自然言语中大量出现下降到朗读时几乎为零。(Modaressi 1978: 104,图 4—11)。在首尔韩语中,从/o/到/u/的高化也有同样的情况出现(Chae 1995)。

3 交叉模式:次高地位群体中的矫枉过正行为。次高地位群体在语体转换中表现出比其他群体更大的倾向,这是很多社会语言分析中的一种共同特征。随着语体正式程度的增加,这个群体表现出更快地弃用低俗形式,或者更快地使用高雅形式。在极端情况下,这可能导致他们的数值与最高地位群体的交叉。图 3.2 引自沃尔夫莱姆(Wolfram 1969)对底特律非洲裔美国人的调查,显示出下层中产阶级女性使用否定和谐已经少于上层中产阶级。

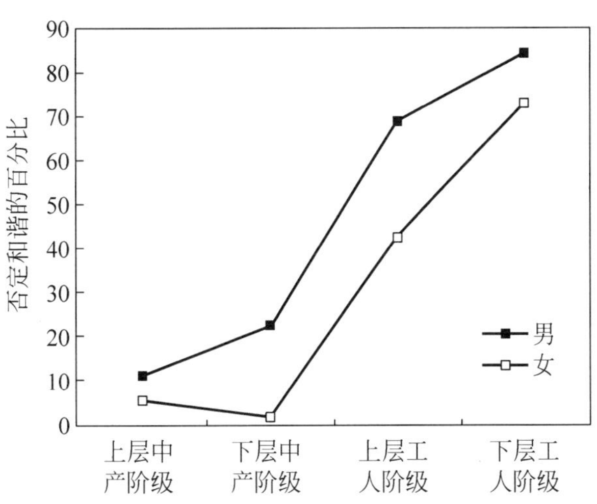

图 3.2 底特律非洲裔美国人中不同阶层和性别对否定和谐的使用

(引自 Walfram 1969)

稳定变量的结构位置

如果研究变异的目的是为了更好地理解作为整体的语言系
83 统,那么我们一定要研究跟这种结构关联最深的那些变量。元音系统里的变化通常具有这个特点,其中一个成分的移动或合并总要引起系统其他部分的相应调整。屈折变体的研究,如西班牙语(s)的发送与省略,需要考虑到名词短语一致、主谓一致、前项脱落,以及更抽象的句法问题。但是,当我们的目标是为了更好地理解社会因素影响语言行为的方式时,我们就会更倾向于研究通常作为社会影响焦点的那些相对孤立的成分。①

在这方面,词首的(dh)处于中间状态。它与整体辅音系统的其他部分没有密切联系。然而纽约市的数据表明,(dh)和对应的清音(th)有密切的相似性,因此这个变量可以被定义为可能具有齿间发音的一整类音段。另一方面,词首的(dh)和(th)跟词中和词尾的变体表现显然大不相同,因此这里考虑的只是词首变体。

在后词汇音系学中,(dh)在结构上与塞音子系统相联系。在费城,/dh/的弱塞音表现,可能与/t/和/d/在重读元音后和非重读元音前的闪音表现相同,所以 *sew the top*(缝合顶部)和 *soda top*(苏打水)发音相同。在纽约不发 *r* 音使得同音词的可能性大为扩展:*Cedar Point*(锡达角)可能跟 *see the point*(看要点)发音相同;

---

① 谢勒和纳若(Scherre and Naro 1992)证明巴西葡萄牙语中主谓一致的实例,只有跟语篇结构分离,即在主谓序列的前面没有其他成分时,才会受社会因素(教育)影响。这是表明社会影响作用于语言表层,特别是那些不涉及复杂结构关系的成分的很多例证之一。

同样还有 *later brick*（后面的砖）和 *lay the brick*（砌砖），*mow the yard*（修剪院子）和 *motor yard*（机动车场）等等。因此，我们可以调查（dh）和（r）之间的函数关系，鉴于同音现象可能会增加，察看是否 *r* 元音化增多会实际上限制（dh）的塞音变体的使用。

如果社会变异局限在词汇和语音的表层实现上，那么它实际上是处于语法之外——语法输出的一组离散的选择。[1] 但是稳定的社会语言变量位于语言结构的中间层级：它们并不是语言表层的词汇和语音，而是定义为在特定的结构语境中对音位变体或形态变体的使用。费城人对于弱塞音或闪音作为一个语音并没有什么社会反应，因为同样的音在 *latter* 中是社会中立的。他们的社会评价指向词首变体中齿间塞音的摩擦音的缺失。所以，语法包 84
含着内在的变异，而不管我们最后决定怎样正式描述这种变异。若取包括语音系统的广义语法，那么这些变量都在语法之内，它们受语法的制约，对它们的描述也不能脱离语法。不过，即便如此，它们并不支配大部分的语法，它们的交替变化结果对于语法其他部分的影响是最小的。

多元分析的意义

当我们认真考虑变异的社会分布时，很快会遇到这样的事实：影响语言行为的社会因素多于我们在交叉列表中能够显示的内

① 有些变量在语法组织最抽象的层级上被定义为系统间的交替，在大规模句法变化的研究中提出（Kroch 1989，Santorini 1989，Taylor 1994）。如果这些抽象的句法现象，如从动词到不定式的移动性下降，能够像（dh）和（ing）一样显示出具有社会语言变量的社会评价模式，那将是令人惊奇的。

容。一种社会语言模式的完整展现必须说明下列影响：说话者的性别、年龄、族群、民族、社会阶层、城市/乡村地位，以及在社交网络中的位置。因此，图 3.1 的清晰度和可信度取决于以下两个支持条件中的一个或两个：

(a) 社会阶层对于(ing)的影响比表中其他社会因素具有更高的量级，和/或

(b) 其他的社会因素独立于社会阶层。即，不管性别、年龄、种族对(ing)水平的影响如何，在各个社会阶层中都是同样的。

只有采用多元分析，才有可能全面评估交互型社会参数的作用和完整解释社会语言的结构。多元分析法最初是以变量规则程序的形式被引入社会语言学研究的(Rand and Sankoff 1991)。它不是为分析外部社会因素的需求所推动的，而是为了研究语言内部结构和变异的内部语言制约(Cedergren and Sankoff 1974)。关于变量规则程序不断揭示出来的内部因素，基本事实是：它们彼此独立地运作(Sankoff and Labov 1979)。然而，人们从一开始就认识到社会因素通常是非独立的。虽然在同一种分析中引入内部因素和外部因素很方便也很有用，但是在典型的语言社区变量规则分析中，就会丢失大量信息。

图 3.1 显示出语体和社会阶层各自独立地影响(ing)的三条
85 并列的折线轨迹，这个特征在线形图中看来比在表格中更为方便。在这两种形式中都需要 12 个测量值显示信息。在变量规则分析中，这种情况通常由两个独立的因素组中的 7 个数字来表示，对于语体组的 3 个因素和社会阶层组中的 4 个因素进行概率加权。各组的独立程度并不直接表现出来，尽管在模型对于数据的整体拟

合中会反映出来。[①] 变量规则程序可以容易地进行调整，通过建立交互性因素以检测交互作用的影响，然后可以比交叉列表更为准确地评估所发现的任何交互作用。然而，在通常的变量规则分析中，不会注意独立变量中的交互作用的存在。所以，我们在考察社会因素的时候，交叉列表和多元分析的交替使用会很有帮助。当交叉列表显示存在交互作用的时，多元分析可以检测作用程度的大小。

3.3　稳定变量的稳定性

本书集中研究语言的变化。而从社会语言学的观点来看，更引人注意的却是与变化相反的现象——稳定性，可以说，没有变化对我们理解语言结构具有最重要的作用。如果变异只不过是一种过渡现象，在语言的两个不变阶段之间的一个中转站，那么在我们对人类语言能力的看法中，变异就只是一个不重要的角色。于是内在变异将只是历史中的偶发事件，不过是由于人类不可能放弃一种形式的同时立即采用另一种形式的产物而已，这并不稀奇。但是长期稳定的变异的存在又带来问题的另一面。如果语言变量真的以本质上相同的形式在二十代或者三十代说话者之间传递，

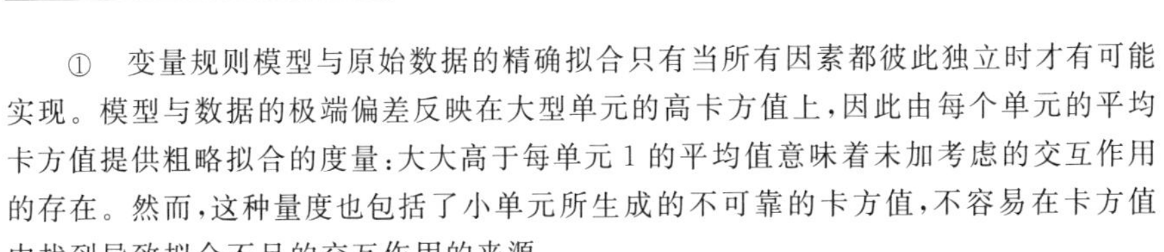

① 变量规则模型与原始数据的精确拟合只有当所有因素都彼此独立时才有可能实现。模型与数据的极端偏差反映在大型单元的高卡方值上，因此由每个单元的平均卡方值提供粗略拟合的度量：大大高于每单元 1 的平均值意味着未加考虑的交互作用的存在。然而，这种量度也包括了小单元所生成的不可靠的卡方值，不容易在卡方值中找到导致拟合不足的交互作用的来源。

那么我们就必须在人类语言生态中为这种变量关系的表达找到一个更重要的位置。

社会语言变量稳定性的证据有两类:肯定性的和否定性的。变量通常一直被认为是稳定的,因为在研究发现的年龄类型里,没有很强的单调函数,例如,特拉吉尔在诺里奇关于(el)的调查(Trudgill 1974),塞德格伦在巴拿马城关于(ch)的调查
86 (Cedergren 1973),拉波夫在纽约市关于(eh)的调查(Labov 1966)。在十几种不同的西班牙方言中都发现(s)的发送和删除显示出有规律的阶级分层,却从没有出现过这样的年龄分布。当社区作为一个整体改变语言习惯时,从否定性证据得出的稳定性推论总是错误的,这是词汇变化常见的情况。有关在早期就存在同样变异的肯定性证据更为令人信服。例如,现在词汇中特有的/æks/和/æsk/的交替,在任何一本盎格鲁-撒克逊语词典中都能很容易地追溯到8世纪的本源,其中列出了*ascian*和*acsian*。在考察所研究的变量的长期稳定的变异现象时,我们要记住有这两类证据的可能性。

表格3.1中,从IA类看出纽约市老年人和青年人在(ing)值之间的关系,这再现了齿间清擦音(th)和浊音形式(dh)之间同样的关系。除了最高层社会群体之外,年轻说话者的数值更高。相同的模式也会在费城出现。在本章结尾必须解决的主要问题是,这种年龄差异是否反映了时间上的不稳定性:稳定的社会语言变量是否真的稳定?解决这个问题的方法首先是考察这些变量的社会历史,尽可能在实时中追溯到更早的阶段。我们先从(ing)开始。

(ing)的历史

变量(ing)是我们第一个进行定量研究的社会语言变量。在英语的所有变量中,它的范围最广、模式最统一。图 3.3 表现了典型的社会和语体分层的结合,引自特拉吉尔(Trudgill 1974)对英国诺里奇的研究。① 长期稳定性在(ing)这里显示得比其他任何社会语言变量都更为清楚。否定性证据也是一致的:在许多对(ing)的研究中没有发现有任何进行中变化的证据。把它作为一个长期历史连续性的实例来进行考察的动机,是由于发现了先前没注意

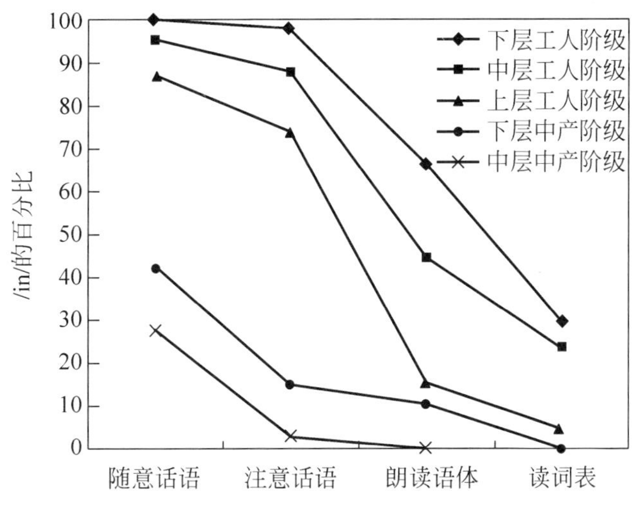

图 3.3 诺里奇(ing)的社会与语体的分层

(引自 Trudgill 1974b)

① 与这种对(ing)观点相符的社会语言数据可以参见关于一个新英格兰村庄的报告(Fischer 1958),费城的研究(Cofer 1972),渥太华的研究(Woods 1979),密苏里乡村社区的研究(Mock 1979),以及对澳洲英语的研究(Wald and Shopen 1979; Bradley and Bradley 1979)。

到的语法制约。/in/形式在进行时中一直以高频率出现,在分词
和形容词中较少些,在动名词和名词中出现频率最低。[①] 语法条
87 件形成了一个连续统,一端是最具有动词性的类型,/in/的比例最
高;另一端是最具有名词性的类型,/in/的比例最低。

其他内部因素对变量(ing)的制约相对很少。在后接的软腭音和舌尖音之前,似乎没有很强的语音条件制约,如上所述,重读作用是一定有的。因此,(ing)具有形态交替的所有特点,并不是一种语音缩减。现在我们还没有完全确定这个名词-动词连续统的详细情况,因为句法子范畴的数量很多,并且其中很多子范畴出现的频率很低。

图 3.4 显示了 33 位说话人(ing)的总和句法条件的作用,他们都是来自 LCV 街区研究中的普鲁士王村和欧佛布鲁克区。使用/in/的最高频率出现在表示将来进行时的 *going to* 中,这显然

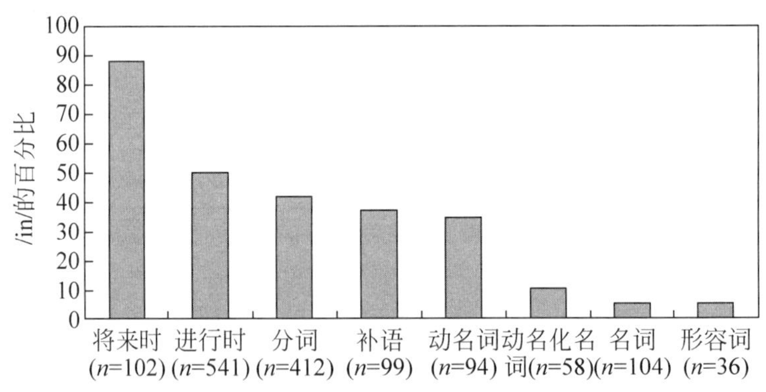

图 3.4 南希道和麦楼街的 33 位成年人(ing)的语法制约

① 就我所知,这个语法制约最初是于 1976 年在宾州大学语言学 560 课程班上发现的(Elizabeth Dayton,et al.),并且又分别有澳大利亚的沃尔德和肖邦(Wald and Shopen 1979)和彼德森(Peterson 1985)独立发现。

是形态音位缩略/gowiŋ＋tuw/变成/gənə/的结果。此外，/in/的下一个最高值51％出现在进行时中，作为最常见的形式（n＝541），这是一致的正常结果。在下一类别中，数值明显下降为42％，这主要是修饰动词短语的分词-*ing*形式，如*we go out there fishin'*（我们出去钓鱼）。再下一类的显著下降值是37％，这包括动词补语（*we used to go fishin'*我们过去常去钓鱼），句子补语（*I skipped lunch tryin' to lose weight*我避开午餐减肥），以及关系代词和助词的省略（*we caught one guy sneakin'*我们抓到一个偷偷摸摸的家伙）。这一类别跟包括有94个动名词的类别（*just by guiding her hand*只需牵着她的手）的34％差别不太大。

从它们能够分派论元角色方面来看，所有这些形式都具有动 88
词性特征，包括上面举例中作为名词短语开头的动名词。对于不具备这种功能的名词性形式，出现了明显的下降：有动名词组成的名词短语（*swimming pool*游泳池），名词（*ceiling*天花板，*morning*早晨），形容词（*interesting*有趣，*disgusting*恶心）。这些形式中/in/的值都是10％以下，彼此之间没有显著差异。

因此，我们有两种方式来概括费城(ing)的分布。一方面有五个不同层级的连续统；另一方面（先把将来时放在一边）有两种不同的用法：/ing/的名词性用法和动词性用法，排列于完全不同的水平上。

关于(ing)语法条件的另一个令人惊奇的事实是，我们对(ing)的表现没有合理的共时解释。举例来说，如果动词性和名词性形式之间有明显的重音差异（如同在*something*和*anything*之间的对比），我们会很容易采用重音来解释图3.4。但是在不存在这种因素的情况下，人们就必须考虑(ing)的句法条件是一些早期变异的历史遗留的可能性。这种可能性因以下的发现而大大增强：/in/是古英语分词词尾-*inde* 和-*ende* 规律性变化的直接产物，[①]正如/iŋ/是古英语动作性名词-*inge* 和-*ynge* 规律性语音变
89 化的结果。这个推论最初是明确地以社会语言学数据为基础提出的，而多布森等人(Dobson et al. 1957：590—591)一直是从纯历史方面的根据来预测的。[②] 一般情况是，在中古英语早期，名词性软腭鼻音形式和动词性舌尖鼻音形式的专化就开始瓦解了，二者之间的竞争作为一种社会语言变量自那时起一直延续至今。在正字法中统一采用-*ing* 拼写在一定程度上掩盖了口语的舌尖鼻音与正规的软颚鼻音之间的对立。然而，-*ing* 形式的普遍化从未完成。正如我们看到的，即使在今天，软腭音形式在名词性用法中出现以及舌尖音形式在动词性用法中出现的趋势依然相当强烈。[③]

休斯顿(Houston 1985)详尽调查了(ing)的历史发展。她的共时调查部分从英国 20 个城市(ing)的定量分析开始，采用我在 1970 年代的探索性访谈方法。所有的英国南部城市的语法制约都跟图 3.4 的费城情况相似。在英国南部形成了软腭鼻音变体占

① 通过中性元音词尾的脱落，词尾-nd 辅音群的简化，以及非重读音节中/e/的元音缩减。

② 多布森考虑了/in/形式的两种可能的来源：一种是/iŋ/同化到前高元音的发音位置，另一种是早期分词词尾的延续。他认为后者的可能性更大。他指出(p. 963)，从 17 世纪起就有正音学家记录了在反映低俗发音特征的资料中 $n<nd$ 的情况。

③ 尽管对于舌尖或软腭音形式的选择具有明显的社会评价，有趣的是句法制约却没有这种影响。我们还没有找到有人在定量调查之前就本能地清楚认识这样的事实：*Good mornin'* 是可能出现的，但其可能性远不如 *I'm comin'*。(然而，费城情况的详细调查将表明句法差异具有微妙的社会语言意义)

优势的一个完整的地理区域，这跟早期中古英语的分词中-*inde* 和 -*inge* 对立的同语线（Moore，Meech，and Whitehall 1935）是一致的。因此，这种对立的历史延续①，动名词的使用和形式的变迁，以及进行时形式的后期发展，都不仅在句法上，也在地理上有了标示。她的研究结论与多布森相吻合：这是一种量化的对立现象历经长期历史传递的一个真正的实例。

这里我们主要关心的不是舌尖/软腭对立本身的时间深度，而是这种历史变异的时间深度。-*in'* 作为非正式的口语标志，-*ing* 作为正式的注意言语标志，这样不同的作用已经有多久了？这里有两种不同的观点。一方面，怀尔德坚持认为"到 1830 年代，在所有阶层的说话者中最普遍的发音是-*in*，而不是-*ing*，——实际上，数以万计的精英说话者到现在都从未用过任何其他形式" 90
（Wyld 1936：112）。他进一步说明在 1830 年代以后才最初形成这个中产阶级矫枉过正的发音拼写的社会语言变量，但是一直到很晚才被上层阶级接受。怀尔德的观点似乎受到自己家族历史的很大影响。从其他证据来看，现代的社会语言对立现象的来源要早得多：丹尼尔森（Danielsson 1948）指出，"据我所知，克莱门特（Clement）在 1587 年最早权威地特别告诫老师，不要让学生把[iŋ]发成[in]，例如，把 *speaking* 发成 *speakin'*。"科克里兹（Kökeritz 1953）确信，莎士比亚把结尾的-*ing* 发成[in]或音节性的[in̩]，-*g* 作为不发音的字母加在后面。如果情况真的如此，这

① 休斯顿对历史方面的调查涉及历史记录的很多非连续的情况，特别是缺少关于-**inde** 形式在早期中古英语正字法中的直接证据。她提出假设认为-*ynge* 与-*yng* 的拼写变异代表了/iŋ/和/in/之间的变异。

种拼读就很可能已经在向上流动的商人阶层中发展出来了。不论是哪种情况,我们都能在狄更斯的小说中发现这种广为流行的社会语言变量。格尔森(Gerson 1967)列出了1216例/in/的拼写形式,主要集中在工人阶级和下层说话者。狄更斯小说《匹克威克外传》(*Pickwick Papers*)中的山姆·维勒和他父亲的话经常被引用为工人阶级口语的代表,在全部语料库中达到43%。只有一位说话人表现出怀尔德所说的那种贵族传统:在《老古玩店》(*The Old Curiosity Shop*)中的一位侯爵夫人有两次用-*in*-的例子(p.481)。

那么,我们完全有理由相信,当今这种正式标准的软腭发音和非正式非标准的舌尖发音的社会对立有一个稳定的历程,至少可追溯到19世纪初,或者可能是17世纪初。在如今使用英语的社区里,南方各州的英语、北方英语和苏格兰英语是突出的例外:这些地方在口语中几乎完全用/in/形式,即使是最正式的场合也是如此。

(th)和(dh)的历史

最初在历史记录中进行追溯是迈出一小步。1962年,哈贝尔(Hubbell)在研究纽约市发音中,发现上层中产阶级的16位发音人中仅有2人说话中有(th)发为塞音的痕迹,(dh)则完全没有。在下层中产阶级9位发音人中有4人没有塞音,2人对(th)和(dh)都有从中等到大量的发为塞音。所有下层阶级发音人都使用一些塞音,其中2人为大量使用。

在1940年代后期,弗兰克(Yakira Frank 1948)关于纽约市言语的博士论文中报告:清塞擦音(th-2)出现在未受过教育的年轻发音人说话中的所有位置上。她补充说明齿塞音[t]和塞擦音作为自由变体出现(p. 80)。弗兰克写道,“浊塞音/d/代替/ð/的两个例子 *without* 和 *the both of us* 出现在两个未受过教育的年轻说话人中”(p. 81)。

大约也是这个时代的《语言地图集》(*Linguistic Atlas*)的记 91
录则有不同的显示(Kurath and McDavid 1961)。塞音和塞擦音的出现频率一般都大大低于其他来源的 LES 项目研究的记录。若不是这部地图集的记音在所有其他方面都比较保守,跟以前和以后的记录都有矛盾,就很可能引起对(th)和(dh)稳定性有很大怀疑。[①]

最精辟而明确的观察来自上纽约州本地的巴比特(Babbitt 1896),他描述了 19 世纪最后十年的纽约市民说话的特点:

> 辅音中最显著的重要特征是/ð/和/θ/替换为 *t* 和 *d*。这并非出现在所有的词里,也不是出现在包括底层的所有人的说话中;但是这种趋势确实存在……据我观察,本地人很少不会发或者在某些单词中不发正确的齿间音,在上流社会的话语里,没有听到用 *t* 和 *d* 代替/ð/和/θ/。……[对于大多数人来说],定冠词 *the*,代词 *this* 和 *that*,序数词中的 *th*,还有这类的日常用词,几乎全都用 *d* 或 *t* 发音,而所有“书面语”性质的词都保留着正统的齿间音……

---

① 例如,其中对于紧的短元音 **a** 的高化没有高于[æ$^{\perp}$]的记录,尽管巴比特(Babbitt 1896)已经证明这个元音已经达到 *where* 的高度。

巴比特还指出报纸上用 *De Ate* 代替 *The Eighth*［州议员选区］来嘲笑工人阶级的话语，如同他们嘲笑用/ʌy/来说“*goil*”和“*woild*”一样。然而，(th)和(dh)的社会分布并没有经历/ʌy/那种快速的演化，而是仍然保持着在世纪之交的状态。

纽约市语言状况的第二位优秀观察者是欧·亨利(O. Henry)。像巴比特一样，他也是外地人，出生于北卡罗来纳州，1902 年第一次来到纽约。他的众多作品中很大一部分都用于观察纽约市的说话人。[①] 他从语法和发音方面对不同阶层的纽约人做了细致的区分：

> 在这伙人中有个聪明的孩子——我猜他是个报童。“I got in twenti-fi'mister”，他说，满怀希望地看着巴克的丝绸帽子和衣服。“Dey paid me two-fifty a mont' on it. Say, a man tells me dey can't do dat and be on the square? Is dat straight? Do you guess I can get out my twenti-fi'?”(选自《和风》(*The Tempered Wind*)，O. Henry 1945)

在《一个纽约人的制作》(*The Making of a New Yorker*)中，为赞美市民对陌生人的传统友善，欧·亨利描写一位助人为乐的好心人把一杯啤酒给一个事故受害者，说：“Drink dis, sport”(把这个喝了，朋友)。(O. Henry 1945：287)。

---

① 据报道，他最后的遗言是：“把窗帘拉起来让我看看纽约；我不想在黑暗中回家”(Henry 1945)。

我们可以做出这样的结论：从定性的角度来说，(dh)变量的 92
作用方式在 1900 年，1966 年直到今天，在很大程度上都是相同的。

否定和谐

否定和谐的定义为否定语素跟受否定支配的不定式和助动词组合，而不再增加任何否定语义(Labov 1972)。否定和谐的历史并不像(ing)那样有名，人们希望会详细研究它在早期中古英语中的来源。众所周知，否定和谐是古英语的一个确定的特点；而在早期现代英语中，有一种很强的趋势，限制表层结构的否定只用单一成分来代表，而不扩展到后续的不定式。基于逻辑和语法的考虑，17 世纪的语法学家首次讨论把它作为一种法定规则。

伦纳德(Leonard 1929)回顾了 18 世纪语法学家们关于双重否定的规约，他们作为一个团体同意禁止否定和谐，并坚持认为每次否定都是对谓语的一个新否定。凡·奥斯塔德(Van Ostade 1982)介绍了 18 世纪另外 30 位语法学家的数据，显示本世纪中，对否定和谐的关注在逐渐地增加。尽管他们批评的例子是取自 17 世纪的作品，可是似乎到 18 世纪末他们还在对非正式话语中持续使用的否定和谐做出反应。18 世纪初，一些小说作者使用否定和谐很随意，如理查森(Richardson)；而其他作家只在引用非正式话语中使用否定和谐，如笛福(Defoe)。到 18 世纪末，双重否定不再用于正式讲话和写作中，我们可以由此推断出一直延续至今的社会分层现象的存在。

作为社会语言的标记，否定和谐的使用跟(ing)和 *ain't* 的使用似乎在时间上是共现的。欧·亨利认为，工人阶级的爱尔兰裔纽约人说话有很强的双重否定特征，并扩展到 *any* 和 *either*，例如短篇小说《一个哈莱姆区的悲剧》(*A Harlem Tragedy*)中的一段话：

> Everybody can't have a husband like Jack. Marriage wouldn't be no failure if they was all like him... What I want is a masterful man that slugs you when he's jagged and hugs you when he ain't jagged. Preserve me from the man that ain't got the sand to do either.（不是每个人都能有杰克这样的丈夫。要是他们都能像杰克那样，婚姻就不会失败……我想要的是一个能干的男人，喝醉了的时候会狠揍你一顿，没喝醉的时候会抱你一下。我可不要那种两样都做不来的没胆量的家伙。）(O. Henry 1945：297)

因此，对我们所考虑的这三个变量稳定性的证据，在过去的这个世纪中是很有力的，而且在上个世纪也是相当强的。尽管有些争议，仍然有很好的理由把它们追溯到 18 和 17 世纪。

93 3.4 费城的社会语言样本

用于考察费城的三个稳定社会语言变量的社会语言样本共有 183 位说话人，其中 89 人来自第 2 章所述的街区和几个附属的社交网络，另有 23 人来自栗子山的上层中产阶层和上层阶级。在这个核心样本之外再加上基本音变样本中大量的亲友和家庭成员。这个样本包括许多完整的家庭，在大多数街区中扩充了青春期前 8—12 岁以及 13—17 岁的青少年说话人。他们的行为与成年人之间的对比将在虚时数据的解释中发挥重要作用。

表 3.2 显示社会语言样本按照街区列出的各种特点，根据第 2 章基本样本的各分项给出量级和估值。世代是指从家族第一代移民到个人相距几代的数值的平均值。外语知识估值是根据以下量级的个人的平均值：0 代表没有外语背景；1 代表对祖父母话语的被动理解；2 表示对父母话语的被动理解；3 表示从小说外语，到上学后就不再多说了；4 表示偶尔和老年人说外语；5 表示经常和老年人说外语；6 表示主要使用外语。在表格最上部是北费城的三个街区：肯辛顿的维克街是第 2 章街区研究讨论的重点；还有 10 位说话人选自附近的菲什敦和里士满。整个地区社会经济等级最低，菲什敦的 6 位说话人是下等职业地位的青年。在维克街主要是爱尔兰人，但是作为一个整体，距离最初移民时期已经超过两代人，基本没有什么外语背景了。

下面是南费城的四个群体。其中有皮特和克拉克两个重点街区和两个社交网络。南部网络由 10 位下层中产阶级男性和女性组成，主要是向上流动的白领工人，采访是由本地的一位跟他们相识的研究生完成的。相对的极端是华莱士网络：这是一个由 13 位青年男女（平均年龄 18 岁）组成的街头团伙，主要活动在第 6 区和华莱士地区。这是由鲍尔（Bower）采访的南费城不很体面的社会级别的社交网络，以便与繁荣的克拉克街和中等的皮特街相平衡。在南费城，意大利裔的比例从皮特街的 41%上升到“南部”的 90%。

表 3.2　各街区社会语言样本的特点

街区名	样本个数	女性%	平均年龄	职业	房产价值	SEC 指数平均值	意大利裔%	爱尔兰裔%	犹太裔%	世代	外语
北费城											
维克街	25	52	34	2.05	1.05	4.84	0	84	0	2.06	0.00
菲什敦	6	0	17	1.40	1.00	5.00	0	50	0	2.75	0.25
里士满	4	50	26	2.25	1.50	4.50	0	0	0	2.00	1.00
南费城											
皮特街	22	64	25	2.27	1.18	5.05	41	41	5	2.32	0.43
克拉克街	28	61	43	2.79	1.93	6.93	82	11	0	1.75	2.43
南部	10	70	40	2.60	1.70	7.20	90	0	10	2.00	2.10
华莱士	13	62	18	1.62	1.00	4.31	54	23	8	2.31	0.62
东北部	5	60	21	2.50	1.75	7.00	0	20	20	2.50	0.00
西费城											
麦楼街	24	54	29	3.67	3.00	8.25	8	4	88	2.11	0.00
普鲁士王村											
南希道	46	41	26	4.02	6.24	11.63	24	13	0	2.27	0.00
总数	183										

克拉克街是唯一接近移民时代的街区，不少说话人还讲意大利语。

费城东北部是一个重要地区，那里的人们是从更靠近中心的 95
街区迁移来的，在 LCV 的基本样本和这个扩充的社会语言样本中都没得到充分表现。[①] 这个社会语言样本中有 5 人作为代表。

西费城欧弗布鲁克的麦楼街区，作为具有更高的职业地位、房屋价值以及平均社会经济地位(SES)的群体。这也是一个犹太人为主的街区。这里的 24 位说话人多于第 2 章的基本样本，因此这个犹太人群体更具有代表性。

最后，普鲁士王村南希道的中产阶级说话人扩充为 46 名。其中包括佩恩(Payne 1976)调查费城方言习得的那些费城家庭的孩子们。因为样本的这一部分设计需要调查尽可能多的儿童，所以样本中许多中层和上层中产阶级说话人都选自孩子多的大家庭并非偶然。其中意大利裔和爱尔兰裔的比例不大，这并不代表很强的种族影响，因为他们距离移民时期已经有好几代了，没有表现出任何外语背景。

3.5　(dh)的阶层和语体的交叉列表

图 3.5a 是依据阶层和语体对(dh)所做的交叉列表。这可以把费城的社会语言模式与我们熟知的纽约市和底特律相同变量的表现进行比较。使用五级社会经济量表：0—2，下层工人阶级；3—

① 东北部在电话样本中得到了充分代表，其结果将在第 5 章做出分析并与 LCV 项目的样本进行对比。

6,中层工人阶级;7—9,上层工人阶级;10—12 下层中产阶级;13—15,上层中产阶级。尽管语体表现只分为两种,还是很明显费城模式再现了图 3.1 中社会和语体分级的规律。两种语体都是单调的分布,并且每个阶层都表现出明显的语体差异。在随意的话语中,语体模式几乎是线性的。图 3.5b 是纽约和费城的(dh)模式的直接比较。虽然费城的(dh)数值高一些,但是二者的模式是相同的。

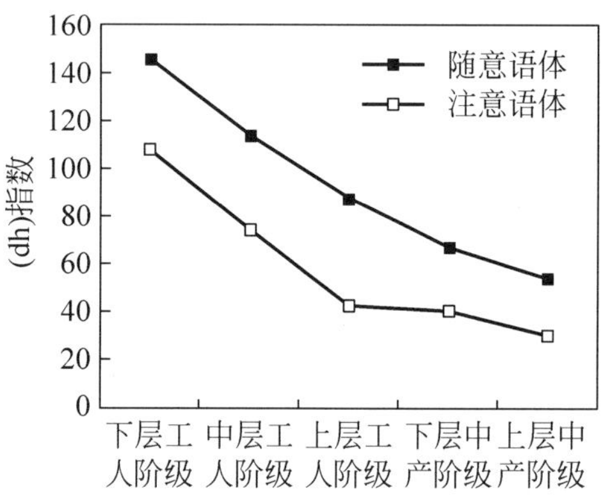

图 3.5a 费城街区研究中(dh)的阶层和语体的交叉列表

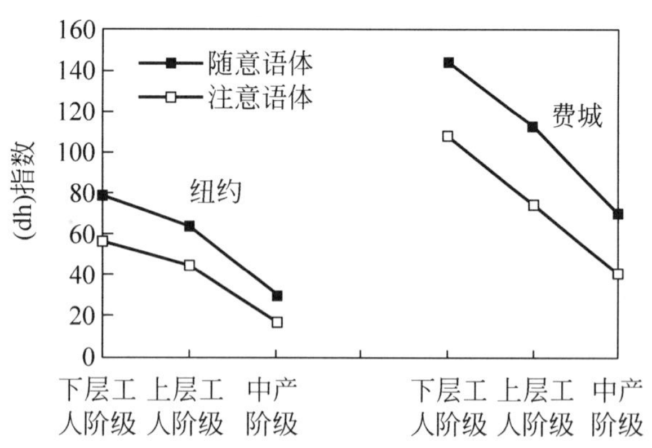

图 3.5b 纽约市和费城(dh)模式的对比

为更准确地认识这个变量，需要进行多变量分析，同时考虑到(dh)的所有其他显著影响，包括关键的说话者年龄维度。为此我们将使用多元回归的方法。

许多社会语言变量，如-*t*、*d* 的删除，都充分表现为二元选 96
择，并作为二元因变量进入变量规则程序的分析。其他如元音高化的测量，是固有的连续定量的变量，最好是用多元回归或者一般线性模型来分析。对于稳定的社会语言变量(dh)、(ing)和(neg)，我们可以任选其中的一种方法。如果关注的焦点是内部制约条件，并且大部分因素结合处都是空格，那就适于使用变量规则程序，因为这种方法运作于实际样品的记录，而不是对空格中填好的数据进行百分比和权重。如果关注焦点是社会因素，表格中的空格会很少，我们就能够使用定量的因变量和多变量程序，如多元回归、方差分析，或者一般的线性模型，最有效性运
作。定量的因变量最适合于(dh)，因为它可以让我们建立一个连 97
续的指数，用来记录塞擦音的中间状态。[①] 对于数据稀少的否定和谐，它的吸引力不足。在社会语言变量中使用回归分析的主要动机就是形成一条基线，以便与费城进行中变化的元音的多元回归分析进行比较。

无论是变量规则还是回归分析，都提供了检验社会变量内部交互作用的几种不同策略：创建交互作用的自变量(如下层中产阶级女性)；或者，如果数据量充足，对考察的自变量分别进行分析。

① 构建量化指数中有个零变体的问题，如 *Look at'at*(看那个)，这在某些方言中相当重要，并常常赋予跟塞擦音相同的值。在费城，零变体的作用并不重要，对我们的计算也没有显著影响。

我们在以下的研究中使用第二种方法。

这里的分析报告包括第2章所述的所有自变量。如果某个自变量在一种特定分析中没被列出,则是由于它没有显著意义。下列表格和图形所展示的分析中,保留且仅保留了全部有显著意义的影响,除非某个无显著意义的变量起了关键作用。这些变量中有些是名义上的,例如种族;其他是有序的,但是离散的,例如年龄或者教育。检测稳定的社会语言变量的第一步就是进行最简单的多元回归,其中定量的变量,如年龄、社会经济阶层、房屋维护、流动性、代际地位和外语知识,保留了完全量化的形式。在表格里,量化自变量的回归系数将由标为“效应”一列的值加以补充,其中系数乘以变量的全距,再归一化为百分比(除以2)。

第一个要考虑的变量是词首(dh)。表3.3是词首(dh)在语体上的首次回归。(dh)的等级由五个社会变量决定,除了流动性的影响,其他变量的显著性都很高。首先在随意话语中,我们看到有四个社会因素,其影响可以按照从强到弱的顺序排列:

(a) 对(dh)影响最强的是社会阶层:SES指数越低,(dh)指数就越高。

(b) 年龄效应也很强,影响程度大约是社会阶层的一半:越是年轻人,(dh)指数越高。

(c) 第三种是性别的影响:女性的(dh)指数比男性低,不过这只占全部范围的13%。

(d) 社会流动性是第四种效应,有大致相同的量级,但是显著性并不高($p<0.05$水平,而对性别则是$p<0.0001$)。

表 3.3　词首(dh)对语体的首次回归分析

变量	系数	效应	t 检验比率	概率
随意话语				
社会经济阶层	-5.77	37.47	-5.00	≤0.0001
年龄	-0.75	28.34	-4.56	≤0.0001
女性	-26.91	-13.45	-4.26	≤0.0001
流动性	-8.05	-12.06	-2.11	0.0370
南费城	34.56	17.28	4.90	≤0.0001
常数 174.04	r^2=47.8%		样本数=153	自由度=145
注意话语				
社会经济阶层	-4.62	35.10	-4.12	≤0.0001
年龄	-0.72	27.27	-4.58	≤0.0001
女性	-26.75	-13.38	-4.01	≤0.0001
流动性	-6.47	-9.70	-1.77	0.0785
南费城	26.44	13.32	3.69	≤0.0001
常数 130.59	r^2=41.5%		样本数=151	自由度=145

除了这些一般社会因素之外，还有一种特别的街区差异。即 98
使把 SEC(社会经济阶层)、年龄、性别和流动性都考虑进来，南费城居住地仍然对(dh)指数有相当显著的影响，高出 17%。

在注意话语中，这个表格显示了(dh)有非常相似的情况。除流动性以外的所有社会因素的影响都在相同的显著性水平，尽管注意话语总体水平常量 130 低于随意话语的 174，并且，相关系数的值也相应地比随意话语低些。

现在出现的问题就是，当所有其他因素都考虑进来，图 3.5 展示的社会和语体变异的有规律的模式是否还会保持原状。图 3.6

显示了回归分析的结果,其中每个社会阶层的全体成员作为一个独立变量,并且包括表 3.3 的所有其他变量。对每种语体与社会阶层来说,(dh)的预期值是由相关系数乘以变量值(对于这种虚拟变量常常是 1),再加上常量计算出来的。图 3.6 展示的社会和语体分层的模式比图 3.5 规律性更强。

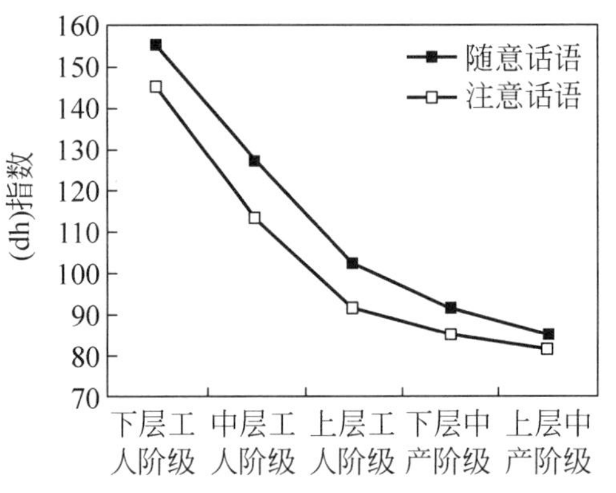

图 3.6 (dh)对社会阶层和语体的期望值,来自所有其他显著社会变量的回归分析

从表 3.3 可以毫无疑问地得出(dh)是费城的一个社会语言变量,但是考虑到年龄系数相当大而显著,相当于社会阶层系数的三分之二,那(dh)是不是一个稳定的变量就成问题了。回想表 3.1 中模式的预测,青年人比老年人使用的低俗变体更多,这种效果并不意外。问题仍然是:在年龄阶变很强很显著的情况下,怎样把这个变量跟进行中的变化相互区别开来。

99 表 3.4 展示了(neg)的可比数据。这里明显看出社会经济地位(SEC)的影响比对(dh)要大很多,在随意话语中为 70%。年龄效应与(dh)差不多,但是女性的影响是男性的两倍:即,女性使用否定和谐比男性少得多。南费城的正向影响仍然存在，但向上流动性不再出现。取而代之的是犹太裔在随意话语中显著性水平为 0.03 的中等负偏差。在注意话语中，这些相同的影响再次重现， 100
但是(除了南费城)更为和缓。(neg)的使用无疑是在很大程度上受到社会经济地位的支配。但是困扰我们的问题再次出现了：怎样区分(neg)和进行中的变化呢？

表 3.4　否定和谐(neg)对语体的首次回归分析

变量	系数	效应	t 检验比率	概率
随意话语				
社会经济阶层	−5.36	69.68	−5.85	≤0.0001
年龄	−0.32	24.25	−2.40	≤0.0001
女性	−13.91	−26.91	−2.75	≤0.0067
南费城	11.96	11.96	−2.30	≤0.0228
犹太人	−17.00	−17.00	−2.11	0.0370
常数 88.54	r^2＝32.3%		样本数＝155	自由度＝149
注意话语				
社会经济阶层	−3.20	41.60	−4.52	≤0.0001
年龄	−0.28	21.28	−2.61	≤0.0099
女性	−14.71	−14.71	−43.64	≤0.0004
南费城	21.00	21.00	4.50	≤0.0001
犹太人	−10.80	−10.80	−1.69	0.0935
常数 56.14	r^2＝35.0%		样本数＝163	自由度＝157

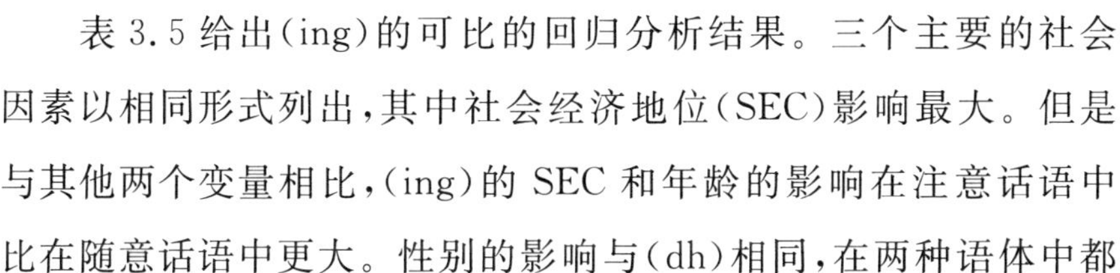

表 3.5 给出(ing)的可比的回归分析结果。三个主要的社会因素以相同形式列出，其中社会经济地位(SEC)影响最大。但是与其他两个变量相比，(ing)的 SEC 和年龄的影响在注意话语中比在随意话语中更大。性别的影响与(dh)相同，在两种语体中都

一样。南费城街区的影响不够显著,但是犹太裔因素再次显示为使用口语形式的有力阻碍作用。

表 3.5 (ing)对语体的首次回归分析

变量	系数	效应	*t* 检验比率	概率
随意话语				
社会经济阶层	−2.92	37.96	−4.78	≤0.0001
年龄	−0.34	25.84	−3.40	≤0.0008
女性	−11.50	−11.50	−3.12	≤0.0021
犹太人	−20.48	−20.48	−3.88	0.0001
常数 120.71	r^2 =24.4%		样本数=178	自由度=173
注意话语				
社会经济阶层	−4.57	59.41	−5.33	≤0.0001
年龄	−0.56	42.90	−4.75	≤0.0001
女性	−11.46	−11.46	−2.68	≤0.0081
犹太人	−27.62	−27.62	−3.61	≤0.0001
常数 124.65	r^2 =35.9%		样本数=176	自由度=171

(dh)、(neg)和(ing)表现出的社会语言模式有惊人的一致性。它们都是受社会经济阶层影响最大,受年龄影响适中,受性别影响较小。低阶层、年轻人、男性说话人比起高阶层、年长者、女性说话人,使用更多的低俗特征。在这幅图景中,三个弱相关特征偶尔也会起作用:南费城的居民喜欢使用低俗特征,而犹太裔和向上流动人群不喜欢使用它们。正如调整后的 r^2 所示,这些因素所解释的方差总量相当大。在(dh)的随意话语中最大,接近 50%;而在(ing)的随意话语中最小,只有 25%。

表 3.6 展示了在元音间的(dhv)使用塞音和塞擦音的情况。这个变量大不一样。它只受社会经济阶层的影响,而且只在随意

话语中受适度的影响。

表 3.6　元音间的(dhv)对随意话语的首次回归分析

变量	系数	效应	*t* 检验比率	概率
社会经济阶层	-4.91	31.95	-4.18	≤0.0001
常数 39.38	r^2=12.6%		样本数=115	自由度=113

3.6　年龄的交叉列表 101

在图 3.3 到图 3.6 中，使用单一量化的年龄维度仅仅是稳定社会语言变量在虚时中实际分布的第一近似值。它把年龄对(dh)、(neg)等的影响做出线性描述。如果年龄和这些变量之间真的有直接因果关系，那么这种线性关系就不难理解，但是没有理由认为人们年龄越大就会对(dh)使用的塞音越少，如同角膜结晶化的方式一样。要理解年龄对于语言的影响，即在虚时中支配分布的原理，就需要了解说话者人生经历中社会关系的变化，这关系到他们习得和使用语言规范，并付诸实践的能力。这些包括他们与历经参照群体之间关系的变动，他们对于象征资本的获得与使用，以及主流社会规范在老年人中的松弛。对年龄连续统的划分一定要与人生各阶段大体对应一致。在现代美国社会中，这些阶段可以对应为：接近前青春期(8—9 岁)，前青春期(10—12 岁)，有异性关系和青春期(13—16 岁)，完成中学教育并进入工作和/或大学的广阔世界(17—19 岁)，开始正常的工作和家庭生活(20—29 岁)，完全承担工作主力和家庭责任(30—59 岁)，退休(60 岁以

上)。对于年龄连续统的任何划分都会跨越某些社会阶层在转型特征位置上的差异,特别是在青春期以后的年代中。社会学研究对于青少年时期了解得最多。对于成年人经历的主要时期,将以十年为一组来做社会语言行为的考察。

图 3.7 显示费城三个变量的年龄分布,这在本章中作为稳定社会变量的候选项。在三个变量中,注意话语和随意话语表现为平行曲线,有一致的升高和降低。这说明语体有效地独立于年龄。

这三个图所显示的模式非常相似,既不是平直的也非线性的。最高值出现在 18 岁以下的说话人中;成年人一般随着年龄下降到
103 40—49 岁年龄组的最低值;在 60 岁以上的说话人中又有明显上升。在(neg)图中这个最年长的组上升最为明显。这三个图形的一般模式都基本相同。

在图 3.7(ing)中,包括的进行时子类,在随意话语数据中占 78%,在注意话语中占 68%。因为语法制约与社会制约一般都彼此独立,人们会预测其中的另外两个子类也会显示出平行轨迹。图 3.8 表明在注意话语中的情况正是如此。①

图 3.9 表现了(dhv)对应于年龄和语体的分布情况,证实了首次回归分析得出的结论:这是一个不同类别的变量。大多数年龄组都是只跟标准擦音水平(dhv-00)相差很小。在 17 到 19 岁年龄段出现陡峭的峰值,其意义还需进一步探究。60 岁以上有个较小的峰值,与其他图形的模式相似。

① 随意话语的数据没有显示出同样的平行模式,却有相当大的不规则性。这并非数据不足的结果:注意话语中有 6608 个词例,随意话语中有 8493 个词例。

102

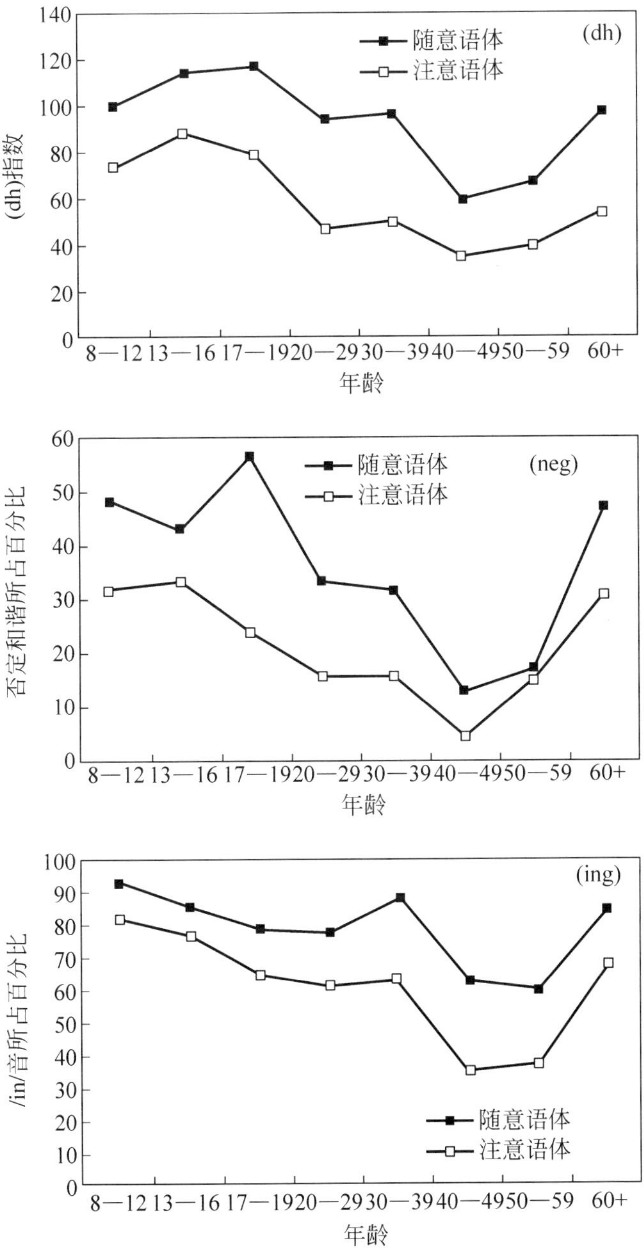

图 3.7　费城三个社会语言变量在年龄和语体上的分布

103

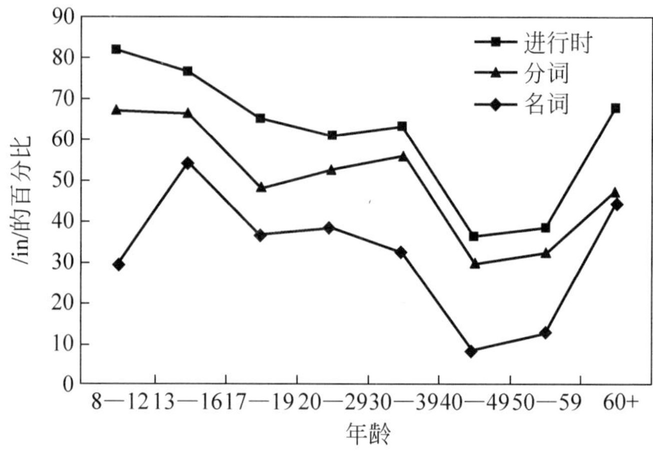

图 3.8 费城的(ing)在语法类别和年龄上的分布

104

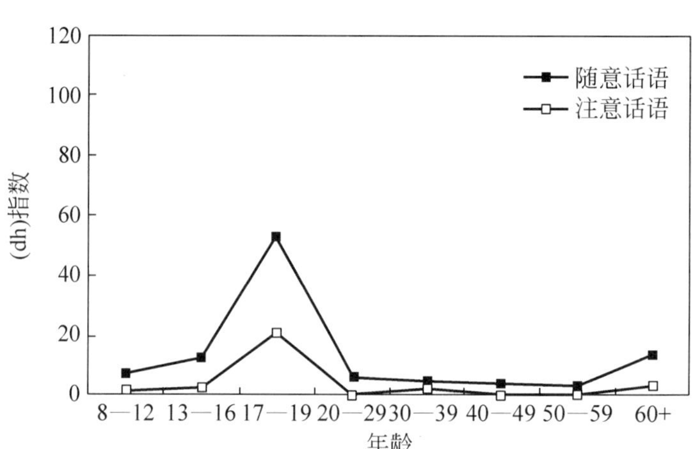

图 3.9 费城元音间的(dhv)在年龄和语体上的分布

随意话语和注意话语的社会意义

下一步的分析是考察各社会阶层的年龄分布。到目前为止,
104 随意语法和注意话语呈现出平行的曲线模式,独立于年龄分布;在

社会阶层和年龄跟语体的交汇处将开始出现微小的差异。我们先来看注意话语，因为社会分层模式在这里比在随意话语中更清楚，更有规律。这似乎颠倒了社会语言学方法论的正常方向，本来我们非常强调使用各种技术方法来排除或避免访谈中会造成“注意”话语的限制条件。我们高度重视“随意话语”，因为它在访谈情境中最接近口语。

然而有了一种获取口语的方法还远远不够。对随意话语的了解最重要的在于评估某个语言特征是可变的还是分类的，在于获取进行中的变化里面变得最快的形式，在于得到最准确的词群分布信息，这常常在口语中最为清楚。另一方面，说话人对于访谈情境的反应也使我们对于明显的社会语言规范有更清楚的认识。构成稳定的社会语言变量的社会分层模式，本质上就是语言社区之间交际模式的结果；即，在熟人和陌生人之间的交流，而不是亲密朋友之间的交流。这就是为什么如“纽约市百货公司调查”这样快速隐蔽的调查，能够迅速而准确地反映出整个语言社区的社会和语体模式。

在大多数早期的社会语言研究中，被称为“随意话语”的部分只是在口语方向上的简单记录。然而费城社区研究采用了抽样和访谈的方法，更为成功地获取了长期参与者观察到的话语种类。正如第 2 章指出的，为了获得街区研究的可比较的结果，我们的分 105
析都是以首次访谈为基础的，而不是通常在随后做的四、五个录音记录。但是，社区研究的技术对于这种首次访谈中“首次”的意义，只是对在这个社交网络中首次接触的那些人而言的。鲍尔、希夫林(Schiffrin)和佩恩经常是到访谈的时候已经跟说话人很熟悉

了。他们坐在说话人的厨房里进行录音,由共同的好友作担保(他们通常也在场),并引入了本地社会和各种轶事趣闻的主要内容中。[①]

换句话说,“随意”和“注意”是相对的。它们指的是访谈中因录音和观察而或多或少受到影响的那些内容。社会语言学调查技术的改进导致得到的两种语体都变得更接近于口语,这使得不同研究之间的对比更为困难。如果我们如图3.5b所示,把费城(dh)的数据和纽约市(dh)的数据并列起来,可以明显看出费城的注意话语与纽约市的随意话语大体相当,或许还略微高些。因此,如果费城的随意话语比纽约市的更接近口语,我们就能够推测费城的注意话语能够更加准确地再现在纽约市随意话语中出现的规律性社会分层。当我们对比费城的(ing)和诺里奇的(ing),或者费城的(neg)和底特律的(neg)的时候,会发现类似的转换。

这种语体的讨论不是一个简单的技术问题,不只是如何确定口语的位置或是怎样比较不同社会阶层的说话人。它关系到社会分层的性质,并且保持阶层间稳定差异的作用力这个实质问题。如果把标准语言的控制看作象征资本的一种基本形式(Bourdieu 1980),那么社会语言分层就是说话者使用标准形式而抑制非标准形式的能力差异所产生的结果。工人阶级说话人似乎对于标准形式的接触有限,并缺乏使用方面的实践。我们所考察的稳定模式就是通过这样长期有差别地获取这些语言资源而保留下来的。另

① 注21中所举的(ing)词例在注意话语和随意话语中相对比例的证据确认了这个事实:街区访谈的绝大部分内容达到随意话语的标准,与早期研究中只有少数达到这个标准的情况相反。

一方面，社会语言模式也可以看作是相互竞争的不同规范形式之间的一种稳定平衡。在这种观点中，非标准形式代表着象征资本的另一种形式，在工人阶级社交网络中具有充分价值，并服务于那些社会成员的需求。第一种观点反映了人们对于应该怎样讲话的一种普遍的共识，每当访谈或讨论涉及语言差异时，这是主要的表达意见。第二种观点不常听到，其证据也更为间接：它意味着在语 106
言规范的问题上的普遍分歧，以及相互竞争的规范之间的冲突。在下文中，我将分别把这两种对立的观点称为共识性的和竞争性的社会语言结构模型。

在我们对费城社区的详细考察中，注意话语模式的社会分布将使我们对于共识性模型有最清楚的了解。而随意话语模式的差异有不同的程度，它们的证据将影响竞争性模型的有效存在。

3.7　年龄和社会阶层的交叉列表

图 3.8 和图 3.9 显示了年龄分布的两种特征，使我们改进了从虚时到实时的关系以及语言特征代际传递的认识：青春期为波峰，中年期为波谷。但这种模式或许是其他分布呈现的一种假象。表 3.2 说明不同街区和不同社会阶层的年龄分布并不一样。中产阶级居民更多并且社会流动性更强的南希道和麦楼街缺少 60 岁以上的老年说话人，他们的年龄平均值是 25 岁左右。下列图表中对于年龄和社会阶层更详细的交叉分析将说明青春期波峰和中年期波谷到底是年龄层级的普遍特点，还是社会经济状态使样本中的年龄层级发生偏离的结果。

我们需要对两种标度做一定的压缩,以确保每个交叉单元中都有合适的数据量。由于我们对于青春期波峰的兴趣而保留了年轻说话人的年龄分段,在成人组却是以 20 年而不是 10 年来划分年龄段。社会经济指数(SEC)划分为四类:2—6 为下层工人阶级,7—9 为上层工人阶级,10—12 为下层中产阶级,13—14 为上层中产阶级。上层中产阶级的数据仅限于 13 到 16 岁和 40 到 59 岁这两个年龄段。①

图 3.10 展示出(dh)、(neg)和(ing)在年龄和社会阶层之间相当大的相互作用:不同社会阶层的群体显示出不同的虚时模式。在下层工人阶级的数据中,可以看出青春期波峰和中年期波谷,而在 60 岁以上的说话人中没有明显的向上转变。在最年少的一组中,上层工人阶级跟下层工人阶级说话人相差不大,但到 17—19
108 岁则有一个明显的向下转折。除(ing)之外,下层中产阶级始终保持较低走势。显然,在三个变量中,否定和谐分层最为明显,下层工人阶级和其他阶层之间的差异在这里最大。

上层中产阶级 13—16 岁的年轻人(neg)值为 31,明显离偏了正常阶级分层。其中三位说话人(都是男性)实际数字分别是:否定和谐出现次数为 0/1,1/3,3/5。② 这些数字都不大,显然受到第三位说话人基斯(Keith D.)的很大影响。有意思的是,在下层中产阶级青年人中没有人像基斯那样明显倾向否定和谐的。中产阶

---

① 这是因为它主要基于普鲁士王村的新社区,在这里,我们对费城方言习得的兴趣使我们将研究重点放在那些父母年龄为四十多岁、孩子年龄为十几岁的家庭。

② 这位 5 次中有 3 次使用否定和谐的说话人基斯,在随意话语的 3 个词例中也有 2 次使用否定和谐。

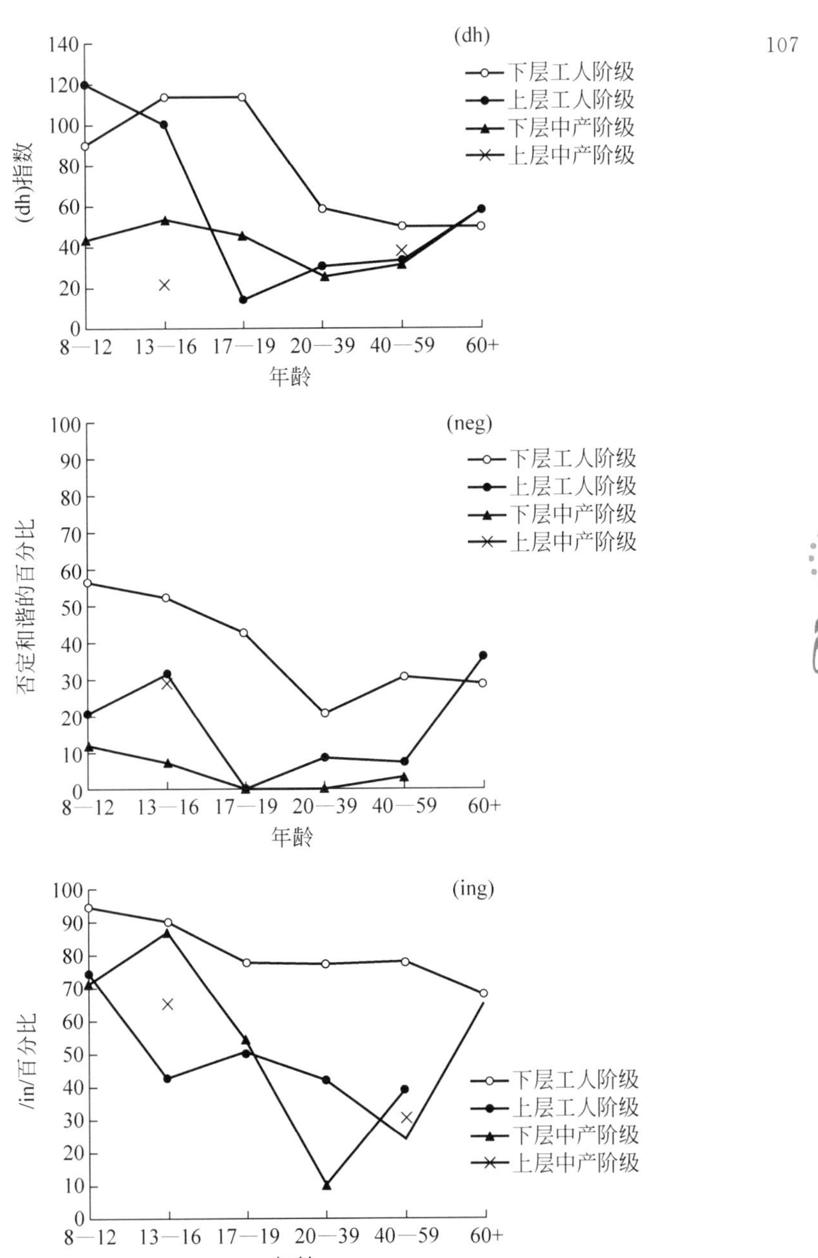

图 3.10　费城三个社会语言变量在注意话语中按年龄和社会阶层的分布

级说话人在否定和谐使用上缺乏一致性,这支持了竞争性模型:一些中产阶级青年容易受到工人阶级竞争规范的影响而采用这种形式。同一组上层中产阶级青年对(ing)表现为较高的值,高于上层工人阶级。上层中产阶级青少年的表现似乎形成了图 3.5 的青春期波峰的一部分,而这三个青少年中有两位的父亲使用/in/的情况只有 31%。①

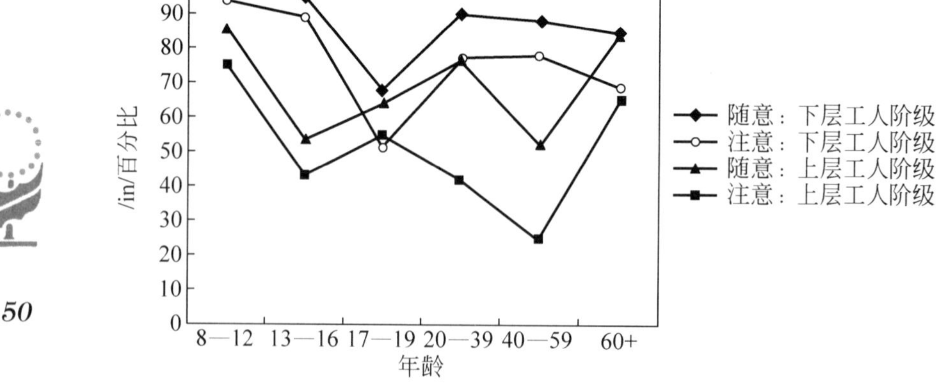

图 3.11　费城工人阶级不同年龄受访者两种语体的(ing)值对比

随意话语中的(ing)模式与注意话语中的情况很相似。
109 图 3.11 对比了两种语体在工人阶级两个阶层中的差异,图 3.12 对比了中产阶级中的同样情况。总的来说,除了工人阶级的成人和上层中产阶级的青年之外,语体变化比较平缓。中产阶级青年在随意话语中接近 100%地使用/in/,而他们父母一代却在注意话

① 父母使用否定和谐的数据提示了基斯的行为是家庭模式的一部分。他父亲是上层中产阶级里唯一在注意话语中使用否定和谐的:注意话语中 14 个词例有 1 个,随意话语中 16 个词例有 6 个。

语中接近于100%地使用/iŋ/。所有的人都可以使用不同的竞争性规范形式，这跟前面已经讨论很多的(ing)的历史是一致的。上层中产阶级青年的极端表现可以解释为语体转换艺术的早期社会化。另一方面，人们也可以认为，工人阶级说话人缺乏在自然话语中一贯使用/iŋ/规范的能力。到底是工人阶级说话人没有脱离/in/模式的愿望和动机呢，还是缺乏脱离这种模式的能力呢，这仍是个有待解决的问题。

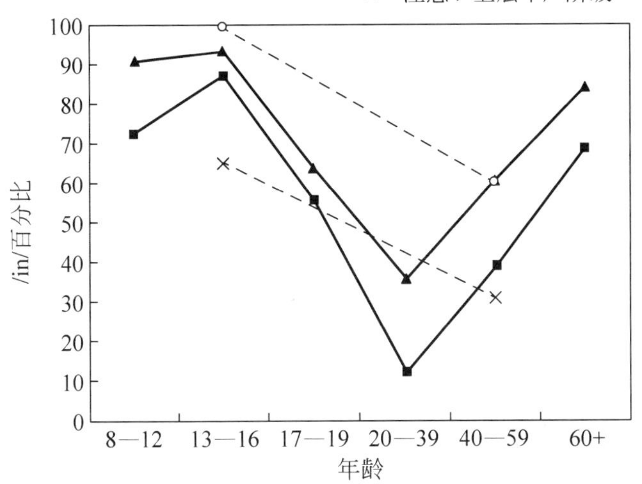

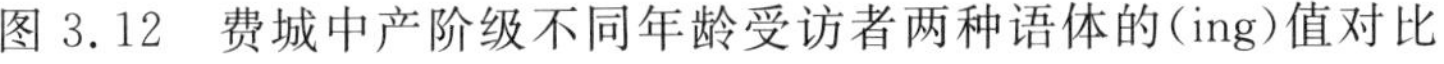
图3.12　费城中产阶级不同年龄受访者两种语体的(ing)值对比

在这一点上，我们几乎穷尽了交叉列表的所有可能性。似乎刚提出的很多问题会通过区分说话人的男女性别而得到澄清。首先把每个群体分为男女两组，再细分为南费城和犹太裔小组。然而，尽管这个大型数据库包括183位说话人和16,000个(ing)的词例,进一步详细地划分也会有个别的特殊的变异留待检验。至少有五个维度对稳定的社会语言变量发生作用,只有多元分析才能显示出它们的共同影响。然而正如这一节已表明的,假设年龄和社会阶层的作用为线性,则进行多元分析是不可行的。二次回归分析将利用交叉列表中得到的结果,对稳定的社会语言变量的社会模式做出更为准确的描述。

110

3.8 二次回归分析

二次回归分析不是使用单一的年龄和社会阶层的量化维度,而是使用分组的年龄和社会阶层的类别。这里的类别划分比交叉列表中多加了一个。13—16 岁的青年组再分为 13—15 岁和 16 岁两个组,这样会更为细致地考察青春期波峰的位置。社会语言样本中有 16 岁的说话人,SEC 分级范围在 4 到 11,这样分组正好利用了这一点。在年龄组中,剩余参照类就是 60 岁以上那个年龄最大的组,所有别的组都来跟它对比。社会阶层的剩余参照类就是 SEC 指数为 2—3 的下层工人阶级。对于每一个群组,如果说话人属于这个年龄组或 SEC 组,就赋值为 1,否则就赋值为 0。

图 3.13 给出了对注意话语中(dh)的二次回归分析结果。左侧的九个年龄组显示出正值,但成年人与青少年之间有清楚的区分。成人中没有一个组与 60 岁以上这个位于 0 值的参照组有显著差异;而所有 20 岁以下的年龄组都有显著差异。16 岁组是一个很强的峰值。这些差异不仅显著而且相当大:16 岁组的值接近 90,几乎占可能范围的一半,所有其他组都接近 40,占可能范围的

五分之一。16 岁组与 13—15 岁组在 0.001 水平上有显著差异。 111

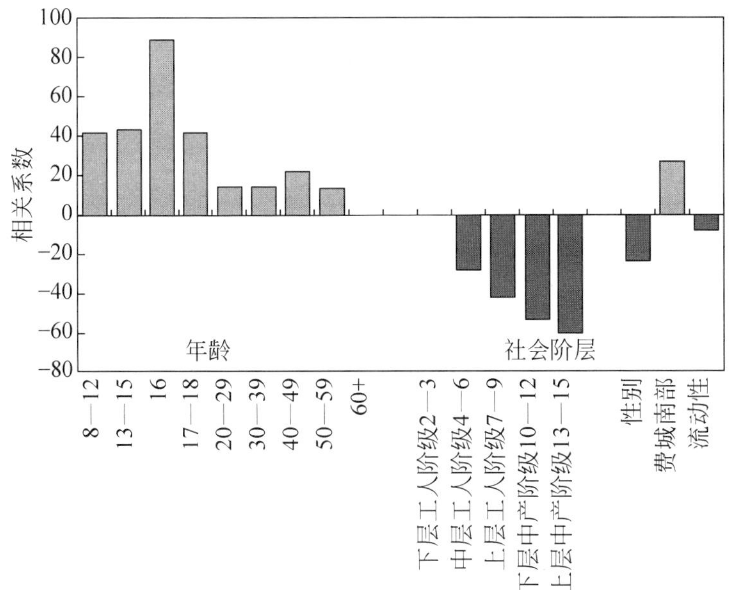

图 3.13 注意话语中(dh)对 9 个年龄组和 5 个社会阶层的回归系数

性别:女性=1

右侧的社会阶层各组表现出明显的单调函数,都与下层工人阶级相区别,它们的系数依次为 - 33、- 46、- 57 和 - 64,呈稳定递减趋势。性别作用仍保持在首次回归的水平,南费城的正向作用和向上流动性的负向作用也都保持一样。对(dh)在随意话语中分析,也详细地保持了相同模式。

图 3.14 显示注意话语中的(neg)有着非常相似的模式。同样是成年人组没有显著差异,仅仅略微偏离零参照,而青少年组在(neg)的使用上有显著的并相当大的影响,在 16 岁组出现显著峰值。社会阶层各组的情况也相似,尽管下层工人阶级与中层工人

阶级之间没有显著差异。同样地,我们在交叉列表中见过的性别和南费城居民区的影响也保留在其中。

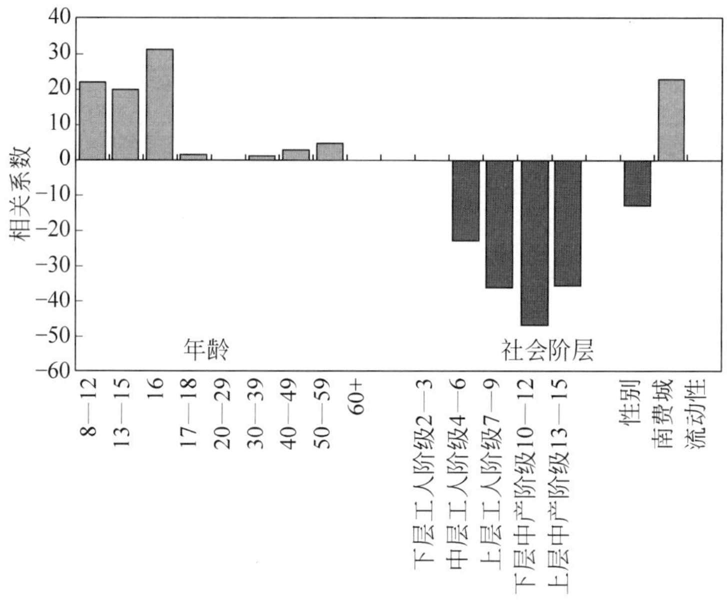

图 3.14　注意话语中(neg)对 9 个年龄组和 5 个社会阶层的回归系数

性别:女性=1

最后,图 3.15 在注意话语中的(ing)重现了这种模式。同样是青春期峰值出现在 16 岁组,成人组同样没有显著偏离零参照。然而,社会阶层模式并不是单调的,而是把中产阶级与工人阶级分开。其他制约条件再次重复了首次回归中的模式,只是显著性水平较低。

112 二次回归分析呈现的图景是明确而一致的。把所有的影响因素放在一起来考虑,显然交叉列表中大多数波动来自交互影响的结果,并且事实是社区研究原则上不能在性别、种族、街区、年龄和

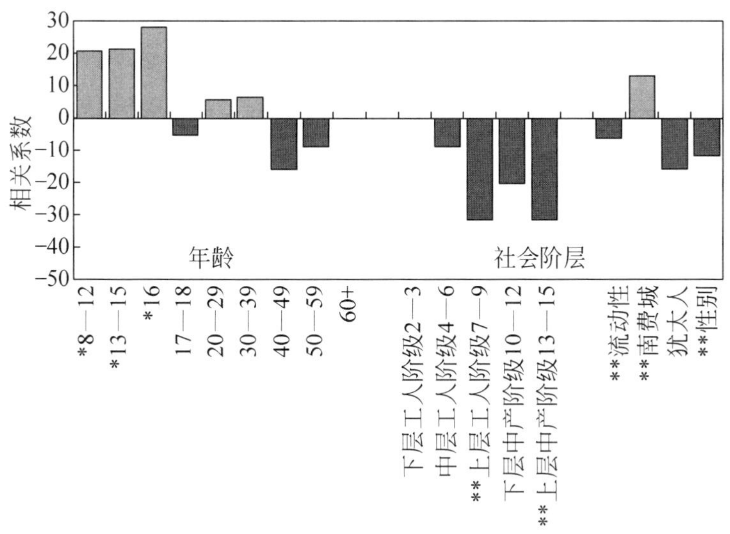

图 3.15　注意话语中(ing)对 9 个年龄组和 5 个社会阶层的回归系数

($p^{*}<0.05$, $^{**}<0.01$, $^{***}<0.001$)

社会阶层各方面都达到完美的平衡。性别的常规作用，即女性使用非标准形式比男性更少，作为一个实质的有显著意义的影响因素始终保持不变。南费城的居民在这三个变量上同样都有相反的影响。两种较小的作用并不完全一致：向上流动性和犹太裔都是抑制非标准形式的。除了年龄和社会阶层以外，其他自变量对这三个变量都没有显著影响。除了犹太裔一例之外，种族对于这些变量没有影响：作为爱尔兰人、意大利人或盎格鲁-撒克逊人都没有差别。是否具有外语背景以及移民第一代、第二代或第三代也都没有差别。房屋维护方面的差异同样没有明显的影响。除南费城之外，住在哪个街区或地区也没有什么差别。

对于成年人来说，年龄差异没有影响。青少年使用更多的非标准模式，这是最初在表 3.1 中 1966 年的模型所预测的，已经得到有力的证明。另外还有一个事实,这可能是也可能不是这个城市或这个样本所特有的:青春期中期有一个很高的峰值,到青春期后期迅速下降。

稳定的社会语言变量的主要决定因素当然是社会阶层:说话人在社会阶层的地位越高,非标准形式的使用频率就越低。

113 三个社会语言变量间的相似性是这个调查研究最引人注目的结果。它们只在小的方面有些差别。(dh)的部分波峰有青春期后期的年轻人加入。(ing)显示出社会阶层的双峰模式而不是单调函数。(ing)是唯一受到种族影响的变量。否定和谐不受社会流动性的影响。

另一方面,这三个社会语言变量跟元音间的变量(dhv)之间几乎没有相似之处。图 3.16 显示出只有一个年龄组喜欢使用非标准形式,即 17—18 岁年龄组。此外,所有其他社会阶层都与下层工人阶级相对立而不使用它。换言之,元音间发为塞音明显是下层工人阶级的标记,主要是青春期后期的青年人使用。

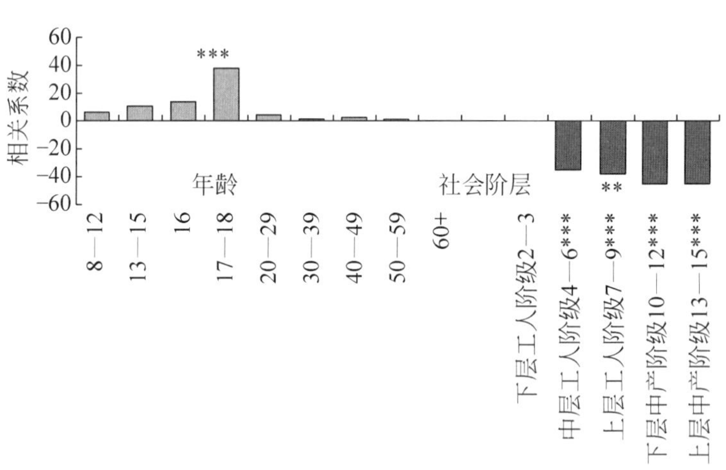

图 3.16 注意话语中元音间的(dhv)对 9 个年龄组和 5 个社会阶层的回归系数($p^{*}<0.05$, $^{**}<0.01$, $^{***}<0.001$)

3.9　社会阶层指标的探索

到目前为止，我们的分析都是利用第 2 章中描述的 LCV 项目的社会经济阶层综合指数（SEC）。社区研究开发和应用了这些指数，并对它们的组成要素进行了详细考察。“青年流动性调查”发展了 LES 使用的综合指数，建立和检测了替代指标，并分别考察了职业、教育和收入等指标（Cloward and Ohlin 1960）。LES 项目研究提供了这些个别指标的数据和它们组合起来的几种备选方式。在底特律、诺里奇、巴拿马城和蒙特利尔的研究中，构建社会阶层指标时也有相同的考虑，不同的社区有着不同的研究结果。

这里涉及的基本概念是社会经济等级，而不是一组离散的可以辨认的阶层。为了检验 LCV 研究的假设，在自下而来的变化 114
中存在社会阶层的弧形模式，有必要把社会经济等级划分为至少四级。费城的 LCV 研究采用职业、教育、房价为自变量，这是衡量一个说话人在这个等级体系中的相对位置的不同尺度，使我们能够做出这种初步分类。它们本身并不是社会阶层的决定因素，这个概念涉及更多主观的地位，更为隐蔽的权力事实。在最终说明中，可能有证据表明这个层级存在非连续性，但到目前为止，第 2 章的表格都显示为 SEC 值的连续范围。

这三类指标与说话人的生活轨迹和生活际遇有三种不同的关系。纽约市的研究表明，它们与反映这些差异的语言变量有着不同的关系。职业状况与家庭背景的联系最密切，并倾向于成为决定人生早期建立的语言模式的最强因素，如（dh）。另一方面，教育状况在人生早期始终不断地发生变化,并与以后生活中所习得的叠加变量联系更为紧密,如纽约市的(r)音。收入状况是最富变化的,反映说话人的近期社会经济状况,因此与语言模式的联系也最薄弱。于是,那些不适合归入典型的社会阶层条件的个人,常常在他的各项指标上也显示出状态不一致性。比如,一位水管工近期获得了富裕的收入和舒适的住房,而他的语言模式可能会反映出他早期职业生涯的特点。[①]

本节将对比 LCV 指标中的不同要素与三个稳定的社会语言变量的相关性。二次回归分析的结果将作为基础,比较每种语体中每个变量的每个指标给出的社区情况,从而删除所有不显著的自变量。全部成人年龄范围组成剩余参照组,跟 20 岁以下的不同年龄组进行对比。然后,对照分析将按照是保留 8—12 岁组还是保留 17—18 岁组而有所不同。在所有情况下,13—15 岁组和 16 岁组都会保留。我们熟悉的性别、南费城居民区、流动性和犹太裔等变量还会出现在原来的位置上,除非在新的分析中它们的显著性降低到 0.10 以下的水平。

然后,SEC 指标变量将被移除,并加入三个分立指标:基于人口普查类别的 6 级职业指数,完成学校教育的学年数目,以及房屋价值。我们将考察每一指标影响的显著性,并移除低于 0.05 水平的指标。

115 教育指标的两种形式

社会语言学样本中的大量年轻说话人引出了一个关于教育评

① 参见艾米略(Emilio D.)的实例(Labov 1966a: 478—479)。

级的问题。以普鲁士王村的一个家庭中三年级的 8 岁小孩为例，可能他父亲的教育等级是 18，母亲是 14。如果我们把这个小孩的教育等级定为 3，那么这就跟一位在 9 岁时退学去工作的下层工人阶级的 84 岁爱尔兰老人是同样的等级。而这个家庭的各种情况使我们可以预测到，这个孩子的教育等级将来会跟他父母一样或者会超过他的父母。

这是一个实质性问题，而不只是一个方法问题。如果受教育程度对语言的影响是一种普遍的文化模式，即对语言和语言学习的一种态度和看法，那么应该把孩子定为跟父母相同的教育等级。另一方面，如果教育对语言的影响是按照学生在学校里一年一年的实际学习而实现，那么我们就应该以三年级作为他的教育等级，并坚持这个基本定义：教育等级为在校受教育的学年数。

这里分别构建了两种独立的指标：一个是孩子实际的上学年级（Ed1），另一个是孩子父母的教育等级（Ed2）。在很多研究分析中，教育等级影响并不显著；但无论是否显著，没有一个实例表明 Ed2 指数比 Ed1 指数跟语言变量有更高的相关，也没有一个实例表明 Ed2 指数本身具有显著意义。这样，结论就很清楚了。在这个社区或同样在其他地方，教育的影响是累加的。儿童对语言变量的使用取决于他们接受了多少学校教育，而不决定于家庭的一般教育环境。

表 3.7 列出了注意话语中（dh）的两种分析。其中黑粗体表示用于对比的数据行。在三个指标中只选择了职业一项。回归系数 −8.44 乘以 5（即这个指数范围是从 0 到 5）得出 −42.2 的影响效果：即可能范围 200 的五分之一。标准误差 2.74，所以 t 比率为

-3.08,即回归系数中的标准误差数。样品数为151,有8个显著因素,自由度为143,可能出于偶然的概率是400分之一。这个分析的F比率是17.8,调整后的r^2值是47.3,表示可以解释的变异为47.3%。

表3.7的下半部分是以综合SEC指数代替三个分立指标的结果与上半部分的结果做对比。我们可以对比那行黑粗体的数据,其他数据仅是略有变化。SEC的回归系数是-4.00,这比上面职业的回归系数小了很多,但影响效果却更大,因为SEC的最大范围是13(15-2),并且13×(-4.00)是-52。标准误差略小,
116 因此t比率更大,产生的概率也变成5000分之一而不是400分之一。F比率略高(19比17.8),其解释的变异量也稍多些(48.9%比47.3%)。

表3.7　注意话语中(dh)的社会经济指数的对比

变量	相关系数	效果	标准差	t 比率	概率
分析A:使用职业、教育、房产价值					
8—12	24.80		8.68	2.85	0.0050
13—15	23.75		8.12	2.92	0.0040
16	77.44		12.46	6.21	≤0.0001
17—18	32.11		12.43	2.58	0.0108
职业	**-8.44**	**-42.2**	**2.74**	**-3.08**	**0.0025**
女性	-22.18		5.82	-3.81	0.0002
流动性	-8.34		3.43	-2.43	0.0162
南费城	29.75		6.08	4.90	≤0.0001
r^2=47.3	n=151		F比率=17.8		

续表

变量	相关系数	效果	标准差	*t* 比率	概率
分析 B:使用社会经济等级指标(SEC)					
8—12	27.98		8.57	3.26	0.0014
13—15	28.80		8.17	3.53	0.0006
16	75.40		12.30	6.13	≤0.0001
17—18	38.06		11.85	3.21	0.0016
社会经济等级	**-4.00**	**-52**	**1.052**	**-3.80**	**0.0002**
女性	-23.56		5.70	-4.13	≤0.0001
流动性	-7.438		3.39	-2.19	0.0299
南费城	25.46		6.28	4.05	≤0.0001
r^2=48.9	n=151		F 比率=19		

从所解释的变异数量来看,两种分析结果都很好;SEC 和职业的作用几乎是相等的。这意味着其他两个指标,教育程度和房屋价值,贡献很小。尽管 SEC 分析略占优势,若是在变量和语体交互分析中有一致的模式,那么更为简单的职业指标会更可取。

总的来说,职业比另外两个指标解释的变异更多,并且它在六项对比中有五项具有显著意义。但是,如果我们仔细检查这六种情况,会发现多种组构形式。表 3.8 比较了随意话语和注意话语中三个稳定变量的社会经济指标的对比情况,都是按照表 3.7 分析程序得出来的。

表 3.8　三个稳定社会语言变量的回归分析中 SEC 与个体指标的对比

变量	回归系数	效果	标准差	*t* 比率	概率	F 检验	r^2 值
(dh)注意							
职业	-8.44	-51	2.74	-3.08	0.0025	17.8	47.3
社会经济等级	-4.00	-52	1.05	-3.80	0.0002	19.0	48.9

续表

变量	回归系数	效果	标准差	t 比率	概率	F 检验	r^2 值
(dh)随意							
房产价值	-12.00	-48	2.72	-4.40	0.0001	16.5	44.9
社会经济等级	-5.42	-70	1.20	-4.53	0.0001	16.7	45.3
(neg)注意							
职业	7.19	-36	1.92	-3.74	0.0003	14.4	34.7
社会经济等级	-3.35	-43	0.70	-4.81	0.0001	17.3	37.6
(neg)随意							
职业	-10.37	-52	2.26	-4.03	0.0001	9.27	29.1
教育	-2.81	-48	1.35	-2.08	0.0393		
社会经济等级	-5.58	-73	0.94	-5.96	0.0001	13.1	32.0
(ing)注意							
职业	-10.26	-51	1.96	-5.24	0.0001	16.3	39.4
教育	-3.24	-55	0.71	-4.56	0.0001		
社会经济等级	-4.53	-59	0.73	-6.23	0.0001	16.8	31.1
(ing)随意							
职业	-8.95	-44	1.64	-5.47	0.0001	10.4	22.1
社会经济等级	-3.52	-46	0.65	-4.83	0.0001	8.77	18.0

前两行数据复制了表 3.7 在注意话语中的结果。而对于随意话语中的(dh),出现了不同的情况。这里只选了房屋价值而不是
117 职业指标。回归系数 -12 比较大。因为房屋价值的范围是 1—5,这个系数乘以 4 就是效果值。得到的结果尽管比 SEC 的效果值低很多,却是跟注意话语中职业指标的效果水平差不多。标准误差略大于回归系数的五分之一,这样概率就很低。总体来看,房屋价值能够很好地制约变量,不过这是唯一在房屋价值有显著意义的情况。在所有其他的分析中,房屋价值都很小,跟语言变量也不

相关。这个结果令人惊讶，因为如表 2.3 所示，房屋价值对街区分层比其他所有特征更加明确。然而，这确实跟上文提出的理由有关：一般来说，一个人居住的房子的价值调整比起其他指标来说，是更为晚近的变化，不太可能反映早年生活经历建立的语言模式。

在注意话语中的(neg)与注意话语中的(dh)情况基本相同。只有职业是显著指标，作用于 0.03 水平上。另一方面，SEC 的效果值更大，而相应的标准误差较小，于是概率也小了三倍，F 值更高。对于随意话语中的(neg)，职业具有很强的作用，而教育程度 118
也在 0.05 的水平上有显著影响。不过综合 F 值并不大，只有 9.27，所解释的变异百分比也只有 29.1。单单 SEC 指数并不是作用值很大，但是概率低，F 比值更高。

对于第三个变量(ing)，在注意话语中选取了两个指标：职业和教育，二者都在 0.0001 的水平上具有显著性。SEC 指数没有这两个指标合起来的效应那么大，r^2(所解释的变异量)也更小。最后，(ing)在随意话语中的模式也重复了这个表格中最常见的情况。职业是唯一入选的指标，其效果几乎与 SEC 综合指数一样大。

在社会经济指标中，职业显然是影响最大的因素，其次是教育程度，而住房价值的影响最小。自始至终，我们都看到，社会经济等级在注意话语中表现最清晰。当我们研究口语时，这种等级间的差异就会缩小。在表 3.8 的三种注意话语分析中，职业都是最有影响的指标；而在随意话语中，每个变量都显示为一种不同的模式。

鉴于职业状况在注意话语中对稳定的社会语言变量分析的重

要性,我们有理由把它的检测值作为一种分析工具,用于后面几章对进行中变化的研究中。当职业是一个有力的决定因素时,它比综合指数更容易跟社会进程联系在一起。不过,这种综合指数显然比任何单一指数更有规律也更可靠。对每个变量和每种语体来说,SEC 指数都有很强而可靠的作用,达到变量范围的 40% 到 70%,显著性在 0.001 的良好水平之下。除了一例之外,在所有情况下 SEC 指数都产生出更高的 F 比率和 r^2 值。如果我们把职业作为社会阶层的唯一测量依据,那么(dh)在随意话语中就根本不会出现分层现象。当这三个指标全部进入每项分析中时,结果就会杂乱无章。除了职业的普遍优势地位之外,目前还没有一种模式可以让我们预测住宅价值或教育程度会有显著影响。

SEC 指数作为社会阶层的一种测量指标的稳定性远远超出了表 3.7 的数据的表现。在进行各种回归分析中,人们通过观察一个自变量在加入或移除其他变量时的变化程度,来考察它的稳定性。像 SEC 这样鲁棒性的变量,不管有多少其他变量如何变化,始终保持着显著性。而教育状况和住房价值的权重和显著性会随着我们加入或移除其他变量而发生明显的变化。

这种情况最初似乎令人不解:即使其他两个指标都不显著,综合指数的效果也会优于职业指标。然而,即使在住房价值和教育
119 状况的总体效果都不决定语言变量行为,这些指标也有助于纠正和补偿社会经济分类中的特殊效应和不确定性。一个人的职业可能会评级有误,或者可能对他的话语没有通常的影响。给不工作的妻子或孩子指派养家的职业肯定会带来不确定性。而给住在房子里的每个人都指派同样的住房价值,却不会带来同样的不确定

性，即使这对话语的影响不大。因此，综合指数的稳定性使它优于任何其他单一的社会经济指标。

3.10　结论

对稳定的社会语言变量的考察结果为我们提供了一条基线，可以用以测量进行中变化的证据。检验弧形假设的第一步要看稳定的变量是否真的在社会经济等级中呈现单调性分布，并在各年龄等级中呈水平分布。尽管首次回归中出现了一个显著的年龄因素，但是现在可以确定，对于稳定的社会语言变量来说，成人范围内的年龄分布是平的，而且预期更多使用非标准形式的年轻说话人是集中在后青春期。

在这里的很多图表中已经证明了社会经济等级的一致性。一旦考虑到年龄，稳定的社会语言变量就有一种倾向于社会阶层二元划分的明显趋势（图 3.10，图 3.15）。图 3.10 表明，对于(dh)来说，图 3.6 显示的上层工人阶级的居间位置主要是与年龄交互作用的结果：17 岁以下的年轻说话人与下层工人阶级是一致的，而那些 17 岁以上的年轻说话人则处于中产阶级的水平。这种上层工人阶级的归类转换在很多其他社会语言学研究中也有表现，如诺里奇的(ing)模式研究（图 3.3）或南哈莱姆区的主观反应模式（Labov 1972b，图 8.5）。社会阶层的单调函数主要是上层工人阶级对于下层中产阶级的使用规范具有敏感性，容易受到影响的结果。对于成年人来说，层级是单调性的，即使在社会经济层级之间并不是均匀分布的。那么，弧形假设的这一半的最初表述应该修

正如下:

> 稳定的语言变量并不是成年人中年龄的函数,而是社会阶层的一种单调函数。

后面几章将更加深入地探索性别与这些模式之间的关系,因 120 为本章采用的单一回归因子不足以公平反映性别与年龄和社会阶层之间的相互作用。我们将更深入地考察青春期峰值对于语言变化代际传递问题的意义。不过,下一步要对那些有证据表明正在发生变化的语言变量进行比较分析。费城元音系统的这些成分涉及一系列复杂的交互系统关系。在第 5 章展开对进行中变化的分析之前,下一章将对这个元音系统在整体上进行考察。

第4章　费城元音系统 121

我们目前对语言变化引领者所在位置的探究中，广泛利用了费城元音系统中一系列进行中的变化。第1卷第3章对这个元音系统和进行中的变化做了总体概述。第1卷第4章说明了怎样把实时数据与从虚时得出的推论统一起来。本章将把费城方言置于美国英语的更大范围中，对正在发生变化的元音系统进行更为详细和具体的描述。

4.1　费城方言区

大西洋沿岸各州的《语言地图集》(Kurath 1949，Kurath and McDavid 1961)最主要的发现就是，美国方言不是分为两大部分，而是分为三个部分。在南方和北方之外，库拉斯(Kurath)提出了第三个区域，称为“中部地区”。后来的研究表明，中部地区包括宾夕法尼亚州的大部分、俄亥俄州、印第安纳州和伊利诺伊州的大部分、南部山区，以及向西延伸的广大地区(Carver 1987；《北美英语地图集》)。中部地区唯一位于大西洋海岸的就是费城港口。

人们在中部地区的定居经历了长期持续的西迁移民，其中大部分是从费城经过的。除了在上一章里我们归为费城移民的那些人之外，大量的苏格兰-爱尔兰人、巴拉丁德裔和其他定居者的西进路线都经过费城。这些人朝着费城而来,不仅因为这是他们进入美国的港口,还因为它是18世纪的主要大都市,“在英语世界中仅次于伦敦”(Kurath 1949)。费城人说英语的方式无疑会影响到中部方言的形成,因为任何地区的第一批定居者都在很大程度上决定这个地区的文化模式,并且当他们不再占多数之后还会延续很久(Zelinsky 1992)。

研究费城音变引领者的社会地位将主要得益于费城特有的进
122 行中的语言变化。这将使我们能够在上一章所描绘的社会布局中追寻语言的发展变化。我们先来回顾一下费城语言的特征,看看哪些最适合我们的研究目的。

在中部地区,宾夕法尼亚州东部有一个区域以 *pavement*(人行道)和 *baby coach*(婴儿车)这种词汇的分布划定,这就是最准确的“费城方言区”。图4.1显示《语言地图集》为 *bagged school*(逃学者)和 *hot cakes*(脆煎饼)划出的等语线界定了费城词汇区。[①] 我自己对使用 *hoagie*(潜水艇三明治)的研究同样显示出费城方言影响所及的全部地区延伸到大约50英里的半径。[②]

在费城市内,LCV研究的探索性访谈得到了费城独有的各种各样的儿童歌谣、游戏、单词和发音。在街头游戏半球比赛中,投
123 中目标的橡皮球被分裂成两半,这是费城特有的游戏,就像滑水池或赛卢吉(*selugi*)是纽约特有的游戏一样。然而,如同大多数用于

---

① 其他的费城方言的标志词,参见 Lebofsky 1970。

② 费城的影响可以更好地通过这种文化习俗的分布显示出来:hoagie(或潜水艇三明治)与费城牛排三明治相结合,把一薄片烤牛排与洋葱和奶酪一起夹进一个长条面包。

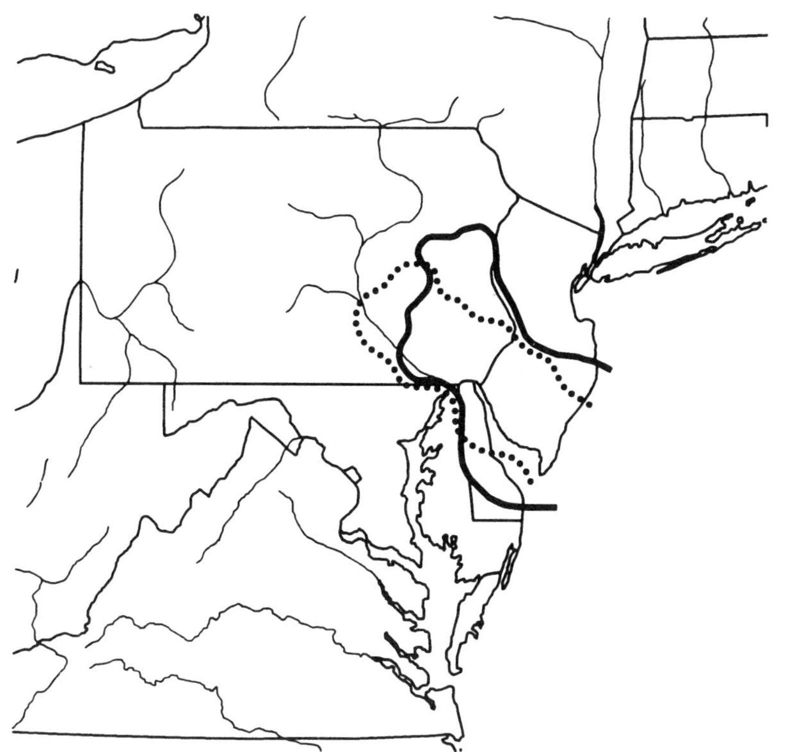

图4.1　由词汇等语线界定的费城地区

实线：*hot cakes*（脆煎饼）的外部边界；虚线：*bagged school*（逃学）的边界。（来源：Kurath 1949，地图22）

界定美国英语方言区的词汇一样，这些费城方言的标志词大多数也已经开始废弃不用了。佩恩对于费城方言习得的研究发现，人们对于传统费城方言标志词的了解在最低5.6%（把电线杆 *telegraph pole* 说成 *tellypole*）到最高58%（把饭盒 *lunch pail* 说成 *lunch kettle*）或86%（把人行道 *side walk* 说成 *pavement*）的范围。另一方面，佩恩还发现了一定数量的当代费城方言标志词，如用 *hoagie* 指潜水艇三明治，或者用 *yo* 来引起别人注意，这都依存于充满活力并广为传播的成人文化中。佩恩发现成年人和孩子们一样,移居到费城地区后就迅速而自动地掌握了这些用法。这样,研究词汇变化就不太可能从词汇使用的虚时分布中获益了。

费城方言有几个显著的语法特征,但是它们并不像元音那样形成一个相互联系的系统,这些特征跟进行中的变化也没有关系。塔克(Tucker)1944 年报告了 *anymore*(再)的肯定用法作为费城方言的一个特征,而 LCV 研究表明任何一个费城人的自然话语中都有这个特征,尽管回答直接询问时表现不稳定(Labov 1972d, Hindle 1974, Hindle and Sag 1973)。但是事实证明,*anymore* 的肯定用法是中部方言整体的一个普遍特点。费城方言还有一个标志是助动词 *be* 与动词 *finished* 和 *done* 一起使用,如 *I'm done biology*, *When can you be finished five shirts*?(我的生物课结束了。你什么时候能完成五件衬衫?)然而这也是一个分布范围更大的特征,并且没有表现出与语音系统并行发展的趋势。我们在费城所观察到的进行中的语法变化在英语中是相当普遍的,比如助动词 *get* 用于被动态的转换(Weiner and Labov 1983, Feagin 1979)。

在我们已经研究过的所有欧-美方言中,活跃的语言变化主要是在语音系统,而语音系统中活跃的变化主要是在元音和流音上。[①] 阿什(Ash)追溯了费城方言/l/的元音化过程(1982a, 1982b),但这并非费城独有,而似乎是美国英语中的一个普遍趋

① 另一方面,时态和语态系统的变化似乎是非洲裔美国英语口语变化的主要方面。

势，在宾夕法尼亚西部似乎比在东部更快些。费城方言在词首辅音丛/str/中使用咝擦音显示出一种系统性的进展，这似乎同样是中部方言很多地区的普遍特点。

北美语言变化中最活跃的是元音系统，对于这种普遍的情况，费城也不例外。第 1 卷第二部分说明了元音变化遵循的一般原理，并且元音变化组成了像北方城市音变或南方音变这种普遍模 124
式。随之而来的问题就是：元音变化是否能帮助我们追寻费城特有的变化呢？很幸运，在费城发现的元音变化的特定模式确实是这个城市的特点。尽管费城模式与美国主要方言区模式有一些共同特征，它还是具有独特性，很容易把本地人与外来人区分开来。第 1 卷有几章探讨了费城方言带有短元音 **a** 的单词在紧松词群中的具体分布。较低层级的语音变化的组合也同样是费城方言的特色。因此更为重要的是，各种进行中的元音变化不要孤立地研究，而要作为一个相关结构的组成部分来研究。第 1 卷第二部分就是讨论在这种结构中支配语言变化的一般原理。无论获得了什么样的普遍见解，都应该把费城元音系统的研究作为探寻语言变化引领者的背景。

4.2　描述费城元音系统的总体框架

描述费城元音系统的总体框架是在第 1 卷第 6 章第 159—第 164 页关于进行中的链式音变的讨论中首次提出。我们在第 5—第 9 章对支配元音移位的普遍原则进行了充分论述，更加明确了提出这个框架的动因。英语方言不是各种杂乱变异的汇集，而是可以归为几种主要类型，分布在广阔地域，受到系统性音变的作用力驱动，向着相互对立的方向发展。在这种更大的框架之中，才能最好地理解像费城这样的一种地域性系统。

我们这里所研究的费城元音系统是一个综合体，其中既有相对稳定的成分也有正在发生变化的成分。对于这些音变的系统性描述需要一个出发点，或者*初始位置*。这个初始位置必须满足两个标准：(1)现在的每一种音变都必须表现于一个相对稳定的更早阶段，(2)这种表现必须是在费城和相邻地区的方言中都相同。

从演化和历史的角度来看，我们可以在语言历史中任选一点作为起始位置，以此出发去追溯一系列特定方言的演化。这些早期形式的抽象程度取决于我们所研究的音变的性质和范围。如果涉及合并现象，起始位置将显示最大数量的不同形式；如果涉及分化现象，则会显示出最小数量的不同形式。对有条件的音变，如元
125 音后接/r/的元音化，初始位置将显示未分化的形式，例如所有位置上的/r/音；也可能包括在这个早期阶段一些音位变体的分化状态。因为链式音变定义保留了最初的区别数目，因此在这方面的初始语音表现也将是相同的。但是如果链式音变跨越了子系统，就可能涉及一组截然不同的语音特征。

初始位置是一个抽象概念，它可能并不对应于这些方言在早期阶段任何实际的统一状态，因为其他交叉的音变，包括逆向变化，可能会在更早的时期发挥作用。初始位置的主要功能就是把费城音变与英语方言中更大的变化模式联系起来。

费城元音系统的初始位置所包括的细节大大多于第1卷第6章所讨论的一般美国英语方言。它包括一系列的音位变体：xxC

表示闭音节元音，xxF 表示开音节元音，xx0 表示清辅音前的元音，xxV 表示浊辅音前和词尾位置的元音。此外，上滑元音的中心位置被确认为音核，尽管可能只分前后两类的表示法更为简洁。这里的元音并不包括单词 *bird* 的中-央元音（Bloomfield 1933：164），但是将在图 4.2 及以下诸页中表示为（r）。

表 4.1 展示了 21 个元素的集合，其中每一个都：

（a）附属于历史上的*词群*；

（b）由一组分层排列的语音特征而定位；

（c）由宽式音标注写；

（d）被赋予一种彼此相互对立的状态。

所有这些属性都可以进一步做出解释。

表 4.1　费城元音的初始位置

<table>
<tr><td rowspan="3"></td><td colspan="2" rowspan="3">短</td><td colspan="8">长</td></tr>
<tr><td colspan="6">上滑</td><td colspan="2" rowspan="2">内滑</td></tr>
<tr><td colspan="3">前　滑</td><td colspan="3">后　滑</td></tr>
<tr><td></td><td colspan="2">元音</td><td colspan="3">元音＋y</td><td colspan="3">元音＋ w</td><td colspan="2">元音＋h</td></tr>
<tr><td></td><td>前</td><td>后</td><td>前</td><td>央</td><td>后</td><td>前</td><td>央</td><td>后</td><td>前</td><td>后</td></tr>
<tr><td>高</td><td>i</td><td>u</td><td>iyC
iyF</td><td></td><td></td><td></td><td></td><td>uwC
uwF</td><td></td><td></td></tr>
<tr><td>中</td><td>e</td><td>ʌ</td><td>eyC
eyF</td><td></td><td>oy</td><td></td><td></td><td>owC
owF</td><td></td><td>oh</td></tr>
<tr><td>低</td><td>æ</td><td>o</td><td></td><td>ay0
ayV</td><td></td><td></td><td>aw</td><td></td><td>æh</td><td>ah</td></tr>
</table>

（a）我们在第 1 卷第 6 章 164 页已经讨论过共时描述的*词群* 126
概念。它是一种历史结构的共时映射。一个词群是一组单词，其中定义词群的音段都出现于同样相关的语音条件，并在全部音变

过程中保持下来。表 4.1 中每一个元素都代表这样一种词群。

由于建立了各种语音条件的相关性，词群可以进一步划分为子群。这里的*相关性*，是指语音环境对于元音实现的作用要显著大于来自剩余参照集的随机影响引起的干扰。/ey/和/ow/的闭音节子群和开音节子群在与费城相联系的大多数方言中都保留着区别性语音目标，这种区别会在音变过程中得到极大的扩展。

我们不需要去关注每一个相关条件，但是要想更准确地追溯进行中的音变，就要把词群的子群划分得足够详细。有些情况下，这要对词群的元音进行具体测量才行。这样，带有词首塞音/流音串的/æh/子群中（如 *grand*、*black* 等），我们发现这些音核的 F1 和 F2 值显著降低（第 1 卷：182—183，457—469，506—507），下降程度很大，以至于在/æh/的 10 个词例中有好几个都严重偏离平均值而跟其他元音相近。在 16 世纪的 *meat*/*mate* 近似合并中，带有词首塞音/流音串的一个小的子群，如 *great*、*break*、*drain*，没有跟随 **ea** 的主词群一起高化（第 1 卷：295—298）。当语音环境的作用过分增大以及词例散布于更大语音范围时，进行中的音变过程常常会造成一些新的子群。这些子群会失去它们在大词群中的特性，但通常情况下，随着变化趋于完成，这些差别很大的子群会重新联合起来。在 *great*、*break* 和 *drain* 的例子中，它们反而加入了较低的长元音 **ā** 词群，如 *brake*、*grate* 等。

有时人们会认为，语音驱动的划分子群过程会无限地继续下去，直到每一个词都形成自己的子群，然而事实并非如此。较小的语音影响，如词首的/d/和/t/在 *Dan* 和 *tan* 中的差别，会在其他次要因素如音段和韵律的随机变异中消失。如果不是这样，我们分析自然言语中平均值的变化将会取决于所说词语的偶然性。

(b) 初始位置上明示或暗示的语音维度，在一定程度上是由正在研究的进行中的变化所定义的。一个元音系统几乎必然会呈现前/后区分和高/低区分。但是，每一维度上是否有两个、三个或四个区别等级，取决于参与进行中的变化的方言的共同语音输入。127 对于表 4.1 中的上滑元音，指定了一个中心位置，因为在周围的方言中，/aw/和/ay/共有元音三角中开口度最大的/a/音核。费城/aw/中的音核[æ]是中古英语元音 ū 映射中音核-滑音分化的进一步发展：[uː→ωuː→əu →ɐu→au→æu]。

表 4.1 中，前后、高低的维度都是三分的而不是二分的。对在更抽象的层级上运作的音系规则或制约来说，[±后]或者[±高、±低] 这种二元描述可能是有利的；而为了能跟更具体的实验测量相联系，五级或六级的多分标写法更为适合。

在表 4.1 中标示的语音维度或特征并不都是在同一个抽象层次上。特征几何的层级性质是相关音变理论的一个基本部分。抽象程度最高的是短元音和长元音的对立，反映在这种恒定的分布事实中：短元音只出现在闭音节。链式音变的典型运作是在短元音或长元音子系统内部进行。因此，北方城市音变只影响短元音(第 1 卷：177—195)。模式 4 包括了一个在上滑前元音中扩展的链式音变(第 1 卷：209—218)。平行的音变呈现出前-后的对称，如伦敦的/ey/和/ow/音核的低化(第 1 卷：169)。这里的 Vy 和 Vw 两个词群一起归入上滑音类别，反映其早先曾是长元音的特点。多数平行音变都是发生在相同的高度等级，同时作用于高、中、低位置上的前元音和后元音：纽约和费城方言中最引人注目的

例子就是/æh/和/oh/在 Vh 系统中的平行紧化和高化（第 1 卷：168）。南方音变中也有全部后元音的平行变化，其中/uw/、/ow/和/aw/都发生了平行的前化（第 1 卷：551—552）。

在这个分类中没有出现[±紧]特征。它反映语音上更为具体的可计量水平，因为一些外缘轨道的元音（紧）和另一些非外缘轨道的元音（松）的移动可以靠实验测量来追踪。

(c) 这里的二元标写法适合用这种短元音、前滑元音、后滑元音的分类来标示出系统内预测的音变方向。一元标写法，如/i，ɪ，e，ɛ，æ/，包含了一些语音初始位置的事实，但这种较低的抽象程度，完全不能表示(b)中讨论的层级结构，而需要更详细的标注来补充其不足之处。更重要的是，这种一元标写法不能反映英语元音中禁止中间没有滑音的 VV 序列的基本音系原则，这也是这里所讨论的很多音变发展的动因。

128 在 *r* 音较多的费城方言中，内滑元音较少，而那些 *r* 音较少的方言中会有全套六个内滑元音。[1] 为了印刷方便而用/h/代表内滑元音最早是从布洛克和特拉格（Bloch and Trager 1942）开始的，在今天的许多研究者看来似乎过于抽象了。[2] 另一方面，标准的英语正词法同样用 *oh*、*bah*、*eh*、*yeah* 标写这些词中的长元音或内滑元音，保留着英语单词不以元音结尾的观念。最重要的是，

[1] 在费城，紧的低元音发展出非常不同的内滑音，但/ih/、/eh/、/uh/这几类则很少见，仅仅出现在 idea 和 yeah 这样的词中。然而，有相当多的人把/r/元音化，主要是南费城的意大利裔。

[2] 关于这一标写方式从布龙菲尔德到布洛克和特拉格的发展历史，参见格里森（Gleason 1961）。

/h/的使用抓住了这个半元音的抽象特点：在央化的滑音和音核的延长之间摆动，主要取决于音核的位置是在哪里。[1] 在现代英语方言中，短元音的延长几乎总是导致产生这种内滑音。当低元音开始延长时，最初并没有出现内滑音，但后来随着舌位持续上升，内滑音就越来越明显。短元音 **a** 和短元音 **o** 分化为长短两类，最好是显示为/ æ /和/æh/以及/o/和/oh/的分化。

(d) 这里对音位地位的标写反映在表 4.1 的表格结构中。表中每个不同的格都代表一个初始位置的音位，格内的条目就是音位变体。[2] 以下的讨论主要涉及语言变量，用圆括号表示：这种标写法同样适用于音位和音位变体。/oh/的无条件高化表示为(oh)，/eyC/的有条件高化表示为(eyC)，因为这些语言变量经常跨越音位边界。当语音成分的音位地位对于讨论内容很重要时，就用/oh/和[eyC]这样的标写方法。

4.3　费城元音系统的早期记录

在第 1 卷中，影响费城元音系统初始位置的音变分为五个类别：已经完成的变化、接近完成的变化、中期的变化、活跃的新变化、初期的的变化(第 1 卷：79—82)。这种分类得到 1930 年代和 1940 年代的三个实时证据的文献引证的支持，这比 LCV 研究早三十到四十年。德坎普(L. Sprague De Camp)在 1933 年的《语音 129

① 参见中出口(Mid-Exit)原理(第 1 卷：284)。

② 因为我们所关注的音变不包括元音间的/r/前面的元音变化，所以没有表现费城 *ferry*/*furry* 的近似合并，也没有混淆音位和音位变体之间区别的情况。

学教师》(*Le Maitre Phonétique*)中发表了一个16岁费城女学生朗读“北风和太阳”的语音记录。库拉斯和麦克戴维(Kurath and McDavid)在1961年出版的《大西洋沿岸各州的英语发音》[PEAS]里面有费城发音人为《语言地图集》做的语音记录,是基于洛曼(Guy Loman)在1940年代田野调查的八个语音转写记录。塔克在1944年的《美国话》(*American Speech*)中发表了一篇对费城方言的讨论。本节将对这些证据进行重新整理,以证明在表4.1中对初始位置的描述,并为我们补充语音的细节内容。

在以上所有记录中,费城方言似乎一直是在南方音变的轨道中运行。模式3和模式4都能够很好地表现出来。这三种语音记录可以按照这些音变的进展程度来评级:

PEAS　最为保守
德坎普　中等程度
塔克　进展最快

尽管PEAS记录是在德坎普之后,它们却是来自年纪更大并且更为保守的发音人;德坎普记录的16岁女生应该是当时音变最快的说话人之一。她的情况跟纽约和费城表达能力很强的青年女性说话人,即LES和LCV研究记录中的那些言语引领者,在词首/d/和/t/的塞擦音表现方面是相似的。[①]

① 塔克没有说明他的发音人的身份,但他似乎记录下当时方言的一种极端形式;在某些例子中,如果不是因为他具有天赋的听辨洞察力并与其他方言敏锐的对比,人们不禁会怀疑其记录有误。

短元音

没有证据表明，在短元音音位/i、e、æ、a、ʌ、u/的语音表现/ɪ、ɛ、æ、ɑ、ʌ、ω/从预期位置上变化。塔克没有提到短元音有任何显著特点，德坎普只用了已有的音标符号。PEAS对受过教育的说话人用了一些ɨ，以及一些/æ/和/a/的后移标记。[①]

上滑前元音

对于/iy/，德坎普只记为[i]，PEAS标示出仅有中等程度的双元音化。而塔克则观察到南方音变的迹象："第一个成分常常是闭元音*e*[e]或一个接近斯拉夫语*jery*中的发音。"因为主观印象记音对后移的程度不够敏感，我们可以推断这个音肯定既不像[e]那么靠前，也不像[ʌ]那么靠后，而是一个位于非外缘轨道上的半高音核。

130

对于/ey/，德坎普在闭音节和开音节中都只是记为[ɛi]。PEAS把多数元音记为类似的[ɛɨ]。在闭音节和开音节中都出现一个半高音核[e]。然而，在受过教育的说话人的叙述中对于(eyF)的标写出现一个差异：[ɛ$^{>}$ vɨ]。这个南方音变的表现在塔克的论述中得到加强："像*day*词中的长元音*a*，第一个成分的范围是从[æ]到[a]。"塔克还把它跟伦敦土语在这方面进行对比。[②]

① PEAS在*ashes*中用[æ$^{>}$]来表示，在bag中使用了[æː$^{>}$]，并在几个例子中用[ɑ$^{>}$]来表示/æ/和/a/。

② 尽管塔克在很多方面都是一个敏锐的观察者，可在这里他确实有所夸张。他还说伦敦土语更是变为[ɑɪ]，但是我自己对于伦敦元音系统的研究从未显示/ey/的音核是在央元音之后。

对于/ay/,PEAS 并没有区别(ay0)和(ayV),把它们都记为一个后元音[ɑɪ];德坎普也没有区分,他都是用[ai]和[ɑi](只是有一处把 *nearby* 中的(ayF)记为后元音[ɒɪ])。塔克专门讲到,/ay/和/aw/在浊音和清音词尾前面的发音是同样的音核,虽然这在他自己发音中以及"在多数美国方言中"有很大差别。

在 20 世纪早期的所有费城方言记录中,对/oy/都使用了闭元音音核[o]。

以上这些引证文献中,对上滑前元音的总体描述是最不一致的。德坎普和 PEAS 只是略微提到低化的开元音,而塔克展现了一种充分发展的南方音变:"第一个成分从[ɪi]向后变为[ʌi],从[eɪ]变成 [aɪ] ,从[ɔɪ]变成[oɪ]。"尽管塔克的观点可能有些夸大,还是跟他对费城方言特点的概括相一致的:"在语言上跟地理上一样,都介于纽约与南方之间的中间状态。"

上滑后元音

这三种文献都注意到三个上滑后元音的音核前移,但是没有注意闭音节与开音节的差别。德坎普把这两个位置的/uw/都记为央元音[ʉ],举出单词 *soon* 中的不圆唇前元音[sɪʉn]为例;把/ow/记为[ɜʊ]和[öʊ];对于/aw/,是在[æʊ]和[aʊ]之间摇摆。PEAS 则更为保守,把/uw/记为只是略微前移的[ʊ< u<]或[uː<];把闭音节和开音节的/ow/都记为数目基本一样的央元音和后元音;央元音则在圆唇与不圆唇之间交替变化。在鼻辅音前的元音通常会有明显前移的,而这里 8 个词例中只有 2 个表现为前移的[æu],在/t/(地图 29)前面,6 个词例中有 3 个;/aw/音核只显示为央元音。

如所预料，塔克描述了进展更快的费城音变的情景。他把 131
/uw/记为完全前化的不圆唇的[ɪːʊ]，把/ow/记为完全前化的[ɛːʊ]或[œːʊ]。[①] 对于/aw/，他再次看出南方音变的影响，准确地注意到费城与南方城市音变共有的[æːu]发音，这只是在北方乡村地区才会发现。

显然，以上三位观察者都注意到了，费城参与南方音变的程度在 Vw 类语音上要比 Vy 类语音更强些，并且在更早阶段就已经开始变为不圆唇元音的趋势了。

内滑元音

/æ/和/æh/之间的分化明显成为这个时期费城元音的特征。弗格森(Ferguson 1975，但写作是在 1945 年)不仅描述了这个分化涉及的词群，并且确认了/æh/和单词 *care* 中/ehr/同是中元音位置。德坎普没有表现出这一分化的迹象，尽管短文“北风”中包括 *having*、*traveler*(现在属松元音)和 *after*、*last*(现在属紧元音)。有可能他的中产阶级发音人，尽管她只有 16 岁，已经显示出修正发音了。PEAS 在这里极为保守，以至比纽约市的情况更甚。在受过教育的说话人记录中，已经出现了紧化过程的迹象，表现为 *half* 和 *glass* 有内滑音[æːə]，而在 *aunt* 中没有。奇怪的是，塔克完全没有提到短元音 **a** 的紧化，而只是讲了“‘宽 *a*’明显是圆唇元音，正如纽约话里面通常的情况一样。”

---

① 这里必须要对塔克作为观察者的准确性进行质疑，因为他把 *old* 跟 *go* 一起作为这种音变的典型例词；在费城，这种情况几乎是不可能的；/ow/在/l/前面从不出现前移。

人们可能由此得出结论,短元音 **a** 的紧化是在二战后才开始的;但是正如第 1 卷指出的,这几乎不可能。下面我们会看到,LCV 研究中的所有老年说话人,最早的生于 1890 年,都明显一致地表现出这种词汇性规则。

德坎普不曾注意到后元音的链式音变/ahr/→/ohr/→/uhr/,因为他没有使用带有/ahr/的词例。PEAS 记录了/ahr/的保守发音[ɑː],但只有很少几例不圆唇后元音和一例[ɒː]。/oh/只表现为保守的[ɔ],带或不带内滑音。塔克再次对进行中的链式音变做出清楚的描述。他注意到短的开元音 **o** 在 *on* 中的紧化,并谈到 *thought*、*awful*、*talk* 中的元音都同样"延长、变紧和圆唇,而且已经趋向于变成更闭的(尽管还不像德语中那样接近真正的闭元音 *o*)。"他发现这个音跟纽约市的发音很相似,尽管在受影响的单词分布上接近南

132 方。然后塔克又注意到这些趋势在/r/前面更为明显:"*a* 明显是圆唇,即发音像开元音 *o*[ɔ]。"他又补充说,"*-ar-*从不与*-or-*相混,因为后者的 *o* 相当长而且是闭元音的[o]。因此 *far*[fɔːrː]跟 *four*[foːr]相互对立。"

塔克还观察到费城元音在流音前的特殊表现:在/r/前面没有前化;双元音在/r/和/l/之前单元音化,包括/oy/、/ay/、/ey/。①他还注意到 *owl* 和 *Al* 同音以及 *Powell* 和 *pal* 同音的现象,这是由于/aw/在/l/前面的单元音化和流音的元音化造成的结果。

从塔克所做观察的系统性特点来看,显然这是三个文献中最可靠并且最富有语言学信息的。他对于 1940 年代费城方言的观

① 这使他在 old 这个词上的失误,见脚注 11,更加显得完全是个例外。

点中唯一难以解释的就是/eyF/为极端开元音以及紧元音/æh/的缺失。塔克的记录似乎是来自他对自然话语的非正式观察，而不是从直接的诱导或朗读得出的。

让我们总结一下这三个文献来源的记录在进行中音变的五个层级上的状态，正如他们在 1930 年代可能观察到的那样：

1. 已经完成的变化：没有。

2. 接近完成的变化：/aw/音核的前化，以及/ahr/向中元音的高化和后移。

3. 中期的变化：(eyF)音核的低化；/oh/和/ohr/向半低位置的高化。

4. 活跃的新变化：/uw/和/ow/的前移和非圆唇化。

5. 刚刚出现的变化：开音节(iyF)的音核低化。

我们很难把(æh)的紧化和高化列进去。否则，情况就很清楚了：在 1940 年代，作为南方城市中最北边的一个城市，费城的元音系统适度地全面经历了南方音变。

德坎普和塔克都把费城的语音描述为跟周围的宾夕法尼亚州东部及新泽西州南部地区相同。在《语言地图集》的记录中，费城一直比周围地区的方言更为保守(对于/iy/和/ey/的双元音化，以及/uw/和/ow/的前移)。弗格森对纽约、巴尔的摩和费城在短元音 **a** 分化上做了明确的区别，但没有把城市和紧邻它的周围地区进行比较。

4.4　1970 年代的费城元音系统 133

本节将从一些代表性社区成员的话语录音中考察费城元音系

统,资料来自1970年代的LCV街区研究。这里对费城元音系统的描述是基于五位说话人元音系统间的内部关系,他们的年龄范围从84岁到13岁。说话人来自肯辛顿的维克街区,这是最早的工人阶级居住区(见第2章),在这里可以观察到费城元音系统的完整变化,从最保守的到最前卫的都包括在内。

接下来的几章将展示出每个说话人的共振峰平均值(第一共振峰F1和第二共振峰F2)。下一章将会说明采用的测量方法。这些技术手段比现在通过《北美英语地图集》(ANAE)采用的方法慢一些,但准确性并不差。在重读元音取样时,LCV设定的目标数额是3到10个元音;3个是对于没有涉及进行中变化的元音,如(ahr)或(e);5个是对于接近完成的变化或中期变化的元音,如(æhN)或(owC);10个是对于活跃的新变化的元音,如(ay0)或(aw)。因为这些音位中很多都有二或三个相关的音位变体,所以一个特定的音位可能有10、15或20个词例。但是对于几个不太常见的元音,如/oy/,则可能只有1或2个词例来代表平均值。

在下面的几章中,我们将对紧元音/æh/的三个音位变体分别进行论述,在这里则把它们综合为一个整体的平均值。

多尼根(Joe Donegan),84岁:最早的层次

图4.2显示了维克街年龄最大的说话人多尼根的元音系统平均值,他在1974年接受访谈时已经84岁。他的父母19世纪晚期从爱尔兰移民到这里,他是本地出生的第一代爱尔兰后裔。他受过八年教育,从事一项非技术性的体力工作,低于他父亲的水平。他的房屋价值属最低级,不足5000美元,但是房屋维护的等级为

3,是“有所改善”。多尼根表现了最为保守的费城元音系统,在某些方面甚至比《语言地图集》的中年发音人更为保守,那些发音人应该是他的同龄人。

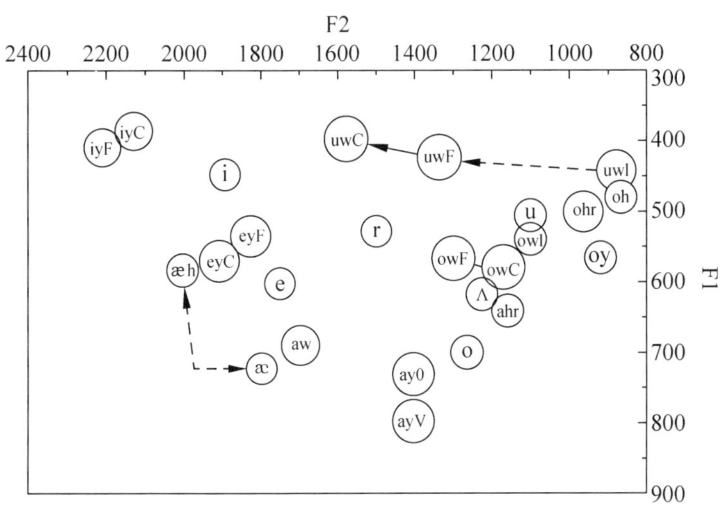

图 4.2　维克街 84 岁受访者多尼根的元音系统

如本章的其他图表一样,图 4.2 是基于非归一化的数据做出的。它反映了典型的男性共振峰集中位于社区整体的元音物理空间下半部。F1 的最高平均值是 800Hz,F2 的最高平均值是 2200Hz。下面对多尼根的元音系统的讨论当然要涉及系统内各 134
元音之间的相对位置。而这些元音位置相对于其他发音人的元音位置之间的对比,要得出归一化数据后才能建立。

在这些图中,虚线箭头代表音位从初始位置变化的轨迹;实线箭头连接的是以不同速率变化的音位变体。

已经完成的变化

第 3 章中描述为已经完成的早期变化在这里已经完成了。

/ahr/高化到一个后中元音的外缘位置(F1 为 641Hz,F2 为 1155Hz)。所有后面的系统中情况都是这样,不需要再进一步讨论,因为这个元音的变化在年轻说话者中不会超越这个位置。其次,/aw/音核前化到/æ/的位置;/aw/和/æ/之间的细微差异不显著。这可以列为已完成的变化,使费城与更北面的方言彼此区分。不过,这并不是变化的终点,而是进一步发展的阶段性位置。

以上这两种变化都是跟早先的实时记录相一致的。

接近完成的变化

在费城音变列表中,/æh/的高化属于接近完成的变化。多尼根的元音系统表现为一个更早的阶段,其中这种高化还在中间时期。它前移并上升到半低元音的位置,F1 为 590Hz,F2 为 1995Hz。这跟弗格森 1945 年的记录(Ferguson 1975)是一致的,并使我们相信德坎普、PEAS 和塔克在这方面都存在缺陷。

135 模式 3 的链式音变/ahr/→/ohr/→/uhr/也是处在早期阶段。/ohr/只是略微上升,并没高过/u/,实际上是低于/oh/,同样,这与早期记录相符。

中期的变化

根据早期的实时记录,模式 3 的链式音变的第二部分,即/ow/和/uw/的前化,在费城方言中已经确立。多尼根的系统比那些记录的情况更为保守。(uwC)和(uwF)确实比不前化的/uwl/更为靠前。但是(uwC)只进展到央高元音位置,而通常在央元音之前的(uwF)实际上却不如(uwC)靠前。(owF)只是稍微有些前移,(uwC)则非常接近后元音/owl/。

活跃的新变化

没有迹象表明/aw/高化到中元音位置。(eyC)逆行的上移还没开始:(eyC)和(eyF)实际上几乎没有区别。这跟塔克记录中(eyF)的开元音位置不相符,那可能是女性发音的特征。最后,(ay0)和(ayV)的差别很小,而且(ay0)音核离/ʌ/较远。这种细微的差别在听感中不足以推翻塔克认为这两个音位变体相同的说法。

初期的变化:

这里当然没有迹象表明短的前元音低化刚刚开始的情况,在更早期的报告记录中它们都是稳定的。

总的看来,多尼根代表了活跃的新变化开始之前的阶段,这跟早期的实时观察结果是一致的。

瑞安(Helen Ryan),65 岁:女性话语的早期阶段

图 4.3 是瑞安的元音系统,她于 1974 年在维克街接受采访时是 65 岁。她也是爱尔兰裔第二代,是肯德尔(Kendell)家社交网络的核心成员(见图 2.3)。瑞安女士受过的教育不如多尼根,她只上到七年级。她的住房基本价值跟多尼根一样,都在 5000 美元以下。可是在房屋维护上她得到最高的评级。她的 SES 指数为 3,而多尼根是 2。因为她比他年轻 20 岁,所以我们希望在她的系统里能发现一些变化的进展,最终我们将看到,她的性别和更高的社会地位也促成了这种作用。

在模式 3 的后元音链式音变中,/ohr/并没有继续发展,仍比/oh/低。但是(uw)与(ow)的前化有明显的差别。(uwC)已经前移到非外缘前元音位置(音核下降到中元音位置),(uwF)却在央

136 元音前部形成对比。(owC)和(owF)则是都位于非外缘前元音位置上;同样,闭音节的音位变体更低,与(eyF)的音核相距不远。

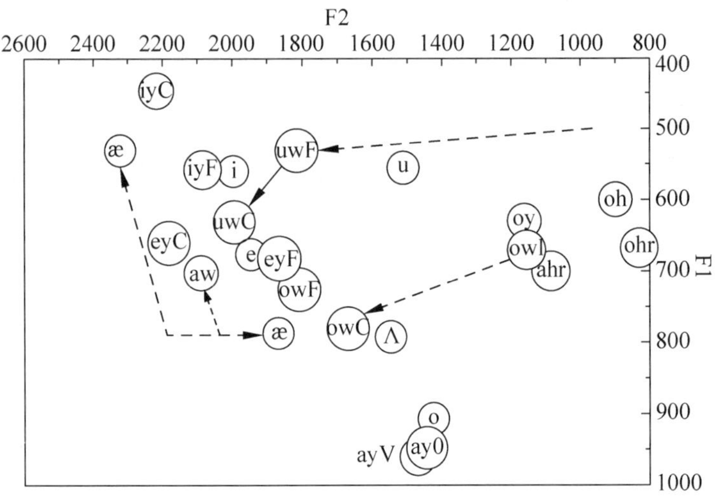

图 4.3　维克街 65 岁受访者瑞安的元音系统

在前元音中,(æh)已经远离中元音位置到了比高元音稍低的位置,刚好在/iyC/之下。在(æh)后面,(aw)的音核已经上升到中元音位置。这是唯一显现的活跃的新变化的移动。与多尼根系统的保守位置相比,(ay0)没有什么变化,(eyC)比(eyF)靠前些。

总之,瑞安的元音系统跟多尼根的相比,显示出费城社区三种音变的特征:(æh)的高化,接近完成;(uw)和(ow)的前化,中期阶段;(aw)的高化,一种进行中的活跃的新变化。

凯特(Kate Corcoran),45 岁:现代费城元音系统

凯特是维克街社区科科兰家庭社交网络的中心成员(见图 2.3),1973 年接受访谈时年龄是 45 岁。她是第三代爱尔兰后裔。上过

十年学。丈夫的工作是技术工人，但不如他父亲的职位那么好。她的房产基本价值跟多尼根和瑞恩差不多。但在观念上她认为自己不是一个为更高地位而努力的奋斗者，并且她的房子被评级为“维持原貌”而不是改善。

图 4.4 中的元音系统显示了比图 4.2—图 4.3 更为完整的费 137
城音变的发展状况。接近完成的变化确实快要完成了。后元音的链式音变已经结束，(ohr)位于跟(uwC)几乎一样的高元音位置。(oy)的音核紧紧跟随，而(oh)仍留在半高元音位置。(æh)的高化已经到达接近(iyC)和(iyF)的高元音位置。

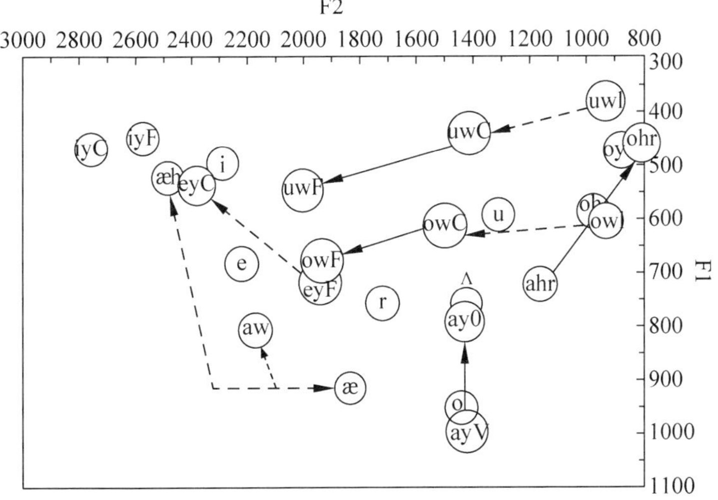

图 4.4　维克街 45 岁受访者凯特的元音系统

处于中期阶段的(uw)和(ow)的前化现在已经完全划分出闭音节和开音节之间的差别。(uwF)和(owF)都是非外缘前元音，(owF)的音核再次和(eyF)接近。(uwC)和(owC)位于中心的后面，但是已经比/uwl/和/owl/原来的起点前移得很远了。

三种活跃的新变化显然都很有活力。(aw)高化的音核正好在松元音/æ/之上(尽管不比瑞恩更靠前)。(eyC)的逆行高化现在已有明显证据;它已经达到跟/i/相同的高度,且更靠近外缘。(eyC)和/e/之间已经分开相当大的间隔。第三,(ay0)的音核央化得很好,几乎跟/ʌ/一样了。

对这些短前元音的回归分析显示出一种不显著的降低,可能是一种初期的进行中的变化(见第 15 章)。但是因为这个阶段没有明显的证据,所以仍然标写出/i/、/e/、/æ/表示相对稳定的点。在单一系统内部,很难区分出(æh)、(eyC)、(aw)的相对上升和/i/、/e/、/æ/的相对下降。

138 巴巴拉(Barbara Corcoran),16 岁:一种领先的费城元音系统

要了解费城元音系统的发展情况,可以观察同一个家庭几代人的话语表现。巴巴拉是凯特的女儿,图 4.5 是巴巴拉的元音系统平均值,与她母亲相比,有相当大的进展。

接近完成的变化:

在这个时期,(ohr)和(oh)都到达高元音位置,贴近(uwl),而(oy)甚至更高些。在前元音中,(æh)已经到达前高元音上端,贴近/iyC/。

中期的变化:

开音节的后元音都完全前化;(uwF)贴近/i/,(owF)在高于(eyF)的前元音位置上。对应的闭音节元音中,(owC)似乎比(uwC)更有进展,仅比对应的开音节元音稍稍靠后。/ow/在/l/之

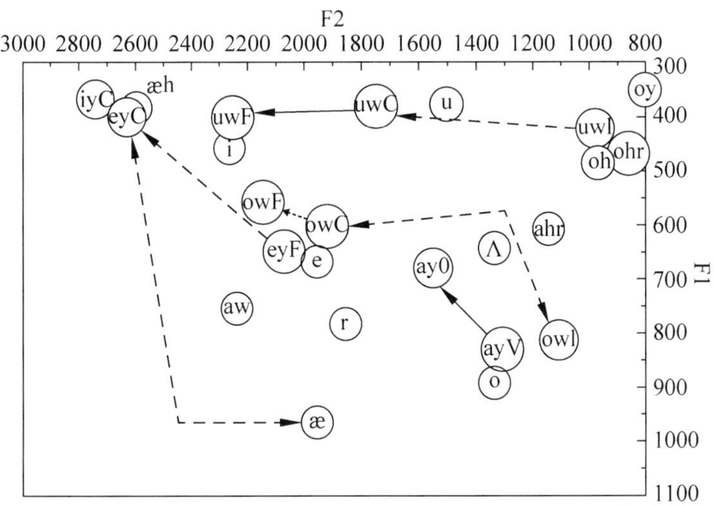

图 4.5　维克街 16 岁受访者巴巴拉的元音系统

前的后元音变体没有前化，但是有明显的下移。

活跃的新变化：

这些变化已充分显示有明显的程度。(aw)已经高化到上部，(eyC)与(iyC)有重叠。/ayV/ 和(ay0)区别较大，(ay0)还稍有前移，比/ʌ/更靠前。

图 4.6 是普拉尼克(Plotnik)为巴巴拉元音系统制作的带有 139
单独标记的元音图。右侧是图中符号的图例；在图上直接标出词例，表明它们所属的词群。初始位置为后元音的类别用黑色符号标记，央元音或前元音的类别用白色符号标记。

在后高元音的顶点位置，可以看到四个元音词群有明显重叠：*corner*、*more*、*whore* 中的(ohr)；*boy* 中的(oy)；*school* 中的/uwl/；*ball*、*talk* 中的(oh)。在它们的正下方，有中后位置的(ahr)词群的 *party*、*part*、*dark*。尽管平均值有细微差异，但是显

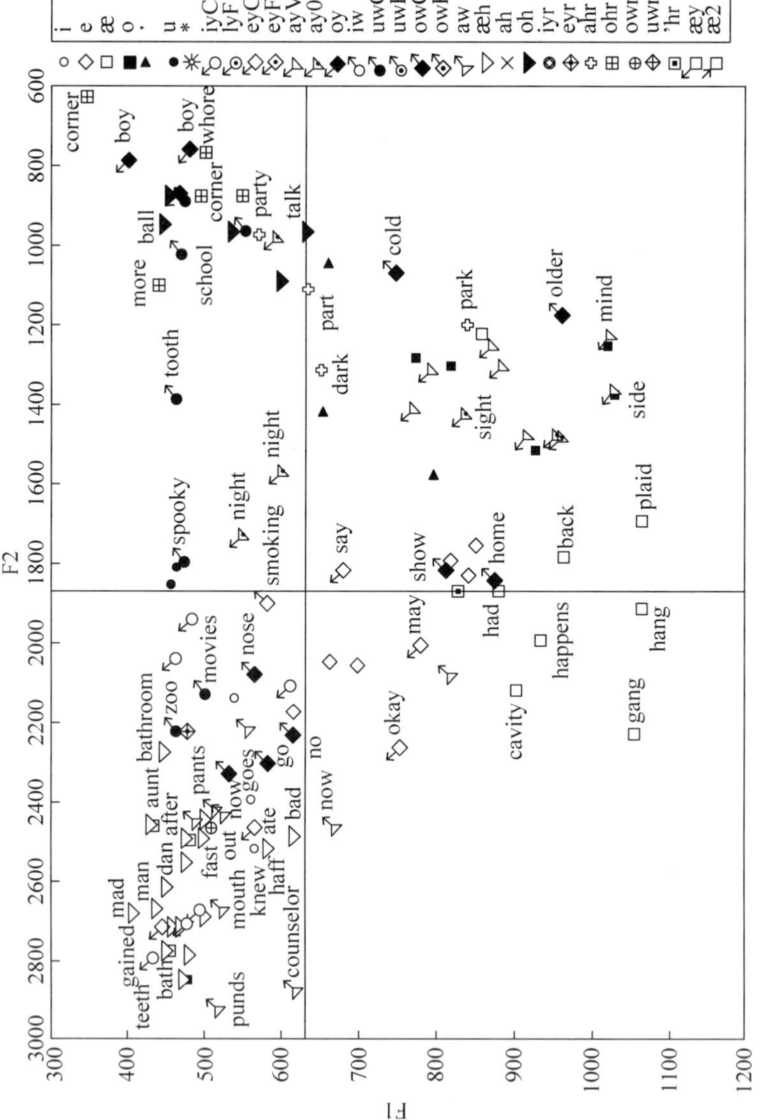

图 4.6 巴巴拉元音系统中的个体词例

然这些都是后高元音。因为它们各有不同的后滑音，所以没有合并现象，虽然这里 *more* 和 *moor* 反映出/ohr/和/uhr/合并的费城特点。

另一个同样紧凑的集群出现在前高位置上。紧音/æh/用倒三角形表示，松音/æ/用白方形表示（这里高化的维度是沿前对角线测量的，从中低到左上方）。我们发现这两个词群已经完全分开，这是所有费城人在日常言语中的典型特点（Labov 1989b）。在最低的紧元音（*bad* F1 为 620，F2 为 2481）和最高的松元音（*cavity* F1 为 905，F2 为 2110）之间，有很大的间隔。(æh)的高化按照预期接近完成，如 *bath*、*camp*、*bad*、*mad* 跟/iy/（用白圆圈加左上方箭头表示）同在前高元音上。

有意思的是，有些(æh)在口辅音前的词要比那些在鼻音前的词更高更靠前。七个(æh)在鼻音前的词通常比其他词更高且/或更靠前；只有当变化已经完成时，口音和鼻音的音位变体才会重叠到这种程度。

(aw)词例标示为三角形加右上方箭头，暗示初始位置的滑音方向。/aw/的高化使 *pounds* 和 *counselor* 前移到最大程度。这些词例整体上都处于次高和半高位置，具有外缘性特点。几乎所有词例的滑音都降到了右下方，朝向[ɔ]。第二个活跃的新变化同样使(eyC)高化到高元音上方：词例 *gained* 在前对角线上比其他元音更靠前。词例 *gates* 直接在它遮盖之下。另一方面，*ate* 在半高位置，却比(eyC)的词例 *okay*、*may*、*say* 明显地更高更靠前，这几个词在半低位置和低元音上方区分得很清楚。

巴巴拉的话语中，(ay0)的中等平均位置掩盖了相当大的变异情况。*night* 的音核很高,远高出中点,但 *sight* 与 *side*、*mind* 相距不远。最重要的是,我们可以观察到这些音核已经前移,这种趋势把女性与男性区分开来。

图 4.6 还标示出一些(ow)和(uw)词群的元音。我们可以看到,在开音节位置上,这些元音完全前移。*zoo*、*go*、*no* 位于非外缘
141 轨道的前部。另一方面,闭音节元音 *spooky*、*tooth*、*nose*、*smoking* 明显没有前化。

总之,这个高度分化和领先的元音系统中,元音大部分聚集在外缘高元音位置上,只有少量未完成变化的词例占据着元音空间较为中心的区域。

里克(Rick Corcoran),13 岁:对应的男性说话人

这个系列中最后一个图是巴巴拉的弟弟里克的元音系统。正如后面的章节将显示的,在相同的年龄和社会背景下,这个系统中的大多数音变都是男性明显落后于女性。接近完成的(æh)的高化就是这样,里克的平均值在次高位置,明显比/iyC/更低更靠后。(eyC)的高化也是这样,它并没有跟/iyC/重合,比/eyF/前移很多,但并不是很高。(uwF)和(owF)的前移程度比他姐姐要小得多:这两个音正好在央元音而不是前元音位置上。

男性的优点

有两个费城音变是男性先于女性的。这在里克的元音系统中得到验证。首先是(ohr)和(oh)高化到后高位置。图 4.7 显示在
142 这个区域紧密聚集的一组平均值,(ohr)刚好比/uwl/低一点儿。最显著的进展是(ay0)的高化和后化。在里克这里是一个后高元

音。因为它是不圆唇元音，所以没有(ohr)和/uwl/那么靠后，但是它不会低很多，/ʌ/也跟着它同样变化。

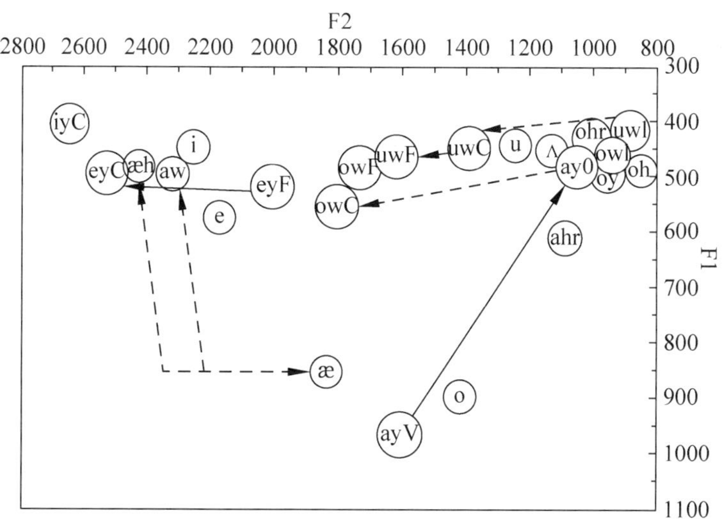

图 4.7　维克街 13 岁受访者里克的元音系统

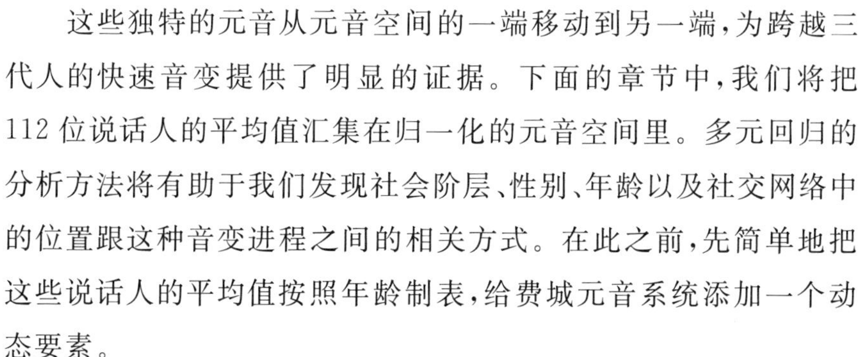

这些独特的元音从元音空间的一端移动到另一端，为跨越三代人的快速音变提供了明显的证据。下面的章节中，我们将把 112 位说话人的平均值汇集在归一化的元音空间里。多元回归的分析方法将有助于我们发现社会阶层、性别、年龄以及社交网络中的位置跟这种音变进程之间的相关方式。在此之前，先简单地把这些说话人的平均值按照年龄制表，给费城元音系统添加一个动态要素。

4.5　音变在虚时中的发展

下面的图表用费城街区调查的说话人每十岁为一组的数据平

均值来追溯十种费城音变在虚时中的发展。当然,我们不能对于男性、女性和儿童的样本做出生理平均值,因为声带长度的差别会使"相同"语音的生理实现存在根本性差异。以下显示的平均值是归一化的,具体的测算方法将在下一章介绍。

在第1卷第3章中,图3.6展示出费城进行中的音变的概况,这里再现为图4.8。图中显示了费城街区调查中112位说话人的平均值,用箭头表示衡量虚时变化的年龄系数,其长短跟年龄系数的大小成正比。箭首代表小于平均年龄25岁的说话人F1和F2的预测值,箭尾代表大于平均年龄25岁的说话人的对应值。

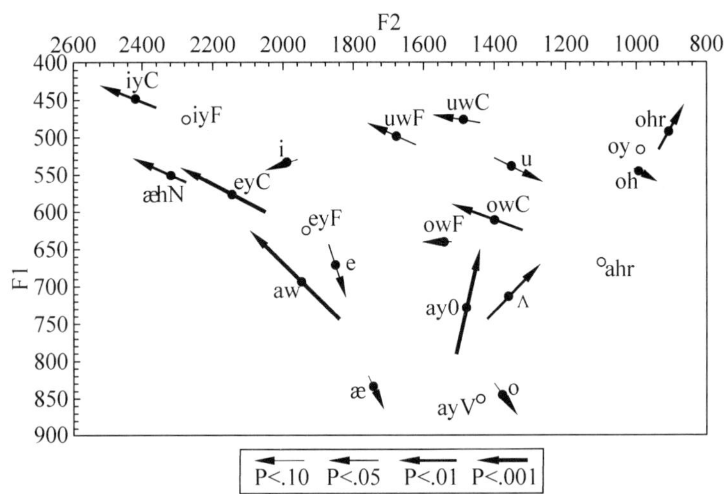

图4.8　街区研究中所有费城元音的年龄系数的平均值

圆点:F1和F2平均值;箭头:比平均值小25岁的说话人的预期值,箭尾:比平均值大25岁的说话人的预期值。

有五个元音变化涉及沿着元音系统的前对角线的高化。所有这些音变的物理指标中,对于社会变量最为敏感的是F2而不是

F1。因此，图 4.9 以每十岁为一段，把/æh/的三个音位变体(æhN)、(æhS)、(æhD)跟两个活跃的新变化(aw)和(eyC)的第二共振峰平均值进行比较。

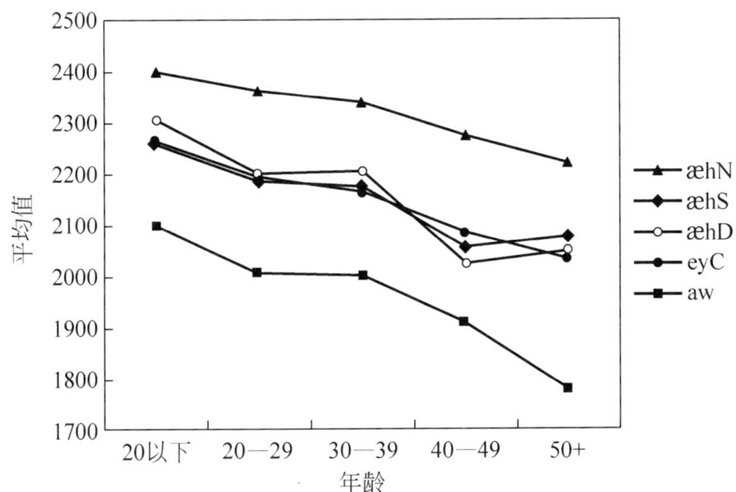

图 4.9　费城五个高化和前化音变中以十岁分组的第二共振峰平均值

图 4.9 显示出随着年龄的递减，平均值是单向增加的，其中数据最少的(æhD)规则性稍差。正如图表中清楚显示的，/æh/的三个音位变体中最前面的是 *man*、*understand* 等词中的(æhN)。其 144
他两个音位变体落后约 150Hz，并且(eyC)的 F2 值也在相同范围。在图中更低位置上，有(aw)音核前移的规律性递增。

图 4.10 显示后元音前移的虚时变化：开音节和闭音节的(uw)和(ow)。图中只有 F2 一个相关维度。这里跟前元音变化的模式截然不同。随着年龄递减，平均值有一种普遍的增加，但不是很有规律。对于(owF)，40—49 岁组比 30—39 岁组更为领先。峰值不是位于最年轻的组，而是在 20—29 岁组。最领先的变化是 145

开音节的(uwF),最落后的是的(owC)。对这两个元音,同样都是开音节的音位变体比闭音节的音位变体变得更快。

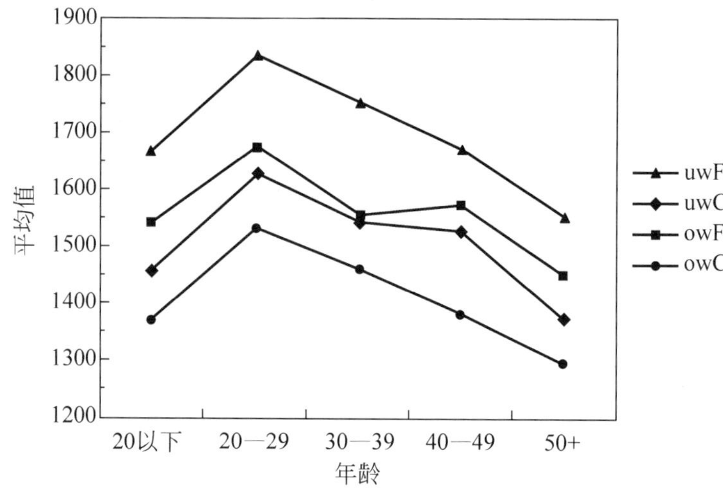

图 4.10 费城四个后元音前化音变中以十岁分组的第二共振峰平均值

这十个变量中有一个涉及 F1 的变化:(ay0),即/ay/音核在清辅音前的高化。图 4.11 是在五个十岁年龄组的 F1 平均值。年龄和这个变量之间又是一种简单的单向增加关系。

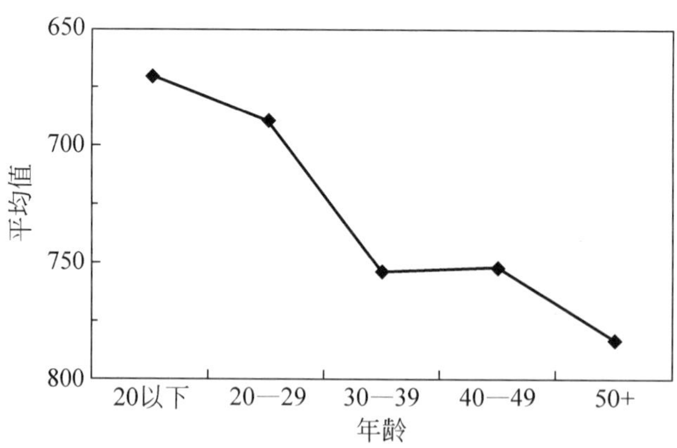

图 4.11 (ay0)以十岁分组的第一共振峰平均值

虚时变化的文献是足够清楚的。本章还提供了实时变化的证据，证明了年龄分布反映费城言语社区的历时变化的观点。第 5 章将进行下一步，找出费城言语社区音变的引领者。为了这个目标，简单的均值分布和交叉列表是不够的，还将采用多元分析的工具。

第二部分

社会阶层、性别、街区和族群

第 5 章 引领者在社会经济层级中的位置 149

本书前四章为找出引领者的社会定位进而探索音变原因打下了基础。如果要讲"社会定位"概念的意义,必须联系到相关的言语社区结构。第 2 章介绍费城的概貌和它的历史,说明了不同种族群体是如何来到这里,立足于工业经济社会,并安顿在不同的街区中。这些街区是 LCV 取样的主要基础。然后第 3 章描述了跨越年龄、性别、社会地位和街区的稳定社会变量,作为对于进行中的音变进行测量的模板。第 4 章给出了经历着进行中的语言变化的元音系统的历史图景,通过一系列个体语音系统的描述映射出这个系统的当前状态,并首次说明了进行中的音变在虚时中的分布情况。

5.1 数据集

本章将采用第 3 章的方法,把第 4 章的语言变量跟第 2、第 3 两章描述的自变量相联系。这种分析的输入数据是 112 位说话人的元音系统的测量值的集合。对每位说话人,数据库都包括以下自变量的评级:性别、年龄、教育程度、职业、房产价值、SEC 指数、房屋维护、社会流动性、街区、社交指数(在第 10 章中讨论)、主要种族背景、次要种族背景、移民世代地位、外语背景、电话号码是否公开。这些自变量有很多已经在第 3 章的分析中使用过,其他的将在本章中加以分析。

在这些分析中作为因变量的元音测量值,来自对于 16 个音位的音位变体用线性预测编码(LPC)提取的结果。对于有些音位,
150 进行中音变涉及的变量被定义为整体音位;对于其他音位,有不同的变量各自对应于不同的音位变体。在表 5.1 中用圆括号标示出 26 个变量。数据库中,对每个变量都有 12 个统计值:F1、F2、F3 和 F0 的平均值、测量数目、标准差值。这个 112×26×4×3 的数组就是用来定位费城的进行中音变的创新者的数据集。

表 5.1 费城元音系统中 LCV 分析的元音变量

短元音	
/i/	(i)
/e/	(e)
/æ/	(æ)
/o/	(o)
/ʌ/	(ʌ)
/u/	(u)
上滑双元音	
/iy/	(iyC)闭音节
	(iyF)开音节
/ey/	(eyC)闭音节
	(eyF)开音节
/ay/	(ay0)清辅音之前
	(ayV)其他位置
/oy/	(oy)
/aw/	(aw)

续表

上滑双元音	
/ow/	(owl)/l/音之前
	(owC)其他闭音节
	(owF)开音节
/uw/	(uwl)/l/音之前
	(uwC)其他闭音节
	(uwF)开音节
内滑双元音	
/æh/	(æhS)前清擦音之前
	(æhN)前鼻辅音之前
	(æhD)浊塞音之前
/ah/	(ahr)/r/音之前
/oh/	(ohr)/r/音之前
	(oh)其他位置

5.2　准确性与误差来源

最初对言语社团中元音变化的定量分析都是采用主观印象的语音学方法，建立一个定量的标度范围，包括一系列可能出现的线 151
性语音类别（Labov 1963，Labov 1966a，Trudgill 1974b，Cook 1969）。这是最迅速最简单的方法，如果有某种方式控制误差来源并取得主体之间的一致，就将使数据库大大扩展。① 可是这对于主观印象的语音学来说，还是一个难以实现的目标，因为印象性语音学容易受到众所周知的主观偏见的影响。由于最熟练的印象性

① 这种方法可用声学方法进行检查和校正，参见 Labov 1963。

数据的记音者,已经熟悉了自己正在研究的理论问题,并受到自己方言的音位类别的影响,这些都不可避免地影响他们对元音位置的主观判断(Ladefoged 1957)。[①] 有大量证据表明:受过《语言地图集》传统训练的研究者做出的语言记录严重低于进行中语言变化的程度,或者完全忽视了那些新的语言现象。[②] 确实,1990 年代的一些最重要的社会语言研究用主观印象方法记录元音变化取得了非常可靠的结果(Ecert 1999,Kerswill and Williams 1994)。不过,只要有可能,还是以实验测量来代替或补充印象记音更为理想。

一般来说,实验测量在准确性和可靠性方面比主观记音具有很大优势,特别重要的是客观性。第 1 卷曾大量使用基于这种方法的元音图表,但是在大多数情况下,没有必要讨论每次测量的置信度。我们展示的主要音变现象北方城市音变和南方音变,都是由元音变化构成的,这些变化的程度很大,即使误差范围达到
152 100Hz,图像都不会有明显的改变。[③] 但是在本卷中要定位语言变

① 对这种偏见的客观记录出现在方言地图集的“个人边界”中,这貌似同语线,但实际上是语言学家在记音实践(和理念)中的差异(Kurath 1939)。《英语方言调查》的田野工作人员在艾塞克斯郡(Essex)对/ay/和/oy/映射的印象记录中就遇到了这样的偏见(第 1 卷第 17 章)。

② 这种低估现象出现在纽约市短元音 **a** 高化的记录中,巴比特(Babbit 1896)记为在 where 的水平,而在 1940 年代的《语言地图集》里却记为升高的[æ$^{\perp}$]。第 1 卷第 6 章显示了在其他方言中,南方音变使短元音高化和前化到长元音的外缘位置,可是《语言地图集》都是记为这些内滑元音的松音核。彼得森(Pederson 1965)对芝加哥青少年说话人的语音记录完全没有第 1 卷第 6 章报告的北方城市音变。如果不借助声学实验测量所提供的证据,任何研究团队都难以摆脱这些先入之见的影响。

③ 在第三部分对近似合并现象的测量当然需要更高的精确性。第 1 卷大部分内容都是对个人语音系统的分析。对说话人进行总结,以显示社区的整体变化,主要在第 3 章对虚时研究的讨论中做出预示,其中首次提出了费城元音的平均值和年龄相关系数。

化的引领者，就需要更高的精确性，更加注意测量中的误差。个体元音的测量是进行更加广泛而精细的分析的基础，这种分析涉及把很多说话人的数据叠置于归一化的空间中，并包括 20 到 30 个自变量的回归分析。在这些分析过程中对于测量误差的影响必须进行认真检验。

共振峰测量

大多数测量元音的主要操作方式都是在表现音核位置的声学印象的时间点上，提取前两个共振峰的中心趋势。德拉特、利伯曼、库珀和格斯特曼(Delattre，Liberman，Cooper，and Gerstman 1952)采用模式回放技术证明了这两个共振峰的频率位置可以用来合成元音，得到的音色跟传统元音四边形中基本元音的预期位置有很好的对应。尽管 F3 和 F0 的信息也有助于对元音音色的判断，而事实已经证明 F2 和 F1 的图形为追踪广泛的进行中的元音变化提供了一个令人满意的框架。

最初对进行中的音变做实验研究使用的是 KAY 式语图仪，这是一种显示语音能量在频率和时间上的分布模式的电子仪器。为了选取共振峰的中心，拉波夫、耶格尔、斯坦纳(Labov，Yaeger，and Steiner 1972)[LYS]使用基于据窄带语图的数字决策树的方法，把误差范围缩小到基音周期的四分之一(第 2 章)。[①] 这些技

① 对于男性的语音还可以令人满意，其音高周期的四分之一大约为 25Hz，而对女性语音就差一些，其音高周期四分之一是 50Hz 到 75Hz 左右。在某些情况下，采用常规方法在宽带声谱图的共振峰中心画一条线，实际上更为准确，但这种做法不能估算误差范围。并且，考虑到很多共振峰的不对称特点，其中的误差可能会相当大。

术现在早已被计算方法取代，其中，线性预测[LPC]技术是最为广泛应用的方法。LCV 数据库中的测量值经过两步程序得到：用硬线声谱分析仪（动态声谱仪 301C）做出声谱图，并用 LPC 程序（Makhoul 1975）从频域中提取声门上声谱的峰值。

元音测量的现代方法最基本而显著的优势就是速度：用 LPC 算法的分析比声谱仪快十到一百倍。使用现在基于 LPC 技术的软件，一个熟练的操作员对于《北美英语地图集》的资料，可以在一天之内完成一个说话人约 300—500 个元音的分析；而用当时
153 LCV 的方法，则需要一个星期的仪器操作，再加上有经验的人工声谱测量 90 个小时。现在我们能够对特定音位检测更多的发音词例，研究比过去更多的说话人。数据总量的增加使我们对于各种元音系统和言语社区中的音变能够得出更为可靠的看法。

这种方法也增加了可靠性。同一个人对同一声谱图进行重复测量结果不一定都一样。而在一段首尾固定的数字化语音声波中重复运行同样的基音同步 LPC 算法，将始终得到相同的结果。[①]

初看起来，LPC 算法似乎增加了客观性，并减少了需要研究者个人判断的步骤。LPC 分析把声门上频谱与声门的谐波频谱分离开，并结合一个峰值选取过程，直接产生两个代表共振峰中心的数字，还有带宽和振幅的详细信息。研究者所要做的似乎就是选取代表这个元音的时间点。

就测量的准确性而言，LPC 程序无疑是定位元音共振峰的峰

① 仅为这一个原因，基音同步 LPC 分析就优于那些可能在基音周期的任意一点开窗测量的方法。

值和中心趋势的灵敏工具。评价这种内部准确性的一种方式是沿着一个连续变化的元音时长进行测量，从开口度最小的前元音到开口度最大的前元音：[i i˔ e˕ e e˔ ɛ˕ ɛɛ˔ æ˕ æ æ˔]。用上述 LPC 算法，对这个元音发音每隔 16.7 毫秒做出一系列测量，结果跟加州大学洛杉矶分校语音实验室的可比测量结果相互重合。因为下颚不太可能同时向两个方向移动，所以这些点的单调有序程度可初步衡量 LPC 算法的内部准确性。如果任一给定点的可能误差都大于点与点之间的差异，那就会出现上下移动的跷跷板模式。如果是出现一个单调函数，就可以认定它的可能误差小于点与点之间的差异。结果表明，LPC 测量的内部准确性在可以接受的 5Hz—10Hz，这已经远远优于窄带频谱图得出的误差为四分之一周期的极限了。[①]

因为上述这些优点，采用 LPC 或类似算法是大势所趋。但 154
是，使用 LPC 测量中也有很多缺陷和不确定性，可能使产生的严重误差会大于使用声谱图产生的误差。所以必须非常小心，以免这些严重误差抹杀使用这些研究方法的优点。

不同的 LPC 测量法不仅是共振峰位置的取值不同，并且常常是所显示的共振峰数量也有差别。这次测量的 F2 在下次测量中将会重现为 F3，而先前的 F3 现在则作为 F4 出现。判断新的 F2 是伪迹还是语音信号的表现并不是简单的事。如果一个人重复测

① 这种内部准确性并非意味着 LPC 测量会接近实际共振峰平均值在 10Hz 以内，也不会复制说话人实际发出的元音音色。关于这些测量值跟言语社区成员在词语的发音和听辨中具有重要语言意义的那些语音成分是否对应，还存在着很多需要解答的问题。

量稳定元音,得到的值都是处于预期位置,这些粗略误差将显示为离群值。但是当涉及进行中的快速变化时,这些粗略误差就不容易发现了。例如,图 4.6 显示相同音位的词例发音之间可能有数百赫兹的距离。在有些情况下,同一个说话人实际上可能有两种不同的语言规范。为了找出这类误差,需要根据听觉印象反复检查测量值。这只有把几百个词例发音数据汇集到单一的二维图之后才能做到,否则离群值和异常测量值将不容易被发现。

鉴于这种情况,把语音印象与仪器测量相比较作为一种普遍的程序是很重要的。这里并不是要求绝对的语音准确性,我们的目标是要确定,当一个词例发音听起来明显高于另一个词例时,它在双共振峰图形中会显示出较低的 F1 值;而当一个词例听起来明显比另一个词例靠后时,它会显示较低的 F2 测量值。实际的原则就是根据听觉印象来检查离群值。随着现在的技术发展,这种方法会更加容易。这里还有一个潜在的问题不易解决。产生离散值的误差可能比那些靠近平均值的误差更容易被检测到。结果就是,误差修正缩小了组内差异,增大了组间差异。这种归一化过程并不一定总是合理的,并可能给人一种错觉,好像音位比实际情况更趋向于紧密地聚集在中心。最好的解决办法就是以相同比例对一个测量样本在主分布之内和之外进行检验。在实践中,需要在合理的时间内得出测量结果,使得这一点难以做到。

元音词例的选择

这里所讨论的对于元音的一般分析仅限于在自然话语中的词末重读音节。费城的电话调查使用了大量词例,包括多音节词、非

重读音核，以及单词发音表，但是这里介绍的元音系统的主要观点 155
是通过完全重读音节核心元音的中心趋势反映的。通常的程序是从一个社会语言学访谈的第二盘录音磁带开始，从某一特定音位变体类别中选出每一个重读元音，一直达到一定数额为止。如上一章讲到的，对所研究的主要元音数额是 5 个词例（有时为 10 个）。大多数的元音都能确定两到三个相关的音位变体，因此涉及音变的特定音位有 10 到 20 个代表词例。

对相关音位变体的语境的选择，是基于 LYS 的研究发现，同时也考虑费城特有的某些音位变体的差异。带流音尾的音节通常要分开处理，并且不会跟带阻塞音尾的词群合并。带词首滑音 /y/ 和 /w/ 的音节不选，因为它们对共振峰位置有较强影响，而且不容易把滑音和核心元音分离出来。塞音加流音的词首辅音串（如 *block*、*pride*、*clean*）也被分离出来，因为在这种语音环境中，流音形成了音核的一部分，使共振峰有规律地下降到正态分布之外（参见 LYS：66—68，第 1 卷中的图 6.5，图 6.8 和图 6.10）。

核心元音的确认

仍然需要由研究者个人做出判断的一个因素，就是从波形中选取代表音节核心的时间点进行 LPC 测量取值。对任何特定元音的发音行为的详细研究，先要追踪很多词例发音从起点到终点的全部轨迹，并以辅音过渡音作为开始和结束。然而人们不可能研究几百个完整轨迹的相对位置：需要选择特定词例发音中一个或者两个时间点，以便给定相对于同一音位的其他词例，以及相对于相邻音位的测量位置。为此，必须避开在辅音过渡或前滑音和后滑音中的测量值。理想的测量点应该是核心元音的中心趋势,这既是说话人要达到的目标,又是听话人获得的主要声学印象。当共振峰显示出 50 到 100 毫秒的稳定状态,或是带有明显最大值或最小值的抛物线轨迹时,定位这样一个时间点就很简单。然而很多元音的轨迹更为复杂,有时从一种稳定状态变到另一种稳定状态,或是稳定状态与不同位置上转折点的轨迹结合在一起。对于很多这种情况的决策过程还要用实验来判定。

LCV 采用以下程序来选取元音音核的测量点:

156 (a) 如果一个 F1 最大值出现在过渡音之外,则选此值。

(b) 在 F1 稳定状态下,用 F2 最大值或最小值可以更接近确定音核。

(c) 对于没有 F1 最大值的短音节(如 *pick*),选取接近共振部分中心的基音周期;通常要考虑音核必须离辅音过渡起点约 40 毫秒。在这种情况下,对词首清辅音通常选择第二共振基音周期,对于词首浊辅音则选择第三周期。

(d) 对于 *man*、*bad* 等词中的紧短元音 **a** 的高化和前化,选择 F2 最大值优先于 F1 最大值,因为它更符合元音最大高度的印象(见第 1 卷:252—253)。这也同样适用于/aw/的音核,它在费城方言中发生紧化。[①]

---

① 对于(aw)和(æh)的音核,当上升到中元音和高元音位置时,会出现结构的不连续性。松的低音节只有一个转折点,即 F1 最大值。紧的中或高音节有 F1 最大值,跟随一个 F2 最大值(最靠前的位移),然后是一个 F1 最小值(最高位移,通常能量最低)。在这种情况下选取 F2 最大值。如果这些确认音节核心的不同方法跟言语社区成员听辨元音的方式相对应,其结果可能是/aw/的紧松两种形式之间的非连续性。

电话信号的仪器测量

这里自然出现一个问题：用电话信号是否可以准确地对元音进行仪器测量？电话信号的频率带宽限于 100Hz—3000Hz 的范围，并且这个范围内存在相当大的失真现象。因此我们对直接录音和通过电话传输后的同一信号进行了测试。图 5.1 比较了在闭音节中的七个元音轨迹的测量值：/biyt，beyt，bæhd，bæt，bat，bowt，buwt/。图中虚线表示在电话中录制的信号，实线表示直接录音的信号。总的来说，直接录音的测量值显示出更加平滑的轨迹。大多数元音的音核测量值在直接信号与电话信号之间并没有一致的差异。图 5.1 中，高元音/iy/在预期的方向上显示出很大差异，电话测量的 F1 值更高。这可以理解，因为低频信息在电话传输中丢失了。另一个显著差异出现在/æ/音，原因还不容易解

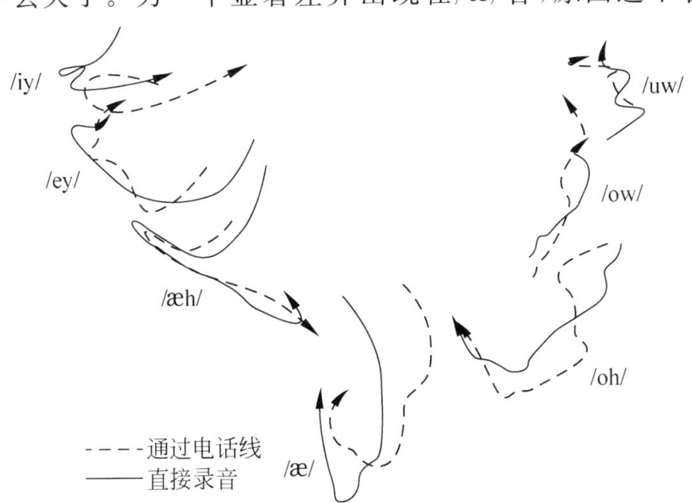

图 5.1　基于 LPC 测量的直接录音和电话信号的七个元音轨迹的对比

释,其 F1 的百分比差异远远小于/iy/。

这个比较表明,电话录音可以放心地使用,只要高元音的 F1
157 值不是要考察的关键因素。同时,电话录音的测量值跟直接录音
相比显然误差更多并且信度更小。

归一化

我们现在暂且认为,元音共振峰的测量值是可靠的,与听觉印象紧密相关,粗略误差已经消除,测量值在测量目标 25Hz 以内,取得了很高的信度。这种准确性的提高实际上可能对于整个言语社区说话人的比较方面是一个后退。

LPC 测量值的相对准确性为考察任一说话人元音的内部关系提供了令人满意的基础:核心元音的相对位置,滑音的方向和轨迹;语音范畴内的分布。当我们试图利用仪器测量的优势来研究整个语言社区的音变时,问题就出现了,而这是在早期社会语言学研究中使用印象估测时并不存在的问题。这个问题来自一个众所周知的事实,即不同说话人的元音尽管共振峰位置以及其他生理特性彼此差异很大,听起来却都是一样的;而具有相似共振峰值的元音可能听起来音色差别很大。不同的说话人声腔长度差别很大,而声学上的差别会更大,因此男性、女性和儿童发出的同样音色的元音在物理表现上会有相当大的范围。

158 彼得森和巴尼(Peterson and Barney 1952)提供的数据集是
这个问题的典型表现,那是在/h __ d/语境中的十个元音由 76 位
说话人发音,然后再请另外 70 人按照随机顺序对这些元音进行听
辨。总的来说,这些听音人相当准确地识别出了这些元音,尽管物

理表现的差异范围很大。对于语音学家们来说,*归一化*问题就是在数学上复制这些听音人进行的转换。

为了追溯费城人口中包括从 12 岁到 74 岁的男性、女性和儿童说话人的音变发展路径,LCV 研究有必要以一种可靠和现实的方法解决归一化问题。然而对于如何很好地解决归一化问题目前并没有达成共识。如果所有说话人在每一个音位上都具有相同的语音目标值,那问题就相对简单多了。一种成功的归一化方法的基本定义应该是:转换完成之后,所有听起来"相同"的音都将具有相同的声学测量值,即,它们将在相同的 F1 和 F2 目标频率值周围显示为正态分布。广义上说,非特定人的言语识别任务,就是在说话人所发出的言语信号中识别出他们想要表达的音位类别,不管这些类别的语音表现可能是什么样的。

对于归一化系统所做的经典测试之一,就是缩小彼得森-巴尼数据中男性、女性和儿童所发"相同"元音的平均值之间的差距(Gerstman 1967,Wakita 1975)。然而,彼得森-巴尼的分类是从音位上而不是从语音上定义的。[①] 如果不同年龄、社会阶层或不同族裔的说话人发的变量(aw)的目标平均值有差别,而归一化方法把所有的(aw)缩减为单一的目标值,那就会失掉这个研究项目计划要收集的数据。我们有必要把各类别内部的语音差异归一化,这样,说话人 A 的一个很高的(æh),将显示为高于说话人 B 的中等

① 彼得森-巴尼数据的 F1/F2 元音图表明,元音类别内的主要差异是男性、女性和儿童之间的差异。但还没有检测其他显著差异。后低元音中混淆矩阵的扩展表明,听话人对于长的开元音 **o**(/oh/)词群跟短的开元音 **o**(/o/)词群的区别上有不同的表现。

高度的(æh)；并且女性说话人 A 发的最靠前的(uw)跟男性说话人 B 发的最靠前的(uw)在(uw)的社区分布中具有同样的关系。[①]

159 因此 LCV 需要一种归一化算法，只是消除那些由于说话人生理差别而不是社会差别所造成的差异。我们曾测试了三种方法：诺德斯特龙和林德布洛姆(Nordström and Lindblom 1975)的方法是用低元音的 F3 平均值来估算声带长度作为单一的量度参数；聂瑞(Nearey 1977)的方法是用所有元音全部共振峰的对数平均值生成一个统一的量度参数；桑科夫(Sankoff)为我们设计的是 6-参数的回归产生的最大聚类。我们不是每个说话人只有一个参数，而是用六个参数把每个旧的 F1 和 F2 都转换为新的 F1 和 F2 值，使每个说话人发音词例平均值的偏差最小化。对于新的 F1，一个系数为指定常量，第二个是作为先前 F1 值的乘数，第三个作为先前 F2 值的乘数。另外一组三个参数是确定新的 F2 的形式。

LCV 采用的基本策略是根据三种归一化方法应用于彼得森-巴尼数据和费城街区研究数据的集群程度进行评级，然后在这个集群范围中确定，社会信息在哪里保留以及在哪里失落。换言之，LCV 寻求的是音位目标值的最大聚类，以保留我们已知的在人群中存在的社会差异。

图 5.2 显示了几种归一化方法的聚类特征。用 F 比值表示彼得森-巴尼的 10 个元音平均值在以下几种情况的分离程度：未

---

① 这种“语音的归一化”不一定要比音位的归一化更精细，因为在一个进行中的变化可能会超过两个或三个稳定音位的声学距离。在一个语音类别内的细微差别不会比最佳归一化中两个相邻的不同音位的词例之间的距离更细微：高的/e/跟低的/i/之间的距离可能不会大于刚刚听出差别的两个音的共振峰的距离。

经归一化的数据、基于低元音 F3 的方法（Nordström and Lindblom 1975）、临界带归一化、对数平均值的归一化（Nearey 1977），以及桑科夫的 6-参数回归法。其中 6-参数回归法在聚类彼得森-巴尼数据和其他数据方面最为得力，能够对于每个音位得出紧密聚集而彼此分离的平均值。在这个方面努德斯特伦和林德布洛姆、临界带宽和聂瑞的归一化方法都是中等水平。这并没有解决到底哪种归一化方法最好的问题。为了回答这一问题，有必要找到一个与声腔长度无关的变量。在这些数据中，性别是影响力很大的社会变量；根据印象测量显示，对于活跃的新变化（eyC）和（aw），女性远远领先于男性。仪器测量可以看到女性在这些活

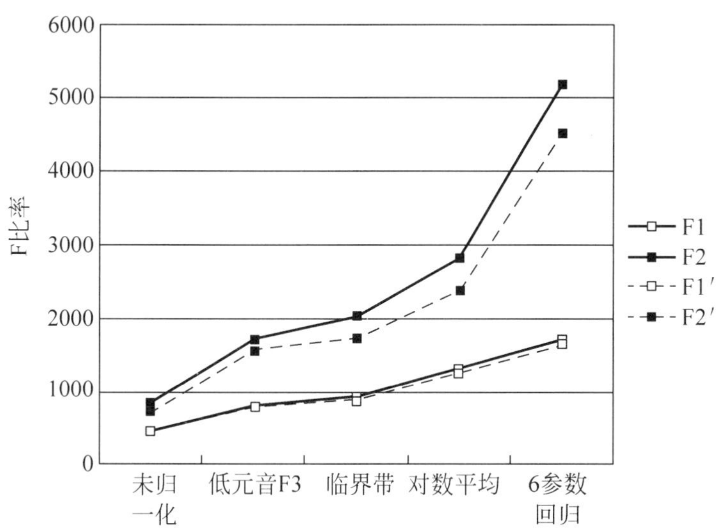

图 5.2　未归一化的彼得森-巴尼（Peterson-Barney）数据和四种归一化方法转换的相同数据的 F 比率对七个元音词例发音的类聚程度。实线：全部数据；虚线：被正确识别的发音。

跃的新变化中有更高的 F2 值。但是在未归一化的数据中,女性也会因为声带较短而出现更高的 F2 值。生理的作用跟社会影响混淆在一起。

辛德尔(Hindle 1978)是利用(ay0)变量解决这个问题,印象测量显示它在年轻说话人中有元音高化。仪器测量跟这种变化相关的是 F1 值的下降。因为年轻人的声道长度较短,所以未归一化数据显示的 F1 值不是更低而是更高。如果归一化数据显示
160 (ay0)具有显著的年龄相关系数,声道长度的这种相反影响就会消除。辛德尔的结果表明,未归一化数据和回归方法都没有显示出显著的年龄相关系数,但是对数平均值和 F3 量度方法却显示出很好的效果,表明它们是适宜的归一化方法。

辛德尔的方法有一个缺点,即男性在(ay0)的央化中领先于女性。这意味着尽管未归一化数据中的年龄效应与变化方向相反,但是男性由于生理原因而比女性 F1 值更低的趋势却是跟变化方向相同的。对于归一化方法最有效的检验需要一个跟声道长度无关的变量。变量(æh)的社会语言分层提供了这样的检测方式。印象测量显示出紧/æh/在语音高化和前化的程度上有着很强的社会层级作用。工人阶级说话人内部差异很小,而中产阶级说话人的高化和前化明显小于工人阶级说话人,并且说话人的社会地位越高,(æh)音核的发音就越低。也就是说,这个接近完成的变化的表现跟第 3 章研究的稳定社会语言变量(dh)情况相似。

图 5.3 是(æh)在四种条件下的归一化分析结果——未归一
162 化,F3 平均值归一化,对数平均值归一化以及 6-参数的回归。图 5.3a 显示(æh)的两个变体(æhN)和(æhS)分别在三种数据中的

类聚作用：年龄相关系数、性别相关系数和标准差（图中以三个不同的竖轴表示）。符号的大小表明两组相关系数的显著性程度。这三种数据都具有相同的模式，未归一化数据都显示出最高值，6-参数的回归都是最低值。图 5.3b 显示社会阶层数据的归一化作用。未归一化数据没有显示任何显著作用，6-参数的回归数据也几乎没有显著作用。中间的两种归一化方法表现出明显的社会层级，其中对数平均值的归一化的社会分层最显著也最清晰。

161

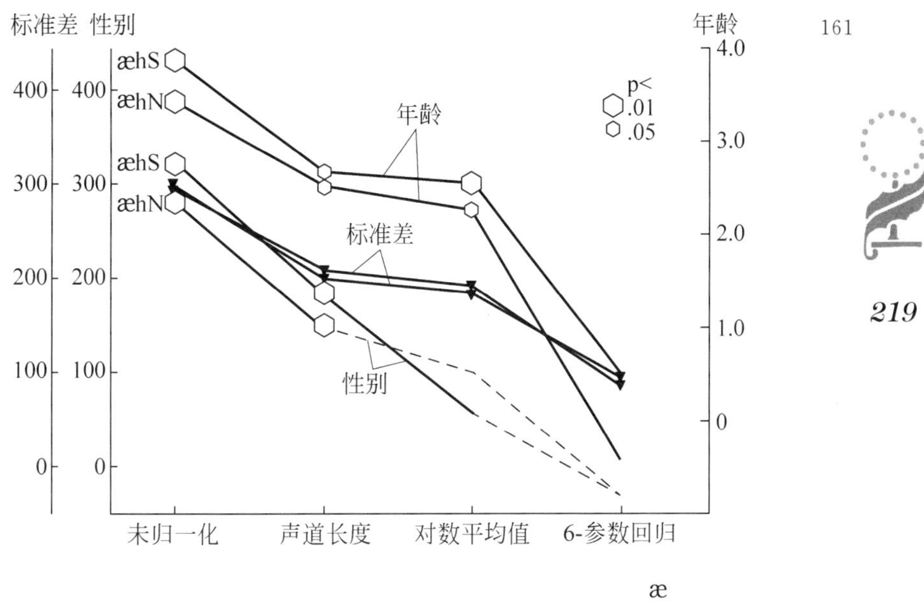

图 5.3a　三种归一化方法对费城街区研究中位于清擦音和鼻音之前的/æh/第二共振峰在三种数据中类聚程度的影响

因此，我们选择了对数平均值的方法对 LCV 的元音数据进行归一化。在保留社会分层这一点上，对数平均值方法比 F3 方法略显优势，但是二者之间差异不大。选择对数平均值归一化的主要原因是F3方法不能用于电话调查数据的归一化,因为电话的频率范围在3000Hz,这会影响很多元音的F3显示。因为对数平均值归一化方法在所有测试中都等于或高于F3归一化方法,并且对于街区研究和电话调查都能适用,所以选择这种方法把183位说话人的数据缩减为单一的参照系是合乎逻辑的。

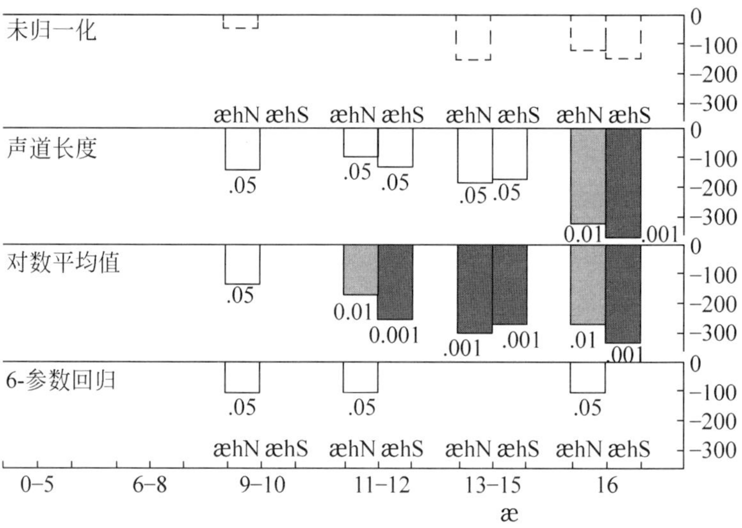

图5.3b 三种归一化的方法对位于清擦音和鼻音之前的/æh/第二共振峰的社会阶层回归系数的影响

归一化对于年龄相关系数的影响

费城元音的多元回归分析将从研究说话人的年龄对每个元音语音位置的影响开始。这是整个分析的中心分类机制,归一化对年龄相关系数的影响是一个关键问题。表5.2比较未归一化的数据和对数平均值归一化的8个元音[1]的年龄相关系数:三个接近

〔1〕 实际在表中只有7个元音。——译者

表 5.2　归一化对年龄系数的影响

变量	归一化	共振峰	相关系数	*t* 比率	标准差
接近完成的变化					
æhS	无	F1	-9.9	1.7	75
		F2	-5.8	5.0	304
	Log 均值	F1	0.9	2.7	59
		F2	-3.1	3.8	185
æhN	无	F1	—	—	85
		F2	-4.8	4.7	300
	Log 均值	F1	0.9	2.7	58
		F2	-2.5	2.7	193
中期的变化					
owC	无	F2	-3.9	3.2	250
	Log 均值	F2	-3	3.2	194
uwC	无	F2	-4.7	2.9	336
	Log 均值	F2	-2.3	1.6	273
新的活跃变化					
ay0	无	F1	1.56	3.2	113
	Log 均值	F1	2.31	6.9	78
aw	无	F1	1.62	3.6	95
	Log 均值	F1	2.36	6.9	90
	无	F2	-7.5	7.16	336
	Log 均值	F2	-5.7	6.9	230
eyC	无	F1	—	—	79
	Log 均值	F1	1.18	4.7	52
	无	F2	-6.9	7	304
	Log 均值	F2	-3.5	4.3	190
自由度为 73 时 t 比率的概率					
		0.10	*0.05*	*0.01*	*0.001*
		1.67	2.00	2.39	2.66

完成的变化[1],两个中期阶段的变化和三个活跃的新变化。年龄系数之后是t检验值,接着是显示类聚程度的标准差。对于每个元音,对数平均值的标准差都小于未归一化的数据。归一化对相关程度的大小和重要性的影响跟上文中讨论选择归一化方法动机的逻辑是一致的。

图5.4显示了归一化对年龄系数的影响,把五个相关的F1测量模式与六个F2的测量模式分开。每一个涉及F1测量的变化都意味着元音的高化。如果这个变化实际上是在虚时中发生,那么老年人应该相对于他们整体的元音系统有更高的F1值,而
164 年轻人则相对于他们的元音系统有更低的F1值。图5.4的左侧表明,对数平均值的归一化对于每一个F1测量值都增加了量级和显著性。换言之,年龄的增加与更低的F1显著相关,而年龄的减少则与更高的F1显著相关。在这种情况下,年轻说话人相对

图5.4　对数平均值归一化对费城街区研究中五个元音F1和六个元音F2的年龄系数的影响

[1] 实际只有两个。——译者

更低的 F1 值产生更高元音的事实在未归一化数据中被掩盖了，因为从绝对物理测量值来看，年轻说话人较短的声道长度会产生更高的 F1 值，而央化与 F1 的降低是对等的。归一化排除了这种生理原因造成的差异，并使得真正的年龄差异能够显现出来。

在右侧的图中，所有 F2 的未归一化值都大于(负的)归一化值。这些变化包括 F2 的前化或高化。如果这些变化实际上发生在虚时中，那么年龄就应该与 F2 是负相关的，这对于归一化和未归一化数据都是如此。考虑到上文关于(æh)社会分层的证据以及在 F1 上看到的影响，结论显然就是：未归一化数据夸大了 F2 的效应。图上未归一化的空的条形代表年轻人较短声道长度导致更高的 F2 值，以及他们更靠前的元音发音具有更高 F2 值的联合效应。合理的推论就是，归一化数据比未归一化数据更准确地反映出元音系统本身发生的变化。

5.3　一次回归分析：年龄相关性

上一章通过采用简单平均值这个一元分析中最简单的形式，总结了费城元音的虚时分布。本节将从更准确的角度出发，采用曾在第 3 章用于分析稳定的社会语言变量的多元回归的分析方法。第一步要发现哪些元音的归一化形式中具有显著的年龄相关性，哪些元音不具有这一点。能够得出这种信息的多元回归分析已经检验了本章开头所列出的所有自变量。本卷第 4 章转载的第 1 卷第 3 章的图 3.6 展示出费城元音系统中所有元音在虚时中的相对移动情况，包括那些跟年龄无关的稳态元音。现在对语言变

化的社会影响的研究将要考察费城元音系统中最有特点的十个元音。这些元音从语音角度分为三组:

165 正在高化和前化的前元音:(æhN)、(æhS)、(æhD)、(aw)、(eyC)

正在前化的后元音:(owC)、(owF)、(uwC)、(uwF)

正在高化的低元音:(ay0)

表 5.3 显示的是以年龄作为一个定量性变量时每个元音 F1 和 F2 的简单回归分析的结果。表中对每一个共振峰都显示出了年龄相关系数及其概率水平,后面是调整后的 r^2,记录以年龄说明的变异量。这十个元音按照最后一列的值从小到大排序,这是从两个维度解释的最大变异量。

表 5.3　一次回归:费城十个元音的年龄系数

	*F*2	*p*	r^2	*F*1	*p*	r^2	复合 r^2
(uwF)	−2.58	n. s.	0.01	0.34	n. s.	0.01	0.01
(uwC)	−2.7	0.0300	0.03	0.365	0.09	0.017	0.03
(owF)	−4.3	0.0100	0.051	0.6	0.03	0.031	0.05
(owC)	−2.64	0.0040	0.064	0.74	0.006	0.057	0.06
(æhS)	−2.97	0.0025	0.072	0.98	0.005	0.062	0.07
(æhN)	−3.18	0.0005	0.096	0.81	0.011	0.049	0.10
(æhD)	−4.41	<0.0001	0.138	0.64	0.06	0.026	0.14
(eyC)	−3.81	<0.0001	0.142	1.04	0.0001	0.137	0.14
(aw)	−5.75	<0.0001	0.287	2.9	0.0001	0.31	0.31
(ay0)	1.54	0.0030	0.068	2.25	0.0001	0.32	0.33

根据参与变化的程度,这个列表可以分为三组,这跟第 1 卷所采用的分类稍有不同。

在虚时中的不确定变化：(uwF)、(uwC)

年龄相关系数适中，显著性很低，年龄差异很小。

在虚时中的适度变化：(owC)、(owF)、(æhS)、(æhN)

年龄相关系数适中，显著性水平大于 0.05 而小于 0.001，年龄变异量从 5%到 10%。

虚时中的明显变化：(æhD)、(aw)、(eyC)、(ay0)

年龄相关系数很大，显著性水平在 0.0001 以下，年龄变异量达到 30%。

第一组的两个变量可以暂时放在一边，因为它们与进行中的变化没有明显的关系。不仅是 112 位说话人内部的年龄差异不大，而且本章还将说明在/uw/的前化中没有显示出社会经济差异。

5.4 社会阶层的初次列表分析 166

对费城元音变化引领者的初次描述，来自在第 3 章曾采用的 SEC 分类中元音测量值的分布：下层工人阶级[SEC 2 - 3]，中层工人阶级[SEC 4 - 6]，上层工人阶级[SEC 7 - 9]，下层中产阶级[SEC 10 - 12]，上层中产阶级[SEC 13 - 15]，上层阶级[SEC 16]。我们先把两个变化还不充分的/uw/元音暂时放在一边，在五种进行中的音变里，F2 的前移都是一个主要的变化维度。① 图 5.5 通

① 对于(æh)变量，以及(eyC)和(aw)这样沿着前对角线向上移动的元音来说，也涉及 F1。但是在这个轴上，社会差异较小并且不太一致。

图 5.5 费城五个元音社会阶层的预期平均值

(每个社会阶层的回归系数添加到回归常数中)

过对 F2 平均值分布的排列比较了这五个元音的社会阶层模式。最上面一行的折线是 F2 轴上最为领先的(æhN);下一行是进展稍差的音位变体(æhS)。对于(æh)变量,前三个社会阶层没什么差别,而在中产的三个阶层和上层群体中呈现有规律的下降。跟(æhS)同样水平的是活跃的新变化(eyC),再下面是(aw)。二者都是从下层工人阶级到中层工人阶级略有上升,到上层工人阶级进一步上升,在后面更高的社会阶层群体中下降得也较为平缓。图 5.5 的底部是中期音变(owC)的前化。这里不清楚是否存在一个局部的最大值,也没有清晰的证据表明在中产阶级群体中有下降趋势。

167 初看起来,费城元音系统的社会分布显现出三种不同的模式。

对于最早的变化，即(æh)音位变体的高化，社会层级较低的部分没有差异，而与较高社会阶层有负相关，跟我们观察到的稳定的社会语言变量相似。对于中期阶段的变化，即(ow)的前化，中位的社会阶层表现出引领者的位置，但还不很清晰。对于两个活跃的新变化，很好地确立了弧形模式。这些差异是否稳定并具有显著性，或者是否由其他因素所造成说话人的差异，还有待观察。

主要与 F1 的移动相联系的一个变量，即(ay0)的央化，完全没有显示出这类社会模式。如果有任何社会群体领先，引领者就是上层阶级说话人。

第二共振峰的社会显著性

表 5.3 显示出沿前外缘轨道高化的元音(aw)、(eyC)和(æh)的音位变体的 F1 和 F2 的显著性年龄相关系数。毫无疑问，费城元音系统遵循的是第 1 卷第 5—第 9 章提出的一般原理：紧音核变化是沿着前、后外缘轨道高化。第 1 卷(505—515 页)研究元音(æh)高化的内部制约时，把*高度*定义为沿着前对角线的直角坐标距离。在分析社会制约时，我们惊奇地发现，这些元音的社会相关性几乎全部集中于第二共振峰。唯有年龄是在强度和显著性方面同样影响 F1 和 F2 的自变量。表 5.3 显示出，每当音变涉及 F1 和 F2 时——(aW)、(eyC)、(æh)——F2 的年龄相关系数就会增大到两倍多，而且 F1 和 F2 复合解释的附加方差很小。此外，当 F1 和 F2 组合时因变量沿着前对角线上移，结果在各方面都是中等水平。结论就是，在分析沿着前对角线的音变的社会语言制约时，引入 F1 不会得到任何收获。就(uw)和(ow)这两个变量而

言,我们确实发现一些偶然出现的 F1 效应,表明元音开口度较大与说话人阶层较低相联系,但这些模式并不一致或显著性不够,不足以让我们把它作为一般原理去进一步探求。

由于第 1 卷第 12 章和第 14 章确认 F1 在认知维度中占有优势地位,因此 F2 在前外缘元音的社会关联中的优势地位更加引人注目。近似合并的现象几乎完全是基于 F1 差异最小化的情
168 况,而 F2 中 100Hz—300Hz 的发音差异把元音区分开。因此,似乎这两个维度的社会语言功能之间有着一种互补的分布。英语言语社区显然是用 F1 中的差异来做认知和范畴上的区分,而用 F2 中的差异来确立社会身份。这是怎样跟个人的心理-声学机制相联系的,还有待探索。不论情况如何,现在我们研究费城音变都将根据除(ay0)之外的所有变量的 F2 差异来进行。[①]

5.5 二次回归分析:年龄和社会阶层

表 5.4 给出了三个自变量的多元回归分析结果:量化的年龄因素、性别和社会经济阶层,其中以下层工人阶级做参照为 0 等级。因变量是全部具有显著年龄系数的费城元音。因为性别几乎总是社会语言序列中很有影响的因素,所以二次回归中也包括进来了,但是到第 8 和第 9 章才会详细加以探讨。

表 5.4 最右边一列中调整后的 r^2 表明,通过这三个因素解释

---

① 显著的 F1 差异在(ohr)的高化中也可以观察到,其中男性是引领者。对这种接近完成的变化的测量上存在着内在的问题,自然话语中词例发音的出现频率很有限,所以(ohr)并没有用于本研究中。

了(æh)变量和(aw)变量相当大的变异；解释(eyC)的变异适中；解释(uw)和(ow)的变异则少得多。

表 5.4　费城元音与年龄、性别和社会阶层的二次回归分析

显著性：斜体，p<0.10；普通，p<0.05；下划线，p<0.01；黑体，p<0.001

	年龄	女性	下层工人阶级	中层工人阶级	上层工人阶级	下层中产阶级	上层中产阶级	上层阶级	r^2
(æhN)	-1.61	70					**-174**	**-293**	0.42
(æhS)	*-1.14*					<u>-138</u>	**-314**	**-368**	0.48
(æhD)	<u>-2.79</u>	**120**				<u>-184</u>	**-229**	**-232**	0.41
(uwC)	-2.53					<u>198</u>			0.08
(owF)	<u>-2.49</u>	71							0.08
(owC)	<u>-2.68</u>	79							0.10
(aw)	**-5.19**	128			86			<u>-129</u>	0.44
(eyC)	**-3.93**	<u>100</u>			109				0.23

表 5.4 中，几乎已经完成的(æh)前化的音位变体的社会分布 169
是一种社会阶层的单调函数，但是又不同于图 3.13—图 3.15 中稳定的社会语言变量，因为这种差异仅限于中上层阶级。在下层(LWC)、中层(MWC)和上层(UWC)三个工人阶级群体之间没有显著差异，变量值都位于平缓的高水平(图 5.5)。中产阶级和上层阶级则是从这个高度稳定地下降。

表 5.4 清楚地显示了活跃的新变量(aw)和(eyC)的弧形模式。(aw)的社会差异比(eyC)更为明显一些，表现为更大的年龄相关系数、上层阶级的显著负值，以及程度更高的变异解释。不过在这两种情况中，上层工人阶级都是最领先的群体。

5.6 三次回归分析:年龄维度的再分析

第 3 章说明了费城方言中稳定的社会语言变量在年龄维度上并非完全没有差异。最初发现年轻人偏爱这些变量,是通过对年龄图谱做更为精细的分析得出的,在其他都是平缓的分布中出现一个鲜明的青春期峰值。因此,我们需要对元音变量做出比较分析。由于本章的 112 位说话人样本中的年轻人没有第 3 章的 183 位说话人样本中的年轻人那么多,也许不大可能同样精细地追溯青春期群体的语言行为。17—19 岁群体的数据缺失,对青年人的描述将依据 8—12 岁的少年组和 13—16 岁的青少年组。

第三次回归分析把年龄最小的 8—12 岁组作为年龄组中的参照单位。这在数值上跟把年龄最大的组作为参照单位得出的图景是一样的,但它的优点是能表现出最早阶段中初始变化步骤的重要性。图 5.6 显示了费城六个元音的年龄分解,分别绘制出每个年龄组的年龄相关系数。

其中 5 个元音变量的总体模式相当一致,都不是线性的。青少年 13—16 岁组有一个峰值,后接一个下降,从 20 岁延伸到 49 岁成年组是平稳状态,接着又是一个下降,到 50 岁以上的更低水平。中期阶段的变量(owC)有着跟其他变量不同的轨迹,波峰出现在 20 到 39 岁的年轻成年人中,青少年组出现明显的下降。[①]

① 这只是众多迹象之一,即(uw)和(ow)前化的社会模式与前元音的高化和前化的社会模式不同。

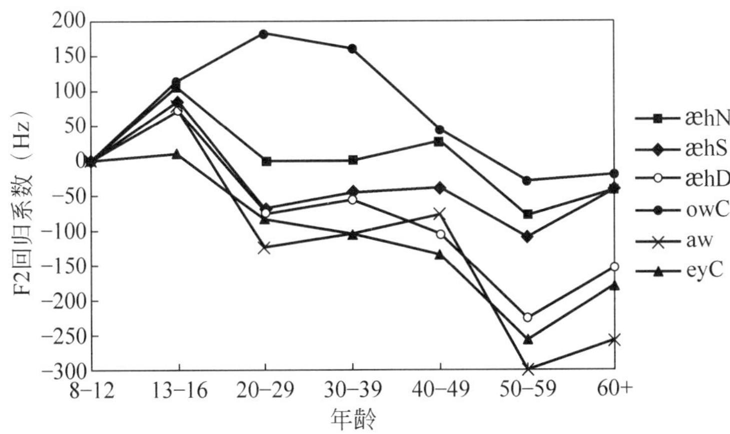

图 5.6　费城元音的三次回归分析：六个元音变量的年龄组分析

除了一个元音之外，所有元音的共同特征是 13—16 岁的青少 170
年组比 8—12 岁的少年组有更高的值。差异的程度对于(owC)、(æhN)、(æhS)、(æhD)和(aw)并没有根本的区别，尽管其中只是(æhN)具有显著性。例外的元音/eyC/的逆行高化是最近发生的变化，在这两个年龄组之间没有差别。我们还将再次分析这个特征，以便努力理解传递问题：这些变化是怎样跨代传递下去的(第 13 章)。值得注意的一点是，年龄最小的组所显示的较低的值不应被误解为音变正在逆转或中断的证据。

在图中(owC)的下方，可以看到接近完成的变化(æhN)在其他成年组中相对平缓的轨迹，没有显著差异。表 5.4 中的总体年龄相关系数较小，这主要是青少年组的峰值影响的结果，下文还会谈到这一点。再下面是(æhS)的轨迹，在 20 到 59 岁的主要成年组中比前者稍低且平行，但在最年长组中与(æhN)会合。由于在图 5.4 中(æhS)的平均值远远落后于(æhN)，因此完全有理由相信这种差异是真实的,尽管这些值与年龄最小的说话人的零基点都没有显著差异。

如上所述,(eyC)在13—16岁的青少年组比其他变量的值更低。在成年组中它加入了(æhD)和(aw)向下降低的行列,三者在40到59岁的较大成人组中跟其他变量差异显著。(æhD)跟(æh)音位的另两个变体的差别自然是来自表5.3中的简单年龄相关系
171 数:(æhN)3.18,(æhS)2.97,(æhD)4.41。它即便不是新的变化,也应是一种活跃的变化。

(aw)、(eyC)和(æhD)除了在少年组的较低水平之外,都显示出进行中变化所预期的对年龄的单调函数。

这个分析的最后步骤是考察六个元音在全部社会空间中的轨迹。图5.7对每个元音都叠加了第三次回归分析中的社会阶层系数,其中年龄组和社会阶层都是有区别的。为了强调弧形模式对于这些数据的符合程度,把上层工人阶级作为比较的参照点,确定为0。然后我们就可以看到,两个活跃的新变化(eyC)和(aw)在参照点前后以一种对称的方式上升和下降。另一方面,接近完成的变化(æhN)和(æhS)则是不对称的:它们在工人阶级组中没有显著差异,但是在中产阶级组却比(eyC)和(aw)下降幅度更大。(æhD)基本上是同样的情况。因为这些相关系数的值并不显著,在两个最高阶层的组中没有(æh)的另两个音位变体那样急剧下降,这一事实还不能确定。① (owC)又是一种混合的情况:在工人

---

① (æhD)变量只能在*mad*、*bad*、*glad*这三个词中找到,有数据不足的问题。在112位说话人中,有13位没有(æhD)值,并且很多值所依据的元音不到5个。(æhN)和(æhS)只是各有一个缺失的情况。

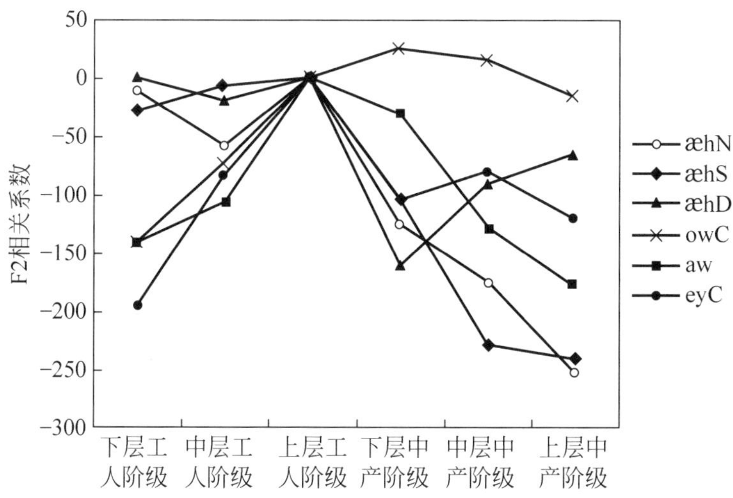

图 5.7　费城元音的三次回归分析：六个元音变量的社会阶层分析

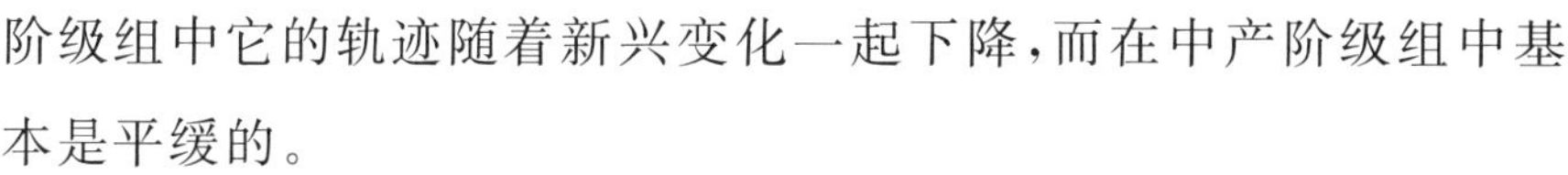
阶级组中它的轨迹随着新兴变化一起下降，而在中产阶级组中基本是平缓的。

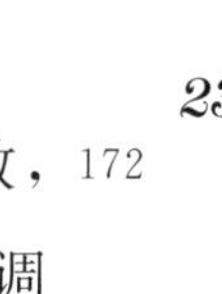

第三次回归分析说明活跃的新变化显示出单调的年龄函数， 172
而其他的元音变化并非如此。此外，这个分析证实了把这些单调的年龄函数跟一个社会中位群体的引领地位相联系的弧形模式假设。

5.7　清辅音前(ay)的央化

费城方言中有三种活跃的新变化，而我们现在只讨论了其中两种变化的社会相关性。在第一次回归分析中，(ay0)的 F1 显现出很强的年龄相关系数，但在社会阶层各组中没有显著的分布。图 5.8 以十岁间隔的年龄相关系数来标示年龄的分布。50 岁以

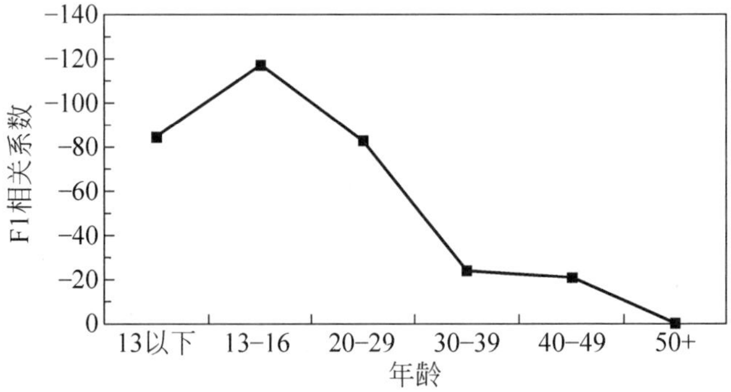

图 5.8 (ay0)的 F1 的年龄系数

上的说话人作为参照组,设为零等级。因为 F1 随着(ay0)央化而下降,所以说话人年龄越小,相关系数越是在负值方向增加。50 岁以上的组落后于 40—49 岁组足有 50Hz,但是差异并不显著。在 13—16 岁组中再次出现青少年峰值,明显高于 13 岁以下的说话人。

在上一章中转载的第 1 卷的图 3.6 显示出(ay0)的央化不是一个简单的 F1 移动,而是伴随着朝向元音系统后部的移动。我们不仅会听到[fəɪt],也时常听到[fʌ$^{\perp}$ ɪt],特别是在双唇辅音之后。

图 5.9 记录了这种后移趋势的年龄平均值。这个值在 30 岁以上人群中的轨迹是平缓的,但是在 20—29 岁的年轻人中 F2 明显降低,而降低趋势又在那些 20 岁以下的人群中急剧增大。然而回归分析只显示有一个显著性相关系数:13—16 岁说话人的 -75,这只占方差的 5%。这个青少年波峰的存在表明跟第 3 章
173 中稳定的社会语言变量相类似,但是与社会阶层并无显著的关联。

因此，(ay0)的后移目前还只是在费城元音的社会生态中的一种边缘现象，属于那类初始的音变。

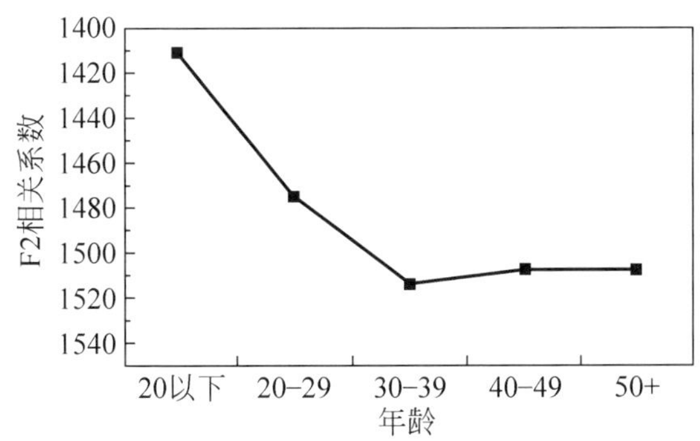

图 5.9　(ay0)的 F2 的年龄系数平均值

当然，在美国英语中，/ay/在清辅音前的央化是一种非常普遍的现象，并不是费城方言独有的特点。这在整个宾夕法尼亚州以及上中西部的大部分地区都很明显。作为一种广为人知并经常讨论的模式，人们称为“加拿大式上升”，不仅限于加拿大英语，在上纽约州(Kurath and McDavid 1961，地图 26—29)、北弗吉尼亚以及马撒葡萄园岛(Labov 1963)等不同地区中也都是根深蒂固的。第 8 章将考察《北美英语地图集》的北方内陆地区关于(ay0)的资料。在普遍性方面，(ay0)也有别于(aw)和(eyC)，后者是费城方言所特有的。

5.8　电话调查

本章首先考虑了我们一直在考察的数据中的很多误差来源。这些可以归纳如下：

1. 由于街区类型列表不全或者在选择这些类型的代表街区中的失误,使所选街区可能不是费城言语社区的代表性样本。

2. 在选择街区的代表性说话人的过程中可能出现失误。

3. 观察的效果可能不足以保证录音可以真正代表日常生活的言语。

174 4. 在选择音位或音位变体的代表词例中可能出现误差,例如,*downtown* 中的元音可能不如重读单音节词 *town* 更清楚地表现/aw/的发展变化。

5. 在选择代表核心元音的时间点中可能有误差,因此这些测量值反映的可能是一个开始或滑动的发音而不是核心元音。

6. 在线性预测编码中会出现误差,来自环境噪音的干扰,信号强度随频率增加下降太快,不能分解相邻的两个共振峰,以及其他可能导致以鼻音共振峰代替口音共振峰或者是其他类型的严重误差。

7. 归一化可能不够完全,使得音变进展中的年龄和性别差异跟生理差异相混淆,或者过度归一化可能会删除对社会语言分析很重要的数据。

8. 多元回归分析中可能产生误差,由于自变量的重叠过多,或者数据库中自变量数据之间缺乏足够的对比。

考虑到这么多误差源的存在,我们无法确定这些误差积累在一起,是否会掩盖我们探寻的现象,或者得到一个假象。如果我们很幸运,这些累积的误差没有特定的方向,只是分散或缩小语言变量与社会相关性之间的联系的程度。如果这种联系足够稳固,那么无论我们采用什么形式的分析方法,它都会以一种显著的形式出现。

第2章介绍的策略是从两个方向研究费城元音系统，采用两个具有互补性误差源的分析方法。电话调查相对不会有误差源1和2。作为电话号码薄的随机样本，它产生的地理分布比街区研究更为广泛。无论选择街区和说话人出现什么偏差，都不同于电话调查的选择偏差。这种地理上的随机样本从社会角度来看也是随机的——限于电话号码薄的范围内。[①] 另一方面，对于电话样本来说，误差源3有相当程度的放大，因为访谈较短，相对正规，并且没有社交网络的其他成员在场支持。考虑到电话信号的噪音和频率的限制，误差源6也有所放大，特别是对于F1影响大。同时也有误差源5的放大。

考虑到误差源的这些差别，如果电话调查的结果能在某种程度上反映了街区研究的结果，那将是令人鼓舞的。我们先来考察二者在26个音位和音位变体的平均值所显示的元音系统图形中的一致程度。

图5.10把电话调查中费城元音系统的测量值叠加在图5.4的来自街区研究中的F1/F2图上。三角形代表街区研究的平均值，方形代表电话调查的平均值。

这两组测量值分别进行归一化，以便使这里看到的任何一致程度都是元音本身表现出的实质性一致。元音空间的总体位置在中央线上几乎是一样的；在央高元音位置，/uw/的两组测量值相

① 电话号码的选择产生的偏差，即在人口中遗漏了那些不公开的号码和那些没有电话的说话人，将在下文进行讨论。可及性问题-说话人接听或不接听电话-在街区研究中有相关性，因为难以进行访谈的人总是存在的。

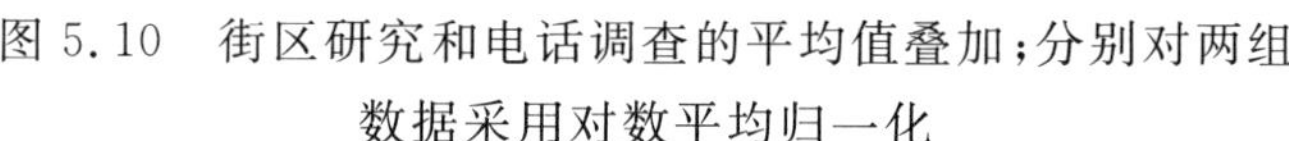

图 5.10　街区研究和电话调查的平均值叠加;分别对两组数据采用对数平均归一化

当接近;在央低元音位置上,/o/和/ayV/两个元音的两组测量值都在几乎相同的位置。电话调查和街区调查的主要差异在后高元音。如图 5.1 所示,电话调查中的这些高元音的 F1 位置最不可靠,图 5.10 显示出前部和后部的高元音有系统性下移的趋势。表 5.5 列出高元音和中元音的这些差异的平均值。显然,电话调查中的高元音外缘性较小,中元音也普遍有同样的趋势,但程度更小。这些差异可能是在录音和测量过程中由机械差异造成的。有
176 些高元音的差异肯定是可以这样解释的。另一方面,中元音的差异很多是调查形式对语言影响的结果。电话访谈比街区研究的访谈时间更短并更为正式,也没有同样的长期个人接触可以改变观察效果。第 9 章将说明这种社会背景的差异能够修改费城元音的表现,跟图 5.10 显示的差异方式非常相似。也就是说,电话中的

元音在音变路径上并不是那么领先。

表 5.5　高元音和中元音的电话调查和街区研究的平均差异

	全部	前	后
高元音			
第一共振峰之差	61		
第二共振峰之差		-65	89
中元音			
第一共振峰之差	38		
第一共振峰之差		-14	42

音位表现中一个最大差别是(ay0)的位置,它在电话调查中更为靠前。在上一节中已经说明(ay0)的高化是整个社区的一种共同模式,而(ay0)的后移只是工人阶级青年男子专有的特点。这个群体在电话调查中人数最少。

尽管存在这些差异,这两种研究得出的音变模式几乎相同。表 5.6 给出这两种研究分析的 10 个元音的年龄相关系数。结果非常一致。二者都一致发现在虚时中的最大变化是(aw)和(eyC)的前化和高化,以及(ay0)的央化。在这两组数据中,三个活跃的新变化(eyC)、(aw)和(ay0)都在相同方向上具有最大和最显著的年龄相关系数。除了(owF)之外,电话调查的显著性水平低于街区研究。因为电话调查的人数只有街区研究的一半,而且测量中的噪音和误差因素更大,这种结果在意料之中。然而模式都是相同的。两种调查的主要影响都是在(eyC)和(aw)的 F2,以及(ay0)的 F1。电话调查中(eyC)和(aw)的 F1 相关系数大约是街区研究中的一半,显著性水平在 0.05 以下。街区研究发现(ay0)有低水平而不显著的后移,但是在电话调查中却没有出现任何影响。

表 5.6　电话调查和街区研究的年龄系数对比

黑体字:主要社会语言参数

		F1		F2	
		相关系数	t 比率	相关系数	t 比率
活跃的新变化					
(eyC)	电话	0.72	1.4	**-4.6**	**2.9*****
	街区	1.28	4.2***	**-3.82**	**4.2*****
(aw)	电话	0.77	1.3	**-3.70**	**2.1***
	街区	1.83	4.8***	**-3.99**	**4.8*****
(ay0)	电话	**2.1**	**4.9*****		
	街区	**2.33**	**6.2*****	1.1	1.7
中期的变化					
(owC)	电话	0.49	0.9	**-4.5**	**3*****
	街区	0.74	2.2*	**-3.2**	**3.2*****
(owF)	电话			-1.8	2.1*
	街区	0.23	0.7	-1.55	1.7
(uwF)	电话				
	街区	-4.1	1.5	-2.44	2.1*
接近完成的变化					
(æhS)	电话	2.30*	1.3	**-5.3**	**1.1**
	街区	0.58	1.5	**-1.48**	**1.9**
(æhN)	电话				
	街区	0.63	1.6	**-2.06**	**2.4****
(æhD)	电话				
	街区	0.22	0.6	**-2.5**	**2.5****

$^{*}p<0.05$, $^{**}p<0.01$, $^{***}p<0.001$

177　对于处在中期变化中的前化,两种研究几乎是一致的。二者都在最靠后的元音(owC)的 F2 有最强的年龄效应。并且也都出现了一种微小的不显著的(owC)降低的趋势。电话调查没有发现(uwF)有显著性的年龄相关系数。如前所述,这个元音的两个低共振峰在测量上相当困难,所以电话调查在这里不太可靠是不足为奇的。

(æh)的三个音位变体中,仅有擦音前的变体前移程度是一致的。其他两个变体只在街区研究中有显著效应。这再次说明了测量的相对困难,因为/æ/元音中的鼻音共鸣往往会干扰 LPC 分析结果的准确读数。

可以得出结论,电话调查是对于年龄分布的街区研究结果的
一致性子集。街区研究中没有出现虚时变化的元音在电话调查中 178
也不会出现这种变化。这两种调查都对进行中的费城音变做出同样的描述,结果大大增强了我们对于数据有效性与可靠性的信心。

性别

尽管要到第 8 章才会详细考察性别相关系数,这些系数还是为两种研究对比的可靠程度提供了另一种指标。表 5.7 显示电话调查和街区研究之间在性别相关系数上的一致程度。女性的值为 1,男性的值为 0。因此,F2 的正值表示在所涉及的元音前化中女
性领先于男性的值(以 Hz 为单位)。F1 的负值表示女性比男性 179
使用更高元音的程度。对于活跃的新变化,人们已达成共识。对于(aw)和(eyC),女性领先于男性;而对于(ay0),男性领先于女性。这种模式中唯一的显著差异就在(eyC):这种领先是在 F1 中而不是在 F2 中表现的。正如预期的那样,街区研究的显著性水平比电话调查高出一个等级。

表 5.7 电话调查和街区研究的性别系数对比

		F1		F2	
		系数	t 比率	系数	t 比率
活跃的新变化					
(eyC)	电话	-49	2.5**	**82**	
	街区			**85**	**2.81*** **
(aw)	电话			**104**	**2.4** **
	街区			**113**	**4.4*** **
(ay0)	电话	**68**	**5.6*** **		
	街区	**41**	**3.68*** **		
中期的变化					
(owC)	电话			**210**	**3.8*** **
	街区			**92**	**2.84*** **
(owF)	电话			166	4.7***
	街区			130	1.93*
(uwF)	电话				
	街区				1.87
接近完成的变化					
(æhS)	电话				
	街区	-21	1.77	**32**	**1.14**
(æhN)	电话	-50	3.2***	**126**	**1.7**
	街区	-20	1.64	**64**	**2.35* **
(æhD)	电话	-46	2.2*	**117**	**2.9*** **
	街区	-34	2.89***	**112**	**3.57*** **

* $p<0.05$, ** $p<0.01$, *** $p<0.001$

在处于中期的变化中,F2 的值显示出普遍的一致性,女性比男性领先 100Hz 到 200Hz。唯一的不同是在(uwF)中,如前文所述,可靠性较小。

在三组(æh)变量的数据中,有非常明显的一致性,女性始终领先于男性。对(æhS),电话调查没有显著差异,但是在其他方面发现了一致性。有一个实例表现出(æhN)的F1实际上电话调查比街区研究有更强的效应。

两种调查都表现出费城音变中性别差异的同样模式,二者之间差别很小。

社会经济阶层

社会经济阶层中的弧形模式的发现具有一致性和显著性,但它们不如年龄或性别效应那么稳固。考虑到电话调查中年龄和性别效应很强而显著性水平却较低的事实,人们可能会怀疑弧形模式能否出现。不过,它确实出现了。

表5.8给出对电话调查中活跃的新变化的社会阶层相关系数的分析。(aw)在SEC8—9组中的F2值有一个显著峰值,F1有一个不显著的峰值-55,F2在SEC7组也有不显著的峰值。(eyC)的值同样在SEC8—9组位置出现了不显著的峰值。跟街区研究一样,(ay0)的模式大不一样:不是弧形模式,而是没有明显波峰的较宽的分布。表5.8确定了一个事实,即费城上层工人阶级的引领者地位是一个普遍现象,完全不限于我们曾研究过的特定社区。

表5.8　电话调查的社会阶层系数

上标是t比率;黑体数字代表在0.05或更高水平上有显著性

	社会经济阶层					
	1—4	5—6	7	8—9	10—12	13—15
(aw)						
F1				$-55^{1.7}$		
F2			$77^{1.4}$	$\mathbf{149}^{2.3}$		

续表

	社会经济阶层					
	1—4	5—6	7	8—9	10—12	13—15
(eyC)						
F1		$42^{1.8}$		$39^{1.5}$		
F2				$121^{1.5}$		
(ay0)						
F1	**$-42^{2.1}$**		**$-48^{2.7}$**	$-38^{1.7}$		
F2		$-64^{1.6}$				

电话号码簿的偏差

电话调查的受访者是从电话簿中随机选择的。第 2 章概述了电话号码簿中特有的阶级差异所带来的偏差。这种偏差的影响可以通过街区研究得到的信息加以控制。街区研究中,所有受访者

180 都有电话号码是否公开的信息。把这种信息加入街区研究的回归分析中,号码公开为 1,不公开为 0。如果遗漏了那些电话不公开的说话人会干扰电话调查和街区研究的对比,这就将使街区研究中电话公开的变量对于各个元音表现出显著影响。

我们对这个系统的所有社会阶层群体中所有元音的两个共振峰都做了这样的考察。结果是没有任何回归分析发现电话号码是否公开对于一个元音表现有显著影响。在分析中包括或删除电话号码公开的信息,也没有使其他变量产生明显不同的结果。

5.9 社会经济指数的组成成分

第 3 章概述了综合社会经济指数的效用,与社会地位的个体

指标如教育或职业相对照。这对于研究进行中的变化特别重要。不同指标的作用中有任何差别都可能对于变化引领者的位置产生进一步的信息，除此之外，还可能对于导致变化本身进展的机制提供线索。

首先来考察一下三个指标的内部关系。表 5.9 显示出三个指标之间的皮尔逊相关矩阵。很明显，住房价值和职业紧密相关，但教育与这两个指标相关不很紧密。

表 5.9　个体社会经济指标的皮尔逊相关矩阵 181

	职业	教育	房屋价值
职业	1.000		
教育	0.533	1.000	
房屋价值	0.854	0.593	1.000

图 5.11 的系列柱状图显示了住房价值和教育跟职业之间的关系。前三个图表现三种水平的住房价值在六个职业等级的分布。第一个图中的黑色条表示住房价值为最低类的说话人的百分比分布。如果职业和住房价值完全相关，就会只有左边第一个条
形是黑色的。实际上，职业等级为 2 和 3(非技术工和技术工人) 182
的大部分人的住房价值都属于最低的类别。这反映了费城联排房屋的典型情况，这里很多地区的住房结构都是统一的，房价相对较低，费城北部尤其如此。第二个图说明第二种房屋价值水平的人分布在 2—4 的职业等级，在第三个图显示出最高的职业等级和最高的住房价值之间的紧密相关。这样的分布跟表 5.9 中 0.854 的高相关性是一致的。

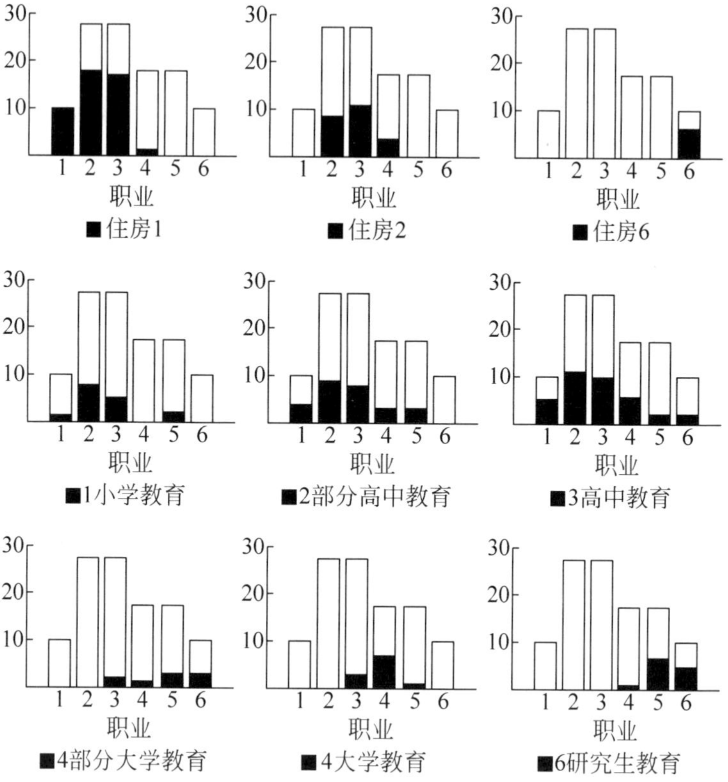

图 5.11　按房屋价值和教育划分的职业交叉分布

图 5.11 中的第二行和第三行反映职业与教育之间较弱的关联。第二行的第三图显示出受过高中教育的人从事的职业范围非常广泛，涵盖了全部的职业。

由于稳定的社会语言变量基本上都是社会经济层级位置的单调函数，因此可以把各个指标作为单一的量化维度加入回归分析，以便直接比较它们的作用。表 3.7 和表 3.8 说明，总的来说，职业跟语言因素的联系比起教育或住房价值跟语言的联系更为紧密，但并非总是如此。在每一种情况下，社会经济地位的综合指数都得出比任何个体指标更明显和更一致的社会分层模式。

关于正在进行中的变化，情况更加复杂。在回归分析中具有最大相关系数的指标不一定就是最能说明问题。如果进行中变化的弧形模式成立，那么变量上升和下降所在的单一维度可能不会显示作为单一量化变量的任何联系。另一方面，如果把住房、职业和教育这几组都加入一种单一的分析，最终的结果会很混乱——没有一个具有显著性。为了比较每个单一维度的影响，必须从所有其他因素都相同的分析中在一个可比较的框架中，描绘这些相关系数的模式。这将通过对于第三次回归中的 6 分制 SEC 量表轮流替换 6 分制的职业、教育和住房量表来完成。在每一次分析中都把最高的组作为为参照组。

对产生的模式有四种方式进行评估：(1)弧形或单调函数的平滑性或规律性；(2)定义变化轨迹的那些点的显著性水平；(3)调整后的 r^2 值所显示的全部变异量；(4)整个分析的 F 检验的值。其中的第一种并非特别有用：通过简单平均的过程，综合指数总是比个体指标显示出更平滑的曲线。第四种方式就是第三种方式的精确反映，没有增加任何信息。因此，我们将通过(2)和(3)的测量方式把这些单一指数跟综合指数进行比较。

图 5.12—图 5.15 叠加了回归分析得出的社会阶层的轨迹， 183
其中社会维度是教育、住房价值、职业和 SEC 综合指数。显著性水平表示为：(*)<0.10；* <0.5[1]；** <0.01；*** <0.001；**** <0.0001。我们首先要考察的是社会显著性最强并且最领

[1] 这里应是 0.05 之误。——译者

先的变化(æhN)。下一章将说明,*man*、*Camden*、*dance* 中高化的紧元音是费城元音系统中最经常被讨论和修正的成分。在图 5.12 中,所有指标都一致显示出,最低的三个阶层没有显著差异,都接近上层工人阶级的零水平。三个最高社会阶层中表现出明显下降的是职业、住房价值和综合指数,但教育不参与这个过程。在教育指标上只有一个点接近显著性,刚好在 0.05 水平之下。职业和房屋价值两条曲线平行移动,表现出紧密联系,可从 0.85 的相关系数得到预期。

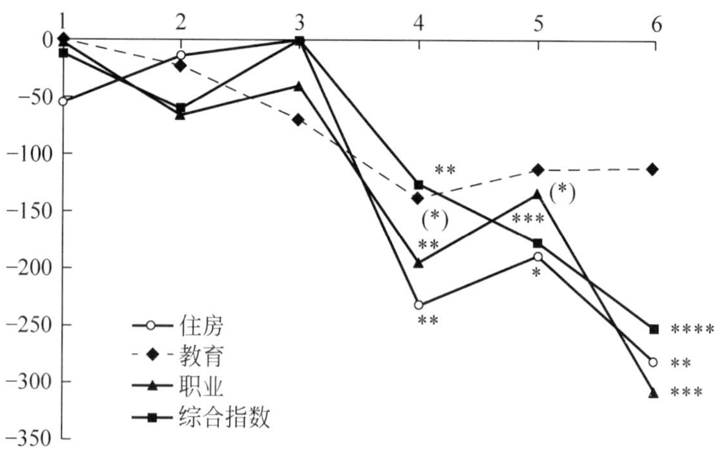

图 5.12　(æhN)的单调社会阶层模式的组成成分。相关系数的显著性:**** $p<0.0001$, *** $p<0.001$, ** $p<0.01$, * $p<0.05$

图 5.13 给出相似的(æhS)图形。职业和住房价值的轨迹之间差异很小,教育同样也没有显出明显的差异。职业和综合指数的显著性水平比住房更高,但差异不大。

各项指标的差异在活跃的新变化中更为明显。如图 5.14 所示的(aw),在定义弧形模式的一致性和显著性方面,综合指数优

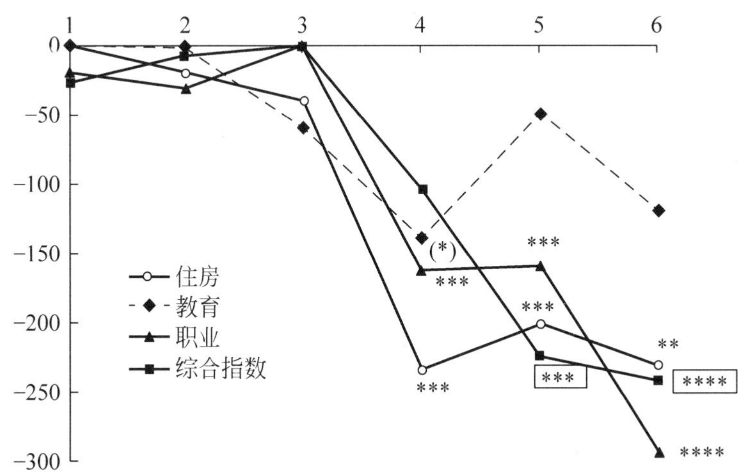

图 5.13　(æhS)的单调社会阶层模式的组成成分(显著性同图 5.12)

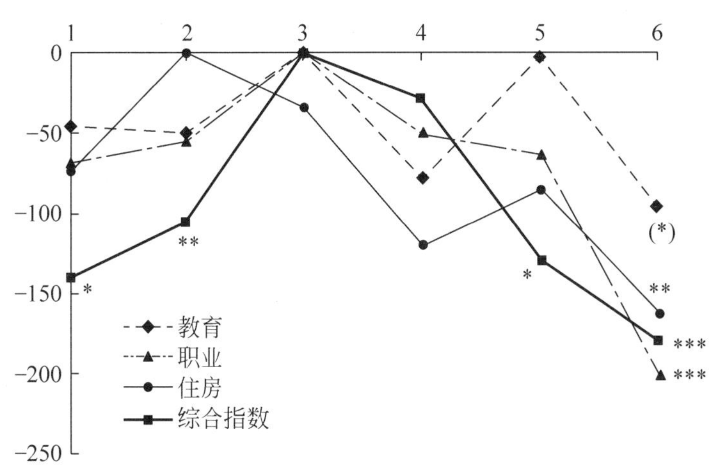

图 5.14　(aw)的弧形社会阶层模式的组成成分(显著性同图 5.12)

于任何个体指标。教育程度最高在第 5 阶层;住房最高是在第 2 184
阶层;职业和综合指数同在第 3 阶层。综合指数有 4 个显著点,而
职业和教育各只有 1 个显著点。

图 5.15 是最新变化的相应模式,即(eyC)的逆行移动。教育在这里几乎是不相关的。中产阶级从第三组峰值的下降,最清楚
185 地表现在职业上。而工人阶层群体逐步降低的模式在综合指数中最明显。总体上看,职业表现为最高的显著性:4 个显著点对综合指数的 2 个显著点。

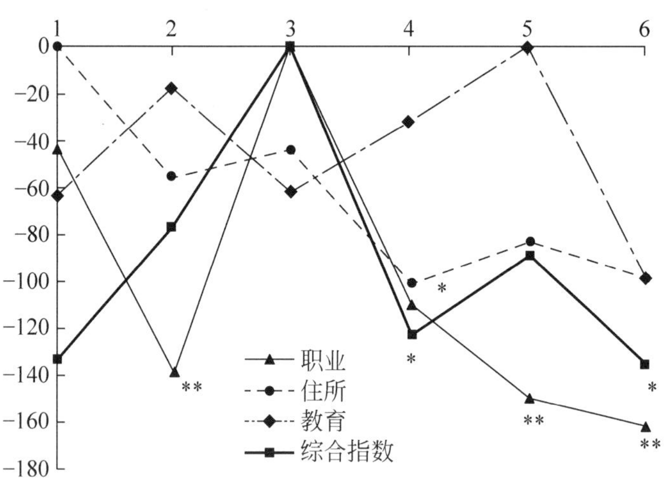

图 5.15 (eyC)的弧形社会阶层模式的组成成分(显著性同图 5.12)

职业在最新变化中的主导地位表明,综合指数只是适用于那些已经进入社会语言分化过程的变化,这个过程会延续到说话人一生中的大部分时间。对于成长中的年轻人,支撑家庭生活的家长的职业是他们语言行为的最强决定因素——产生说话人的社会环境。住房价值尽管有紧密的相关性,但是移居到更好(或更差)的居住区是影响后期语言行为的事件。教育是一种累积性社会化效应,其影响会在人生后期愈加增强。因此,如(eyC)这种最新的变化受后期的社会化影响不大,而与家庭语言模式的联系最紧密,

并与职业有最大相关性。

图 5.16 显示三个指标相对于解释的方差总量(即分析中调整后的 r^2 值)的相对值。教育的作用最小,特别是对较早的进行中的变化来看。对于(æhN),其他三个指标之间没有什么差异。对于(æhS)和(aw),综合指数最好,其次是职业和房屋价值。但对于(eyC),职业有很明显的优势。如果解释这种情况的理由是正确的,职业对于(eyC)的主导作用就应该在年轻人中达到最大化,而成年人的表现会受到更多因素的支配。图 5.16 中最后一组数值点显示为排除 20 岁以下说话人之后的分析结果。各个指标恢复了通常 186
的排序:综合指数有最高 r^2 值,下面是职业、房屋价值和教育。

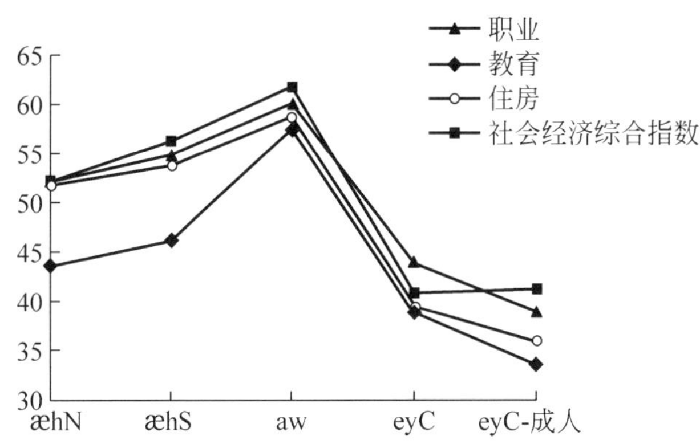

图 5.16　利用个体指标和综合指数进行回归分析解释的变异

5.10　概述

自下而来的语言变化与社会经济层级的关系跟第 1 章回顾的任何早期对音变原因的讨论都不一致。职业的高低、教育程度或者社会地位都没有对活跃的新变化起到抑制或促进的作用。相反,对这些进行中变化的分析显示出与连续的发展阶段相联系的一系列社会属性。

初期变化。对于最早的那些变化几乎没有什么可说的。初期阶段的变化如(e)和(æ)的低化或(ʌ)的后化,跟年龄或社会因素的相关性还不够大。一种进行中变化的清晰的社会定位,只有在其年龄相关系数变得显著时才会出现,反映出它正在接近S形曲线的中间部分。

接近完成的变化。最容易定位和确认的语言变化是那些最领先的变化。我们关于音变过程的观点都是通过逆向回溯而构建起来的,从接近完成的变化到处于中期的变化再到活跃的新变化。最领先的变化在很多方面都类似于稳定的社会语言变量。它们的值几乎都是社会经济层级的单调函数,并呈现出与(dh)、(neg)和(ing)的表现相同的青少年峰值。这些领先的元音变化中没有跟稳定的社会语言变量(neg)那样有着鲜明的社会分层;社会分层集
187 中出现在中产阶级,如(ing)那样。在这方面音位变体(æhD)处于中间状态。它仍然显示出很强的年龄相关性,这表明 *mad*、*bad*、*glad* 的高化和前移是一种进行中的变化过程,但社会分布与(æh)的其他两个音位变体相似。

中期变化。最初标为“中期”的那些变化基本上是完成的,或至少是稳定的变化。它们似乎是在分布范围的中部,平均值都是半靠前的。但是费城方言(uw)在闭音节和开音节中的前化,还有(owF)的前移,目前没有归属于任何虚时中的活跃变化或固定在

任何社会进程当中。[1] 后面的章节将说明费城这些变化过程实际上是一个广泛的大陆式变化的一部分。只有这个过程中最慢的变化(owC)显示出明显的社会关联性，这似乎反映出跟目前发生的活跃的新变化有不同的历史。(owC)像这些变化一样，似乎在下层中产阶级表现最强，但是紧随其后的是中产阶级的其他阶层，而不是工人阶级。通过这样或那样的方式，这种南方音变的特征已经摆脱了低俗化，并与中产阶级的语言规范联系在一起。

活跃的新变化。《北美英语地图集》显示出(aw)音核的前化是一种普遍现象，影响到除北方方言之外的所有地区。它是从[uː]到[əu]到[aʊ]再到[æʊ]的音核-滑音分化的延续，因此可能不会被视为一种新变化。但是伴随着音核上升到[e]，滑音目标下降到[ɔ]，是费城方言的新变化，而在宾夕法尼亚州和上南方的周边地区则没有这种变化。[2] 本章已经清楚地说明(aw)的高化和前化在上层工人阶级这个中位的社会阶层是最领先的。尽管使用(aw)的社会意识程度还不高，而且很少成为一个社会关注的话题，但有迹象表明中产阶级说话人开始阻止它的发展，并越来越把自己跟变化引领者区分开来。在后面的章节中，我们将深入探讨其中涉及的社会机制。

(eyC)和(aw)之间非常相似，但(eyC)在很多方面都显示出是最近的变化，并使我们更加接近发现自下而来的变化的开端。

---

① 这些是费城方言中独有的受种族影响的元音；见第 7 章。

② 在我们对新西兰方言(Christchurch)的实验测量中可以发现一种准确的相似性。盖伊(Guy Bailey)报告了一些南方方言中的这种音变，但是《北美英语地图集》中的元音图表还没有发现很多类似费城元音的例子。

(aw)高化的引领者即(eyC)的引领者:二者之间的相关系数是0.729。但是,(eyC)跟(aw)不同,表现为偏离过去南方音变的方
188 向而转向北方模式。它与(aw)的差别还在于它的弧形模式是对称的(见图5.7,图5.14—5.15)。对于(eyC),上层中产阶级并不比下层工人阶级更落后于领先的群体。这里我们可以看到最初的金字塔形结构,音变从一个相邻群体逐渐传播到另一个群体中,不受名声尊卑的影响。

费城方言研究是为了检验这项工作开始时的弧形假设。考虑到这个证据,它可以重新陈述为**第一原理**或**弧形原理**:

> 自下而来的语言变化发源自位于社会经济层级中内部的一个中位社会群体。

如果语言变化是受到中产阶级和工人阶级之间二元对立的支配(Kroch 1978),那么言语社区的取样任务将会大为简化。实际上,很多社会语言学研究都试图通过社会经济层级的二元划分来衡量社会阶层与语言之间的关系:中产阶级与工人阶级,或上层阶级与下层阶级。尽管二元划分的取样将能得到第3章的稳定社会语言层级结构反映出的基本对立,即使这样,它也不能获取社会语言结构的一些重要方面,如次高地位群体的特殊语言行为。二元划分很可能完全忽略那些集中于一个中位社会群体的自下而来的变化。在这里的研究实例中,音变的引领者跨越了工人阶级与中产阶级之间的界限[见图5.7中的(aw)和(owC)]。图2.4显示克拉克街区的工人阶级和下层中产阶级的紧密结合。辨认自下而来

的音变的引领者，跟职业是白领或蓝领无关。相反，要看的是他们在社区里的中心位置：正如下面的章节将说明的，不仅在抽象的社会经济层级方面处于中心位置，而且在本地的活动、本地社交和本地声望方面也处于中心地位。

5.11 阶层分布的进一步观察

近年来，有两个对于进行中变化的重要研究都包括了足以承载弧形假设的精细的社会分层样本。

盖伊等(Guy et al. 1986)利用霍瓦特(Horvath 1985)的悉尼研究来追溯澳大利亚英语高升语调的年龄和社会阶层分布。如表 5.10 所示，年龄与澳大利亚上升语调模式的使用之间是一种单调关系。社会阶层划分为三个：中产阶级、上层工人阶级和下层工人阶级。如表所示，最低的社会层级使用得最多。这似乎对弧形 189
假设是一个反例。不过，在把男性和女性区分开以后，情况就有些不同了，我们将在第 8 章再来讨论这些数据。

表 5.10 悉尼高升语调按照年龄和社会阶层的使用

年龄	概率	社会阶层	概率
11—14 岁	0.64	中产	0.40
15—19 岁	0.67	上层工人阶层	0.51
20—39 岁	0.51	下层工人阶层	0.59
40 岁以上	0.21		

海利(Haeri 1996)对开罗阿拉伯语的研究确认了一种活跃的新变化：/t/和/d/在前元音前面的腭化。研究对象共有 49 位说话

人,按照性别平均分组。腭化有两种形式:弱式和强式,其中强式的除阻时间更长,带有更高频的噪音。图5.17依据海利的数据显示教育程度造成的强弱腭化的分布。① 在这个累加的数据描述中出现了弧形特征,其中上面那条线代表全部的腭化。显然,高中组在总体上有最大程度的腭化。我们将再回到海利的数据上来考察性别效应,因为这种模式实际上具有女性作为变化引领者的特征。

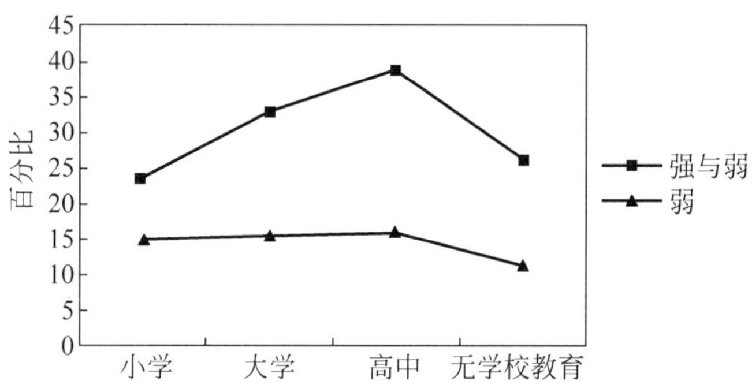

图5.17 开罗阿拉伯语中按教育程度划分的/t,d/的强、弱腭化

(引自 Haeri 1996,图11-12)

190

5.12 弧形模式和变化原因

探求音变原因的基本策略就是,识别出进行中变化的引领者。我已经把问题“为什么?”改换为问题“谁?”。据我们在纽约市、诺里奇、巴拿马市和开罗的研究中的发现,已经有一致的证据表明,音变引领者都位于社会经济层级的中位部分。没有证据可以证明

① 海利实际上采用了一个更复杂的社会阶层指数,我们在第8章不同性别腭化的研究中,将对此进行考察。全部人口的数据只有教育这一个指标。

19 世纪语言学家们认为音变起源于社会的最高层或最低层的观点。相反的是，这些两端的群体都跟随在创新的中位群体之后。令人惊奇的是，那些上层阶级的成员把孩子送到私立学校并与社区其他成员保持距离，都成为了好费城人。他们讲的是一种保守的，但又与众不同的费城式英语，像上层中产阶级或下层阶级的成员一样，跟随着上层工人阶级和下层中产阶级所引领的潮流。

这样直接结果就是排除了一些关于语言变化原因的相互竞争的理论，至少就元音系统的轮转而言是如此。其中一种理论认为音变是相对孤立的结果，也就是说，是由始发群体跟社区其他群体之间的社交中断造成的。费城方言的音变并非发源于因很少交往而偏离费城言语主流的孤立群体，音变跟缺乏接触主流语言规范没有关系。费城的音变并非来自那些教育程度最低并且对大学英语的保守规范接触最少的下层阶级说话人。我们这里看到的音变并不是最小努力原则所推动的，这个原则并不适于短元音的紧化和高化，后元音的双元音化和前化，或其他复杂发音的变化，所有这些都是新的费城市区方言的典型特点。[①]

5.13　音变是适应过程的一部分吗?

这个弧形模式对于本卷最初的问题能有什么启发：语言多样性能否以任何环境适应过程来解释？如果费城音变不是有直接的

① 这里并不是说很多音变的特点不是弱化，不受最小努力原则的制约。在费城方言中，/l/的元音化就属于这种类型的进行中的变化，在词尾、元音间和辅音后的位置上比较活跃。

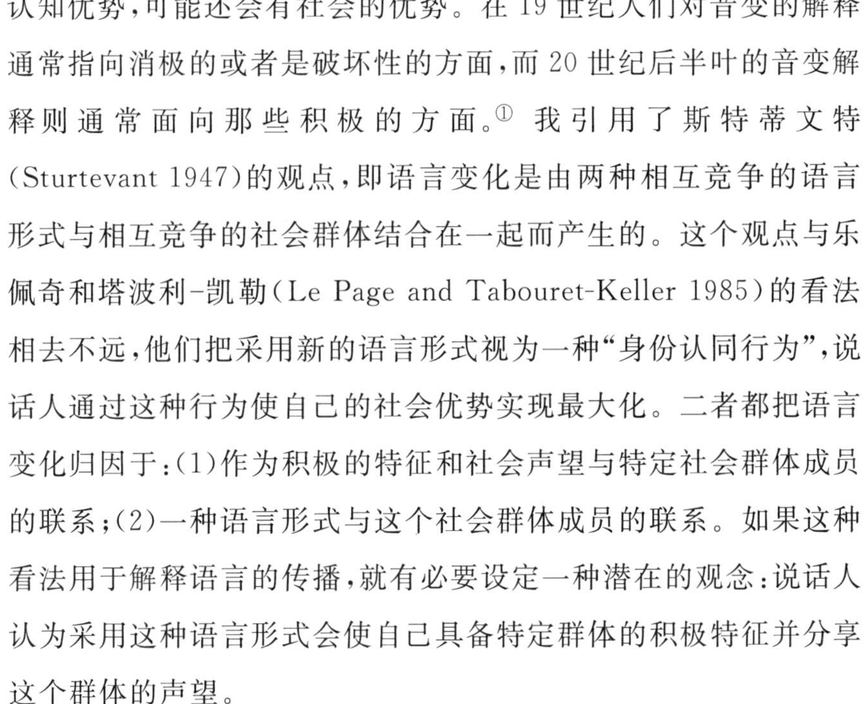

191 认知优势，可能还会有社会的优势。在19世纪人们对音变的解释通常指向消极的或者是破坏性的方面，而20世纪后半叶的音变解释则通常面向那些积极的方面。[①] 我引用了斯特蒂文特(Sturtevant 1947)的观点，即语言变化是由两种相互竞争的语言形式与相互竞争的社会群体结合在一起而产生的。这个观点与乐佩奇和塔波利-凯勒(Le Page and Tabouret-Keller 1985)的看法相去不远，他们把采用新的语言形式视为一种“身份认同行为”，说话人通过这种行为使自己的社会优势实现最大化。二者都把语言变化归因于：(1)作为积极的特征和社会声望与特定社会群体成员的联系；(2)一种语言形式与这个社会群体成员的联系。如果这种看法用于解释语言的传播，就有必要设定一种潜在的观念：说话人认为采用这种语言形式会使自己具备特定群体的积极特征并分享这个群体的声望。

尽管这种潜在的态度和观念可能确实跟语言变化有关系，但它们通常都没有实际的证据。大多数这类观点都是假设而不是证明语言变异具有适应性。说话人以一种特定方式讲话的事实被当作他们希望认同于或区分于一个特定群体的证据。解决达尔文悖论的方案是预先假设的，问题不是要找出语言演化是否存在适应性价值，而是要找到哪种适应性形式在运作。

马撒葡萄园岛的研究(Labov 1963)经常被引证来说明本地认同概念在音变动因中的重要性。然而，我们不会经常遇到本地身

① 钱伯(Chamber 1995)坚持认为语言变异具有适应性价值，但并未明确考虑这里探讨的音变适应价值问题。

份认同程度跟音变进程相关的情况。哈森(Hazen 2000)的研究在为本地身份的概念提供实证性支持方面有令人瞩目的进展。他说明了扩展的与本地的身份概念如何用来解释北卡罗来纳州沃伦(Warren)县的非洲裔美国说话人语言变化的差异。不过,是否可以按照布龙菲尔德的密度原理,从不同语言系统的说话人之间的互动频率得出同样的结论,仍然是个问题。换言之,语言变化可能只是反映了对话者频率的变化,而这种变化转而又是社会偏好和态度变化的结果。

本次研究的策略是尽可能多地从实际行为中获取此类问题的具体证据。如果语言行为的社会差异能够映射到交际互动的模型中,那么在语言事实的解释中,我们必须优先考虑这种互动模式。192
于是,音变从始发群体到相邻群体的弧形模式可能是互动频率的简单结果。考虑到人们在日常交际网络中与新语言形式的接触与他们跟音变始发群体的距离远近成比例,那种基于潜在态度的解释就是多余的了。

人们也许会问,为什么我们讨论的语言变化都出现在一个方向而不是在另一个方向。在第 1 卷中已经明确地给出了这个问题的答案。在(aw)的前化和高化中,元音的核心沿着前外缘轨道以单向方式变化。如果两个费城人在一系列互动中相互交流各自的语言影响,那么这种单向偏差会保证(其原因还不很清楚)结果将朝着可预测的方向变化。(aw)高化程度较小的说话人将比高化较大的说话人受到更大的影响。

即使音变的方向可以用这种方式来解释,我们仍然要考虑它的位置问题。为什么创新引领者应该位于上层工人阶级,而不是上层中产阶级或下层工人阶级?第1卷的原理无法解释这个问题。社会互动模型是否有什么特性能让我们预测到变化引领者的中心位置?这个问题将在后面的章节深入探讨。不过,鉴于之前的讨论,第一个任务应该是考察进行中变化的主观维度,看看可以提出哪些证据,与这些社会变化的弧形起源相一致,并促使其他社会群体的说话人都来采用。

第6章 进行中变化的主观维度 193

本卷书对于进行中变化的考察重点完全放在言语产生的客观证据上。第1卷已经对研究听觉中的变化给予了很大关注，特别是在第三部分提出支配分化和合并的一般原理。这本质上是对于语言变化的认知方面的研究：听感范畴边界的替换，以及在两个音位范畴最终合而为一之前那种语义区别功能的终结。在第二部分，关于链式音变的一般原理的研究完全以言语产生为重点。链式音变的中心认知方面就是没有变化，也就是保留区别，这是一种可以被注意到而不是被研究的不变的特征。① 跟分化和合并不一样，这些音变具有相当大的社会评价，它们的主观相关性是研究语言变化的社会维度的一个重要方面，这正是本卷书的重点所在。

6.1 对语言变化主观反应的现场研究方法

在第5章概述的那些提供了言语产生数据的研究项目，还包括了各种现场实验方法，记录说话人的听觉反应和对进行中变化的主观评价。不论数据是怎样收集到的，所有的结果都难以单独

---

① 链式音变的认知影响是跨方言理解研究的主要研究重点，本书将在第三卷对此进行探讨。

做出解释。只有在同一说话人和整个言语社区的即兴话语背景下，主观反应才具有意义。

最简单的一种主观测试方法是考察受试者对于语音类别“相同”和“不同”的感知辨别，即**最小区别对**和**交互测试**。另一种方法是记录受试者对于自身言语模式的感知能力，即自我评价报告（Labov 1966a，第 12 章，Trudgill 1974b）。受试者在出示的一系列语言变体中，说出哪一个最接近自己的用法。尽管这显然是一种简单的听辨和分类，而结果却反映了这项任务符合应该怎样发音的社会规范，而不是实际发音情况的报告。一般来说，人们会报告说自己使用更接近社区中明显有声望的语言形式，而不是自己在生活中实际使用的形式。

194

各种*家庭背景测试*是用来检验说话人从言语样本中识别族群背景或地区方言的能力（Labov et al. 1968：II：266—285）。总的来看，听话人在实验中识别说话人的能力比他们自己想像的要差。部分原因可能是因为美国人对方言差异相对不敏感，[①]但也是因为难以界定作为语言控制实验基础的维度。

关于对语言变异的主观反应，最有效的实验测量方法是*伪装匹配测试*，考察受试者对于不同语言和方言的无意识态度。兰伯特和麦吉尔大学的同事（Anisfeld and Lambert 1964，Lambert 1967）最早开创了这种技术，在被认为是双语和双方言平衡的说话人帮助下产生实验刺激。听话人会听到同一说话人两种不同口音

① 参见拉波夫和哈里斯（Labov and Harris 1994）关于一个司法案例的报告，这是因西海岸美国人不会区分新英格兰东部口音和纽约口音而引起的，或者参见普雷斯顿（Preston 1996）关于美国人对于地区方言的感知能力有限的描述。

的话语段落：法语和英语、魁北克法语和欧陆法语、阿拉伯语和希伯来语、非洲裔美国人英语和标准英语。两种伪装口音中间必须夹有其他说话人的不同口音而交替分隔开来。如果让受试者意识到他们要判断的是说两种口音的同一个说话人，就会引发一系列更弱、更分散的反应态度。

在最初的伪装匹配实验中，受试者按照一系列如聪明、可靠、诚实、友好等扩展的人格量表来为听到的言语段落做出评级。结果显示出总体一致性达到惊人的程度：例如，对于说法语和英语的说话人，一致判断同一个人在说英语时比说法语时更聪明、可靠、诚实，等等。在这些研究中，没有携带社会信息的语言特征：这些言语发音在总体上确定为方言的特点。为了考察人们对于特定语
言变量的态度，已经设计了不多的几个伪装匹配实验。 195

对纽约市下东区的研究中（Labov 1966a，第 11 章，Labov
1972b，第 6 章）就包括有一个伪装匹配实验，把同一变量的很多例词集中在一个段落中，对照另一个不包括这个变量的“零段落”。请受试者来判断说话人可能从事的最高等级的职业是什么。这些实验表明，自上而来的变化，即紧缩的(r)作为有声望的特征，对于所有 1945 年之后出生的受试者来说，已经明确转为对这个特征的积极评价。人们对于自下而来的变化的反应，如(æh)和(oh)的高化，表明那些在口语中使用变量最领先形式的人，最有可能使其他人言语中的这些形式变得低俗化。

1966—1968 年对南哈莱姆区成年非洲裔美国说话人的研究（Labov et al. 1968）也使用了一种集中语言变量的主观反应测试：这是把稳定的社会语言变量如(dh)集中在一起。对于适合哪

种职业的问题,主观反应表现为(dh)与社会经济层级之间的单调相关性,这跟我们在(dh)产出的研究中的发现是相同的,即:(dh)指数越高,职业评级就越低。对于这个说话人有多大可能性会在街头斗殴帖上风的问题的回答显示出互补的模式。然而,这些回答在各阶层中的分布表明,对于土语形式跟强悍性的联系,中产阶级比上层工人阶级有更强的印象,而在下层工人阶级说话人中很少注意到。第三个问题引出受试者对于说话人的情感反应:*如果你认识这个人,他有多大可能性会成为你的朋友*?(这个测试中的说话人都是男性。)中产阶级和上层工人阶级中在北方出生的人对这个问题的反应与职业适合的反应是一致的;而对于其他人来说,则是正好与职业适合问题的反应相反。

弗雷泽(Frazer 1987)研究了俄亥俄州的北部与中部地区的五个语音变量的主观评价。[①] 来自北部城市(主要是芝加哥)和中部小城市[主要是科尔彻斯特(Colchester)]的受试者一致认为这几个中部语音特征是低俗化的:在(aw)中使用了[æ],(e)变体的高化和前化,以及在 *wash* 一词中使用硬颚滑音或卷舌音。最引人注目的结果是,所有受试者对于(aw)的前化给出了一致的否定看法,尽管弗雷泽(Frazer 1983)的研究表明这个特征在这个地区的城市言语中呈增加趋势。

196 在这些主观反应测试中,在获取与言语的社会分层相对应的

---

① 此处并未使用伪装匹配法。四个不同说话人朗读《老鼠阿瑟》的短故事,集中了特定变量作为刺激。提出的问题是"如果你的一个朋友或者一个家人以这种方式讲话,你会为之感到骄傲吗?",答案是从"当然会"到"当然不会"之间的五个量级。这个研究的主要结果的显著性水平都位于 0.01 之下。

社会评价方面似乎取得了一些进展。对于稳定的社会语言变量和自上而来的变化，反映有声望或得体行为的公开规范的态度是最容易获取的。考虑到社会语言层级是一个稳定的系统，我们似乎有理由提出，这些公开的规范还应该有一套潜在的规范相平衡，从而为人们日常生活中使用的非标准形式赋予积极价值。我们可以提出一个原理，每一种明显低俗化的特征在通常使用的社会环境中都具有声望，而每种有声望的特征在这些相对立的环境中都会被同等程度地低俗化。然而，这只不过是我们从实际言语产生中观察到的结果：不同的社会群体继续以不同的方式讲话。我们在实验中得到的这些态度很可能仅仅是一种言语行为的反映，而不是社会生活中的作用力，除非我们有确凿证据证明人们总是因为用特定方式讲话而受到奖励或惩罚。实际上，人们在这些实验情境中做出的判断往往会被过分夸大，超出合理的范围。比如，一些纽约人说“他们从不会雇佣”那些使用高元音(oh)的人，而实际上他们自己的发音却与此相似。还有些人说用这种方式讲话的人不会找到任何工作。其实，至今也还没有确凿证据证明，一个人的讲话方式对他们生活机会有着严重影响。[①]

因此，我不愿提出主观反应测试作为一种离析语言变化原因的方法。相反，把它看作是对于特定变量在社会觉察程度的敏感测量方法。一般来说，特定变量的社会觉察与语体变换的斜率相对应。在这个尺度上，自上而来的变化通常是高位。一些稳定的

① 当然也有极端的例子，如拉波夫 (Labov 1966a：250)讲到的内森(Nathan B.)的例子。这是与第 3 章提出的(dh)指数是雇佣和解雇、提升和降职的一种影响因素差别悬殊的情况。

社会语言变量，如(dh)、(ing)和(neg)，位置都相当高；而其他变量如-t、d的删除，只是得到中等程度的语体转换和主观反应。自下而来的变化一开始都是作为指标，按照年龄组、地区和社会阶层而分出层级。在这个阶段，它们的社会觉察程度为零，语言学家和本地说话人难以发觉。随着这些变化接近完成，它们通常会以低俗形式作为语言标记获得社会的承认，反映在言语产出的明确的社会分层，陡峭的语体变换，以及主观反应测试中的负面反应。最终，它们可能会成为一种固定印象，成为公开评论的主题，带有描
197 述性的标签，可能会足以跟实际话语相区别，以至于说话人没有意识到自己使用的其实正是这些语言形式。[①]

因此，主观反应测试和自评报告测试可以作为自下而来的变化相对发展的敏感指标。这些指标可以使我们在社会觉察程度上把一个变量跟另一个变量相对照，并巩固我们对于一个社区里进行中的语言变化阶段的认识。它们还产生关于性别差异的重要数据，这对于我们在后面几章中考虑的进行中语言变化的这个关键方面极为重要。

在费城街区研究的第三年，在各街区之间进行了第二轮访谈，以便获得每个街区内部社会网络和社会交际的系统性数据(将在第10章报告)。这些访谈还包括了一些关于认知和社会听辨的实地实验。从自评报告测试和主观反应测试得到的数据将使我们能够探索费城进行中的语言变化的主观维度。

---

① 因此(dh)以*deses*、*dem*和*doses*表示的高值，词首的[d]完全浊化，尽管它在实际使用中是一个弱化的塞音或闪音。

6.2　费城自评报告测试

费城自评报告测试选择了五个费城方言的变量。它们分属四种进行中的费城方言元音变化：接近完成的变化(æh)，处于中期的变化(ow)，以及活跃的新变化(aw)和(ay0)。由我自己发音录制的试验刺激包括了每个变量的四种变体：

	1	2	3	4
man	mæː n	mæ⊥ː n	mɛː n	me> n
go	goω	go< ω	gəω	gɛ> ω
now	naω	næo	nɛo	neːɔ
fight	faɪt	fa⊥ ɪt	fəɪt	fə> ɪt
moved	muωvd	mʉ> ωvd	mʉ< ωvd	mɪωvd

每个例子中的四个选项都涵盖了在社区中听到的各种变体。它们按顺序标为“正确”、“保守”、“领先”和“极端”。受试者被告知将听到费城方言每个词的四种不同发音，要求他们说出哪一种发音最接近自己习惯的方式。然后他们就会听到每个变量的变体的录音，给出它们的编号，随后，一个变体发音两次，每组四个变体听完之后，受试者要给出答案。

表 6.1 显示出这五个变量的平均反应和标准差。其中有三个 198
元音的平均值几乎完全相同，(æhN)、(aw)和(uwC)的平均值分别是 2.26、2.27 和 2.28。对于(ay0)的平均反应相当低，(owF)则处于中间水平。当然，尽管这些数字是在四个变体刺激中选择的结果，它们确实显示出受试者听辨模式的普遍一致性。

表 6.1 91 位受试者对自评报告测试反应的平均值和标准差

	man	*now*	*fight*	*go*	*moved*
平均值	2.26	2.27	1.48	1.78	2.28
标准差	0.66	1.02	0.58	0.85	0.81

让我们从分析自我评价测试开始,假定它是费城语音和音位系统的忠实的反映,也就是说,我们可以通过询问母语说话人所说的内容来描述这个系统,就像我们通常在其他地区所做的语言学研究那样。自我评价报告在一定程度上反映了第5章所描述的言语产生的模式,我们应该得到两种行为模式的相似回归系数。

表 6.2 的上半部分是街区研究中关于言语产生的数据,这里从表 5.4 中提取了自评报告测试中五个变量在年龄、性别和 SEC 综合指数的回归系数。年龄一栏的数字是接近完成的变化(æhN),处于中期的变化(owF)和(uwC),以及活跃的新变化(aw)和(ay0)的虚时变化速率。① (æhN)、(aw)和(owF)有着显著的女性优势,而(ay0)则显示为相反的作用。在社会阶层维度上,(æhN)在中产阶级有规律的下降趋势是明显的社会语言变量的特点,而(aw)则显示为一种弧形模式,在上层工人阶级出现峰值并在上层阶级有下降。这些社会因素解释约 40%的(æhN)、(aw)和(ay0)变异。在下层中产阶级出现的(uwC)峰值可能同样反映一种弧形模式,但是对(owF)和(uwC)的方差解释的百分比很小(8%),所以不需要很重的加权。

① (ay0)的年龄相关系数是正值,因为老年说话人 F1 值更高。在所有 F1 和 F2 的对比和组合中,它乘以两倍以便符合制图惯例和一般的听感模式。

表 6.2　费城五个元音在言语产生和自评报告测试中的年龄、性别、SEC 的回归系数。显著性：黑体字表示 $p<0.001$；下划线表示 $p<0.01$；普通字体表示 $p<0.05$

	年龄	性别	下层工人阶层	上层工人阶层	下层中产阶层	上层中产阶层	上层阶层	向上流动性	r^2
言语									
æhN2	-1.61	70				**-175**	**-293**		0.42
aw2	**-5.19**	128		86			-129		0.44
owF2	-2.49	71							0.08
ay0(x2)	**4.44**	-72							0.38
uwC2	-2.53				198				0.08
自评报告									
man					-0.40			0.45	0.11
now									0
go									0
fight	-0.009								0.05
moved		-0.40	0.55						0.06

表的下半部显示对 91 位受试者自评报告研究的平行分析。这部分几乎是空白的。对于 *fight* 中的(ay0)仅出现一个很小的年龄相关系数。对于 *moved* 中的(uwC)，只出现一个性别相关系 199
数，而且这个变量在言语中没有显示出性别相关性。出现的两个社会阶层相关系数，并没有形成明显的模式。值得注意的是，在任何言语分析中都没有什么作用的向上流动性，这里却在报告的预期水平上增加了 0.4。[①] 所有这些效应没有一个超过 0.05 的显著

① 因为向上流动性通常会重复更高社会阶层地位的影响(Labov 1966b)，其预期值应该是负值。然而我们发现，具有向上流动性的说话人报告说自己比别人使用的(æhN)值更高。当我们收集到关于音变创新者的更多信息时，将对这个发现做出进一步阐释。

性水平。由于表中有40个单元格，因此这5个数字中至少有2个预期应该是偶然波动的结果。

总之，认为可能通过询问说话人怎样讲话来了解费城元音系统的任何想法都必须抛弃了。这样的数据不能反映进行中的变化、性别差异，或者社会分层。唯一能显示出一点儿社会影响的变量是(æhN)，而列出的数字也难以解释。考虑到这样大的数据量以及受试者社会特征的详细信息，该如何解释91位受试者的自评报告中几乎是均匀的分布呢？缺乏显著的社会效应有可能仅仅是噪音数据的结果，即人们随机地回答问题。另一种可能性是，每个受试者都是在同样的社会规范下做出适当的回答，而不管他们实际的言语模式如何。

200 到现在为止，我们一直在比较不同群体的说话人，因为自评报告测试是在第二轮访谈中进行的，并没有包括街区研究中所有的调查对象。实际上，只有38位受试者既参加了言语发音分析又参加了自我评价测试。为了更好地解释所得到的自评报告，有必要把它更精确地与每个人的言语产生事实进行对比。第一步就是把自评报告测试磁带中的刺激与费城元音平均值的声学图联系起来。图6.1是自评报告测试中五个元音变量的四种变体的音核：*man*(æhN)、*now*(aw)、*fight*(ay0)、*go*(ow)和*moved*(uw)。在同一张图上，黑体字表示街区研究中112位说话人的平均值。这些值通过第5章中讨论的对数平均方法，转换为归一化值进入一个参照坐标格。为了使自评报告测试中的拉波夫发音测量值尽可能接近这个坐标格，我们基于前低元音[æ]的位置，采用了双参数归一化方法。对于F1和F2，确定归一化的街区值与拉波夫值的

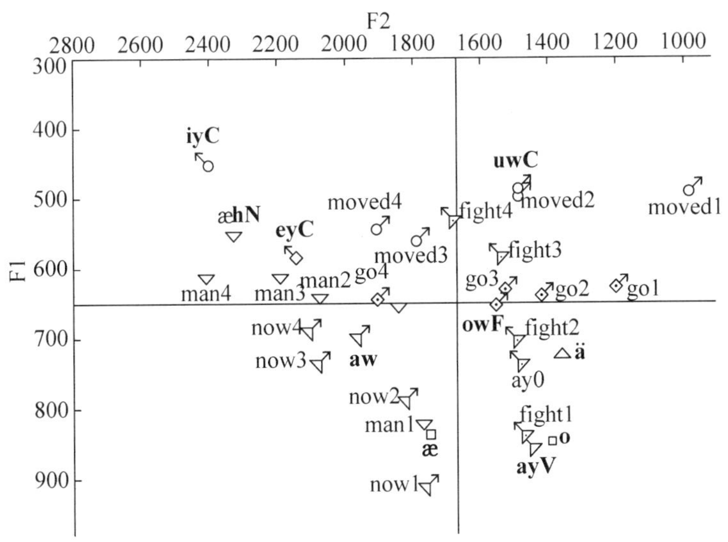

图 6.1　自评报告测试中刺激音的共振峰值(由拉波夫朗读)和来自费城街区研究 112 位说话人的归一化平均值(以黑体字表示)

自评报告中的元音按照比例因子 *w1*/*m1* 和 *w2*/*m2* 进行了归一化,其中 *w1* 和 *w2* 是拉波夫在 *bad* 发音中[æ]的 F1 和 F2 值,*m1* 和 *m2* 则是松元音[æ]的街区发音平均值的 F1 和 F2

比率,然后把每个拉波夫值的 F1 和 F2 都分别乘以它们的比率。[1] 201
图 6.1 表明,这个归一化方法是相当成功的。在低元音中,拉波夫发音的 *man 1* 非常接近于费城方言中/æ/的平均值,而拉波夫发音的 *fight 1* 则非常接近于费城方言中/ayV/的平均值。这些都是准备要达到的语音目标值。在高元音中,拉波夫发音的 *moved 2* 与街区发音的/uwC/相当接近,这表明,自评报告测量值的高度经过了适当调整。

---

① F1 比率是 1.1813,F2 比率是 1.0870。

按照图 6.1 中五个变量的轨迹,这个程序实现了在相关语音维度上均匀间隔的目标。*now* 的四个值沿着前对角线的轨迹,*fight* 显示出一种单调的 F1 序列。[①] *go* 和 *moved* 是 F2 有规律地向前延伸。这种均匀间隔的唯一例外是 *man 1—4* 记录的(æhN)变量。*man 1* 位于前低部,正是松元音/æ/的特点。*man 2—4* 都在中间位置,不是沿前对角线而是沿 F2 显示一系列印迹。它们不如(æN)的街区平均值那么高。[②] 这种三个紧元音和一个松元音之间的跳跃是一些社区成员在朗读中的变化特点,尽管自然言语中几乎没有这种变化(Labov 1989b)。

由于自评报告测试和言语产生的测量值成功地叠加在一起,任何一位受试者的正确反应就是四种变体中最接近他自己言语产生(归一化)平均值的那一种。对于既有声学数据又有自我评价数据的 38 位受试者来说,每一个元音变量的言语产生平均值与四种变体中的每一种变体之间的直线距离都是确定的。具有最小距离的变体应该是"正确"的反应。通过正确反应的值减去言语产生平均值,可以测出反应的准确度。因此,如果一位受试者选取了 *man 2* 并且他或她的(æhN)平均值与 *man 3* 最接近的话,*报告分数*就是 - 1。

图 6.2 是由五个柱形图组成,显示出五个变量报告得分从 - 3 到 3 的分布。所有五个图中的这些值都明显地聚集在负值一侧:

---

① (ay0-3)和(ay0-4)有略微的前移。我们后来发现费城男性说话中有更为后移的特点。

② 如第 5 章所示,F2 是对社会差异最敏感的维度。不过,如果 *man 2—4* 把 F1 和 F2 结合在一起,沿着前对角线而变化,情况会更好。

表明存在一种明显低估自己言语中音变发展程度的趋势。[①] 所有 202
变量的平均得分都显著低于 0，t 检验值 $p<0.0001$。

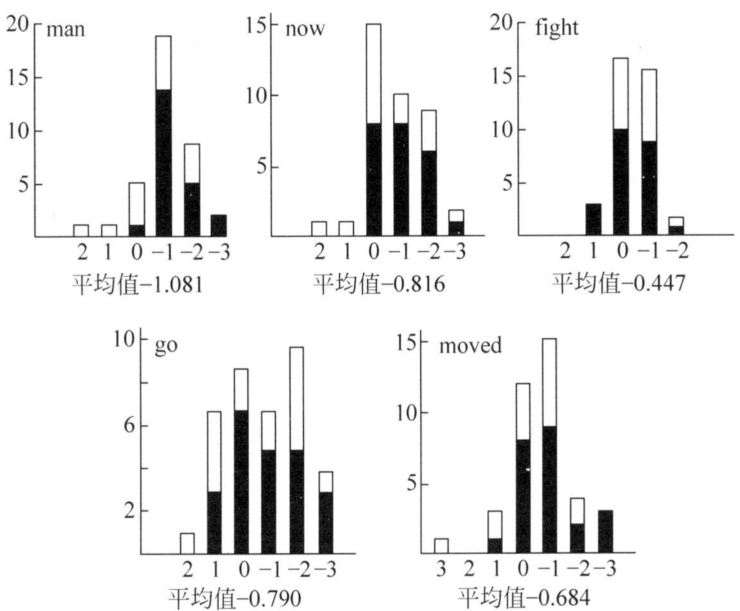

图 6.2　具有元音数据的 38 位受试者的自评报告分数分布

分数为测试反应与“正确”反应之间的差值，正确反应被确定为最接近受试者言语产生平均值的测试变体。黑色条表示女性受试者；白色条表示男性受试者。

这种一致的低估现象有两种可能的解释。一方面，低估可能反映了受试者不知道这些自下而来的变化的进展程度，也不能觉

① 这里的“低估”对应着最初的自评报告测试中的“高估”现象（Labov 1966a，Trudgil 1972）。在纽约市测试受试者对于元音后的[r]这个新的有声望的发音习惯，受试者的报告都倾向于比自己实际使用的[r]更多。费城的测试是受试者对于自下而来的变化的反应。一方面他们低估对于新的变异的使用，另一方面却又高估了自己对于保守的更早期形式的使用。参见下文关于受试者对于这些特征的觉察程度。

察到自己的使用情况。另一方面,低估现象可能记录了社区规范对变化领先形式的反应,受试者可能报告的是自己印象中应该遵循的规范,而不是他们实际的讲话情况。这就跟纽约市对使用(r)的自我评价相类似,那个报告反映了受试者在多大程度上认为元音后的/r/应该发成辅音而不是他们实际的发音。

在这两种对立的说法之间做出取舍的一种方法是记录费城人对于音变进展形式的看法。鲍尔(Anne Bower)对维克街、皮特街和克拉克街 33 位受试者的自评测试中的所有评论都做了详尽的
203 记录。关于(æN)和(ay0)的公开评论是最多的。这两个变量在图 6.2 中分别显示为最高和最低的低估程度。这些评论有着截然不同的特点。

听到 *man 3* 的反应是,克拉克街社交网络的成员都懊悔地承认自己是这样发音的。安杰拉(Angela B.)问道:"你相信吗? 我是那样说的吗?" 埃迪(Eddie R.)说:"不幸的是,这是南费城的土语,不是最好的发音," 艾琳(Aileen L.)补充:"我想我是从孩子们那儿学来的。"维克街肯德尔家族网络(第 2 章)的重要人物麦格(Meg K.)也有同感:"我猜我是 3 号。我不喜欢它,不好听。"当克拉克街网络的中心人物塞莱斯特(Celeste S.)听到 *man 4* 时,说道:"比尔肯定一直在听我发的元音!"当这组的另一个人选择 *man 1* 作为自己发音的典型代表时,塞莱斯特告诫她:"玛丽,你可不是那样说的哦。"

人们对于 *fight 3*,*4* 的反应正好相反,很有规律地显示出缺乏认识。克拉克街的内迪(Neddie R.)说:"我能听出 2 号发音,但是我从来没听到过 3 号和 4 号。"克拉克街网络的一位老年成员马

特(Matt R.)说,“我从没听过任何人说‘FEET’。”其他人把这些形式归于外面的来源:“英国人”“波士顿”“布鲁克林区的纽约人”。[①] 克拉克街(一个意大利裔街区)的阿格尼丝(Agnes D.)认为 *fight 3,4* 来自“第二街!听起来像是第二街的爱尔兰人。”还有的人听出某些年轻人的特点。维克街科科兰家族网络的中心人物巴拉(Babara C.)认为“3 号和 4 号发音很怪,像粗野的孩子们说的”。

尽管人们对(æhN)的反应是褒义的,对(ay0)的大多数反应却正好相反。因为(æhN)的低估现象最多,而(ay0)的低估现象最少,有理由认为,极端的低估现象伴随着高度的社会觉察——即上文所述的第二种解释。当受试者报告使用(æhN)比他们实际发音更低时,说明他们正在响应一种语言规范,即 *man 3* 或 *man 4* 是不该说的。但是,由于包括(ay0)在内的所有元音都有显著的低估现象,由此可见第一种可能性也是产生这个结果的一个因素,即费城人对于正在进行的语言变化认识有限。

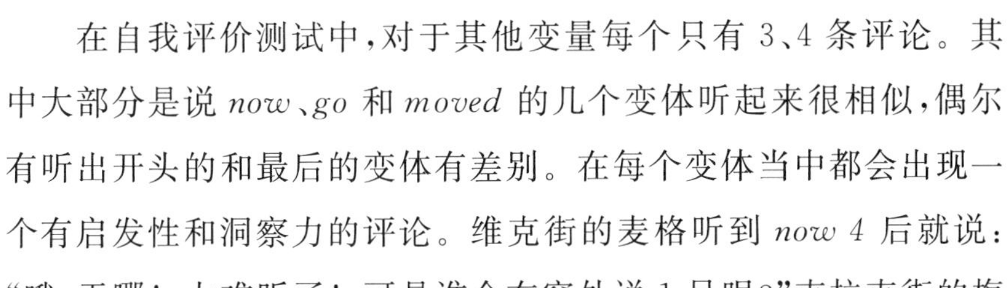

在自我评价测试中,对于其他变量每个只有 3、4 条评论。其中大部分是说 *now*、*go* 和 *moved* 的几个变体听起来很相似,偶尔有听出开头的和最后的变体有差别。在每个变体当中都会出现一个有启发性和洞察力的评论。维克街的麦格听到 *now 4* 后就说:
“哦,天哪!太难听了!可是谁会在窗外说 1 号呢?”克拉克街的梅 204

① 也许有人会怀疑是否我发音的 *fight 3,4* 的特征过于偏离费城口音,以至让人听不出来。这似乎不太可能。1986 年,本地电视第 10 频道的人员采访我关于黑人方言和白人方言正在分化的发现。在晚间访谈节目中,我似乎正讲到“费城的白人青少年说[fə>ɪt]”。镜头切换到一个采访者,他把话筒对着一个肯辛顿的男孩:“说[faɪt]”。这个男孩说的是:“[fə>ɪt]”。我和他相隔 10 秒钟说的两个[fə>ɪt]听起来是完全相同的。

伊（May D.）是塞莱斯特的好朋友，在本地教堂做秘书，她对 *go* 的发音做了非常精确的分析："你可以从他们说 *go* 的方式就听出是东北部上达比（Upper Darby）口音，跟 2 号一样。那些市郊小区的口音听起来像是 2 号或 3 号。4 号不一样，听着像是肯辛顿或第二街的。"有三个人选择对 *moved 4* 评论，认为是年轻人的，或者是与众不同的。克拉克街的萨利（Sally F.）回答说，"天哪！我们就是这样说的，可是它不太酷啊！"

因此，自评报告测试进一步支持了第 1 卷第 3 章关于费城元音变化顺序的推论。（æhN）是接近完成的变化，具有高度的社会认知度和相当的社会低俗特征，言语的社会分层程度最高；（ay0）是活跃的新变化，社会认知度以及言语中的社会分化都不大。其他的变化到目前为止都表现出中期的行为。

怎样能够利用这种普遍的低估的观点来说明本节先前讲到的发现，即自评报告的分布具有社会一致性呢？如果在整个人口中一直存在一种普遍的低估现象，像变量（æhN）这样的社会分层就不会被掩盖，而只是简单地使它向下移动。同时，低估的程度与变
205 化的进展程度正好相反。图 6.3 是 37 位受试者的散点图，他们在 *man* 的实际发音和自评报告中显示了（æhN）值。竖轴是自评报告分数，范围从低估的 -3 分到高估的 2 分。横轴是每个说话人的 SEC 综合指数。回归线显示出 SEC 值越低，低估的趋势就越大。上层中产阶级的期望值接近 0；即，他们的自评报告相当准确。[①] 另一

---

① 例外是有一位男性呈现高估的 2 分。他是选择 *man 4* 的少数人之一。这是一种为避免不常用的社会规范的逆向选择方式。

方面，SEC 为 3—4 的五位受试者都低估了他们对 *man* 的用法。只有两位受试者高估了这个变量，都是男性。自我评价中的性别差异是在预期的方向上：虚线表示的男性和女性的回归线表明，女性的低估倾向性更大，显著性水平为 0.05。另一方面，男性和女性都同样遵循更低的社会阶层低估的程度更大的趋势，各自的显著性水平都是 0.05。

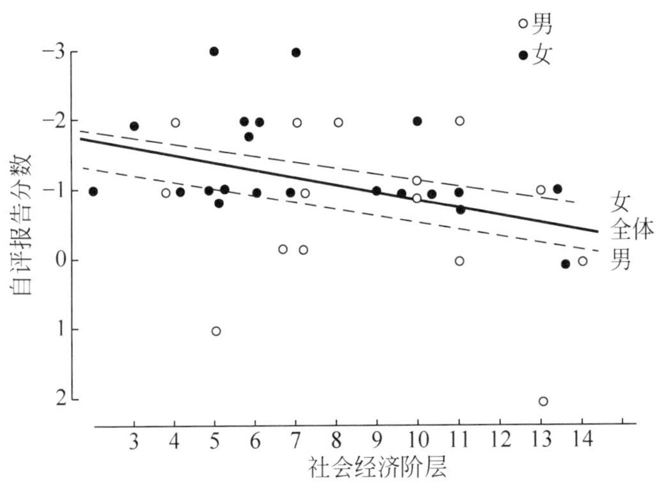

图 6.3　按照 SEC 和性别分布对 man 的自评报告分数

社会阶层和性别这两个独立的效应，跟我们在言语发音中发现的分布相反。因此，它们解释了自评报告分数本身是怎样均匀分布的，或者至少没有显著的社会差异。两组独立的相反效应会或多或少地相互抵消。这就解释了为什么一般看来正式的引导、朗读词表、直接提问等方法得到的结果在言语社区的研究中价值不大。社会规范的作用消除了大部分社会差异，而这正是组成社会语言结构的支柱。

其他变量的自评报告都没有显示出(æhN)这种极端的反向社会分化的程度。正如上文引述的公开评论所表现的，(æhN)是唯一达到固定成见水平的变量，是一个具有高度层级性和认知度的社会语言变量。在一定程度上进行中的变化还在社会觉察度以下，自评报告受语言规范的影响并不大。因此我们可能预期对于(ay0)的报告最准确。遗憾的是，社会认知的观察问题也相应地更加突出：因为进行中变化在早期阶段还没有被社会察觉，因此说话人还不能识别出自己实际使用的语言形式。对于(ay0)，联系自评报告和 SEC 的回归线是平的，但噪音量也相应地增加了。

自评报告的结果响应了纽约市研究中首次发现的普遍原理，即那些使用低俗化形式最多的人，是影响其他人使用这些低俗化形式的最强因素(Labov 1966a，第 9 章)。这个原理是否会出现在
206 费城的主观反应测试中，还有待观察。但是从自评报告得出的主要是一个方法论的结论：人们不能期望用自评报告的方式来探求一个社区的社会语言模式。如果社会进程提高对于社会分层形式的识别率，低估的倾向会使这种社会差异水平化。

6.3 费城的主观反应测试

在费城语言变化和变异研究项目(LCV)的早期阶段，编写了一篇与纽约市研究中用过的短文类似的朗读短文，是一个青年男子讲述野营旅行的故事，其中在连续的段落里集中出现五个语言变量。这篇短文是构建一个伪装匹配主观反应测试[SRT]的基础，这测试是由受试者的反应得出对于各个语言变量的无意识评价。[1]

短文中有一个段落是“It was a lot different from what we expected”(这与我们预期的大不相同)之类的句子,没有包括任何明显的社会语言变量。其他的段落都是集中了(æhN)、(ow)、(ay0)、(aw)这些变量的词例。第 5 段还集中了一个还未讨论过的进行中的辅音变化:(str)。很多美国人在发/s/这个音时会出现嘶声或嘘声的变异。在费城方言中,当/s/在/tr/之前时,如在 *street*、*straight* 中,会变为嘘声。这是由送气的[r]硬腭化引发的。在费城土语中,/tr/与/č/相当接近,所以 *trolley* 和 *Charlie* 两个词可能会听混。这个变量的范围从嘶声的[s]开始,只有受过教育的人才这样发音,到带有相当的嘘声音质的正常擦音,再到一个与 *sheet* 中的[š]相同的完全的嘘声擦音,并且甚至是带有明显圆唇擦音的更极端的形式。嘶声音质在噪声频谱中能量范围更高,最小值约为 4000Hz;而嘘声音质的噪声频率逐步降低,达到 1200Hz。

在这个项目探索阶段访谈的 70 位费城人中请一些说话人来朗读这篇短文,并从这些朗读中,选取四个人的录音来代表费城的一系列发音特点(表 6.3)。说话人 CF 是栗子山(Chestnut Hill)的上层阶级女性,丈夫拥有一家化工厂,在很多慈善机构和私立学校活动中表现活跃。RD 是普鲁士王村南希道的下层中产阶级女性,她和丈夫都做文职工作。说话人 MK,也就是麦格,维克街肯德尔家庭社交网络的中心人物,在自评报告的讨论中已经几次引

① 下文描述的主观反应测试是赫尔曼(Steve Herman)为 LCV 设计的。

207 用她的例子。她代表向上流动的上层工人阶级。丈夫是调酒师,她当时是前台接待,而几年后升为业务经理。说话人 CS 来自肯辛顿的里士满港口,那里还不如维克街繁荣。她丈夫是一位焊工兼卡车司机,她本人在新泽西海滨做女招待。

表 6.3　费城说话人的代表

说话人	年龄	街区	SEC 指数
CF	40	栗子山	16
RD	40	普鲁士王村	11
MK	31	维克街	6
CS	32	里士满	4

对每位说话人都从朗读录音中选取分别集中了五个变量的五个句子和不包括这些变量的一个零句。这样,刺激音磁带包括表 6.4 的 24 个句子,其中的变量和说话人都按照随机顺序给受试者播放。括号中的数字是自评报告测试中的 4 级类别。用一个"工作适配"和"友善程度"的 7 度量表得出反应的结果。工作适配量表以一系列水平线展示给受试者,每条线分成 7 段,上面问题是"像她这样讲话,她能得到地位最高的工作是什么?"最高的 7 级标以"电视明星",最低的 1 级是"没有工作"。从第二次访谈中的 99 位受访者得到数据。

这些句子是根据它们的流利程度以及其中元音音值接近说话人自然言语的程度从朗读短文中选择的。[①] 表 6.4 显示代表同一

① 这个规则的例外是 CF 朗读的(æh),显示出对松元音/æ/的规则性修正。正如拉波夫(Labov 1989b)所示,费城人(与纽约人相反)在包括上层阶级在内的自然言语中,这种修正比例几乎为零。

表 6.4　费城主观反应测试中使用的句子，评级（括号中）是根据自评报告测试中的四个等级 208

零

CF：It was a lot different from what we expected. 这与我们的预期大为不同。

RD：It was a lot different from what we expected. 这与我们的预期大为不同。

MK：We studied up and bought some equipment a couple of weeks before we left. 我们在动身前几周研究了一番并买了一些设备。

CS：It was a lot different from what we expected. 这与我们的预期大为不同。

(æh)

CF：We began casting (1) at half (1) past (1) one. 我们在 1 点半开始分配角色。

RD：We never managed to land (3) a damn (4) thing, and really got mad (4) because of our bad (3) luck. 我们从未做成过一件事，这种坏运气真把我们给气坏了。

MK：We really got mad (4) because of our bad (3) luck. 这种坏运气真把我们给气坏了。

CS：We began casting (2) at half (2) past (2) one. 我们在 1 点半开始分配角色。

(aw)

CF：We took down (1) the tent and set out (2) toward a mountain (1) about two hours (2) south (2) of us. 我们卸下了帐篷并朝着南边距离我们 2 小时的一座山出发了。

RD：We took down (3) the tent and set out (3) toward a mountain (3) about (2) two hours (3) south (3) of us. 我们卸下了帐篷并朝着南边距离我们 2 小时的一座山出发了。

MK：We scouted (2) around (2) for wood, and found (2) some without (3) much trouble. 我们四处寻找木柴，并没有太大麻烦就找到了一些。

续表

CS:We took down (3) the tent and set out (3) toward a mountain (3) about (2) two hours (1) south (3) of us. 我们卸下了帐篷并朝着南边距离我们2小时的一座山出发了。

(ow)

CF:Toting (2) a heavy load (2) over a stony (2) road (1) got to us though. 背着重负走在石头路上到达了我们这里。

RD:Jerry came over (2) to show (2) me which way to go (3). 杰瑞来告诉我走哪条路。

MK:So Jerry came over (2) to show (3) me which way to go (4); the trail opened (2) up over (2) to the left. 杰瑞来告诉我走哪条路;左边那条向上去的小路。

CS:It was tough to know (3) which trail to go (3) on though (3). 但是,很难知道哪条小路能通。

(str)

CF:City streets (1) are all straight (1), but country trails are just rocky strips (1), and walking got to be a real strain (1). 城市街道都是笔直的,但乡间小路只是些石头小道,走在上面真是累人。

RD:City streets (2) are all straight (2), but country trails are just rocky strips (2), and walking got to be a real strain (2). 城市街道都是笔直的,但乡间小路只是些石头小道,走在上面真是累人。

MK:City streets (2) are all straight (2), but country trails are just rocky strips (2). 城市街道都是笔直的,但乡间小路只是些石头小道。

CS:City streets (3) are all straight (3), but country trails are just rocky strips (3), and walking got to be a real strain (3). 城市街道都是笔直的,但乡间小路只是些石头小道,走在上面真是累人。

(ay0)

CF:It was quite a fight (1), trying to put in the two pipes (1), but we finally did it. 努力把两条管子都放进去真像打仗一样,不过我们最后还是做到了。

续表

RD:It was quite a fight (2), trying to put in the two pipes (2), but we finally did it. 努力把两条管子都放进去真像打仗一样,不过我们最后还是做到了。
MK:It was a fine sight (3); we got a bite (3) to eat and got to sleep by nine. 这是一幅美好的景象;我们吃了点东西,九点上床睡觉。
CS:It was a fine sight (2). 这是一幅美好的景象。

个变量的同一个句子用在很多例子中,但不是在所有的例子中。我们也需要句子的变换以避免人们的注意力都集中在要研究的变量上。

图 6.4 显示的是 F1/F2 图中伪装匹配测试(SRT)的两个重读元音,每个说话人由不同的印刷字体来标记。这些读音形式的分布可以与主观印象的评级相对照,要注意除了核心元音的 F1/F2 位置之外还涉及其他语音特征。图 6.4 中费城方言变量的语音范围与图 6.1 的自评测试得出的结果是同样的。我们将把每个 209
结果跟它在分布上的语音特点一起讨论。

零段落是用于对单个变量的反应进行校准的基础。图 6.5 是在工作适配量表上对零段落反应的平均值,每个柱形上面的数字是实际的值。对零段落的评级范围从 3.2 到 4.2,集中在略高于范围中间(3.5)的地方。显然,对四位说话人的语音和朗读风格的 210
评价并不完全跟其社会经济阶层的等级相符。实际上,评级最高的说话人是来自维克街的麦格。

对于五个变量中的每个变量来说,有价值的数据是受试者对说话人零句的评级与他们对同一说话人的变量评级之间的差异。

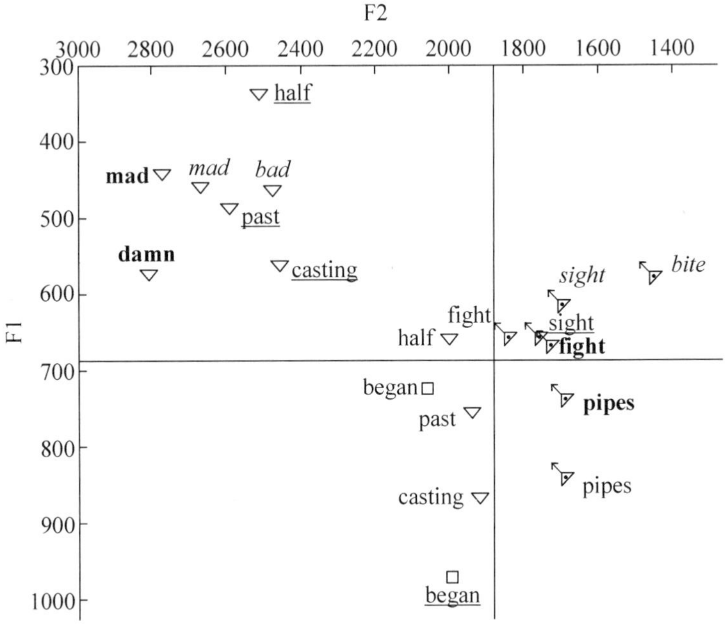

图 6.4　费城主观反应测试中(æh)和(ay0)的 F1/F2 位置

普通字体代表上层说话人 CF;黑体字代表下层中产阶级说话人 RD;斜体字代表上层工人阶级说话人 MK;带下划线的字体代表下层工人阶级说话人 CS

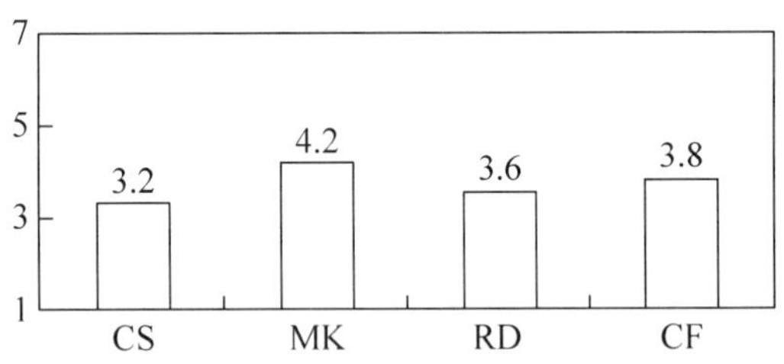

图 6.5　费城主观反应测试中四位说话人在工作适配量表零句中的平均评分(7=电视明星,1=没有工作)

图 6.6a—d 是四个变量的总体平均值。在图 6.4 中(æh)的词例位置可以依据它们跟以单词 *began 1* 的两个发音所代表的松元音

(æ)之间的关系得出来。CF 读的所有完全重读的(æh)词例都是位于这个(1)类区域。费城人喜欢这些修正的形式,在图 6.6a 中他们把 CF 的工作适配评级平均提高了 0.55。相应地,他们降低了使用(æh)领先形式的 MK 和 RD 的评级(在图 6.4 中,RD 显示为 *mad* 和 *damn*;MK 显示为 *mad*)。在图 6.6a 中,受试者把这两位说话人的评级降低了很多,分别是 -1.41 和 -1.1(MK 起初 211
的评级更高,因此失分更多)。对于下层阶级说话人较有节制的发音[ɛː],受试者的态度是中性的。这些对比的关键维度是 F2,而不是 F1:引起这些反应的似乎是 RD 和 MK 的音核前移。如果只看

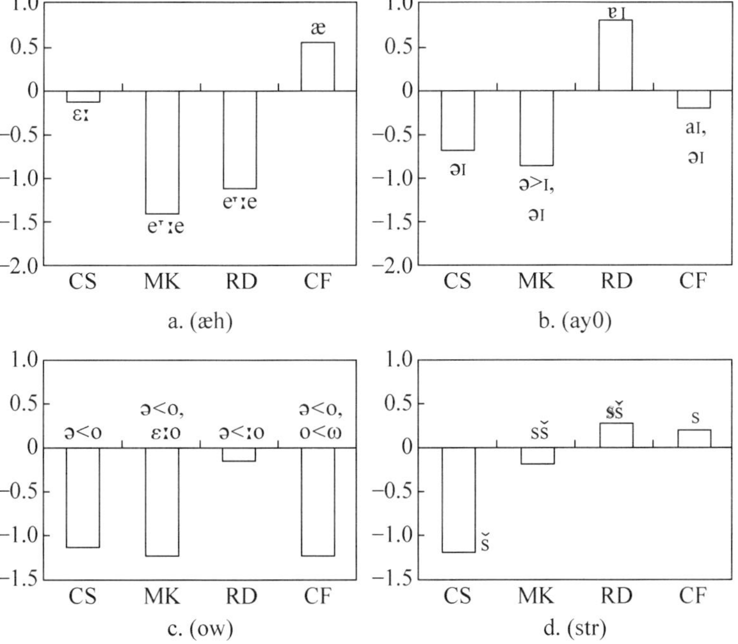

图 6.6　在工作适配量表上零句与语言变量的主观反应之间的差异平均值

在 p<0.001 水平显著区别于 0 的列是黑体;其他列都与 0 无显著区别

这些元音的F1值,就难以解释这种主观反应。这跟第5章的发现结果一致,F2值显然比F1值具有更强的社会相关性。

自评报告测试使(ay0)和(æhN)在社会认知程度上对立。但是图6.6b显示出伪装匹配测试的判断对(ay0)和(æhN)的敏感程度几乎是同样的。考察图6.4显示出(ay0)的极端形式是MK发音的*bite*中后移并高化的元音。在图6.6b中MK比其他说话人的评级都低。RD在图6.6a中曾因(æh)的发音而降级,而在这里的评级大为提升,因为她的两个元音发音基本都是带有低的音核[ɐ]。CF的发音有[əɪ]也有[aɪ],使她的评级成为中性的。因此,对于(ay0)发音的考察说明,尽管费城人在自评报告测试中不能自觉地识别出领先形式,可是他们在伪装匹配测试中还是不自觉地对领先形式做出降低评级的反应。

图6.6c中(ow)的情况不太清楚。四位说话人发音的(ow)音核的实验测量值围绕着中央位置形成一个球形分布(图6.4中没有显示出来)。所有说话人都至少有一个发音位于中心前面。圆唇或非圆唇的程度在这里很重要,而这在F1/F2图中并没有很清楚的反映。MK发音的*go*是最极端的非圆唇。尽管说话人发音没有多少差异,可是在图6.6c中四位说话人中仅有三位被降级;RD没有降级,我还不清楚是什么原因。总之,费城人把(ow)音核的前移认为是地方口音,不适于公开的正式讲话,但是他们的具体反应并不容易跟主观印象或声学测量的维度相对应。

这里的第4个变量(str)是进行中的辅音变化。图6.6d显示出费城受试者在(str-2)带部分嘘声的擦音和嘶声的[s]之间没有清晰的分别。然而,CS的完全嘘声的发音被大幅度降级,平均值从零句下降 1.2。

到目前为止的结果都说明了费城人主观反应的分类性质。这 20 组共 99 个答案分为两类：它们或者在小于 0.001 的水平与零区别显著；或者与零没有显著区别。(æh)情况的独特性在于有两种反应：一种是对/æh/到/æ/的修正发音的升级反应，另一种是对使用/æh/的本地领先形式的降级反应。另外，在工作适合问题上 212
显示的实验反应表明，费城人拒绝进行中变化的领先形式，而在进行中变化的中性形式和领先形式之间划出一条明显的界线。伪装匹配引导出对于活跃的新变化(ay0)的反应，这些变化在自我评价测试中没有明显的识别。

最后要考虑的变量是(aw)，它涉及音核的位置和滑音的方向，比别的变量更为复杂。图 6.7 描绘出主观反应测试中四位说话人的(aw)发音。滑音的轨迹以不同的箭头加以区别：空心箭头代表滑音向保守语音目标[ω] 的运动，一端开口的箭头表明中性的或过渡的方向，实心箭头表示领先变化的滑音方向。可以看出上层阶级的 CF 发音的(aw)为央低音核，滑音都是朝向[ω]。其他说话人的音核多是很靠前的中元音或高元音，滑音都是朝向[ɔ]。然而，上层工人阶级的 MK 比其他人的发音模式有更多变化。她的 *scouted* 已经明显上升并前移，*found* 是低的，而 *around* 213
音核在中央位置，滑音朝向后面的[o]。下层阶级的 CS 发的元音 F1 值比其他人更低，F2 却都是领先的。如上文所述，F2 是对社会敏感的维度，这与表 6.4 中 CS 的主观印象判断的值在 3 级水平是一致的。

图 6.8 显示出费城受试者在主观反应测试中对带有(aw)的

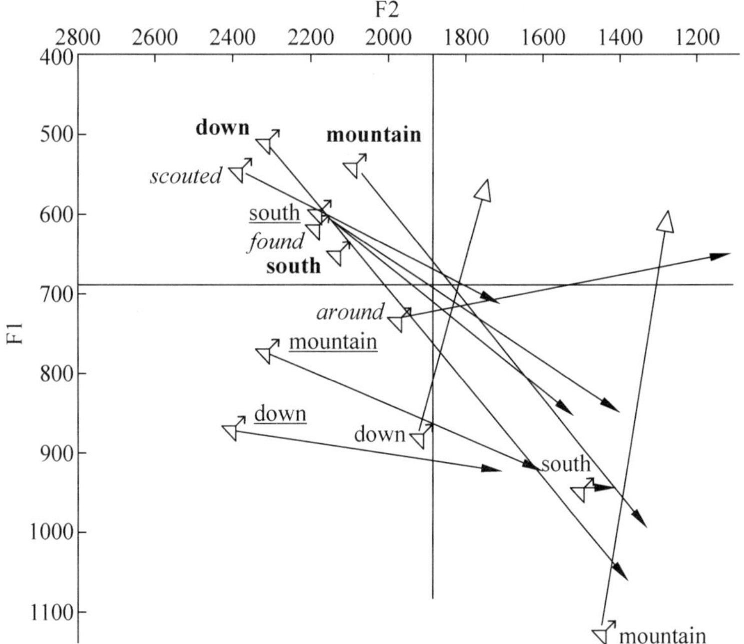

图 6.7 费城主观反应测试中(aw)的 F1/F2 位置

普通字体代表上层说话人 CF;黑体字代表下层中产阶级说话人 RD;斜体字代表上层工人阶级说话人 MK;下划线代表下层工人阶级说话人 CS。箭头表示滑音的轨迹

句子的反应。结果很清楚:RD 和 CS 都被大幅度降级,而对 CF 和 MK 的评级跟零句并没有显著差异。这表明 RD 和 CS 都采用领先形式,特别是滑音方向的逆转,导致在工作适配量表的负面反应。

所有这些结果都表明,费城受试者能够在伪装匹配实验中察觉出本地进行中的变化所使用的领先形式,并且会相应地把这些本地语言形式在工作适配量表上降级。

到目前为止,主观反应测试中的结果一直都是以全部 99 位受

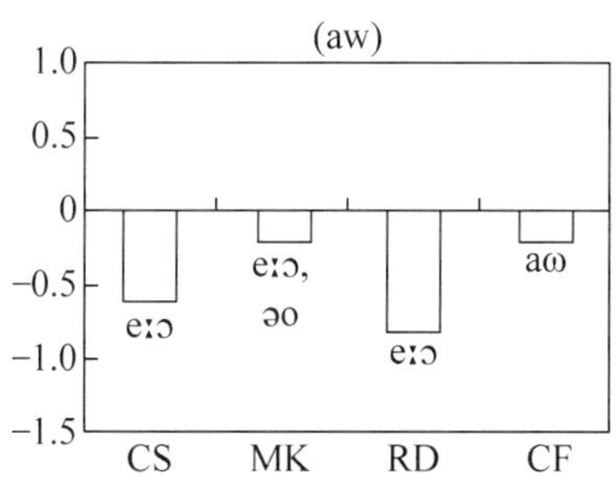

图 6.8　工作适配量表上零句与(aw)的主观反应评级的差异平均值(显著性如图 6.6 所示)

试者总体的形式来展示的。那么问题自然出现了,这个样本的人群是否都以同样方式来评估语言变量。不同性别、不同年龄、不同阶层对费城语音变量的反应有没有差别呢?答案通常是否定的。这个数据集有着不同寻常的一致性,甚至比自评报告的均匀分布还要令人惊奇。在言语产出过程中,我们发现年龄、性别和社会阶层影响进行中变化分布的主要因素,然而多元回归分析显示出年龄、性别和社会阶层对工作适配量表的五种反应没有显著作用。这重现了纽约市和诺里奇研究的主要发现,即言语社区表现出一套统一的评价标准。[①] 确实,这使我们发现了一个很有根据的社 214
会语言学原理,可以被称为统一评价原理,或原理 3:

> 言语社区以一种统一的方式对于一个有规律的分层级语言变量进行评价。

---

① 纽约市研究中更细微的一个情况,即在使用低俗形式最多的群体中显示出更强的负面反应,在这里并没有重新出现。

然而,一种意想不到并惊人一致的年龄效应确实出现了。表 6.5 表明 19 岁以下的受试者(99 位中的 24 位)对一位特定说话人使用的元音变量的评级大大高于年长的受试者。这个作用对(æh)和(aw)尤其明显,其数值几乎相同。对比图 6.6 和图 6.8 可以发现,对(ay0)和(ow)的作用约有一半,而显著性仍然在 0.05 水平,对(str)的作用就很小了。在其他说话人中都没有发现类似情况。

表 6.5　费城主观反应测试中 19 岁以下受试者对说话人 RD 的工作适配量表的反应与零句差异的回归系数

变量	人数	回归系数	t	$p<$	调整 r^2(%)
(æh)	99	1.42	3.49	0.0007	10.2
(aw)	99	1.53	3.47	0.0008	10.1
(ay0)	99	0.75	1.94	0.0556	2.7
(ow)	99	0.85	2.16	0.0332	3.6
(str)	99	0.52	1.35	0.0799	0.8
零	99	0.75	2.47	0.0154	4.9

解释这种限定说话人的效应一直是一个难题。尽管如此,当我们考察图 6.4 和图 6.7 时,RD 的讲话特点还是很容易发现的。她是南希道的一位下层中产阶级女性,使用的主要是上层工人阶级特点的(æh)和(aw)的领先形式,其元音核心(以黑体字代表)接近甚至超过上层工人阶级 MK 的元音(以斜体字代表)。成年受试者对于这些特点在工作适配量表的评级较低,但这 24 位年轻受试者却没有这样做。表 6.6 是两个年龄组在每个变量和零句之间差异的平均值。对于带(æh)的段落,年轻受试者全都没有给 RD

降级；对于(aw)变量，她的得分是上升而不是下降；对于其他变量也都有较小程度的提升。RD 的中产阶级说话风格的一些特点，可以中和或抵消(æh)和(aw)的上升和前移对年轻人的影响。而在对其他说话人这些变量的判断中，年轻人跟年长的受试者敏感度是一样的。

表 6.6　费城主观反应测试中 19 岁以下受试者和其他受试者对说话人 RD 的五个语言变量与零句的差异平均值 215

	19 岁以下	19 岁以上
(æh)	−0.04	−1.46
(aw)	0.36	−1.16
(ay0)	1.33	0.58
(ow)	0.50	−0.35
(str)	0.67	0.15
零	4.33	3.58

除此之外，表 6.5 和表 6.6 中对比零句的数据还表明，年轻人明显比年长说话人更喜欢 RD 的本色声音或讲述方式。这种音质的细节很难用文字传达，但是跟 CF 和 MK 相比，RD 的发音更低沉，略有沙哑，更有力，不太女性化，发音也不那么文雅。

总的来说，这样一种主观反应测试的社会差异符合如下的一般结论：一个言语社区的社会语言规范要到本社区的大多数成员完全成年之后才能完全获得(Labov 1964)。[1]

---

① 社会语言规范的这种年龄分层只有在涉及较大范围的语言行为时才会出现，包括自评报告和主观反应测试的结果。尽管 4 岁的说话人就能习得成人的语体转换模式(Roberts 1993)，这并不意味着他们已经完全习得了成人的语言规范。如果涉及主要的声望标准，人们可以预期这些规范的习得比率会出现社会分层现象(Labov 1964)。

我们已经看到,费城语言社区对于进行中的语言变化有一种令人惊奇的牢固而统一的规范性反应,甚至在这些变体还没有被察觉时也是如此。如果工作适配量表反映的规范能够有效地控制日常言语行为,那么语言变化从一个群体到另一个群体的扩散必然要受到抑制。本章到现在的结果可以说是加深了而不是解开了这个难题。实际上,它们可以看作是对 1967 年一位纽约女性问我的一个基本社会语言问题的扩展说明:"为什么我说的是[wɒi],而我本来不*想*这么说?"

第 5 章回顾了很多社会语言学家的推论:与这些公开的语言规范相对的还有一套潜在的规范,在日常生活中具有同样的或更大的影响,给予进行中的变化一种"潜在的声望"。人们一直认为
216 说话人使用并发展这些音变,把听到的领先形式作为一种坚守和忠于本地语言规范和价值的表现,或者作为男子气概或强健有力的象征,或是表达一种更热情、更私密、更人性或更友好的态度。由此可知,(æh)和(aw)从上层工人阶级创新中心向外部的社会扩散就是中层工人阶级和下层中产阶级对这种潜在态度的回应,他们也都受到这些潜在规范的促动,把上层工人阶级作为参照群体,希望参与这种本地的身份认同。

我们这里所研究的音变在过去已经传播到整个费城言语社区,并且没有任何迹象表明在这个城市因为任何地理的和社会的界限而停下来。[①] 考虑到社会态度参与到这种音变过程中,下面

① 在这里的前提总是言语社区的界定仅限于占多数的白种人,排除非洲裔美国人和多数西班牙裔美国人。

接着必将是上层中产阶级和上层阶级的说话人会同样分享进行中变化赋予的这种本地声望。

到目前为止，还没有确凿的证据表明自下而来的语言变化也是同样的情况。在主观反应测试(SRT)中设计*友好性*问题，就是为了在实地测试中尽可能发现这种潜在声望的表现。以前在黑人社区所做的稳定社会语言变量的实验确实显示出这种对立规范的一些证据(Labov et al. 1968)。于是我们询问受试者："如果你熟悉这位说话人，她有多大可能性会成为你的好朋友？"答案在 7 度量表中选择，量表的两端分别是"非常可能"和"不太可能"。

对友好问题量表的反应模式中可能会显示出跟工作适配量表的反应方向相反的潜在规范的证据。而这种趋势并没有出现。总的看来，友好问题与工作适配问题的结果相同。在 20 组中有 15 组反应结果的配对 T 检验表明工作适合与友好问题的答案之间没有显著差异。跟工作适合量表一样，友好量表的反应也是取决于它们与零句的差异。工作适合与友好问题得分之间有以下五种显著差异：

1 (æh)变量：对于上层阶级说话人 CF 使用的修正形式，友好问题与零句之间的差异显著低于工作适合的差异。不是提高 0.55，而是降低 0.15，加起来差异为 0.7，显著性为 p=0.000,03。

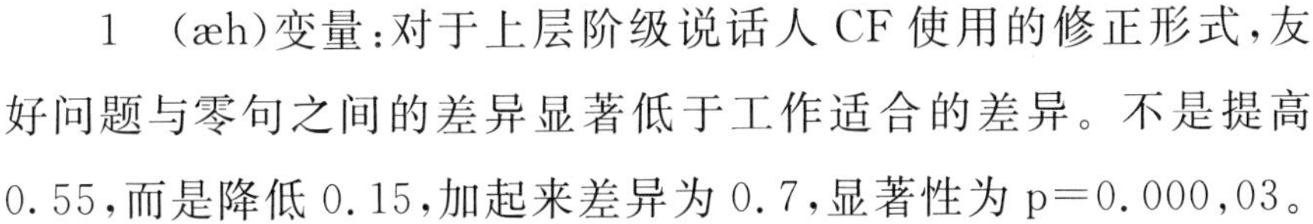

2 (str)变量：CS 因擦音的嘘声音质而在工作适合量表降级 -1.2；在友好量表降级为 -0.55(差异显著性，p=0.004)；仍然显著低于零句(p=0.005)。

3,4 (ay0)变量：CS 的负面效应和 RD 的正面效应(图 6.6b) 217
都被删除了，在友好量表上与零句没有显著差异。

5 (ow)变量：MK 与零句相比负评级的－1.23 减小到了－0.83，差异显著性水平为 $p=0.05$。

回顾两个量表之间的几处显著差异，我们必须承认：没有出现潜在规范的证据。其中首要的最显著差异是对(æh)修正形式的评价，而不是变化的进展：尽管人们赞赏 CF 对(æh)的修正发音，可并不因此而喜欢她。效应 2 和 5 显示出领先形式的负面效果有中度或轻度的降低，而不是一种逆转提升。效应 3 和 4 表明在工作适合量表上方向相反的两种反应彼此抵消了。

有人可能认为公开规范的逆转被掩盖了，因为它只出现在人群中的一部分。在南哈莱姆区的研究中，情况确实如此，那里的中产阶级和北部工人阶级群体中，友好问题跟工作适合相一致；而在南部的下层阶级和工人阶级中，友好问题与打架问题相一致。但费城人对于进行中变化的反应里，友好问题与工作适合量表的一致性几乎没有显著的社会差异。唯一出现的社会差异还是青年人和成年人对于说话人 RD 有显著不同的反应。表 6.7 跟表 6.5 有非常接近的匹配。年轻受试者更倾向于 RD 的反应遵循相同的模

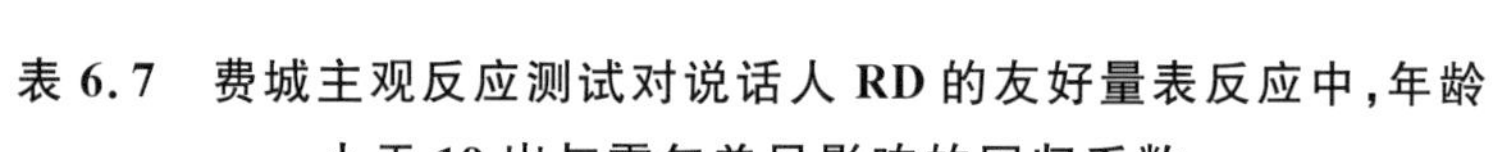

表 6.7 费城主观反应测试对说话人 RD 的友好量表反应中，年龄小于 19 岁与零句差异影响的回归系数

变量	人数	回归系数	t	$p<$	调整 r^2(%)
(æh)	92	0.91	2.07	0.0416	3.5
(aw)	92	0.87	2.57	0.0119	5.8
(ay0)	92	0.68	1.82	0.0721	2.5
(ow)	92	1.05	2.81	0.0061	7.0
(str)	92	0.62	1.355	0.1251	1.5
零	92	1.00	3.17	0.0021	9.0

式，在一定程度上较弱。倾向于零句的反应甚至更强。不论对于这个成年人/青少年的区分做出什么样的解释，它都证实了在这种实验环境下，友好和工作适合量表会得出同样的反应。

工作适合和友好问题的总体模式相似，表明受试者可能只是 219
误解或忽视了实验指示。或许他们只是重复了同一个任务！被试的判断可能一直是按照单一的标准做出反应：是好的还是坏的。如果事情真是这样，那么友好量表得分就仅仅是工作适合得分的复制，而不涉及新的信息。对此进行检验的一种方法就是把每个量表内部得分的相关性跟量表之间的相关性做出对比。表 6.8 是说话人 RD 的相关矩阵。左上角的框线中的十个单元格是工作适合五级得分之间的相关（即，它们跟零句之间的差异）。右下角框线中的十个单元格是对应的友好量表得分的相关性。没有划进去的 25 个单元格是混合的情况。

表 6.8 证明了迄今为止的结果是，(æh)和(aw)在语音变化和社会评价两方面都紧密相关，如左上角所示，相关系数为 0.576。另一方面，(ay0)的情况则是在社会分布、语音特点和社会评价方面都大为不同，跟(æh)的相关系数较低，是 0.231。在右下角的友好量表的变量相关系数中，出现的是相似的情况。然而，最令人注目的是，所有在划线里的数字都远远高于左下方那些在划线外的数字。这说明对于 RD 的工作适合判断跟友好问题判断并不相同。尽管二者总体模式相同，在这两个量表中的打分确实是彼此独立做出的判断。

我们可以对所有说话人在每个量表内部取相关系数平均值，并跟量表之间相关系数的平均值相比较。图 6.9 显示了这个结果。

表 6.8　对说话人 RD 的主观反应判断的相关系数矩阵

末字母为"J"的单元格代表工作适合性量表;末字母为"F"的单元格表示友好量表

	æhRDJ	awRDJ	strRDJ	ay0RDJ	owRDJ	æRDF	awRDF	strRDF	ay0RDF	owRDF
æhRDJ	1									
awRDJ	0.576	1								
strRDJ	0.458	0.340	1							
ay0RDJ	0.231	0.407	0.500	1						
owRDJ	0.469	0.536	0.499	0.526	1					
æRDF	0.097	0.015	−0.11	−0.070	−0.061	1				
awRDF	0.113	0.247	0.081	0.125	−0.022	0.460	1			
strRDF	−0.03	−0.04	0.187	−0.01	−0.135	0.403	0.370	1		
ay0RDF	−0.01	0.086	0.083	0.071	−0.146	0.267	0.308	0.473	1	
owRDF	0.087	0.085	0.203	0.113	−0.025	0.319	0.283	0.555	0.370	1

上面带实心符号的四条线，是四位说话人的相关系数平均值；下面带空心符号的四条线，是相应的标准差。四位说话人工作适合得分的相关系数平均值，具有显著的一致性，都集中在 0.46，标准差在 0.1 之下。除了 RD 之外的其他说话人的友好量表得分的相关系数平均值更高，标准差同样集中在一起。最后是工作适合和友好量表之间的相关系数平均值，都处于一个较低的水平，在 0.2 之下。对所有说话人来说，工作适合和友好问题的判断得分确实都是互不相关。

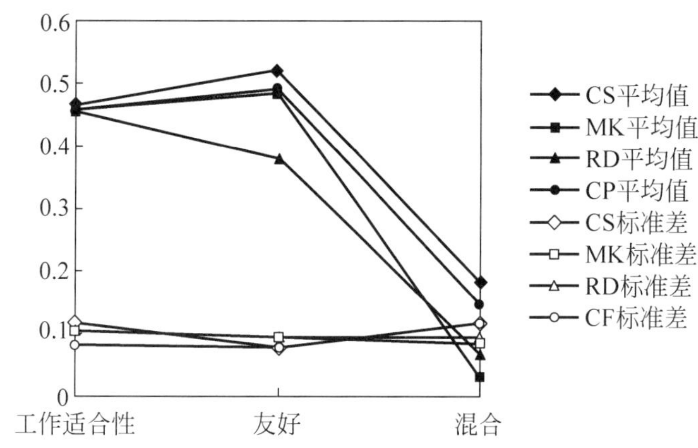

图 6.9　对四位说话人的语言变量在工作适合量表、友好量表与两个量表之间得分的相关系数平均值

由此可见，友好量表的评分没有任何逆转，并不表明受试者没有理解友好量表的性质，或者只是重复对于工作量表的判断。友好量表的判断得分并没有揭示出对语言变量在社会层级的任何一处有任何积极的评价，也没有揭示受试者希望自己与进行中的语 220
言变化的领先形式保持一致的愿想。

从这里报告的数据来看，费城人对进行中的语言变化表现出一种强烈的负面评价模式，又没有明显的证据表明他们对自己的

语言行为有潜在的正面评价。人们可能认为这是由于对费城方言总体的负面评价跟纽约市的负面评价相等甚至更强而造成的。总之,大城市工人阶级的语言模式具有负面评价,在巴黎、伦敦、格拉斯哥、纽约、波士顿以及费城都是如此。人们对于城市方言的发展持积极态度的证据,可能会被这种作用而掩盖。自评报告受试者的评论表明,(æh)的领先形式被有意地低俗化。

然而,这些评论与拉波夫(Labov 1966a,第 13 章)对纽约人的相应引述相差很远,并且与纽约相比,费城方言的低俗化较为温和。费城人日常说话中几乎没有对短元音 **a** 模式的修正,而在纽约,却是几乎所有人都对这个对应模式做出修正。此外,在 LCV 对于费城公开态度的研究表明,人们对自己讲话方式的态度跟纽约人自我贬低的情况相反。

我们在第二次访谈中包括了下面四个关于费城方言的一般性问题:

问题 1:你觉得费城方言怎么样?

问题 2:如果有人说你讲话像费城人,你会把这看作一种恭维吗?

221 问题 3:你能根据讲话方式听出来某人是来自南费城吗?

问题 4:你是否尝试过改变自己的说话方式?

表 6.9 列出了来自南费城、肯辛顿和欧弗布鲁克的 50 位工人阶级说话人对这些问题的回答的分布情况。[①] 把前面两个问题的

---

① 来自普鲁士王村的中产阶级说话人的人数大大超过了纽约市下东区研究中 9 位上层中产阶级受试者的人数,因此我们可以用这种方式做出最相近的对比。

回答结合起来形成了一种对于费城方言的正面、负面或中性的态度。第三个问题测试受试者是否能够辨认出费城方言中最突出的固有印象。第四个问题是证实对于一种本地方言负面态度有多强的最敏感的指标。

表 6.9　对 LCV 关于语言的一般态度问题的回答

按照性别和 SEC 指数，来自费城工人阶级 50 位受访者(%)

	全部	社会经济指数			性别	
		1—3	4—6	7—9	男	女
问题 1,2:对于费城言语的态度						
肯定	62	67	72	58	68	59
否定	32	33	28	42	25	34
中立	6	0	0	0	7	6
全部	100	100	100	100	100	99
问题 3:你能否听出某人是否来自南费城						
是	60	33	55	83	50	73
否	20	50	22	8	33	16
不确定	20	16	22	8	17	10
全部	100	99	99	99	100	99
问题 4:是否努力改变自己的言语						
是	20	16	11	50	11	26
否	74	83	83	42	83	71
中立	6	0	6	8	6	2
全部	100	99	100	100	100	99

上述讨论已经很清楚地说明了，采用直接提问的方式来判定对于一种语言或方言的潜在态度，是效果最差的。不过，既然纽约市下东区调查中对受访者也提出过同样的问题，它们提供了一种方法来比较纽约和费城对本地方言的公开的负面态度的强度。

222 二者的差异相当显著。在前两个问题的回答中,大多数纽约市民都对纽约口音评价很低,而大多数费城人则表示,他们对本地的讲话方式感觉良好。超过三分之二的纽约人表示曾试图改变自己的说话方式,而费城人只有20%有这种想法。在这两个城市中对这个问题的回答都有共同的明显趋势:给予肯定回答的女性多于男性。这证实了我们另外的看法,即费城方言的低俗化程度要远远小于我们在纽约市发现的那种极端形式。

人们对于费城方言的一般态度的有限数据使我们有机会来考察中产阶级和上层工人阶级之间的重要区别。第5章中标为“上层工人阶级”的SEC 7—9组是(aw)和(eyC)的高化和前化的引领者。人们可能预期这个引领群体对费城方言的总体看法不会那么消极。表6.9却给出了相反的情况。下层工人阶级的1—3组的6人里只有1位说曾努力改变自己的口音,而上层工人阶级中有一半的人都这样做过。在问题3的回答中出现了同样的倾向,上层工人阶级的12人里有10位对问题“你能否根据讲话方式听出某人来自南费城?”(南费城口音是费城方言中工人阶级的典型特点)给予肯定答案。

结论

我们现在可以总结对主观反应的研究如何有助于理解语言变化中的社会因素。如上所述,社会语言评价的一致性特征是社会语言学核心主张的三个基础之一:个人的语言行为只有通过认识他所属的社区才能得到理解。本章的发现使我们更加领会到语言社区中社会评价的一致性。同时也必然使我们进一步理解本卷所面临的基本悖论：我们发现的语言结构和社会语言结构之间一致性和统一性越多，就越难以对语言变化做出解释。学界一般的共识是，语言不应该变化，并且任何已经出现的变化都是不好的。而变化仍在持续进行，这表明在这个规范结构中存有隐藏的弱点。我们推断，一定有隐性的潜在的价值观在推动着语言变化。不过，到目前为止，必须承认，这些潜在价值观的证据还不够充分。

有理由认为，潜在价值观在社会语言访谈和现场实验中并不容易出现，因为在这些访谈和实验中，标准语言的显赫声望表现出 223
优势。这是实验环境下的普遍特点，并且影响到那些采用社会心理学实验方法的研究者。因此，瑞安（Ryan 1979）提出“为什么会有声望较低的语言变体”这个问题时，坚信这些变体是由一些潜在价值观支持的。然而她的实验并没有能证明：

> 没有观察到预期的群体差异，即没有证据表明墨西哥裔美国人一致地比英裔美国人更为喜好非标准口音。这可能是在正式场合下（群体实验设在一个高中的课堂）阻碍了墨西哥裔美国人表达对自己族群口音的集体认同感。

后面的章节将试图通过费城街区研究的扩展特点来避免这种局限性，包括广泛重复的访谈与长期参与者的观察相结合，另外还有同龄人当面交谈的研究。接下来，我们一定要注意那些迄今为止我们还没找到的价值观冲突的证据。进一步探索语言变化引领者的社会位置将有助于这个问题的解决。

第 5 章通过从纽约市、诺里奇、巴拿马城、蒙特利尔、悉尼和费城的调查,从更广泛的视野确立了语言变化问题的范围。在这些研究所提供的框架里,语言变化的引领者在这个更大的背景下定位为上层工人阶级或下层中产阶级的成员。下面几章将从街区和族群的差异开始,逐步转向更加精确地描述费城音变引领者的社会定位特征。

第 7 章　街区与族群 224

第 5 和第 6 章的主要数据库来自费城街区研究，街区的概念自然会在分析中起到中心作用。不过，在社会语言学研究中，街区更多地是用于研究方法中的单位，而不是作为实体成分。在讨论街区在语言变化的发展和传播中起到什么作用之前，先来回顾这种研究方法的由来将是有帮助的。

街区研究可以作为一类更普遍的实地研究的一个实例。这类实地研究可以与社区的随机抽样相对立。后者是调查方法的基本手段；前者则是城市族群学者偏爱的方法。这两种方法的利弊都显而易见。随机的个体样本按照总体人口的比例使每一个体有同等机会进入样本，对于研究一个大型都市社区或一个民族的行为、观念和习俗特点是唯一可靠的方法。本卷和第 1 卷提出的那些原理所依据的大多数社会语言学定量研究成果都是通过这种方法发现和验证的。对全部个体进行抽样的主要局限是不能直接反映造成已有模式的社会过程，分析者被迫采用间接方式做出推论。实地研究放弃代表更大社区的目的，以便更深入地理解说话人的相互联系。通过对个人、家庭和群组的录音，被动观察的笔记，以及长期参与者的现场观察，研究者能够比较父母与孩子、朋友与仇敌、引领者与追随者的行为。在所有可能的情况中选择最好的条件，研究者实际上可以观察到产生语言变化的社会过程。

显然,研究只有几百人的乡村社区不需要随机抽样的方法,如在马撒葡萄园岛的奇尔马克(Chilmark)村,在沙尔梅(Charmy)或者在外滩(the Outer Bank)的奥克拉科克(Ocracoke)的音变调查。在那里的实地与社区是重合的。最初对大城市做的定量研究
225 是基于随机抽样或分层随机抽样的:纽约市(Labov 1966a),诺里奇(Trudgill 1974b),巴拿马城(Cedergren 1973)。这种方法最为严格的应用是在建立蒙特利尔数据库的研究中(Sankoff and Sankoff 1973),列出全部165个人口普查区域,其中法语说话人的比例等于或大于蒙特利尔市的法语人口比例,在这些区域的居民中随机选择,满足一个严密构建的年龄、性别和社会阶层模式。很多其他城市的研究放宽了这些要求,通过朋友、推荐或其他方便的途径找到受试者,直到满足名额,如:阿曼(Abdel-Jawad 1981),贝洛奥里藏特(Belo Horizonte)(de Oliveira 1983),悉尼(Horvath 1985),东京(Hibiya 1988)。由于不太严格的方法通常也足以展现阶级分层、性别差异和族群多样性的常规模式,因此可能较少的人数和不很仔细构建的样本足以进行社会语言分析。然而,在这几卷书所提出的语言变化机制的问题难度更大,可能需要比最初的随机样本更为细致地构建数据集。

街区研究首先要选择一个居民街区作为一个现场,通常是从第2章中定义的街段开始。尽管街区研究可能无法代表整个城市,可它还是能够对相当大的一个区域进行准确的描绘。纽约市的随机样本实际上是对一个大的社区群,即下东区的研究。这个研究只有通过与百货商店的研究合并起来才能用以解释和代表纽约全市的情况。对南哈莱姆区非洲裔美国英语的研究主要基于当

地街区青少年男性的街区研究，重点选择了三个街段（Labov，Cohen，Robins，and Lewis 1968）。它们的代表性决定于以下事实：它们包括了这个地区全部指定的群组；在社区青少年的帮助下列入了一栋 15 层高楼中的所有年轻人；通过相关的学校记录；与成年人随机样本的比较；并且最终与全国很多其他城市的研究结合起来。

在设计费城音变调查时，我们决定把调查方法分为两部分。因为重点是语言变化的社会定位和传播，所以数据的主体包括可以直接观察到社会关系的长期街区研究的访谈，实地工作者——鲍尔（Anne Bower）、希夫林（Eborah Schiffrein）和佩恩（Arvilla Payne）——与来录音的说话人成为熟人甚至好友。正如第 2 章所
述，街区首先是一个居民街段（并以此命名），后来扩展到把那些住 226
在这个街段外邻地区的社交网络成员也包括进来。于是，街区与街段大不一样：在一种意义上，街区更大；在另一种意义上，街区更小。因为我们总是不可能对特定街段的 100 多位居民中的每一位都访谈。[①] 我们选择的十个居民街区组成了费城白人社区的一个判断样本。他们的代表性曾由电话用户的随机样本得到证实，如第 5 章所述。

正如第 2 章所讨论的，这十个街区的凝聚性和完整性的程度大不相同。本章将要重点讨论的四个街区包括了街区研究的全部 112 位说话人中的 70 位，在每个街区经过仪器分析的人数和所在

① 在一个实例中，通过我们的一位主要受访者塞莱斯特（Celeste S.）的帮助，我们能够录下一个街段（克拉克街）所有居民的社会经历。

地区如下：

维克街　　18　　肯辛顿，北费城

克拉克街　　20　　费城中心的南部

皮特街　　15　　费城东南部

南希道　　17　　普鲁士王村

到目前为止，我们探寻语言变化引领者的社会定位使用了社会经济层级定位的一般指标，它们是独立于说话人居住的街区的。后面的几章，特别是第10章和第11章，将利用说话人之间社会关系研究的多种数据，主要依靠他们在邻里关系中轨迹的数据。本章探讨的问题是，居住在一个特定街区是否会影响特定说话人在音变中的相对进展。

7.1　地区差异与语言变化的关系

首先，我们来回顾*街区*在早期社会语言调查成果中的地位。大多数本地街区的特点似乎都是由阶级构成决定的，而不是由它们在城市的地理位置决定的。然而人们通常普遍认为大城市中存在着地区方言。尽管“*布鲁克林口音*”这个术语牢固地确立在美国文化中，却始终没有在布鲁克林区内部或外部进行实证的研究，来确定是否存在一种区别于其他地区的*布鲁克林口音*。这种地
227 区方言的每个特点都对应着文献所描述的纽约市工人阶级话语的特征，却没有提及布鲁克林口音（如 Babbit 1896，Hubbel 1962，Labov 1966a）。现有的证据表明超过一百万人口的大城市在地理边界以内的言语是相当一致的，但是因社会阶层、族群、性别和种

族而会有很大差别。这并不意味着地域方言不存在,也不是伦敦东部口音和伦敦西部口音的区分不正确,而只是目前还没有证据支持这样的概念。[①] 似乎可能有本地居民中的词汇差异,甚至音位出现率中也有街区差异。本卷书的重要问题并不是本地街区是否有离散的可辨认的语言形式,而是进行中变化的系统性进展中是否有街区差异。

我们可以考虑是否有什么普遍原理可能会制约社区居民对于语言变化进展的影响。这种讨论的前提是区分小规模和大规模的变化。在一个大城市里,可能当地各街区里会有数量不定的小规模变化在它们各自的自然边界内传播。而大规模变化则会扩散到整个言语社区的范围。

如果大规模变化中不存在街区模式,这就意味着语言变化的引领者,无论他们可能是谁,都是独立地并以同步方式在整个都市内推进新的语言形式。如果我们讨论的变化是由同一社区的早期变化引起的,那么这种统一性就不难想象,因为造成变化的因素已经扩散开了。如果这种启动因素是一种外部影响,即与其他方言使用者增加接触,那么地理上的一致变化就取决于在地理上的一致性接触。这种大规模增加的语言接触主要是在战争期间,因此第二次世界大战在很多国家中都是语言行为的分水岭。对很多语言变量来说也是如此。最有名的例子就是在纽约市更倾向带 *r* 发音,是对原来不带 *r* 发音的高雅形式的逆转,这正是二战后不久出

① 当然,这是社会阶层差异又被解释为地理差异的另一个例子,其中“东区人”现在成为“工人阶级”的标签。

现的(Labov 1966a:ch 9,11),此后,其他原本使用不带 *r* 发音的东海岸各城市也发生了这种逆转。

这样一种外部机制能否成为引发自下而来的变化的原因呢?在纽约市,对于辅音性的/r/正面评价的转变影响了所有在1963年时40岁以下的人,即1923年以后出生的人。其中最年长的人到参军入伍的年龄,应该是在接近自下而来的语言变化影响语言
228 基本系统的末期。考虑到第1卷第3章的证据和第5章的三次回归分析的结果,看来费城现在的语言变化确实是在二战后不久开始的。图5.6表明(eyC)和(aw)只是对于50岁以下人群有效,这些人是1925年以后出生的。最年轻的那些人在二战期间应该属于18—28岁年龄组,其中很多人应该是在服兵役。这就涉及语言*传播*问题的很多难点(第13—14章),但是这个重大转折事件影响语言变化机制的可能性是不能放弃的。

方言接触现象的大量增加也可能来自大众媒体的影响。不过本卷以及其他研究的所有证据都表明:语言并没有受到大众媒体的系统性影响,而主要是受同龄人当面交流的影响。这就是第1章提出的互动原理。

另一方面,如果能够发现这些变化的地区差异的证据,即在同一社会阶层范围内,一个街区始终领先于其他街区,那么我们的思考必须转到不同的方向。近年来,语言变量与本地身份或"归属感"的联系得到广泛关注(Le Page and Tabouret-Keller 1985,L. Milroy 1980:16,80)。正如上一章讨论的潜在价值观,这些价值观的关联性证据主要就是语言本身的分布。如果在当地街头、邻里或小镇的说话人都有某种共同的语言特征,就可以推断这种差

别具有区分本地人和外来者的作用。这似乎是很有可能的。另一方面，布龙菲尔德的密度原理很可能产生这种影响：人们相互交谈越多，他们的言语就越相似。因此，街区的作用可能只不过是一种交际模式的机械性结果。

研究本地身份作为语言变化因素的最新进展是哈森（Hazen 2000）关于北卡罗来纳州沃伦县（Warren）的著述。他对于态度、愿望和交际模式的考察能够区分出说话人的本地身份和外地身份，以这种区别来预测语言行为，等同或好于对于马撒葡萄园岛当地社区的正面、中性或负面态度的区别。同时，还没有发现这种影响中哪一部分是由于跟其他方言的接触频率差异而造成的。

要为一个语言形式赋予一种社会价值，关键是存在一种反馈机制。如果一种语言形式的使用可以有效缩小社会距离并增强凝聚力，就将导致说话人之间交际互动大量增加，从而使语言变量随 229
着最大值的增长而提升数量级别。

在这种局部最大值跟几百万人群体中大规模语言变化相联系之前，还需要一个进一步的条件，即这种局部最大值必须在稳步扩大的圈子中延伸到当地群体之外。这种情况并不是必然的。如果语言特征使群体内部的交际频率增加，那么反过来，一个较低水平的或不被他人使用的特征就被可能赋予一个负值，而这会相应地降低跨越群体边界的交际频率。在这种情况下，局部语言模式会在内部达到最大化而在区域内收缩。

斯特蒂文特（Sturtevant 1947）对于语言变化的社会动机的主张是，新的语言形式任意地跟始发群体的社会特性相联系。因此，即使发起者不愿意增加与外来者的交际，也可能会被外来者想要跟他们增加交际的愿望所抵消。另一种可能性是，语言变化是通过外来者对语言特征的被动观察来进行的，他们接受这些语言形式，并没有受益于跟发起者密切交流。这让我们回到那个在赋予大众媒体影响力时所遇到的问题，并违背了密度原理中隐含的互动原理。如果我们接受这样的证据，即系统的语言变化必然是面对面交际的结果（这方面的主要证据将在本卷稍后的部分介绍），那么大规模的语言变化就意味着始发群体跟外来者的交际不是减少，而是随时间不断增加。

本章的重点在于局部最大值的存在，而不是它们在大规模语言变化机制中的作用。如果费城方言的地理差异显著，并且独立于年龄、性别、社会阶层或族群的影响，我们就可以回到这个问题，即这些局部最大值是否可能是本地交际的机械模式造成的，还是跟其他方言的不同接触造成的，或者是当地社区特定的社会评价模式的结果。

7.2 贝尔法斯特街区

对于本地街区最为认真详细的研究，是米尔罗伊在贝尔法斯特（L. Milroy 1980）的研究。其中选择了在社会经济地位上具有可比性的三个街区，巴里麦卡利（Ballymacarett）、克罗纳德（Clonard）和哈默（Hammer）：这三个街区都是官方称为“废墟”的工人阶级聚居区，属于“下层工人阶级”的范畴。这些街区与北费
230 城的肯辛顿（包括维克街）、菲什敦和里士满最有可比性，那里失业

率高，工人总体上都是半技术工。[①] 他们主要分为新教徒（哈默、巴里麦卡利）和天主教徒（克罗纳德），以及西贝尔法斯特（哈默、克罗纳德）和东贝尔法斯特（巴里麦卡利）。东贝尔法斯特有重工业和稳定的造船业，而曾经作为西贝尔法斯特支柱产业的亚麻加工业已经急剧衰退，那些有工作的人不得不长途通勤上班。在这方面，西贝尔法斯特很像北费城，而东贝尔法斯特很像南费城。

贝尔法斯特研究报告（L. Milroy 1980）只有一例不合条件的街区效应：(i)，即短元音/i/的央化，在哈默变化最为明显。此外，米尔罗伊强调街区与其他维度之间互动的复杂性。她报告中的图 5.4 表现了短元音(a)在 *man*、*hat*、*grass* 等词中的后化和高化。巴里麦卡利与其他两个街区相比，男性的值更高，年轻女性的值更低。她的图 5.6 展示了具有类似情况的(th)，即 *mother*、*brother* 等词中/ð/的删除。图 5.5 是($ʌ^2$)，即 *pull*、*took*、*shook* 等词中短元音 **u** 的非圆唇化，克罗纳德街区的年长女性和年轻男性具有更高的值。

这些复杂性表明：贝尔法斯特发生的变化是欧洲言语社区中经常看到的典型变化：一种脱离旧的低俗土语形式（常有乡村特点）朝向地区或者国家标准的变化，一种由女性引领而被男性抵制的自上而来的变化（L. Milroy 1980：186 及以下诸页；参见

① 在费城研究中，大部分居民都被归为“中层工人阶级”，因为他们与主要由非洲裔和西班牙裔构成的下层工人阶级相对。考虑到米尔罗伊（1980：75）把贝尔法斯特受访者描述为边缘群体或外来下层阶级，这些人的社会地位更应该跟费城的非白人群体归为一类。

Holmquist 1988，Gal 1980，Hinskens 1992）。具有更多经济资源的新教徒社区巴里麦卡利在这一过程中处于领先位置。此外，词汇项也有跨越音位范畴的逐渐转移，通常是一种低俗化范畴的成员减少，伴随着微妙而复杂的社会评价的转变（1980：190）。[①]

贝尔法斯特研究没有报告活跃的新音变，类似于费城方言的（eyC）和（aw）或是纽约和北部内陆发现的其他音变，其中整个社区产生以前从未观察到的一种新的语音联系。不过，仔细查看贝尔法斯特的数据就可以发现，其实情况并不是那么复杂，重点就是米尔罗伊的几个重要发现，展示了自下而来的变化，确认了街区地理位置的重要性。

231 米尔罗伊 1980 年的报告包括一个附录，是贝尔法斯特研究中 46 位说话人的八个变量按性别、年龄（分为 40—55 岁和 18—25 岁两个组）和街区分类的平均值。[②] 表 7.1 列出我本人对这一数据进行回归分析的结果，显示每种效应的相对规模和显著性。头两行的平均值和标准差给出回归系数作为判断每种效应相对规模的依据。相互作用以方差分析来检验。一旦发现相互作用显著的类别，就把它们作为组合类别进入回归分析，如年轻男性、年长男性、年轻女性和年长女性，最后一个类别被作为参照类别。回归分析的结果将会跟方差分析的结果一致。

① 贝尔法斯特的一种这类的变化，是有标记的短元音/u/词群成员转移为非圆唇的：*pull*、*took*、*foot* 等（L. Milroy 1980：189）。这与费城方言的情况可能相反，那里紧短元音/a/的词群正在稳步增长。

② 这个附录也提供了社交关系网络的分数，这将加进第 10 章的分析中。

表 7.1　九个贝尔法斯特变量按照性别、年龄和街区的回归系数

显著性:黑色数字表示 $p<0.001$;下划线表示 $p<0.01$;

普通字体表示 $p<0.05$;斜体字表示 $p<0.10$

	(*th*)	(*a*)	(e^1)	(e^2)	(Λ^1)	(Λ^2)	(*ai*)	(*i*)	(*o*)
平均值	56.16	2.53	81.6	64.5	42.7	29.32	2.28	2.02	90.3
标准差	30.01	0.53	23.7	21.7	20.7	23.92	0.35	0.34	16.4
男性	**34**	**0.59**	**27**	**21.5**					
年轻人								0.27	13.8
年轻男性						20.74			
老年人					15.1	-16.1			
年轻女性						*-14.2*			
哈默街区							*0.19*	0.28	12.3

表 7.1 的多元分析跟最初研究报告的效应非常一致,仅有微少差异。这种格式的结果跟第 5 章的第三次回归和本章下文的街区分析结果可比性更强。①

前四个变量显示出男性优势的主效应,而对年龄和街区都不显著。这跟米尔罗伊的表 5.1(第 123 页)在作用的方向和显著性两方面都是一致的。[(th)的相关系数的大小特别明显:平均值的 232
60%。]对于(Λ^1)和(Λ^2)有一种复杂的年龄和性别的效应。年轻人明显倾向(Λ^2)而老年人却不喜欢它,这显示出至少在男性中,是一种进行中的变化。街区效应仅限于最后三个变量。

①　(e^1)是短元音/e/在清塞音以及流音或鼻音后接清阻音结尾的单音节词中(*bet*、*peck*、*rent*、*else* 等),发为低元音的百分比;(e^2)是同一个变量在多音节词的情况。(Λ^1)是带/ʌ/的单词中发为圆唇元音的百分比,表中男性效应仅限于年长男性,表明方言形式进一步瓦解。(Λ^2)是相反的变量,在一组较少的词中(*pull*、*took*、*shook*、*foot*)以非圆唇替换圆唇形式。

最后两个变量有显著的街区效应和年龄效应。(i)是短元音/i/的央化;(o)在本卷其他地方还没讨论过。二者都表现出年轻人普遍的明显优势,约为平均值的15%,还有很强的街区效应。如果这种虚时变化跟实时变化相对应,那么这最后两个变量就代表贝尔法斯特的持续变化。不管怎样,这两个变量都清晰而明显地跟哈默相联系,这是一个位于天主教西贝尔法斯特中心的新教徒街区。

米尔罗伊的贝尔法斯特研究没有区分街区与宗教(或族群),因为贝尔法斯特的街区或是完全的新教徒街区或是完全的天主教徒街区。哈默处于引领地位的事实正好符合麦卡弗蒂(McCafferty 1998)对北爱尔兰的第二大城市德里/伦敦德里(Derry/Londonderry)的研究结论。他主要关注新教徒和天主教徒的对立,认为这是一种族群的对立。从贝尔法斯特到德里/伦敦德里的语言变化的传播主要是年轻的新教徒说话人采用,只是到了后来才缓慢地扩散到天主教人群中。

当我们讨论社交网络在语言变化中的作用时(第10章),将会更多地借鉴贝尔法斯特研究。到目前为止的主要发现是否定的:贝尔法斯特不存在明显的地理差异。三个街区几乎以相同的方式使用同一个语言变量:它们没有使自己成为贝尔法斯特英语中的不同方言的定性差异。这也表明贝尔法斯特语言变化的传播已经跨越街区界限,尽管新教徒和天主教徒彼此高度隔离,在动荡年代也少有任何直接的接触。从这个意义上,贝尔法斯特的数据最终关系到一个神秘的问题,即大城市怎样实现地理上的相对一致性。

7.3　费城街区与社会阶层的关系

第 2 章对比了四个街区的经济和社会特点。跟贝尔法斯特研究不同，这些街区是按照它们之间的社会经济多样性而不是相似性所选取的，它们在这方面有明显的分层。表 7.2 显示了社会经济阶层在这里所研究的四个街区中的分布，其余的街区则合在一起归为“其他”类别。

表 7.2　各街区的社会经济阶层分布(黑体字表示众数值) 233

	下层工人阶级	中层工人阶级	上层工人阶级	下层中产阶级	中层中产阶级	上层中产阶级	总数
维克街	**9**	8	1	0	0	0	18
皮特街	4	**10**	1	0	0	0	15
克拉克街	2	6	**8**	4	0	0	20
南希道	0	0	0	**9**	8	0	17
其他	2	12	6	0	12	10	42
总数	17	36	16	13	20	10	112

黑体数字表示每个街区的众数值(最常见的值)：维克街是最低的，下层工人阶级略占优势(SEC 指数 0—4)；皮特街其次，中层工人阶级明显集中(SEC 5—6)；克拉克街主要是上层工人阶级(SEC 7—9)；南希道主要是下层中产阶级(10—12)。同时，每一街区内部有相当的跨度范围。在六个社会层级中，克拉克街的居民包括了其中的四个，维克街和皮特街各包括了三个。中层工人阶级在这三个街区分布相当均匀。考虑到这种分布情况，回归分析有足够的信息来判断哪个因素会在语言变化的进展中影响更

大,是社会阶层还是街区。

第 5 章发现了费城元音系统中各种音变的三个社会阶层分布类型。社会低俗化的、接近完成的变量如(æhN)和(æhS),表现为在不同显著性水平上对社会阶层的一种线性单调函数。女性主导的活跃的新变化(aw)和(eyC),以及处于中期的变化(owC)和(uwC),表现出弧形模式。男性主导的(ay0)没有表现出任何社会分布。考虑到在表 7.2 中的街区与社会阶层的相对独立性,这些模式很可能会因为在回归分析效应中增加了街区而有较大的修改。弧形模式可能会被证明是由于语言变化最领先的上层工人阶级说话人在街区聚居的结果,典型代表是克拉克街,因为“南费城”毕竟是费城口音的传统规范。

7.4 四次回归分析的结果:街区的加入

对费城变量的第四次回归分析以第三次回归分析的构架为基
234 础,做了一种简化:所有 20 岁以下的说话人都合并为一组。为每个街区都设一个代表类别,说话人住在这个街区就赋值为 1,不住这里就为 0。然后,所有街区变量都加入到回归分析中,包括表 7.2 中那些属于“其他”类别的变量。接着从最不显著的街区变量开始,逐步删除那些不显著的街区变量,直到只剩下显著的街区效应。那些在第三次或第四次回归分析中没有显著性的年龄组别都将被删除。

接近完成的变化

表 7.3 是接近完成的变化的分析结果。第三次回归(年龄范

围有上文提到的变化）与增加了街区变量的第四次回归相对照。235
如果一个特定系数效应在一次分析中增大 10%，就用下划线表示；若是大于或等于 20%，就以黑体数字表示。

表 7.3 对(æhN)和(æhS)都显示出较强的街区效应。维克、皮特和克拉克几个街区在(æhN)的 F2 值上都超过了 100Hz，显著水平较高；对于(æhS)，维克街的作用稍小些。这意味着作为参照组的南希道和上层阶级街区有一种相反的效应，使(æh)的前化减小。然而，原来第三次回归中的社会阶层单调曲线并没有被这种街区效应所改变，显著性仍然保持高水平（除了下层中产阶级），数值大约为三分之二。(æhN)偏向女性的性别效应稍有减小。另外，主要的年龄效应大为增强。在第三次回归分析中，年龄对于这些接近完成的变化并不重要，尽管第一次和第二次回归分析曾显示出跟年龄的较小但却显著的相关性。在这里恢复了年龄效应，那些 20 岁以下的受试者对(æhN)显示出相当大的优势，对(æhS)显示的结果稍小些。

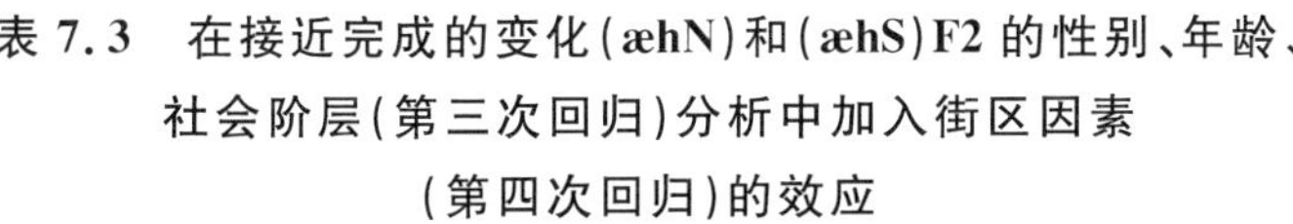

表 7.3　在接近完成的变化(æhN)和(æhS)F2 的性别、年龄、社会阶层（第三次回归）分析中加入街区因素（第四次回归）的效应

带下划线的数字代表 10%的差异，黑体数字代表 20%及以上的差异。

	第三次回归分析		第四次回归分析	
	相关系数	概率	相关系数	概率
(*æhN*)				
常数	2347	≤0.0001	2244	≤0.0001
女	70	0.0161	63	0.0265

续表

	第三次回归分析		第四次回归分析	
	相关系数	概率	相关系数	概率
下层中产阶级	**-125**	**0.0114**	-81	0.1003
上层中产阶级	**-212**	**≤0.0001**	-134	0.0092
上层阶级	**-304**	**≤0.0001**	-214	≤0.0001
20岁以下	84	0.0674	107	0.0188
维克街			**122**	**0.0086**
皮特街			**128**	**0.01**
克拉克街			**115**	**0.0088**
r^2(调整)	46		51	
(*æhS*)				
下层中产阶级	**-131**	**0.0089**	-91.748	0.0621
上层中产阶级	**-317.5**	**≤0.0001**	-230.13	≤0.0001
上层阶级	**-337.5**	**≤0.0001**	-239.53	≤0.0001
20岁以下	58.3456	0.2066	**83.614**	**0.064**
维克街			**98**	**0.0334**
皮特街			**137.8**	**0.0044**
克拉克街			**151.03**	**0.0007**
r^2(调整)	51		57	

每个部分最后一行是调整的 r^2 值,表明所解释的变异的百分比。[①]这里街区因素的加入使被解释的变异量增加10%。这只是一种

① 修正后的 r^2 与普通 r^2 的不同在于补偿了以下事实,即添加任何因素组都将影响 r^2 的增加,而不论它的显著性和相关性有多小,这是由残差的平方和除以残差的自由度,以及总的平方和除以总的自由度得出的。

中等程度的增长，表明以前有相当大的街区效应被归因于社会阶层。换言之，第三次回归分析没有街区因素，社会阶层效应增加了 50%。

这是一种地区效应吗？有可能不是。更合理的说法是，这是用另一种方式来看低俗语言变量在社会分层中的普遍特征。各个工人阶层社区都有一些相同的语言行为和态度：在这个例子中，那些说话人更加随意地在 *man* 和 *pass* 中用[eːə]或[ɛː]，尽管主观反应的共识是要避免使用[ɛːə]。

活跃的新变化

对弧形原理的重要测试涉及活跃的新变化(aw)和(eyC)，在第三次回归分析中显示出二者对上层工人阶级说话人有显著优势。表 7.4 考察在原有社会制约中加入街区因素的效应。表 7.3 显示的三个工人阶级街区的总体优势让位于维克街区的强大主导地位：(aw)为 222Hz，(eyC)为 188Hz，都在 $p<0.0001$ 水平。236
皮特街对于(aw)的贡献较小；克拉克街对于(eyC)贡献较小。这些街区效应并没有削弱弧形模式，恰恰相反，上层工人阶级的引领地位相当稳固。在(aw)中，从第三次回归为 0.03 水平的 93Hz，增强到 0.0002 水平的 147Hz；对于(eyC)稍有减弱，但几乎是相同的。年龄效应的增强比表 7.3 更明显。上层阶级对于(aw)的少量负面影响消失了。加入街区因素之后的总结果反映为调整后的 r^2 值的大幅增长：(aw)从 46 到 58，(eyC)是 29 到 41。

表 7.4　活跃的新变化(aw)和(eyC)F2 的第四次回归分析:加入街区效应

带下划线的数字表示增长 10%,黑体数字代表增长 20%或更多。

	三次回归分析		四次回归分析	
	相关系数	概率	相关系数	概率
(*aw*)				
女	125	≤0.0001	117	≤0.0001
上层工人阶级	93	0.0353	**147**	**0.0002**
上层阶级	**-118**	**0.021**	-50	0.279
20 岁以下	260	≤0.0001	303	≤0.0001
20—29	171	0.0019	152	0.0017
30—39	144	0.0091	169	0.0008
40—49	68	0.2078	**144**	**0.0028**
维克街			**222**	**≤0.0001**
克拉克街			**140**	**0.0013**
r^2(调整)		46		**58**
(*eyC*)				
女性	103	0.0017	95	0.0016
上层工人阶级	114	0.0136	94	0.0344
20 岁以下	172	0.0007	**205**	**≤0.0001**
20—29	103	0.0674	119	0.0248
30—39	50	0.3735	**105**	**0.0474**
维克街			**188**	**≤0.0001**
克拉克街			**106**	**0.0136**
r^2(调整)		29		**41**

然后,对于活跃的新变化,工人阶级街区的地区优势是附加性的。跟接近完成的变化不一样,活跃的新变化并不与年龄、性别或社会阶层效应相竞争或相干扰。这种街区效应高度集中在维克街,在社会经济意义上则是效应最低的完整街区。这是一个惊人

的发现。费城工人阶级说话的流行模式是“南费城”，而不是“北费 237
城”或“肯辛顿”，更具体地是“南费城意大利口音”，而不是“肯辛顿爱尔兰口音”。在第 2 章已经指出，肯辛顿是费城最早的工人阶级聚居区。本章下面将进一步证明，费城方言自下而来的变化在维克街最为领先。

表 7.4 中社会因素之间的相互作用有多大呢？我们对于(aw)所有可能的相互作用做了方差分析。皮特街区显示出与20—29 岁和与 30—39 岁的成人的相互作用在 0.01 的水平，与40—49 岁的成人的相互作用在 0.05 的水平。皮特街 49 岁以上的说话人只有一位罗斯(Rose J.，66 岁)，而 20 岁以下的说话人有五位。因此，可以把皮特街分为两组，20 岁以下为一组，20 岁以上为一组，再进行回归分析。表 7.5 是分析的结果。跟表 7.4 对照，

表 7.5　(aw)F2 的第四次回归分析

其中皮特街按照 20 岁以上和 20 岁以下划分

	四次回归分析	
	相关系数	概率
(*aw*)		
女性	139	≤0.0001
上层工人阶级	141	0.0003
20 岁以下	294	≤0.0001
20—29	193	≤0.0001
30—39	214	≤0.0001
40—49	149	0.0005
维克街	210	≤0.0001
皮特街	230	0.0012
r^2(调整)	58	

女性和上层工人阶级的优势保持不变,而所有的年龄系数及其显著性都有进一步提高。皮特街区的年轻人出现230Hz的优势,比维克街总体相关系数略高,仍还保持在相同水平上。

图7.1是四个街区全部70位说话人的(aw)第二共振峰的散点图,对进行中的变化做出了更具体的描述。四条空间回归线相当于表7.4的回归分析。显然,维克街居民从年长者开始就在(aw)前化中领先。而皮特街的回归线更陡些,反映了表7.5的皮
238 特街年轻人的更快进展。克拉克街也比维克街更陡。从这些线性映射来看,在最年轻的一代人中,南费城街区已经超过了肯辛顿。另一方面,中产阶级的南希道跟在后面,步伐较慢。

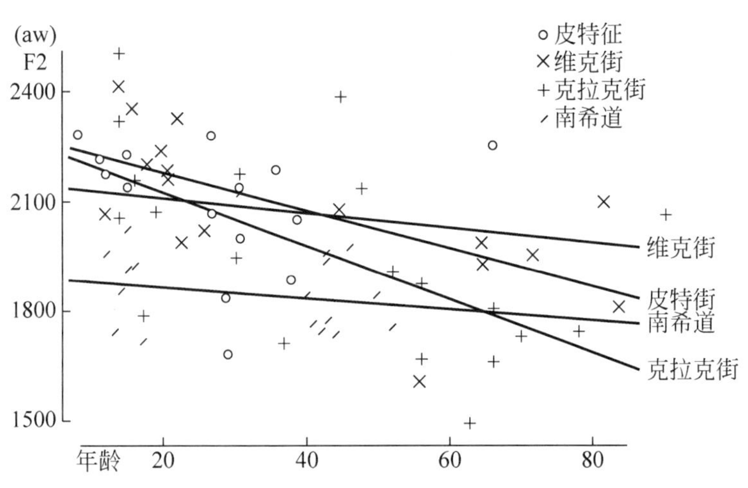

图7.1　费城四个完整街区70位成员(aw)F2值按照年龄的散点图

对图中标记点的考察可以使情况更为清楚。维克街标为×,一般都较为领先,并且一直势头不减。维克街只有一位说话人在1800Hz以下的最低数字中;在总平均值1950Hz之上还有好几位

60 岁以上的年长说话人。年轻一代也不落后：在 20 岁以下最领先者之中有三个×。克拉克街的标记为＋，总体的值不很高，但有几个离群值远高于街区的预期；这些就是我们在后面的章节中越来越关注的语言变化的引领者。皮特街以圆圈∘表示，分为两组。20 到 40 岁的位于中部，20 岁以下的在 2100Hz 之上聚集在一起。皮特街与年龄之间的相互作用就是这种以数字表示的相对的非连续性。

图 7.1 具体证实了回归分析的结论，维克街在虚时的前半期确实是(aw)前化的引领地区。皮特街 20 岁以下说话人相对突然的增值和克拉克街的离群值表明，(aw)的前化在 1950 和 1960 年代从肯辛顿(以维克街为代表的较大地区)扩散到南费城。

(eyC)的情况较为简单。方差分析没有出现显著的互相作 239
用，图 7.2 中的回归线基本都是平行的，其中克拉克街的斜度比其他街区更平缓一些。

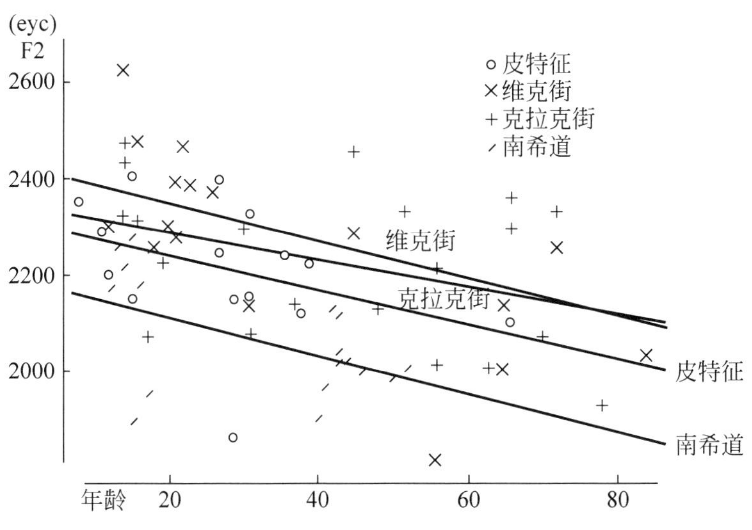

图 7.2　费城四个完整街区 70 位成员按照年龄的(eyC)F2 值散点图

中期变化

到目前为止,涉及后元音前移的中期变化还没有作为分析的主要对象。表 7.6 显示出这些进行中的变化大大增强了从表 7.4 中活跃的新变化得到的发现。闭音节 *boat*、*road* 等词中的元音(owC)没有表现出显著的阶层效应。年龄模式也与(aw)和(eyC)不一样:引领群体并不是最年轻的组,而是 20—29 岁的年轻人。街区效应几乎完全是增值性的,变异解释量几乎增加一倍。这里我们再次看到工人阶级街区中只是维克街有较强的显著作用。中产阶级的南希道第一次表现出显著的积极作用,几乎与维克街相等。这个发现的重要性在下文会更明显地表现出来。

对于开音节 *go*、*know* 等词中的元音(owF),情况更加清楚。加
240 入街区因素使变异解释量从 12%到 30%,增加了一倍多。在第三次回归分析中没有出现的社会阶层因素,在这里表现为下层中产阶级在 0.03 水平上 114Hz 的优势。这跟(aw)和(eyC)在上层工人阶级中出现的弧形峰值相对应。女性优势加强了,而年轻人的年龄效应却有所减弱。维克街的预期强效应跟克拉克街更大的负系数同时出现。(克拉克街地位发生逆转的意义要到本章结尾才会清楚)

表 7.6 中对闭音节(uwC)在 *suit*、*boot*、*mood* 等词的分析结果,进一步证实了上述这些对于(owF)的结论。女性优势同样加
241 强,下层中产阶级的弧形峰值也增强到 316Hz。年龄效应在 20—29 岁组中再次减弱,而在 30—39 岁组增强。维克街同样表现出优势,而克拉克街同样有较大的负面影响。变异解释总量从 14%提高到 25%,几乎增加一倍。

表 7.6　中期变化(owC)、(owF)和(uwC)的第三和第四次回归分析:加入街区效应

下划线数字表示大于 10%,黑体数字代表大 20%或更多

	三次回归分析		四次回归分析	
	系数	概率	系数	概率
(owC)				
女性	70	0.0473	70	0.0314
20 岁以下	72	0.1877	57	0.2752
20—29	230	0.0003	214	0.0002
30—39	150	0.0161	**186**	**0.0015**
维克街			**178**	**0.0002**
南希道			**147**	**0.0047**
r^2(调整)		15		**28**
(owF)				
女性	63	0.0732	77	0.0161
下层中产阶级			**114**	**0.0293**
20—29	**239**	**0.0002**	172	0.0029
30—39	114	0.064	114	0.0417
40—49	140	0.0226	106	0.0656
维克街			**126**	**0.006**
克拉克街			**-162**	**0.0002**
r^2(调整)		12		**30**
(uwC)				
女性	62	0.2089	**82**	**0.07**
下层中产阶级	269	0.0012	**316**	≤**0.0001**
20 岁以下	45	0.5557	43	0.5512
20—29	**266**	**0.0023**	200	0.0159
30—39	185	0.0344	214	0.0118
维克街			**185**	**0.0076**
克拉克街			**-155**	**0.0144**
r^2(调整)		14		**25**

最后,这个考察确认了第5章提出的,开音节元音(uwF)不属于进行中的变化。它没有表现出任何显著的年龄相关或社会制约,因此最好列入费城方言已经完成的变化。第14章将考察北美所有方言中/uw/和/ow/前移的相对进程,并出示丰富的证据来证明对于(uwF)的这个看法。

回顾(owC)、(owF)和(uwC)这三种中期的变化,它们似乎全都是同一主题的变异。初看之下,(owC)很不一样,没有下层中产阶级效应,而有南希道的街区效应。但是纵观表7.2就可以发现,南希道的下层中产阶级说话人比上层中产阶级还要多。由于一些不完全清楚的原因,对于(owC)的研究发现,地区位置比社会阶层的解释性更强,尽管二者是紧密联系的。总之,所有这些中期的变化都显示出一种共同的模式,这种模式把它们与(aw)和(eyC)这些活跃的新变化区别开来。它们的峰值出现在年轻的成年人而不是在20岁以下说话人中,这表示这些变化可能在放慢,甚至在发生逆转。其次,弧形模式的峰值出现在下层中产阶级,而不是上层工人阶级。

对活跃的新变化(aw)和(eyC)的街区效应的分析已经相当清楚,维克街的引领地位没有削弱。第四次回归分析中对交互作用的方差分析揭示出几种重要的交互作用,包括维克街与较年轻的年龄组,以及性别与维克街之间的作用。如果我们把维克街说话人分为三组,即20岁以下年龄组、20—29岁年龄组和其他年龄组,那么所有其他的相互作用都会消失。

表7.7显示了对维克街这种再分组的结果:维克街的引领地位没有消失,反而是数值上升到300Hz的水平。但是维克街的突

出地位现在主要集中在年轻人的年龄段。一般情况,中期变化的峰值出现在20—29岁年龄组,20岁以下的没这么高。然而维克街并不是这样。在维克街其实是20岁以下年龄组在使用最领先的语言形式[只有(owC)是20—29岁年龄组]。若非如此,表7.7与表7.6就会是相似的。下层中产阶级峰值保持不变,但年龄效应有所减弱。这是一个自然的结果,引入维克街的年轻人
子类,吸收了一部分年龄效应。这里引人注意的是维克街的这种 242
优势始终不是靠的老年说话人。因此,对于维克街领先地位的解释似乎不太可能仅仅因为肯辛顿是最早的工人阶级街区。现在维克街的语言变化正以更快的速度进展,或者更准确地说,维克街没有发现任何费城社区从中元音前移后退的趋势。

表7.7 记录维克街和年龄交互作用的(ow)变量再分析

	(*owC*)		(*owF*)	
	系数	概率	系数	概率
性别	73	0.0189	88	0.0049
20—29	130	0.0169	143	0.0018
30—39	155	0.0008		
下层中产阶级			115	0.0184
维克街<20	290	0.0008	275	0.0012
维克街20—29	307	0.0003		
南希道	158	0.0006		
克拉克街			-183	≤0.0001
r^2(调整)		34		32

表7.6中第三个元音变化(uwC)没有显示出任何有关因素之间的相互作用。下层中产阶级的峰值和维克街的引领地位保持不变。

(ay0)的情况

从各种表现来看,(ay0)的央化将遵循一种完全不同于其他变量的模式。首先,它是唯一涉及 F1 而不是 F2 的变量。其次,它也是唯一由男性主导的变量。表 7.8 是(ay0)加入街区因素的第四次回归分析的结果。①,因为变化的方向是降低音核的 F1 值,相应的效应也将显示出相反的特点。

表 7.8 表现出男性优势在加入社区因素之后有明显的加强。所有显著的年龄效应(第三次回归分析中最完整的数组)没有改
243 变。那么,加入中等程度的维克街成分只是一个简单的增量,变异解释量从 39%上升到 45%。

表 7.8　对(ay0)的第四次回归分析:加入街区效应

下划线数字表示增长 10%,黑体数字代表增长 20%或更多

	第三次回归分析		第四次回归分析	
	系数	概率	系数	概率
男性	36	0.0027	42	0.0003
20 岁以下	-131	≤0.0001	-133	≤0.0001
20—29	-112	≤0.0001	-109	≤0.0001
30—39	-53	0.0116	-62	0.002
40—49	-50	0.0152	-49	0.0145
50—59	-46	0.0352	-49	0.0209
维克街			-42	0.0079
r^2(调整)		39		**45**

① 在看表 7.8 时,我们一定要记住 F1 在声学表现中是 F2 两倍的空间,为了使社会制约的比较与此相一致,这里的数字也应该是双倍的。

考察表 7.8 的各因素之间所有可能的交互作用,结果没发现有这种作用。维克街的引领地位是独立于所有其他因素的。

7.5　街区效应的回顾

本章一开始就提出了费城有可能不会产生街区效应:费城方言在地理上具有统一性。显然事实并非如此:位于肯辛顿的维克街的引领地位已经在所有情况下都得到证实,包括以男性为主导的(ay0)的央化现象。此外,除了一个接近完成的变化(æhS)之外,维克街的作用很大并很显著。其他街区似乎只是偶尔出现这样的情况。对于接近完成的变化,两个南费城的工人阶级街区的效应与维克街一样强,因此这种效应可以看作是阶层的而不是地理的效应。不过对于处于中期的变化和活跃的新变化,只有维克街的效应一直不变。皮特街至少在年轻说话人中,对(aw)有效应;克拉克街出现在(eyC);南希道出现在(owC)。此外,克拉克街对于(owF)和(uwC)表现出负面效应,下文还要对此再做考察。

从维克街的引领地位来看,需要考虑如何跟第 5 章的发现相
联系的问题。在语言变化中,下层和中层工人阶级从来都不是主
导因素,而上层工人阶级或下层中产阶级却是一直领先。由此可 244
见,自下而来的语言变化的创新者来自当地社会中位阶层的更有
声望的成员。而地理效应却似乎指向另一个方向。表 2.3 显示出
肯辛顿在五个地区中平均收入最低,平均受教育程度最低,住房价
值也是最低的。这说明领先的是等级最低的街区。

这种情况本身其实并不矛盾。选取维克街并不是按照社会特点，而是作为一个地理区域，涉及这一地区的定居历史。不过，最好要知道街区内部是否还保留着弧形模式。图 7.3 分别列出维克街 18 位说话人和克拉克街 20 位说话人的散点图。图中的空间回归线显示每个社会经济群体在年龄和元音前化之间的联系。除克拉克街下层工人阶级外，所有的回归线大体都是平行的。在维克街，下层和中层工人阶级之间完全没有区别，但是由于代表上层工人阶级的只有一个“×”符号，所以弧形模式没有证据。在克拉克街，上层工人阶级的“×”占优势并位于图表上半部。

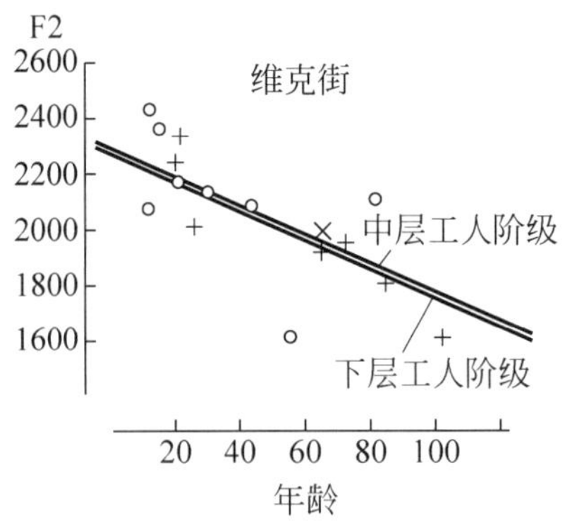

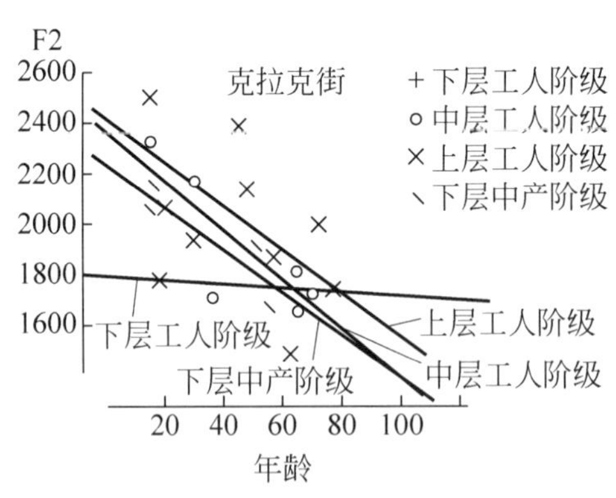

图 7.3　费城两个街区按年龄的(aw)前化散点图及社会阶层的回归线

表7.9给出两个街区分别对(aw)进行的回归分析结果。考虑到人数减少的情况，年龄组也减少为三类：20岁以下的年轻人组，20—49岁的成年人组和50岁以上的老年参照组。两组数字惊人地一致。主要区别在于克拉克街女性优势约为维克街的两倍，主要成人组的数值更高。

表7.9　维克街和克拉克街(aw)前化的回归分析，及每个年龄组的预期差异

	维克街		克拉克街		预期差异
	系数	概率	系数	概率	
常数	1828	≤0.0001	1558	≤0.0001	
女性	143	0.0515	264	0.0024	
小于20岁	396	0.0006	379	0.0003	287
20—49岁	225	0.0111	345	0.0017	150
50岁以上	0		0		270
上层工人阶级	164	0.2803	108	0.1579	
n		18		20	
r^2(调整)		56		67	

最后一栏是两个街区之间在每个年龄组的预期差异，是通过常量加上年龄系数得出的。很明显，维克街在每个年龄段都远远领先于克拉克街，这表明维克街至少从本世纪开始就在(aw)前化 245
上一直领先。这两个街区都有上层工人阶级的峰值。不过这对维克街意义不大，因为这只代表一位说话人的值。即使在克拉克街显著性也不足。考虑到弧形模式在克拉克街和类似街区占据主导地位，我们还需考虑怎样把维克街的领先地位与其他街区引领变化的社会阶层的缺失联系起来。

7.6 族群

族群是一种按照血统而赋予人们的一种社会身份,是一种后天习得的特性,而不是凭努力而获取的特性。它表明对问题“你是什么人”的答案。使一个族群区别于其他族群的特点也会使一个社会区别于另一个社会。在很多情况下,社区群体的中心是宗教系属,这不是出于个人选择,而是由于家族传统。米尔罗伊(Milroy 1980)和麦卡夫迪(McCafferty 1998)都把阿尔斯特[1]新教徒和天主教徒的区别归因于族群而不是宗教。生在克罗纳德[2]的年轻人成为天主教徒是根据家族成员的关系,并不涉及信仰问题。在美国,犹太人身份显然更是血统问题而不是宗教归属。另一方面,“新教徒”和“天主教徒”在美国并不作为种族身份。爱尔兰人、波兰人和波多黎各人的族群一般都是天主教徒,但在美国,新教徒与爱尔兰天主教徒的区分不是基本的族群区别,并不比天主教徒和非洲裔新教徒之间的区别更大。

246 在主要族群和次要族群的归属上有一定的个人自由。每个人都有主要和次要的族群身份。如果父母的族群相同,那么其主要和次要族群就是相同的。当一个人父母各属不同族群时,“主要”族群的归属就要基于他们的个人生活经历、社会关系、婚姻状态,及其自我认同。这项街区研究的 112 位受访者中有 33 位具有混

---

[1] 阿尔斯特原为爱尔兰一地区,今为北爱尔兰及爱尔兰共和国所分割。——译者

[2] 克罗纳德是爱尔兰最早的教会所在村落。——译者

合的族群身份，这自然反映出跨族通婚的程度。因为族群并不积极地扩充新成员，族群只是通过阻止跨族通婚来长期保持下去，这28%的程度代表了族群认同问题的局限或弱点。同时，与其他族群成员的婚姻并不意味着这是与社会结构无关的个人选择，因为众所周知，婚姻中的两个人因接触频率而紧密相联，而一个城市里不同族群之间的接触程度是超出个人控制之外的社会力量的产物。

考虑到前几章重点关注的五个社会因素——社会阶层、年龄、性别、街区和族群——似乎理应是族群对语言变化具有最强的作用。族群像语言一样，是直接从父母那里传递而获得的。语言与族群之间通常有密切联系。即使在美国，外来语言通常是两代人以后就被遗弃，在本土出生的第一代人还是会主动了解父母的母语，并几乎一直都有很强的被动了解。因此，如果一个社区拥有大量具有这种外语背景的说话人，那么这个社区的语言将会受到影响，而他们的族群将是区分语言变化中的说话人的主要因素。不过这个预测一直没有证实。

跟现在语言变化的研究关系最大的族群研究将关注那些少数族群，他们放弃原来的移民语言而改用英语，同时又因为父母或祖父母的母语影响而跟其他说英语的人仍有区别。少数移民族群的母语对于主流语言的影响可以称为吸附效应。我们目前将特别关注那些引发或推动进行中的语言变化的吸附效应。

在建立任何关于族群跟语言变化关系的普遍原理方面，应该特别谨慎。弧形原理的普遍性是基于所有大城市都显示出社会经济分层的事实。以下的章节将说明性别差异遵循极为普遍的原

247 理,以不同社会中男性和女性关系的某些恒定性为基础。但是,尽管大多数复杂社会的人口都可以按照族群来划分,可是这些族群之间的关系以及他们对语言的使用,在全世界都没有统一性。因此,关于吸附效应的研究结果也将局限于它们所在的那些社会类型:具有强大语言同化能力的大型发达国家。

除了南部各州之外,所有北美大城市的人口都包括大量的移民族群,他们不再使用移民语言已经有一代或两代之久。在纽约市下东区,只有很少的居民有最初的荷兰或英裔族群的联系。大多数东部大城市的人口都是由连续不断的欧洲移民浪潮所构成,其特点在过去 50 年中发生了巨大变化,变化模式类似于第 2 章所描述的费城的情况。19 世纪中叶,爱尔兰和德国移民是移民模式的主体。到 19 世纪末至 20 世纪的前 25 年,最大的移民群体是意大利人、俄国和东欧的犹太人、波兰人、希腊人和乌克兰人。20 世纪下半叶,移民人数最多的是说西班牙语的移民,最近则是由来自东亚的不同群体。

鉴于说话人的族群跟语言特征有最密切的联系,人们却惊奇地发现不同族群使用的英语差异很小。在纽约市、费城、波士顿和北方城市的社会语言学研究中考察的所有社会因素中,说话人家庭的族群和移民语言知识的影响最小。此外,这些影响大都与我们从移民语言结构中预期的方向大为不同。在纽约市,除了非洲裔美国人之外,所有族群都参与了/æh/和/oh/从低到中再到高的高化过程。意大利人表现为明显更高的/æh/值,犹太人更倾向把(oh)高化(Labov 1966a)。如果第二代(即美国本土出生的第一代)把意大利语或意第绪语的元音系统带进他们的英语,那不是人们预料的情况了。东欧的任何意第绪方言里都没有后高内滑元音[oə]；第一代的意第绪口音的英语把/o/和/oh/都发成后低元音[ɒ]，把/æ/发成[ε]。意大利语南部方言并没有内滑高元音[eə]或[iə]，而第一代的意大利口音的英语却把[æ]发成[a]。这说明族群影响通常可能都是直接影响的对立面，这是由于人们普遍希望避免父母的外语口音的低俗特征所引发的。

如果存在这样一种矫枉过正的模式，它并非语言接触的直接结果，而是一种更普遍的因素，随着外语知识的减少而一直存在。如 248
果这是语言接触的结果，那就可以预测这种优势会在第二代(即本土出生的第一代)中更强，而在第三代中减弱。表 7.10 对纽约市严格匹配的两组受试者做了这样的比较：上层中产阶级的青年男性犹太人对比工人阶级的老年女性犹太人。第二代和第三代在各点上的得分都没有显著差异，并且实际上大部分都相当接近(Labov 1976)。

表 7.10　父母在外国出生和在美国出生的纽约市受访者的语音变量

	上层中产阶级年轻男性犹太人(21—39 岁)				工人阶级老年女性犹太人(40—65 岁)			
	(æh)分数		(oh)分数		(æh)分数		(oh)分数	
	第二代	第三代	第二代	第三代	第二代	第三代	第二代	第三代
样本数	3	6	3	6	6	3	6	3
平均值	31.0	30.3	27.0	24.5	28.6	28.6	19.9	20.6
标准差	7.8	5.8	1.6	4.8	3.9	10.0	3.5	1.1
t 值	0.15		0.86		0.47		0.33	

拉费里埃(Laferriere 1979)在波士顿的一项研究，主要集中

于族群的社会语言模式,结果进一步强化了族群的矫枉过正模式作为基本机制的主张。研究的主要语言变量是 *for*、*morning*、*short*、*fork*、*or* 这些词中的后低元音[ɒ],代表方言中的/ohr/音位,区别于 *four*、*mourning*、*port*、*ore* 等词中的/owr/,发音是半高内滑元音。由于后低元音是波士顿方言的传统低俗特征,很多说话人在使用/ohr/和/owr/之间表现出离散性摆动。图 7.4 显示三个族群使用后低元音的百分比。正如纽约市研究的那样,这里是意大利裔跟犹太人相对立。对此的一种解释是犹太人对于波士顿的/ɔhr/所传达的社会印象更加敏感,或者也许是不想让别人把自己看作波士顿人。不过还有一种语言学上的普遍性:跟纽约的情况一样,第二代和第三代的犹太人更倾向于使用后高内滑元音。

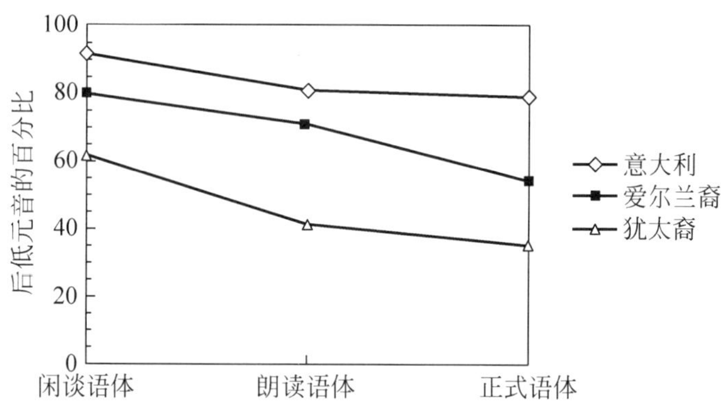

图 7.4 波士顿三个族群在三种语体中把/ohr/发为[ɒ]的百分比

(出自 Laferriere 1979)

另一个对犹太人社区的研究是纳克(Knack 1991)关于大溪城(Grand Rapids)的报告。她访谈了当地 33 位中年上层中产阶级居民，注意追踪犹太人和非犹太人的语言差异。她的样本平均分为犹太男性、犹太女性、非犹太男性和非犹太女性。研究的主要语 249
言变量就是纽约市犹太人更为领先的变量，即 *talk*、*law*、*cost*、*off* 等词中的(oh)，与拉费里埃研究的特征有密切联系。大溪城是北方城市音变涉及的北方内陆城市之一，如第1卷第5章所述，(oh)逐渐变低并前移，但始终与前面的(o)保持一定距离，而(o)移动到更靠前的位置。在纳克的数据中可以看到，犹太人和非犹太人都参与了北方城市音变，但犹太人跟随潮流的步伐要慢得多。

纳克采用跟纽约市研究中类似的主观印象指数标示元音高度：1[o]，2[ɔ˔]，3[ɔ]，4[ɒ]，5[ɑ]。犹太人和非犹太人在这个尺度上的差异很小，却是一致的。数据分析(她文中的表9.1)表明，非犹太人的平均值是4.12，标准差为0.14；犹太人平均值为3.75，标准差0.25。因此这两组之间的重叠并不大。纳克发现了一种性别差异，但只是在犹太人内部。表7.11是一个回归分析，与本章前文相比较，显示了性别和族群之间的相互作用。

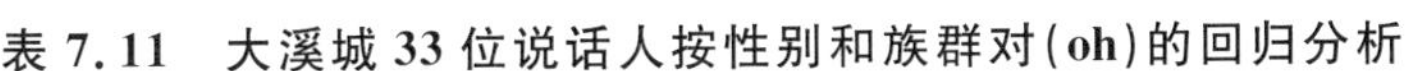

表7.11 大溪城33位说话人按性别和族群对(oh)的回归分析

	系数	概率
常数	4.12	≤0.0001
犹太女性	−0.47	≤0.0001
犹太男性	−0.27	0.0044
r^2(调整)		49

来源：Knack 1991，表9.1

这些结果似乎证实了一种观点，意第绪语的背景跟(oh)的上升、后移和圆唇之间有联系,这最好是解释为对于第一代语言模式的反作用。这就提出了一种反向作用原理:一种外语背景对一个族群的主要影响是激发一种与这种移民语言方向相反的语言变化。不过,大溪城社区的历史表明有不同类型的解释。这个社区最初是不说意第绪语的德裔犹太人于19世纪中叶建
250 立的,出自这一群体的改革教派仍是这个样本的一个重要部分。即使是对本地出生的大溪城犹太人来说,跟纽约的直接接触,都成为(oh)高化程度的一个重要预测指标,下一章还要进一步发展这些数据。

在本章下面几节,还要考虑很多其他神秘而令人困惑的族群效应,并不符合这个原理或其他已知的原理。

7.7 费城方言中的(r)

费城方言是一种具有r发音的方言。除了某些不同的词如*quarter*、*ordinary*、*forward*、*corner*,费城的白种人一直是把元音后的/r/发为一个紧缩的央辅音。然而,在一年中的任何一天,人们都能在第9街市场——在南费城意大利人聚居区的露天农产品市场——从摊主和小店主那里听到非常普遍的把/r/元音化的模式。最初的印象是不带 *-r* 现象集中在南费城的意大利社区。[①] 为了得到更准确的结果,对南费城三个地区的60位说话人的(r)

① 这是就白人社区而言。对于占费城38%的整个黑人社区来说,(r)是一个元音化程度更高的变量。

变量进行了分析，这三个地区分别是克拉克街(27 人)、皮特街(20 人)和福克斯(Fox)社交网络(13 人)。[①] 变量(r)在这里定义为底层的/r/在同音节的元音后面发生元音化或非元音化的现象，其中的同音节就是有后接的辅音或停顿，阻止它跟后面音节发生音节重组的情况。这个分析区分了注意话语与随意话语，采用第 2 章提出的标准，每种语体内部又分为三种语境：以单一的/r/结尾的重读音节，以复合的/rC/结尾的重读音节，非重读音节(几乎总是/ər/)。

第一步要区分费城人当中哪些人会清楚地把(r)的一些词例 251
发音为元音化，而哪些人不会这样做。这 60 位说话人几乎可以平均地划分为 26 位从来不把(r)元音化的和 34 位有时这样说的。只有一位说话人，即克拉克街的 66 岁的马特(Matt R.)在所有的语境和两种语体(31 中有 31 个)都把(r)元音化了，分值为 100%。其他 33 人表现出的(r)范围从接近 0 到 75，平均值为 39，标准差为 20。

(r)元音化是意大利语的一个特征吗?

表 7.12 是 60 位南费城居民的(r)元音化得分。意大利裔/非意大利裔的区别并不绝对却非常明显。左边列表是 37 位主族群为意大利裔的说话人，右边的列表是 31 位主族群和次族群都为意大利裔的说话人。

---

① 鲍尔(Anne Bower)对南费城的(r)音做了完全的记录。包括比主样本的 112 人更多的南费城说话人。

表 7.12 南费城意大利裔族群对(r)元音化的效应

	族群				总数
	主要		主要和次要		
	意大利裔	其他族裔	意大利裔	其他族裔	
部分(r-0)	25	9	23	11	34
没有(r-0)	12	14	8	18	26
总数	37	23	31	29	60
费希尔精确检验	0.0336		0.0086		

这是很明显的结果。在两种族群归属都是意大利裔的说话人中,23 位有(r)元音化发音,仅有 8 位没有。其他说话人大约有三分之二都一致表现为 *r* 的非元音化发音。

在意大利语背景与(r)元音化之间是否有语言上的联系呢?没有直接的相关性:南费城的移民使用的意大利南部方言和西西里方言都有一个很强的舌尖-齿龈颤音/r/,并没有我们所考察的这种变异表现。[①] 意大利语的/r/显然是一个辅音性流音,具有舌尖接触的[+辅音性]特征,这是英语的/r/所没有的。/r/元音化
252 很可能源于意大利社区,当具有意大利语音系的人刚开始说英语时会把这个元音后的/r/看作滑音而不是辅音,相对应地发出他们音系中最接近的元音性滑音。如果这确实是(r)元音化的起源,那么这个变量跟意大利语知识之间应该存在某种联系。

正如最初在第 3 章提出的,外语知识变量分为 6 个等级:0 没有外语背景;1 被动理解祖父母的语言;2 被动理解父母的语

① 在绝大多数情况下,意大利语中的/r/处于元音间的位置,但在少数词如 *per* 中是处于词尾的位置。

言;3只说外语到上学年龄为止;4偶尔跟老年人使用外语;5经常跟老年人使用外语;6以使用外语为主。表7.13显示(r)元音化的分布和35位说话人的意大利语水平,他们的主族群为意大利裔。尽管人数不多,但显然两者之间没有关联性。当分出那些次族群为非意大利裔的6位说话人之后,这一点就变得更加明显。这6位说话人全部在第一列的0等级:完全不懂意大利语。其中4人没有元音化,2人有部分元音化。第一列中主族群和次族群都是意大利裔的有8位说话人,其中7人表现出元音化,仅有一人没有元音化。显然,(r)元音化并非随意大利语水平的降低而减小。

表7.13　南费城意大利裔族群按意大利语水平的(r)元音化

	外语水平								
	0	1	2	3	4	5	6	无效	总数
无(r-0)	5	2	1	2	2	0	0	1	13
部分(r-0)	9	4	2	3	3	1	1	1	24
总数	14	6	3	5	5	1	1	2	37

同时,出现了一个相当大的性别效应。表7.14是性别对于意大利裔和非意大利裔说话人(r)元音化分布的影响。在男性当中,17位意大利裔说话人中有15人都表现出部分元音化,而14位女性中只是8位有元音化。其他族群没有出现性别效应。没有理由设想女性接触意大利语的影响会比男性更少。我们可以断定,(r)元音化是一个社会语言变量,而不是意大利语吸附作用的语言反映。

表 7.14　南费城意大利裔族群(主要和次要)按照性别对(r)元音化的效应

	男性			女性		
	意大利裔	其他族裔	总数	意大利裔	其他族裔	总数
部分(r-0)	15	2	17	8	9	17
无(r-0)	2	4	6	6	14	20
总数	17	6	23	14	23	37
费希尔精确检验			0.0336			0.0086

尽管这个分布最初好像是一种性别差异的有力证据,而多元分析却表明,它实际上是一个社会阶层因素。表 7.15 给出了以元音化程度作为因变量的回归分析结果。意大利族群(意大利-1=主族群+次族群)是第一个也是最显著的因素,作用达到 47%。

253 第二个因素是综合社会经济指数 SEC。[①] 这就产生了系数 - 7。因为在街区中的总范围是 SEC 2 到 SEC 10,SEC 效应的范围就是 56 分。SEC 在这里似乎是一个单调因素:SEC 指数越高,元音化倾向就越小。第三个因素到目前还没起过什么作用。这个因素把第 2 章讨论的两个紧密联系的指标合并起来:房屋维护(范围为 0—2)和社会流动性(范围为 0—2)。合并的指数是社会流动性加上房屋维护的值的二倍。[②] 这样得出一个 16 分的负因素。

---

① 在这里综合指数 SEC 要比任何单项指数更有用处。职业、教育或住房价值等这些单项指数中没有一个跟元音化现象有显著相关性。

② 房屋修缮在南费城尤为重要,这里的居民通过大幅度改变房屋正面、门廊、大门和窗户来显示自己的相对社会地位。这跟北费城的街区不同,那里的社会风气是要让自己的房屋保持与邻居房屋相同的外观。在 60 位说话人中,有些人的(r)音分析没有得出一项或另一项的评级。如果得到一个值,就扩展到整个指数范围;如果两个值都没有,就由整个指数的平均值代替。

表 7.15 南费城 60 位居民的部分元音化和无元音化的显著回归系数

	系数	概率
意大利裔-1	47	0.0001
向上流动性/房屋维修	-16	0.0170
社会经济指数	-7	0.0200
r^2(调整)		33%

这里出现的总体情况，是元音化现象集中在南费城的意大利裔居民中，是一种社会隐性因素：它的使用受到上升的社会地位和 254 向上流动性的限制。到现在为止还没有虚时的变化。

(r)元音化的分析

为了更清楚地了解南费城的(r)发生的情况，我们来考察它在34 位有一定程度元音化的说话人中间的分布。表 7.16 以重要性递减的次序列出四个显著系数。意大利裔族群是一个很强的因素，但在这里跟性别合并在一起：其他族群的女性或男性都没有显著性表现。房屋维护和社会流动性是南费城重要的社会特征，在这里只表现出中等的效应和显著性，但二者都有助于高水平的总

表 7.16 南费城 34 位说话人部分(r)元音化的回归系数

	系数	概率
意大利男性	38	≤0.0001
房屋 修缮	-7	0.0709
向上流动性	-10	0.0827
年龄	0.28	0.0467
r^2(调整)		56%

变异解释量:r^2 值为 56%。最后,这里有一些虚时变化的表现。中等水平的正年龄系数表明,说话人年龄越大,元音化程度就越高。如果其他条件都相同,年龄相差 50 岁会导致预期中 15%的差异。

(r)元音化还存在语体的随意和注意之间强烈而普遍的差异。表 7.17 是意大利族群和其他族群说话人以及男性和女性的语体转换。在以语体转换为因变量的回归分析中,对年轻的意大利裔说话人的这种转换有更强的表现(相差 17 分),即使一般情况是年龄越大越倾向元音化。

表 7.17　南费城(r)元音化按照族群和性别的语体效应

	意大利裔	其他族裔	男性	女性
注意语体	23	7	27	7
随意语体	40	15	42	19

255 ## (r)在重音条件下的内部差异

当我们把那些在分布和发展中有显著差异的音位变体区分开时,南费城(r)音的社会语言学特点就表现得更为清楚了。在 *neighborhood*、*father*、*her dog* 这些词语中非重读音节的表现跟重读音节有相当大的差别。表 7.18 表明对重读的(r)有较强影响的两个因素。年龄是其中之一,相关系数为 0.7,年龄差异 50 年会有对应元音化速率 35%的差异。另一个同样强大的因素是意大利裔男性身份的效应。换言之,意大利男性的元音化优势伴随着所有年龄组中的元音化普遍下降。这种情况本身并没有增进我们对于自下而来的语言变化原理的了解。(r)是否元音化是一种吸附效应的结果,在这里显然是作为一种地位较低的低俗土语的特征,已经被那些社会地位向上流动(表 7.15—表 7.16)的人们所摒弃,在年轻说话人中间也已经减少了。这跟在贝尔法斯特和其他欧洲城市以及美国乡村方言中观察到的方言整平效应没有特别的不同之处。因为这种类型的趋同现象是摒弃低俗语言形式的普遍趋势的一部分,符合正常言语的一般规范,不需要多做解释。

表 7.18　南费城所有部分度元音化的说话人的(r)的回归系数

	重读		非重读	
	系数	概率	系数	概率
年龄	0.7	0.0042		
意大利裔-2 男性	29	0.0030	21	0.0535
r^2(调整)		45%		12%

对非重读的(r)来说,情况大为不同。回归分析表明仅有一个勉强算作显著性的因素对它有影响,意大利裔男性系数为 21,概率值为 0.055,变异解释量仅是 12%。与重读的(r)相反,非重读的(r)保持着稳定状态。因此,这是从普遍元音化作为意大利裔男性的显著特征改变为非重读(r)不明显的元音化作为南费城大部分社区的共同特征。实际上,我们已经在北费城的年轻人当中观察到了非重读(r)一定程度的元音化,但从未发现重读(r)的元音化现象。

因此,费城方言(r)的发展代表了族群效应的衰减,以及这个 256
变量的非重读形式的普遍化。

7.8 其他尚未解释的吸附效应

我们对于南费城的(r)元音化没有做出语言学的解释,这并非特例。还有其他一些语言变量的出现跟族群有较强的相关性,逻辑上是基于语言吸附效应,却不符合任何语言学解释。下面我将简要介绍三个有详细记录的实例。

斯拉夫语对/o～oh/合并的作用

关于族群影响最引人注目的例子可能就是赫罗尔德(Herold 1990;见第1卷:321—327)所记载的东宾夕法尼亚的/oh/和/o/合并现象的迅速扩展。赫罗尔德证明这个音变集中在煤矿区的小镇,随着从东欧迁入的大量斯拉夫语的矿工,那里人口的族群构成发生了突然的逆转。然而,她没有发现把移民所说的语言与这种合并现象相联系的机制。匹兹堡在更早时期也表现出一种同样的合并,同样跟波兰语人口的大量移民有密切联系,但波兰语具有半低的后圆唇元音与后低非圆唇元音的对立。目前并未发现在波兰语吸附跟/o/和/oh/的合并或/aw/的单元音化之间有令人信服的联系。

let 与 *make* 的混淆

语言学560班的学生们在南费城研究中观察到一系列话语,反映了*make*(使)和*let*(让)之间的区别发生逆转或中和的现象。例如,当发现一位女士的丈夫在舞会上向几个女性献殷勤时,一位朋友问她："How could you **make** your husband dance with all those women?（你怎么会让你丈夫跟那些女人一起跳舞呢?）"在讲述中，一位南费城女性这样说："It would **let** Jesus cry.（简直让主都掉泪啊。）"有个关于婴儿差点被烫伤的故事中有这样一句话："She **made** her baby get burned.（她让宝宝烫着了。）"

这些仅仅是少数几个句子，都是意大利裔美国人说的。为了找出它是否有什么普遍的依据，贺基（Hoekje 1978）设计了一个现场实验，请他们所研究街区中的 25 位成员对含有 *make* 和 *let* 的八个英语句子做出用 *let* 还是用 *make* 的语法评判。非意大利裔 257
受试者在 152 个判断当中有 149 个是一致的，而意大利裔受试者在 102 个判断当中只有 75 个是一致的。

这是非同寻常的差异。我们目前还不知道意大利语的 *lasciare*（使）和 *fare*（让）与英语的 *make* 和 *let* 之间的语义差异是否能够解释这个族群效应。

波多黎各人对 *later* 的用法

在 1980 年代中期，关于城市少数族裔与语言变化的关系的研究项目[UMLC]考察了北费城的欧裔、拉美裔和非洲裔社区中的语言形式的对照。在研究过程中，哈里斯（Wendell Harris）作为参与观察者注意到，波多黎各人所使用的英语中有一些话语与黑人英语中把 *later* 和 *earlier* 颠倒的用法有紧密联系。他录下很多这样的话，如"I was over your house later, but you weren't there.（我先前去过你家，可是你那会儿不在。）"显然，这里本来的意思应该是"earlier"。从那时以后，他一直注意这种现象的例子，只在这个波多黎各的社区英语中流行,但从未在其他地方的说话人中发现。我已经请教了很多熟悉西班牙语方言的语言学家,但我们一直没有找到西班牙语的 *tarde*(后来)和英语的 *later* 之间的任何对比可以解释这个吸附效应。

因此,结论一定是我们对于语言接触的机制的了解,特别是在语义方面的了解还不足以解释这种现象。

7.9 费城元音变化的族群效应

让我们回到费城的一系列元音变化,这是本次街区和族群讨论的焦点。总的来说,道理很简单:族群跟年龄、性别、社会阶层,以及街区的不同之处,在于它对于进行中的语言变化没有系统性的作用。在大多数音变中,并不存在族群效应。即使真的出现族群效应,它们跟已经确立的那些关系之间也没有相互作用,并且通常只是针对一个特定元音。除了一个可能的例外,族群效应对于我们理解费城元音变化机制没有起到什么作用。[①]

258 对于接近完成的变化(æhN)和(æhS),没有出现族群效应。对于活跃的新变化(eyC)也是同样的情况。在(aw)的前化中,有一种奇怪的效应:德裔说话人有 - 205 的系数。在这个变化中并无任何系统性。主族群和次族群都是德裔的四位说话人同在普鲁士王村,显然都是使用(aw)的保守形式。

① 在下文的所有讨论中,受访者只有当父母双方也都有同样的族群身份才被归属于这个特定族群。

在(uw)和(ow)的前化中确实出现了一个明显的族群效应。表 7.19 展现出意大利裔族群对于所有四个变量一致的负效应。而街区效应完全是添加性的，四个族群效应中有三个取代了街区效应。表 7.6 中(owF)和(uwC)在克拉克街的系数在这里由意大利族群的常规效应替代。如第 2 章所述，克拉克街是意大利裔最多的街区：在克拉克街的元音分析中，20 位受访者中有 14 位是意大利裔(还有一例是混合族群)。尽管意大利裔和克拉克街居民之间有很大程度的重叠，可是有足够的对照使回归分析判定——至少四例中有三例——意大利裔是前化的决定因素。因此，变异解释量仅有中等程度的增长：如表 7.19 最后一栏所示，调整后的 r^2 只增长了 2.5%，第四个变量(uwF)还略有下降。

表 7.19　费城街区研究中意大利裔族群对(uw)和(ow)的影响

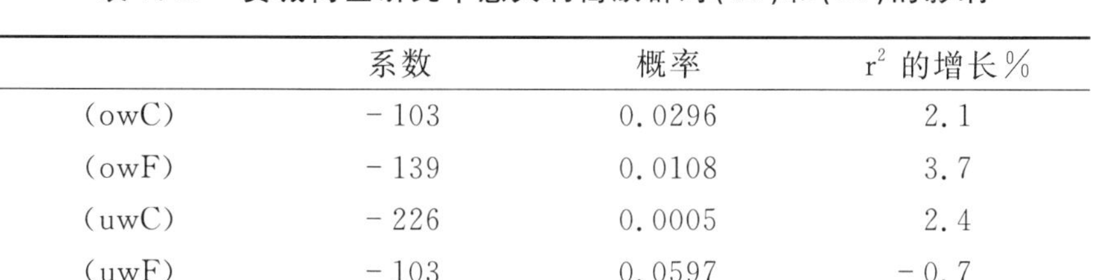

	系数	概率	r^2 的增长%
(owC)	-103	0.0296	2.1
(owF)	-139	0.0108	3.7
(uwC)	-226	0.0005	2.4
(uwF)	-103	0.0597	-0.7

意大利裔在后元音前化中为什么落后?

既然我们已经清楚地看到意大利裔说话人在(uw)和(ow)的前化中比其他族群落后 100Hz 到 200Hz，自然会有这样的问题，这是否可以归因于他们使用或懂得意大利语。毫无疑问，意大利语中有一个后单元音/u/，没有双元音化或前化的倾向，也没有证据表明迁居费城的移民说的意大利语有任何不同。如果是由于

[ɪu]或[ü]的缺失产生出表 7.19 的数据，那它本来也会在爱尔兰
259 裔或波兰裔的费城人中产生同样结果，而事实并非如此。就我所知，意大利裔美国人的语言经历中，并没有什么独特之处能够导致他们抑制后音核的前移。目前对这一事实还没有明确的语言学解释。这个族群效应缺乏语言学的动因，跟上文提到的三个例子是类似的。

7.10　语言变化中街区和族群的作用

对街区和族群的考察使我们进一步弄清了费城进行中的语言变化。现在很明显，维克街，这个最早的工人阶级聚居区，在我们所研究的几乎所有语言变化中都是最领先的街区。同样明显的是，说话人的族群对于进行中的变化过程几乎没有影响。这些发现可否使我们更加接近语言变化引领者的位置，或者它们是否能够有助于建构支配语言变化的普遍原理，仍然需要考虑。

如果要从纽约市、波士顿、大溪城和费城的族群研究中提取出一种普遍原理，那么它应该是否定性的。尽管基于移民语言的使用和了解所导致的语言差异跟族群之间的联系是合乎情理的，而事实证明，族群比那些与语言差异无内在关联的性别、年龄和社会阶层的效应更弱，也没有那么普遍。不论我们发现怎样的族群效应，都只是涉及语言系统变化过程中的一两个成分。这可能是由于两种语言系统不会总体上都不同，而只是在特定的结构点上有所不同。对于这一主张以及对于我们作为语言学家的成就感来说，遗憾的是很少能够通过两种语言系统的直接对比来预测和解

释族群效应。

街区研究并不容易产生语言变化的普遍原理。与性别或社会阶层不同,街区是特定历史事件的特定产物。维克街的某些特质有可能同样出现在伦敦或上海吗?我们已经多次提到这是最早的完整的工人阶级聚居区。方言地理学的一个普遍原理是进行中的变化会在发源地区达到最领先的程度,而那些扩散出去的外围地区则领先程度较低。[①] 这也表明,维克街在白人区中是最贫穷的。即使变革的主要代表来自人口中更具有向上流动性的群体,他们 260
自身也不能扭转这个变化发源地的地区优势。到目前为止,对大城市内部语言变化的地理差异的研究还很少。费城进行中的语言变化仍然由最古老最贫穷的街区主导,这个事实还不足以让我们预测在任何大城市中都是这种情况。

街区研究数据涉及的最普遍的问题是,目前费城的欧洲裔言语社区中这种结构上的一致性,到底是从一个始发中心向全市范围扩散的结果,还是有某种普遍因素平等地影响所有费城人的结果。第 4 章考察了费城音变在多大程度上受普遍的结构原理或受普遍的地区倾向所驱动。研究发现,费城方言的特征就是这个城市特有的结构可能性中的可选分叉点:短元音 **a** 的紧松配置,(eyC)和(ay0)的逆行变化,(aw)的滑音方向的逆转,/e/和/ʌ/在/r/前面的近似合并。

本章中发现的街区效应指向这些特征源于从一个局部中心的

① 这是解释英格兰南部元音大转移的程度的通用方式,第 1 卷第 17 章的地图中对此有说明。

扩散。显然,在进行中变化的过程中,费城人根据居住点的不同而有差异,尽管还有很多其他因素作为解释。现在来看,大城市的这种相对统一性可能是语言变化从一个中心发源地向周边扩散的结果,而不是一种同时作用于整个城市的普遍影响。虚时模式表明,处于中期的变化(owC)、(owF)和(uwC)以及三个活跃的新变化(aw)、(eyC)和(ay0)是从肯辛顿向外的扩散的。现在,(æh)的高化和前化在所有工人阶级居住区都很普遍,还不能肯定肯辛顿在更早时期是这个变量的发源中心。

(r)元音化代表费城方言系统内部的一个支流,表现出一种相似的模式。变化集中在一个特定族群——南费城的意大利裔——正在以最不引人注目的形式扩散到整个人口当中。

从肯辛顿向外扩散的活跃的新变化为寻找语言变化引领者带来了一个以前不存在的新问题。位于南费城的上层工人阶级的音变引领者和音变发源地的肯辛顿社区的中下层工人阶级说话人,二者之间有什么关系?这一问题将在第 10 章到第 12 章中按照社交网络影响力的流动重新加以考虑。在此之前,我们必须面对更为令人费解的语言的性别差异问题。

第 8 章　性别悖论 261

第 1 章对造成语言变化的可能原因的回顾，强调了布龙菲尔德的结论："音变的原因是未知的"，因为他承认"每一种可能的原因都靠不住"。20 世纪关于音变原因的讨论已经呈现为两极化的对自主因素的争论：是认为这些因素仅限于语言结构和言语行为；还是认为外部的社会因素具有主导作用。[①] 文莱奇、拉波夫和赫佐格（Weinreich，Labov and Herzog 1968）把这些因素细分为五个部分：突出的两个内部因素——制约和转换问题；两个外部因素——评价和驱动，还有一个双向因素——嵌入。然而，由于语言学家很好地处理了第 1 卷中的结构和发音因素，而社会因素却没有表现出同样的系统性，大部分语言学论述自然地只关注内部因素。甚至第 5 章探讨的那些组成社会经济层级的客观因素，也受到很多社会语言学家的怀疑（见第 2 章）。

当考虑到外部因素的时候，会有几种策略尽量减少详细考察的需要。一种是通过如密度原理这种纯机械性因素，来解释语言行为的多样化。密度原理把社会生活的复杂性抽象化，不需要研究有关说话人的社会地位或态度。

① 关于自主的立场，参见 Kurylowicz（1964）和 Martinet（1955）。关于社会的立场，参见 Thomason 和 Kaufman（1988）。

如果变化是交际行为的不同频度的产物,[1]那么反过来说,日常交流的说话人会表现出一种相应的同质性。任何面对密切接触而出现的变化都将是一种反例,并导致其他的解释。人们可能会提出,大城市社区内部层级化的变量会构成这种反例。然而,大型言语社区的垂直层级可能是不同交际模式造成的,尽管没有精确
262 的数据来证明。通过交际频度可以预测(aw)、(eyC)在大众中的传播,这并不是不可想像的。

第二种减少考察社会因素的策略是马丁内(Martinet 1955)提出的灾难性观点。[2] 音变的过程被认为是社会结构的一些分离的破坏造成的内部结构性后果所支配的。近年来,对过去的和现在的语言变化的定量研究的确把我们的注意力集中于外部因素的重要性:移民、入侵和其他对言语社区结构的大规模破坏。[3] 人们可能会接受这些发现,但仍然认为正常的语言变化完全由内部因素所决定:最小努力原则;频率和类推的作用;填补空缺与保持结构对称和边界安全的压力;最大化追求简单、透明和规则应用的趋势;对制约条件的"自然"重新排序。这种限制大大简化了语言变化的研究。在语言发展的任何阶段,找几个有代表性的说话人就可以提供所有必要的证据,而不需要去做人口抽样调查或参与社

① 见"作为一种交际形式的语言变化"(Labov 1974)。

② 显然,这也是传统生成派语言学家的观点。例如,乔姆斯基和哈勒(Chomsky and Halle 1968)考虑了诺曼人入侵和罗曼语词汇的大量涌入在改变英语基本重音模式中所造成的影响。

③ 在英语史中,近期的研究记录了这些社会变动在语言上的重大影响,如麦西亚霸权(Mercian supremacy)(Toon 1983)、第二次世界大战(Labov 1966a)和南方黑人向北方城市的迁移(Biley and Maynor 1987)。

会结构分析。

性别在反对这种在语言变化的解释中限制社会因素作用的努力中，起着至关重要的作用。没有人能否认妻子丈夫、兄弟姐妹之间，在日常生活中有亲密的交流。不过，在几乎所有已被研究的稳定的社会分层和进行中的语言变化中，性别都是一个强有力的区别因素。[1]

尽管不同性别之间的关系常常受到言语社区中灾难性变化的影响，性别关系并不像社会阶层和族群那样是由这些变化产生和决定。就我们所知，现存的性别关系并不是任何性质的变革所造成的，我们也从未发现过以消灭一种性别或另一种性别为目标的种族灭绝计划。尽管在我们要讨论的这些社会中，女性的经济地位有了根本性变化，但她们依旧承担着照顾孩子的主要责任，[2]仍然是居于次要地位的社会群体。性别差异看来是各种普遍存在的

社会因素造成的，它们比其他社会关系变化得更慢（Brouwer 263
1989）。因此，性别差异作为一种社会因素，必须作为一种持续的过程，加入对进行中的语言变化的解释之中。

我们每个人都同意性别是一种社会因素——语言不是按照性别的生物学差异而区分的。[3] 在现场调查中性别的归类是简单而直接的。尽管人们都知道造成差异的因素不是生物学的性别，而

---

① 比较显著的例外近来出现在远东地区城市的研究中：首尔（Hong 1991，Chae 1995）和东京（Hibiya 1988）。

② 美国人口普查显示，在 6，274，000 位妻子有工作的父亲中，有 1，164，000 位或 18.5%承担了照顾 5 岁以下孩子的主要责任。这与 1988 年 16.9%的数据相比略有上升。

③ 然而，请参见（Chambers）以及下文的（Gordon 和 Heath）所提出的观点。

是性别角色的社会范例,可是所有的性别差异分析都是先把人口划分为男性和女性,而不是从社会方面定义的男性化和女性化程度开始的。除非有具体的相反信息,实地工作者都会把性别记录作为一个确定而明显的社会因素,并假定这种性别的归类取决于受试者的生物性别,而无需明确地探求某个人的性别取向。① 考虑到性别与社会阶层的相互作用非常普遍,这种分类影响语言的途径无疑是通过社会因素间接进行的。

对于不同类型的语言变化,性别效应表现为不同的形式:稳定的社会语言变量,自上而来的变化,或者自下而来的变化。如果性别作为一个社会因素与语言变化紧密相关,那就很难把社会因素只局限于交际模式的机械效应或者遥远的灾难之中,而必然会导致对于其他社会因素的探究。

本章将首先介绍费城言语社区的性别分化,作为那些普遍认可的原理的一个实例。下面一章将运用费城数据解决那些以性别作用为中心的语言变化的难题,我们在第 10 章考察社会交际网络之后,将在第 11 章解决这些问题。

8.1 费城的稳定社会语言变量的性别差异

第 3 章中研究的那些稳定社会变量都显示出显著的性别效应。因为那一章的重点是社会经济阶层,对性别效应的规模、显著

---

① 尽管近年来出现了一些探索同性恋言语特征的研究兴趣,关于语言中性别差异的研究却仍然是描述男性和女性的人数,而不是“异性恋男性”“同性恋男性”等。

性和一致性没有进行直接的考察。表8.1显示，在费城语言社区的社会语言结构中，性别差异是一个稳定而显著的特征。在回归分析中把女性编码为1，男性编码为0。因此，表中的负值表明，女 264
性比男性使用非标准形式少10%—15%（变量(dh)的范围是0—200）。随意语体和注意语体的系数非常相似，表明这不仅仅是女性对访谈场合的特殊敏感。

表8.1　费城街区中稳定社会语言变量在情境语体上的性别系数

	随意语体	注意语体
(dh)	-27^{****}	-27^{****}
(neg)	-14^{**}	-15^{***}
(ing)	-11^{**}	-11^{**}

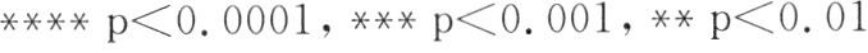
**** $p<0.0001$, *** $p<0.001$, ** $p<0.01$

图8.1显示不同社会阶层和语体中的男性和女性平均值，稳定变量的性别差异更为具体。第一个图表展示了五个不同社会阶层的男性和女性在注意语体（实线）和随意语体（虚线）中使用(dh)的平均值的性别差异。(dh)作为一个语体变量，对各个社会阶层和两种性别的作用都是同样的：随意语体比注意语体有更高的值。除了最低社会阶层之外的所有阶层都是男性的值高于女性。[①] 性别效应是一致的，但规模并不大：一般来说，语体是比性别影响力更强的因素。除了一例之外，两条虚线都高

① 最低社会阶层中模式的逆转在三个变量中有两个是成立的，但并不显著。这可能是因为人数都不多的原因：下层工人阶级群体中只有三位女性。这也有可能是表现出了一种普遍趋势，即在最低社会阶层中性别差异会逆转，因为最低阶层中的女性无法获得普遍接受的语言规范（Nichols 1976）。

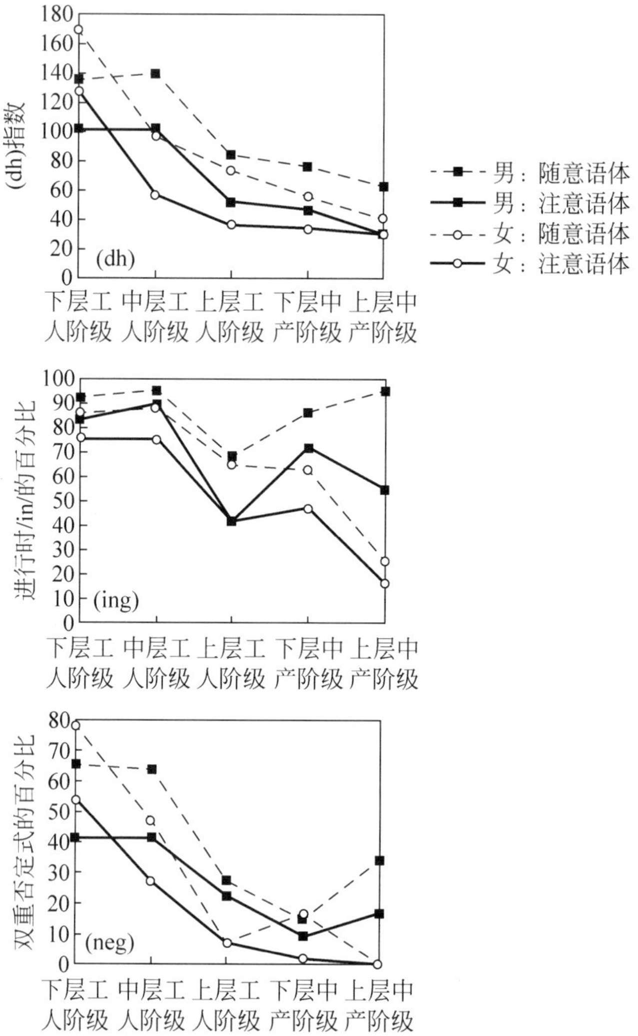

图 8.1 费城街区中三个稳定社会语言变量按阶层和语体的性别差异

于两条实线。中层工人阶级的性别差异最明显;以性别为自变量,进行独立样本 t 检验,对于特定阶层和语体的性别比较中,中层工人阶级是唯一有显著差异的阶层(两种语体都在 0.05

水平)。[①]

图 8.1 中(ing)的情况与此不同。性别差异虽小但相当一致,两
个较低的社会阶层都拥有较高的(ing)值。上层工人阶级的(ing)值明
显下降,性别差异也消失了。然后在两个中产阶级群体中出现了极端
的性别差异:男性在随意语体中有很高的值,而女性在两种语体中的
(ing)值都较低。因此,总体情况表现为(ing)对于中产阶级是一个显 265
著的性别标记;这种作用在随意语体中较大并且显著性在 0.01 水平。

图 8.1 也表现出在双重否定的使用上两个较低阶层和三个较高阶层显著的预期差异。这里同样是除下层工人阶级之外,女性的值都低于男性。最极端的性别差异又是出现在上层中产阶级,在随意语体的作用显著性在 0.01 水平上。[②]

这些结果表明费城语言社区中女性的语言行为各有不同;语体、性别和社会阶层三者之间有着密切而复杂的互动关系。同时,绝大多数的语言观察符合表 8.1 的总体结论:女性比男性更少使用低俗语言变量。

8.2　女性的普遍语言遵从性 266

范围最广泛和例证最全面的社会语言学普遍现象可能就是女

---

① 然而,如果我们把最低阶层的性别差异缺失作为那个阶层的一种正常情况,那么其他四个阶层的阶层差异的综合显著性就会在 0.01 水平之下(相当于个体概率负对数的总和的两倍)。

② 跟我们对(neg)的明显的社会分层的期望相偏离的是上层中产阶级男性在随意语体中相对的高值(35)。这可能是由于采访人佩恩(Arvilla Payne)与普鲁士王村中产阶级受访者之间建立起来的高度密切的关系造成的。

性对于稳定社会语言变量的谨慎行为。这可以概括为原理 2,即女性的语言遵从性:

对于稳定的社会语言变量,女性比男性表现出更低比率的低俗变体和更高比率的高雅变体。

支持这个原理的证据来自对于常见的语言变量在大范围的言语社区进行的广泛研究,包括在农村和城市、西部和非西部。

稳定的社会语言变量

人们研究最多的英语变量之一是(ing),就是我们在费城考察的[n]和[ŋ]在非重读/ing/中的替换。在新英格兰(Fischer 1958)、纽约市(Labov 1966a)、底特律(Wolfram 1969)、诺里奇(Trudgill 1974b)以及英国很多其他城市(Houston 1985)、澳大利亚(Shopen and Wald 1982,D. and M. Bradley 1979)、渥太华(Woods 1979)、费城(Cofer 1972)和很多其他地区,人们都发现女性比男性更多地使用高雅形式[ŋ]。对一个姓泽克(Dzerk)的家族所做的研究(Mock 1979)中显示,十几岁的孩子就会表现出其父母在(ing)上的性别对立。

英语齿间擦音/θ,ð/的调查为女性避免不规范的塞擦音和塞音的倾向提供了广泛的证据,调查地点分别在纽约市(Labov 1966)、底特律(Shuy,Wolfram, and Riley 1967,Wolfram 1969)、北卡罗莱那州(Anshen 1969)和贝尔法斯特(Melroy 1978)。在纽约市(Labov 1966)、底特律(Shuy, Wolfram, and Riley 1967, Wolfram 1969)、亚拉巴马州的安妮斯顿(Feagin 1979)和费城的调查中,还发现在双重否定的使用上有显著的性别差异:女性比男

性更少使用低俗的语言形式。

在一项单独的调查中，沃尔夫拉姆（Wolfram 1969）记录了底特律的非洲裔女性在九个非标准变体中相对保守的行为：否定和谐，(ing)，*th* 的塞音形式，词末-*t*、*d* 辅音丛的简化，词末舌尖塞音的省略，(r)元音化，第三人称单数/s/的省略，系动词的省略。唯一没有显著性别差异的非标准变体是使用不定式 *be*。[①]

在蒙特利尔的研究（Thibault 1983）显示了魁北克女性在使用一 267
些语言变量时的保守行为。对安大略省法语说话人的调查（Mougeon and Beniak 1987）显示女性比男性更少借用英语的核心词汇，如 *so*（0.41 对 0.59），也更少用口语连词 *ça fait que* 来代替正式连词 *alors*（0.32 对 0.68）。魁北克女性使用非标准的魁北克法语助动词 *je vas* 比男性少得多（0.26 比 0.39）（Mougeon et al. 1988）。所有这些研究都反映出女性更倾向于使用最高社会阶层和规范的语言模式。

在英国的格拉斯哥（Macaulay 1978），学校里的男生比女生更多地使用当地方言的低俗化元音。在西班牙（Silva-Corvalán 1986）的 *si*-从句中，条件虚拟语态和不完全虚拟语态的交替；在布宜诺斯艾利斯（Lavandera 1975）也有相同的研究。在社会语言敏感的变量焦点：反事实的结果从句中，男性使用非标准条件句要高出一倍以上。对智利的西班牙语冗余后缀的调查（Silva-Corvalan 1986）发现，男性倾向于更多地使用这种非标准形式。

---

① 这是一个非洲裔美国英语（AAVE）的成分，跟标准英语的任何特定特征都不对应。底特律的访谈与纽约市的下东区研究类似，都是由白人在相对正式的场景中进行的，而不是像在哈莱姆区或费城的研究那样在非洲裔美国人社区中进行，由此提供了最多的机会来观察黑人男性和女性在正式场合中的不同反应。

格雷格森(Gregersen)、彼得森(Pedersen)和助手们在哥本哈根的定量研究集中考察了短元音/a/从[ε]到[ɑ˃]的较宽范围内一系列音位变体(Gregersen and Pedersen 1991)。在舌尖辅音前和词末位置上,所有社会阶层的人都发为前元音;而在双唇音、软腭音和/j/前面时,工人阶级说话人会使用后元音变体而有所区别。对于这种社会特征的变体,存在着相当大的性别差异:女性使用的形式明显比男性更加靠前,即女性转向中产阶级的语音规范。

在悉尼对高中生的访谈中(Eisikovits 1981),艾西科维兹使用了12个英语变量,得到最显著的性别差异,男生比女生更多地使用非标准形式,这种倾向随着年龄增长更为显著。当他把所有话语划分为评论同伴讲话和回答访谈者提问两类时发现,男生在七个变量中有六个表现出与女生截然不同的反应模式(参见图8.2)。

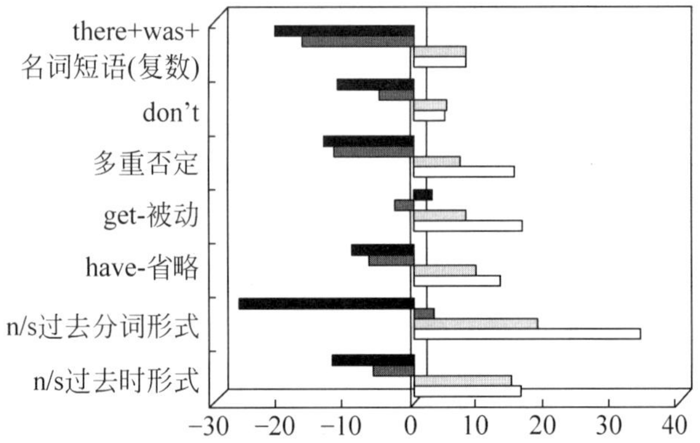

图 8.2 悉尼高中生按年龄和性别使用非标准变量的百分比差异(改编自 Eisikovits 1981,表6)

女性的保守倾向并不局限在城市、工业或西方的社会。在整个拉丁美洲,这种模式在大城市和偏僻的乡村地区同样存在:在加勒比地区(Alba 1990,López 1983),在南美洲的许多国家和许多语言中都是如此(Albo 1970)。席尔瓦科瓦兰(Silva-Corvalan)在智利圣地亚哥调查了西班牙语冗余后缀的使用情况。这明显是一个社会低阶层中的现象,因为在那些有12年及以上教育经历的人群中,这种用法仅有2个人只出现了2次。表8.2中展示了32位受过3年或3年以下教育的受访者的性别数据。青少年峰值只出现在男性中。而在费城方言的(dh)中,青少年峰值在男性和女性 268
中都出现,男性更加明显,如图8.3所示。

表8.2 智利圣地亚哥使用冗余后缀的年龄和性别差异

	年龄			
	4—6	15—17	30—45	50+
女性	3	4	8	10
男性	4	32	10	16

来源:Silva-Corvalán 1981

在阿根廷的巴伊亚布兰卡,温伯格(Weinberg 1974)考察了元音后/s/形式的保留和删除,这也是在第1卷第19和第20章报告的很多研究的主题。图8.4显示/s/的保留形式在三种语体和三个社会阶层中的性别差异。性别和语体是并行的,重量差不多,但它们并不是完全独立的。第3阶层的中等社会地位的女性,在朗读和注意话语中显示出语体转换差异比男性更明显,在注意话语中保留率达到88%,在朗读中为100%。

在台湾“国语”中发现(Lin 1988),在注意语体中,限制使用卷

p****<0.0001,***<0.001,**<0.01,*<0.05

图 8.3　费城街区研究中(dh)的注意话语回归系数中青少年峰值的性别差异

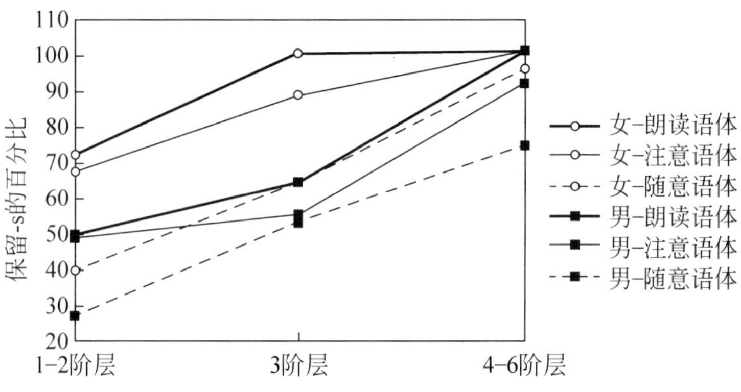

图 8.4　巴伊亚布兰卡社会阶层和语体的性别分层

(引自 Weinberg 1974)

舌辅音的最大单一因素是说话者的性别:女性从口语的舌尖音转为主要使用正式语体的卷舌音,而男性的语体转换更为中性。对
269 于首尔韩语的研究(Hong 1991)发现:在英语外来词 *radio*、*racket*

等词的词首流音向[l]的紧化中，除最低阶层之外，女性落后于男性。

并非所有的语言变量都有性别效应。波多黎各西班牙语/n/的软腭化没有显著的性别差异(Morales 1986)。在巴西葡萄牙语颚化、送气和非复数/s/的删除中没有发现明显的性别效应(Gryner and Macedo 1981)。对于几个东京日语变量的研究中也没发现明显的性别差异(Hibiya 1988)。但是，绝大多数变量确实显示了这种效应。直到最近，还没有报告男性比女性更为偏爱使 270
用高雅形式的情况。而近来在南亚和近东地区就出现了一些这样的例子。印度男性在报告自己所使用的言语形式时表现得更为保守(Jain 1973, Gambhir 1981)。在约旦首都阿曼，所有阶层的男性都比女性更偏爱使用有声望的 *qaf* 形式(Abdel-Jawad 1981)；这种模式同样在纳布卢斯出现(Abdel-Jawad 1987)。同样在德黑兰，所有阶层的女性都比男性更多地使用变量(an)和(æs)的本地口语形式(Modarwssi 1978)；而另一方面，对这个城市的另一个研究(Jahangiri 1980)发现，在 14 个变量中有 12 个显示出女性特征是避免采用低俗形式。[①] 不过有一个例子，在声门塞音的删除中，女性远远领先于男性。[②] 在研究伊拉克阿拉伯语说话人的三个社会语言变量中发现，在所有情况下，男性都比女性更多地使用标准形式(Bakir 1986)。图 8.5a(改编自 Haeri 1996)把三种数据

① 对于像 *Teher*[*un*](德黑兰)这样/an/高化为[un]的传统规范，男性和女性的值几乎是一样的。

② 不过，正如赫德森(Hudson 1995)所指出的，这是唯一没有显示出明显教育效应的变量，因此也不是一个明显的稳定社会语言变量的例子。

(Abdel-Jawad 1981, Schmidt 1986, Sallam 1980)放在一起进行对比，以显示这种模式的一致性。

于是，在两个穆斯林主导的社会中，第2原理所预期的男性和女性的位置发生普遍的逆转。首先对此做出猜测的解释是：女性可能在这些社会中较少地参与公共生活（Labov 1982）。但图8.5b显示，这种逆转现象普遍存在于各类受教育群体中。而且，在接触公共规范更多的教育程度最高的女性群体中，这种逆转程度更大。海丽（Haeri 1987）和阿布德尔-贾沃德（Abdel-Jawad）对近东地区这种性别行为的逆转提出质疑，认为这是基于把古典阿拉伯语的作用跟西方标准语言相对应的误解。海丽指出，跟这种标准规范最接近的不是古典阿拉伯语，而是女性实际上更为偏爱的现代城市形式的阿拉伯语——安曼用声门塞音取代/q/以及高雅的德黑兰口语形式——这些社会中的女性事实上跟其他社会的女性具有同样的行为表现。在图8.5的研究中，绝大部分女性使用的非/q/的发音，既不是贝都因人的/g/，也不是农民所偏爱

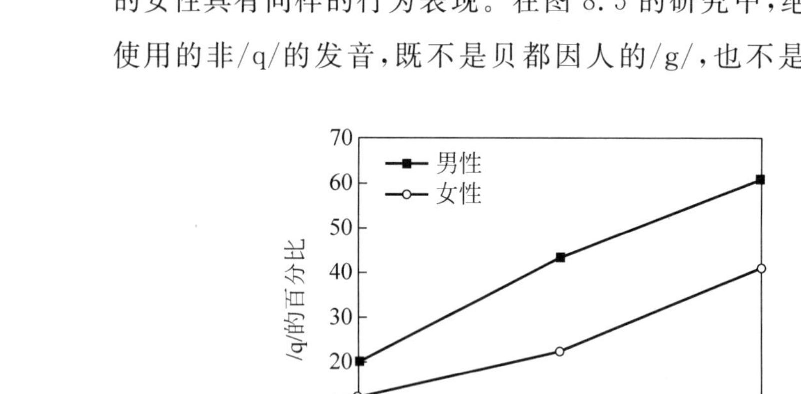

图8.5a　三个阿拉伯语研究中不同性别对/q/的使用情况

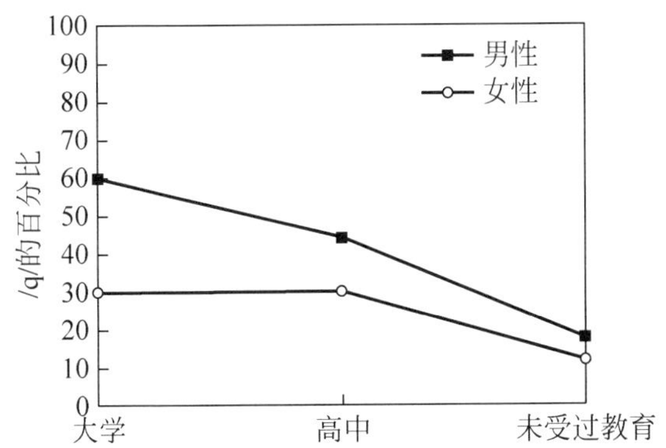

图 8.5b　穆斯林地区不同性别和教育程度对/q/的使用情况

的/g/，而是城市里的闭塞音/ʔ/。

为了使第 2 原理发生作用，女性必须能够接触到它所描述的高雅规范形式。尼科尔斯发现（Nichols 1976），南卡罗来纳州内陆的非洲裔美国女性从古拉语（Gullah）向英语的转换趋势不如在旅游发达的海岛的同胞那样明显。[1]

图 8.1 的费城数据表明，处于最低社会阶层的女性倾向于跟 271
男性同样地使用低俗变体。很多言语社区的研究发现，下层的女性不参与更广泛的社会语言规范系统。[①] 于是我们可以推论，第 2 原理仅适用于能够接触到这些规范的人们。

第 2 原理是一个强有力又范围广泛的概括，必须用言语社区中女性的社会作用来解释。偏离普遍模式的例子来自两个明确定

〔1〕 古拉人种（Gullah）是一群操着克里奥尔语的非洲裔美国人。古拉人是非洲奴隶的后裔。他们曾生活于海岛及南卡罗来纳州、佐治亚州及北佛罗里达州。——译者

① 希尔瓦（Silva 1988）提出，圣米格尔岛（Sao Miguel）葡萄牙语中/a/的传统后移发生逆转就是这样的实例，尽管他的 12 位受访者中的男性优势并不具有统计学的显著性。

义的文化地区：远东地区（东京和首尔）和近东地区。

272 性别与社会阶层的相互作用

稳定的社会语言变量按照性别和社会阶层划分的交叉列表，一直都显示出这些因素之间很强的相互作用，这跟图8.1—图8.3所显现的那些相互作用可以彼此对应（Labov 1966a；Shuy，Wolfram，and Riley 1967；Wolfram1969；Anshen 1969；Levine and Crockett 1966）。[1] 总的来看，居于次高地位的群体表现出最大的性别差异，语言安全感也最为缺乏（Labov 1966a），并且语体变换的坡度最为陡峭。下层中产阶级女性避免低俗形式并偏好高雅形式的倾向是最大的，而对于更低阶层以及上层中产阶级来说，这种倾向通常是最小的。

图8.6是底特律非洲裔美国说话人在使用双重否定的低俗形式的特征模式（Wolfram 1969）。左图（上图）是使用双重否定的比例。这里可以看到处于中间的两个群体的性别差异大于位于两端的两个群体。下层中产阶级的模式可作为判断的依据：下层中产阶级男性比上层中产阶级男性更多地使用双重否定形式；而下层中产阶级女性则比上层中产阶级女性更少地使用双重否定。

[1] 这一类相互作用很少在多元逻辑回归分析中表现出来，这种分析方法最初于1974年引入社会语言学领域（Cedergren and Sankoff 1974）。如上文所示，适用于内部因素的独立性假设对于外部因素来说却不太有用，而且在变量规则分析中加入外部因素的做法可能会掩盖更多信息。一个包括男性和女性的因素群组应用于整个社区并不少见，似乎性别是独立于社会阶层、年龄和族群之外的。实际上，这种做法正是对早期社会语言学的性别处理的批评目标（Eckert and McConnell-Ginet 1992），这跟很多早期的研究是相对立的，在它们的交叉列表中发现了反映性别效应的社会特征的相互作用。

图 8.6 的右图(下图)是在使用双重否定中男性对女性的比率,下层中产阶级表现出惊人的增长。

这种性别与社会阶层之间极端的相互作用,是社区中普遍认同的语言变量的典型特征,已经上升到传统规范的程度,成为公众讨论的对象。它们表现出极端的阶级分层和语体转换,这在 273

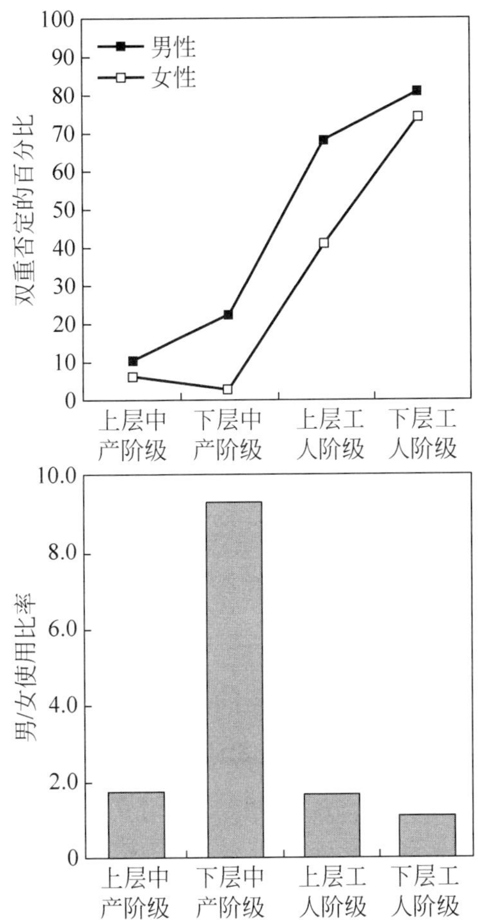

图 8.6　底特律非洲裔美国人使用双重否定的性别差异

(出自 Wolfram 1969:162)

图 8.7 的特拉吉尔(Trudgill)对诺里奇(ing)的研究中有清楚的表现。代表下层中产阶级女性的那条实线最为突出,从随意语体到注意语体的转换坡度也更为陡峭。

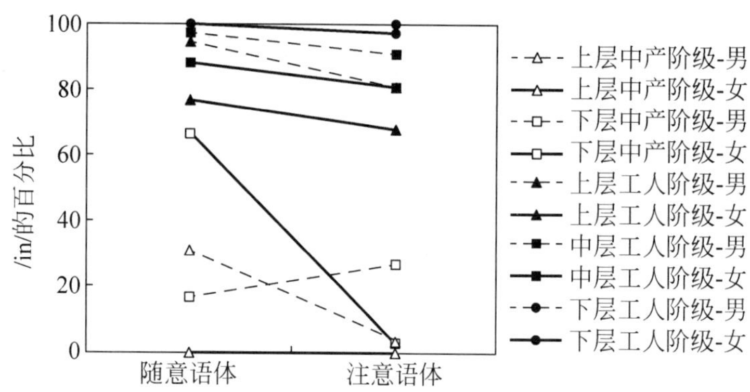

图 8.7 在诺里奇按照性别和阶层对(ing)的语体转换

(出自 Trudgill 1974b)

自上而来的变化

很多对于语言变化的报告都是研究那些人们所熟知的语言变量在社会分布中的交替。这些都属于一个总的类别,即*自上而来*
274 *的变化*:它们可采取从语言社区以外输入新的高雅特征的形式,或者在语言社区内重新分配已知的高雅形式。自上而来的变化有相对较高的社会意识水平,在正式语体出现得更多,通常会有矫枉过正的现象,有时还会形成明显的刻板习惯,类似于稳定的社会语言变量。既然自上而来的变化跟稳定的社会语言变量具有很多共同的特性,那么性别效应也会相同,女性在获取新的高雅形式和消除低俗形式这两个方面都起带头作用也就不足为奇了。这是社会地位次高群体矫枉过正行为的另一方面的表现,可以概括为第三原理：

在自上而来的语言变化中，女性采用高雅形式的比率高于男性。

在纽约市，采用（r）-发音规范的引领者是女性（Labov 1966a），巴黎链式音变的逆转同样是一种女性主导的变化（Lennig 1978）。在贝尔法斯特，*neck*、*desk* 等词的/ε/从[a]向[e]的高化受到女性偏爱（Milroy and Milroy 1978）。贝尔法斯特的城市女性在这个传统低化的逆转过程中跟随声望更高的城郊形式（第 352 页）。这是一种自上而来的变化，表现为更领先的形式在注意话语中出现得更多（第 357 页）。[①]

蒙特利尔说法语的女性比男性更快地放弃了*-ation* 中后元音[ɑ]的传统发音，转为欧洲标准[a]（Kemp and Yaeger-Dror 1991）。对于传统乡村方言的放弃通常是由女性引领的，在西班牙村庄乌希达（Ucieda）记录的词尾/o/高化到[u]的逆转就是这种情况（Holmquist 1987，1988）。克拉克（Clarke 1987）报告了加拿大拉布拉多省（Labrador）的舍沙丘（Sheshatsiu）村的一种阿尔贡金语（Algonkin）向蒙塔格奈语（Montagnais）的方言转换。这些现象大都代表对有声望的西南方言的采用，其中确实出现了性别差异（10 例中有 5 例），女性是变化的引领者。可见，女性对于高雅语言形式的敏感性在没有明显分层的社会中也同样存在。

从一种语言转换到另一种语言是有意识的转变，往往都是自

① 与此相反，/a/的后移作为一种新的口语趋势，是男性主导的，更多出现在最随意的语体中（见下文）。

上而来的变化，从匈牙利语到德语的变换就是这样（Gal 1978，1980）。语言转换，跟方言重新分布一样，通常都跟经济原因紧密联系在一起。因此，当语言跟只限男性的工作场所联系起来时，女
275 性的主导地位就不能保持了，如在巴布亚新几内亚，人口普查报告显示，男性使用官方语言的英语、巴布亚皮钦语（Tok Pisin）和希里摩图语（Hiri Motu）的是女性的两倍（Sankoff 1980：123，表 5.2）。

我们在稳定社会语言变量中发现的性别与社会阶层的相互作用，在自上而来的变化中甚至更为典型。在这些实例中，我们常常发现次高地位群体的成员超越了地位最高的群体所在的水平，产生一种“越位模式”，我们在纽约市 (r)音紧缩的引入中第一次看到这种模式。尽管地位次高群体的男性和女性都表现出这种模式，但女性的表现比男性更为突出。

对女性谨慎行为的解释

如果说研究性别差异的目的是把这种知识用于理解语言变化的原因，那么我们自然会提出这样的问题：为什么女性会遵循第二、第三和第四原理呢？这里我们遇到了难题。到目前为止，我们提出的理论都是基于观察和实验的，力求把语言科学建立在最坚实的基础上。这些研究发现形成了一种清晰和具体的定量模式，能够在全世界以非偶然的方式得到验证。然而，性别差异的社会阐释不可避免地要涉及关于态度和动机、文化和意识形态的猜测，而在这方面语言学家并不比任何其他人更为擅长。我们不能回避这个问题：“为什么女性表现出这样的行为？”不过重要的是，把答

案的不确定性与我们对已有知识的高度自信区分开来。下面我将概述几种相互竞争的解释，并说明与每一种解释相关的那些社会语言数据。得出的重要结论就是，这些解释都没有涉及本卷书关注的主要问题，即自下而来的语言变化中的女性行为。

最早的一种解释是基于两性之间的权力和地位的差异，使女性语言有更高遵从性。在回顾男性-女性语言差异时，沃尔夫拉姆和希林-埃斯蒂斯(Wolfram and Schilling-Estes 1998)强调了这个概念，即女性因经济实力小于男性，而更多依靠象征性资本(194—196 页)。如果这个假设可以用定量方式明确证明——经济力量越小，遵从性越高——这就可以形成我们在语言变化与变异研究中努力积累的知识结构的一部分。这种解释在很多研究成果中都找到支持的证据，这些研究显示女性对于高雅形式的遵守程度超过她们对言语表达的实际控制。女性在语言不安全感的测试中的

得分更高(Labov 1966a，Owens and Baker 1984)，在自评报告中， 276
女性倾向于过多报告高雅形式的使用(Labov 1966a，Trudgill 1972)。因此女性谨慎的社会语言行为被看作一种在社会经济上处于弱势地位的反映，也是一种心理的和社会的不安全感的反映。[①]

如果社会语言遵从性是性别之间的权力差异造成的，那么最

① 戈登(Gordon 1997)提出非常不同的看法：女性避免低俗言语形式是把这些形式与性放纵相联系的社会传统造成的。她对私立学校学生和实习教师进行主观反应测试，测量中产阶级对于三种人格构建的评价，把受过教育的、普通的和广义的新西兰话语与穿“上层中产阶级、中产阶级和下层阶级”不同服装的同一个年轻女性的照片相联系。“下层阶级”的人格几乎被一致认为是最有可能到处滥交的人。

大的性别差异就应该是在经济力量差异最大的社会群体中。第3原理指向社会地位次高的群体,即下层中产阶级,就是这样的群体。然而至少在费城方言研究中,这个群体的男性与女性之间的权力差异是最小的。很多下层中产阶级女性拥有的白领工作比她们丈夫的蓝领技术工人的职业升迁更快。

钱伯斯(Chambers 1995)提出了一种相反的观点,正面评价女性的语言遵从性,认为女性的语体变换范围更大是因为她们有更强的语言能力。

> 我们有理由这样假设……女性在神经心理上的语言优势导致社会语言差异,即女性比同一社会群体中的男性使用更多的语言变体,掌握更广泛的语体,尽管他们的性别角色是相似或者相同的。(136—137页)

钱伯斯回顾了心理学文献中的数据,说明在各种语言能力测试中,女性都比男性显示出一种虽然不大但很显著的优势。他认为这就是女性使用更多高雅形式和更少低俗形式的原因。换言之,女性更有能力做到人们认为她们应该做的事。

钱伯斯很清楚地认识到这个很小但却具有重要影响的事实。他认为这是生理原因而不是社会原因造成的,并列出了一些研究报告显示男性表现出更多的言语障碍(Kimura 1983)。但是我们如果认真细读这一文献就会发现,这些效应其实是社会原因而非生理原因造成的。他的主要文献来源是麦科比和杰克林(Maccoby and Jacklin 1974)的报告,其中很少提供语言行为的细节，但他们总结出三个总体结论：(1) 关于第一语言学习的早期研究中(1 到 3 岁)发现的女性优势随着时间而减弱；(2)没有证据表明从 3 到 11 岁存在女性优势；[①](3)女性优势的明确证据从 11 岁开始在学校考试成绩中表现出来。 277

舍曼(Sherman 1978)把一卷书全部都用于一个主题，即与性别相关的言语能力上的差异都跟文化联系在一起。霍尹加(Hoyenga and Hoyenga 1993)指出，这种现象的文化可塑性就是性别差异的大小随着时间而递减，当教育能力测试中的语文部分在 1972 年进行了改革之后，男性得到的分数就开始高于女性了。

测试分数中这种很小的女性优势(在大规模测试中不到 1%：Sherman 1978：43)使人很难理解它如何造成上述那种两性之间的巨大差异。如果我们处理的是一种缓慢增长的演进性变化，其中每一代都把自己的优势传递给下一代，那么这也许是有效的。但是如果钱伯斯的主张是解释性别分化的共时模式，这种生理优势就必须在每一代都能独立地产生这些巨大的影响。

把女性的遵从性归因于更高的言语能力还有一个困难，那就是按照这种预期，女性应该比男性更准确地观察和报告自己的言语模式。如果对语言符号的敏感性和使用这些符号的能力是女性更高的语言遵从性的原因，那么这就需要对于语言修正的行为和修正的目标具有更为准确的感知。而实际情况并非如此。如上所述，女性过度报告自己使用高雅形式的情况比男性多很多，在多数

① “……我们要注意，对于广大未选取的人口来说，情况似乎是从 3 到 11 岁并不存在言语技能的性别差异。”

情况下，男性在自评报告中比女性更为准确。[1] 因此这样的结论似乎是难以避免的，即女性的语言遵从性主要是一种社会现象，而非生理现象。

回到语言遵从性的社会性方面，我们可能会质疑跟不安全感和矫枉过正相联系的那些概念，即弱势、犹豫和困窘。当重新思考“语言不安全感”这个概念时，我认为它不是指社会的不安全，而是看作社会流动性的一个方面。“语言不安全感指数”实际上是测量受试者对于正确的外部标准形式的识别程度。在英语的历史上，创造这样的标准有一部分原因是来自商人阶层向上的社会流动性
278 (Leonard 1929)。[2] 女性的语言遵从性可以解释为，这反映了女性对子女的向上流动性承担更大的责任——或者至少是在为这种流动性准备必要的象征性资本。

在对于西班牙村庄乌西达(Ucieda)自上而来的变化从民族志方面所做的精深研究中，可以看到女性对于经济动机反应的显著实例(Holmquist 1988)。乌西达的隐性乡村方言以词尾的/o/高化到[u]为标志。年龄越小，[u]的使用就越少，女性在这个逆行变化中领先了很大幅度。这个研究还发现女性更明显偏好在城镇

---

① 不过，还是有例外的存在，特拉吉尔的诺里奇研究中男性过多地报告自己对于当地语言规范的使用(Trudgill 1972)，在印度所做的研究中，男性也过多报告自己对于高雅形式的使用(Jain 1973)。

② 在回顾18世纪开始修正语言规范的动机中，伦纳德(Leonard 1929:169)明确指出其重点在于提高绅士们的言语标准，只有很少一部分(Buchanan, Ash, Coote, Withers)以教化商人阶层为目的。不过，语言的“精英之战”确实是在那些必须赢得并证明自己士绅地位的人中间进行得最为热烈。人们热议中的《关于英语语言的思考》(Robert Baker 1770)一书作者自己就是这种向上流动性的实例，他承认“只受过六年的学校教育，没有学过希腊语，拉丁语也只有刚好忘光的程度”(Leonard 1929:174)。

的工厂里工作，男性更愿意在经济边际的山区农场工作。这种乡村农业模式更为极端的形式是使用一种专门适应的山地动物，而更多的现代化农民已经向乳品农业转变。图 8.8 显示，新加入的[o]形式跟性别和从农场到工厂的工作转变具有高度的相关性。
而且在工厂工人中间似乎性别效应也消失了。这个发现意味着女 279
性的语言遵从性可能代表着对经济和社会条件的直接适应，正如盖尔(Gal)对语言转变的研究中所发现的那样，并不一定要通过为子女求取优势的间接方式来调节。

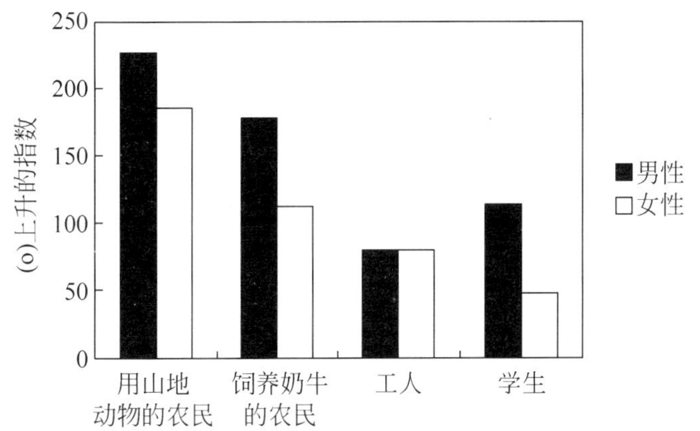

图 8.8 乌西达按照性别和职业对本地传统/o/高化的替换

(引自 Holmquist 1985)

因此，人们可能认为，随着女性进入职场，我们在这里看到的性别差异将会开始消失。然而，在纽约下东区研究中只是集中关注活跃在职场的群体，还是出现了男性与女性之间常见的差异。对于稳定的社会语言变量(th)，13 位职业女性表现出均值为 19.4，而 28 位职业男性的均值为 42(Labov 1966a：图 15，第 8 章)。在阿姆斯特丹的男性与女性的研究(Brouwer 1989)就是为直接检验这个问题,把职业女性与家庭主妇对荷兰语宽元音的使用进行对照。按照预期,职业女性会倾向于使用职业男性更为常用的土语规范。但是,这种效应没有出现:这两组女性群体之间并无显著差异。这意味着女性在职业上和生活方式上的变化不会直接引起语言行为的改变。那么,我们面对的是一种悠久的文化模式,一个客观的社会事实,而不是每个人对现状作出反应的结果。

8.3 自下而来的变化中的性别差异

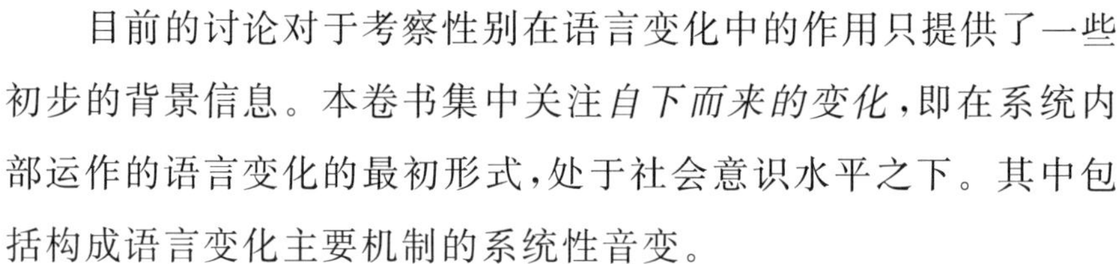

目前的讨论对于考察性别在语言变化中的作用只提供了一些初步的背景信息。本卷书集中关注*自下而来的变化*,即在系统内部运作的语言变化的最初形式,处于社会意识水平之下。其中包括构成语言变化主要机制的系统性音变。

主要趋势:女性领先

对进行中语言变化最早的报告出自戈沙(Gauchat 1905),他在瑞士的法语村庄沙尔梅(Charmey)发现,女性在(aː)和(eː)的双元音化与(a°)的单元音化方面比男性至少领先一代人。赫尔曼(Hermann 1929)重新造访沙尔梅,发现除在/r/前的双元音化之外,这些变化已经接近完成。表 8.3 显示,对于那些继续进展的变量,女性处于领先地位。另一方面,证明了/θ/在代词中的送气是一个稳定的社会语言标记,跟本世纪之初水平相同,在这里的差异很小。

表 8.3　沙尔梅 1929 年三个变量的性别分化

(引自 Hermann 1929)

	男(总数=21)	女(总数=19)
进行中的变化	(%)	(%)
/o/→a^{o}在/r/前	58	70
/e/→e^{i} 在/r/前	33	69
非进行中的变化		
/θ/→h 在-tu 中	80	86

过去几十年里,通过量化方法研究的大多数进行中的语言变 280
化中,女性都是领先于男性:在纽约市有(æh)和(oh)的高化,以及(ah)的后移和(aw)的前移(Labov 1966a);在诺里奇有(el)的后移(Trudgill 1974b);在巴拿马城有(č)辅音弱化(Cedegren 1973)。对北方城市音变的最早描述来自法索尔德(Fasold 1969),他在底特律问卷调查中考察了 12 位男性和 12 位女性对(æh)、(o)和(oh)前化的发音,发现女性的这三种发音都处于领先地位。对底特律郊区的一所高中学生所做的北方城市音变研究发现,女生同样是在这三个变量上领先男生(Eckert 1986)。[①] 在伯克利地区新出现的/ow/的前移现象中,女性大大领先于男性(Luthin 1987)。类似的观察结果遍布整个西海岸。

对于南方音变的数据少于北方城市音变,但我们仍有证据表明,其中女性是领先的。对一个奥扎克(Ozark)家族九位成员的研究显示,年轻女性在/ey/音核的下降和后移中居于明显的领先

① 不过,女性优势并未延伸到北方城市音变的其他两个成分:(e)和(U)的后化。

地位（Mock 1979）。[①]

在美国南部和西部，一些最为活跃的音变包括/l/前元音的松化，使得 *steel* 和 *still*、*sail* 和 *sell*、*fool* 和 *full* 成为同音词。在北卡罗来纳州杰克逊县的阿巴拉契亚方言的/ey/松化的考察中，发现女性的明显领先地位（Nicholas n. d.）。在犹他州盐湖城的山区对三个元音的调查中发现有类似的结果。音变主要流行于青少年，而且女生在三个元音中都领先于男生：（iyl）为 53%对 0%，（eyl）为 60%对 7%，（uw）为 47%对 20%（Di Paolo 1988）。在得
281 克萨斯州农工大学（A&M）同样发现了女性在（iyl）松化中相似的主导作用（Bailey et al. 1991）。

在加拿大考察（aw）的新规范的发展，前化发音先是发生在词尾清辅音之前，而后就逐渐代替了传统的央元音（Chambers and Hardwick 1985）。如图 8.9 所示，女性在多伦多和温哥华都是引领者。另一方面，多伦多的年轻男性则表现为相反的倾向，用后圆唇元音来代替这个双元音。

282 在拉丁美洲西班牙语的很多社会变异研究中，仅发现有少数进行中的变化。在巴拿马城的研究发现（č）的弱化用法在年轻人中呈现规律性增长，女性比男性更偏爱这种变化（Cedergren 1973）。在布宜诺斯艾利斯对/ž/清音化的考察是对西班牙语音变最广泛的研究之一（Wolf and Jiménez 1979）。通过研究不同阶层的成年人和高中生，他们发现在年轻群体中有很强的清化发音倾向；图 8.10 显示了一些证据，证明"女性引领变化的传播，并且几乎领先整整一代

① 对（ing）表现出女性保守行为的同一个家庭（Mock 1979）。

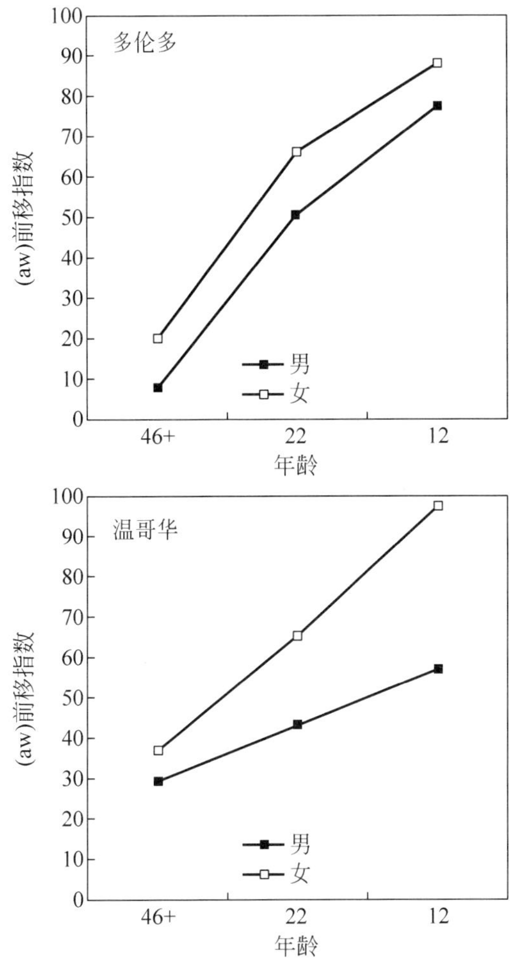

图 8.9　两个加拿大城市按照年龄和性别对(aw)的前化

(引自 Chambers and Hardwick 1985)

人"(第 16 页)。① 这确实是一种自下而来的变化:在布宜诺斯艾利

① 这些结论是基于在五、六年间对 36 位上过大学的成人、12 位低阶层成人和 240 位 9 到 18 岁的中学生做的研究。后来又在 1975 年对单独取样的 90 位说话人的分析中得到了证实(Lavandera 1975)。

斯对这种变化没有公开的社会反响,最正式的语体与访谈语体、随意语体和坦率话语的录音相比,也没有语体的差异。

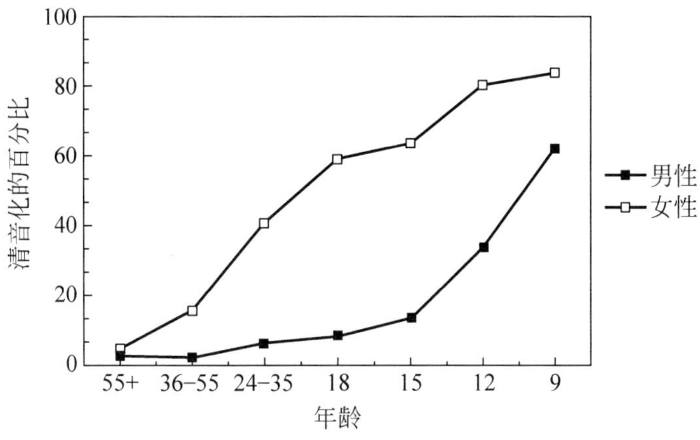

图 8.10　布宜诺斯艾利斯按照性别和年龄对/ž/的清化

(引自 Wolf and Jiménez 1979,表 5;n=12,898)

在香港本地粤方言中,成音节的/m/代替/ŋ/的变化是由 30 到 40 岁年龄段的女性引发的。在下一代中,大部分青少年男性都采用了这种变化,并超过了大部分女性的水平(Bauer 1982)。

首尔韩语的/o/从[o]到[u]的高化是一个长期的历史过程,在重读音节中已经完成,但是现在正影响着非词首的非重读音节,
283 集中在一些语法性语素中(Chae 1995)。图 8.11 表明女性在高化过程中整整领先了一代,在 31—54 岁年龄组变化速度加快。这种性别差异在五种情境语体中是恒定不变的,从叙述语体到单句朗读都是如此,并且在四个社会阶层中情况都相同。[①]

---

① 尽管此处“下层中产阶级”的语体转换坡度最小,这表明了不同于西方社区的一种阶层结构。在这个变化中领先的是这四个阶层中最低的那一个。

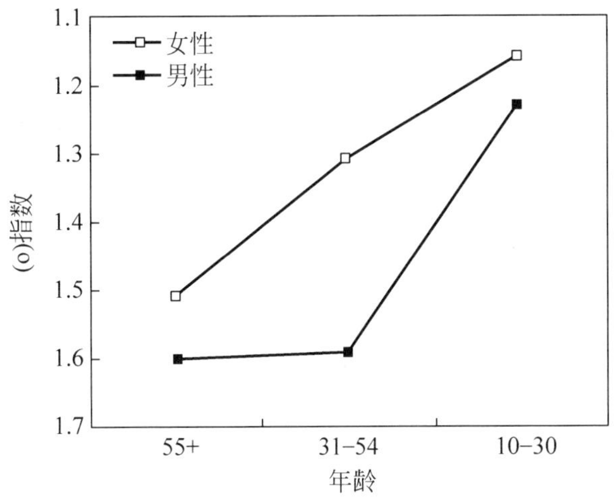

图 8.11　首尔韩语按照性别和年龄对(o)的高化

(引自 Chae 1995)

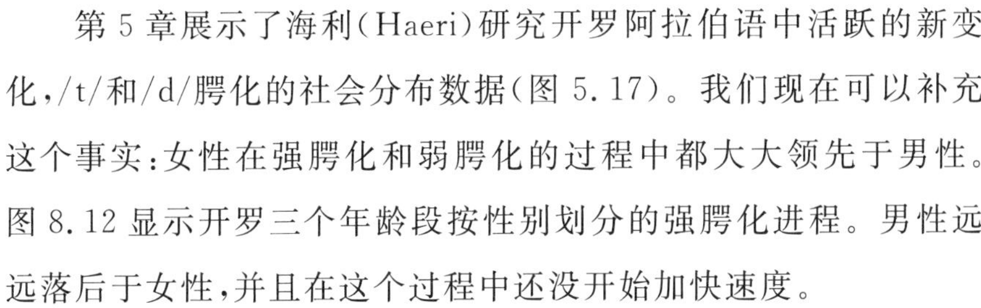

第 5 章展示了海利(Haeri)研究开罗阿拉伯语中活跃的新变化,/t/和/d/腭化的社会分布数据(图 5.17)。我们现在可以补充这个事实:女性在强腭化和弱腭化的过程中都大大领先于男性。图 8.12 显示开罗三个年龄段按性别划分的强腭化进程。男性远远落后于女性,并且在这个过程中还没开始加快速度。

我们这里讨论的各种进行中的变化大多数都显示出女性领先于男性的一致模式。按照研究者报告中音变的不同阶段,我们看到女性与男性的分离,如温哥华的情况;女性领先于并平行于男性,如多伦多;或者男性与在领先位置的女性会合,如在布宜诺斯艾利斯和香港的情况。这些例子中都没有产生稳定的性别分化。更确切地说,变化机制最关键的是女性最初的引发作用,以及男性随后接受采用这种变化。

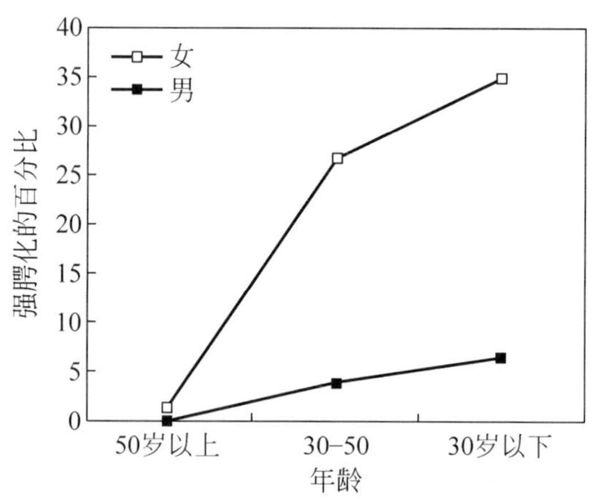

图 8.12　开罗阿拉伯语的强腭化按性别和年龄的分布
(引自 Haeri 1996,图 1)

284 次要趋势:男性领先

在少数进行中的变化中,人们发现男性领先于女性。在马撒葡萄园岛的(ay)和(aw)的央化是男性领先的(Labov 1963)。正如我们将在下文看到的,费城的清辅音词尾前(ay)的央化也是男性主导的。在诺里奇,特拉吉尔发现(o)的非圆唇化是一种男性主导的变化。在贝尔法斯特发现的逆向过程:/a/的后移和圆唇化明显是男性带头的(Milroy and Milroy 1978)。

因此,变化机制跟性别差异不是以一种简单明确的方式相联系的。两种性别都可能是主导因素。不过男性领先的例子是少数,而且这些男性主导的变化都是相对孤立的变化。它们不包括运转整个语音系统的链式音变:目前研究的所有链式音变都是女性主导的。

北方城市音变的性别分化

目前为止，对于男性和女性语言行为的看法都是以大量例证
为基础的，但是由于种种原因，都分散在少数社会语言学研究选取
的社区中。《北美英语地图集》(Labov，Ash，and Boberg 即将出
版[1])为这种研究提供了更为系统的基础，因为它展示了美国和
加拿大目前所有的活跃音变的情况。其数据来自一个对北美大陆
的城市地区以人口和地理为基础取样的电话调查项目[2]。在这 285
些数据的基础上，我们定义美国的方言区并划定北方内陆的边界，
即包括北方城市音变(NCS；见第 1 卷第 6 章)并以此界定的地区。
这个地区的南部界限是一条同语线，延伸到宾夕法尼亚州北部与
中北部地区之间的词汇区分界线，反映了《美国地区方言词典》
(Carver 1987)的北部和中北部地区的词汇分布。东部边界是哈
德森河谷，北部边界是加拿大，西部边界向西延伸到威斯康星州东
南部。应该注意北方城市音变是一种城市现象，遵循一种级联扩
散模式，从最大城市向第二大城市扩散并逐级向下级城市传播
(Trudgill 1974a，Callary 1975)。北方内陆包括美国很多大城市：
芝加哥、底特律、克利夫兰、布法罗和罗切斯特。

北方城市音变是英语短元音的一种革命性改变，在过去一千多年里，短元音一直是相对稳定状态。这是一组五个活跃的新变化，它们与一个链式音变的经济功能紧密联系，它提供了一个绝好

---

〔1〕 2006。——译者

〔2〕 Telsur：北美英语的语言变化发展电话调查，由美国国家科学基金会和国家人文基金会支持的项目。——译者

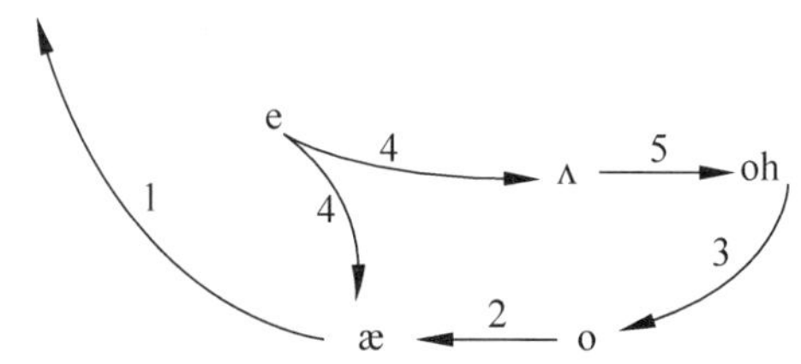

图 8.13　北方城市音变示意图

机会去考察自下而来的变化中的性别差异。它的主要过程可以概括为影响五个短元音位置的五个步骤。

北方城市音变在底特律的社会分化

法索尔德最先记录了北方城市音变的早期阶段,在一篇未发表的论文中分析了夏伊、沃尔夫拉姆、莱利等人在底特律研究(Shuy, Wolfram, and Riley 1967)的结果。采用主观评级把所有词例的发音分为上升的(æ)和前移的(o)两种情况。结果显示,(1)女性在变化中大为领先,(2)女性在社会阶层维度上表现出弧形模式,而男性则没有。

286 ## 《北美英语地图集》的性别数据

尽管《北美英语地图集》是研究语言的地理扩散而非社会变异,但是它提供了男性与女性说话人对比的大量资料。每个言语社区至少有两位说话人,包括一名年龄在 20 到 40 岁之间的女性。对北方内陆城市的 56 位说话人的元音系统进行了声学分析。这些测量的元音系统跟另外 180 位说话人的数据做了归一化,采用了第 5 章讨论的对数平均方法。

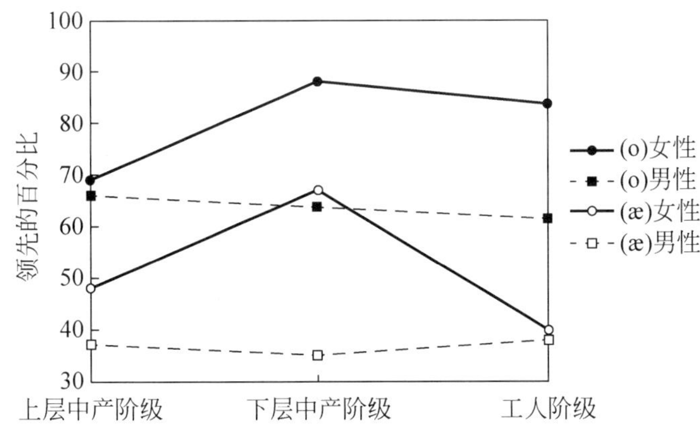

图 8.14　底特律北方城市音变的两个阶段按照阶层和性别的分布
（改编自 Fasold 1969）

表 8.4 显示北方城市音变在回归分析的系数中的性别差异，其中自变量是城区的性别、人口规模和非洲裔美国人的比例。在几乎所有情况下，性别都是音变发展中最强的或唯一显著的因素。

表 8.4　对 56 位说话人的北方城市音变成分回归分析的性别系数

步骤		性别系数偏向		
		女性	男性	p<
1	/æ/的升高	-48		0.01
1	/æ/的前移	48		0.05
2	/o/的前移			
3	/oh/的降低			
4	/e/的后移	-84		0.01
4	/e/的降低	40		0.0001
5	/ʌ/的后移			

在底特律，埃克特（Eckert 1988，1999）发现高中女生在音变的早期三个阶段（1、2、3）有显著优势，但在近期阶段（4、5）则不明

显,其中,是否属于乔克斯/伯闹茨(Jock / Burnout)社会类别[1]的成员是一个重要因素。表 8.4 更广泛的研究结果跟她的发现基本一致,只有两个例外:一是/o/的前化中没有显著的性别影响,二是在/e/的后化和低化中女性都占有优势。

通过主成分分析可以对北方城市音变的发展做出总体描述,这个方法把各个共振峰的个体变化在一组更小的维度中组织起
288 来。图 8.15 显示了这种分析的结果,使用了/e/的 F1 和 F2 值、/æ/的 F1 和 F2 值、/o/的 F2 值、/ʌ/的 F2 值、/oh/的 F1 和 F2 值。U1 和 U2 两个维度是前两个成分,分别占方差的 33% 和 22%。每个符号都表示来自北方内陆城市的一位说话人的 U1 和 U2 值:女性用圆圈表示,男性用×表示。图表下半部的那些数字代表说话人的年龄。

主成分可能很难解释,但图 8.15 的展示是透明的。U1 维度显然跟北方城市音变的进度相关。左下角的四个圆圈在电话调整数据中代表北方城市音变的引领者,通常用作最领先的元音系统的例证。U1 也跟性别相关,这不是偶然的:圆圈主要集中在图表的上部三分之一处,而×则集中在下部三分之一处[2]。右下角[3]处来自底特律的 14 岁的乔安娜(Joanna R.)是北方城市音变中最年轻和最杰出的代表。这些领先的说话人的年龄序列有力地

---

〔1〕 在社会语言学的研究中指高中生的两个社会群体:“Jocks”原意为运动员,这里代表中产阶级以上的或积极上进的学生,而“Burnouts”原意为倦怠者,这里代表阶级比较低的蓝领家庭的或不那么积极活跃的学生。——译者

〔2〕 此处有误。实际分布正相反,○在下,×在上。——译者

〔3〕 应为左下角。——译者

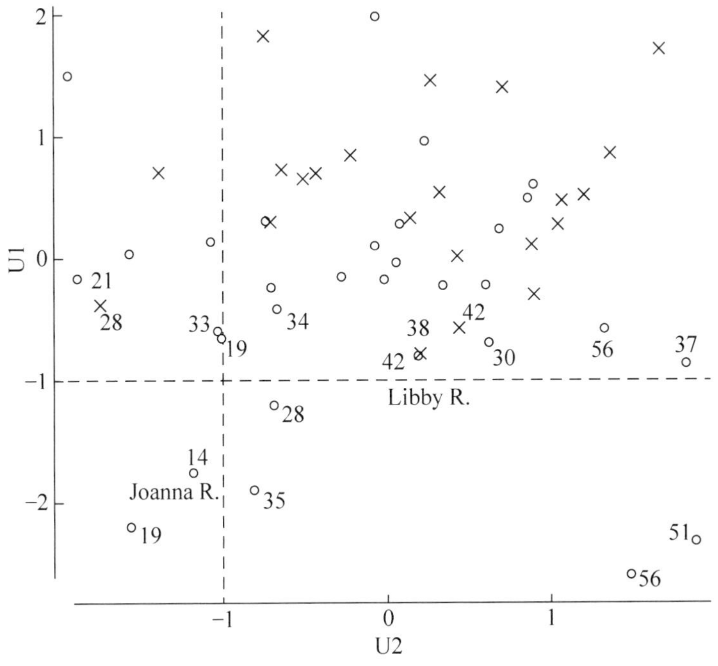

图 8.15　对 56 位说话人的分析中前两个主成分的散点图。采用 /e/的 F1 和 F2 值、/æ/的 F1 和 F2 值、/o/的 F2 值、/ʌ/的 F2 值以及/oh/的 F1 和 F2 值。×字表示男性，○代表女性。数字标明说话人的年龄。

表明 U2 维度反映说话人年龄的递增。42 岁的利比(Libby R.)是乔安娜的妈妈，她的位置正是根据 U1 和 U2 的解释所预测的地方。

图 8.16 分别显示 U1 和 U2 跟年龄的关系。左图是 U1 与说话人年龄的联系。这里我们主要关注的是性别，因此部分回归线表示男性和女性。代表女性的线基本是平的，而代表男性的线有较小的向上的斜度。U1 显然与性别相关。U1 值低于 - 1 的六名说话人都是女性。右图显示出 U2 与女性年龄的明显负相关，但对男性的直接影响较弱。可见女性是北方城市音变的引领者。从

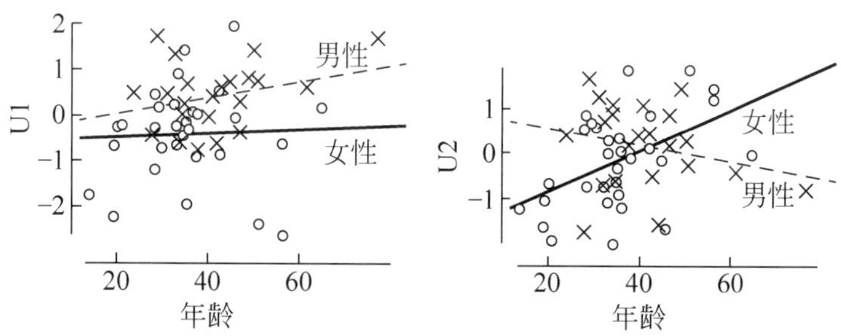

图 8.16　图 8.15 主成分分析中的 U1 和 U2 与年龄关系的散点图
×代表男性,○代表女性。

整个北方城市音变来看,女性都领先于男性。

289 ## 费城的性别差异

有了以上的背景知识,让我们再来考察费城的情况,在这里有更丰富的社会信息来考察语言变化引领者的社会位置。

表 8.5 是进行中的变化涉及的费城语言变量的性别系数,在第 1 卷第 3 章已经介绍过的。对数字标记做了调整,以便使两个性别的正值都表示朝着音变方向上的转变。通常都是用 1 对 0 来表示女性对男性,性别系数是对应实际差异的赫兹值。

不带星号的系数的 P 值大于 0.05 而小于 0.10,显著性不确定。它们与表中的总体模式一致,其中系数表明,在其他条件相同的情况下,除/ohr/的高化和/ay0/的央化之外,女性都表现出更为领先的音变形式。/ʌ/的央化显然跟后者有联系,因为它们代表了同一音核的平行变化。

290 已经完成的变化/ahr/表现出一种在后化中残留的女性优势。我们本来预期,在/ohr/后化并渐渐跟/uhr/合并中,这种优势会再现，因为这个过程跟/ahr/是联系在一个链式音变中的。但是我们只在/ohr/的 F1 维度上发现有性别差异。

表 8.5　费城音变的性别系数

变量	女性主导	男性主导
已完成的变化		
(ahr)的后移	43*	
接近完成的变化		
(æhN)的前移	50*	
(æhS)的前移	31	
(æhD)的前移	97**	
(ohr)的升高		17*
中期变化		
(uwF)的前移		
(uwC)的前移	76	
(owF)的前移	46	
(owC)的前移	60*	
活跃的新变化		
(aw)的前移	89**	
(eyC)的前移	49*	
(ay0)的升高		36**
初期变化		
(i)的降低		
(e)的降低	16	
(æ)的降低	35*	
(ʌ)的升高		29*

xx＝p<0.10，xx*＝p<0.05，xx**＝p<0.01

在接近完成的变化中，列出了/æh/的所有三个音位变体，它们都表现出女性优势，其中两个具有显著性。这里的性别差异是

对既定的社会语言变量进行社会纠正的逆转。尽管在费城对/æh/高化的纠正远远少于纽约市,但有些费城人在正式语体中的纠正同样有较大斜度。女性在随意话语中使用最领先的低俗变量形式,而在朗读词表和最小词对的发音中使用最保守的形式。

中期变化——/uw/和/ow/的前化——表现出一致的女性优势,除了最领先的似乎也是最早期的(uwF)之外。[①] 在这些音变中最缓慢和最晚近的变化(uwC)中,女性优势最为显著。这表明在这些元音前化中的女性优势,将会随着音变达到充分前移形成非外缘性音核而逐渐消失。

最明显的女性优势出现在一个活跃的新变化(aw)中,并在另一个变化(eyC)中也显得相当显著。但在(ay0)中则表现出男性主导的显著效应。还在一定程度上类似于图 8.9 中的加拿大的/aw/的变化情况(Chambers and Hardwick 1985)。温哥华和多伦多的女性倾向于音核前移形式,而传统的央化形式相应地在男性中有更强优势。钱伯斯和哈德威克在多伦多的年轻男性中发现一种新的语音变化:音核后化和圆唇化到[ɔʊ]。后化也是费城的(ay0)变化的主导方向,尽管只是发现在 F1 维度有性别差异。

对女性领先地位的一般解释

一旦认识到女性在语言变化中普遍领先于男性,我们就不得不再次寻求解释的理据——这一次,是要对稳定的和非稳定情况

① (uwF)具有已经完成的音变的大部分属性,第 5 章中缺少显著的年龄相关系数和第 7 章中缺少其他社会制约条件,跟这里缺少显著的性别相关系数具有一致性。虽然第 9 章将显示还有一些年龄和性别差异。

下的性别差异做出统一的解释。

提出统一解释的一种方式，是认为保守和创新行为都反映了 291
女性对于语言的社会评价有更高的敏感。在稳定的情况下，女性对高雅或低俗形式的感知和反应比男性更强。当变化开始时，女性会更为迅速和有力地采用新的社会象征形式，而不论它可能是什么样的。不过，这种解释只是重新叙述已经观察到的事实。此外，它把社会敏感性赋予音变的早期阶段，而这时还远未达到社会觉察的水平。

在上一节中，我们考虑了钱伯斯（Chambers 1995）提出的更具实质性的观点，女性的遵从性是女性在言语行为各个方面都优于男性的结果。在言语测试得分中已有证据确实指向女性的微小却显著的优势。尽管这种微小的优势可能不足以解释男性和女性对高雅和低俗形式的反应中的巨大差异，但它可能适用于进行中的语言变化。如果女性优势具有生理基础，那么不管这种优势有多小，随着时间累积的效应就会导致我们观察到的语言变化的性别模式。尽管钱伯斯的观点不容忽视，但似乎最好是要探寻语言变化中女性优势的社会基础，等待更具说服力的基于生物学的认知优势的证明。

戈登和希思（Gordon and Heath 1998）呼吁大家重新考虑语音基础在进行中的语言变化中男女优势的分布。他们考察了拉波夫（Labov 1990）观察到的一种趋势，即女性在外缘紧元音的高化中领先，增加了元音系统的分布空间，而男性则在央化过程中领先。这种看法在当时没有得到进一步考虑，因为它无法解释图 8.10 中所示的辅音变化，或者/l/前相对立的紧元音发生松化和央化的元音合并中女性占优势（特别参见上文所引 Di Paolo

1988)。这也不能解释戈沙(Cauchat 1905)在沙尔梅观察的女性在(a:)和(e:)的双元音化以及(a°)的单元音化中所起的主导作用。戈登和希思承认这些局限性,但还是认为,如果排除辅音变化、元音与辅音的相互作用(如/l/前的松化)以及上滑双元音,我们就可以解释其余的元音变化中的女性优势,其中包括费城的主要变化和北方城市音变。他们还把钱伯斯和哈德威克(见图 8.9)提出的/aw/音核变化中女性和男性的对立以及男性主导的/q/和其他咽音的阿拉伯语辅音数据包括进来。

我们不应很快就把戈登和希思提出的语音象征的物理基础的
292 证据搁置一边。在阿拉伯语(Haeri 1996)和法语中,暗/咽音与亮/腭音的对立似乎占主导地位。前者为男性所偏好,后者在女性中更多。/aw/的高化和前化跟双唇极为展开的表达动作相联系,这在我们的文化中具有很强的女性内涵。这跟马撒葡萄园岛和费城的(ay0)高化相伴的央化、闭唇动作正好相反。然而,相反方向的证据太强,让我们无法用共性的语音因素去解释女性在进行中变化中的主导作用。

虽然(ay0)的央化在费城和马撒葡萄园岛都是男性主导的特征,而《北美英语地图集》的数据却表明,男性在整个国家并不具有这种优势。人们对(ay0D)做了回归分析:因变量是由浊辅音前的/ay/的 F1 和清辅音前的/ay0/的 F1 之间的差形成的。对于北方内陆和中北部的 99 位说话人来说,女性出现显著性水平为 $p < 0.0001$ 的 50Hz 明显优势。

还有其他实例是相同变量在不同地区具有不同性别优势的。在纽约(oh)的高化是女性领先;在费城(ohr)的高化是男性领先。戈登和希思引述埃克特发现的底特律/e/的后化是男性领先;可是我们已经看到这个元音的后化在北方地区整体上是女性具有较强优势。

如果我们能够直接根据语音特点划分出男性和女性主导的变化,那将非常令人满意了。然而,到目前为止提出的各种建议似乎没有一个使人信服。正如在女性具有更高言语能力的观点中,生物学解释不能说明音变的多样性和偶发性。这种生物学倾向可能作为量化表述的一部分,最终对变化方向做出解释,但目前还无法衡量它们的具体语言效果。我们回到梅耶的观察,没有任何普遍原理能够解释音变的不规则过程。

原理的并置

于是我们必然会得到这样的结论:存在着一种性别差异的模式,但这不是基于两性之间的任何语音和生理的差异。它可以表述为一条独立的第 4 原理:

在自下而来的语言变化中,女性比男性更多地使用创新形式。

女性这种不合常规的行为和在其他情况下顺从规范的行为是不相协调的。如果我们把第 2、第 3 和第 4 原理并置在一起,就会发现一个**性别悖论**。

> 女性比男性更严格地遵守公开规定的社会语言规范,但在没有明确规范的情况下,女性则比男性更不顺从。

下一章将通过对费城言语社区的语言变化过程中,不同世代和不同社会阶层的男性-女性之间差异的发展,来更加深入地考察这种情况。

294

第 9 章 性别、年龄和社会阶层的交汇

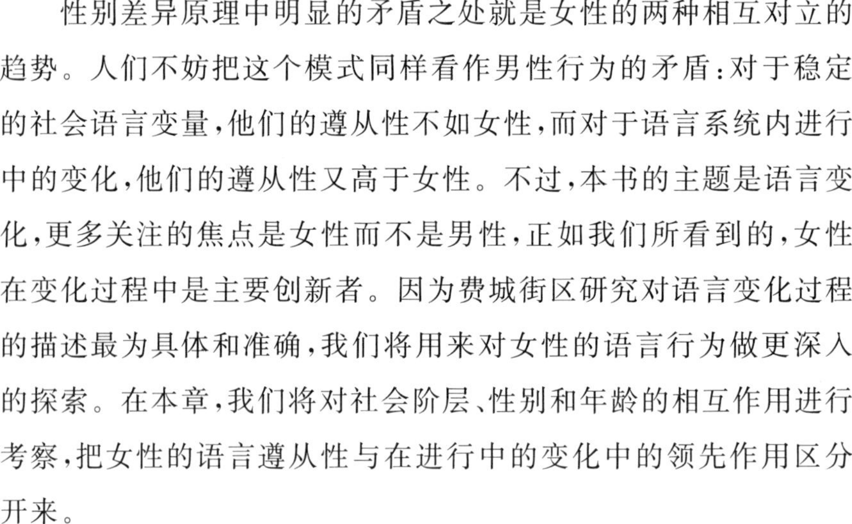

性别差异原理中明显的矛盾之处就是女性的两种相互对立的趋势。人们不妨把这个模式同样看作男性行为的矛盾:对于稳定的社会语言变量,他们的遵从性不如女性,而对于语言系统内进行中的变化,他们的遵从性又高于女性。不过,本书的主题是语言变化,更多关注的焦点是女性而不是男性,正如我们所看到的,女性在变化过程中是主要创新者。因为费城街区研究对语言变化过程的描述最为具体和准确,我们将用来对女性的语言行为做更深入的探索。在本章,我们将对社会阶层、性别和年龄的相互作用进行考察,把女性的语言遵从性与在进行中的变化中的领先作用区分开来。

396

首先,我们来考虑语言变化不同阶段中性别差异的相对大小。图 9.1a 显示的是主要影响 F1 的各种变化的性别差异平均值,开始是最新的初始变化/i/和/e/的下降,接着是更活跃的变化/ʌ/的上升,活跃的新变化/ay0/的上升,再到接近完成的变化/ohr/的上升,和已经完成的/ahr/的上升。年龄系数乘以 20 表示对一代人的影响,用带黑方块的实线表示,对应于以赫兹为单位的性别系数。这两个值的一致性表明性别差异跟虚时中变化速率是紧密联系的,并再次证明性别差异的程度大约为一代人。图 9.1b 考察

了涉及 F2 的七个变量的情况，同样是从最新近的到最早期的变化序列。初始的/iyC/的前移可能实际上不是进行中的变化。正如我们所见，/eyC/和/aw/的前移都是活跃的新变化。其次是塞音前的/æhD/的前移，这是/æh/音位的三种变体中最落后的，然后是接近完成的擦音前的/æhS/和鼻音前的/æhN/的前移。最右边是已经完成的变化/ahr/的后移。年龄系数的绝对值在这里乘 295
以 30，表现出与性别差异相同的弧形模式。不过，这里二者的相符的程度性没有在 F1 中那么大。性别差异峰值晚于年龄相关系数出现，显示出一种滞后性。F1 和 F2 之间的这种差异可能与第 5 章中的普遍发现有关，即 F2 比 F1 有更强的社会相关性。

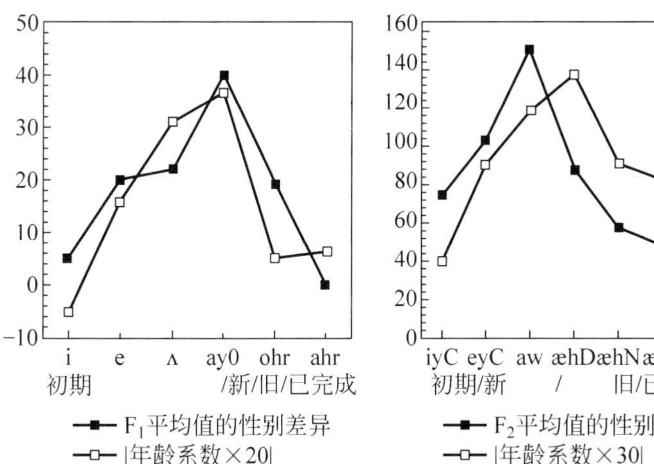

图 9.1　a 费城六种音变 F1 的性别差异平均值和年龄系数

b 费城六〔1〕种音变 F2 的性别差异平均值和年龄系数

〔1〕 此处应该为七。——译者

在很多情况下,音变涉及在两个轴上的同时移动,比如/æh/在前对角线的上升和前移。对 F1 和 F2 结合为沿着对角线前部上升的一种测量,就像第 1 卷第 19 章的情况,结果就是一幅令人满意的语言进程和内部制约的图景。不过,单独用 F2 来描述社会相关性的图景会更为清晰。

在图 9.1b 中,随年龄的变化,性别差异更大,表现了女性更倾向于对接近完成的低俗音变做出否定反应,这种趋势在下文中将会愈发明显。这跟埃克特在底特律的研究发现是一致的:性别差异是北方城市音变中三个早期变化的特点,而不包括两个近期变化(Eckert 1986,1989b)。

图 9.1 的弧形模式跟支配进行中语言变化的弧形原理并非没有关联。这个原理可以表述为一对相关性:单调的社会经济模式
297 跟虚时中的稳定模式相关,社会经济层级中的弧形模式跟虚时中的单调函数相关。人们可以在表 5.4 和图 5.7 中看到这两种类型之间的转换。最早的变化达到稳定状态,表现出单调的社会相关性,而最新的变化则是弧形的。

第 5 章回顾了克罗齐观点,认为这个结果并不违背他提出的看法,即所有变化都始于无差别的工人阶级(Kroch 1978)。如果弧形模式是下层工人阶级男性从女性主导的变化中退出而造成的副产品,那么在变化的最早阶段,应呈现一种所有工人阶级群体的扁平模式,弧形模式只会出现于男性,而并非女性。本章将分别对男性和女性进行单独的分析,以考察性别与弧形模式的相互作用。表 9.1 是两个接近完成的变化(æhN)和(æhS)、中期变化(owF)和(owC),以及两个活跃的新变化(aw)和(eyC)在回归分析中的结果,跟表 5.4 相对应。

表9.1　费城街区研究中六种进行中音变按照性别对职业、年龄和街区的回归系数

显著性：黑体字表示 $p<0.001$；下划线表示 $p<0.01$；斜体字表示 $p<0.05$；

	(æhN)		(æhS)		(owF)		(owC)		(aw)		(eyC)	
	男	女	男	女	男	女	男	女	男	女	男	女
常数	2311	2468	2147	2282	1606	1712	1374	1611	2031	2170	2204	2201
非技术工	0	0	0	0	0	0	0	0	0	0	0	0
技术工	94	-15	64	21	<u>232</u>	216	<u>223</u>	81	*140*	33	*135*	<u>140</u>
文员	18	<u>-218</u>	-54	<u>-166</u>	26	17	42	56	70	-45	*-3*	*48*
管理人员	76	<u>-222</u>	-23	<u>-257</u>	43	42	140	-147	24	-104	-29	0
专业人员	-54	**-379**	-100	**-380**	*-13*	*-3*	98	-26	-74	-223	-68	-22
年龄	**-3.73**	-1.24	*-2.63*	-1.50	*-2.77*	-5.01	*-2.47*	<u>-3.87</u>	**-5.72**	**-5.18**	<u>-3.13</u>	<u>-3.13</u>
维克街	**213**	65	<u>169</u>	66	<u>47</u>	104	118	<u>218</u>	<u>195</u>	*159*	<u>203</u>	*151*
皮特街	**240**	42	<u>256</u>	70	<u>-44</u>	294	-77	-25	<u>164</u>	82	64	71
克拉克街	101	*120*	<u>192</u>	*141*	**-304**	-190	*-146*	-105	-58	89	87	115
r^2	52.8	52.9	47.4	58.2	27.3	8.9	19.4	37.3	53.8	51.8	38.8	32.5

一直到这里，社会经济层级的测量都是以职业、教育和房屋价值的综合指数为基础的。第 5 章的最后一节表明职业跟活跃的新变化的联系比其他两项更为紧密，甚至在某些方面有着比综合指数更为显著的相关性。当我们在下面的章节中对变化创新者的探寻中，职业将比其他指标更多地揭示某一个人的日常模式和生活方式，并更直接地联系到语言资本交流的语言市场。因此，对于性别差异的探求将从职业作为社会经济地位的指标开始，而不是综合指数 SEC 量表。

表 7.4 显示了职业划分的五个等级，以及年龄系数和三个工人阶级街区的系数，都有显著性的结果。为了使这六种音变都具有对应的可比性，表 9.1 中保留了相同的自变量，而不管它们是否产生了显著的系数。

图 9.2 是表 9.1 中两个性别的职业情况的投射值。在六种进行中的音变中，每个职业群体的系数加上两个性别的常数，以及表 8.5 的女性优势系数。[1] 在包括同一音位的两个变体的位置上，保留同样的纵向标度以便对比。

对于两个接近完成的变化(æhN)和(æhS)，两个性别都或多
299 或少地呈现出线性模式：较高的值与较低的职业群体相关，女性的坡度更大些。对(æhN)来说，男性模式几乎是平坦的，而女性则从非技术工人到专业人士呈现出一个陡坡。[2] 这种性别差异明显

① 因为表 9.1 中分别对男性和女性进行的分析并没有考虑男性和女性之间的差异，所以它们的投射值在相同的平均值周围。

② 桑科夫指出(G. Sankoff 个人交流)，文职群体的女性位置相对较低，部分原因可能是样本中把大量非职业女性根据丈夫的职业定为技术工人。如果她们进入职场，很可能会做文职工作，从而产生更加线性的结果。

298

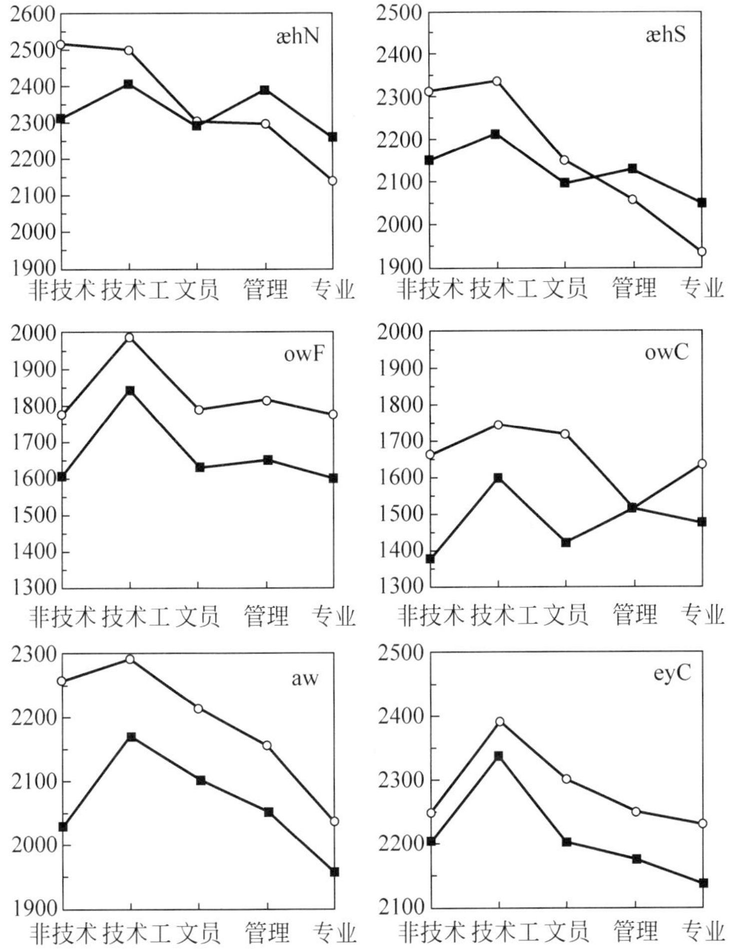

æhN
2600 2500 2400 2300 2200 2100 2000 1900
非技术 技术工 文员 管理 专业

æhS
2500 2400 2300 2200 2100 2000 1900
非技术 技术工 文员 管理 专业

owF
2000 1900 1800 1700 1600 1500 1400 1300
非技术 技术工 文员 管理 专业

owC
2000 1900 1800 1700 1600 1500 1400 1300
非技术 技术工 文员 管理 专业

aw
2300 2200 2100 2000 1900
非技术 技术工 文员 管理 专业

eyC
2500 2400 2300 2200 2100
非技术 技术工 文员 管理 专业

图 9.2　费城街区六种进行中音变按职业和性别的预期值

纵轴 F2 预期值，通过把每次分析的常数加上表 9.1 的职业系数和表 8.5 的女性系数得到。女性＝空心圆，男性＝实心方形。职业群体：非技术＝非技术工人；技术工＝技术工人；文员＝文职人员；管理＝管理人员；专业＝专业人员

与第6章中所描述的对(æh)变量的高度社会意识有关系。[①] 尤其是(æhN),这是一个最领先又最突出的进行中的变化。女性表现出她们预期的语言遵从性。如果我们回溯(æh)的发展历史,并假定它早期是遵循弧形模式,那么现在工人阶级的这种平坦模式一定是上层工人阶级因它的低俗化影响不断增加而退出的结果。

图9.2中第三和第四个图表显示中期变化的(owF)和(owC)。(owF)的开音节变体比闭音节变体更靠前,后元音前化的情况通常是这样的。这种情况的差异并不大,从100Hz到200Hz。(owF)的弧形模式对男性和女性表现出工整的平行状态。表9.1显示,男性技术工人的峰值显著性在0.01水平,而女性并非如此。对于闭音节的变体(owC),男性技术工人又是表现出0.01水平的显著峰值,而女性则表现为所有工人阶级说话人的一种普遍提升。与/æh/变体不同,没有一个/ow/变体在白领和专业人士群体中表现出明显的下降。正如第6章所展示的,对这些前移变化的社会评价远远不如紧短元音**a**的前化和高化那么明显。表9.1中的r^2数值表明这些元音在费城的社会语言生态环境中远远不如其他变量那么突出,仅有10%到20%的说话人差异是由社会因素造成的。

活跃的新音变(aw)和(eyC)的弧形模式在图5.6中最为明显。在图9.2的第五个图表中,(aw)在男性中表现为弧形,而女性则不是这样的,因为在女性中"非技术工"和"技术工"之间的差

---

① 来自《北美英语地图集》的数据显示,几乎所有的美国方言中,鼻音前的短元音**a**都比其他变体更高更外缘化,有的情况下是连续统的一部分,如在费城就是这样;有的情况下则是一种范畴差异。

异并不显著。这种情况支持了克罗齐的观点，即两个工人阶级群体最初都是相似的，弧形模式是一种后发现象，是男性从女性主导的变化中退出的结果。然而，在这个系列中最新变化(eyC)却没有表现出工人阶级的平坦效应，不论是男性还是女性都如此。图 9.2 的第六个图表显示，男性和女性对社会阶层的表现接近平行，从非技术工到技术工群体都有同样向上的斜度。五个职业群 300
体的系数都是紧密一致的。表 9.1 显示，技术工群体的峰值在男性中效应为 0.05，在女性中是 0.01。如果(eyC)是这里最新的变化，那么我们可以得出结论，男性和女性非技术工在(owC)和(aw)上的差异是一种后发的发展变化。克罗齐解释为男性从女性主导的变化中退出的观点仍然是成立的。更具体地讲，这代表着当男性非技术工群体接近女性技术工群体达到的极限值时，他们会拒绝继续追随女性。

第 4 章提供了证据表明(eyC)是费城活跃的新变化中最新的一个变化。表 9.1 进一步强化了这个结论。(eyC)的变化显示出社会分化程度最小：r^2 修正值表现由年龄、职业和街区因素分别对男性有 39%和对女性有 33%的变异解释量，只有大约(aw)和(æh)的三分之二。社会因素这种相对较低的参与是语言变化早期的特点，此时主要自变量跟群体成员身份有关，而不是跟社会地位有关。

尽管(eyC)可能是最新的变化，可是(aw)和(eyC)都被列为“活跃的新变化”。它们之间的差异与其说是产生的时间，不如说是社会敏感度：大量证据表明，在社会意识程度上，(eyC)比(aw)

处于更低的水平。[①] 如果两者都几乎开始于同一时期,为什么会这样呢?我们应当知道,(eyC)在两种意义上是新的。首先是因为这个元音的上升和前移在以前的几代人和过去的文献中都没有观察记录。其次因为它代表了对“南方音变”中这个双元音的音核下降(见第1卷第6章)的逆转。另一方面,/aw/的高化和前化则是从早期的[aʊ]到费城最初的[æʊ]这个前化过程的延续。它也有可能与紧/æh/的高化和前化有关。因此(aw)是一个旧过程的进一步发展,而(eyC)则完全是一个新现象。

9.1 (ay0)分析

表8.5显示出有一个活跃的新变化在跟性别的联系上是例外的。

301 在(aw)和(ey0)中女性都是明显领先,而(ay0)则正好相反,是男性有36Hz的优势。这个数字跟女性在(aw)中89Hz的优势相当,因为在我们的音系空间二维图中,F1的权重是F2的两倍(而且我们可以看到F1更为突出)。第5章还发现(ay0)例外地没有表现出明确的社会分层。分别对男性和女性进行的研究在很大程度上澄清了这种情况。

图9.3是对(ay0)的社会分层所做的性别差异分析,与图9.2展示的女性主导的变化相对应。男性和女性的模式完全不同。男性除了非技术工之外都处于更高水平(F1轴是逆向的,所以元音

---

① 这个证据没有在第6章提出,因为在我们设计主观反应测试时还没意识到闭音节的/ey/有这种上升和前移现象。(eyC)的发现完全是回归计算定量分析的结果。至今我们还没有对于(eyC)的公众评价的例子。

央化时的变化方向是朝上的）。这里存在着男性的弧形模式，除了专业人员表现出比技术工人更高的值。另一方面，女性则表现出一种明显的单调下降模式，在中产阶级各职业群体中有显著的递减趋势。

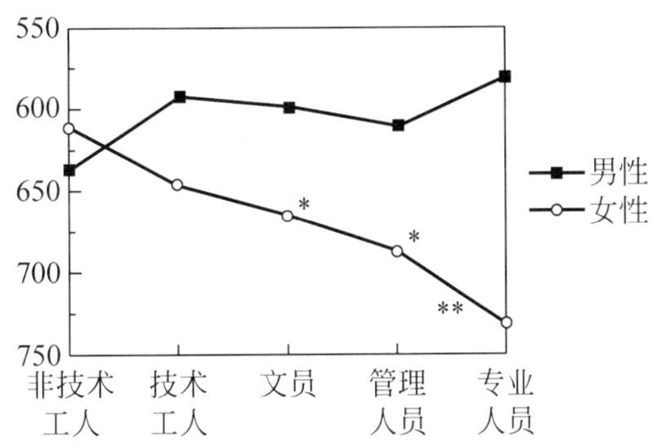

图 9.3　费城(ay0)按五个职业等级和性别的预期值

纵轴表示 F1 预期值，通过每次分析的常数加上职业系数得出。

显著性水平：* $p<0.05$，** $p<0.001$。职业等级同图 9.2。

性别差异很大程度上取决于职业：它在非技术工群体中不存在，随着职业地位上升而差异增加，一直到专业人员群体的最大值。按照年龄的分析表明(ay0)在专业人员的高值并不代表现在的任何进行中的变化。图 9.4 分别是女性和男性的散点图，以年龄和/ay0/高度的二维标尺制图。每个职业群体都有一条部分回归线表示。女性的模式相当简单：除了管理人员之外，所有群体的(ay0)在虚时中都是单调函数，央化随年龄的下降而增大。文职人员和专业人员群体的坡度更陡，其中年长的专业女性的/ay0/音核开口度最大。男性的情况也是同样，只有专业人员有明显的不同。302
他们的部分回归线方向是向下而不是向上，这使进行中的变化好

像在朝相反的方向移动。进一步考察单个的说话人,发现年龄分别是54、55、60和76岁的四位年长说话人,占据了F1轴的中部710Hz上下的窄小范围,而回归线的方向是由那位44岁说话人的821Hz的值决定的。如果没有更年轻的说话人数据,人们就无法断定男性专业群体中存在虚时的变化。总体看来,男性不存在任何社会分层的模式;而对于女性来说,则有较高的虚时变化率,并且根据职业划分显示出一致的社会分层模式。

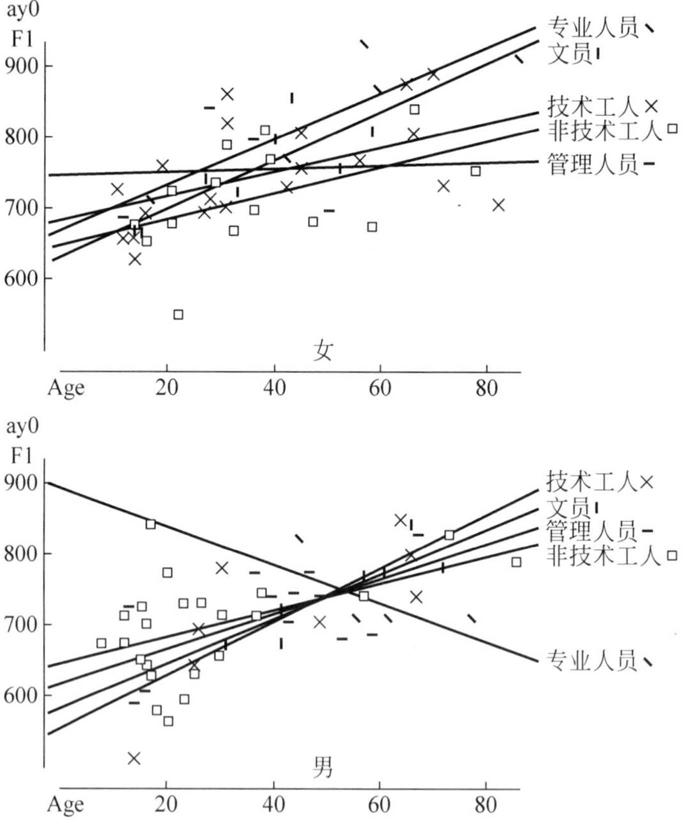

图9.4 不同性别按年龄和职业的(ay0)高度散点图

第 5 章注意到(ay0)的变化同时也包括音核向后的移动，表现 303
为 F2 的降低。在这个后化过程中没有显著的性别差异，20 岁以下的说话人具有相同的优势(女性 F2 为 -84Hz，男性 F2 是 -74Hz，都在 $p<0.02$ 的水平)。①

9.2　性别差异随时间的发展

表 9.1 的年龄系数是表示虚时变化的最简方式。但多元回归分析把年龄作为一个线性函数，即整个人口的年龄范围内的变化速度是恒定的。没有理由相信，这种线性实际上支配着虚时变化的发展。如同第 5 章的第三次回归分析那样，通过把年龄连续体划分成几个十年，可以更为准确地描述虚时变化。本节的图表将对两个性别都按年龄分为六段。对于各段的回归分析也包括全部重要的职业和街区因素。

图 9.5 显示了(aw)前化在不同性别中按照十年分组所做的分析。除了年龄以十年分组之外，回归分析还包括了显著性水平高于 0.05 的其他群组。② 每个组的预期值是通过这个组的年龄相关系数加上回归分析的常数预测的。上面的一系列空心圈表示女性的年龄增长，用实线连接。虚线是对六个十年组的预期值做

① 只在男性中表现出一种族群效应：后移现象明显集中在爱尔兰裔男性(F2 为 -73Hz，$p<0.02$)。在 *pipe* 和 *fight* 中的音核的圆唇、后移并上升，这是费城年轻男性口音最突出的特点。

② 如图表的说明所示，弧形模式得到保留，但对女性的效应更强，而维克街仅在男性中出现优势。

的二次回归分析的结果:通过这些点做的一条直线。直线的斜率是5.38,接近第5章中把年龄作为单一自变量的二次回归分析值5.19(表5.4)。$r^2=0.961$表明,加在六个年龄组值上的回归线占全部年龄平均值变化的96%。于是,对女性使用(aw)的情况,无论是把年龄作为单一的量化变量(表5.4)还是以十年分段来分析,结果几乎没有差别。(aw)前化在女性中是一个接近完美的年龄线性函数。这个结果与图9.2结合起来,就是对弧形假设的量化重新陈述:年龄的单调函数与社会阶层的弧形函数相关。

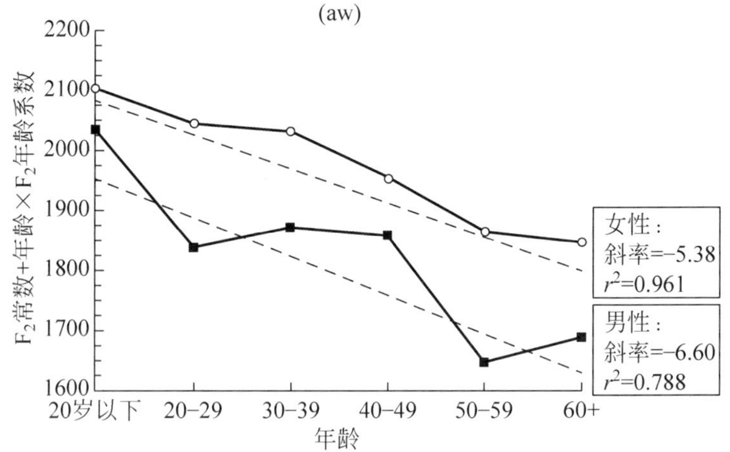

图9.5 费城(aw)在不同性别各按十年分组的预期值

女性:空心圆圈;男性:实心方块;其他因素:女性:上层工人阶级135(p=0.03);上层阶级-156(p=0.05);男性:上层工人阶级93(p=0.15);维克街222(p=0.0003);皮特街149(p=0.04)

304 图下面连接实心方块的实线表示男性以十年分组的年龄变化,并画出一条经过这六个十年组的值的回归线。男性也表现出一种向上的移动,坡度甚至更陡:-6.60。但这个变化的规律性差得多:回归线仅有79%的变异解释量。这是一个阶形函数,而不是一条直线。这三个阶梯区分出三代说话人。第一代在调查时已年过 50 岁，位于 1650Hz 的保守等级，与女性设定的水平距离最远。第二代在 20 到 50 岁之间，大约位于 1850Hz 等级，增加了 200Hz。第三代人是 20 岁以下，又前移了 200Hz，现在与年轻女性说话人的水平已经不远了。

很多对男性和女性言语差异的早期研究认为，女性领先男性一代人。戈沙(Gauchat 1905)明确指出了这一点。代际效应在沃尔夫(Wolf)和吉梅内斯(Jiménez)对布宜诺斯艾利斯的/ž/清音化研究中也有清楚的表现(图 8.10)。我们用图 8.10′在这里重现，带虚线的箭头表示代际关系。30 岁男性的清音化百分比跟 55 岁女性的水平相当；这个音变的发展没有改变两性之间的代际差别。15 岁的年轻男性与 45 岁的女性水平相当，都有约 20%的清音化。12 岁的男孩表现出约 40%的清音化，大致相当于 30 岁年轻女性的水平。因此，男性的清音化水平接近其母亲的年龄组水平。青 305
少年男性中变化加快，因此 9 岁男孩与 18 岁女孩的水平相当。

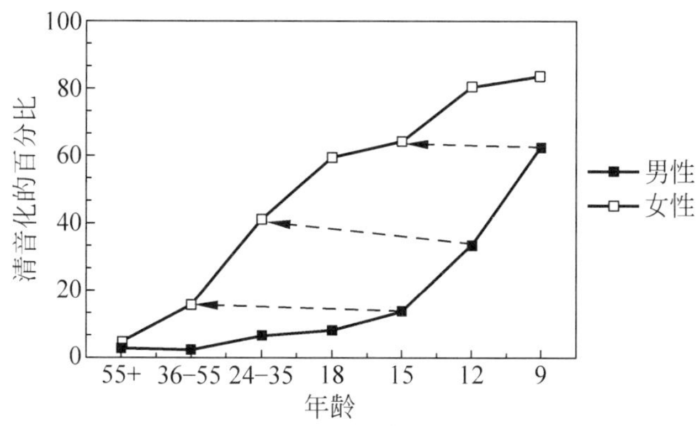

图 8.10′　布宜诺斯艾利斯/ž/清音化按性别和年龄的分布，标示出代际平行

同样的代际模式也出现在蔡(Chae)在首尔对(o)高化的研究中(图 8.11)。女性第二代对这个变量的使用大为增加，而男性直到第三代才表现出强烈的反应。

回到图 9.5，可以看到(aw)前化最少的形式是在 50 岁和 60 岁男性中。在 1600 和 1700 之间的 F2 值对应着一个在前低部或稍后位置的/aw/音核。因此，现在的变化是在[æ˃ ʊ]的位置开始的，最初是在世纪之交出生的一代女性当中出现。由于/aw/音核是沿着前对角线高化的，所以越来越变得靠前和升高，而滑音的目标值却从[ʊ]下降到[o]再到[ɔ]。男性直到第二代才参与到这个变化中来：20 到 49 岁男性(aw)的前移与 50 和 60 多岁的第一代女性的(aw)相近。20 岁以下的第三代男性，正好跟 20 到 39 岁第二代女性的水平完全相同。

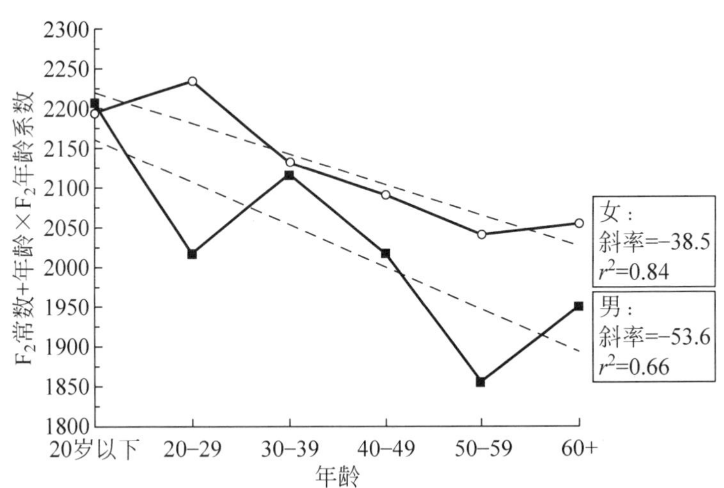

图 9.6　费城(eyC)在不同性别各按十年分组的预期值

女性：空心圆圈；男性：实心方块；其他显著因素：维克街男性 183 ($p<0.01$)，男性技术工人 165($p<0.01$)，女性 169 ($p<0.01$)。

在图 9.6 中(eyC)的前化是女性主导的另一个新变化，也出现了相似的模式。在以十年分段的变化中，女性还是有着很高程度的线性表现，r^2 的变异解释量为 84%。而男性表现为阶梯式进展，通过十年分段数值的回归线只有 66%的变异解释量。在男性中也有同样的代际区分，尽管第二代的值不如(aw)那么均匀。在上一节已经提到(aw)延续了中古英语 ū 音核前化的长期趋势，而 306
(eyC)却跟费城方言长期参与的南方音变中/ey/音核的低化相反，似乎是一种逆行的变化。如果情况属实，那么变化可能实际上开始于 1900 年到 1920 年间出生的第三代女性，而现在男性较低的值就代表这种音核低化的趋势在开音节中的延续。无论如何，图 9.5 和图 9.6 之间的相似性确实延续了我们在前三章中观察到的这些活跃的新变化之间广泛相似性。

9.3　语言变化的性别不对称模式

图 9.5 和图 9.6 清楚地表明女性作为自下而来的语言变化的引领者的作用。性别和职业对于进行中的活跃的新变化的影响是彼此独立的。对于所有的职业组，男性都比女性落后一代：更具体地说，男性显示的前化水平跟前一代女性的水平相似。这些模式符合第 8 章展示的语言变化的性别差异：即戈沙以及沃尔夫和吉梅内斯所发现的，女性在某些阶段比男性领先整整一代人。我们难免会做出这样的逻辑推理：男性的语言变化水平具有其母亲的 307
特点，因为他们最初是跟母亲习得了这些变量的用法。更为简单的是：我们所说的口语，即我们完全掌握并毫不迟疑地使用的第一

语言,就是我们母亲的口语。后来会有一些后口语阶段的调整,这些实际上将是第12章的主题。但是我们在语言学习过程中,必须从某个地方开始,除了母亲的话语之外,没有别的地方可以开始。当然,母亲并不是第一语言语音的唯一来源:很多儿童是由其他女性看护抚养的。(我还没有发现有哪个社区中大多数人不是跟女性看护者学会语言的。还请参见第8章脚注6。)

现在可以确定的是,当母亲的语言或方言跟本地言语社区的语言不同时,孩子们会很快学会忽略这个语言系统,并在5岁前习得跟本地语音模式一致的本地方言。这个结论的主要数据来自对新社区的研究(普鲁士王村,Payne 1976,1980;米尔顿·凯恩斯,Kerswill and Williams 1994,William and Kerswill 1999)。

下一节会介绍语言变化的扩散模型,试图解释图9.5和图9.6中女性的线性进展和男性的阶梯推进之间的搭配。它结合了克罗齐(Kroch 1978)的男性从女性主导的语言变化中退出的观点;钱伯斯(Chambers 1995)的女性在语言的社会评价中比男性更积极的看法;戈登和希思(Gordon and Heath 1998)主张的女性自然偏爱某些音变而男性则偏爱另一些;斯特蒂文特(Sturtevant 1947)和埃克特(Eckert 1999)认为的音变扩散取决于它们跟对立的社会群体或参照群体的联系。

0阶段:稳定性。考虑到每一代都是跟女性看护人习得口语的事实,那么除非有后口语阶段的改变,语音系统将保持稳定。没有参与变化的最后一代——零代——设定为测量增量所依据的基线。

第1阶段:变异与参照组的关联。稳定性并不意味着同质性。新的变异是方言接触的结果或者过去变化的机械结果(第1卷,第

20 章）。音变扩散的第一阶段取决于这个变异跟特定参照组或多或少的任意性联系，[①]以及它作为这个参照群组的文化价值象征的使用。在马撒葡萄园岛，参照组是第八代美国北方人；在底特律 308
的高中，参照组是伯闹茨群体；在纽约和费城，参照组是上层或中层工人阶级。[②] 这种关联出现在 S 形曲线底部附近；参照组内部的变化开始以较小程度加速，在与组内成员接触最频繁的人中进行。

第 2 阶段：性别专化。音变跟男性或女性联系在一起。这种联系可能不完全是任意的，但是如果存在着希思和戈登提出的女性/男性分化的语音基础，那么男性主导和女性主导的变化在数量上应该大体相等。否则，长此以往，所有的元音系统都会在一个方向或另一个方向上高度偏移。[③]

第 3 阶段：性别分化。在那些提供了现有调查数据的社会中，较低社会阶层的男性表现出一致的模式，即退出或抵制女性主导的变化（参见图 8.10，图 8.11，图 9.5，图 9.6；还有图 8.1 的稳定变量）。我们看到扁平的男性模式与稳定上升的女性模式相匹配。对于男性主导的变化，目前还没有明确的根据来预测是否会出现对称的女性反应，但是图 9.4 的线性模式表明，在这一点上女性的行为方式跟男性是不同的。

第 4 阶段：第一代加速。当处于第 2 阶段的年轻女性的孩子

---

① 克罗齐（Kroch 1978）认为这种联系实际上是有动机的：工人阶级说话人采用“自然”的变化，而中产阶级说话人则进行抵制。我一直还不确定“自然”和“非自然”变化之间的区别是否明确或是否有用，但这些问题会使我们超出本书的范围。

② 对于参照群体概念的更为充分的发展，参见 Merton 1957。

③ 这必然是由于元音系统的长期动态平衡；如果有一组女性主导的变化大于男性的变化，元音系统会在变化过程中发生高度的偏移。

进入言语社区时，男性对变量的使用表现出明显的进步。虽然这一代的女性儿童也从母亲那里获得了领先的语音基础，但是女性的线性模式并没有中断。[①]

第 5 阶段：第二代加速。在女性继续以线性方式加速时，第二代女性的儿子受到变化影响，获得第二阶加速。

第 6 阶段：第三代近似。随着变化接近完成，[②]男性和女性之间的差距越来越小。如果这个变量成为一种社会标记或传统规范，就会随着第 8 章观察到的社会阶层与性别之间的相互作用，发
309 展出与社会阶层一致的线性模式。如果音变在社区中被普遍采用，那么性别差异将会消失。

图 9.7 是这个六阶段模型的示意图。箭头从女性指向男性一侧，表示影响的方向。上文已经提出的证据覆盖了这个模型的第 3 到第 5 阶段。本章将对费城研究中的后期变化阶段，即第 4 到第 6 阶段进行探讨，并进一步考察当男性领先时会发生什么情况。

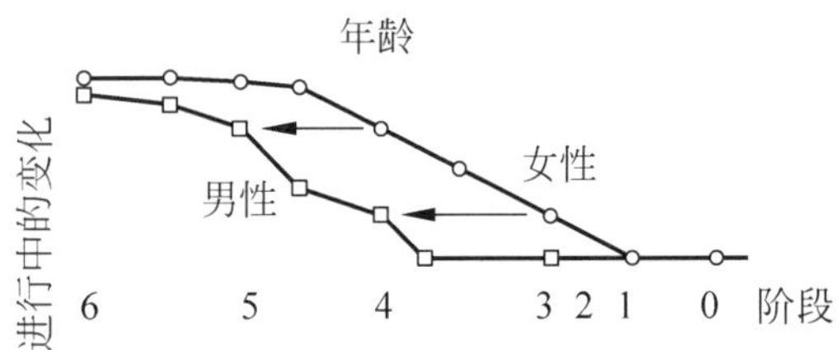

图 9.7　自下而来的语言变化中性别关系的六阶段模型

① 这种线性模式是如何产生的，这将是第 14 章的主要话题，其中提出了一种关于语言变化增量的量化模型。

② 从某种意义上讲，语音变化永远不会完成，因为它们的结果会影响到整个系统。但变化的某一特定部分，如一个元音的高化，或者一个过程的频度变化，是有自然限度的，这是由元音空间和 0% 或 100% 的极限值的性质设定的。如果这个过程是活跃的，它会像这个模型那样，多次表现出从变化起始到接近完成的四代人的轨迹。

9.4　费城方言中接近完成的和中期的变化

第 6 章展示了接近完成的变化中最明显的一个就是(æhN)，即 *man*、*hand*、*Camden* 等词中/æ/音位在鼻音前的变体。图 9.8 显示这个变量按照十年分段分别对男性和女性的回归分析。像以前一样，数据来自包括图 9.2 中的五个职业等级的多元分析。图 9.8 的模式与相对应的图 9.5—9.6 有很大不同。女性的年龄坡度比男性小得多：女性似乎接近变化的 S 形曲线的顶部，按十年分段的线性模式特点不如男性明显。通过女性符号绘制的回归线只有 35%的变异解释量，而相应的男性回归线却有更陡的坡度(-3.67)并更为接近线性(这条直线有 61%的变异解释量)。这

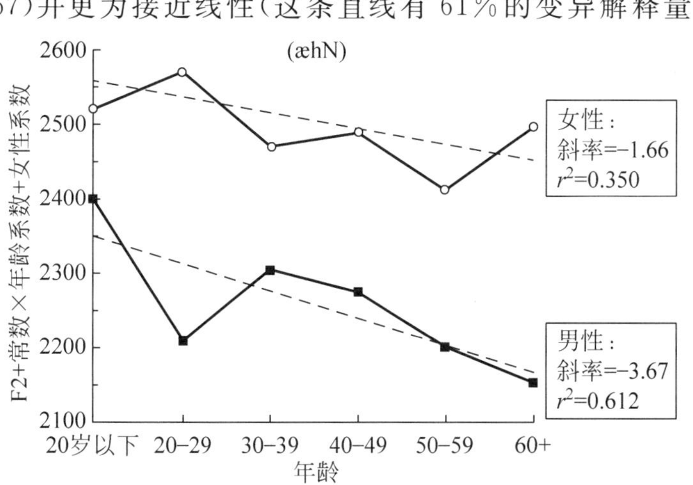

图 9.8　费城(æhN)在不同性别各按十年分组的预期值

女性：空心圆圈；男性：实心方块；其他显著因素：维克街男性 131 ($p<0.02$)；意大利裔 2 女性 121 ($p<0.05$)；文职女性 -213 ($p<0.01$)；管理层女性 -235 ($p<0.01$)；男性专业人员 -153($p<0.05$)，女性 -390 ($p<0.0001$)

跟活跃的新变化的模式是相反的。

图表说明中列出的其他显著因素表明,男性和女性对于(æhN)的反应有着相当大的差异。女性表现出明显的社会分层,而男性只有上层阶级比其他阶层显著落后。这是性别和职业组在这个接近完成的变化中所预期的相互作用,这种作用在活跃的新变化(aw)中较为和缓,而在(eyC)中并不存在。

311 图 9.9 和图 9.10 显示了中期变化在虚时中的发展,即/ow/在开音节和闭音节中的前化。尽管开音节的(owF)列为“中期变化”,它很可能已经接近自己的极限值,而更适合跟(æhN)和(uwF)划为一类。女性的年龄差异并不明显,在约 1730Hz 上下起伏。对于男性,各年龄层的数值都有相当规律的增长,在年轻成人组跟女性的水平相一致。除了最年轻男性组的明显下降之外,这个表现跟落后的群体开始加速的后期模型非常吻合,(Labov 1981)。像(æhN)一样,这个模式最接近图 9.7 中性别模型的第 4—5—6 阶段。20 岁以下年龄组的下降是一个必须认真考量的附加因素:20 岁以下的 16 位男性分布于各个职业群体中。[①] 这个峰值的意义将在第 14 章进一步考察,在那里我们会发现,单调的年龄函数实际上是不可能的,而且每种变化都必然会在年轻说话人中出现一定程度的下降。

图 9.10 展示了(owC)不同性别在各年龄组的变化。这是一
312 个不太领先的变量,位于不对称模型的中心部分(第 2—5 阶段)。男性和女性都显示出从年长到年轻的规律性变化,峰值出现在

① 年轻说话人中(ow)前化的减弱并不普遍,仅限于工人阶级群体。图 9.2 中男性和女性同样在职业上出现的弧形模式,在各年龄段也是普遍出现的:除了 40—49 岁和 60 岁以上这两个年龄组之外都是如此。

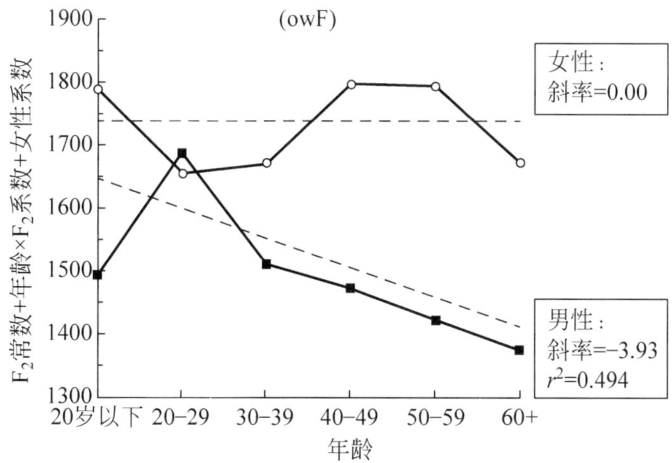

图 9.9　费城(owF)在不同性别各按十年分组的预期值

女性：空心圆圈；男性：实心方块表示；其他显著因素：意大利裔2 女性 -221 ($p<0.001$)；男性 -265($p<0.001$)；克拉克街女性 -168 ($p<0.01$)

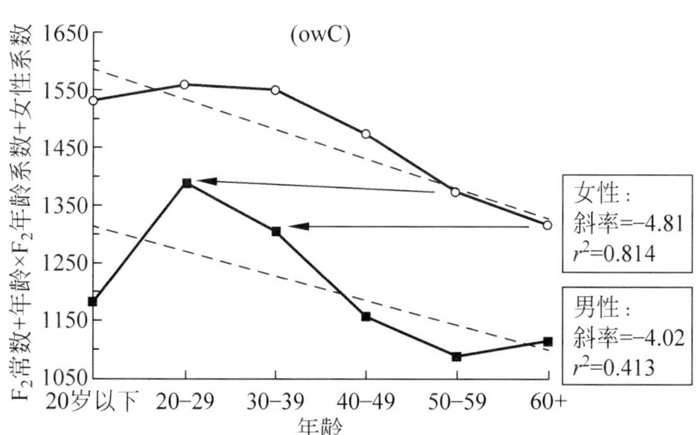

图 9.10　费城(owC)在不同性别各按十年分组的预期值

女性：空心圆圈；男性：实心方块；其他显著因素：维克街女性 263 ($p<0.001$)；男性 188($p<0.01$)

20—29 岁年龄组。在模型的这一部分,女性的进展比男性更接近线性,回归线的 r^2 修正值是男性的两倍。男性向上的增长模式使 30—39 岁的男性达到 60 岁以上女性的水平,并使 20—29 岁的男性达到 50—59 岁女性的水平。

在第 5 章中(uwF)没有显著的年龄制约、在第 7 章中没有社会制约、在第 8 章中没有性别系数,所有这些都表明,这个变量可能已经达到了极限值,不应包括在进行中的变化中。图 9.11 表明,这有一半是正确的。跟更为活跃的变化,出现了同样具有逐步向上趋势的普遍模式,男性以更陡的坡度落后于女性。这里给出的女性数值都跟 60 岁以上的参照组没有显著差异,但男性除 50—59 岁年龄组之外,所有的值都很显著,大都低于 0.01 水平。现在很明显,(uwF)对女性属于已经完成的变化,但对男性还处于中期变化。箭头显示,20 多岁的男性与 50 多岁的女性位于同一水平,这与图 9.10 出现的 30 岁年龄组相同。图 9.11 必是代表了非对称模型中第二个向上的男性阶段。第一个向上阶段应该已经影响过如今 40 多岁的男性;我们缺少他们母亲的数据,她们应该有 70 多岁了。

313 图 9.12 按照十年分段显示了不太领先的变量(uwC)的相应模式。男性和女性的年龄分布惊人地相似,二者都是在最小年龄组中出现下降。男性和女性的修正 r^2 值的差异小于其他的差异,男性的阶梯式进展也不明显。30 年的代际联系从五六十岁的女性延伸到二三十岁的男性。这些线并不是平直的,而是从 75Hz 降到 100Hz,跟图 9.7 的模型略有不同。

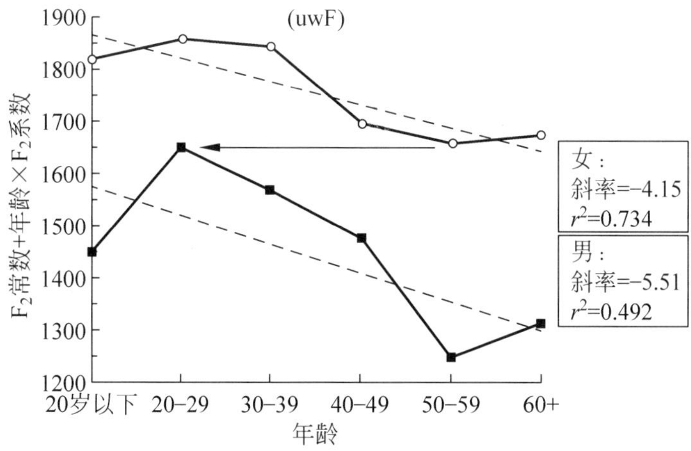

图 9.11　费城(uwF)在不同性别各按十年分组的预期值

女性:空心圆圈;男性:实心方块;其他显著因素:克拉克街女性 -231 (p<0.02);维克街男性 275(p<0.001);皮特街男性 264(p<0.02)

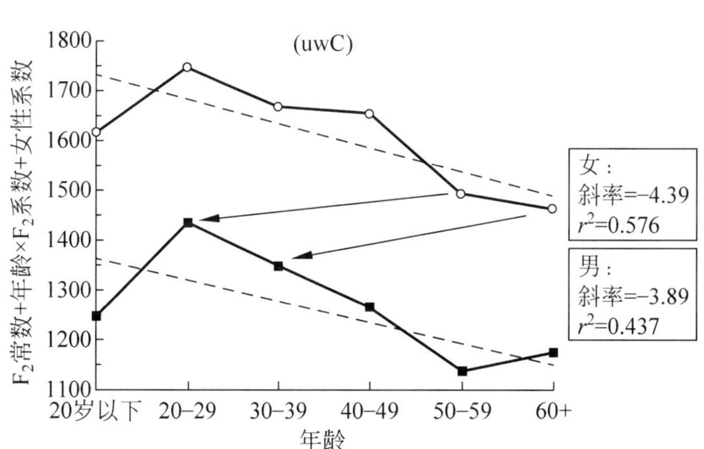

图 9.12　费城(uwC)在不同性别各按十年分组的预期值

女性:空心圆圈;男性:实心方块;其他显著因素:意大利裔 2 女性 -246 (p<0.05);维克街男性 275 (p<0.01)

职业分层

在以十年分段对(uw)变量的分析中,女性的职业阶层没有出现显著的系数。但是男性的情况就大为不同了。(uwF)和(uwC)表现出图 9.13 的模式,除了一点之外的所有各点都跟非技术工人的参照组差异显著。这两条回归线表现出说话人地位从低到高平行向上的坡度。因此,费城方言中(uw)的前化跟(ow)、(æh)、(aw)和(eyC)的前化具有不同的社会解释。由于(uw)的前化早于(ow)的前化,这种社会分层可能是后来的发展,是对女性主导的变化的不同反应的结果。但是,除了 20 岁以下年龄组之外,这并不能看作是一种“退出”,因为从 60 岁到 20 岁,所有的职业群体
314 都表现出普遍的前化趋势。这种不对称的性别模型的逻辑将迫使男性说话人跟着女性向前变化,尽管速度会慢些。男性从儿童早期到青少年晚期,表现出从这一水平的倒退并非不可能的。

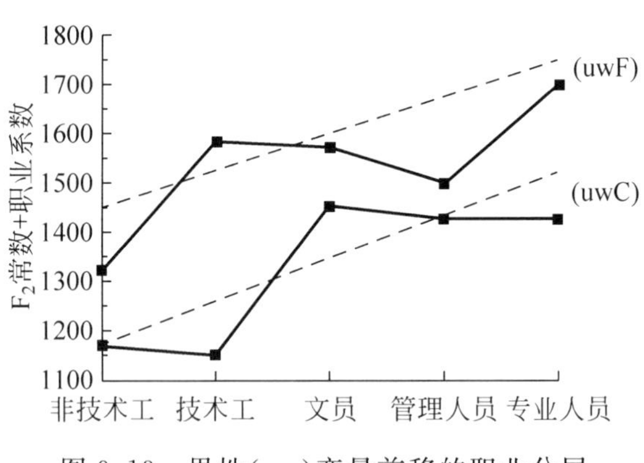

图 9.13 男性(uw)变量前移的职业分层

对于费城方言中接近完成的和处于中期的变化做出的这种回顾,进一步支持了图 9.7 中不对称的性别模型,确立了代际之间

25 到 30 年的差距。不过，由于社会评价的发展，基本模型中有一些偏离，在某种程度上这是一个随机和不可预测的因素。这种社会评价进一步增大了性别的不对称。而更加落后的那个性别，在这里指的是男性，比领先的性别在社会分层方面有更大的发展。这种性别/社会分层最初可能是弧形的，如同(ow)的情况一样，然后基本变成线性的，像(uw)的情况一样。

9.5　标志性事件

对这些中期变化的研究进一步强化了在考察活跃的新变化中得出的推论。女性在几乎所有的群组中都领先于男性。在所有情况下，女性都表现出一种相对稳定的进展，以十年为一段不断发展，而男性则表现出一种跳跃式变化，似乎跟相关音变的代际阶段相对应。这种代际波动指向更广泛的社会中那些标志性事件。在多数情况下，这些事件就是大规模的人口迁移和重大战争造成的社会变迁。因为连续统的断裂在男性数值中比女性表现得更为清楚，我们可以把前面那些代际效应的数值看作男性平均值的第一个急剧增长：

第一次急剧增长的十年 315

(aw) 40—49

(eyC) 40—49

(owF) 20—29

(owC) 30—39

(uwC) 40—49

(uwF) 40—49

(ow)变量跟其他变量不一样,所以这个描述并不是结论性的。而(aw)、(eyC)、(uwC)和(uwF)都表现出一致性,即费城音变第一次大幅增长都是出现在40—49岁的男性中间。[①] 这并不意味着这些说话人就是1970年代音变的最初发起者;相反,我们把这种男性的急剧增长解释为他们的元音特征跟他们的母亲相一致,那一代人生于1913到1922年之间,年龄在60到69岁。很可能第一次世界大战就是引发了这一系列代际变化的标志性事件。因此,我们在1970年代记录的50岁以上男性的话语,反映了他们的出生20世纪初的母亲们的语音模式。

9.6 男性主导的变量:(ay0)

表8.5中,在费城音变涉及的元音,有十一个性别系数偏向女性,有三个偏向男性。这三个元音中,一个是接近完成的变化(ohr),另一个是初始的变化(ʌ),第三个(ay0)是三个活跃的新变化之一,即清辅音词尾前/ay/音核的央化。这个变量的分析对于性别不对称模型是个关键性的检验。如果在女性主导的变化中男性的阶梯式进展是男性按照自己母亲的口语水平进行代际调整造成的,如上文所述,那么在男性主导的变化中就不会出现这种阶梯式前进。我们也不会预期有相反的情况,即男性表现出线性发展

① 我们必须假定在接近完成的变化(æhN)中的明显断裂可追溯到比其他变化更早的时期。

而女性是阶梯式的进展,因为女性儿童通常不会再把自己的口语调整到父亲的水平。

在考虑(ay0)以十年分段的发展之前,必须处理其性别不对称的另一方面的情况。第 5 章发现(ay0)的社会分层跟女性主导的变量之间的显著差异:(ay0)没有区别明显的社会经济分层。分别
对男性和女性做的单独分析表明,男女情况完全不同。图 9.14 的 316
简单图示给出了每个职业类别中男性和女性的平均值。表示最大程度央化的 F1 最低值,出现在最低的社会阶层,即失业群体,这里没有男性和女性的差别。F1 平均值在随后的三个职业群体中略有上升,性别差异适中。在两个最高的职业群体中,性别之间的差异有所增加;而在专业人员群体中,这种差异确实很大。多元分析包括了职业和十年分段的年龄组,提供了更有规律性的描述。在单独对男性的分析中,职业(或 SEC 指数)没有显著分层。但是
在单独对女性多元分析的图 9.15,显示出女性在职业上清楚而有 317

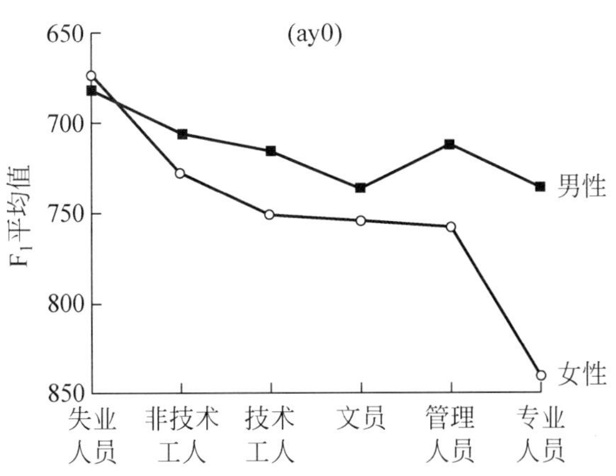

图 9.14 费城 112 位说话人按职业和性别的(ay0)F1 平均值

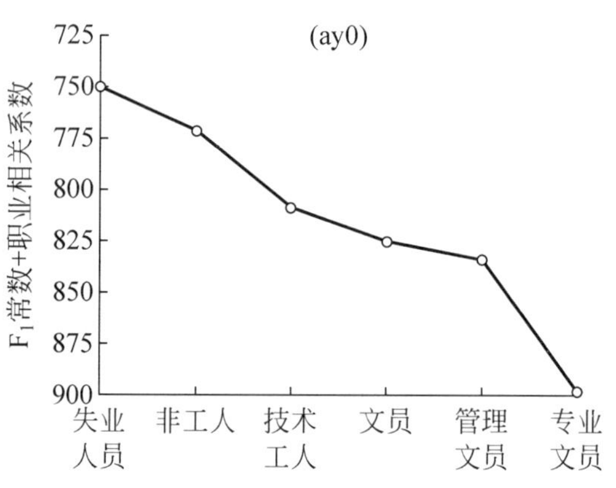

图 9.15　女性职业分层的(ay0)多元回归分析,包括按十年分组的年龄、重要街区和族群

规律的差异。职业阶层越低,F1 平均值就越低,元音就越央化。[①] (ay0)跟(uw)变量正相反,社会分层出现在女性中,而不在男性中。连接这两种情况的共同点就在于,社会分层是在音变发展中落后群体的一种属性。(ay0)这种逆转现象的意义还不是很明显,但是随着我们在第 10—12 章对于语言变化引领者的女性行为的关注,它的重要性会愈益增加。无论怎样,我们现在都可以确定,(ay0)同样也在经历着影响元音系统其他成员的社会过程的作用。

图 9.16 是以图 9.5—9.6、图 9.8—9.12 表现女性主导的变化相类似的形式显示(ay0)在男性和女性年龄以十年分段的发展。在图中,男性和女性在十年分组的分布相当近似,二者都表现出接

① 对(ay0)的职业等级的处理方式跟本章的其他分析有一点不同。在这个例子中,参照群体是专业人员,而不是非技术工人。男性职业值的非显著性导致在遵循常规程序分析时,常数间的正态关系正好相反。因此图 9.15 中专业人员的值就成为回归常数的值。

近直线的进展，斜率也相近；它们的 r^2 值差异极小，可以忽略不
计。两种进程的斜率：男性是 3.08，女性是 2.33。到 60 岁以上的 318
说话人开始完全没有差异，两条线逐渐在虚时中合并，[①]在 1975
年年龄 50—59 岁说话人的(ay0)值表明，这个央化过程的开端应
该就是他们出生的 1925 年左右。他们的预期值 740Hz 跟/ay/在
词尾和清辅音前的低音位变体的值相差不大。由此可知，/ay/在
清塞音前的央化比(aw)的央化更晚，据上节所述，后者应该是在
第一次世界大战后不久开始现在的变化过程的。

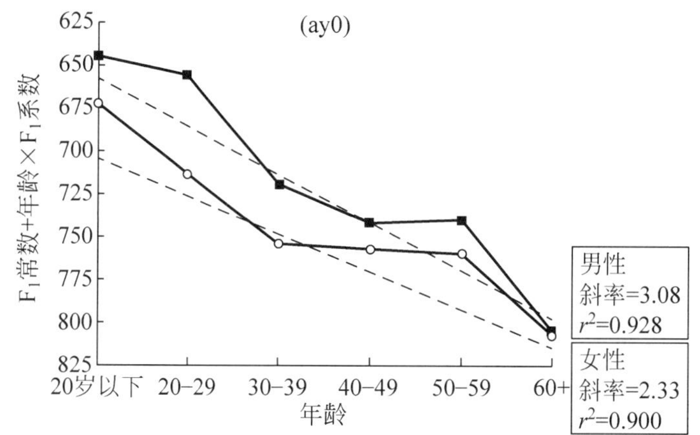

图 9.16 费城(ay0)在不同性别各按十年分组的预期值

女性：空心圆圈；男性：实心方块；其他显著因素：维克街男性 -58 (p<0.02)；皮特街女性 51 (p<0.05)

性别差异的第二波增长开始于 30—39 岁的男性群体。这与塔克的观点(Tucker 1944)一致，他认为在自己方言中/ay/在清辅

① 在这类分析中，男性和女性绝对值之间的实际距离可以有很大的差异，特别是当为了可比性而保留非显著因素的时候。

音前的变体跟其他位置上的变体之间的明显差异在费城方言中并不存在,这两类音位变体在费城方言中的发音是一样的。第一次显著的央化出现在 1975 年时 35 岁左右的男性,他们可能是在塔克进行观察之后出生的;塔克听到的央化现象可能只是当时 10 到 20 岁的男孩子的用法,即适度下降到 730Hz 的 F1。假定音系具有稳定性,图 9.16 表明女性一直到 1955 年之前一直处于这种低水平的央化状态。

到现在为止,我们对(ay0)的说明追溯了音变的机制,它在整个社会系统扩散,按照性别和职业阶层的维度把人群区分开来。央化从男性中开始,还不清楚是否开始于一个特定群体。不论我们在目前的语料库中对男性的年龄段做怎样的划分,都没有出现社会因素造成的显著差异。费城元音系统的内部发展也没有显示出二战后引发这个音变的结构性动因。由于这类央化现象并不是只在费城才有,而是遍布在整个宾夕法尼亚州东部以及全国很多其他地区,所以(ay0)很可能是因战争期间的流动性增加而从外部引入费城社区的,就像其他东海岸城市中(r)的地位变化一样。

如果男性发起的(ay0)央化不是从底层社会开始的,我们还需要解释女性的社会分层模式,其中最低的社会群体具有最极端的值。一个暂时的答案是,在下层或中层工人阶级,即非技术工或失业群体中,男性主导的音变最为女性所接受。但是随着社会地位上升,使用央化(和后移)的(ay0)对女性就越来越不适合了。于
319 是,男性从女性主导的变化中退出正好跟女性从男性主导的变化中退出形成非对称的匹配。二者都表现出与职业阶层的单调关系,但是方向相反。对于女性主导的变化,男性的退出距离跟地位

呈负相关；而对于男性主导的变化，女性的退出距离跟地位呈正相关。

男性或女性从对方领先的形式中“退出”这个想法可能并不准确。退出意味着代际的倒退，语言变化过程是相反的。实际上，我们更可能发现的是较慢的进展速度。例如在(ay0)央化中最落后的是专业女性群体。其中只有五位女性，但她们都在变化方向上表现出有规律的进展：

年龄	数量	平均值
<20	1	712
30—39	1	771
40—49	2	899
50—59	1	912

这意味着工人阶级女性比更高社会阶层的女性更积极地跟随着男性领先者。我们遇到更多的是男性榜样的正面吸引力而不是负面的反应。男性对于女性主导的变化的反应正好相反，表现为在另一方向上的线性社会分层，其中更高的社会群体比下层群体更容易被新形式所吸引。

9.7　结论

这个性别差异的综述提供了对于音变机制的两个不同的视角。一方面，性别差异的研究使我们更加理解语言变化引领者的社会地位。另一方面，男性和女性社会阶层模式的对比，使我们更加清楚不同性别在语言变化中所起的作用。

跨年龄组的扩散机制

在数据中有两类性别不对称性。一种似乎是语言变化机制的基础。几乎所有进行中的音变都涉及性别差异。鉴于女性是主要
320 的语言传递者,因此男性和女性的变化轨迹肯定会不一样。性别不对称模式将会以同样方式影响到所有社会阶层,尽管结果会因青少年的口语变化而修改。

性别与社会阶层的相互作用

在语言变化的最初阶段,性别效应和社会阶层效应在很大程度上是彼此独立的。在费城街区研究中对比职业和性别两种模式,对(eyC)和(owC)的效应是彼此平行并独立的,对(owF)和(owC)略有不同,但仍是相互独立的模式。在这四种情况中,年龄分布表明语言变化的进展相当迅速,并且这四种情况全都有一个显著的弧形模式独立于性别差异。在这些音变的初始阶段,还没出现单调的社会分层这种后期阶段的特点,也没有下层中产阶级或文职群体的矫枉过正模式。

音变的发展史表明,随着社会意识程度的增长,社会布局显示出不断的变化。对(eyC)前化的社会敏感度最低,没有性别与社会经济阶层相互作用的迹象。对(aw)前化的社会意识程度较高一些,有了性别和社会阶层相互作用的最初迹象,女性在工人阶级各阶层之间的差异相同。晚期阶段是在(uw)和(ay0)变量,其中领先的性别没有明显的社会分层,而落后的性别却有这样的表现。接近完成的(æh)变量在费城具有最大程度的社会意识,没有弧形

模式的迹象。对于(æh)，性别的相对位置彼此颠倒：工人阶级中是女性领先男性，而中产阶级职业群体中则是男性领先女性。性别和社会阶层之间的相互作用在这种社会语言的传统成见中达到最极端的形式，其中低俗的或高雅的形式都在语言社会中确认和议论，不同社会阶层女性的语言行为方式也会各不相同。

随着对一个进行中变化的社会意识的发展，次高地位群体的女性在遵守保守规范中有过分夸大的倾向(在北美和西欧，是下层中产阶级；从职业角度，是职员、小学教师和小店主)。毫无疑问，性别的社会范畴是这些社会中阶层系统的重要组成部分，女性的行为跟她们的社会地位相联系。在第 8 章曾经提出，这种矫枉过正模式可以视为女性在提升家庭的社会地位和积累象征性资本方面，有更大的投入。在下面的几章中，还将仔细考察女性参与的社 321
交网络和语言变化的女性引领者的生活轨迹，以此为基础提出其他的解释。

女性的作用还是男性的作用?

在性别差异的讨论中，重点大多是集中在女性特有的行为。人们有时会提出这样的问题，是否应该关注男性的行为而不是女性的行为呢？在艾西科维茨(Eisikovits)研究的澳大利亚青少年中(图 8.2)，男性似乎是性别差异的发起者，与通常的适应方向相反。可是在这里讨论的所有其他实例中，性别差异的积极推动者都是女性。作为大多数语言变化的引领者，她们自发地创造出与男性之间的差异。女性对高雅的新特征的采用比男性更迅速，对使用低俗形式的反应比男性更强烈。女性对于语言变量社会地位的变化的反应比男性更迅速,在这方面女性再次成为性别分化的主要推动者。男性对语言变异的社会价值投入程度较小。[1]

性别差异之前的变化?

图 9.7 的性别不对称模型中确认了最初的性别专化被看作是根据一些预先存在的变异而运作的。在某种程度上我们可以认识戈登和希思的观点,对某些类型音变的生理性别偏好,而性别作为一个社会范畴,只是简单地认可一种已经出现的分化。但是,因为第 8 章已表明,这种偏好并没有约束力,并且往往是相反的,所以我们必须把性别专化看作一种社会过程,能够用任何类型的语音材料一起运作。埃克特(Eckert 1988)的研究表明,女性优势是北方城市音变晚期的发展,而在早期阶段则是对另外的性别-中立因素敏感:以成人规范为导向的社会范畴。在《北美英语地图集》(*ANAE*)的数据中(表 8.4),男性优势只存在于最新的阶段;如果目前这个趋势继续下去,我们可以预料它会转变为女性主导的变化。

性别差异与更大社会结构之间的关系

本书第 1 卷表明,链式音变在很多方面受到语言系统结构的
322 制约。本卷书的中心问题是外部社会变量是否跟语言变化的一般机制密切相关。性别似乎是这个问题的关键变量。因为性别差异几乎总是语言变化中的突出因素,社会因素似乎离不开语言的变

---

① 盖尔(Gal 1978)对这个原理有清楚的说明。男性和女性从匈牙利语到德语的转换跟是否属于非农民社交网络之间有同等程度的相关(分别为 0.78 和 0.74)。但男性跟年龄的相关性比女性小些(分别为 0.69 和 0.93)。

化和演化的正常过程。在音变的早期阶段——社会意识程度最低时——性别作为一个独立和强大的因素发挥作用。由此可见，在定性为新的变化中活跃的力量是包括社会因素的，任何用单纯的内部原因解释变化的开始的努力都将在很大程度上失败。我们要探求的问题是涉及的社会结构的规模：家庭，同龄人群体，当地言语社区，或者更大的地区，又或整个的国家。音变的早期阶段跟像伯闹茨这样的本地社会群体之间的相关性问题很有挑战性。考虑到北方城市音变在北方广大内陆地区都具有普遍性，如果我们能够确定同样的社会结构，就可以预料这种相关性将在很多城市中重复发现。下面的章节会提出，埃克特所详细描述的伯闹茨的社会地位(Eckert 1989a)与这里显示的性别差异的机制不是无关的。正如埃克特的研究所说，伯闹茨和乔克斯这两个类别是更普遍的社会阶层类别在特定年龄的转化，用来描述费城和纽约市的成人群体。

从性别差异与社会阶层分化密切联系的角度来看，它可能也跟为变化设定初始条件的大规模社会动荡有关，而不是对这些条件的反应机制。本章的证据指出，第一次世界大战就是这种引发费城音变的社会动荡事件，第二次世界大战则引发了(ay0)。这种大型标志性事件使音变在时间上的不稳定发展得到理解，但是，我们还不清楚这些事件是怎样跟费城音变或者北方城市音变的发展联系在一起的。

性别差异的直接社会背景

性别不对称模型解释了男性阶梯式进展的原因，但是却把女性在语言变化中的线性发展视为理所当然的既定过程。迄今为止还没有任何理论来解释这个稳步上升趋势后面的机制或驱动力。下面的四章会探索这个机制，并以此来考察有理由成为语言变化原因的那些因素。第一步将探求语言变化的女性引领者所涉及的各种社会关系。这将使我们重点关注这些女性，不是作为社会群体的无名成员，而是作为有明确身份的个人，她们的个人经历将有助于阐明本卷书的中心问题。

第三部分

语言变化的引领者

第 10 章　社交网络 325

到现在为止，我们所描述的研究已经把自下而来的语言变化的引领者定位为当地社区中更为欣欣向荣的、向上流动的那部分成员，大部分是女性。为了这个目的，动用了多种多样的数据：年龄、性别、职业、教育、社会流动性、房屋价值、房屋维护、族群、外语背景，以及说话人的世代地位。这些人口统计学类型的数据是从跟纽约市研究相似的个人调查中抽取的，其中接触的每位受访者都以一个单独访谈开始并以同样方式结束。尽管这些资料丰富而可靠，但它们还是不能帮助我们进一步寻找语言变化的引领者。

费城街区研究曾预料，简单地把个人划归社会类别并不足以解决语言变化的原因和社会机制。第 2 章介绍的街区研究方法包括一系列的访谈，还有参与社交聚会，搜集社会历史，以及另外的一系列对社交网络关系的系统性调查。本章将会展示这个系统性调查的结果，下面的几章会深入地利用这些重复访谈和人类学的观察得到的知识基础。不过首先还是应该考虑那些通过社交网络研究得到的其他结果，以及从中提出的一些社会语言学方法和理论的问题。

10.1　社交网络的社会语言学应用

有三种近期的资源对社交网络的语言学研究的历史和实践做

了很好的回顾(L. Milroy 1980,J. Milroy 1990,Chamber 1995)。这三种处理方法都对社交网络研究采取一种平衡的方式，把它作为帮助理解语言行为的几种信息搜集方法中的一种。然而，自从
326 米尔罗伊夫妇(Milroys)对贝尔法斯特的研究以后，已有一些文章假设或公开断言，社交网络的多元化或密度会取代社会结构的其他测量方法，特别是通过职业、教育或消费指数对社会阶层的测量。他们提出社交网络研究是一种比社会阶层研究更高层次的社会分析形式，更适合社会语言学研究。① 因此，勒佩吉(Le Page)和塔博科耶(Tabouret-Keller)这样写道：

> 社交网络是一种定义社会单位的方式，这种社会单位把各种语言行为联系起来。用它们代替社会或经济或其他群体，是一种更加令人满意的研究方法。(1985:116)

相比于孤立的个体，对群体的研究具有明显的优势。通过社交网络中的人进行研究，可以使我们记录他们跟平常谈话对象——朋友、家人和同事——的话语。因为言语社区的大多数随机样本都集中于个人，人们必须重建围绕这些个人的假设网络来解释他们的行为。

使用社交网络并且只用社交网络来研究拥有一百万说话人的社区将会意味着什么？这个问题跟布龙菲尔德要记录言语交际的

① 一些大大推动了社交网络分析的研究在这两个问题上的立场都很坚定。布瓦塞万(Boissevain 1974)断言，对人类行为的理解需要我们从“像自利的创业者一样”的个人开始。同时，他认为莫顿(Merton)和其他人的结构-功能观点对这种理解毫无贡献，并且是一种有意的误导，压制他自己看到的明显的真相。

整个网络的思想实验并无明显区别：他是要把一个人与另一个人的每次谈话都全部记录下来（Bloomfield 1933：476）。如此庞大的数据库可能使我们仅仅通过互动机制就可以为言语社区建立模型，而无需参照教育、收入、职业、族群、地位、高雅或低俗，或其他态度。[①] 这样一种机械的方法具有多方面的吸引力：概念简洁，而且是以言语行为本身作为基础。

其实最成功的社交网络研究远远没有达到这个假设的目标。大多数研究只是包括十几个说话人的一个或两个独立群体。了解这样一种独立小群体的社会语言行为并不比了解一个独立的个人的言语更容易。一个说话人在不同的话题、渠道、任务、听话人以及不同社会环境下，使用语言变量的社会意义，是语言变异在更大 327
社区中的派生物（Bell 1984，Preston 1989）。除非取得那个更大社区的代表样本，否则对这个人或这个小群体的语言行为的解释在很大程度上只是一种猜想。

那么，解决方法是什么？我们怎样才能把从研究小群体中得到的看法跟从言语社区的代表性样本得到的知识结合起来？对群体的随机抽样是不可能的，因为我们无法列出一个社区中所有交叉的社会群体。不过，我们可以创建一个代表这个社区的主要街区、族群和社会阶层的群体的判断样本。这样一种有效的当地网络的判断样本需要事先研究相对权势、收入、就业、房屋价值——

① 正如第1章讲到的，这样一种资料库近似于分析美国东部高速公路上的日常平均交通流量。这确实成功预测了主要方言边界的位置，除了纽约市方言的边界是个显著的例外。这种方言被限制在大都市的周边地区，这无疑是对城市方言的负面态度导致的结果（Labov 1966a，第14章）。

如果有可能，就根据全国人口普查的资料，如有必要，可从当地调查中得到。第 2 章介绍了费城街区研究为获取这样一种样本而做出的努力。当这样的判断样本跟随机样本相一致的时候，如费城电话调查，特别是当取样数目足够做多元分析的时候，我们就能够对结果具有相当大的信心。更一般地说，社交网络数据的语言学意义在以下情况下是最大的：

1　先前的研究已经确认在更大社区中的主要语言变量，并考察了它们的语体和社会变异的模式。绝大多数变异将继续从社会阶层、年龄、性别和族群来解释，如本章将要展示的内容。

2　这个群体的所有成员在居住地区和方言接触方面都具有相同的社会经历。如果不是这样，社会经历中这些差异的影响必须由如(1)所示的更广泛的研究做出解释。

很多社交网络方面的研究都是关注这样的情况：代表非标准方言的小群体在周围地区标准的影响下逐渐消失。预期的结果是，那些具有更大密度和多元化社交网络的成员比其他人更积极地维护本地方言。与其他群体有更多联系(弱关系)的说话人在话语中会表现为，周围社会流动性越大，影响力越大(Milroy 1980：196)。[①]

对语言变化引领者的研究集中在那些与周边社区有不同联系的街区。在这些本地社交网络内部，领先的倡导者们把活跃的新
328 变化向外扩散，在不同程度上影响着几百万人的话语。进行中的语言变化最终会在更大言语社区中影响到每个人，包括那些处于

① 实际上，这与哈莱姆区(Labov 1972b)和费城(Labov and Harris 1978)非洲裔美国英语说话人的社交网络研究结果是一致的。

社会经济等级顶端的人，即使不情愿也不可避免地被语言潮流的力量所推动。我们为寻找语言变化引领者的努力，要利用一切可以搜集到的有关最领先社区中的当地社会关系的所有信息，但目前还不清楚这些当地的关系将如何影响音变的急剧扩展。

最近发表的埃克特（Eckert 1999）研究底特律市郊贝尔顿高中（Belten High）的完整报告，使得任何关于社交网络研究的观点都必然会受到深刻影响而做出修改。埃克特的研究是基于在青少年中间从人类学角度的观察、访谈和对音变的测量，可以解释目前的很多发现成果。然而费城的研究却是利用参与者的观察来做出解释，只是对访谈的回答进行量化相关分析。埃克特把对于服装样式、空间位置、吸烟习惯、巡行模式的观察简化为定量的形式，并跟音变的测量紧密联系。下面的四章将稳步向语言变化引领者的位置靠近，但最终他们将会利用埃克特在青少年行为的研究结果来解释在成人群体中的发现。

无论我们从社交网络的研究中得到什么样的解释和说明，都必须与其他的社会测量相联系。社交网络的得分能代替社会阶层、职业、街区、族群效应吗？或者，它们会比这些更广泛的类别提供更多的信息吗？通过对这两类数据同时进行多元分析，将会获得对这个问题的明确答案。遗憾的是，社交网络研究大都受到被访者人数的限制，[①]即使是对网络地位的影响所做的一元统计分

① 贝尔法斯特研究仅限于 46 位说话人（Milroy 1980：202—203）。南哈莱姆区的研究是基于杰特（Jet）家族的 19 位成员和科布拉（Cobra）社交网络的 36 位成员（Labov 1972b）。下文的费城社交网络建立在 39 位说话人的基础上。两个涉及大量受访者的研究，一个是研究了 118 位说话人的李嘉图（Bortoni-Ricardo 1985），另一个就是埃克特在贝尔顿高中的研究，在一个很大的社交网络背景下关注 69 位说话人（Eckert 1999；图 8.1）。

析也往往达不到显著性要求。

本章将通过把社交网络数据加入费城进行中音变的研究成果中来解决这些问题,后者是在第 5—第 9 章对年龄、性别、社会阶层、街区和族群的研究中获得的。不过,首先让我们用多元分析方法来进一步考察早期的社交网络研究。对第 7 章介绍的贝尔法斯特街区、年龄和性别的研究数据作为基础进行再分析。

329 10.2 贝尔法斯特的社交网络

在贝尔法斯特研究的总结中,米尔罗伊(L. Milroy1980)提出“本书的主要导向并非是语言变化问题,而是语言稳定性问题”(第185页)。她从一开始就提出了使语言学家感到困惑的问题:稳定的社会语言变异结构是怎样保留下来的?米尔罗伊认为,当地工人阶级社区中高密度的多元化社交网络证明,隐性规范在维持着那些被主流社会公认的低俗语言形式的稳定性。

米尔罗伊 1980 年研究的附录中,在已用于第 7 章的世代、性别和街区数据外,还给出社交网络得分的数据。46 位说话人按照他们的社交网络划分为 0 到 5 范围的量表,来自需要满足的五个条件。这些条件包括一个密度的测定(是否属于高密度的、本地的集群)和四个多元化的测定(街区中的亲属、街区中的同事、街区中的同性同事,以及与同事相处的闲暇时间)测量值(L. Milroy 1980:141—142)。

表 10.1 把这些社交网络得分加入表 7.1 的回归分析中。显然,这些社交网络得分增加了信息,而不是取代了其他相关性。标

表 10.1　按照性别、年龄、街区和社交网络得分对贝尔法斯特九个变量的回归系数

显著性：黑体字表示 $p<0.001$；下划线表示 $p<0.01$；普通字体表示 $p<0.05$；

斜体字表示 $p<0.10$。空白格＝比表 7.1 增长；阴影格＝减少

	(*th*)	(*a*)	(e^{1})	(e^{2})	(ʌ^{1})	(ʌ^{2})	(*ai*)	(*i*)	(*o*)
平均值	56.16	2.53	81.6	64.5	42.7	29.32	2.28	2.02	90.3
标准差	30.01	0.53	23.7	21.7	20.7	23.92	0.35	0.34	16.4
男性	**28**	0.43	**27**	19.0					
年轻人								0.27	13.8
年轻男性						20.74			
年长男性					1.60	−16.1			
年轻女性						*−14.2*			
哈默街区							0.25	0.28	12.3
社交网络得分	6.45	**0.16**		*3.2*	*3.5*		0.07		
r^2 的增长(%)	10	19		3	5		9		

示出来的几个方框表明表 7.1 中的效应（主要是男性的效应）发生了变化的情况，但这些差异都很小。有阴影的框格表明效应减小；
331 无阴影的框格表示效应增大。这个图表基本上是一样的：(th)、(a)、(e^1)和(e^2)是男性主导的变量，(ai)、(i)和(o)在哈默衔区表现最强，其中(i)和(o)显示出虚时中的变化。

社交网络得分的多元分析对我们理解贝尔法斯特社会语言模式有什么帮助呢？它们总体上跟米尔罗伊(L. Milroy 1980)的研究结果一致，但是表现形式可以跟其他社区研究进行比较。社交网络效应最强的是两个男性主导的变量(th)和(a)，这是贝尔法斯特工人阶级话语中最明显的刻板印象。e^2 和 ʌ^1 出现了低于通常显著性水平的相关性，但 e^1 和 ʌ^2 并没有出现相关性。作用于(ai)的网络效应为 0.05，但在我们考察 72(9×8)种可能性时，对此不能有过多的权重。(i)和(o)没有出现任何网络效应，这是仅有的两个显示在虚时中进行变化的变量。

这些结果很符合米尔罗伊的解释，把密集多元的社交网络作为保守因素的作用，使本地社区免除社会主流规范对其言语模式的负面评价。正如米尔罗伊指出的，这也很符合对少数族裔的社会网络（如南哈莱姆区的青少年）研究的结果(Labov 1972b)。不过，在(i)和(o)为代表的进行中变化的范围里，社交网络的影响不会跟这种变化相联系。

贝尔法斯特数据中的年龄/性别的交互作用正好跟米尔罗伊强调的性别和社交网络得分之间的高度互动作用相一致。因此，如我们在第 9 章那样，分别对两个性别进行回归分析是很合适的。表 10.2 显示，男性和女性平均值的差异与表 10.1 中的性别系数

330

表 10.2　按照年龄、街区和社交网络得分对贝尔法斯特九个变量的回归系数，对两个性别分别进行的分析

显著性：黑体字表示 p<0.001；下划线表示 p<0.01；普通字体表示 p<0.05；斜体字表示 p<0.10。

	(*th*)	(*a*)	(e^1)	(e^2)	(Λ^1)	(Λ^2)	(*ai*)	(*i*)	(*o*)
男性[总数=23]									
平均值	73.7	2.82	95.11	68.2	50.0	35.0	2.30	2.04	91.8
标准差	26.1	0.41	9.2	23.0	21.9	24.0	0.33	0.35	11.7
年轻人		<u>-0.43</u>	-***7.34***			**36.4**	0.27	<u>0.34</u>	<u>13.8</u>
巴里麦卡利街区		<u>0.55</u>							
哈默街区									
克罗纳德街区								<u>-3.6</u>	
社交网络分值			3.26		*3.36*				
女性[总数=23]									
平均值	40.1	2.23	81.6	64.5	34.7	29.32	2.26	1.99	88.8
标准差	24.0	0.47	23.7	21.7	16.3	23.92	0.38	0.33	20.2
年轻人									
巴里麦卡利街区			-26						
哈默街区							<u>0.47</u>		
克罗纳德街区						*17.3*			**-30**
社交网络分值	6.64	<u>0.23</u>					*0.07*		<u>6.23</u>

紧密对应。显著的年龄系数只出现在男性部分。(a)和(e^1)的负值表明年轻男性正在偏离当地的语言规范，而右边四个变量的正值表示年轻男性在向当地规范靠近。在四个显著性社交网络系数(不算 $p<0.10$ 的)中，有三个出现在女性。其中一个变量(o)为6.23，表明在虚时中出现正向发展。不过，在年轻人中表现出虚时变化的是男性，而女性使用变量跟社交网络得分相关。还有一点令人意外，对于传统上男性主导的变量(a)和(th)，网络效应只出现在女性中，而不是我们所预期的在男性中。

尽管这个图表具有规律性，可这些规律并不容易解释。表 7.1 和表 10.1 中明确的街区效应已经消失，特别是哈默(Hammer)导致了两个虚时变化的事实。取而代之的是分散的街区效应。如果只考虑 0.01 水平的效应，三个街区中的每一个在 18 种可能实例中只有一例是显著领先的。这跟费城维克街区的一贯优势形成鲜明对比。

332 理解贝尔法斯特数据的另一种方法，是按照街区分别进行回归分析(表 10.3)。对于这些较小的单位，必须接受 0.05 水平的效应。在巴里麦卡利，社交网络效应在 9 种可能的变量中的 2 种音变具有相关性；在克罗纳德是 1 种，在哈默是 2 种。米尔罗伊的图 6.1 显示社交网络在巴里麦卡利影响了(th)而在其他街区无影响，跟这里的 37.4%的较大性别效应相对应，没有显著的网络效应。① 另一方面，表 10.3 确实重新恢复了哈默作为一个引领街区

① 米尔罗伊非常准确地观察到，在巴里麦卡利，性别与网络效应高度相关(第 159 页)。不过社交网络分值也确实并没有显著地增加对于这 14 位说话人语言行为的预测性。

表 10.3　对贝尔法斯特街区分别进行的 9 个变量按照性别、年龄、街区和社交网络分值的回归系数

显著性：黑体字表示，$p<0.001$；下划线表示 $p<0.01$；普通字体表示 $p<0.05$

	(*th*)	(*a*)	(e^1)	(e^2)	(Λ^1)	(Λ^2)	(*ai*)	(*i*)	(*o*)
巴里麦卡列[总数＝14]									
年轻人									**19**
男性	37.4								
社交网络分值		0.24					0.16		
克罗纳德[总数＝15]									
年轻人		−0.48							
男性		0.43							19.7
社交网络分值		0.29							
哈默[总数＝17]									
年轻人					−23.5				−5.68
男性									
社交网络分值					9.5				2.91

的地位,至少对于一个语言变化是如此。

性别和社交网络得分:米尔罗伊报告说,男性的社交网络分值高于女性。这已经被广泛引用,并跟解释语言变化的扩散相联系
333 (Downes 1998)。然而,表 10.4 显示,这种差异很不显著:它只是标准差的一半左右。此外,表 10.2 显示,女性的社交网络分数与语言变量之间的相关性要大于男性。男性只有一个数值在 $p < 0.05$ 的显著水平,而女性有三个数值。无论男性在社会关系中是否比女性具有更高的密度和/或多元性,这个事实似乎都与语言行为无关。在目前调查中最重要的是,女性只表现出网络分数与虚时变化的相关性。我们将在下文看到,社交网络对于语言变异的影响在费城几乎完全是一种女性现象。

表 10.4 贝尔法斯特不同性别的平均网络分值

	平均值	标准差
女性	2.09	1.59
男性	2.91	1.44

表 10.2 说明了米尔罗伊的观点,即从长远来看,详细的定量分析展示了"影响说话人语言的各种因素非常复杂"(第 165 页),分析结果仅仅表明"这种语言的特定'部分'对于不同的群体特别重要"(第 163 页)。虽然表 10.1 支持米尔罗伊的中心论点,即社交网络分数会增加我们对于社会语言结构的理解,并"对预测语言的使用极为重要"(第 160 页);表 10.2 也确认了她的进一步论述:"不同性别、年龄组和地区的社交网络模式是非常不同的"。米尔罗伊按街区分解的研究发现,社交网络的作用只是在巴里麦卡利持续运行,而在其他街区中,"语言使用和社交网络之间相关性很

小”(第 159 页)。

贝尔法斯特数据的三个特点可能会掩盖研究者的重要见解,并限制了它们在北美环境中的适用程度。所有这些都起因于这项研究在贝尔法斯特最困难时期的历史情形,大量研究都是克服了极度困难才完成的。第一是样本规模。考虑到年龄、性别、街区和社交网络之间大规模的相互作用,总数 46 位说话人显然不足以对这些变量的交叠做出清晰的描述。当回归变量的配置发生变化时,主效应的鲁棒性不足而难以维持。第二,研究限于贝尔法斯特的工人阶级街区,没有对更大的社会语言结构的描绘。第三是上文讲到的欧洲言语社区的基本特征。如很多在欧洲国家做的其他研究一样,我们没发现影响广泛的自下而来的变化引入新的模式和关系,像北方城市音变或费城音变那样。最强烈的影响是那些众所周知的、明显的低俗化变量的退却(或最近的扩展)(Holmquist 1988,Hinskens 1992,Williams and Kerswill 1999)。在贝尔法斯特,密集的社交网络的主要影响,正如米尔罗伊发现的,就是对语言变化的起到刹车作用。当语言变化在全盛时期,当口语在蓬勃发展中,当主流社会阶层的标准方言勉为其难地紧随 334
其后时,社交网络将扮演什么样的角色?这是有待探讨的问题,也就是费城研究数据准备解决的问题。

10.3　费城的社交网络

第 5 章报告了费城街区研究中第二系列访谈的一些实验数据。这些访谈的主要目的是获得每一个人在这个街段和更大街区中社会交往的系统数据。这可能不会像第一次访谈那样有效。在很多情况下,“第二次”访谈已经是实地调查者鲍尔(Anne Bower)、施弗琳(Deborah Schiffrin)和佩恩(Arvilla Payne)所做的第三、第四,甚至第十次录音了。等到她们坐下来问到在街段的社交互动的时候,邻居们可以随意提到很多熟人的名字。

鲍尔对皮特街的阿格尼丝(Agnes D.)的第二次访谈录音说明了街段关系的密度和多元化。阿格尼丝在当地学校的工作与她跟邻居们的关系相联系。她用一个讨厌的邻居——性格孤僻没有正常社交的人——的例子来强调自己的主要地位,即她最重要的朋友网络在当地街区以外。

下面的叙述是阿格尼丝由一位最好的朋友贝蒂(Betty I.)引发的在讨论街区中令人讨厌的邻居时讲的。

> 是啊,我不知道你是不是明白。要知道,这是个例子。这就是眼下正在发生的事情,所以这就是为什么我要用这个做例子。对吗?有个女人就住在街对面——我不会提到任何名字的,不过她[Betty]一听就会知道我说的是谁。呃,这个女人显然日子过得不容易。她嫁给了一个比她小得多的男人,但是没人喜欢她,因为她是那种女人,呃,就是特别心直口快,好多人就是不喜欢她……她多少有点粗俗,你懂吧。
>
> 现在她在学校工作,好多人不想——呃——管她的闲事。然后他们有个晚餐会——一个为校长举办的退休晚餐会,对吧?然后,没有人——这条街上还有一些别的人也在学校工作——他们都不想跟这个女人来往。好吧。我为她觉得抱

歉。所以，我就自动地说，“是，我会跟你去的。”当我们到达那地方的时候，你知道，就是希尔顿酒店，我本应该跟教师们坐在一起，还有 Anne Mae。然后……她就对我说，她就对我说：“你得跟我坐在一起。”所以我立刻就不假思索地说，“嗯，不行，我得坐在……”，可是接着我朝她看过去，看到她一个人 335
在那儿坐着，我就觉得我不能让她一个人坐那儿，就是这样。

现在，我不在这儿的时候这同一个女人——这已经发生两次了。我女儿剪了头发——你可能觉得这听上去很荒唐，不过这确实让我很烦——她说——呃——她对我女儿说，“你剪了头发看上去像个男孩子”。那么为什么要侮辱我的孩子，我已经——她会跟你谈到我孩子的。对我来说他们很特别，因为我是他们的母亲，但我的孩子们是好孩子，她们在学校做得不错。是啊，好多别的孩子……可是她们随时都让我为了孩子而心碎，你知道吗。不过这就是为什么我不理这儿的任何人，我宁愿不——不过他们就是这个样子。现在，如果我就坐在这儿的话她可不敢再对我女儿说这个了……这就是最近发生的事儿。昨天晚上是第二次，她跟我女儿说，“嘿，你的新发型让你看上去像个男孩子。”

对我来说，这真是最低级的做法，真是太愚蠢了……

鲍尔用这样的反问句表示同情：“一个成年人怎么可以这样无知？”

交际指数

在费城研究的后期，研究组转向寻求可对比的社交量度方法的问题，这会有助于解释第 5—9 章记录的语言变化的传播模式。问题并不在于要对我们研究的人群做更多的了解。经过三年来与每个街区的中心人物密切来往，我们的日志和磁带里面充满了邻里的闲聊；我们并不缺少受访者互相交流的信息。后面几章将会利用这个庞大的语料库。但是，从参与者观察得到的这些资料并不容易跟整个社区的音系空间中元音的变化相匹配。不管我们多么了解特定的创新发起者或特定的家庭，我们也不可能对每个人有同样的了解。第一次访谈是可比的，但是在进一步的社会交往过程中，我们对人们有了不同程度的了解。我们对维克街的凯特（Kate Corcoran）的了解多于对她女儿巴巴拉（Barbara）的了解，我们对巴巴拉的了解又多于对坐在一起录音的她的三个朋友的了解。问题是从我们对社区的了解中提炼出一组精确的和可比较的社会互动指数，这些指数不会因我们的参与经历而有偏差。我们设计交际访谈和交际指数就是要提供这样一种数据库。

“交际指数”这个术语反映了人们对作为社会关系产物的言语
336 交际的关注。交际指数跟用来建立贝尔法斯特多元性得分的标准没有什么不同，后者涉及在街区内的亲属和同事的人数，它们定义了通常称为社交网络的一系列社会关系。

实地调查团队鲍尔、施弗琳和佩恩在回顾了博特（Bott 1955）、格兰诺维特（Granovetter 1973）和其他人提出的方法和结果之后，设计并编写出交际访谈内容。访谈中提出的问题和讨论的题目得出一张示意图，显示出一个人作为当地交际网络的成员参与当地社交互动的相对强度。主要关注的焦点是可能与费城音变有关的互动的两个方面。第一是街段内的互动密度。这显然提供了对于在街段内影响别人话语或受别人影响的机会进行测量的方法。第二是个人社交网络的相对比例，这在地理位置上以街段和更大街区为中心。如上文所述，街段被界定为一个工字形状：沿着一段居住街道两边的住宅和界定街段的交叉路口附近的住宅。*街区*是一个更大的单位，其范围取决于居民的不同社会定义。[①]

交际访谈在 61 位受访者中完成，通过数据的检查，构建了四个指数。

C1 是街段互动密度的测量，通过估算受访者在日常生活中打交道的邻居的数目获得。访谈问题询问了受访者会跟街段中多少人*见面打招呼*，*一起喝咖啡*，*彼此互相拜访*，*邀请参加聚会*，*一起出游*，或*成为知己*。受访者在五种可能的回应中选择一种，编码如下：

	等级
街段中的每个人	4
6—10 个人	3
3—5 个人	2
1—2 个人	1
没有人	0

C1 码的平均值四舍五入为一个整数值。

C2 也是互动密度的测量，但涉及的是潜在的而不是实际的接触。请受访者列出街段中那些会*相互拜访*、*一起外出*、*通电话*、*讲*

① 爱德华(Edward 1992)在底特律的非洲裔美国人社区的社交网络研究中所使用的十个问题中的一个跟这里是一致的："我的大部分朋友都住在这个街区"。

心事、*寻求医疗建议*、*邀请聚会*、*请求帮忙办事*的人的名字。还请他们列出*最好的朋友*、*亲密的朋友*以及街段中*住房最好的人*的名
337 字。C2 量度的是这个人在各类别中列出的这个街段的人名的数目。

C3 和 C4 是友谊模式本地化的定位测量，采用这样的问题：个人的朋友都住在哪里。这个量度是受访者列出的朋友中，住在这个街区（C3）或街段（C4）的朋友的百分比。它们的编码如下：

81%—100%	1
61%—80%	2
41%—60%	3
21%—40%	4
0%—20%	5

这个编码系统实际上是把 C3/4 重新定义为住在这个街段*之外*或街区*之外*的朋友的百分比，其原因我们将在下文解释清楚。

61 次访谈中有 38 次的受访者的元音系统已经通过实验分析，形成了前面几章的数据库。尽管这个数字已从 112 人的总数大为缩减，并小于贝尔法斯特的样本，但它集中于第 7 章考察过的完整街区中，并包括了这些街区里中心社交网络的大部分成员。本章将考察交际指数与费城元音变化发展之间的关系。

在把这四个交际指数跟语言数据相联系之前，不妨先来看看它们之间的内部关系。表 10.5 是四个指数的相关矩阵。表中显示 C1 独立于 C2，但与 C3 和 C4 有负相关。C2 似乎与其他指数都没有紧密的关联。C3 与 C4 之间的相关程度最高，这是很自然的事，因为它们的区别仅仅在于研究的是街段还是街区。C1 与

C3 和 C4 之间的负相关似乎也很自然：因为 C1 越高，社交密度就越高；而 C4 越低，在这个街段居住的朋友比例就越高。

表 10.5　四个交际指数的皮尔逊积矩相关性（总数＝38）

	C1	C2	C3	C4
C1	1.000			
C2	-0.042	1.000		
C3	-0.202	0.101	1.000	
C4	-0.286	0.022	0.465	1.000

表 10.6 把（aw）和（eyC）加入这个相关矩阵。表中在（eyC）和 338
（aw）的第二共振峰之间出现最高的相关 0.729；如第 4 章所示，它们在费城元音系统中联系紧密。在四个交际指数中，C4 与语言变量的相关性最强。尽管 C3 和 C4 之间有 0.465 的显著相关，C3 却跟元音变化几乎没有关系。不管我们用什么方式分析，在整个元音系统中都重复出现同样的情况，因此在下面的分析中我们把 C3 排除在外。对 C1 和 C2 的反复比较，也得出了 C1 跟语言变量的相关性高于 C2 的结论。

表 10.6　四个交际指数与（aw）和（eyC）前移的皮尔逊积矩相关性（总数＝36）

	C1	C2	C3	C4	(eyC)	(aw)
(eyC2)	-0.038	0.071	-0.044	**0.432**	1.000	
(aw2)	**0.156**	0.122	0.046	**0.249**	0.729	1.000

C1 与（aw）的正相关是在预期的方向上，但与 C4 之间更强的正相关却出乎意料。起初我们以为在本街段朋友的比例高可能会

成为音变引领者,可是这里从(aw)以及几乎所有其他元音得到的情况完全相反。一个人在本街段之外的朋友的比例越高,这个人就越有可能使用费城音变的领先形式。

表 10.6 的相关性并没有告诉我们,当性别、年龄和社会阶层的因素加入考虑中,这些关系是否还会保持不变。实际上,表 10.5 包含的意义在后面的全部研究中都是保持不变的。多元分析证实,在每种情况下,C1 都表现出比 C2 更强的对元音变化的相关性。与 C2 的混杂而不易量化的标准相比,受访者对他们在自家街段交往人数的估算提供了更为稳定一致的人际关系的情景。多元分析也确认 C4 比 C3 有更大的作用。社交网络维度的定量分析将从这个结论出发,即 C1 和 C4 这两个指数比 C2 和 C3 更为适合。

因为 C1 和 C4 都跟元音变化相关,所以把这两个指数合并为单一的指数 C5 应该得到更强的相关性。实际上,如果单独来看 C1 和 C4,它们各自的影响有相当的差别,而它们合并起来,通常会产生显著的积极效应。C1 的范围是从 4 到 21,而 C4 的范围则
339 是从 1 到 5。为了赋予这两个因素相同的权重,通过(C1/4)+C4 的运算得到综合指数 C5。这样,在 C5 跟(æhN)、(æS)、(aw)、(eyC)和(owF)之间表现出正相关和显著的回归系数。

然而,这 38 位受试者的群体将不会作为一个整体。下面的分析将接受早先的性别效应的研究结果。第 8 章和第 9 章显示,男性和女性在音变发展和目前达到的水平方面有很大差异。表 10.2 显示,大部分显著的社交网络得分都是在女性中发现的。女性不仅与社交网络的相关比男性更为显著,而且只有在女性中社交网络得分才跟进行中的音变相关。因此,明智的做法是在交际研究中

把 17 位男性与 21 位女性分开来。

在所有情况下，男性和女性的交际指数平均值的差异都稍稍偏向女性，但它们并没有达到显著性。另一方面，男性和女性交际指数与语言变化相关性的差异是绝对的。男性的结果是简单明确的，交际指数 C5 对任何变量都没有表现出显著效应。社交网络得分的所有显著效应都是在女性中表现出来的。

在处理社交网络得分的作用时，我们要注意这样的问题：它们是要解释还是取代在更大社会结构中定位变化引领者的研究结果。更多的人认同上文所引的勒佩吉和塔博科耶的观点，即社交网络分析是研究更大的社会经济群体中语言分布的一个“更令人满意的替代方法”。我们必须认真对待这种意见，因为如果真是这样，将会大大简化在社会环境中的语言研究。在检验这种可能性的时候，我们必须要知道，社会经济阶层、街区和性别因素在街区研究的 112 位说话人中的强大影响，可能会在我们对 21 位女性的交际模式和声学分析中大为减弱。这种大幅度的缩减很可能导致不会出现任何显著性效应。

因此，第一步是使用第 9 章发现的具有显著性的自变量，对这个简化样本重复进行先前的多元回归分析。[①]

表 10.7 显示了这个缩小的群体对于十年分段的年龄、社会阶层、街区和族群的显著回归系数。令人惊奇的是，所有的主要影响都保留下来，其中很多效应比完整的群体有更强的形式。在交际 341

① 对于社会阶层的测量，本章的分析将使用 SEC 综合指数，这比单一的职业指数效应稍微强一些。

表 10.7 费城 21 位女性说话人的显著回归系数

显著性:黑体字表示 $p<0.001$;下划线表示 $p<0.01$;普通字体表示 $p<0.05$;斜体字表示 $p<0.10$

	(æhN)	(æhS)	(aw)	(eyC)	(owC)	(owF)	(uwC)	(uwF)
20 岁以下	<u>202</u>	**217**	<u>332</u>	<u>262</u>	<u>193</u>	<u>205</u>		<u>313</u>
20—29 岁			243	163	<u>262</u>	-170	<u>342</u>	
30—39 岁	110	**238**	182					
上层工人阶级	186	**244**	197	152				
下层中产阶级	***-127***				<u>160</u>		307	*163*
维克街					<u>200</u>	157		
意大利裔					<u>-176</u>	**-390**	**-457**	**-461**
r^2(调整)	54	62	51	48	76	73	61	54

研究中没有上层阶级的说话人，上层中产阶级的说话人也很少。然而，我们发现：

- 以十年分段的年龄模式再次出现了，20 岁以下的说话人在除(uwC)之外的其他变量上都表现出更强的优势，年轻成人在 20—29 岁和 30—39 岁之间有些波动。
- 活跃的新变化(aw)和(eyC)表现为完整的弧形模式，在接近完成的变化(æhS)和(æhN)中也再现了弧形模式。在中期变化中，下层中产阶级优势对于闭音节元音是稳定的，但对于开音节元音就几乎消失了。
- 除了在/ow/变量之外，维克街区的优势并没有再现。
- 意大利裔族群(主要或次要族群)在/ow/和/uw/前化中的负面效应保留下来并大为增强。

考虑到这些稳定的结果，我们可以把交际指数 C5 加入这些回归分析中，以发现是否能够取代它们。表 10.8 显示了分析结果。除了(uwC)和(uwF)两个变量之外，C5 确实在所有变量中都表现出中等强度的显著效应。C5 的效应对于社会意识程度最高的元音(æhN)是最强的，而对于同类的(æhS)却只是边缘效应。对于(aw)、(eyC)和(owF)，C5 的系数是稳定的，远低于 0.05 的显著性水平。

在表 10.8 中一个明显的事实是，其他社会语言因素变化很小；C5 的效应几乎完全是添加性的。当 C5 加入回归分析后，先前的显著性因素仍然保持不变。表 10.9 对表 10.7 和表 10.8 做出了详细对比，在每个单元格显示回归系数百分比的变化。大部分变化都很小；最大的变化是下层中产阶级对(owF)的影响增加了 35%。总的来说，在分析中加入 C5 对于其他因素的影响是中性

表 10.8 费城 21 位女性说话人的显著回归系数加入交际指数 C5

显著性:黑体字表示 p<0.001;下划线表示 p<0.01;普通字体表示 p<0.05;斜体字表示 p<0.10

	(*æhN*)	(*æhS*)	(*aw*)	(*eyC*)	(*owC*)	(*owF*)	(*uwC*)	(*uwF*)
C5 交际指数	**52**	*32*	48	46	*36*	57		
20 岁以下	209	**214**	**327**	229	212	**236**		342
20—29 岁			209		231	-216	386	
30—39 岁	119	**251**	201					
上层工人阶级	164	**217**	165	*127*				
下层中产阶级					191	137	268	222
维克街					176	121		
意大利裔					-239	**-524**	-375	**-568**
r^2(调整)	73	68	61	51	80	81	60	57

的。倒数第二行是在其他因素中的变化的平均值；这些数字的平均值是 −0.07。最重要的是修正的 r^2 值所表示的变异解释量。在表 10.8 中这个数字增加到 81%，是本卷书中的最高值。表 10.9 显示了这个统计百分比的变化。除(uwC)之外的所有数值都是相当大的正值。

我们的结论是，社交网络对于费城元音变化具有实质性、广泛性和稳定性的影响，这里的 21 位说话人比贝尔法斯特研究中的 16 位女性影响力更大。社交网络因素不能取代年龄、社会阶层、街区或族群的效应。社交网络的效应并不是最大的，却为描述语言变化引领者提供了基本信息。此外，它们还意味着女性在语言变化中的主导地位反映出一种不同于男性的社会交往方式。① 344

综合交际指数的社会意义

用综合指数 C5 得到的重要结果并非是一目了然的。我们没有像预测弧形模式那样，预测语言变化引领者在本街段之外的朋友比例最高。那么，C1 和 C4 的合并在社会机制方面有什么意义呢？

分析 C1 和 C4 的贡献的一种方法是考察它们对元音变化内在的变异解释量的大小。图 10.1 表现的是当 C1、C4 和 C5 分别

---

① 交际指数的构建中有一种偏差，可能夸大了社交网络效应对于女性的特殊性。在交际指数 C1 下设计的几个问题，倾向于女性的社交活动形式多于男性。尽管男性跟女性一样可能对*某人打招呼*、*与某人外出*、或*邀请某人聚会*，而女性可能比男性更多地*约人喝咖啡*、*拜访某人*或*向某人倾诉*。设计这些问题的现场调查者和分析人员都是女性，她们想到的女性社交活动多于男性社交活动。在以后的研究中，这个偏差将通过改换男性问卷来消除，把“*跟某人喝咖啡*”换成“*跟某人喝酒*”，“*向某人倾诉*”换成“*讲讲烦恼事*”等。不过，C5 的另一个成分，C4 指数，并没有这种偏差。

343

表 10.9 加入交际指数 C5 后显著回归系数的百分比变化

	(*æhN*)	(*æhS*)	(*aw*)	(*eyC*)	(*owC*)	(*owF*)	(*uwC*)	(*uwF*)
<20 岁以下	3	-1	-2	-14	9	13		8
20—29 岁			-16		-13	21	11	
30—39 岁	8	5	9					
上层工人阶级	-13	-12	-19	-20				
下层中产阶级					16	35	-15	27
维克街					-14	-31		
意大利裔					26	26	-22	19
平均值变化	-1	-3	-7	-17	5	13	-8	18
r^2(调整)	26	9	16	6	5	10	-2	5

加入表10.8所报告的分析时，修正的 r^2 值的差异。表10.9显示，除(uwC)之外，综合指数C5使全部变异解释量至少增加5％。图10.1显示，对于两个接近完成的变化(æhN)和(æhS)，这种增长全部来自C4，即在本街段之外朋友的百分比。对于(aw)、(owC)和(owF)，情况正好相反：C4本身没起什么作用，全部效应 345
几乎都来自C1，即街段内的互动密度。(eyC)的情况不清楚，两个指数都没有什么作用，但它们结合起来却出现了45的系数，显著性水平为0.05。总之，这两个指数是以相互促进的方式结合的：C1和C4两个维度结合点的结果是在社交网络的任何位置上都倾向于促进音变的发展。

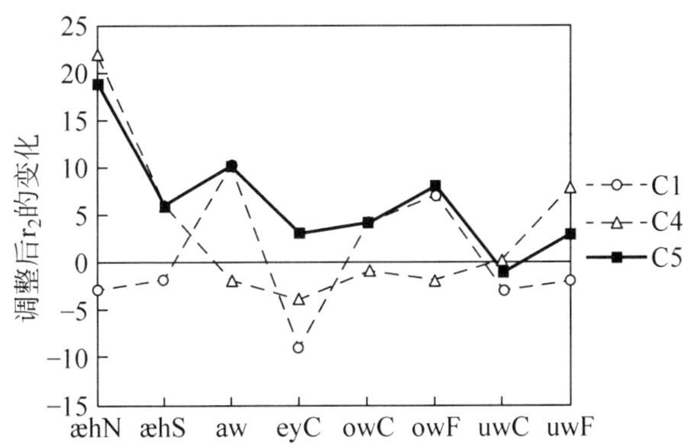

图10.1　在费城女性元音回归分析中C1、C4和C5所解释的变异量

(uw)变量没有显示出交际指数的显著效应，这种例外并不奇怪。在第9章已经发现，女性对于这些变量仅仅表现出轻微的年龄分层，而没有任何社会分层的表现。

在这一点上，可以考察，个体说话人在C1和C4界定的区域中所处的位置。图10.2的纵轴是C4，范围从1(0％—20％的朋友

在本街段以外）到 5（80%—100%）。横轴是 C1，即说话人对于自
己在六种社交事项中交往人数的估计。图中以四个街区为代表：
实心符号表示费城南部的克拉克和皮特街区；空心三角形表示费
城北部的维克街区；×表示中产阶级的南希道街区。这里要特别
关注用虚线划出的右上角，这里包括在两个维度上都位于高值的
说话人。南希道至少有一位居民佩格（Peg M.），跟最初的预期相
反，表现出的社交密度不逊于工人阶级街区的任何人。但是右上
区中没有南希道的居民，因为他们的朋友大多数都是住在同一街
346 段（男性同样如此）。在新建成的普鲁士王村，大部分邻里友谊都
是相对较新的，由街段中的毗邻关系而来，这些社交网络还没来得
及扩展到更大的地理区域。位于右上区中的说话人有两位克拉克
街居民塞莱斯特（Celeste S.）（45 岁）和特蕾莎（Teresa M.）（14
岁），两位维克街居民唐娜（Donna G.）（21 岁）和巴巴拉（Barb C.）
（16 岁），和一位皮特街居民艾琳（Aileen L.）（27 岁）。[1] 因此，
在 C1 和 C4 都具有高值的人群涵盖了工人阶级街区、年龄和社会
阶层的很大范围。当然，这是社会阶层与社交网络效应彼此独立
的必要条件，后者产生了表 10.7 和表 10.8 中的添加效应。

下一步就是把这 21 位女性说话人定位在新的散点图中，其中横轴是组合交际指数 C5，纵轴是元音变化的程度作为因变量。图 10.3 展示了活跃的新变化（aw）的这种关系。回归线显示这两个变量之间的正相关。它们的相关系数是 0.438，回归系数为 62，

[1] 为便于观察比较有关图表，本书第 10 章、第 11 章发音人名字适当保留英文形式，不予翻译。——译者

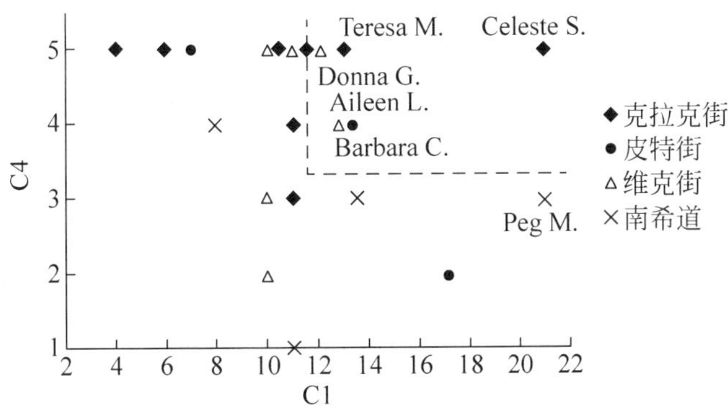

图 10.2　交际研究中 21 位女性说话人在 C1(街段内的互动密度)和 C4(住在街段外的朋友比例)界定的区域中的位置

显著性水平为 0.05。[①] 我们在图 10.2 右上区里确定的 5 位说话人在这里成为(aw)前化的引领者。其中四位,即塞莱斯特(Celeste S.)、特蕾莎(Teresa M.)、巴巴拉(Barb C.)和艾琳(Aileen L.)都具有(aw)的最高值,比回归线高出很多。这意味着 C5 本身并不能预测前化的实际程度:这只适用于唐娜(Donna G.),她的值所在的位置非常接近回归线。对于其他四位说话人,
一定还有其他因素造成了(aw)的 F2 高值。同样,南希道的佩格 347
(Peg M.)位置远远低于回归线:她的 C5 高值跟(aw)的高度前化无关。查看表 10.8 可以发现,这里涉及的其他因素是社会经济阶层。以年龄、SEC 和街区作为自变量,对女性的(aw2)进行回归分析显示,上层中产阶级女性的预期水平比下层工人阶级落后 301Hz。佩格实际上比艾琳的水平低 295Hz。

在(eyC)与 C5 对应的图表中出现了同样的情况。图 10.4 标

① 这个回归数字仅适用于图 10.4 中的女性受访者。

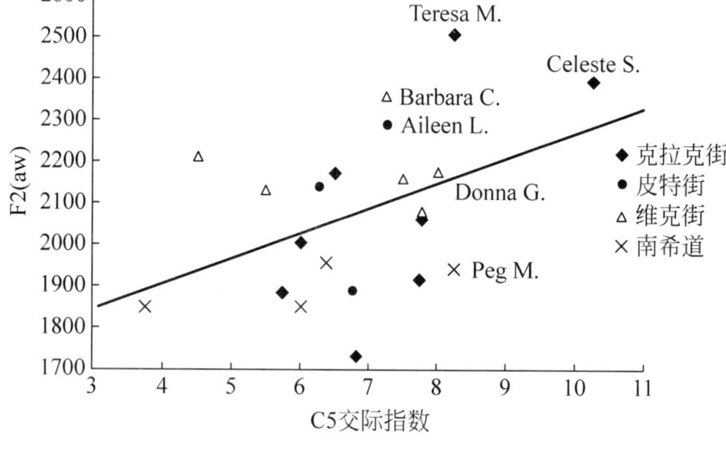

图 10.3 交际研究中 21 位女性说话人按街区对(aw)F2 与 C5 指数的散点图，标出回归线和主要说话人

出 C5 的领先者的位置，表明她们有着同样的相对位置。C5 在(eyC)上的回归系数同样是 57，显著性水平在 0.05；并且 C5 和(eyC)之间的相关系数是 0.462。很明显，特蕾莎和巴巴拉都比塞莱斯特高出回归线很多。主要的附加因素显然是她们的年龄。表 10.8 显示，20 岁以下的说话人在(eyC)的 F2 表现出约 229Hz 的优势，这在很大程度上解释了特蕾莎对于塞莱斯特相对领先的情况。

C5 的领先者同样也是(aw)和(eyC)的引领者的事实，以及说话人个体平均值都以一致的方式出现，这证明了 C5 在语言的变化和传播机制中的重要性，远远超出表 10.8 中的简单系数。但是，那些具有 C5 低值的人情况如何呢？C5 的低值是否可以预测
348 (aw2)和(eyC2)的低值呢？图 10.3 和 10.4 的一般回归线对这个问题的答案是肯定的，但这实际上是重申表 10.8 的回归系数。如

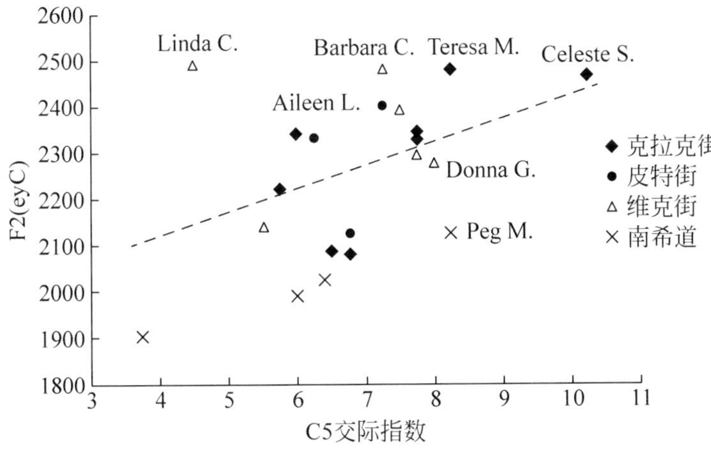

图 10.4　交际研究中 21 位女性说话人对(eyC)F2 与 C5 指数的散点图，标出回归线和主要说话人

果 C5 是语言变化的一个重要预测项，那么它应该对交际主体的子集有同样的作用。如果 C5 的作用对于(eyC)前化是一种干扰，或者实际上只是随机波动的结果(在 0.05 的水平上 20 个效应中就有一个是这种情况)，它将不会在这么小的子群体中再现(克拉克街 8 人，皮特街 3 人，维克街 6 人，南希道 4 人)。四个街区的回归线中有三个斜度相似，只有一个不同：维克街在 C5 和(eyC)之间没有表现出同样的正相关。仔细考察一下维克街的 6 位说话人就可以发现，这是一位例外的说话人琳达(Linda C.)造成的，她的 C5 分值为较低的 4.5，而(eyC)得分却高达 2489。如果把她从分析中移除，三个工人阶级街区的回归线就近乎完全重合，如图 10.5 所示，中产阶级街区南希道在较低水平上大致平行。

考虑到一般的平行性，我们可以认为南希道梅格的 C5 高值与她使用(eyC)有关联。实际上，这跟塞莱斯特和特蕾莎的高值

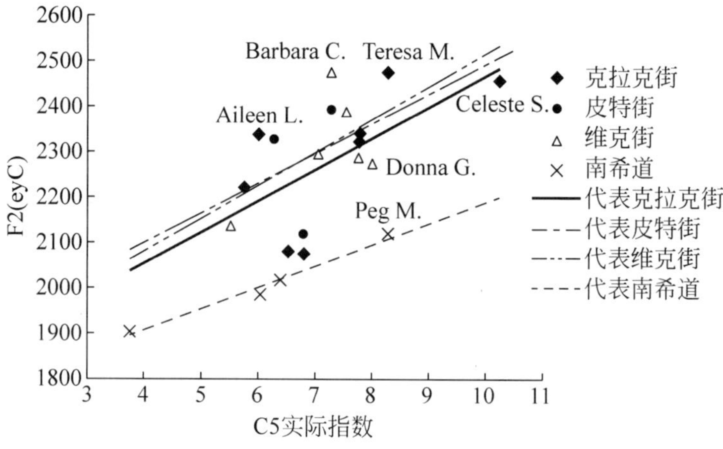

图 10.5 交际研究中 21 位女性说话人按街区对(eyC)F2 与 C5 指数的散点图,部分回归线标示街区(Linda C.已移除)

对她们使用(eyC)的影响是一样的。南希道的回归线拟合得很好:正好贯穿了 4 个×符号。因此,C5 解释了南希道女性(eyC)前化的几乎所有变异。

到现在为止的讨论中,已有许多迹象表明(eyC)是活跃的新变化中最新出现的一个,并且接近于进行中的音变开始发展为显
349 著的社会分布的节点。图 10.5 的相对规律性和简单性证明了没有后期社会因素产生的附加反应,尽管琳达的特例表明,社会因素的排列并不是完全规则的。

总的来说,表 10.8 说明女性(eyC)的进展可以通过三个社会因素来预测:年龄、社会阶层和 C5 指数。说年龄影响语言变化是冗余的,因为这里使用虚时只是追溯变化事实的一种方式。于是,理解语言变化不仅要看 C5 指数是怎样跟语言行为相联系,还要看社会阶层地位是如何与交际指数相联系的。第一个问题是本章

其余部分的主题，第二个问题将是下面几章所要关注的内容。

中心性的社会测量指标及其与交际指数的关系

费城研究项目中使用的街区调查技术开始于进入街区，进行初次接触，找到一位或几位支持者，以及考察社交网络（Labov 1984）。[①] 在工人阶级街区，初次接触是实地调查人员在街上进行的。费城联排住房的特点之一是：人们可以在屋外自由交流，一般是在前门向下的三层石灰岩台阶上。最初接触的往往是突出的街段内一些重要的人，或者可能是第一步定位这个街区或街段的中心人物。[②]

这些中心人物在社区居民中很出名并且能容易地认出他们。有时候他们是街段的首领，承担召集选举，募集资金以及其他本地政治活动的任务。他们也许还是当地组织的负责人：老兵团体，兄弟会，或者社交俱乐部等。但最为重要的是，他们是非正式社交网络的中心。他们的住宅是家人、邻居、朋友经常来往的场所，他们也是电话网络的中心。鲍尔之所以能进入克拉克街社交网络的原因，是经常去她的主要支持人塞莱斯特家的午后咖啡闲聊聚会。

把对于回答“你的朋友都住在哪里？”得到的信息加入克拉克街主要社交网络的社会计量图表，我们会很清楚地看出 C5 指数

① 这些技术也是自 1973 年至今宾夕法尼亚大学语言学 560 课程的基础，是大部分社会语言学研究中使用的方法，在拉波夫和桑科夫的论著中有更详尽的报告（Labov and Sankoff 即将发表）。

② 在中产阶级的普鲁士王村，我们使用不同方法来定位初次接触的地点，通常是通过教堂这样的机构。

350 与音变扩散之间的关系。图 10.6 表现出塞莱斯特的直接社交网络。对称的答案由双向箭头表示,即两人彼此提到对方的名字。不对称的答案以单向箭头表示,即一个人提到对方名字却没有被对方提到。斯坦利(Stanley R.)和金尼(Ginny C.)之间的双向箭头是二人都提到对方;从马特(Matt R.)到他哥哥斯坦利的单向箭头表示马特提到斯坦利,而斯坦利并没提到马特。虚线表示亲属关系:马特和斯坦利是兄弟;亨利(Ginny C.)和埃迪(Eddie C.)是兄妹;梅(Mae D.)和亨利(Henry D.)是夫妻。每个圆圈中有三条信息,上面是(eyC)第二共振峰的归一化平均值,正如我们刚看到的,它在所有街区中都跟 C5 有一致的相关性。中间是说话

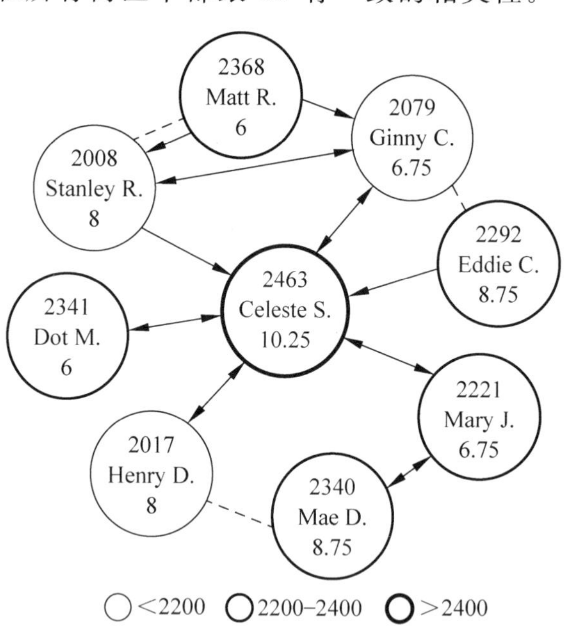

图 10.6　克拉克街对称和非对称提及的社会交际计量图

虚线代表家人关系。上面的数字是(eyC2)的赫兹值;下面的数字是交际指数 C5

人的名字，下面的数字是 C5 指数。

图 10.6 显示出塞莱斯特在克拉克街区社交网络中的中心位置。按照社会交际测量的术语，塞莱斯特是一个“明星”：通过对称的连线把几个子群体联合起来，每个人都主动地提到她。如她的圆圈中第一行所示，塞莱斯特的（eyC2）值是这个网络中最高的，第三行的 C5 指数也是最高的。于是，我们可以在语言变化引领者的特征中增加“中心性”。塞莱斯特的中心位置表明，人们把她 351
作为参照点，并很可能受到她的行动、行为和意见的影响。如果费城音变是稳定的，或者像大多数欧洲语言变量一样在后退，我们可以把分析归结为这样的命题：如此密集的社交网络会加强、稳定并阻止当地语言形式的衰退。然而，不仅是在费城，而且在整个北美，相反的情况正在发生。在克拉克街区这样的社交网络中，（eyC）和（aw）的音变都是稳定地向前发展的。音变引领者的社会测量中心性是怎样跟进行中的音变过程相联系的呢？

按照图 10.6 的结构，塞莱斯特的高水平的（eyC）音变和其他音变很可能会向外扩散，并逐步提高其他人的使用程度。这种本地社交网络使中心人物能够对别人施加语言影响，因此，根据局部密度原理，就会在音变曲线中出现局部峰值。但是这并没有回答塞莱斯特是如何在最初达到比别人更高水平的（eyC）的问题，这也是我们在后面三章中所关心的问题。

最初的问题是 C5 怎样跟中心性相关联。C5 是 C1（本地社交密度的量度）和 C4（独立于本地直接环境的量度）的综合。在这个社交网络中，塞莱斯特的中心性跟 C1 没有关系，因为 C1 是本街段内部的社交密度。而图 10.6 中的那些人都没有住在塞莱斯特的街段,也就是克拉克街。她的 C4 得分是 5(80%—100%的朋友住在街段外)。实际上,在回答朋友们住在哪里这个问题时,她提到的所有人都不住在本街段。同时,塞莱斯特的 C1 指数是 21,是调查中的最高值(只有佩格可跟她相比)。她并没有忽略克拉克街的邻居,她声称跟住在这条街上的每个人都问好、喝咖啡、邀约聚会、外出并倾诉。只是对于“登门拜访”的问题,她把人数减少到 1—2。我们将在下一章看到,这并不夸张。[1]

塞莱斯特的 C5 高值排序是费城音变引领者的特征,这将有助于解读这个指数的社会意义。理解 C5 的关键是 C4 的性质,即住在街段外的朋友的比例。C4 值的分布朝向高值偏移,几乎有一半人的回答是位于最大值 5 的等级。

352

等级	人数	
1	4	0%—20%
2	3	21%—40%
3	8	41%—60%
4	5	61%—80%
5	18	81%—100%

对 C4 在 SEC 上的回归分析显示出一种令人惊讶的关系:在 $p<0.01$ 水平上出现了 -0.23 的系数。这意味着社会阶层越高,

① 塞莱斯特的中心地位具有某种循环性,因为图 10.6 中大部分人是她介绍进来的。当进行交际访谈的时候,每个人都已经跟鲍尔认识一段时间了,很多人还见到她和其他本地居民在一起。同样,如果他们记得是塞莱斯特把鲍尔引荐给他们,他们将更有可能提到她的名字。尽管这可能会夸大塞莱斯特的地位,但是图 10.6 显示的情况不可能完全是初次介绍的产物。

住在街段外的朋友就越少。换言之，在这个 38 人的样本中，中产阶级群体比工人阶级群体*更*有可能在同一街段拥有最亲近的朋友。另一方面，C1 与 SEC 有明显的正相关：0.59，表明在总体上，中产阶级受访者比工人阶级群体更多地与本街段的人们来往。[①]

这些数字不应该使我们以为郊区的邻里交往比城里更多。在费城 30 多年的实地调查已经确定，费城工人阶级联排住宅区中的互动总量远远大于普鲁士王村这样的郊区。工人阶级地区中大量的亲友关系产生了丰富而复杂的人际交往结构，而在南希道稀疏的花园草坪式环境中这种社交大大减少了。对这种意外结果的解释就是*街段*与*街区*之间的对比。位于 C4 指数低端的人把自己的日常交往限于地理上跟自己最近的邻居，而不参与那些肯定会跨街段甚至跨街区的亲友网络。因此，C4 的低值表明大部分朋友是在本街段，说明个人社交网络结构存在局限性。

目前这些指数还不能解释图 10.6 中的所有细节。我们不能解释马特的 C5 指数比他的哥哥斯坦利低，而(eyC)值却更高。正如我们已经看到的，对于男性来说，社交网络得分跟语言变化的相关性并不高。梅的(eyC)位置 2340 具有 C5 值 8.75，而玛丽(Mary J.)的 2221 对应的 C5 值是 6.75，跟塞莱斯特的数据相比，这正符合我们的预期。不仅社会计量结构以塞莱斯特为中心，而且回归分析得出的统计预测也跟她的人口统计特征相符。表 10.10 是对于(eyC)分析的残差：无法解释的变异量。A 列显示的是原

① 我们需要注意的是，南希道街段人数实际上少于维克街，所以“每个人”其实指的是一个较小的数字。

353 始残差，即(eyC)的平均值偏离有效系数预期值的赫兹数量。B列是残差方差归一化得出的偏差量度。按照A列数据的绝对值升序排列出克拉克街社交网络中的九位成员。塞莱斯特位于最上端，这表明她对(eyC)的使用接近于根据他的年龄、社会经济地位和C5指数预测的结果。

表 10.10　克拉克街社交网络在表 10.8(eyC)回归分析中的残差

A列是原始残差；B列是外部归化残差

	A	*B*
塞莱斯特(Celeste S.)	3	0.03
玛丽(Marry J.)	−33	−0.31
亨利(Henry D.)	−44	−0.26
斯坦利(Stanley R.)	−53	−0.31
多特(Dot M.)	75	0.70
金尼(Ginny C.)	−94	−0.77
梅(Mae D.)	121	1.04
埃迪(Eddie C.)	230	1.43
马特(Matt R.)	306	2.03

维克街的街区结构比克拉克街区略为复杂一些。如第2章的图2.3所示，同一街段有两种不同的社交模式，肯德尔(K.)社交网络和科科兰(C.)社交网络。图10.7的社会交际计量图显示出有两位明星，凯特(Kate C.)和梅格(Meg K.)，她们分别被那些提名的人环绕着。这两位明星之间也有联系，她们互相提名，还有通过琳达(Linda R.)的联系，她提名了两个人。除此之外，这两个群体是截然不同的，尽管他们住处都很近。跟克拉克街的情况不同，

这里显示的大多数人实际都是住在维克街，在这个意义上，维克街社交网络更为本地化。

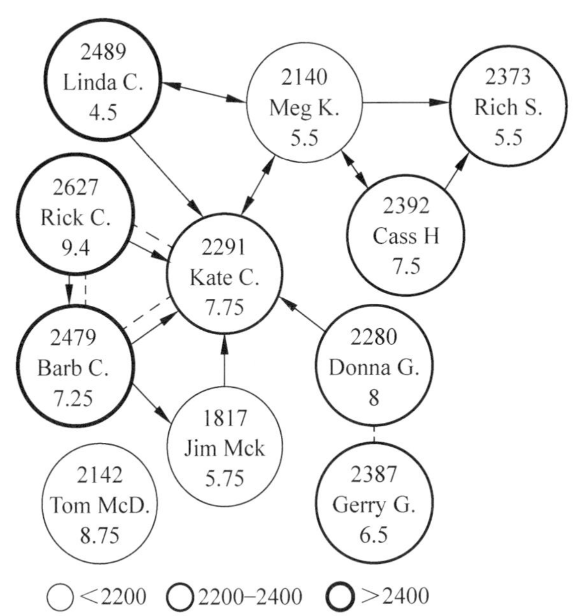

图 10.7　维克街对称和非对称提及的社会交际计量图表

虚线代表家人关系。上面的数字是(eyC2)的赫兹值；下面的数字是交际指数 C5

两个社交网络最引人注目的一点是网络的中心人物与语言变化的过程有不同的联系。梅格的(eyC)变化程度相对较低，而与她最接近的人群中，大多数都有较高的值。凯特具有相对较高的(eyC)值，而她家族在这个变化进展中是最领先的。她女儿巴巴拉(Barbara C.)，特别是她儿子里克(Rick C.)，是(eyC)前化的主要领跑者。[①] C5 指数总体上跟这种变化的发展相符。凯特比梅格高出两分，她的儿子具有这个街区的最高值。凯特的社交网络

① 同样还有其他的费城语言变量，在第 12 章将要说明。

354 位于(eyC)音变的中心,而梅格并不在中心。凯特和梅格之间的对立对于我们理解音变的机制具有重要意义,这将在第 12 章进行探讨。

到目前为止,对音变嵌入社交网络的考察一直集中在活跃的新变化,特别是最近提出的(eyC)。除了(ay0)之外,所有的费城音变都反映出一种共同的社会模式。这可以通过主成分分析很容易地分离出来。这种方法尤其适用于语言变量形成的一系列连贯的移动,元音系统就是这种情况。回归分析可以输入大量预编码的社会信息,而主成分分析只接受语言数据。如果主成分分析的输出结果与本章的回归分析结果相一致,这将是对两种结果的有力证明(Poplack 1981, Horvath 1985, Sankoff 1988)。只有在从主成分分析产生的抽象维度很容易被解释为语言或社会维度时,这种趋同现象才有可能实现。[①]

355 我们用主成分分析考察了八个元音变量:(æhN)、(æhS)、(eyC)、(aw)、(owC)、(owF)、(uwC)、(uwF)。前两个特征值(EigenValue)分别解释了 48% 和 26% 的变异,其余的特征值都没有超过 6%。于是,根据八个变量的值,这前两个矢量可以生成一系列 X 和 Y 值,每个说话人都可以在其中定位。图 10.8 以 U1 和 U2 标示的两个维度显示了这个结果。图中表现了三个街区的社交网络:克拉克街、维克街和南希道。所有的人都清楚地分为三组:克拉克街在右,南希道和维克街在左。

① 在这方面,主成分分析与第 1 卷第 17 章采用的多维度量表相似,这个量表的分析结果被证明是容易从语音的角度进行解释的。

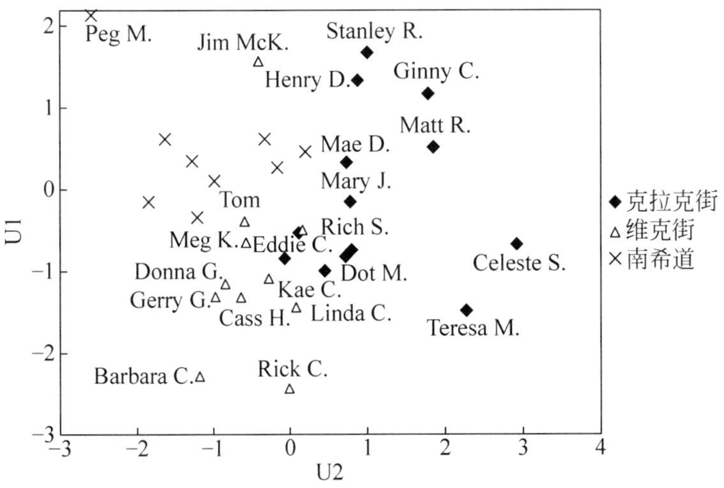

图 10.8　费城街区研究中(n=112)基于(æhN)、(æhS)、(eyC)、(aw)、(owC)、(owF)、(uwC)和(uwF)归一化平均值的说话人主成分分析(显示的 36 位说话人都具有交际指数和八个元音的可靠平均值)

U1 维度的变异解释量为 48%,是音变研究的最大兴趣之一。它清楚地反映出变化的过程。最保守的人士在 U1 为正值的顶端,最领先的说话人在底部。这个维度在某种程度上反映说话人的年龄,但是在任何一代人的内部,差异都相当大。在克拉克街一侧,我们看到熟悉的名字,特蕾莎和塞莱斯特。多特(Dot M.)是塞莱斯特的好友,今年 72 岁,跟她一样在图的下部。

维克街的标记普遍下移的趋势,清楚地表明了这个街区在费城语音系统发展中的领先地位。维克街最保守的说话人吉姆(Jim McK.)位于图的顶端,而 65 岁的汤姆(Tom McD)在这个变化过程中更进一步。肯德尔社交网络保守的引领者梅格在 U1 维度上的位置几乎和塞莱斯特一样低。[①] 维克街的领先说话人在U1 维度上最低,即凯特的两个孩子,巴巴拉和里克。

第二个维度 U2 的作用是分离街区。从我们已有的全部信息来看,在右边的克拉克街的孤立可能跟他们和其他人之间在后元音前化的极大差异有关。这种左-右的对立是跟/uw/和/ow/的前化相对应的,其中克拉克街比其他街区落后 300Hz 到 600Hz。第 7 章曾表明这主要是一种意大利族群效应,但在这里它作为一种街区效应出现。当主成分分析只包括前元音时,这种左右的对立就会趋向于消失。

南希道的中产阶级街区用×标示,很清楚地分隔在图左边的中间位置。图 10.4 和图 10.5 中与众不同的说话人梅格也在左边。然而,她是远在左上角。尽管她在活跃的新变化中处于领先地位,主成分算法以一种独特的方式把她与其他中产阶级说话人分开了。

356 图 10.8 相当详细地证明了图 10.6—10.7 表现的社交网络关系,说明它们并非只是一两个元音的特性。这个图从以下几个方面显示了社会结构在语言上的具体化:街区聚集、家庭联系,以及变化引领者的孤立:塞莱斯特、特蕾莎、里克和巴巴拉。这些个人将是下面的章节将关注的中心焦点。

10.4 影响力的二阶流动传播

本章已经确立:语言变化的引领者是位于社交网络中心的人,其他人经常提到他们,他们有着比别人更广泛的社会关系。这个

① 因为梅格的元音分析缺失/uwC/的数据,所以她的位置是从六个元音的主成分分析中推测的。

描述非常接近于 1940 年代和 1950 年代从文化特点、观念和实践传播的研究中出现的“意见领袖”的描述。这类研究中最早的《民众的选择》(Lazarsfeld et al. 1949)，是对俄亥俄州伊利县投票行为的研究。尽管它的初衷是研究大众传媒如何影响投票决定，但它的主要发现是，大众传媒的影响力并不如先前想象的那么大。357
《民众的选择》报告说，投票模式比大众媒体更有可能显示出个人影响力的结果。随后，其他的研究开始绘制个人在社会交往中的影响和流动。莫顿(Merton 1949)主持的在新泽西州罗维尔的小型研究区分了两种类型的影响力，其方式与我们目前的兴趣密切相关。莫顿把那种对任何本地社区都没有归属感的流动性个人称为“*泛地区影响者*”，他们对本地社交模式有高度选择性，通过其名望、权威和学识基础来施加影响。另一类是“*本地的*影响者”，他们致力于自己的社区，甚至不考虑离开这个地方；他们关注于认识尽可能多的人并发展频繁的联系，其影响力依靠“精心设计的人除关系网络”，并通过对于本地情况的同情理解来发挥作用。本地的影响者比泛地区影响者更接近我们已经描绘出的语言变化引领者的形象。

对于我们理解语言变化的关系最大的研究就是《个人影响》(Katz and Lazarsfeld 1955，下文以 K&L 代表)。这个研究计划的目的是检验伊利县研究中最早提出的一个假设：“社会交际二阶流动传播”。K&L 认为大部分人都不是受到大众媒体的直接影响。相反，观点首先从大众媒体流向意见领袖，然后从他们那里再流向不很活跃的人群中(第 32 页)。这项研究开始是对伊利诺伊州迪凯特市 800 位女性的访谈。研究人员请这些女性回忆自己曾经受到他人影响的四种日常决策场景来获得影响行为的证据，这四个场景是：购物、时尚、公共事务和看电影。多数人报告说在改变主意时没想到跟私人接触有关(59%)，但在260例改变主意的案例中，有人记起了个人的影响行为。第二次访谈有一份专门针对影响行为的调查问卷，结果得到了1549例一个人影响别人或者被别人影响的报告。研究人员只接受得到证实的那些主观陈述，他们找到了那些被受访者提到的人，并在634个案例中成功地访谈了他们。在三分之二的案例中的事件得到了证实，只有10%的人否认，剩下的四分之一案例都是想不起来的情况(第154页)。

我们认定一位女士为意见领袖，要有如下条件：(1)她在两次访谈中都告诉访谈者最近有人就某个方面的问题向她寻求建议，或者(2)在一次访谈中报告有这种情况，同时告诉访谈者在那个方面人们咨询意见更可能是找她而不是找她的朋友。在四个调查主题中，引领时尚与语言变化的情况最为相似。时尚与其他方面的不同之处在于，领导能力随着人生周期中的每一阶段而下降：48%
358 的未婚年轻女性、31%的小家庭主妇、18%的大家族主妇和14%有成年子女的母亲引领时尚。K&L还表明，对于时尚的兴趣是一个有利于引领时尚的独立因素。在人生周期的每个阶段，人们对时尚的兴趣有高低不同的分别(第252页)。人生周期与语言变化的关系将是第14章的一个重要主题。[①]

---

① 并非所有定义意见领袖的特征都涉及语言变化，至少与自下而来的变化无关。K&L关注的是时尚影响输出到其他群体中的比例，但他们的输出指数难以应用于语言。它取决于兴趣的大小，或者时尚的"显著性"。如果一个群体发展出的时尚引领力多于这个群体自身可能维持的兴趣，这就提供了一种输出率的量度。这样一个量度当然可能应用到词汇的传播，但这需要比语言系统提供更高的觉察程度。

意见领袖的社会地位由两个客观指标决定：教育和房租。如果教育和房租都高于中位数，这个人的评级为高；如果二者都低于中位数，这个人的评级为低；其他都是中等状态。表 10.11 显示了时尚影响在不同地位群体内部和跨群体的流动。对角线上的数字代表同一地位群体内部的影响，在 122 例时尚影响的行为中占了 69 例。有 32 例是由地位高的人影响地位低的人（对角线以下的三格数字相加——译者）；有 21 例是相反的情况（对角线以上的三格数字相加——译者）。最重要的是，中间地位的女性显然具有最大的影响力，在全部案例中占 61%。大部分交际行为发生在同一地位的群体内部或者在相邻地位的群体之间：只有 5 例是在地位高和地位低的女性之间的相互影响。

表 10.11　在家族之外地位等级间的时尚影响

女性时尚领袖的地位	受影响者的地位			
	低	中	高	总数
低	5	7	3	15
中	17	47	11	75
高	2	13	17	32
总数	24	67	31	122

来自：Katz and Lazarsfeld 1955，表 31

K&L 提出了一个社交指数，是基于对这个问题的回答："在从没有做过你邻居的人当中，你有多少关系友好并经常交谈的人？"这跟费城研究中的 C4 指数很相似，那是测量住在街段外的朋友的比例。他们也被问到这样的问题："你属于哪个组织、俱乐部或讨论小组？"提到的朋友数目的平均数是 7 个。如果一个人高

359 于这个平均值,并参加一个或多个俱乐部,他的社交能力评级为高;如果一个人低于这个平均值并且没有参加任何俱乐部,他的社交能力评级为低,所有其他的人都评为中等。地位和社交能力相关:地位越高的人群中,社交指数高的比例越高;地位越低的人群中,社交指数低的比例越高。

总的来说,社交能力与引领时尚具有相关性:社交指数高的人有29%引领时尚;社交指数中等的人有23%;社交指数低的人只有15%。在表10.12中,当社交能力按地位划分之后,这种关系就只出现在中间地位的群体了。从表10.11中得出的总体概况也有所调整:中等地位人群在时尚引领方面的优势仅限于那些社交指数高的人。时尚引领者集中在那些中等地位的、社交能力强的女性中间。

表10.12 根据地位和社交能力的时尚引领百分比

社交指数分值	地位		
	高	中	低
高	22	36	23
中	31	24	17
低	21	17	11

来自:Katz and Lazarsfeld 1955,表32

K&L采用比费城街区研究更为简单的方法进行高、中、低地位的分类。"中等地位"可以解释为"上层工人阶级或下层中产阶级",或者可能是"位于中间的社会群体"。这个社会经济群体在整个费城街区研究中都出现过。共同的模式是排除了不充分参与社会进程的下层和上层群体。在K&L总结他们的研究发现中,对于时尚引领者和音变引领者之间关系做出了最为清晰的陈述：

> 时尚引领者集中在年轻女性中，并且是在社交活跃的年轻女性中间。地位等级也在一定程度上给予女性在这个领域的领先优势，但这并非主要因素。有迹象表明，时尚影响在一定程度上按照地位阶梯向下传播，在年龄组之间向上传播的证据很少。时尚方面的总体情况是，女性影响的是跟自己情况非常相似的其他女性，尤其是那些地位不是最低而又爱好社交的年轻女性群体中影响很大（第331页）。

我们来总结语言变化引领者和时尚引领者之间的相似之处： 360

1　引领者是女性；男性不起重要作用。[①]

2　引领者高度集中在社会经济层级的中位群体中，也就是说，这些引领者形成了一个弧形模式。

3　引领者与本地群体都有密切联系，对那些跟自己情况最相似的人们最有影响。

4　引领者不仅局限于本地社交网络，而且在更广泛的街区拥有亲近的朋友。

5　这些更广泛的接触包括不同社会地位的人，于是影响会从中位群体向下和向上传播。

这些引领时尚和引领语言变化之间的广泛而惊人的相似性，

① 在迪凯特研究最初的目标是女性，但K&L有大量机会考察男性在对女性施加影响方面的作用。在时尚领域这是可以忽略不计的，但在公众事务中，则恰恰相反。

表明文化特征扩散传播的一种共同机制。但是人们不能回避这样的问题:时尚的传播是语言变化传播的一种良好模式吗?在这一点上,需要更广泛地考虑时尚的性质,并回顾从迪凯特以来对于引领时尚方面所作的研究。[1]

10.5 对时尚和时尚引领者的一般看法

学者们自然会把时尚视为一个肤浅而琐碎的话题,因此关于这个问题的一篇文章以“本文是邀请社会学家对时尚话题进行严肃思考”(Blumer 1969)作为开篇就不足为奇了。在日常生活中,我们用这个词来表示可见的、外在的自身外表的变化:服装、化妆品和发型的变化。很多学者的倾向性观点是,这种变化对获取和传播信息、生产商品和提高生活质量的基本过程影响不大。然而布卢默(Blumer)却认为“时尚应该被认定为形成社会秩序的一种中心机制……它需要从离奇的、无理性和无意义的认识中提升出来”(第 290 页)。此外,他赞同贝尔(Bell 1949)提出的观点,“在社
361 会学研究中,时尚所扮演的角色相当于基因科学中的*果蝇*”,也就是说,时尚在快速可见的突变方面提供了大量数据。这种思想增强了把时尚作为语言快速变化的可见关联物的吸引力,这种语言变化在 20 世纪下半叶席卷了整个北美大陆。

关于时尚的社会学讨论肯定要以西梅尔的论文为开端

① 在接下来的关于时尚研究文献的回顾中,我主要引用的综述是魏曼(Weimann 1982,第 8 章),他是卡茨(Elihu Katz)以前的一位学生。

(Simmel 1904)。西梅尔指出了与时尚相联系的悖论,特别是它作为一种稳定化过程的作用会导致统一性,然而对个体差异的强调又会导致迅速和持续的变化。

> 因此,时尚仅仅代表众多生活形式中的一种,借助时尚,我们寻求在统一的生活领域里,把社会平等化趋势跟个体差异和变革的愿望结合起来。(第 542—543 页)

西梅尔并不认为时尚是一种普遍性,而是把它看作在相对开放的社会中的一种阶层差异的形式。为进一步利用语言变化和时尚变化之间的相似性,可能有必要调整均变论原理,并要考虑到在其他历史时期和其他社会形态中,变化机制可能并不相同。

西梅尔的文章写于世纪之交,自然会认为时尚变革是从上层阶级发起,主要是由相邻的下层群体逐层模仿而造成的。这实际是塔尔德(Gabriel Tarde 1873)的明确主张,他的模仿原理已在第 1 章做了回顾。对于塔尔德来说,时尚是"一种连续的瀑布式模仿"。如果关于时尚引领者的现代研究还没有改变这种从上到下的时尚观点,那么这个研究对于自下而来的语言变化的解释将是有限的。

社会学家像语言学家一样,也倾向于通过推断出一系列隐蔽的态度来解释社会行为,而这些态度的主要证据就是行为本身。安斯波在《时尚的原因》(Anspach 1967)中提出,"最初的火花就是人们既要跟别人一样又要跟他人区别的社会需求"(第 5—6 页)。一种包括了与他人相一致的需要和与他人相区别的需要的理论,能够解释任何事件的结合。

正如语言学家可能把语言变化看作一种时尚变化,很多语言学外部的学者把时尚看作一种交际形式,采用“符号交际理论”或者“符号学分析”(Lurie 1981,Stone 1962,Eco 1979,Simon-Miller 1985)。尽管这类讨论多是笼统的议论,很多实证性研究还是证明了 K&L 的基本观点(Katz and Lazarsfeld 1955)。众所周知,关于时尚的决定更多的是受到个人接触的影响,而不是大众媒体的
362 影响。同时,这些研究也为影响力传播的二阶流动模型增加了更多的复杂性,尤其是在区分不同类型的引领者方面。

山克和吉尔摩(Shrank and Gilmore 1973)对 145 位美国大学女生做了一次关于服装选择的问卷调查。这个分析区别出两类引领者:*创新性*的和*意见引领*性的,并把这些特性与来自其他问题的量表——对于遵从性的态度、对于服装的兴趣、社会不安全感和社会经济水平——联系在一起。除了一项之外,在创新性的和意见引领性的相关关系,都表现出显著差异。这使得人们做了大量研究来考察,创新者是否实际上就是那些影响他人的人,或者另一方面,意见引领者是否只是接纳并把创新传达到自己的群体。对于这个问题的答案还远没有定论:如果存在这两个类型,二者之间显然有很大的重合(Baumgarten 1975)。然而,这个论题的重要性显而易见(见 J. Milroy 1992)。就费城音变或北方城市音变而言,没有什么有效方法能够让我们把创新者分离出来:即,找到那个第一次使用某种语言形式的人。不过,我们可以把创新者看作是把一个群体使用的语言形式引入到另一个群体的人[如米尔罗伊指出的,一个类似于布瓦塞万所说的“*经纪人*”(Boissevain1974)]。在

本章的社会交际测量图中，这样的经纪人会表现为一个具有高交际得分的边缘人物。在图 10.7 的琳达（Linda R.）可能就是这样的人，把两个子网络连接起来。图 10.6 的克拉克街没发现这样的人，塞莱斯特在那里似乎既是创新者又是意见引领者。[①]

随着关于时尚引领者的研究进展，它的方向开始转移，越来越不跟语言学研究对应，也越来越无助于解释语言变化。最近的研究主要都是针对大学生的调查问卷，跟在迪凯特的研究中采用的代表性抽样和访谈已经大相径庭，对影响力行为并没有独立的证实。相反，自评为引领时尚的人的评级是按照这种复杂和微妙的特征："时尚冒险性"、"认知风格"、"一般自信"、"相对自信"或"认知清晰性"。

即使对意见引领者的研究仍是保持接近实际，也必须要记住时尚和语言之间的深层差异。对于时尚的决定是自觉的决定，或者是接近自觉的决定；自下而来的语言变化则是引领者和追随者完全没有察觉的，至少在（eyC）和（aw）为代表的早期阶段是这样。即使当人们在后期阶段察觉到这种变化，如对于（æhN），要控制自己行为的努力也多是成效有限。第 1 卷中讲到的对于语言变化进 363
展的结构控制，对时尚来说似乎并不存在。时尚并没有类似"合并不能以语言学方式逆转"的原理（第 1 卷，第 12 章），也不存在"误解控制元音目标值变换"的方式（第 1 卷，第 20 章）。尽管如此，除了上一节给出的五个变化引领者的共同特征之外，时尚变化和语

① 当然，除非她在先前的生活中受到其他某些人的强力影响，而这些人又不包括在我们的研究中（见 11 章）。

言变化之间还有很多共同特性。

我们一直在考察的语言变化所涉及的都是听觉的语言特征,相当于时尚的视觉效果。自我表达主要取决于说话的内容,但在语法、词汇选择和语音实现方面,会有很多认知上等价的表达方式。时尚和语言都可以迅速变化,速度相当,这取决于所涉及的特征。如语言变化一样,时尚变化也有偶发性:有些特征是稳定的,几个世纪也不变,如男子穿长裤,年长女性盘头发等传统;还有一些特征会随年龄而变化,如化妆的时髦颜色、裙摆长度,或发型。如同在语言方面一样,人们只意识到时尚方面很小一部分的决定,主要是改变的特征,而很少意识到他们的文化中那些恒久的特征,即时尚中不变的部分。时尚变化跟语言不同,它很少在同一方向上长期持续,因为它们显然不受强力的生理或认知因素的制约。不过,如果人们看看游泳衣遮盖身体的面积,就会知道一种长期的减少趋势已经持续了至少两个世纪。

总之,时尚变化与语言变化之间的相似性足以使我们相信二者的传播机制具有很多共同特性。K&L 对影响力研究的其他三个领域——购物、公共事务、看电影——没有一个会产生如此相似的结果。

10.6 谁领导这些引领者?

在引领时尚的研究和语言变化的研究之间最大差异之一就是对于大众媒体的兴趣。大量关于个人影响力研究的资金和理论阐释都用于检验广告的效果。于是,研究引领者是怎样受到影响的问题主要集中于大众媒体。然而，最近的一些研究提出跟迪凯特同样的引领者所受影响的问题。

很多研究表明，意见引领者既受大众媒体影响也受个人之间信息来源的影响（Andersen and Garrison 1976，Heath and Bekker 1986）。在一项南非的研究中，希思和贝克（Heath and Bekker）发 364
现，黑人意见引领者在人际交往中比别人更为活跃。在澳大利亚，研究一个记录时间的日志后发现，用于交换意见的时间与对他人想法的影响密切相关，而不是用于看电视或听广播的时间（March and Tebbutt 1979）。

考虑到意见引领者用大量时间与他人交换意见，有一个待解决的问题，到底是跟其他意见引领者接触的影响更大，还是跟起到经纪人或革新者作用的边缘人物接触的影响更大。赖特和坎托（Wright and Cantor 1967）以及鲁滨逊（Robinson 1976）主张是意见引领者之间的横向流动传播。魏曼（Weimann 1982）对以色列集体农场的研究发现，位于社交网络中心的意见引领者，往往依靠位于边缘位置的个人来引入信息。他发现，社交网络中心人物的特点是强联系对弱联系的比例很高（约为三分之二），而边缘人物则大部分都是弱联系（72%）。魏曼据此做出结论，这些边缘人物通过他们的弱联系起到了一种交际桥梁的作用。

费城研究中出现的语言变化引领者表现出一种不寻常的结合，即中心性与在居住区之外的频繁社会互动。因为没有证据表明这些社会义务和责任弱于街段内的义务的责任，我们无法确定这些更广泛的关系就是意见引领者的弱联系。第 12 章将描述这些本地的联系是怎样在日常生活中发挥作用的。语言变化引领者在社交网络中的位置可以总结为一种*扩展的中心性*形式。语言变化引领者位于社交网络的中心,这个网络向外扩展,超出了他们居住地的范围。

下面两章将进一步强化这个特点,这跟米尔罗伊关于弱联系重要性的研究发现是一致的。弱联系不仅可以作为本地标准影响的管道,语言变化浪潮也可以通过这个渠道席卷整个城市。但是,如果情况真是这样,还会有这样的问题:为什么边缘成员提供的模型会为网络的中心人物所复制呢?一个中心成员影响另一个似乎更有可能。

现有的数据无法解决这个问题。我们对于社交网络的看法仅限于这些社交网络本身,并且还需要更多地了解社交网络之间的联系。直接的视角向我们展示出群体的中心成员与直接朋友之间的交往,而不是统一言语社区中更大范围的交际互动。我们对这些交往活动在费城发生的地点有些了解:政治集会、化装游行的组
365 织会议、退伍军人组织、巡逻队员的慈善组织活动。然而目前还没有对不同街区的说话人交往时的情况进行系统性录音或研究。第12章将会有关于这个问题的一些见解,把我们引入音变引领者的日常生活。但是首先我们必须把得到的社交网络的知识应用到尚未解决的性别悖论中:女性在一种语言变量上是遵从者,而在另一种变量上则是非遵从者。

第 11 章　解决性别悖论 366

语言变化的引领者已经被定位为女性(第 8 章),她们是上层工人阶级或技术工人(第 5 章),拥有密集的本地社交网络联系,在本地街区之外也有广泛的联系(第 10 章)。第 9 章提出女性在语言变化中的引领地位可能与最初语言传播中的性别不对称有关。研究还发现女性与语言变化的联系跟她们在社交网络中的位置紧密相关,而男性则并非如此(第 10 章)。到目前为止,我们还没有直接面对这一事实,即自下而来的语言变化代表着一种对既定社会规范的挑战,而变化引领者的行为方式与第 8 章所论述的女性突出的遵从性并不相符。本章将直接面对这个问题,并对前面一直没有介绍的这个明显悖论提出一种解决的方案。

11.1　遵从性悖论

沃夫兰和希林-埃斯蒂斯(Wolfram and Schilling-Estes 1998)的论述是对语言中的性别差异最彻底和最深入的思考方式之一。他们发现了一个“明显的矛盾”:

> 女性似乎比男性更为保守,因为她们更多地使用标准语言变体……同时,女性似乎又比男性更进步,由于她们更快地

> 采用新的语言变体。(187 页)

作为解决这个矛盾的第一步,他们引述拉波夫的研究(Labov 1990)把第一种倾向跟稳定变量和接近完成的语言变化相联系,把第二种倾向跟更为新近的语言变化相联系。不过,在我看来,为什么同一个人有时会“保守”有时会“进步”的问题仍需解决。如果我们用“遵从”和“不遵从”来替换这些术语,这可能会更清楚一些。矛盾的语言行为模式仍然存在:

367

在	**女性更加**	
稳定的社会语言变量	保守	遵从
自上而来的变化	进步	遵从
自下而来的变化	进步	不遵从

性别悖论可以重新陈述为**遵从性悖论**,用遵从的反义**背离**来陈述最好。

对那些公开禁止的背离,女性对于语言规范的背离比男性更少;但是对于那些没有禁止的背离,女性的背离比男性更多。

人们很容易认为这跟通常的观察没什么不同,当人们认为自己能够摆脱约束的时候,往往就会打破规则。但是,这样一种轻率的处理并不符合真实的情况。女性(以及多数男性)都很重视语言规范,当她们发现自己背离了这些规范时,会非常不安。在/æ/高化和紧化为[iə]、/e/后化到[ʌ]或者/ow/前化为[ɛɔ]的过程中,女性比男性更容易背离已有的发音规范。当这种背离提升到公众觉察的程度,背离者会反躬自责。一旦他们觉察到这一点,这种语言的说话人往往会发现自己的行为是自相矛盾的。

性别悖论提出的问题完全不同于第 8 章的问题——为什么女性比男性更遵从已有的语言规范？这里我们主要解释的是，为什么年龄和社会背景都相同的女性在一种情况下遵守现有规范，而在另一种情况下却又背离这些规范。

11.2　本章的策略：稳定变量与进行中变化的结合

本章将使用在稳定的社会语言变量上的数据来描述每一位说话人对主流社会语言规范的遵从程度，并利用同一说话人在进行中的变化中的位置的数据来定义他们背离父母辈和祖父母辈语言规范的程度。这两套数据结合在一起将有助于我们对遵从性悖论的理解。

三个稳定的社会语言变量

第 3 章展示了费城方言中三个稳定的社会语言变量的历史和现状。这三个变量在不同方面显示了说话人对于公开的社会语言规范的取向。对于(ing)，软颚鼻音与舌尖鼻音在非重读音节中的交替，非正式的形式在大多数访谈中都是明显的主流，社会分层程 368
度也比较小。对否定一致(neg)的测量显示工人阶级和中产阶级说话人在使用非标准形式方面有明显的区别。尽管(neg)将在分析中起到作用，可它对于说话人个体之间的区分不如另一个更为突显的变量。适于我们研究目标的理想变量是(dh)，表示/ð/的擦音、塞擦音或齿音，它的范围是从 0 到 200(在这里的数据集是从 0 到 185)。

图 11.1 是三个稳定的社会语言变量在随意话语中表现的直方图。[①] 每个条形的实心部分表示男性人数,空心部分表示女性

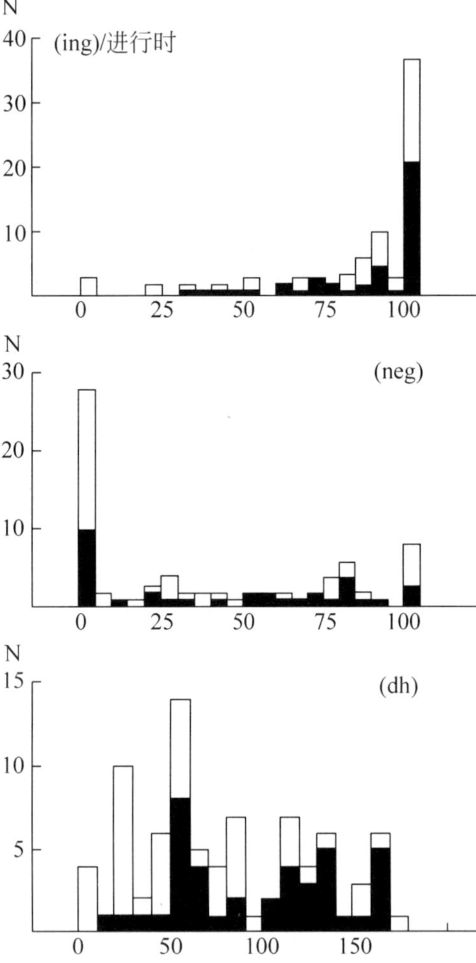

图 11.1 费城三个稳定社会语言变量在语体 A(随意话语)中的分布
(实心条形代表男性;空心条形代表女性)

① 在本章中的任何调查研究,都可以选择随意话语或者注意话语,不过随意话语有更多的非标准形式且表现相关社会因素的作用更为清楚。

人数。图中显示出(dh)的几个重要特性。首先,性别差异明显,女性集中于较低的值,而男性多在较高的值。其次,有双峰分布的迹象,一个峰在 70,另一个峰则加倍,在 140。更高的峰包括有与那些最高值的男性一样高的女性。为了简洁,我将把这一变量称为(dha)。

对进行中的变化的再分析

费城街区研究搜集了 183 位受访者的稳定社会语言变量的数据。在第 5—9 章研究的 112 位说话人并不是全部包括在内:克罗齐访谈的 15 位上层阶级成员没有包括在内,另外还缺失 11 位。于是,我们拥有 86 位说话人的两套变量数据。因此,第一步是确定这 86 位说话人保留了所有人已呈现的基本社会语言模式。

表 11.1 是具有两套数据的 86 位说话人在五个费城元音变化的显著回归系数。为了跟第 9 章对比,分别对男性和女性进行分析,并以职业作为社会经济分层的衡量标准。结果,表 9.1 的主要特征再次出现了。

- 年龄系数出现在全部变量中,尽管女性的(eyC)和(owF)的显著性水平不到 0.05。女性的最大的系数出现在(aw)和(eyC)中。男性和女性在(eyC)上相同。
- 弧形模式在男性的五个变量上全部再现,技术工人类别有明显优势。对于女性,这种模式只出现在近期的变化(eyC)中。
- 女性在(æhN)上呈现出很强的线性社会分层,在(aw)上有 369
较弱的相同模式,男性则不是这样。

表 11.1　费城 86 位受访者五种音变的声学和社会语言学因素的回归分析:年龄、职业、街区和族群的显著系数

显著性:黑体字表示 p<0.001;下划线表示 p<0.01;普通字体表示 p<0.05;斜体字表示 p<0.10

	(*æhN*)		(*aw*)		(*eyC*)		(*owC*)		(*owF*)	
	男性	女性	男性	女性	男性	女性	男性	女性	男性	女性
常数	2337	2490	2035	2247	2257	2265	1307	1616	1622	1960
年龄	**-3.30**	-0.53	**-6.12**	**-4.73**	**-4.70**	*-2.50*	-2.55	<u>-3.81</u>	-2.48	*-7.55*
技术工人	137		162		155	140	219		181	
文员		-196								
管理人员		-230		*-166*			<u>239</u>			
专业人员		**-368**		<u>-374</u>						
维克街	**162**		<u>202</u>		148		190	<u>204</u>		
皮特街	**207**		*166*							
意大利裔								*-111*	-241	-379

- 维克街的男性在前四个音变中处于领先地位；而女性只有在(owC)中领先。

这组数据展示了语言变化在费城全市的扩散。在变化的最初 371
阶段，男性和女性的社会分布没有什么差别。但是，随着变化的进行，男性和女性的社会阶层分布发生变化，工人阶级男性和中产阶级女性落在后面。

职业还是 SEC 指数？

第 8 章和第 9 章采用职业作为社会经济阶层的一个量度标准，因为它对性别差异更为敏感。第 3 章表明，无论使用哪种指数，(dh)都是一种单调社会分布，但是 SEC(综合经济指数)却比任何单项指数的作用更大，更有解释力的值(表 3.7)。表 11.2 是比较联合分析中这 86 位受访者(dha)社会分布的两种测量方法。SEC 的效应要比职业效应更强，修正的 r^2 值也更高。因此，我们在下面的分析中将使用 SEC 指数。

表 11.2　比较 SEC 指数和职业的(dh)回归分析中的主要社会因素

效应＝系数×平均值

变量	系数	效应	*p*
(a)			
SEC 指数	-7.98	63.36	⩽0.0001
女性	-34.13	-17.06	-0.0005
r^2(调整)	36.4%		
(b)			
职业	-17.44	-50.75	⩽0.0001
女性	-32.78	-16.34	0.0014
r^2(调整)	29.0%		

11.3 稳定的社会语言变量与进行中的变化之间的相关性

要考察稳定的社会语言变量跟进行中的语言变化之间的相互关系,最简单的办法是采用皮尔逊积矩相关系数建立一个相关矩阵。表 11.3 就是这样一个矩阵,其中有九个进行中的变化,涉及第二共振峰的上升和两种语体中的两个社会语言变量(dh)和(neg)。正如预期的那样,以黑体字表示的最高相关是在两套数据

373 内部各自出现的。在左上角的元音中,最高的相关系数在/æh/的三个变体之间——高于 0.800。/aw/、/eyC/和/æh/的变体之间的相关系数稍低,从 0.600 到 0.700。/ow/和/uw/的变体之间没发现这种相关:它们彼此相差很大。在这一段唯一稍高些的是/owF/和/owC/的相关系数值 0.293。在后元音的前移中,最强的相关是在/uwC/和/owC/之间,为 0.482。[1] 在右下角的黑体方框中,社会语言变量的最高相关系数是(dh)的两种语体之间的 0.823;其他都是在 0.500 到 0.600 的范围里。

表 11.3 中的大部分值都很低,接近于零。后元音/owC/和/uwC/的前移与其他任何变量都没有多少相关性:既不跟/æh/、/eyC/、/aw/ 的前移相关,也不跟社会语言变量相关。不过,在左下角方框中,社会语言变量与进行中的变化之间出现中等程度的相关性,其中(dha)与(æhD)强相关,并且社会语言变量与/æh/变

[1] 以上三句似有些矛盾。——译者

372

表 11.3 费城音变(第二共振峰)和稳定社会语言变量的皮尔逊积矩相关分析(b=注意话语,a=随意话语)

	(*æhN*)	(*æhD*)	(*æhS*)	(*eyC*)	(*aw*)	(*owC*)	(*owF*)	(*uwC*)	(*uwF*)	(*dhb*)	(*dha*)	(*negb*)	(*nega*)
(æhN)	1												
(æhD)	**0.807**	**1**											
(æhS)	**0.833**	**0.836**	**1**										
(eyC)	**0.668**	**0.624**	**0.64**	**1**									
(aw)	**0.724**	**0.734**	**0.704**	**0.663**	1								
(owC)	0.182	0.127	0.118	0.234	0.328	1							
(owF)	0.095	0.184	0.133	0.109	0.228	0.293	1						
(uwC)	−0.08	−0.08	−0.11	−0.13	0.048	**0.482**	0.005	1					
(uwF)	−0	−0.01	−0.15	0.005	0.081	0.22	0.065	0.139	1				
(dhb)	0.23	0.389	0.31	0.176	0.205	−0.32	0.012	−0.14	−0.14	1			
(dha)	0.284	**0.505**	0.388	0.241	0.261	−0.25	0.113	−0.19	−0.18	**0.823**	**1**		
(negb)	0.312	0.354	0.383	0.204	0.221	−0.17	−0.01	−0.13	−0.11	**0.603**	**0.557**	**1**	
(nega)	0.286	0.382	0.365	0.187	0.145	−0.06	0.076	−0.11	−0.04	**0.531**	**0.59**	**0.696**	1

体之间的相关系数大多超出0.300。这个方框的右边是四个社会语言变量与活跃的新变化/eyC/和/aw/之间的一组相关系数。这些数字虽然不大,但全都是正值。这有些出乎意料,这些活跃的新变化的社会负担并不强,尽管表11.1显示出/aw/在女性中已经有社会分层现象。可是,/eyC/没表现出任何社会标记,它跟四个社会语言变量全都正相关。

比较这四个社会语言变量的情况,显然(dha)与五个元音变化之间都是最高相关。这使我们决定在下面将集中分析(dha)。

11.4 不同社会阶层女性的(dha)与语言变化之间的关系

从散点图中可以得到最清楚的(dha)与进行中的语言变化之间的关系的画面。因为我们主要关注女性的行为,因此将单独考察总体人数中女性这一半。我们把社会层级也分成两部分,SEC值为0到6的阶层(中层工人阶级)和SEC值为7到14的阶层(上层工人阶级和中产阶级)。图11.2是SEC值为0到6的较低部分中两个活跃的新变化(eyC)和(aw)的分布。这里明显不存在什么联系。对于(aw)的回归线是平的(系数0.18),r为0.06。对于(eyC)的回归线斜率是0.054,远远低于任何显著性水平,r=0.18。(æh)变量也是同样的情况。

374 图11.3是位于社会经济量表上半部分的17位女性的(aw)和(dha)的对应散点图,出现的是不同的情况。在上半部分再进一步划分:上层工人阶级(SEC 7—9)跟下层和上层中产阶级(SEC

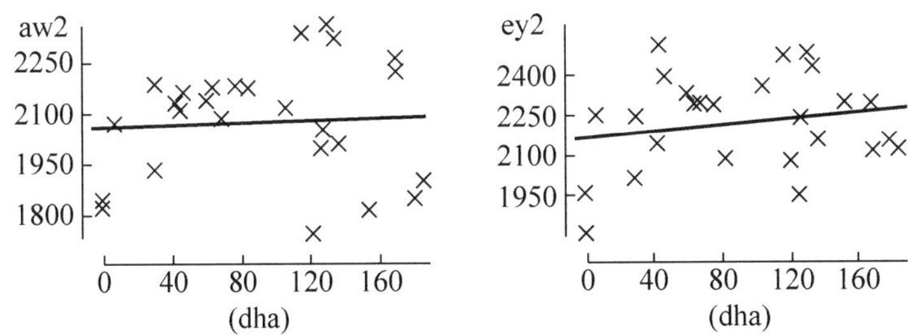

图 11.2　中层工人阶级(SEC<7)女性(aw)和(eyC)的第二共振峰对于(dha)的散点图

10—14)区分出来。(dha)和(aw)之间呈现出很强的正相关:一个人使用对齿间擦音的非标准形式越多,元音的变化就越大。回归系数是 3.53,p<0.001。(dha)和(aw)之间总体相关只有 0.261,而对这个子集的相关系数却是 0.742。在 SEC 分区选在 6 级和 7 级之间时,相关性和回归斜率达到最大(中间的实线——译者);任何别的分区在上半部分都显示的关系较弱。

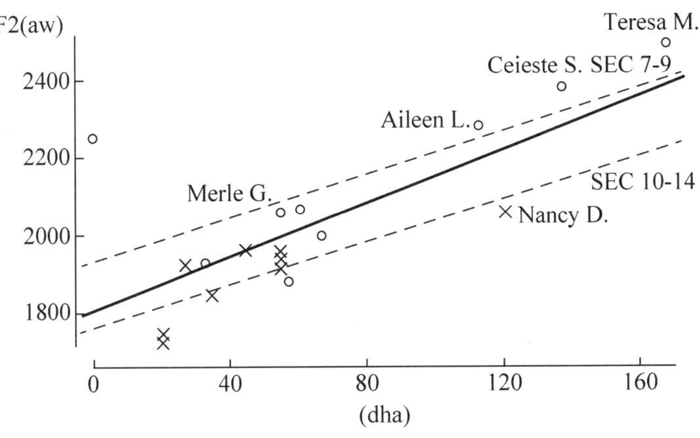

图 11.3　SEC 为 7—14 的女性(aw)与(dha)的散点图

圆圈=上层工人阶级,SEC 7—9;×=中产阶级,SEC 10—14

375 这样密切的相关性是出乎意料的。到目前为止,在 LCV 研究中,还没有发现新音变的领先形式跟非标准语音之间有什么关系。在性别悖论的定义中,二者都被称为是对现有规范的背离,但是(dh)的非标准形式跟下层工人阶级说话人的联系最紧密,而他们并不使用(aw)变化最领先的形式。①

考虑到这种密切的相关性,在图 11.3 中看到语言变化引领者的相对位置跟她们在图 10.5 中的位置相同也就不足为奇了。特蕾莎和塞莱斯特在(aw)和(dha)两个维度上都远远领先于其他人。②

这个群体的(dha)模式显示为图 11.4 中明显的双峰分布。大部分说话人的(dha)值低于 70,但有 4 位说话人的值高于 110。这四人中有两位是语言变化的引领者。为了理解这种双峰分布的性质,我们必须识认到在(dh)"标准"和"非标准"的用法中有着一定的分歧。人们认为塞擦音不如擦音标准,但只有齿间塞音被确定

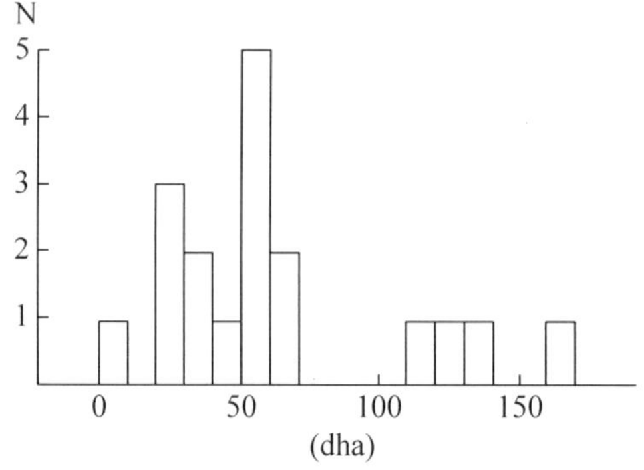

图 11.4　SEC 7—14 的女性(dha)的分布

① 事实上,中层工人阶级和上层工人阶级的女性对(aw)的使用没有显著差异。

② 巴巴拉和里克没有在这里出现,因为维克街社交网络的社会经济地位更低。

为非标准的形式。人们可以不使用任何塞音而具有 40、50 或 60 的(dh)指数,但是要达到 100 以上就不可能没有塞音。因此超过 100 的这四位女性说话人必定是听上去有某种程度的“非标准”,而低于 70 的说话人就不会是这样。

图 11.3 和图 11.4 结合起来解决了(aw)的遵从性悖论问题。
正如定义所述,这个悖论假定女性的行为方式不一致,对待新的音 376
变不同于早期音变和稳定的变量。这是错误的。那些背离了(aw)现有规范的女性也同样背离了(dha)的现有规范,而那些遵从(aw)早期规范的女性也同样遵从(dha)的标准规范。这涉及了两组不同的女性。或者换言之,语言变化的引领者总是跟其他人不一样。

发现女性人群中的这种分化,使我们在探寻语言变化引领者的研究中更进了一步。考虑到图 11.4 的双峰分布,我们可以从语言学角度提问:依据什么把这个群体认定为一个单位呢? 图 11.3 中的 10—14 的部分回归线跟 7—9 的线是平行的。从很多其他方面来看,这两个位于中间的群体之间区别不大。而另一方面,从图 11.3 和图 11.2 的对比中可以看到,上层工人阶级跟中层工人阶级却有相当大的差异。

图 11.5 是另一个活跃的新变化(eyC)的第二共振峰的对应图示。因为横坐标还是(dha),每个说话人的水平位置跟图 11.3 相同,特蕾莎和塞莱斯特仍然具有最高值。除了一位说话人(琳达)之外,特蕾莎和塞莱斯特是最领先的(eyC)使用者。对于 SEC 值为 7—9 的上层工人阶级,相关性的斜率更平缓;语言变化的引领者不如(aw)那样远远领先于一般人群。

在图 11.6 中,(æhS)和(æhN)的模式相同。回归线还是向上 377

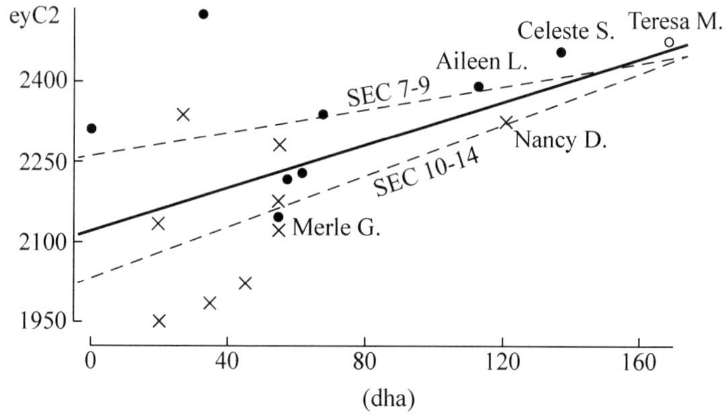

图 11.5　具有 SEC 7—14 的女性(eyC2)与(dha)的散点图

圆圈=上层工人阶级,SEC 7—9;×=中产阶级,SEC 10—14

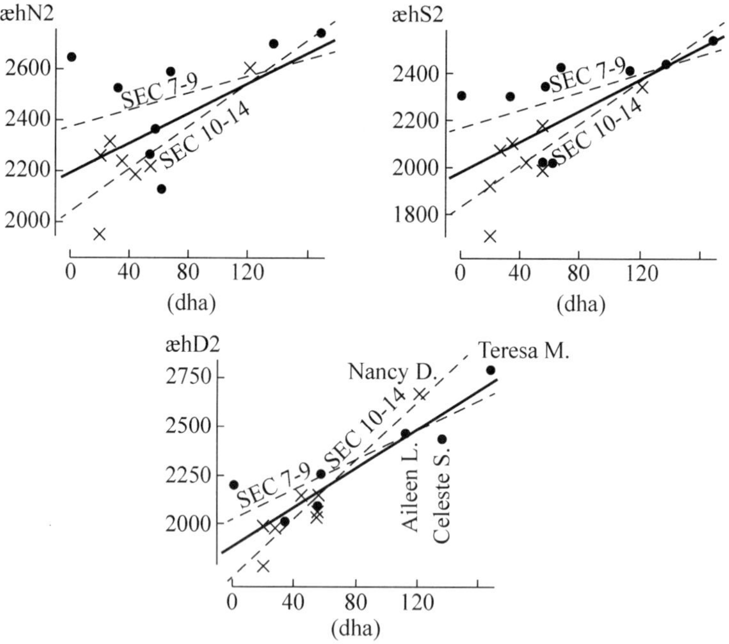

图 11.6　具有 SEC 7—14 的女性(æhN2)、(æhS2)和(æhD2)与(dha)的散点图

圆圈=上层工人阶级,SEC 7—9;×=中产阶级,SEC 10—14

倾斜，但上层工人阶级的线更平缓，表明(dha)的高值使用者在这个音变中的领先程度比较小。上层工人阶级的斜度小于中产阶级，反映出这些语言形式对于上层工人阶级来说并不那么低俗，在这方面跟(dha)不太一样。/æh/的第三个音位变体(æhD)，表现出更大的斜率，四位语言变化引领者在(dha)和(æhD)两方面都远远领先于其他人。

斜度的增加显示出音变进展程度跟它和(dha)的相关性之间的联系。表 11.4 通过 γ-相关系数、总体回归系数、回归关系的 t 检验以及它们的概率来表现这种关系。图 11.7 为我们直观地展示了从最初的变化到活跃的新变化，再到接近完成的变化这个进
程中，相关系数的升降起伏。① 这个过程与图 9.1b 的弧形分布相 378
似，其中性别差异随年龄系数上升和下降。人们可能会认为，如果变量上升到社会意识水平，那么性别差异和对于(dh)的认同会随着时间稳步增长，这在(æhN)中已经在某种程度上实现了(第 6

表 11.4　具有 SEC 7—14 的女性说话人中五个进行中的语言变化与(dha)的回归系数

	r	相关系数	*t* 比率	*p*
(eyC)	0.702	2.85	2.54	0.035
(aw)	0.742	3.54	4.43	0.0004
(æhD)	0.885	5.04	6.84	<0.00001
(æhS)	0.671	3.32	3.50	0.003
(æhN)	0.580	3.00	2.76	0.015

① /æ/的变体(æhD)在好几个点表现得更像一个活跃的新变化而不是一个接近完成的变化。这在表 5.3 的总体年龄系数中首次出现。因为(æhD)的数据稀疏，依靠 *mad*、*bad* 和 *glad* 这三个词，所以在活跃的新变化的讨论中并不总是把它包括在内。

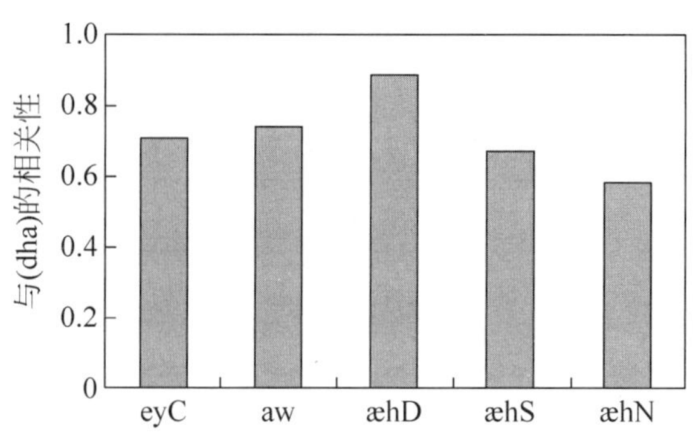

图 11.7　具有 SEC 7—14 的女性说话人中(dha)和五个进行中的语言变化的相关性

章)。然而事实并非如此。相反的,费城的语言变化似乎经历了一个社会语言的显著性上升到最大,然后又下降的阶段。峰值位于 S 形曲线的转折处,此处年龄系数——表示变化速率的斜度——为最大值。(参见第 1 卷,第 65 页)

人们可能预期在这个连续统中可以发现中期变化(ow)和
379 (uw)。然而,它们的社会语言动态似乎完全不同。在 SEC 值为 7—14 范围内的女性中,(owC)、(owF)、(uwC)和(uwF)跟(dha)之间都没发现有显著的相关性。当然,我们不会期望在男性主导的(ay0)变化中看到这样一种关系,也确实没有出现这种关系:总体回归线是平的。

11.5　男性和女性的结合分析

我们还没有考虑男性方面的(dha)与进行中的语言变化之间的相关性。第 9 章发现了男性和女性在年龄和社会分层方面有不同的关系，取决于变化的不同发展阶段。对于 SEC 为 0—6 的社会层级的下半部分，(dha)与进行中的语言变化之间没有显著的相关性。然而，男性的情况跟女性并不完全相同，五个前元音的第二共振峰一致倾向于跟(dha)正相关。尽管每个元音的回归系数都在 0.05 的水平之下，可是全部五个元音在一定程度上支持这种相关性的组合概率都小于 0.02。[①] 图 11.8 是五个元音系列的代表模式：这是(aw)的情况。在右上角，Rick C. 的符号跟其他人的符号相分离，具有最高的(aw)值和接近最高的(dha)值。在图 10.8 的主成分显示中，Rick C. 曾表现为维克街区最领先的说话人。

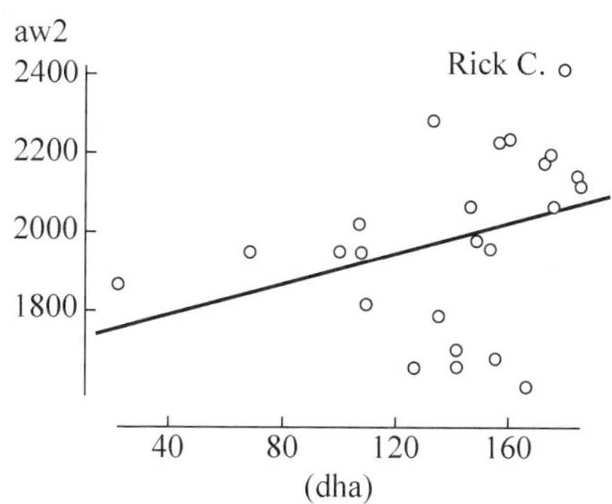

图 11.8　SEC<7 的男性(aw)第二共振峰与(dha)的散点图

在 SEC 范围下半部的(dha)总体分布与上半部相似，但是主
要集中区呈现为对称逆转(见图 11.9)。二者都表现出双峰分布，380
约在(dha)值为 100 处划分。在左侧的下半部，主要集中区出现在
(dha)大于 100 的高值区域，男性除了两人外全都在这个区内。

① 因为这五个系列的卡方测试是 $-2\times$ 总数($\log(p_i)$)。

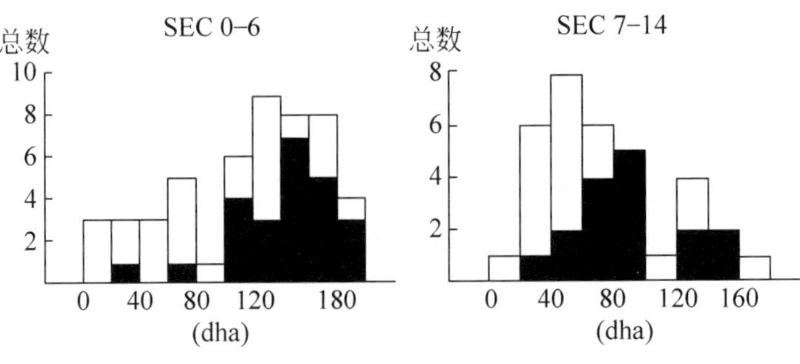

图 11.9 SEC 范围上半部和下半部的(dha)分布
(实心条=男性;空心条=女性)

(dha)小于 100 的少数区包括了这个群组的一半女性。右图是上半部的上层工人阶级和中产阶级的分布,这里主要集中区是在(dha)的低值部分。在这个主要高峰中,女性明显趋向于低端。但在(dha)大于 100 的少数区中,男性与女性人数相同(都是 4 人)。

对于在 SEC 范围上半部的男性,(dha)与进行中的语言变化之间的关系跟这个范围的女性几乎完全相同。同样的,(aw)、(æhD)和(æhS)有显著相关系数,(eyC)和(æhN)的效应较弱。更引人注目的是在图 11.10 中看到的相关系数的平行上升和下降。这种跟接近完成的变化之间相关性的下降,对于男性和女性是完全相同的,尽管男性和女性在很多进行中的变化中表现各有不同。

在 SEC 范围上半部的男性与女性模式的相似性在图 11.11 综合散点图中显示得更为具体。这里回归线的斜率几乎是完全平行的。不同性别都分为上层工人阶级和中产阶级。男性与女性之间的主要差别在于,女性集中在(aw)的较高范围内,而男性是向下向右移动,(aw)值较低,而(dha)值较高。

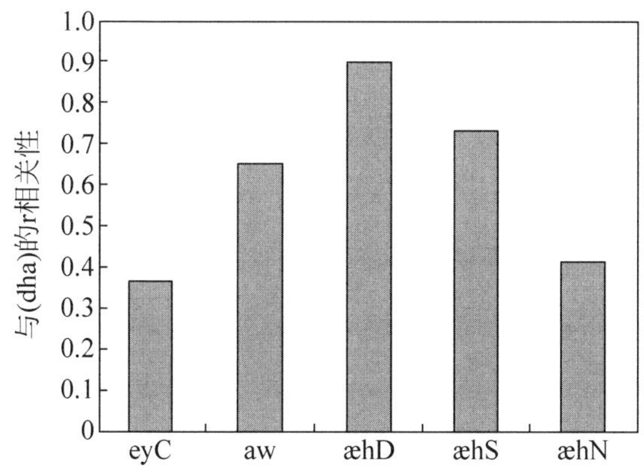

图 11.10　具有 SEC 7—14 的男性说话人五个进行中的变化与(dha)之间的相关性

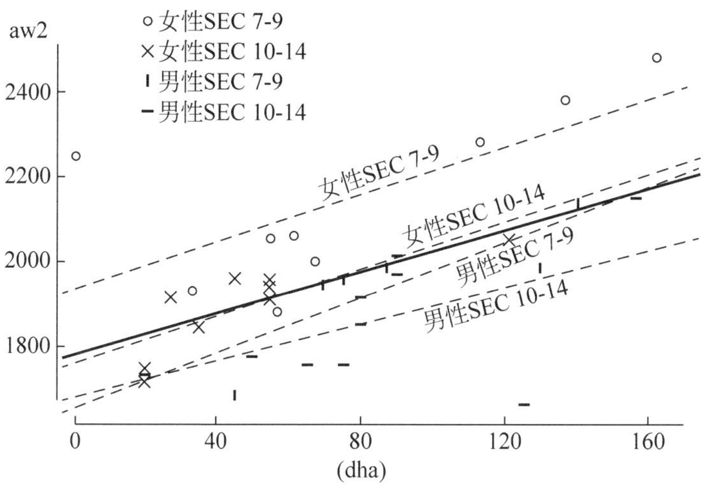

图 11.11　在 SEC 范围上半部(7—14)的男性和女性(dha)与(aw)的综合散点图

正如这种关系在前元音中的牢固性一样,它不适用于后元音的语言变化:/ay0/、/uw/或/ow/。然而,当考虑到表 11.3 的相关矩阵中的所有元音和稳定的社会语言变量时,观察所产生的模式

381 可能会有帮助。图 11.12 是基于对每个说话人的(相关矩阵列出的)13 项测量数据的主成分分析做出的。在 86 位说话人中只显示出 56 位,因为有些人的语体数值缺失不全。我们对两个性别分别绘制了三维图,尽管分析是以组合数据为基础的。第一个主成
382 分 U1 占方差的 36.7%;第二个主成分 U2 占 25.5%;U3 仅仅占 11%。显然,U1 与语言变化的轴心方向一致。语言变化的引领者具有最大的 U1 负值,年龄最大和最保守的说话人则有最大的正值。因此,塞莱斯特、特蕾莎、巴巴拉和里克这几个熟悉的名字就出现在图表底部。U2 维度的高值与南费城的意大利裔聚居的街区相联系。U2 上的低值和 U3 上的正值与维克街和北费城的街区相联系。因为这两个街区在后元音的前移上表现不同,增加第三个维度可以反映出加入(uw)和(ow)的分析结果。

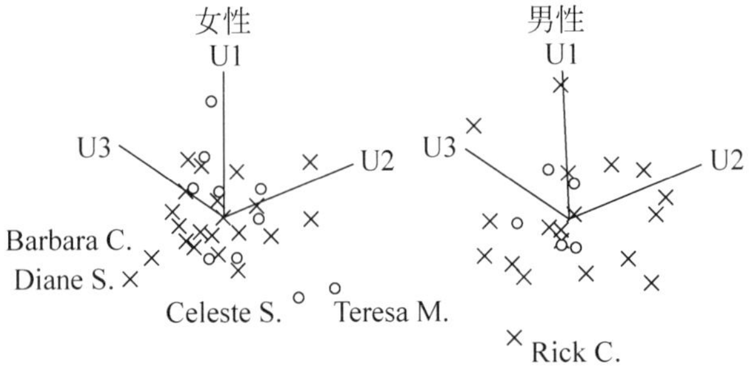

女性 U1 U2 U3 Barbara C. Diane S. Celeste S. Teresa M.

男性 U1 U2 U3 Rick C.

图 11.12 基于表 11.3 中 56 位说话人的 13 个变量数据分性别绘制的前三个主成分的图形

11.6 渐进式的和跳跃式的引领者

本章和上一章中,语言变化引领者跟他们的朋友和邻居有两

种不同的语言联系。里克、巴巴拉和戴安娜都是维克街社区的成员。第 7 章表明这个街区在所有音变中都是最领先的。作为费城元音系统的使用者，维克街的说话人处于语言变化的主流，比他们的同龄人领先了一步，可能比他们的父母领先了两步。他们对稳定的社会语言变量的使用代表了所在社区的特点。他们可以被称为*渐进式引领者*。

在费城言语社区向上流动性更强的部分，我们发现了跟朋友和邻居有另一种不同语言联系的语言变化引领者。他们在社会语言行为上跟其他人有明显的反差。他们对于费城音变的使用比同龄人领先了不止一步，并且超过了比本街区更领先的其他街区。对于他们来说，这种说话方式不是一种遵从的状态，而是一种非遵 383
从的表现，这跟他们对稳定的社会语言变量的主流规范的抗拒是一致的。在这一意义上，他们可以被称为*跳跃式*引领者。在上层工人阶级引领整个社区的弧形模式中，尽管他们并不是全部的起因，但他们有着很大贡献。[①] 图 11.13 是两个直方图，其中以实心条表示的上层工人阶级说话人相对于其余的工人阶级群体(SEC 0—9)。对于(aw)，上层工人阶级有 1 位非常保守的说话人，在中间位置有 10 位，上端有 4 位。总体看来，跳跃式引领者比渐进式具有更高的值。但从语音角度来看，他们并没有本质上的差别，无论是在进行中的语言变化的使用上还是在稳定的社会语言变量的使用上都是如此。跳跃式引领者跟其他人的区别就在于他们的社会的和语言

① 如果我们把塞莱斯特、特蕾莎和艾琳从表 7.4 中(aw)第二共振峰的最后分析中移除，上层工人阶级的相关系数就将会从 147(p＝0.0002)降到 108(p＝0.013)；对于(eyC)的第二共振峰，将会从 99(p＝0.03)降到 86(p＝0.07)。

的环境。在上层工人阶级街区,他们跟邻居的差别在两个方面:对于领先的语音变量的使用和对于非标准的社会语言变量的使用。

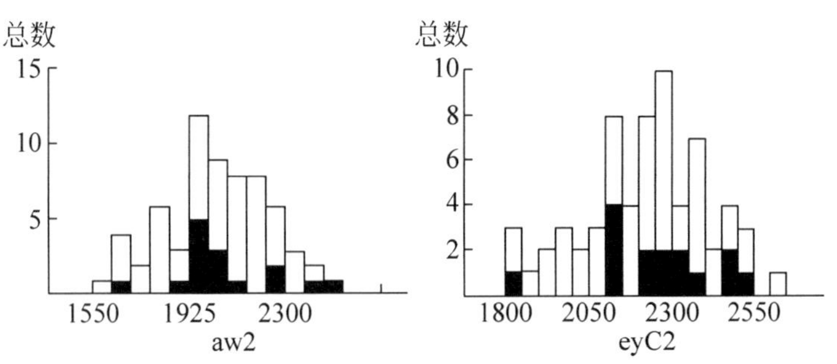

图 11.13 工人阶级(SEC 0—9)说话人(aw)与(eyC)第二共振峰值的分布
实心条形表示上层工人阶级,SEC 7—9。跳跃型引领者位于每个图表的右侧

我们从费城街区研究的 112 位说话人中确定了 6 位语言变化的引领者,既有渐进式的也有跳跃式的。至少就费城的音变来说,我们已经解决了性别悖论。然而,还有很多问题没有找到答案。越来越多的变化机制被揭示出来,而其背后的驱动力仍然还隐藏在幕后。

384 在某种程度上,跳跃式引领者似乎是音变进一步发展的代理人,但并不影响稳定的社会语言变量。这是怎样实现的?为什么跳跃式引领者跟他们的邻居如此不同?第 9 章表明,女性以小于代际的年龄段为单位,以近似线性的增量推进语言变化。这种稳步前进的原因是什么?

下一章将从另一个角度来探讨这些问题。它将为我们展现语言变化引领者的具体面貌,大部分将会由他们自己表述。他们谈论的不是语言,而是社会互动:他们如何解决与家人、邻居和雇主之间的矛盾,如何使自己达到目前的人生阶段。然后,我们将更好地解决语言变化背后的驱动力问题。

第 12 章　语言变化引领者的画像 385

第 10 章的社交网络研究确认，克拉克街社交网络中的两位成员为语言变化的引领者：塞莱斯特（Celeste S.）和特蕾莎（Teresa M.），还有维克街一个家庭的两个孩子：里克（Rick C.）和巴巴拉（Barbara C.）。这些说话人在活跃的新变化方面相对于在年龄和社会地位相近的其他人有着更高的值，并且交际指数 C5 也表现为高值：即，在街段内的大量人际互动和街段外的高比例的广泛社会接触。第 11 章基于音变的领先形式以及稳定的社会语言变量（dh）在随意话语中出现的高值，分离出克拉克街社交网络中的几位相同的引领者。假如我们已经知道这些引领者是谁及其在社会结构中的位置，那么就会有以下几个问题：

1　他们是怎样对邻居们施加语言的影响的？

2　他们所使用的这些领先的语言形式是在何时何地获得的？

这些基本上是关于个人影响力的问题，卡兹和拉斯菲尔德（Katz and Lazarsfeld 1955）发现的影响力的二阶流动，以及相关的兴趣与社交的概念，一定会在第一个问题上给我们以启示。而对于第二个问题，K&L 模型对我们帮助就不大了，因为这个模型是处理来自大众媒体的信息。而自下而来的语言变化都是在大众普遍接受之后很久，才会在大众媒体中有微弱的反映。要找出引领者是怎样受到影响的，从订的报纸或看的电视节目是得不到答案的。为理解语言影响的流动传播,我们就要观察他们在日常生活中与同辈的人、与父母和子女之间的相互交往。

对个人影响机制的考察会增进我们对于语言变化背后驱动力的理解。通过把语言变化的引领者定位在更有声望的本地社会阶层中,我们削弱了那种把语言变化归因于孤立、无知和懒惰的传统解释。这些人在社会交际测量模式的中心位置表明,他们对朋友和熟人有很强的影响。他们在本地街段以外高比例的广泛社交关
386 系也显示出了跨街区流动的信息传播路径。不过,我们还不清楚,这些引领者所接受或产生的影响为什么不会是一种保守的形式,或者为什么这些引领者会比其他人更快地采用更领先的语言变化形式。部分答案将来自实地调查人员的观察,包括这些引领者的行为、他们在社区中的口碑以及别人讲的关于他们的故事。而更多的答案将来自这些引领者自己的讲述,有在街区研究过程中对这些中心人物进行的大量录音。我们会特别注意他们对自己在青少年时代跟朋友和家人怎样相处的叙述。考虑到青春期之后语音模式的持久性和稳定性,成年人的模式很可能与他们高中时代的模式相去不远。尽管 LCV 录音所记录的青少年的社会类别和团体不如埃克特(Eckert 1999)在底特律地区的研究那样详细,我们还是可以用她的发现来解释在我们自己的访谈和交往中得到的数据。

12.1 塞莱斯特(Celeste S.)

对克拉克街区研究的早期,安妮·鲍尔就已经把塞莱斯特定

位为克拉克街段的一位中心人物。安妮开始是由当地教区的秘书梅(Mae D.)介绍给塞莱斯特的,她是塞莱斯特最好的朋友。安妮成为塞莱斯特家每周咖啡聚会的常客,通过塞莱斯特慢慢认识了克拉克街区主要社交网络的很多成员。她录下了好几次对塞莱斯特所做的个人访谈,通常有几个旁人在场并有交谈。在安妮得到塞莱斯特高度信任之后,她做了一系列值得注意的录音,相当于塞莱斯特所在的整个街段的历史,从一户到另一户系统性地讲述,一家也没漏掉。有些关键性的叙述就来自这个系列,不过其他关于塞莱斯特早年的生活情况则来自最初的几次访谈。总之,LCV 研究为我们提供了 1974 年到 1991 年间的 8 次对塞莱斯特及其家人的录音访谈,有 17 盘磁带共 18 个小时的内容。

图 10.6 显示,塞莱斯特的交际指数 C5 为 10.25,由 C1 指数 21 和 C4 指数 5 组合构成。这些概括的图形是为了记录每位说话人在一个实际的社会交际网络中对应的位置。关于塞莱斯特的丰富资料让我们对这位进行中变化的引领者有了很多了解,也让我们感觉到:至少从量表的高端来看,交际指数在捕捉社会实际方面是如何表现的,让我们先从在 LCV 研究中说明塞莱斯特在本街段的状态和地位的讲述开始。

一位古怪的老妇人之死 387

每当一位费城街区的居民去世,通常的惯例是有一个人挨家挨户募一笔款子来支付葬礼上的花圈、鲜花费用,或者葬礼的开销。塞莱斯特通常就是自己住的这条街上承担这个任务的人。在跟安妮·鲍尔挨家挨户地谈论这个街段过程中,塞莱斯特讲了这条街上一位古怪的老妇人的故事,这个人跟克拉克街区的邻里行为规范格格不入。括号中是安妮的问题或评论;其中所有的名字都是化名。

> (你是怎么知道街上有人去世的呢?)他们会在门上放黑纱的[笑]。你要是认识街上那个死去的女人就好了。那真是个让我没法忍受的邻居啊。(那是谁?)哦,就在Bill Marinetti和Gloria住的地方,她叫Joan,我们都叫她老巫婆Joan。(呃哦。)因为她以前在第九大街工作[那个意大利露天市场]。她家的人在第九大街有个铺子。她就在第九大街工作。(嗯。)
>
> 呃,她曾在晚上打扫卫生。她还擦过窗户。要是你经过她家窗户,能听到她骂所有人都是婊子养的。她就是一个——讨厌的老太太。要是小孩子们坐在她家台阶上,她会朝孩子们泼水,朝他们扔东西什么的……就是一个脾气很糟糕的老太太。她其实不算太老。她死的时候也就52岁。

在这一点上,显然,塞莱斯特可能会出错,而且也会毫不犹豫地承认错误。

> 于是,有一天,承办殡葬的那个Leonetti来了,在她家门上挂了黑纱。"哦,"我说,"听着,你肯定是搞错了。你怎么啦?在人家门上放黑纱!那位女士是单身,她每天都去上班的。"
>
> 他说,"不过我很肯定啊,就是这个名字,Joan——",他

说——我已经忘了她姓什么了。于是我就让他把黑纱从门上摘下来快点走[笑]。然后……几个小时之后，他说，“你疯了吗？这位女士已经死啦！”

这个故事现在清楚地展现出，在克拉克街，“与邻里不睦”意味着什么。

原来，她是从椅子上摔下来，把脾脏摔裂了。然后她就一直走到她侄子家，脾脏就这么裂着，第二天就死在医院里了。她不愿意叫邻居或任何人，你知道，来帮她一把。因为，她就是那种人——街上任何一个人都会帮她叫来救护人员的，也会陪她一起去医院的。可是她就是不。于是——她就这么死了。

猜猜是谁在街上给她募款？是我[笑]。不过我没去给她 388
守灵，因为我不喜欢她。

让我们随着安妮·鲍尔，更仔细地来看这个场合需要的社交协商和策略。为了回答安妮的问题，塞莱斯特详尽地说明了她所起到的作用，把情况解释清楚。

（你说的“募款”是什么意思？）哦，就是你到每家每户去，告诉他们说，你知道，你们的一位邻居去世了，还有——（明白了。敲敲门。是我。“哦，塞莱斯特你好……”）

“哦，你好啊，安妮。对了你知道这条街上的 Joan 死了吧。(我不知道啊。)是啊,真是罪过。好了,你打算出多少钱,安妮?因为我们要——你打算做点什么吧?你想做朵花,还是想发一张弥撒卡?想要做什么就告诉我。我们还要把大家都召集起来,我们要看看——少数服从多数,你知道的。”

大家是不是真的聚在一起做出了决定,这一点并不清楚。可能似乎是塞莱斯特设法让大家事先就同意了她认为是多数人会赞成的决定。

啊,他们会说,你会说,“随便。无论你想把钱花在哪里,想把钱用在弥撒卡上,或者买花,想把钱给这家人,都随便你。”

这样通常你从每家拿到一块钱,一般是一块钱,或者一块半、两块钱。你把钱放在一起。可能这家比较穷。然后你就把钱给他们。(这条街上没有穷的家庭。)是没有,所以一般就给他们鲜花和弥撒卡[笑]。

在回答谁做决定和谁自愿帮忙的问题时,塞莱斯特给出了一个灵活的画面。

(好的。不过有人决定他们会去做的,是吧?)嗯。(那么是谁做决定呢?会有人主动吗?)或者是你的近邻,或者是你认识的人,你们聚到一起,敲门,问“你想去募款吗?我跟你一起去。带上笔和纸——”

> (可是你并不喜欢这位女士啊。)是啊，可是没有其他人想要做这件事。你也不能让她死了连朵花或者——都没有啊。她需要一张弥撒卡，确实需要。

尽管这位老太太拒绝街区的邻里规范，但是邻居们却没有把她排除在外而仍然给她以适当的尊重。

> (所以你就给了她鲜花……)还有弥撒卡。你知道她是唯
> 一得到募款最多的一个人吗?(是不是大家都感到内疚?)是
> 啊。我收到了 62 美元呢。(真的吗?)我给她放了一大把鲜
> 花，还有一张永恒弥撒卡。(什么是永恒弥撒卡?)哦，就是那 389
> 种会永远持续下去的。他们会永远为她的灵魂祈祷。[笑]
> 她还真的需要这个。

天使是怎样没有挂起来的

从塞莱斯特讲述的与街坊邻居交往的各种故事中，可以发现塞莱斯特显然不是那种依靠博取每个人的好感而成功的政治人物。塞莱斯特直言不讳地说出自己的想法，并在权利被侵犯时维护自己的权利。有一次，安妮问到了这条街上长期不和或者吵过架的家庭。她记得塞莱斯特说过自己曾怎样拿着一把切肉刀追赶一个邻居的，最后让她讲述了全部的经过。事情的起因是另一种复杂的社会惯例——为圣诞节期间挂在街上的彩灯募款。

[呼吸声]你知道我们为彩灯募了一笔钱。然后街上有个邻居也死了。(这条街上死了不少人啊……)呃——她儿子——他们想多要一串彩灯。于是我就说，“那我就回我买灯的地方去看看，”因为我给他们买的灯才三块钱一串。(嗯。)

于是后来大家全都加入进来想多要彩灯。本来是 Mary Coletti 和我做募款和各种事，一切都很顺利。突然一下子，大家全都掺合进来，弄得一团糟。[呼吸声]

然后，呃——这位女士就说，呃，这个呃——Margaret Bono，就说，“哦，我儿子能做彩灯，他是电工。”这样她儿子就做了那些灯，然后找所有邻居要了 20 美元一串的价钱。而我买的只是 3 美元一串。于是我就叫她骗子。我还管他儿子叫骗子。我说——这样，他们被我给气疯了。

在克拉克街称某人为骗子是很强势的举动。这肯定会导致社交关系破裂、相互侮辱和互不理睬的结果。[①] 塞莱斯特决定不跟玛格丽特(Margaret Bono)再有任何社交关系。关于一个塑料天使的危机就这样爆发了，这个天使原来是由塞莱斯特负责的，而现在存放在玛格丽特家里。

然后到了该把天使挂起来的时候，挂在我们的——我把我们的灯穿过街道两边。我叫了 John [Santorini]，我说，“你要把灯都串起来挂上吗？”

① 参见 Bower 1984。

> 他说，“是啊。”
>
> 然后我曾有个天使，你知道，我们以前都挂在街道中间，靠近我们家的地方。然后呃，天使放在玛格丽特家里，她就在街上喊住 John，对他说，“哦 John！你把灯挂起来的时候能把这个天使也挂起来吗？”
>
> 我就说[生硬的嗓音]，“我不要那个天使。”

这时候，交锋升级，到了需要塞莱斯特用上全部个人力量的状 390
态了。

> 于是，玛格丽特就说，“我没跟你讲话”，她说，“塞莱斯特，我在跟 John Santorini 讲话呢。”
>
> 于是我就说，“我不管你跟谁讲话。那个天使有一部分要占到我家的地盘，我就是不要这个该死的天使。”
>
> 然后她就说，“好，John，你想怎么做就怎么做。”
>
> 然后 John 就不敢说，“好，我把天使挂起来”，因为他知道这么说会发生什么事。
>
> 于是呃——她就拿着那个天使走了过来。我就说，“听着，你要挂那个天使是吧？”她说，“是的。”我说，“那你就站那儿举着它过圣诞吧。因为我家的地盘上就是不能放天使。”于是她就拿了那个天使放在我家的便道上，而我拿起那个天使就朝她扔过去。

接着，玛格丽特做出了进一步违反社区规范的行为。她把塞莱斯

特的丈夫吉姆(Jim)牵扯进这场纠纷中。这尤其令人恼火,因为吉姆生病了,一直待在家里休息。

> 然后她就开始了,走到她家,站在她家门口台阶上,然后她——我们 Jimmy 那天在家,他病了。那天还是我侄女 Gina 第一次来看我,她还有个小宝宝在推车里。①
>
> 她说,"Jim 现在我要让你知道你老婆是什么人!"她就滔滔不绝说了一大串,真是个长舌妇。[他们听了这个录音以后也会说这个女的是个长舌妇的!]呃——她是——她把我们都叫作骗子,你不知道你老婆是什么样的人,等等之类的话。
>
> 然后我就说,"玛格丽特,你最好闭嘴。玛格丽特,你最好闭嘴。玛格丽特,你最好别惹我们家 Jimmy。"
>
> 可她就是不肯闭嘴。我跑去拿起切肉刀就追她。然后她就跑进自己家里。然后她就再也不出来了[笑声]。她说我疯了!
>
> 不过那个天使最后也没挂上去。

显然,这个街区的绝大多数人都站在塞莱斯特一边。根据后来的讲述,这件事激发了玛格丽特更多违反社交的行为。在节日里,她给塞莱斯特和其他人投寄写着谩骂话语的匿名卡片——匿名并没有做好,因为都是她写的字体,又是从她工作的地方寄出的。最后的结果就是社交的孤立,并且最终,她搬走了。

① 费城方言把"baby carriage"(婴儿推车)叫"baby coach"(婴儿椅)。

> 哦，不过那个女人搬走了。她搬家了，没法儿在这条街上住了。没人想跟她来往。所有的邻居都讨厌她。(所以她因为这个就搬走了？出了什么事?)她再也受不住了。因为大家都躲着她。(她丈夫也跟她一样怪吗?)她丈夫也总是找茬打架。391
> (哦是吗?)这俩都是疯子。所以他们就搬到上达比去了，那才是他们应该待的地方。

爱拖拉的牧师的故事

下面的故事没有录音，是安妮·鲍尔在一次谈话中告诉我的。当时，出于种种原因，塞莱斯特在这条街上的地位明显下降。然后，她碰巧听说(可能是从当地教堂里她的朋友梅那里)有个正在服兵役的男孩子的妈妈得了癌症快要死了。他请求批准请假去看望母亲，但是没有回音——这要教区牧师来写一封信批准申请。塞莱斯特走进牧师的礼拜室，从她当秘书的朋友梅身边走过，径直走到后面的屋子，牧师刚刚吃完午饭。“你这死鬼，”她说，“为一个要死的女人写封信你都没时间吗?”牧师跳起来说，“塞莱斯特，我正要写这封信呢。”在讲这个故事的时候，她说，“我通常是叫他秃头杂种，不过当时我没打算这样叫他。”

据我们所知，在这件事发生之后，塞莱斯特在街区的地位大为提高。

这些讲述给我们展现了一位充满智慧与活力，仗义执言的女性形象，显然是这条街上所有人的关注点。她很可能使其他人受到影响，模仿她的讲话风格，包括她的语言模式——达到使成年人改变本来的音系的程度。尽管我们在这一点上只有间接的证据,让我们不妨假定塞莱斯特的(aw)和(eyC)的水平是在她青少年时代就大体确立为现在这样了,自那以后可能仅仅略有上升。开展LCV研究的时候塞莱斯特是45岁左右。40多年以前,1930年代末和1940年代初的时候,她的成长时期是什么样的呢?很幸运,塞莱斯特给我们讲述了很多丰富的个人经历,表现出她在早年是如何跟其他人打交道的。

初看起来,青少年时期的塞莱斯特似乎在任何变化中都不可能是个引领者,不论是语言变化还是别的变化。她是在一个传统的意大利家庭中长大的,一举一动都受到严密监视。从语言学角度来看,她的家庭已经完全美国化了。她父亲是一位鞋匠,孩提时代就被带到美国,一直把自己看作美国公民;只是她奶奶说西西里语。不过从文化角度来看,她的环境受到了最保守的旧大陆规矩的约束。

在外界看来,她父亲是个风度翩翩的人物。

> 392 ……一个非常帅的男人,身高大约5英尺9寸半。金黄色的头发。大家都叫他"金发男"。他跳舞跳得非常好,喜欢跳舞,每当他心情好的时候还会开玩笑。总是穿件白衬衫,打着领带……很不错的鞋子。我的鞋都是我父亲做的。

但是在家里,她父亲就成了一个很难对付的人。

> 他脾气乖戾。你吃饭的时候不许说话。只要他一进家

门，饭菜就得摆在桌上，还得是热乎的。我妈也必须在家。我妈从来不能出门（只要他回了家）。从未。会有谋杀案的。我们坐下来，吃饭。你不能笑，不能讲话，直到吃完。（然后呢？）到客厅里去听收音机，听新闻。我们必须坐在客厅里跟他一起听新闻……我妈从不坐下，她总是在干活儿。

在这样一个家庭中，女孩子受到最严格的管束。她们绝不许追随最新的潮流或者表现出任何独立性。

女孩子总是很胆小，也很落后。如果家里有客人，比如来了朋友，孩子们不允许听大人说话，如果有蛋糕也不让吃，必须等到客人离开。你不能有任何意见，你也不许说出自己的想法……你什么都不懂。

家里面冲突不断，有时简直难以忍受。塞莱斯特的父亲不是好惹的。如果她的老板让她加班比平时晚一小时回家，他父亲就当众骂她是妓女。情况越来越糟，没有什么简单的办法可以解决。

我永远也不会忘记。那时我 16 岁，我收拾了自己的行包，说“我要走了，我要去……”因为我爸妈在吵架。我不知道他们为什么事情吵架。这真的是——总是在争吵打架。因为我爸爸总是满腹牢骚，而我妈妈却是为人随和……

我说“我要离家出走。”然后他就对我说了这样的话。你知道，他并没有说，“滚出去。”

> 他说的是,“你给我上楼。把包打开,不然你就再也不能活着出这个家门了。”
>
> 我就回到楼上去了……

现在,我们来看塞莱斯特是如何对付这种紧张和严格管束的情形的。当时是二战期间,费城是一个大的海军基地所在地,到处都是军人。塞莱斯特完全知道“好女孩”和“坏女孩”之间的区别。她清楚地属于前一类,可是她显然又跟后一类有很多接触。

393

> 她们会打扮……化妆。她们染头发。我跟她们中的好几个人一起去上学,你知道,她们会把头发染了,我就说“哦!你染了头发!”总是染成黑色,真正的黑色,总是在头上卷得高高的,还化着眼妆。多年以前,我们是从来不化眼妆的。那有点太……戏剧化了。不过她们会化……眼妆……还有所有那些事情。这就是我必须关在房子里的原因。

尽管塞莱斯特的行为是在她自己认定的准则范围内,可是这些准则远不能为她父亲所接受。以下是塞莱斯特怎样处理社交关系的生动叙述。

> 我妈曾经说——我以前去看电影,她曾经派几个小男孩到街上去盯着,看我跟谁一起看电影。(她真那么做的吗?)哦,是的。
>
> 不过我们是同谋,那些男孩子和我。这是唯一可以解决

的办法——比如我去约会的时候。我要去约会。然后……我爸就会问，“你去哪儿?”“爸爸，你看，乔治(George)要带我去——”就是街上的乔治。我爸就会想，“哦，她跟乔治在一起很安全。”这样乔治就去做他的事，我去做我的事，然后我们在某个时间会合。我会说，“乔治，千万千万，别误了我的事。你最好到那儿去!”他就会说，“放心吧——”因为他爸爸跟我爸一样糟糕。我们到时候会碰头，然后像两个好孩子一样一起回家。

不过我以前还总去餐厅跳舞。(餐厅?)是啊，他们有个餐厅，全是军人。要是你没有约会伙伴就进不去，还得是个军人——才能带你进去。不过一旦进去了你就可以离开他，可以跟其他任何人跳舞。所以那时我们就站在街角，等着那些小伙子们。我会对其中一个水手说，“你要进去吗?”他会说，“是啊，”我就说，“你能带我进去吗?”“当然可以!”他们就会把你带进去——在那儿什么坏事儿也不会发生。他们真的——救世军把事情做得很漂亮。那儿只有咖啡和面包圈，没有酒，还有苏打水和音乐。整晚你都在跳舞、跳舞、跳舞。真是太棒了![1]

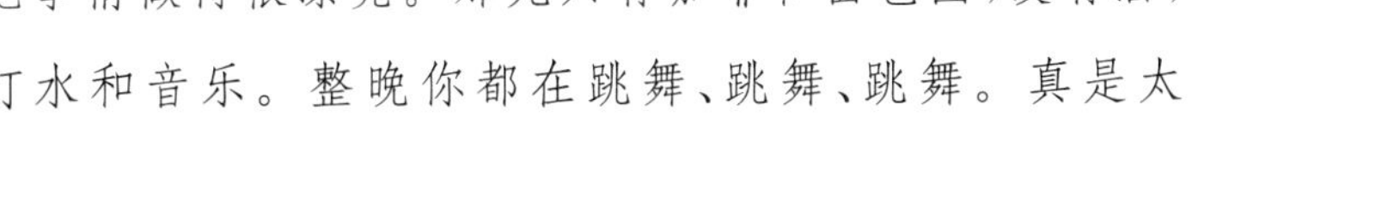

尽管受到最严格的管束，塞莱斯特还是能够设法对付他父亲；她也能对付乔治(George)，对付那些水手。实际上，她有了自己的一

[1] *bad*(坏)和 *dance*(跳舞)这两个词的语音形式是我们在塞莱斯特或其他人的录音中发现的最极端的形式。

套办法。

> 你知道在下面那个海军船坞他们曾经经常在船上开派对,如果你认识船上哪个小伙子,你就可以去——参加他们的聚会。我忘了他们管那个叫什么了。我还有一本书,里面是每条进港船只的电话号码……他们真是些不错的孩子。都是很好的小伙子。……他们都对运动着迷。我的约会节目全是篮球赛、橄榄球赛……还有看电影……街角的冰淇淋店。我不记得曾经遇到过任何那种……情况……

塞莱斯特并不总是能够成功地得到她想要的东西,不过她总是为
394 自己的观点辩护。我们有很多故事表明,当她还是十几岁的时候,
塞莱斯特坚决反对不公平的事情跟成年之后的表现是一样的。

> 我那时在富兰克林雪松百货商店工作。(你做什么工作?)我一开始是售货员,后来被派到库房去了[笑声]。(那时候你多大?)哦,14 岁吧。当时在战争期间,他们需要人手。而且那里那些年纪大的售货员,你知道……
>
> 他们搞了一个促销活动,我永远也忘不了那一天。我赚了 116 美元,可他们却把钱从我这里拿走并给了那个年纪大的售货员,因为我在店里是外派的。我气坏了,我大叫大嚷地抱怨……他们就把我降职到库房去了。

摆脱家里那种紧张氛围的唯一出路就是结婚。塞莱斯特绝不会随随便便就嫁给一个人。相反，她讲述的如何遇见自己丈夫的故事最生动地反映出她的积极进取的性格。给她这个故事录音时她的朋友梅也在场，跟安妮一样，她也是第一次听到这个故事。

> 我是怎么遇到他的？当时我去跳舞，然后，呃，我就看到这个男孩子，他穿着制服。当时是——战争刚刚结束之后。我看着他——当时一个女友和我在一起，我就说，“看见那边街角的男孩没有？我要嫁给他。”当时我甚至还不认识他呢。（你有一种感觉吗？）我想是吧。我想我是有一种感觉。那是赛迪霍金斯[1]狂欢夜。赛迪霍金斯之夜你邀请男孩子跳舞。于是我就说，“这是个很棒的夜晚！乖乖，他真帅。”我女友就要走了，说，“你疯了吧！”我说，“不，我没疯，我就要嫁给这个人。”于是，呃，我走到他那儿请他跳舞。然后他就要了我的电话号码。很多年前他们是带火柴的，所有军人都带。“很好记。”军官装饰？你知道他们都在口袋里装着这个，于是我就把我的名字写在上面——你知道吗，梅，他现在还留着呢。他还留着呢。是的。

这件事情的下一步就是想方设法进行运作了。

> ……你知道那时候我丈夫从二战战场回来住在沃尔特里德（Walter Reed）总医院，所以他是在休假。可我不知道。我

〔1〕 Sadie Hawkins 女生择伴舞会。——译者

以为他驻扎在费城。所以大约一个月我都没他的消息。不过我看到过他的伙伴,我就说,“不管出了什么事——小伙子——你知道,那个呃,”他就说,“我不知道——等他来了,我叫他给你打电话。”后来我曾有一次约会,是一个星期六,跟一个为南方队打过橄榄球的小伙子,然后,呃,我本要跟他一起去看比赛的,呃,芒特——不是芒特·艾里(Mount Airy),他们以前在矿区打球,我们的第一次——对了,是阿伦敦(Allentown)。我都准备好要出发了。

正好我就接到了这个电话,Jim打来的,我就给那小伙子打回电话说,“我脚踝扭了,不能去了。”天哪——这是什么借口啊!这样我就跟Jimmy一起出去了。呃,第一次约会之后,我们的关系就固定下来了。

395 吉姆完全是塞莱斯特心目中的最佳人选。他是一个技术工人(绘图员),足可以养活一家人。而且他总是和蔼可亲、体贴周到。不过,跟他结婚,塞莱斯特跨越了预期的界限。他住在一个不同的街区,是爱尔兰人。

他特别帅……特别可爱。真的是很帅,非常漂亮的男孩子。哦小伙子,我就把他迷住了。(就在这儿吗?)不,他住在第22街。他妈妈一听说他跟一个意大利女孩在一起的时候,我想她都要疯了。

塞莱斯特把所有这些问题都解决了,在南费城最繁荣的街段成为一位备受尊敬的人物。她本来有可能会走上另一条路的。显然，她认识那些坏孩子，那个时代的不良少年，并且从他们身上学到很多东西，却从没有忘记自己的利益所在。

12.2 特蕾莎(Teresa M.)

对塞莱斯特的描述可以看出，她不仅是一位有声望的人，而且是一位当她看到不平的事情就会采取行动来改变世界的人。现在让我们再来看看14岁的特蕾莎，第10—11章的图表中克拉克街的另一位离群者。她是一个什么样的人呢?

尽管特蕾莎还很年轻，不能给我们讲述像塞莱斯特那样丰富的社交生活，但显然她也是性格强势的人。她在朋友圈中起主导作用。她9岁就从天主教学校退学并去了公立学校，因为无法忍受修女们掌掴孩子们的方式。她离家出走好几次，因为她妈妈打她。她也绝不是一个模范女孩：

> 妈妈说，我不管你喝多少酒，只要是在家里就行。她不让我喝酒超过三罐，因为我是个女孩子，只有14岁。

她对新年派对的描述显示出，她可以逃脱这种约束。

> 我们比赛喝啤酒，冰水喷得到处都是。圣诞节和新年，我醒来的时候还是醉着的，前一天晚上实在喝多了。不过那真是太棒了。我醉在床上，因为你就那样躺倒，就像漂浮起来，

马上就睡着了。

同时,特蕾莎也是一个很有想法的女孩,眼睛盯着重要的机会。她决心要上天普(Temple)大学并成为一名律师。

396 在人前抛头露面没有什么。我会成就一番事业的。我要做好事。我会有钱帮助别人。

她对妇女解放、世俗偏见以及如何养育孩子的看法都非常清晰而温和:

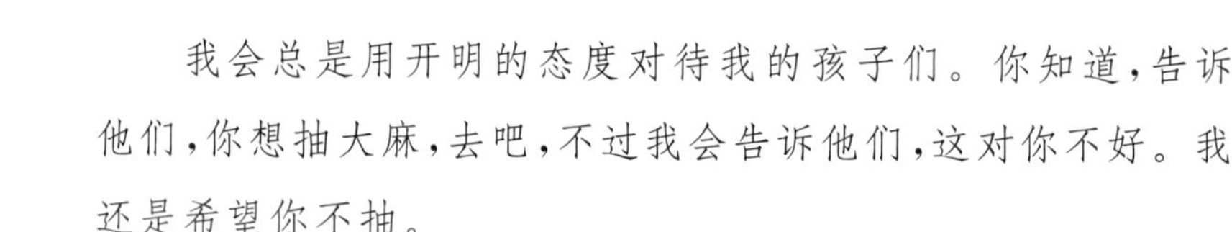

我会总是用开明的态度对待我的孩子们。你知道,告诉他们,你想抽大麻,去吧,不过我会告诉他们,这对你不好。我还是希望你不抽。

塞莱斯特成人时期和青少年时期,与14岁时的特蕾莎之间有明显的相似性。像塞莱斯特一样,特蕾莎也逃脱了家庭的控制。她跟那些不良少年群体在一起,但仅此而已。她能控制住那些男孩子,打算保持行为正派直到结婚,并且总是留心着未来的机会。

因此,我们可以用埃克特(Eckert 1999)研究高中的社交群体的音变所提出的两极对立理论为导向,把费城的语言变化引领者定位于两极对立之中的中间人物,他们跟不良少年在一起是为抗拒成年人权威下毫无意义的规矩。但他们又不去走那些不良少年的道路。他们的不遵从性根本上是服从于他们对如何在社会中取得成功的清醒认识。这就是最终定位于弧形模式顶点的方向。在那个位置上，她们具有影响力。但他们也保持着基本的不遵从模式和路见不平的反应，他们在社区中的地位主要是由于在社交变化中的创新能力。

12.3　科科兰(Corcoran)一家

图 2.3 显示，维克街段包括几个不同的社交网络，一个以肯德尔(Kendell)家为中心，另一个以科科兰(Corcoran)家为中心(我们一直以首字母 C 来代表)。图 10.7 表明，这两个互相关联的社交网络的两个中心人物是梅格(Meg Kendell)和凯特(Kate Corcoran)。正如我们看到的，维克街比克拉克街相对较差，房价全都比较低，因此 SEC 指数没有太大差异。科科兰家和肯德尔家在很多方面都一样：基本都是爱尔兰人，中层工人阶级。在 1 到 6 的职业等级量表上，两个家庭的职业等级都是 3(第 2 章)。因为凯特·科科兰上学只上到 10 年级，而梅格·肯德尔是高中毕业，所以梅格的总体 SEC 等级是 6 而凯特是 5。

然而，她们的具体生活经历显示出了更深层的差异。梅格的丈夫有一份稳定的工作，当我们的研究开始时，她又回到办公室工
作，过了约一年，升职为办公室经理。凯特第一次婚姻失败的一个 397
原因是她丈夫不能供养她。当孩子还小的时候，她靠福利生活了两年，然后回去上班，当服务员。她的第二次婚姻那时也遇到了麻烦，主要是由于跟她丈夫较大的继子发生冲突，但是后来他们搬走了，情况也就稳定下来。

梅格是个很体面的人。她的房子维护得很好，讲话很认真，并且看不起那些没有同样标准的人。而凯特不在乎（能力也小些）维持外表。她很直率，说话粗鲁，特别是讲到街上那些“觉得自己的狗屎不臭”的人。梅格和凯特的社交取向截然不同，尽管她们都对子女有较高的期望。梅格的生活方式与下层中产阶级相仿。而凯特家族中尽管有一支祖上曾是“弗吉尼亚州第一家族”，可她的生活和讲话还是下层工人阶级的方式。

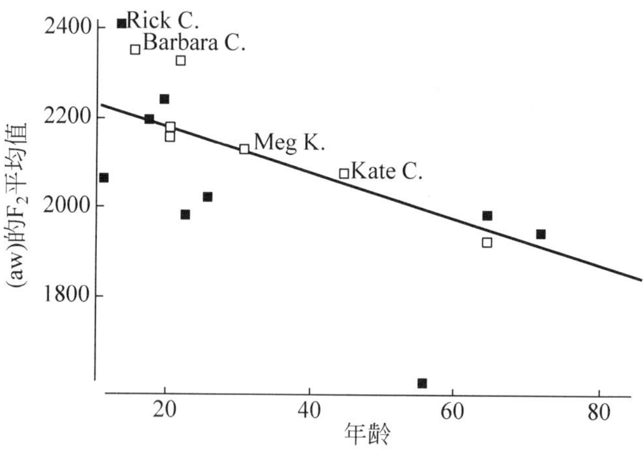

图 12.1　维克街(aw)前化与年龄的关系。空心＝女性；实心＝男性

语言变化引领者的画像主要关注的并不是梅格和凯特。图 12.1 是维克街说话人(aw)前移按年龄分布的图表；梅格和凯特的位置都靠近确定年龄与(aw)之间正常关系的这条回归线。换言之，她们对于变量的使用是典型地跟她们的年龄相符。图中的两个离群值是凯特两个最小的孩子，里克（Rick 13 岁）和巴巴拉
398 (Barbara 16 岁)，他们的生活方式将是我们主要的关注焦点。首先，先来看看凯特的生活，因为里克和巴巴拉是这样一个家庭传统

的产物，这个家庭的传统是以强势和独立的女性为中心，她们可以自由地表达自己想法。

凯特第一次结婚几年后，她丈夫在他家乡底特律找到一份工作，全家就搬到了那里。三个月后他又丢了那份工作，凯特决定她已经受够了。

> 于是我就对他说，“我要给我妈打电话。”你知道，他对我说，“你要干什么？”我说，“我要给我妈打电话。”我就走下台阶，好像房子拐角有个电话亭（嗯）。我带着零钱，给我妈打了电话。我对她说，“我想回家。”她说，“那你就回来。”（妈妈就是有这个用处。）于是，她就对我说，“好。带上宝宝。”她说，“要是他也想跟你一起回来，可以。要是他不想，那就告诉他，‘好吧，我自己走’。”（嗯）她说，“你就这样做。”

当时钱并不是主要的问题。凯特对底特律公寓大楼那种彼此隔绝的风格感到孤立和疏远，她渴望的是费城联排房屋那种来往密切的社区生活。

> 我说，“好吧，妈妈，”我说，“他不打算努力去找份工作什么的，毕竟，”我说，“我也不能去找他妈妈，求她给我们一夸脱的牛奶。”现在她知道——她就住在街对面，就在我们家附近。（嗯）对。她甚至从来都没过来看看，问问我的宝贝是不是需要一夸脱牛奶。（嗯）对我来说——我们家可不会这样——要是我的孩子缺一夸脱牛奶喝，我家里人一定会保证他们喝上

一夸脱的牛奶。你懂吗?

凯特对待她婆婆的方式是她对任何纷争都使用的典型的直截了当的方式。

于是——我说,“我受不了”,我就说,“她跟我,”我说,“我们没办法和睦相处。”我就说,“我没有理由跟自己开玩笑。”(嗯)我说,“我已经努力了,”我说,“可是不管用。”最后我会叫她离开我的房子,从我们住的那间公寓里出去,我说,“呃——我想她再也不会——”我说,“就我来说,”我说,“要是她再也不理我了,就有点太早了。”你懂吧。(嗯)

凯特不想用“家”这个有尊严的词来称呼她所住的那间底特律公寓。然后她就完全按照她母亲告诉她的话把事情说给她丈夫,并再次显示出,她在控制着局面。

于是他说,“行,”他说,“我去。”他说,“不过钱从哪儿来呢?”我说,“钱不用你操心。”我以前有个习惯,买东西的时候,如果我破开了一张一块钱的纸票,我就有 99 美分——如果我只花一分钱的话,我就有了 99 分的零钱,我习惯把零钱扔在
399 抽屉里。(这是个好主意。)然后——我上了楼——我把钱数出来,就是我扔在抽屉里的。然后,你知道,我总是习惯于有钱的。(是的。)你知道我是说,我当服务员的时候赚的钱可不少。(对。)

现在让我们来看凯特 16 岁的女儿，在费城长大的巴巴拉。她家的环境很不理想；她跟继父，凯特的第二个丈夫，相处得不好，并且跟母亲也有很多冲突。但是巴巴拉似乎有很好的适应能力，有很强的上进心，并有意识地排斥肯辛顿工人阶级主导的种族主义意识形态。

在她这个街区的大部分年轻人都上天主教学校，可巴巴拉走上另一条路，进了公立学校，因为她家没钱付天主教学校相对不高的学费。在学校里，她的朋友既有白人也有黑人，并且形成了与这条街上大多数年轻人截然不同的人生态度。

> 我去史泰森(Stetson)上学。我习惯了[跟黑人在一起]。我得跟他们一起学习，给他们补习什么的。我想你知道，你不得不跟他们一起工作，一起做事，你知道，你这辈子不得不跟他们一起生活……

她加入了街区的青年团体。在那里她对保健护理产生了兴趣，并决定以此为自己的终身职业。她打算上天普(Temple)大学，最大的城市大学，取得保健护理方面的学位。她主要的目标是要帮助他人，她说自己喜欢和别人打交道。

不过，巴巴拉是在一个公开冲突与合作同样重要的街区长大的。这条街上少不了发生冲突，其中她母亲是一个令人敬畏的人物。

> 消防栓，在我们家街对面……另一条街上有个孩子，你知道……街对面那个女孩有扳子，他们打不开消防栓，然后他们

就拿到了活口扳子……他们就把它打开了。他们把消防栓一直放在路边,然后水喷得到处都是,都喷进窗户来了。我哥哥就准备去揍他。那孩子只有 12 岁,我哥哥 18 岁了。然后他妈妈上来了。他妈妈真是个巨人,还有肌肉呢,你知道,我妈个子很小,她就要揍那女人。然后整个夏天都在打架……

凯特费了很大力气想让巴巴拉像这条街上的体面人一样行事,不仅让她打扫房间,还要她远离街上的打架。凯特虽然自己很
400 厉害,她却不想让巴巴拉学她的样子。然而,巴巴拉并不是待在家里的乖乖女,她成为了社区生活的中心人物。对于一个女孩子,这通常意味着要保护自己免于其他女孩恃强凌弱的伤害。早在第一次访谈中安妮就问过巴巴拉:“最让你生气的是什么?”

[笑声]这个问题还真的来了。因为我跟一个男孩子在交往,Jimmy Kromusch,到这个月的 27 号我们有 10 个月了。我想,这是 5 月的事,他是去年 1 月找我的,然后 Gina 就开始捣乱了,[笑声]我真的气坏了。(她做了什么?)你知道,她就是趁我不在的时候去找他,冲他抛媚眼。直到被我发现了。于是我就追上她。你知道,我一个女孩子,我妈说,“别打架。”(你打架了?)是啊,我打了。我真的打架了。哦,我把她打得很惨。[1] 我说,“别再碰他!”我说,“我这是警告你。”(你真的打她了?)对。拳打脚踢……我可不是说我真的很能打啊,你知道……

① 费城北部方言中 *beat*(打)的非标准形式一般都是 *bet*。

像所有的好斗者一样，巴巴拉不承认自己很能打。但是每当有女孩（或男孩）违背正当行为规范的时候，她经常用这个本领来解决问题。在这种情况下，安妮问她有哪些公平打架的规矩，结果她就讲了下面这个不同寻常的故事。

去年我干了一架……跟这个女孩。她块头很大，像个大卡车。她抓了我的脸——她留着长指甲。我没留指甲算她走运。她把我脸都挠成这样了。我这儿留了个小伤疤。她还打了我的下巴，你知道。我差点儿得去缝针，你知道。打得真够厉害的。

这次打架起因于对本地习俗的一种严重违犯。无论是在费城还是在很多其他城市，一个女孩骂另一个女孩为妓女可能都是最大的挑衅。

……她管我叫妓女。我对她说，“我不是——”我说，“你可真不要脸，”我说，“你刚打掉两个孩子呢。”（哦。）对，她做过两次流产。而且……今年她还她怀孕了。我想她是 6 月份怀上的。然后她就打掉了。我说，“你居然还敢说别人是妓女。”然后——你知道，我们就打起来了。

在这场打架中，巴巴拉的胜算比往常更大。不过她干得还算不错。

然后她就揪我头发。我把她拉回来了。她把我摔倒在地上。她就揪我的头发，抓我的脸。我就拼命踢她。（踢哪儿才能伤到她？）我逮哪儿踢哪儿。你知道，她把我压底下了。我就这么踢，那么踢[笑声]。哪儿都踢，你知道。

401 当打架持续一段时间之后，邻居们就会越围越多，家人也开始相助了。

最糟糕的是，她妈就站在台阶上说，"加油，Sheryl，揍她。加把劲，Sheryl，打啊。"

不过在巴巴拉这边，家人的支持可靠不住。在她跟妈妈的冲突中，她弟弟总是站在一边给她泄气，而不是鼓励她。

然后我弟弟就站在那儿。他知道，我打架了，我妈妈还不知道这件事。你知道，她总是不赞成女孩子打架的……这回可好。我弟弟说，"我要去告诉妈妈。""闭上你该死的嘴！"我大喊，你知道。然后……她会开始骂我的。

最后一句话是巴巴拉、Sheryl 和 Sheryl 母亲之间激烈争吵中的一部分。就在这时，凯特来了。

然后我回过头去说，"你竟然叫我 f-in 妓女。"接着我妈妈就在我身后了。然后她妈说，"她管你叫什么？"我就直接说了出来。（这下好了。）我妈就在我背后啊。我真想去死，因为刚才我说了是个妓女，是吧？

接下来是一段出色的元语言的交流。

然后她说了，她说的是，"哦，一个 F-H。"然后我说，"我说的是一个 F-W。"①

母亲在场，巴巴拉不知道该怎么做了。可是凯特却一点也没有犹豫：

我说，"妈妈，我以前没说过那个，你知道的。"于是她说，"去把架打完。"她说，"如果你不揍她，我就好好地揍你一顿。"

在肯辛顿，有些行为规范是要严格遵守的。尽管凯特认为女孩子不应该打架，可这种侮辱是不能接受的。

巴巴拉对情况的最终评估涉及在肯辛顿公平打架的基本准则：

我把她打得够呛，她也把我打得够呛。不过我留了伤疤，你知道。还有……我还是累坏了。（天啊。你给她身上也留伤了吗？）哦，是的。（你们打完架之后她是什么样？）反正看上

① 巴巴拉和凯特在 *whore*（妓女）一词上的拼法不一致。注意"f-in"的发音是[ɛfɪn]。

去没那么漂亮。不过我也得了个教训,你知道,如果你想要打架,就用拳头公平地打。

402 巴巴拉没有忘掉她妈妈对坚持正当行为的态度。她全家都坚定地保护自己不会受到屈辱、伤害和不公平对待的基本要求。

(你小的时候常常打架吗?)我,我真的不觉得我——[呼吸声]我记得有一次,我姨妈说,你知道,我回去看她——,我跟她聊得很多。她说,"这附近有个女孩子,她——现在结婚了,16岁,她有了孩子,"她说,"你小的时候,你打起架来跟疯了一样。她以前打过你,简直没有什么意思。有一天我对你跟人打架给气坏了,我说,'你出去,不然我就揍你。'"[呵呵]我就出去了,还揍了她,你知道吗?我妈说——我姨妈这么说,"好了,现在,你终于做到了。"

这里巴巴拉在"妈妈"和"姨妈"之间的变换似乎不是偶然的。她姨妈给了她本来希望从母亲那里得到的支持,而她母亲最终也以完全同样的话表示了支持。

我们已经考察的这三位语言变化的引领者——塞莱斯特、特蕾莎和巴巴拉——并不是出于同一个模式。塞莱斯特在一个传统而保守的意大利家庭长大,那里主要是限制与男孩子的自由交往。在特蕾荡莎的时代,主要问题是酗酒和吸毒。在巴巴拉家里,主要是解决打架问题。把这三者结合起来的主题是,她们都决心逃脱成年人不合理的控制,并在日常生活的激烈竞争中维护自己的地位。同时，她们也没有局限或者埋没在同龄人的世界观中。她们全都具有向上的进取心，这使她们远离周围那种完全抗拒成人规范的青少年意识形态。[①]

12.4　里克·科科兰(Rick Corcoran)

在费城街区语言变化引领者的探寻中(图 12.1)，一位更年轻的男性表现突出：巴巴拉的弟弟里克(Rick)。他在(aw)、(eyC)和其他变量的值都极为领先。对里克的访谈历时了两年半，从 13 岁半到 16 岁。他始终都表现为一个很坚强的孩子，能在街上照顾好自己，知道自己想从生活中得到什么。里克真的很小：13 岁时的身高是 4 英尺 11 英寸半。他希望自己不再长高了，因为他想当个骑手。这是有些希望的：他父亲拥有几匹马并对它们进行训练，身 403
高只有 5 英尺 6 英寸。他母亲凯特身高甚至才有 5 英尺。每天早上里克离开他家在北费城的联排房屋，去自由钟那里的赛马场。在那里他打扫马厩、遛马、给马喝水喂食。如果天气暖和，他还在喂食前给它们洗个澡。他还训练这些马，骑着它们在跑道上跑圈可不轻松；有时候他觉得胳膊拉得都要脱臼了。

在下面的摘录中，里克回忆了自己 8、9 岁时当一群小伙伴的头领的事。他们的很多行为就是为以后将要发生的对抗做演习，不过不知怎么没有真的发生。

① 埃克特(Eckert 1986，1999)对这种“伯闹茨(burnout)”的意识形态有具体描述。

如果你要加入我们的团伙就得做各种各样的事。比如我以前有过一个小团伙……我们团伙怎么活动,是吧?我们以前有大孩子也有小孩子……我就负责那些小孩子。你知道,我把他们管得很好。有一次我们打架。我们可以打架。一伙孩子们跑到街上来找麻烦,是吧?我们所有的人都在车里,卡车顶上、卡车下面,对吧?……都藏在车后面。如果那些孩子来了,开始惹麻烦,我们要做的就是跳出去……到他们身后,悄悄无声地走近,然后跳到他们背后,抓住他们,开始掐住他们脖子之类的,或者揪他们的头发,把他们胳膊扭到后面,好像要扭断了似的,然后那些大孩子们就上来了,轰隆隆!

当安妮·鲍尔问他为什么他会被大孩子们选出来领导那些小伙伴时,他猜想大概是因为他个子小吧。里克清楚自己是个小个子,但从来没觉得遗憾。

你知道……我现在个子有多小。对吧?大家都觉得小个子真的很软弱。是的。不过他们不知道小个子会怎样比大个子更好地照料自己。

据一般观察,在他们这个年龄段的群体中,个头最大的男孩子参与打架的情况要比个头小的孩子少得多,而小个子的男孩子却必须一次又一次地证明自己的能力。里克的情况就是这样。

看我是怎么样,我把一个叫 Jimmy Bending 的孩子狠揍了

> 一顿，是吧？他比我高多了。是吧？我还是揍了他。因为他仗着是个大块头，总是欺负我。你知道，他总是欺负小个的孩子。所以有一天我就给了他一点颜色。教训了他三次。第一次我把他鼻子打流血了，第二次他也把我打流血了。然后第三次我们干了一架，我和他真是拼尽全力了。没有人发疯，不过——我们确实打得不可开交。你知道，没人能把我们俩给扯开。

正如北费城经常发生的情况，大人们也加入孩子们的争斗。尽管大人们认为孩子们必须站出来保卫自己，可是当事态发展不利时 404
也常常代表他们出面干预。正如我们在前面看到的，凯特从来不会远离现场的。

> 后来这孩子的爸爸来了，对吧？抓住我——抓住了我胳膊，然后我妈就说，呃，“你最好——把你的手放开他”对吧？那个人住在隔壁。不是 Jerry，但那家伙以前住在那儿的？……他拆轮胎的铁棒在外面，就在汽车旁边放着。因为他正在修理轮胎。他先盯着我，然后他就过来了。这个 Bennet 先生朝我来了。他喝醉了！他抓住了我，是的。然后我妈妈就说，“把你的脏手拿开！”

下面讲的事情并没有真的发生，而是凯特告诉里克，如果那孩子的父亲没有听从她的命令，将会出现些什么结果。

> 于是我妈妈，她可能准备好了——如果他爸爸再碰我的话，

我妈就要——就要弯腰,捡起那个铁棒,然后砰的一声!打到他头上……

尽管他很厉害,里克却很清楚地知道什么时候需要暴力和什么时候不需要暴力。

……不然你就只能说,“咱们到街上去解决。”那是一种肮脏的说法,因为……如果你是那个总是找茬打架的人,你知道你总会打输的。那个人——要是你只想教训他一下……你不该来欺负我,为什么不找别的跟你块头一样的人去打架呢,对吧?

尽管大多数时候总能占上风,[①]可他对自己和别人的感情却出乎意料地敏感。

然后他说——他哭着回家了。然后我进了家以后我也开始哭了。因为,打完一架之后,你知道,得发泄一下……玩命干一仗之后。不过我比几年前要成熟多了。以前我打架的时候总是哭。现在我不哭了。因为我总是为他感到难过……当我狠揍他的时候。

所有图表都显示出里克和巴巴拉一起位于费城音变领先的前沿。

① 这些当然都是 Rick 自己的叙述,但是与他的朋友 John 的讲述并不矛盾,在这里援引的所有资料中,John 也都加入了联合访谈。

作为凯特·科科兰的子女，他们继承了自己家庭的能力，挑战街区中固有的规范，举止得体，彬彬有礼。里克像姐姐一样致力于一套
相反的准则，其核心就是需要自卫、抵制不公正的行为并且必要时 405
用暴力来达到这些目的。同时，里克像姐姐一样，已经确定了一条向上发展的道路，这条路很可能会挣到足够的钱，让他可以离开维克街的下层工人阶级环境。

不过，里克是我们发现的语言变化引领者中的第一个男性。他个子很矮——可能声道也短——这个事实可能关系到他和其他男孩子之间的区别。我们一直怀疑归一化方法不能完全补偿声道长度的差异。不过，在他这个年龄的人中，里克的嗓音是相当低沉的，F0 值大大低于他的好友约翰，这意味着他的声带或声道并没有短到不正常的程度。

维克街语言变化的引领者跟克拉克街的引领者在社会取向和人生经历方面没有差别。第 11 章表明她们在(dha)和进行中的语言变化的密切联系方面也是一样的。不同之处在于她们跟周围环境的关系。塞莱斯特以她的处世风格和领头作用在邻居中超群独立。凯特和她的子女在一定程度上与此相符。然而，凯特的子女似乎都有着进取心，这可能使他们在长大以后会更接近塞莱斯特的地位。

12.5　个人作为回归变量

第 5—9 章中的一系列定量分析越来越缩小了语言变化引领者的搜索范围，直到我们能够以相当的准确性把她们定位为

肯辛顿地区上层工人阶级女性的几位说话人。第 10 章和第 11 章通过考察女性特别类型的社交网络结构以及长期的社会和语言的不遵从性,进一步把这种特点具体化。不过这是以舍弃原始样本中的三分之二人数为代价的,因为他们缺少完整的交际网络数据。

前两章的讨论认为,除了年龄、性别、族群和街区之外塞莱斯特、特蕾莎和科科兰一家的社会特征实际上不同于一般其他人。因此我们应该通过把这些个人作为虚拟变量加入回归分析中,来解释全部样本中更多的变异:例如,如果说话人是塞莱斯特,变量 “Celeste” 的值为 1 ,否则就是 0。表 12.1 显示出把这些个体变量加入第 7 章中六个音变的回归分析得出的结果。除了最后一个,所有这些音变都涉及 F2 增加的前移变化:接近完成的低俗化(æhN)、活跃的新变化(aw)和(eyC)、中期的变化(owC)和

406 (owF)。最后一栏是(ay0)的值,即/ay/在清辅音前的央化。为了便于把(ay0)的值跟其他值对比,我们把它们都乘 - 2。[①] 在引领者个人影响显著的位置上,修正后的 r^2 值大约增加 8%。同样,需要重新检查性别、阶层和街区的主要效应,以确保添加就是补充,而不是替代以前的内容。把表 12.1 跟第 7 章的表格相对照可以看出,原始回归变量的系数值几乎没有变化。对于表 12.1 的检查结果可以总结如下:

性别:除了最后一个音变之外,女性在所有音变中的主导作用

① 因为在所有图表显示中,纵轴 F1 上的 100Hz 都对应着横轴 F2 上的 200Hz,而且(ay0)的变化方向是 F1 值的缩减。

表 12.1　费城街区研究中 112 位说话人在性别、SEC 指数、年龄、街区、族群和语言变化引领者个人对 6 个音变的回归系数

	(æhN)	(aw)	(eyC)	(owC)	(owF)	−2×(ay0)
女性	56*	110***	98***	77*	85**	80***
上层工人阶级		96**	99*			
下层中产阶级	−75†				126**	
上层中产阶级	−124**					
上层阶级	−243***					
20 岁以下	71*	299***	202***			254***
20—29		165***	130**	186***	118**	218***
30—39		118***	110**	152***		120**
40—49		169***				96*
50—59						94*
维克街	113***	206***	170***	110*	55	68*
皮特街	131**	140***				
克拉克街	73†		100*			
南希道				146**		
南费城						166**
意大利裔				−83*	−138**	
塞莱斯特	295*	342*	240			
特蕾莎	271†	326*				
芭芭拉				370*	404*	
里克		237†	301†	419*	329*	242*
r^2(修正)	0.53	0.65	0.41	0.35	0.37	0.47

*** $p<0.001$，** $p<0.01$，* $p<0.05$，† $p<0.10$

保持不变，其中活跃的新变化影响最大。

SEC：对于低俗化的(æhN)，预期的线性社会分层保持不变，下层中产阶级、上层中产阶级和上层阶级使用前化形式渐次减少——并以此跟其他变量相区别。活跃的新变量仍然保持弧形模式，上层工人阶级明显领先。对于开音节元音/ow/，相同的效应也出现在下层中产阶级。

年龄：(æhN)的稳定性类似于第3章中研究的稳定的社会语言变量，都具有青少年的峰值和平缓的成人模式。活跃的新变化(aw)、(eyC)、(ay0)表现出最强的年龄分层。

街区：维克街处于领先地位。

族群：主族群为意大利裔的说话人在/ow/的前化中明显落后。[①]

变化的个人引领者：两个南费城的音变引领者加入之后，大大有助于对(æhN)和(aw)前化的分析。这些系数确实是比任何群体的系数都大。即使只看一个人，结果也有0.05水平的显著性。塞莱斯特的(eyC)值同样也大于其他人，但显著性水平只有0.14。我们预计在/ow/的前化上不会有这样的效应，因为在南费城的意大利街区，这种影响是非常落后的。对于(uw)和(ow)，科科兰家的里克和巴巴拉的加入有很大的显著影响，远远大于其他任何系数。

表12.1的最后一栏回答了关于里克的问题。他的F2高值

① 这也同样适用于/uw/变量，这里没有显示出来。次族群为德裔对/aw/的前化有显著的负面影响，但这很难解释。

是不是由于对于短声道的归一化不适当的结果,可能会使他的共振峰值更像女性而不是男性？事实并非如此。里克在男性主导的 407
(ay0)央化中,同样也是一位强有力的领先者,而在那里没有一位女性表现出显著的系数。如果归一化不适当,会产生更大的 F1 值从而削弱这种效应。里克在全部语言变化中都是引领者,这一事实增强了我们对于归一化算法的信心,这是分析程序的基础组成部分。

表 12.1 表明,这四个人的领先地位并不是一个简化数据集的人为结果:这同样适用于 112 人的整体样本。我们在前两章中描绘的语言变化引领者的特征,似乎与那些使他们在更大社区中占据领先位置的特征是相同的。

12.6　开罗阿拉伯语中腭化音变的引领者 408

我们从费城研究中描绘出的语言变化引领者的形象,与来自 LES 研究的情况,以及来自在美国和英国的城市中做的全部探索性研究的情况,都是一致的。当我们在一个城市中发现或者怀疑有自下而来的变化时,就会发现最领先的说话人总是在那些 20 到 30 岁的年轻女性中间,来自到美国已有两三代的族群,向上流动,具有前两章中所描述的社会特征。在第 8 章已经表明,女性是跨越北美大陆广大区域并涉及数百个城市的北方城市音变的引领者。不过,出现在本章的更为具体的语言变化引领者的形象却不那么容易得到证实。在诺里奇的(el)后化(Trudgill 1974b)、巴拿马城的(ch)弱化(Cedergren 1973)、贝洛奥里藏特[巴西]的(r)送气(Oliveira 1983)、温哥华的(aw)前化(Chamber and Hardwick 1985)、首尔的(o)高化(Chae 1995),以及贝尔法斯特的元音交替(Milroy and Milroy 1978),这些研究对于交际网络的报告内容非常丰富,可是都没有提供跟本章相比较的具体信息。因此,在哈里(Haeri 1996)报告的开罗阿拉伯语中的腭化中,她对语言变化引领者的详细描述使我们产生了特别的兴趣。

第5章展示了音变过程的典型的弧形社会模式(图5.17),第8章表现出女性远远领先于男性(图8.12)。性别在音变过程中所起的作用也通过访谈者性别和受访者性别之间的相互作用而得到强调。哈里自己访谈了60位说话人,她的男性助手访谈了25位。在跟男性助理交谈时,来自中产阶级的中下层女性使用的强腭化形式增加了50%到100%。

哈里展示了以下这四位女性生活经历中的大量细节,她们是这个进行中的变化的引领者,使用50%以上的强腭化形式。哈里描绘她们的性格和社会状况,对我们的研究非常重要:

> 第一位说话人,欧姆·侯赛因(Omm Hossein),是一位身材魁梧的45岁的妇女。已离婚,没上过学,有六个孩子。她挣钱养家,是她那个大家庭的一家之主,她的子女和孙辈都住在家里。尽管她的儿子和女儿们都已成年,他们中的大多数仍然靠她的收入生活,并靠她来操持家里家外的一切事务。她给开罗的一些美国家庭做女佣/厨师/保姆。在对欧姆·侯赛因两个小时的采访中,她告诉我很多自己的故事,其中至少有三个故事与争吵有关,并最终都以打架来收场。

> 第二位说话人叫玛娜(Manal)，30 岁，已婚，有五个孩子。
> 她有高中文凭，做过很多不同的工作。从她给我讲述的生活 409
> 经历来看，她一直在挑战丈夫、父母、兄弟和她的社区，他们一直想要对她的生活方式强加限制，每当他们表现出对男性和女性正当行为的双重标准时，她就批评他们。她丈夫大部分时间都不在家，照顾孩子们的需求、教育和成长都是她的事情。
>
> 纳希德(Nahid)，25 岁，非常活跃并精力充沛，在一家小公司做会计师。她有公立学校的高中文凭。尽管她有结婚的压力，她坚持先实现自己的经济独立。她说她跟母亲更亲近，因为她发现完全不能跟父亲讨论问题，因为父亲总是要把自己的观点强加给她。(98—99)

哈里做出结论："如果要找到一组形容词来描述这些说话人的共同点，我会说她们都有坚强的性格，都很独立，总的来说都有'强硬'的个性。"她对语言变化引领者的这种描述与费城语言变化引领者的描述是极其相似的。像那些费城女性一样，开罗的语言变化引领者也拒绝服从那些不符合她们利益的行为规矩；她们谴责那些她们认为不公平的传统习俗；她们还承担着维护家庭地位的主要责任。

12.7　语言变化的引领者

总结目前关于语言变化引领者的研究发现，这些引领者都是已经在本地社交网络中取得令人尊敬的社会和经济地位的女性。她们在青少年时期与那些反抗成年人权威的社会群体相联系,特别是当他们认为这种管制不公平或不公正的时候,同时她们又没有背离自己在本地社会结构中积极上进的发展道路。

语言变化引领者的这种形象如何推进我们对语言变化原因的探求?本章已经展现出,人们采取深思熟虑和有意识的行动,来确立自己的社会地位,并界定自己与社区的关系。她们在语言上的选择不能被描述为同样意义的行为。人们对随机变量的使用程度或使用速率,在意识水平上与走路和呼吸相当。我们没有证据证明,人们用这么多词语表达的态度、思想和意见,会直接影响到自下而来的语言变化。这些态度可能会影响到一个人跟谁交谈以及交谈的次数多少,从而作用于语言影响力的流动传播和音变在当地社交网络的扩散。从这个观点出发,费城本地语音形式的使用
410 是说话人社交轨迹的产物,这些引领者的语言表现可以通过她们在成长时期的社交经历得到最好的解释。

语言的发音和影响力的相互交流完全是非对称的。语言变化引领者很可能是对外施加的影响大于她们接受的影响。无论我们的解释怎样简洁,都不能回避从(dha)和进行中语言变化之间的相关性得出的这个推论。领先的语言形式是对现有规范的背离,毫无疑问,变量(dha)的高值被公认为就是这种背离。我们的语言变化引领者的历史就是一种非遵从的历史,他们的社会语言地位就是一种不遵从的表现。

现在,我们开始看到这些流动传播的渠道,语言变化通过它们跨过本地社交网络,跨过不同的街区,影响到一个大都市中每一个

居民。费城语言变化的源泉就是肯辛顿地区爱尔兰裔聚居的中层工人阶级街区。肯辛顿不仅是最早的工人阶级定居区，而且也是最直接挑战中产阶级对暴力、渎神和酗酒的制裁的白人街区。如第 2 章的人口普查数据所示，对于具有向上流动性的人群，这里并不是最适宜的地方。但是在整个 20 世纪中期的几十年，肯辛顿的语言影响已经扩展到了其他工人阶级街区。这都要归因于那些不遵从权威的思想同时又能照顾自己最大利益的人们，他们把肯辛顿的语言影响带进了我们所说的上层工人阶级。这些人拥有更广泛的社会联系和影响力，很有可能就是她们造成了费城言语社区的地域同质性。本章已经显示出塞莱斯特就是这样一位有影响力的典型人物。这种进行中的音变向外扩散的潮流跟塞莱斯特的早年经历是在哪一点相交的，现在已经难以说清。似乎很可能她是在高中时代从那些没有她这样上进心的群体那里获得了费城语音系统的领先形式。不管怎样，我们对于在 1970 年代的这个城市描述，把她确立为南费城最繁荣地区的费城语言系统最有活力的推动者。

553

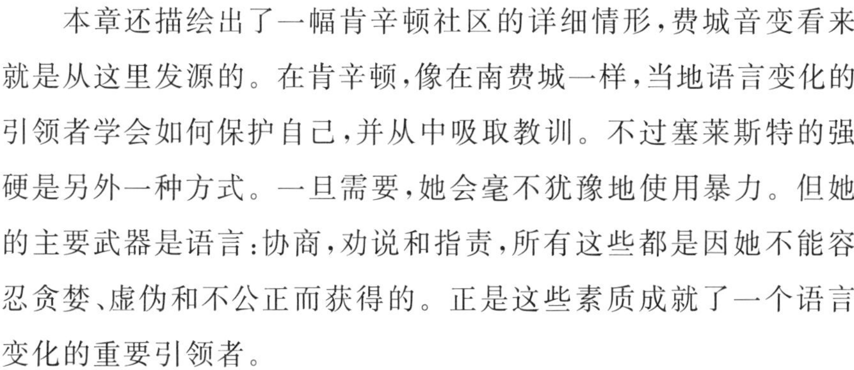

本章还描绘出了一幅肯辛顿社区的详细情形，费城音变看来就是从这里发源的。在肯辛顿，像在南费城一样，当地语言变化的引领者学会如何保护自己，并从中吸取教训。不过塞莱斯特的强硬是另外一种方式。一旦需要，她会毫不犹豫地使用暴力。但她的主要武器是语言：协商，劝说和指责，所有这些都是因她不能容忍贪婪、虚伪和不公正而获得的。正是这些素质成就了一个语言变化的重要引领者。

到目前为止情况还不错。我们开始理解在每一代人中产生塞 411

莱斯特和特蕾莎这样的跳跃型引领者的社会机制。但是在这些领先的说话人后面,还有一批渐进型引领者的稳定序列,在皮特街、克拉克街和维克街。女性音变的线性发展表明,每个街区都存在着一系列有影响力的中介人物,不是每十年才出一个,可能是每年都会出现一个。是什么纽带把这一系列渐进型引领者紧密联系到一个比另一个更领先的说话人呢?下一章我们将面对最大和最神秘的一个问题,即传递问题,来对此做出解答。

第四部分

传递、增量和持续

第 13 章　传递 415

本卷书的开始，回顾了一些还没有满意答案的有关语言变化的传统问题。解释语言变化的努力一直对它的启动、它的突然终止以及它的持续更新的偶发性特征困惑不解。按照梅耶（Meillet 1921）的观点，解释这些不可预测的事件，需要与社会变化与社会结构之间的具体情况相关联，我们采用这种策略来探寻语言变化引领者在社会结构中的定位。这种探索相当成功，我们可以肯定地说，在大城市里，系统性语言变化的扩散是由那些既有进取心又始终拒绝上流社会强制性规范的女性推动的。探寻语言变化原理的下一步，就是面对一个至今还没有进入历史语言学研究议程的问题。

557

13.1　传递问题

第 9 章引入了一个观点：我们都是讲着自己母亲所说的话。考虑到后来的语言学习在此基础上叠加的很多复杂性，我们有必要从我们最初的看护人，通常是女性，所习得的语音、音系、形态和句法来开始研究。语言变化的一般条件可以非常简单地陈述为：**孩子们必须学会跟母亲不同的讲话方式**。我们把这个过程称为**口语重组**。口语重组何时发生以及怎样发生，这是传递问题的第一个方面。这个过程的年龄限制——关键期的结束——是一个公认的研究问题,受到第二语言学习者极大关注,尽管跟我们的口语重组研究最有关系的是第二方言的习得。本章将考虑有关这个过程的结构性限制以及出现这个过程的社会环境的最新研究。不过,
416 传递问题还有超越任何当前研究的一个方面。本卷考察的语言变化不限于一代人;而是跨越了三代、四代,甚至更多代的说话人。历史记载的大多数语言变化都是这样。这种变化的一般条件可以重新陈述如下:

孩子们必须学会跟母亲不同的讲话方式,而这些差别必须是在后来的每一代人中都沿着同一个方向发展。

这种情况是怎么可能出现的?这是传递问题的核心。表面上看,这比目前我们考虑的任何问题都要困难。① 就我所知,以这种形式提出的这个问题在历史语言学文献中没有讨论过,甚至还没有提出过:而要理解发生任何长期变化的可能性,我们就必须了解这种传递是如何发生的。

为了解决传递问题,本章将首先回顾在稳定环境中和无方向语言变化的简单情况,接下来再处理上文所述的更大的问题。除了目前已经看到的资料之外,讨论还将从口语重组的三个重要资料来源获得信息:佩恩和罗伯茨在费城的研究、克斯威尔(Kerswill)和威廉姆斯(Williams)在米尔顿·凯恩斯[1]的研究,以及埃克特在底特律郊区的研究。

---

① 这一直是个在宏观方面考虑的长期漂移的神秘问题,即,几百年间在同一个方向上的语言变化趋势(Sapir 1921)。

〔1〕 Milton Keynes 一个位于伦敦以北 110 公里的新兴卫星城。——译者

传递问题是习得问题的对立面。那些强调习得过程内在特征的人往往倾向于关注孩子的活动。从这种角度看来，父母一代扮演着被动的角色，只是为孩子的主动习得提供了最小刺激。这是从已有的观察得出的结论，即父母很少提供负面的语言结构信息，以及父母和孩子互动方式的差异并不带来习得速度的重大差别（Morgan and Travis 1989）。传递问题同样也关系到学习者的主动作用，但必须同等关注那些在家里、在街上和学校中的言语社区的老年人提供的具体模板。

年龄在这里是一个重要变量。口语重组必定是在最初的学习跟语言系统有效稳定之间的窗口期进行的。而那种稳定性何时会出现——关键期的结束范围——目前的研究还没有定论。在第二方言习得问题上的两个最重要的研究是考察年轻的父母和他们的孩子组成的迁入家庭的情况。佩恩（Payne 1980）与克斯威尔和威
廉姆斯（Kerswill and Williams 将发表[1]）发现，父母只习得的当 417
地方言很少，而孩子们几乎全部习得了当地方言。但是他们的数据中的代沟并没有提供18岁到30岁的信息。现在，我们将集中关注3岁到17岁孩子们的口语重组，重新考虑怎样确定上限。

本章开始先来考虑一个似乎比较简单的问题：稳定的社会语言变量的习得。实际上这个问题比最初看起来的难度更大。然后我们将考虑定向性语言变化的习得，从习得的最初阶段开始，接着通过连续的年龄段一直到成年人，成年人代表着习得过程的最终结果。

[1] Paul Kerswill and Ann Williams，2000。下文即据此。——译者

13.2 稳定的社会语言变量的传递

在最简单的传递情况下,孩子的模式就是父母语言模式无变化的复制。这里传递的“问题”似乎是透明的。父母只需持续不断地说他们所学的语言,孩子们就会通过自己的各种习得机制学会它。这不是要绕开众所周知的儿童怎样习得成年人复杂的规则系统的问题,只是简单地说明这里的传递并不涉及特别的问题。

在稳定变量的情况下,事情就不是这么简单了,如(ing)——英语中非重读/in/和/iŋ/的交替——在英语世界全都表现为有规律的社会和语体的分层(第 3 章)。这是个随机变量:没人能够确切地预测一个人在某种情况中是使用/in/还是/iŋ/。我们期望孩子们会如何解释这种缺乏一致性的现象,并且这种变异是怎样传递给他们的呢?

当孩子们听到一个词的两种不同形式的时候,他们通常会把其中一个重新解读。例如,在 1963 年的纽约市,一种圆形螺旋状的糕点有两个名称:当地方言叫炸油饼(*cruller*,来自荷兰语 *kroeller*),全国通用的是面包圈(*doughnut*)。年轻的父母一代已经解决了这个问题,用本地方言词改称一种长的卷曲形糕点。在费城,本地方言词 *newsy* 是全国性的词 *nosy* 的一个变异,都是“对别人的私事好奇”。很多说话人试图区别这两个词,把 *newsy* 带上贬义,而 *nosy* 不带。

孩子们不用这种方式来重新解读这些社会语言变量。相反,他们跟自己父母的语言变异相匹配。近年来,有一系列的研究关注孩子们的变量模式初次表现出成人言语社区特点时的年龄(Guy and Boyd 1990,Labov 1989b,Roberts 1993)。其中最广泛 418
的,涉及的孩子年龄最小的,是罗伯兹对南费城 3 到 5 岁的白人儿童习得变量模式的研究(Roberts 1993)。她使用了一系列适用于这个年龄群体的诱导启发技巧,从这些孩子身上得到的数据与通常从成人那里得到的数据一样多。

在辅音丛简化方面,罗伯兹证实了从 7 岁到 8 岁的孩子中发现的结果同样适用于 3 到 5 岁的孩子。在影响变化过程的语音环境以及原形词和过去时形式的语法制约方面,这些语言学习者跟父母表现的概率相匹配。而他们在 *left*、*kept*、*sold* 等派生形式的简化程度上跟父母不匹配,他们都处理为原形词。明确的推论是概率匹配并不参与特殊动词这样的表面对象,而是跟屈折后缀或过去时态这样的抽象范畴相联系的。孩子们只是在符合语法分析的情况下才会跟父母的简化概率相匹配。

(ing)的传递

在纽约市的下东区,我们曾发现,说话人直到青春期的后期才发展出完整的社会语言能力,这取决于社会阶层,尽管有些迹象早在他们更小的时候就已经出现(Labov 1964)。语言产出的语体转换是社会语言能力的最早迹象之一,也是最容易测量的,近来出现了一些评述,强调青春期前的这种语体转换(Romaine 1984,Chambers 1995)。(ing)的情况对于研究早期习得具有特别意义,因为它涉及语法和语体制约的两种传递。图 3.4 和图 3.8 曾显示费城街区研究中制约(ing)的语法因素:/in/形式的使用频率在形容词、名词、动形词、动名词、分词、进行时、将来时的序列中呈现出有规律的增加。几乎在英语世界的每个地区都显示为同样的制约(Houston 1985)。[①] 变量(ing)还表现出一种有规律的语体和社会变异模式,图 13.1 为费城街区研究的总结。

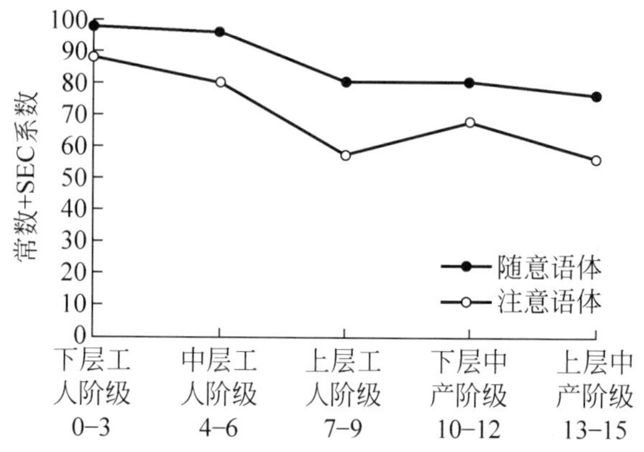

图 13.1　费城街区研究(n=178)以年龄、性别、街区、族群分类的(ing)回归分析对社会阶层和语体的期望值

罗伯兹(Roberts 1993)发现,5 岁以下的孩子在(ing)的语法制约中与成人匹配,此外,还表现出基本的语体制约,在非正式话语中更倾向于/in/。

这种模式是怎样传递的?第 3 章的证据表明,(ing)不是一个

419 新近的变化,而是稳定的传统变形,始于古英语动名词-*inge* 和分词-*inde* 之间的语法选择。动名词和分词的离散对立转换为变体/in/和/iŋ/在非重读音节中的随机加权。尽管拼写体系已经转变为一致的-*ing* 形式,而这种语音上的交替仍持续了一千多年

① 除了美国南方各州,在这些州里,/in/的形式在日常语言中接近 100%。

(Houston 1985)。因为动词性的/in/与名词性的/iŋ/对立的主要制约因素并不是通过书面语言或学校教育传递的,那必定是在这整个时期通过口语传递的结果。除了苏格兰和北方倾向于/in/以及南部的英格兰倾向于/iŋ/这种地理上的差异之外,[1]对这个时期的变体交替状态,我们所知不多。在过去的几个世纪里,第 3 章所述的社会和语体制约已经明确建立,并在整个英语世界以相同的方式运作。(ing)变量的这些社会和语体的权重是怎样进行代际传递的呢?

语言变异的跨代传递与概率匹配的过程有关,第 1 卷第 20 章把这个过程作为链式音变机制的一个组成部分。概率匹配可能是一种最普遍的信息传递形式。这表现在动物在觅食行为中的快速估算(Gallistel 1990)并在人类对当地风俗和方言的习得中得到证明。但对于复制成人语言系统的儿童,仅仅认识到两个交替形式

的存在和各自的百分比分布是不够的。儿童必须确认制约成人语 420
言的类别和次类,并得出每一类的相似概率。(ing)的情况非常重要,因为在/in/和/iŋ/两个变体之间跟决定二中选一的类别之间并没有同步联系。选择使用舌尖鼻音还是软腭鼻音没有语音条件的制约,在语法类别与/in/和/iŋ/的使用之间既没有重音模式的干预,也没有任何有偏向作用的省略、简约或最小努力原理在这里运作。[2] 相反,一系列历史事件把/in/分派到非正式性一端,以及名词-动词连续统的动词一侧,这种分派关系在一代代语言学习者

---

① 对于更准确的地理模式,请参见 Houston 1991 地图 18.1,或 Labov 1995 图 1。

② 在印欧语中一般都倾向于舌尖音的屈折形式;而我们却发现在加勒比海克里奥尔语、南岛语和其他语系中是把软腭音作为默认的类别。

中稳定地传递下来。

名词、动名词、分词、形容词和动词的类别是学习形态和句法所需的重要类别,它们自然也可以用于学习(ing)的变体。儿童习得成人语体变异模式的基础更加难以确定了。

罗伯兹用于儿童言语产出的语体类别是简单的叙述体(随意话语)和其他所有语体(注意话语)的二元划分。这是对用于成人的 8 种语体类别的很实用的简化(Labov,将发表[1])。但是,儿童似乎并不把叙述作为跟语体最相关的语境范畴。相反,他们似乎更有可能从各种言语情境中提取出一个连续的语体维度。贝尔(Bell 1984)和普雷斯顿(Preston 1989)提出语体分层级源于社会分层。然而对于这个年龄的儿童来说,还不可能把非正式和正式的言语之间的区别跟不同社会阶层人群的讲话方式联系起来;他们的经验主要是在家里和在学前游戏的环境中。似乎最有可能的情况是,当儿童惹了祸并/或被训斥的时候,会把言语连续统的正式语体一端的/iŋ/跟惩戒和教训情境的语体联系起来。而在言语连续统的另一端,最不正式的语体,可能出现在亲密和友好的情境中,这时成人和儿童的社交距离缩小,一切顺利。3 岁到 5 岁的儿童对这种维度非常在意,因为这会表明他们被认为是"好孩子"还是"坏孩子",以及是否会因为自己做的事得到奖励或受到惩罚。因此,我认为正式/非正式的维度对于儿童来说并非一种模糊的抽象概念,而是一个儿童在一天当中应对成人、与比自己大的孩子交往,并努力避免惹麻烦时,要多次用到的参照尺度。

[1] Labov,William 2001。——译者

普遍的看法是，对一个社会语言变量的使用是通过把变体与社会生活组织状态的一端或另一端联系在一起而学习的。这个规则就是：话语越是正式，/iŋ/的概率就越大；话语越是非正式，/in/的概率就越大。至于如何识别这个维度，以及怎样习得这种联系，将在下一节考虑进行中语言变化时更加详细地讨论。 421

13.3　语言变化的传递

对于“音变的传递”这一概念，有不少令人困惑和异常的情况。然而在最简单的情况下理解这个概念似乎还是毫无问题的。语言中有些变化可以称为“基本的”：它们只包括一个简单步骤，不容易重复，也不构成总体模式的一部分。在一般词汇中引入新成分的情形具有典型性；它们很快就被言语社区所有成员学会了，不论年龄大小。当成年人进入一个新社区时，这种情况最为明显。尽管他们还没有习得当地的语音系统，可他们却都迅速地学会了当地的通用词汇。佩恩（Payne 1976）指出，费城本地活跃的词语，如 *hoagie*（一种夹肉和奶酪的长条三明治），外来的成年人和他们的孩子们就都很熟悉。当一个新词进入社区时，它就直接随着其他词汇一起传递给了孩子们。

定向性变化

最具深远影响并且代表语言演化主流的变化，并不是单个成分的孤立移动，而是一个或多个成分在一个方向上的连续移动变化。这种定向性变化的典型，就是音段在几代人中朝着同一方向旋转的链式音变。这种链式音变通常是很多代人以后，在第二轮和第三轮循环中进行更新。日耳曼语辅音的第一次和第二次交替是辅音方面最为著名的实例。在元音系统中的典型是英语元音大转移，接下来是今天在英格兰南部、美国南部、澳大利亚、新西兰等地的南方音变。在这些重复再现的场景中，相同的链式音变普遍原理会产生不同结果，因为它们是在不同的初始配置上运行的。

从印欧语系到汉藏语系，很多语系中的系统性音变已经稳定地进行了好多代人，来减少词尾的信息量：使词尾辅音中和并最终
422 把它们删除，使词尾元音央化，删除央元音等，这在语法和词形结构方面产生了深远的影响。在日耳曼语和罗曼语中，词尾辅音发音部位的中和造成屈折系统的极度简化。随着变化的发展，原本独立于语法的音变，会转变为逐渐减少屈折词形的趋势，独立于音变而发展。在某些情况下，音段信息的减少导致声调系统代替了音段区别。在多数情况下，音变已经造成对屈折系统的不断磨蚀，有时会导致语言类型变为孤立的系统，并在句法上有补偿性改变。音变通常是语法变化背后的驱动力。语音变化和语法变化都是在好几代人中沿着稳定的轨迹进行的。

尽管很多学者已经对这些事实进行了思考，并把它们放入广泛的理论框架中，而值得注意的是，我们的研究还没解决这种定向性变化如何传递的问题。

对于在初次习得中的变化看法

主要从事不变性而不是变异性研究的学者，已经考虑了这个问题：习得过程怎样导致语言变化。哈勒（Halle 1962）认为，儿童

把父母提供的语料重组为一套更加简单的规则,从而影响语言系统的变化。这涉及两个步骤的机制:(1)在他们成年的过程中,父母在他们的语法中添加了还没有全部融入系统的内容,因为在以后的生活中,他们不再有能力把自己的语法重组为一个优化系统;(2)当儿童用自己更为系统的语言习得机制来学习语言时,他们会创造出一套新的更简单有效的方式,产出的言语略有不同(参见 Lightfoot 1997)。

这是一个巧妙而合理的想法,我们很想知道,对于进行中变化的研究是否能够找出一个具体的例子。在快速的合并进程中可以找到规则的快速重组,特别是当开元音/o/的长短区别消失的时候(Herold 1990)。在第 1 卷第 11 章中,图 11.5a 和 b 对比了一位父亲和儿子的/o/和/oh/系统,展现出这种区别经过一代人就会完全消失。只是简单的一步,儿子就放弃了这种区分(如 Herold 所提出的),而这正是父亲保持的,却在区分词语中不再有用了。很难把其他类型的音变看作这种简化。链式音变和多数弱化现象似乎都始于规则或制约系统的复杂性。它们首先在那些最有利于
变化的环境中被发现,导致变体条件使规则系统复杂化,只是后来 423
当变化接近完成时,规则才得以简化。因此,如果规则简化比规则复杂化有更大的可能性,那么先出现的是可能性最小的事情,后出现的是可能性最大的事情。[①] 在语言的历史上,使规则复杂的变化与使规则简化的变化均匀地交织在一起。

---

① 这是王士元最先做出的观察。这种音变的看法得到宽 **a** 的紧化及其在美国继续发展的支持(第 1 卷,第 18 章)。然而,它却违背了克罗齐(Kroch 1989)为句法确立的一致性制约作用,这是个尚未最后解决的问题。

那些寻求不变性的学者提出的第二种观点是：没有任何传递的情况下也可以发生音变。比克顿（Bickerton 1981）认为当皮钦语习得为说话人的母语时，作为克里奥语第一代母语说话人的儿童会完全忽略父母使用的语言结构，并根据自己天生的“生物程序”重新创造语法。下面的探讨将使我们更深入地考察这种可能性。

上述两种观点都修正了儿童的第一语言是复制母亲的口语的原则。没有理由认为最初形成的语法会跟母亲的语言输入完全一样，因此哈勒、莱特富特（Lightfoot）和比克顿提出的机制肯定会有空间。如果能够说明这种机制是如何造成跨越几代人的定向性变化，这些观点就会更有说服力。尽管比克顿的主要观点是基于新克里奥尔语的形成，但是考察那些因父母的方言与多数人差异很大而忽视父母方言的儿童也可能得到一些支持。对那些非本地人看护的儿童的第一语言习得进行深入研究应该显示出，他们的口语并没有非本地语言的特征。

子女与父母之间的关系

每当家庭移居到一个新的言语社区，人们通常会观察到，子女会使用当地的方言而不是父母的方言。因此，对语言变化中的语言发展的分析将首先从那些父母方言最不受欢迎的例子开始，看看父母的方言在子女的言语模式中还有多少保留下来。

新克里奥尔语形成中的非连续性和连续性

最有可能找到早期习得中非连续性的地方，就是新克里奥尔语的形成过程，其中父母的影响力传统上被看作为是最小的。

图 13.2 显示的是一个变量，其中儿童是巴布亚皮钦语的新一代母语说话人，他们的表现超过了父母。这是将来时标记 *bai* 在形态音位上的简化，来自早期形式 *baimbai*，是巴布亚皮钦语动词短语结构的第一个成分(Sankoff and Laberge 1973)。在成人皮钦语中，这个变量有一半是次重音，如在/em bai i go/“他要走”中；在儿童中，只有 30%是次重音。另一方面，儿童有 10%是完全弱化的 *bai*，如/em b-i go/；而在成人中这种情况只有 1%。图 13.2 显示这个变化中的七个儿童和九个成人的位置。横轴是年龄；竖轴是 *bai* 发为次重音的百分比。表示儿童的空心方块百分比小于 47%。成年人随着年龄稳定增长，一直到 70%。一条显著的回归线表现出成年人使用 *bai* 的年龄效应，r^2 值为 40，解释了 40%的成年人变异。儿童的平缓回归线只解释了 3%的变异。因此儿童对 *bai* 的使用似乎是一个稳定的系统，与成年人的模式完全脱离。 424

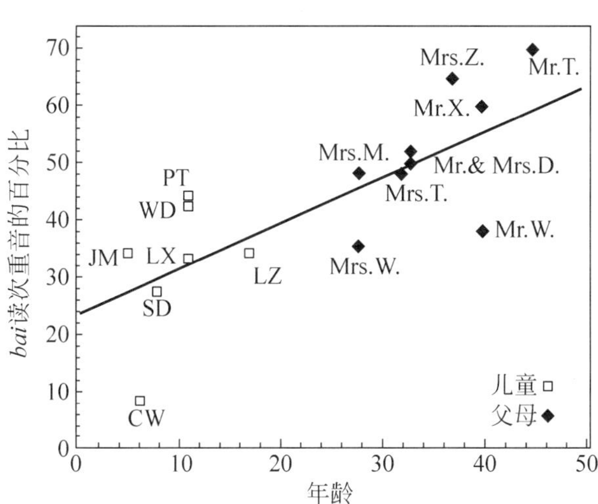

图 13.2　巴布亚皮钦语将来时标记 *bai* 的弱化在父母和儿童的表现
(引自 Sankoff and Laberge 1973[1980])

这些结果似乎表明了这种看法,即儿童可以完全忽视或重建自己从父母那里习得的语言系统。为了更深入地考察这种情况,我们可以利用儿童和成人样本相互联系的情况,样本包括七组父母和子女。桑科夫最近重新检查了图 13.2,把每个儿童跟父母画
425 线连起来(图 13.3)。几乎所有的线都是平行的。那些使用次重音 *bai* 最多的孩子,其父母的次重音 *bai* 也最多,而那些使用次重音 *bai* 最少的孩子,其父母也使用得最少。左边最高位置的儿童 PT 的取样既有父亲又有母亲:这是唯一的母亲和父亲具有不同重音模式的例子。他的 *bai* 用法接近他母亲,但跟其他儿童的情况相对比,这应该是受到他父亲影响的结果。父母与儿童的一般关系可以用简单的 r 相关得出。如图 13.3 左上角所示,这是高度正相关的 0.61,显著性水平在 0.02。这些巴布亚皮钦语的新母语者并不是远离父母影响的语言孤儿。他们已经转移到一个新的系

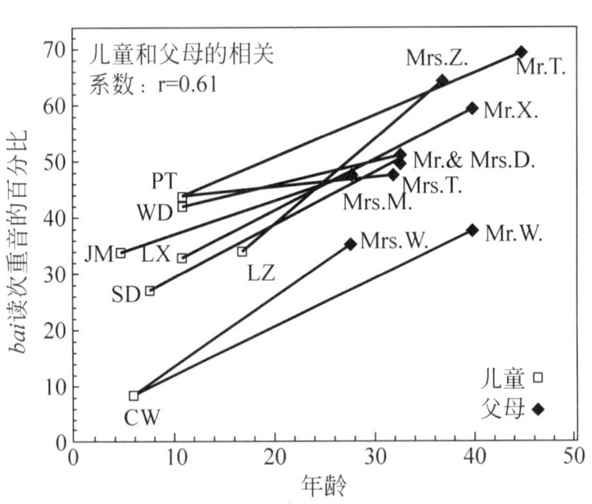

图 13.3 巴布亚皮钦语将来时标记 *bai* 的弱化在父母和儿童之间的相关性

统，但是每个孩子都反映出从自己的看护人那里最初习得 BAI 用法的水平。他们的系统是他们父母语言的一种有规律的投影。

米尔顿·凯恩斯新社区中社会语言规范的习得

克斯威尔(Kerswill)和威廉姆斯(Williams)在米尔顿·凯恩斯所做的研究，目的是追踪一个新社区中的口语重组现象，这个新社区是由来自英格兰很多不同地区的移民组成的(Williams and Kerswill 1999，Kerswill and Williams 2000)。米尔顿·凯恩斯在1971 年时还不存在，但是到 1981 年人口增长到 12.3 万人，1991
年增长到 17.6 万人。居民中有四分之三来自英格兰东南部：35% 426
来自伦敦，32%来自其他南部郡，只有 3%来自 15 分钟车程以内的近邻地区。这个研究经过精心设计，在 4 岁、8 岁和 12 岁三个年龄组各录制 8 个男孩和 8 个女孩以及他们的看护人的语音系统，总共有 96 位说话人。新出现的米尔顿·凯恩斯方言是一个独特的实体：它综合了伦敦和家乡的一些特征以及当地方言的一些残余成分。

米尔顿·凯恩斯的语言发展与南费城的稳定社区有几个共同的特征。在伴随 *bottle*、*butterfly*、*battery*、*button*、*knitting*、*little* 等词中/t/的声门化对语体转换的习得上，跟费城稳定的社会语言变量的习得相似。这是伦敦方言的一个特征，传播到雷丁(Reading)和米尔顿·凯恩斯这样的邻近城市。图 13.4 显示这种用法的数量随着年龄的增长而稳步下降。在 12 岁儿童中，声门化水平相当低，女孩子中几乎没有。8 岁的男孩和女孩都表现出有规律的语体转换，当他们从朗读语体转向连续话语时，会使用更多

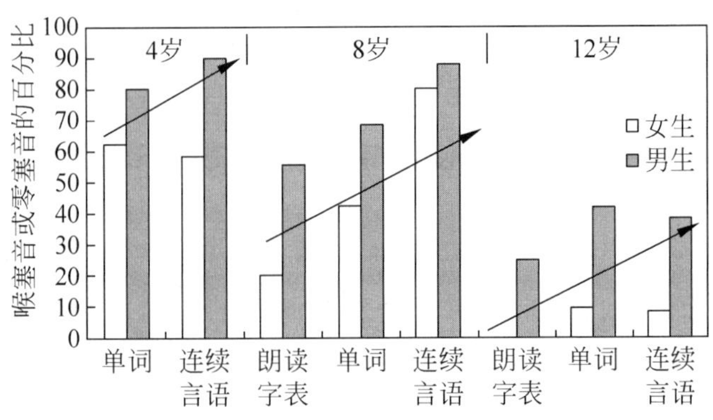

图 13.4　米尔顿·凯恩斯地区元音间的/t/发喉塞音或零塞音按年龄和语体的百分比

(引自 Kerswill and Williams 1994,表 6)

的喉塞音。在 4 岁幼儿中,这种影响较弱:语体转换只在男孩子中发生。正如在南费城一样,对语体制约的识别是在 3 岁到 8 岁之间发展出来的。

儿童与看护人的关系

在米尔顿·凯恩斯,孩子们在学习一种新的方言。但是孩子与父母之间的分离远不是绝对的。(ow)变量的多种发音提供了
427 对两代人进行比较的好机会。图 13.5 显示(ow)的本地语音形式的发展,对比 4 岁、8 岁和 12 岁的孩子跟女性看护人的发音情况。右边是最保守的形式,带有后上滑音和央化的音核(包括来自北方家庭的少数单元音)。左边是现在的伦敦方言形式[æɪ],它有一个不圆唇的前低音核和完全不圆唇的前滑音。中间的(ow)形式显示出米尔顿·凯恩斯方言发展中的一致性,有一个稍微靠前的音核和圆唇的前滑音。很明显,4 岁幼儿跟看护人的值非常接近:

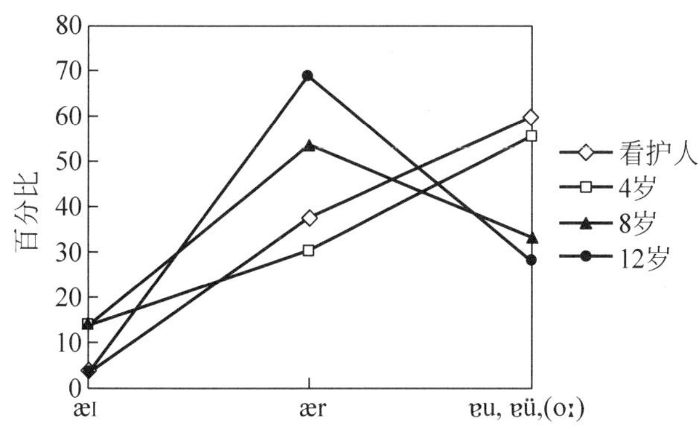

图 13.5　米尔顿·凯恩斯地区(ow)的本地语音形式在不同年龄的发展
(引自 Kerswill and Williams 1994)

他们都有约 30%的本地变体和 60%左右的保守变体。从中我们知道,4 岁的孩子已经习得了自己的看护人方言的形式,并且还没有受到本地言语社区中任何强大的语言影响。8 岁的孩子就明显偏离了这种模式,本地形式超过 50%,12 岁的孩子更是如此,本地形式达到 70%。父母影响与同龄人影响之间的断裂很明显是出现在 4 岁到 8 岁之间。

13.4　费城儿童的定向性语言变化

最引人注目的儿童早期语言的定向性传播的实例,是南费城的短元音 **a** 紧化的词汇扩散。费城方言中的短元音 **a** 只在闭音节中紧化。1970 年代的研究显示在/n/、/l/前面的开音节中紧化程度较低,词汇扩散特别偏向一个词,*planet*(行星)。除了对稳定的社会语言变量习得的研究之外,罗伯兹(Roberts and Labov 1995) 428

还考察了对短元音 **a** 紧化模式的习得。为了诱导出自然语言中不常见的词语的发音,她采用了图片-命名游戏,用成年人一眼就看出是“行星”的图画引入 *planet* 这个词。最初看到图,儿童通常称它为“球”,罗伯兹会纠正他们:“不,这是行星(planet)。”在后来的重复游戏中,大多数儿童都会说这个词。在罗伯兹的发音中,*Janet*(人名)是紧音,*planet* 相对较松。尽管儿童是跟她学会这个词,可是他们的整体发音模式跟她有很大差别,儿童对 *planet* 发紧音的频率要高得多。表 13.1 是她对儿童研究的结果跟她在 1974—1977 年间的成人记录的对比。

表 13.1 南费城的成人和儿童对 *planet* 和 *Janet* 的差异

	成人 18—80,1974—7		儿童 3—5,1990	
	总数	%	总数	%
总体水平	256	0.04	250	57
planet	17	18	134	93
Janet	3	0	41	37
hammer	3	0	28	4

来源:Roberts and Labov 1995,表 1

在儿童的话语中,在元音间的/n/前面紧化的总体水平从 0.04%上升为 57%。此外,*planet* 从 18%上升为 93%;人名 *Janet* 的紧化水平为 37% 。[①] 于是,儿童采用了成年人把 *planet*

① *hammer* 和 *camera*(表中无 *camera*——译者)跟 *Janet* 和 *planet* 的对比是通过它们的语音形式引发的:后面的暗音节[ər]已经显示出对第一音节元音发音的影响。但是没有理由预测 *Janet* 比 *planet* 有更多紧音:我们的预测与此相反。*planet* 出现的紧音真的是 *Janet* 的两倍多。

任意选择为紧化词的做法并把音变更加推进。

表 13.1 是定向性传递的一个清楚直接的例子。如何解释这些儿童走上变革之路的能力呢？他们增加了一个几乎不知道的词的紧化程度。一种可能的答案是他们的知识量大于图片-命名游戏中的表现。[①] 但是，为了感知费城语音系统中的变化方向，他们 429
可能已经多次观察和注意父母对这个单词的发音，并且还观察一系列比父母年轻的人们的发音。看起来是可以在少量数据的基础上对于变化方向做出准确推测。

表 13.2 表明，这种变化的发展是依靠不断增加的经验。罗伯兹把孩子们分成两组，较小的（3 岁 2—10 个月）和较大的（3 岁 11 个月—4 岁 11 个月）。对于较大的孩子，*planet* 的紧化出现得更多，接近 100%，而 *Janet* 的紧化下降到 10%，*hammer*、*camera* 等词仍是最小值。由此可知，4 岁左右的儿童能够接受音变方向的社区规范，并在这个变化方向上前进。他们很可能是从父母、兄长和本地社区中年龄稍大的儿童那里习得这些信息的。这个特殊变量并不涉及跟（ing）的语体模式相联系的社会因素。短 **a** 词语的词汇分布没有明显的社会意义。它不为社区成员注意，不是社会评论的话题，也没有任何语体变换。因此，儿童对变化方向的推断只能是从年龄分布中得出的。

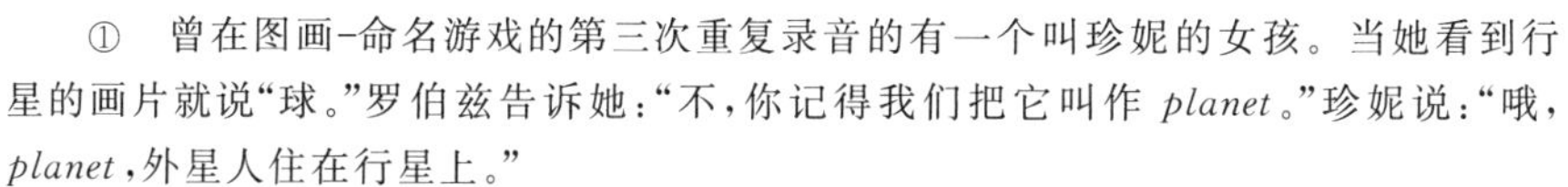

① 曾在图画-命名游戏的第三次重复录音的有一个叫珍妮的女孩。当她看到行星的画片就说“球。”罗伯兹告诉她：“不，你记得我们把它叫作 *planet*。”珍妮说：“哦，*planet*，外星人住在行星上。”

表 13.2 南费城不同年龄段儿童对 *planet* 和 *Janet* 的差异

	儿童 3;2—3;10		儿童 3;11—4;11	
	总数	%	总数	%
总体水平	132	52	130	60
planet	60	90	74	96
Janet	29	65	14	10
hammer	14	7	14	0

来源:Roberts and Labov 1995,表 2

普鲁士王村未成年人中的传递

在大多数稳定的社区中,同龄人和父母的语言影响在很大程度上是一致的。观察二者各自影响力的最好方法,是找到父母影响明显不同于周围社区影响的观测点。佩恩(Payne 1976,1980)对普鲁士王村的费城方言习得情况的研究就是这样的例子。这是
430 一个新的社区,有一半父母是来自费城,一半来自其他州。[①] 在 LCV 项目进程中,佩恩研究了 34 个外州迁来的儿童对六个费城语音变量的习得过程。这些变量都是简单条件控制下的语音输出,如/ow/和/uw/前化为/ε>o/和/ɪu/,除了流音前位置之外。她发现,大多数儿童在定居费城一两年内就习得了这些模式。那些在 9 岁前来普鲁士王村的儿童比 9 岁后才来的儿童表现出对当地语音规则了解更多,不过有着很大的个体差异。为评估造成这些

① 外来的父母都是来自纽约、新英格兰,以及中西部那些有名望的地区。LCV 研究设计利用父母的影响来评估家庭和同龄人在语言习得中各自的相对影响。普鲁士王村是近期开发的郊区,有半数是费城的居民,另一半都拥有比原费城人更有声望的工作职位。

差异的因素，佩恩记录了每个儿童来费城时的年龄，受到费城方言影响以及受其他方言影响各有几年。为了记录社会影响，她在矩阵中输入了访谈中儿童所提到的同龄人的数目，被别人提到的次数，以及提到父母和兄弟姐妹名字的次数。研究中的因变量是在给定的一致性标准中使用费城语音变量的数目，与父母方言跟费城方言差异的数目相对比。

佩恩报告说，主要的社会变量是到达费城社区时的年龄。尽管她预期儿童在当地同龄人群体中的地位会影响语音特征的习得，可她没有发现这种影响。这个结果已被当作是证实了其他关于临界年龄对语言学习的重要性的报告，以及在方言形式的习得中认知因素高于社会因素的证据。然而，对佩恩的数据进行多元回归的再分析，却得出了不同的结果。最显著的自变量是说话人被同伴提到的次数，它是衡量说话人社交网络密度的最敏感指标。年龄、来费城时的年龄、在费城居住的时间等，在回归分析的任何重新配置中都没出现显著效应。图 13.6 是佩恩研究的 29 个来自外州儿童的散点图：横轴是被提到的次数，纵轴是学会费城音变的比例。右上角是 100%成功的四位说话人，被提到的次数最多，从 13 次到 16 次。在左下方是六位一个变量也没有学会的儿童，被提到的次数也很少。回归方程有显著的斜率。图 13.6 没有表现出那些在社交上较孤立的儿童有什么明显的倾向；有的习得了费城音变，有的则没有。但是所有那些被提到超过十次的儿童，说话都像费城人一样。

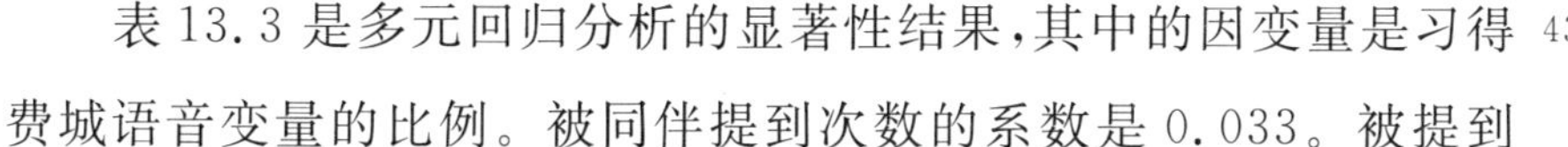

表 13.3 是多元回归分析的显著性结果，其中的因变量是习得 431
费城语音变量的比例。被同伴提到次数的系数是 0.033。被提到

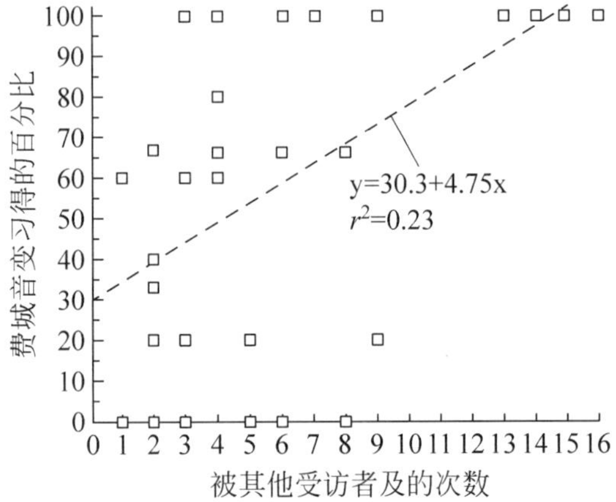

图 13.6 被其他受访者提到的次数跟费城音变习得的关系

次数的范围是 0 到 16,因此差异的最大值是 16×0.033,或 0.5,即可能学会的范围的一半。第二个社会影响因素是提到兄弟姐妹的次数,由于范围是 0 到 4,大体相差不多。第三个影响因素似乎反映了一般的学习能力,是相对成功习得短 **a** 模式。佩恩的著名发现是,外来儿童并没有成功地习得这种复杂的分布,可他们的相对成功可以划分为“合格”和“较差”两类。这个因素对于变异有显著影响。但是,来费城时的年龄和在费城居住多少年并没有显著的作用。

表 13.3 外来儿童习得费城音变的影响因素

	系数	$p<$
被同龄人提及	0.033	0.030
提及兄弟姐妹	0.145	0.004
相对成功习得短 a 模式	0.397	0.008

这些外来儿童不是语言变化的引领人;他们只是试图达到本

地的目标值。而克斯威尔和威廉姆斯对于米尔顿·凯恩斯音变的目标值的研究中报告了同样发现。他们对同龄人的群体结构跟 432
(ow)领先程度之间的关系做出了定性的总结。“所有的高分值者……很好地融入了(主要以学校为中心)朋友群体。他们都喜欢社交,并经常被其他儿童当作朋友”(Kerswill and Williams 1994)。虽然高分值者都有一种共同的特性,可是对于那些与同龄人距离较远的低分值者却不能总结出一个共同的特点:“这些儿童或者是个性内向,可能还有家庭关系不好;或者是与家庭信仰有关,儿童没有接触大众文化的主流,成为一个局外人。”这些特征总括起来跟南哈莱姆区的残疾者的描述非常相似(Labov 1972c)。

13.5 底特律青少年中的语言传递

埃克特在底特律市郊的尼亚镇(Neartown)对贝尔顿高中(Belten High)的研究(Eckert 1999)中,提供了关于在青少年中的语言力量的最有系统性的数据。她对社交网络进行了深入研究,这在第10章曾引用过,涉及几百名学生,是通过在大厅里、庭院中、学校周边进行长期观察、个人访谈和对底特律附近的社区“都市之城”(Urban City)的辅助研究而完成的。她对高中的社会结构的分析《乔克斯和伯闹茨》(*Jocks and Burnouts*)已经单独出版(Eckert 1989a)。这是以两个极性群体为实例,显示所有的学生自我分类的组织价值。美国的多数高中是由这样的学生群体主导的:他们受到中产阶级价值观的强烈影响,以上大学为努力方向,通过遵从成人确立的规范制度来实现自己的目标。这些学生就是乔克斯。另一个群体就是伯闹茨,杰尔斯(Jells)等,他们采取与成年人权威相反的方式。伯闹茨通过摆脱成人的管制,并依靠本地的关系和资源来达到自己的目标。埃克特就是在这种错综复杂的社会结构中探寻到语言变化的过程。

作为北部内陆的大都市,底特律完全参与了北方城市音变(NCS)。尽管事实上,这个城市本身是大量没有参与音变的非洲裔美国人口,但是《北美英语地图集》显示,当地的白人和周边郊区是北方城市音变的主要代表。埃克特通过对每个成分的变化进展进行主观评级来研究北方城市音变的不同阶段。[①] 每个变量都划
433 分为 4 个或 5 个等级,然后简化为简单的二元分类,即元音是否表现出音变形式,并且对得出的离散数据进行逻辑回归分析。

埃克特关于语言与社会因素的相关性研究已经发表,并引起广泛的讨论(Eckert 1986,1988,1989b,1999)。有两种社会对立跟音变发展密切相关:男性和女性以及乔克斯和伯闹茨。学生家庭的社会阶层地位在很大程度上可以预测,他们是追随乔克斯的还是伯闹茨的思想意识。但是在高中阶段有足够多的社会重组,这会使语言变化的进程显著地联系于乔克斯/伯闹茨的类别,而不是他们父母的社会阶层。乔克斯/伯闹茨的维度最好被视为社会阶层在高中阶段的表现,因此,图 13.7 所示的这两个维度跟费城街区研究中的性别和社会阶层最为相当。埃克特最引人注目的结论显示在图 13.7,即在北方城市音变的过程中,社会阶层已经让

① 埃克特自己发现了完成北方城市音变循环特征的环节,/ʌ/的后化,这在底特律地区特别明显,可是此前一直没有为其他研究者所注意。

位于性别差异。而最新阶段的音变——/e/和/ʌ/的后化——是由伯闹茨领先的，没有显著的性别作用。更早期的发展阶段——/æ/的高化、/o/的前化、/oh/的低化——显示出女性明显领先[只从女性来看，伯闹茨领先于乔克斯(Eckert 1996)]。

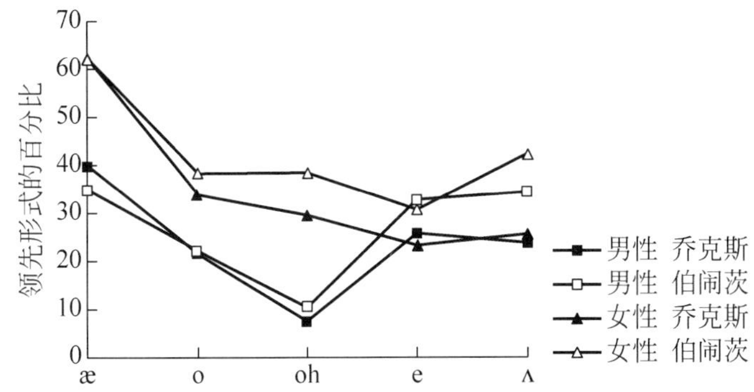

图 13.7　贝尔顿高中的北方城市音变中社会群体和性别的关系
(引自 Eckert 1989b)

图 13.7 可以作为第 9 章中性别不对称模型的一个反证，那个模型表明女性主导的音变从一开始就是由女性引领的。但是，进一步的数据表明(Eckert and McConnell-Ginet 1992)，贝尔顿高中语言变化的引领者确实从一开始就是女性。表 13.4 对于/ʌ/的后

表 13.4　贝尔顿高中/ʌ/后化的社会群体和性别的变项权重

男性乔克斯	0.32
女性乔克斯	0.42
男性伯闹茨	0.54
主体女性伯闹茨	0.47
极端女性伯闹茨	0.93

来源：Eckert and McConnell-Ginet 1992，表 19.3

化赋予变项权重,并把女性伯闹茨划分为原型女性伯闹茨——极端的女性伯闹茨——和女性伯闹茨主群体。在这里我们再次看到,语言变化的引领者是女性。

434 图 13.8 是社会群体的另一端所展示的音变和社会活动之间的关系;数据源于埃克特尚未发表的论文。图中显示 22 名男性和女性乔克斯在北方城市音变中最早的最领先的音变,即/æ/的高

435 化和前化的值。(纵坐标是/æ/的指数,横坐标只是单独把每个人分隔出来。)主要差异在于社会活动,而不是性别。最领先的说话人是四位中间人——在乔克斯、伯闹茨和其他群体之

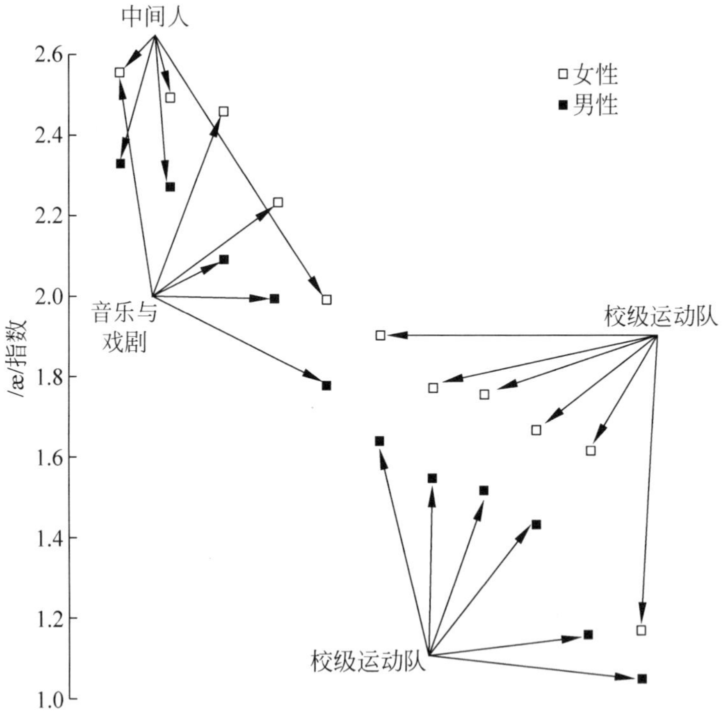

图 13.8 贝尔顿高中 22 名乔克斯/æ/值在性别和主要社会活动中的分布

间传送信息的人。其次就是那些参与音乐和戏剧活动的学生，这是成人赞助的正统的乔克斯活动。校队运动员的/æ/值最低。在这三种活动中，都是女性明显领先于男性，但是主要区别并不在于性别，而在于社会活动。参加运动队的高中女生的/æ/值低于做中间人或参加戏剧活动的男生，有一位女运动员得分最低。

对语言变化研究特别重要的是本地语言市场跟变化进展之间的关联。中间人表现出最高值，其地位几乎完全取决于闲谈和协商等口语活动。语言对于参与戏剧和音乐活动的学生同样重要。但是，运动队员的活动却跟语言使用毫无关系；相反，他们一般都说话不多。

如今，/æ/的高化已经扩散为贝尔顿社区的一个普遍特征。它当然不是工人阶层或者叛逆的年轻人的象征。如果/æ/的历史跟/ʌ/的历史相对应，那么我们必须设计有一个更早的阶段，即工人阶级中的代表开始并引领这个变量的阶段，正如现在/ʌ/的后化的情景一样。从一种状态向另一种状态的转变是怎样发生的？我们的启示来自于对贝尔顿高中的大多数群体，即中间派别的语言行为的思考。

在埃克特的说明中，贝尔顿高中的大多数学生并没有被界定或者把自己界定为乔克斯或者伯闹茨。他们通常被称为中间派，一方面具有伯闹茨的特征，另一方面又有伯闹茨的特征。他们并不一定要遵从那些乔克斯和伯闹茨所必需或禁止的行为。埃克特引用了一个讨厌这种乔克斯/伯闹茨的分离并为此苦恼的中间派学生的话：

> 我从不是个乔克斯,也从不是伯闹茨。我跟大多数人都交往,你知道,有时乔克斯和伯闹茨都坐在大厅里,彼此脸色很不友好,你知道……我只是觉得这很蠢,你知道。所以我是跟大家都有联系……所以这让我觉得有点被排斥在外,你知道。被丢在两个王国之间的人,你知道的。

对那些由伯闹茨引领的变量,中间派整体得分比乔克斯稍低。[①] 中间派可以根据他们参与伯闹茨特有活动而被区分开来:在校园里抽烟,这是乔克斯绝对不做的事;还有在底特律附近的公路上和公园里兜风的活动。对于最近阶段的北方城市音变以及对
436 于/ay0/的高化来说,这些活动比乔克斯/伯闹茨的两极划分更好地预测语言的参与。这种影响在/e/的后化中表现最强,在校园抽烟的中间派比那些不抽烟的人得分更高;在高速路上兜风的中间派男生比那些不兜风的人得分更接近伯闹茨。

埃克特的数据表明,北方城市音变的级联模型,即从最大城市向次大城市依次向下扩散的模式,从一个城郊白人群体的角度看来会是什么样的。北方城市音变最新阶段的引领者代表是那些跟底特律有最密切联系的人,即伯闹茨。随着音变的进展,出现了性别上的划分;女生,尤其是伯闹茨女生,在最早的三个阶段里都是最领先的。但在近郊,这种模式逐渐扩散到整个社区,就像北部内陆城市的其他社区一样。近郊并没有形成一种把工人阶级和中产阶级区分开的阶层方言,而是表现为一个连续统。在成人社区中,

① 除/ay0/的高化以外,他们在这个音变中是位于乔克斯和伯闹茨中间的。

北方城市音变最领先的使用者不再是那些高中时代曾经是伯闹茨的下层和中层工人阶级人群。图 8.14 中给出的法索尔德(Fasold)在 1960 年代对底特律的分析表明,北方城市音变的最初两个阶段是女性引领的,这与埃克特的数据是一致的。此外,女性还表现出清晰的弧形模式,下层中产阶级领先于工人阶级和上层中产阶级。贝尔顿高中的数据预示了音变在整个言语社区的在普遍化。它没有预测那些现在正在引领/ʌ/的上升和前移的伯闹茨女生的未来发展路径。如果底特律城郊能够沿着费城社区的路线进展,像前面五章中所概括的那样,那么我们可以预计这些伯闹茨女生会随着年龄的增长而落后。音变的成人引领者最有可能是来自那些中间派,他们保留着向上流动的社交关系和社会资源。

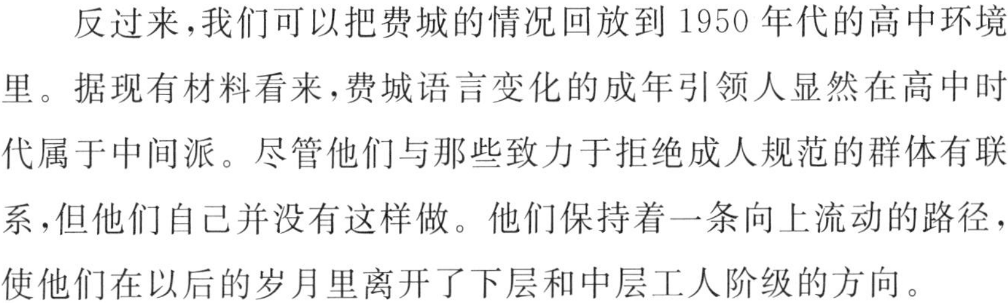

反过来,我们可以把费城的情况回放到 1950 年代的高中环境里。据现有材料看来,费城语言变化的成年引领人显然在高中时 585
代属于中间派。尽管他们与那些致力于拒绝成人规范的群体有联系,但他们自己并没有这样做。他们保持着一条向上流动的路径,使他们在以后的岁月里离开了下层和中层工人阶级的方向。

语言变化原理:城市语言变化传递的五个步骤

语言变化的原理是本卷书的主要论题,这些原理关注语言变
化与社会系统的相互作用并且受到社会特征驱动的方式。这些原 437
理并没有像第 1 卷的原理一样形成一系列可以分别标明的不同发现。中心的理论构建就是语言社会化的观点:儿童理解语言变异的连续阶段。语言变化的传递不可避免地要跟这些接续不断的解释和重新解释相联系。目前提供的各种数据支持以下传递原理:

1 儿童的语言发展开始于女性看护人传递给他们的模式,任何进一步的变化都是基于或加于这个模式的。

2 语言变异传递给儿童,是作为正式/非正式维度上的语体差异,而不是作为社会分层。儿童把正式的话语与教导和惩戒相联系,把非正式话语与亲密和乐趣相联系。

3 在社会化的某个阶段,依赖于阶层地位,儿童懂得了倾向于非正式话语的变体是跟更大的社区里较低社会阶层相联系的。

4 自下而来的语言变化最初是在最不正式的自发话语中发展的。它们自然地与对社会语言规范的非遵从性相联系,并且最领先的是那些拒绝服从成人规范的年轻人。

5 语言变化在更大的社区中进一步推广,是通过那些早年曾有过非遵从性特点,而没有做出行动降低社会向上流动性的说话人进行的。

我们可以把这些原理称为城市传递,因为所描述的社会模式是很典型的大城市的社会分层和社会经济层级的运作。大多数语言变化确实都是从大城市开始传播的。在那些从村镇地区传播的语言变化中(Bailey,Wikle and Sand 1991),第 4 个步骤的形式可能会有些不同。乡村说话人识别和抵制的规范是那些与城市模式相联系的"礼貌"行为。在这里,是城市/乡村的两极在发挥作用,而不是社会阶层的维度。

对于更偏远的社会和更久远的历史时期,我们必须保留同样的考虑。第 1 到第 5 阶段的机制是基于高度的社会流动性。在那些社会中,阶级分层的形式不同于现代西方社会更连续更精细的等级系统,我们必须准备修改这个均变论的原理,以便对音变机制做出更具历史意义的解释。

成人使用中的音变：卡罗尔·迈耶斯(Carol Meyers)的录音 438

到目前为止，关于传递问题的讨论已经带我们经历了青少年和高中年代。当我们转向成人阶段时，情况就不那么清晰了。语言社区的研究还没有使我们深入地了解二十多岁的年轻人从高中到工作或上大学，以及建立家庭这个转换过渡阶段的语言相关性。我们对社会语言行为有清楚了解的是下一个阶段 30 岁到 40 岁左右的成年人，他们可能已经失去从整体上修正语言系统的能力。然而他们的语言行为还远远没有僵化。在社会语言访谈的不同环节里，他们表现出了戏剧性的语体转换模式，而对这种变化的深入研究可能会为我们提供一种了解社区音变机制的线索。由于访谈只提供了一个日常生活中语体变换的粗略样本，因此我们需要记录受访者与家人、朋友、同事等全方位的社会交往。

我们得到的对于成人语体变换模式的最佳描述来自第 4 章辛德尔(Hindle 1980)对费城人卡罗尔·迈耶斯言语的研究。佩恩录制了她在整整一天的时间中参加各种社交活动的话语。这一系列录音的良好音质[①]和社会互动的多样性使它成为研究即兴语言中语体转换的独特的资料来源。上午，卡罗尔·迈耶斯在她工作的旅行社录音；我们可以听到她应对客户，和航空公司代理谈话，与同事交谈，跟老板开玩笑。下午，她去了田径场和医生的诊所，那

① 录音使用 Nagra IV-S 型立体声录音机和多个 Sennheiser 405 式定向话筒。分别放置在迈耶斯的工作办公桌上、饭桌上、桥牌桌上。

里不能录音。晚上的录音是她在家里吃晚饭,在场的有她丈夫和住在她家的佩恩。家里的录音静音的时间较多,说话人也很少重叠。正如辛德尔对这个场景特征的描述,“似乎没有任何费心的自我表现:三个人彼此相熟,话语明确”(105页)。第二天晚上是定期的晚间桥牌聚会,在录音中有卡罗尔·迈耶斯跟四位同伴活泼亲切的交谈。[①]

> 三个小时打桥牌过程中的谈话反映了同伴之间深入参与的个人互动。自始至终都感觉到很多紧张和兴奋的情绪;尽管不存在什么明显的敌意,女性显然在精心安排自己在群体
> 439 中的关系。谈话内容广泛,从打桥牌的程序和动作,到电影、纳税评估和低级玩笑。(Hindle 1980:108)

卡罗尔·迈耶斯并不是费城街区研究中的对象,但是她的社交和语言模式很符合语言变化引领者的特征。她的年纪和社会地位跟塞莱斯特差不多,住在附近新泽西郊区的樱桃山,属于费城语言社区的一部分。她丈夫是一位高中工业艺术教师。在费城研究开始时,她刚进入一家旅行社工作;到费城研究结束时,她已经成为一个分公司的经理。像塞莱斯特一样,她是许多社交圈的中心人物。她家里打桥牌聚会并非偶然情况。她的个人风格是平易近人,热情奔放,开起当权者的玩笑来毫不犹豫。有一次,她旅行社

---

① 她跟其中两个人是亲密朋友(其中一人是她在旅行社的同事),跟另外两人不很亲密。有些是在打桥牌当中的对话,但是在中间休息时间和开始打桥牌之前的交谈是最活跃的。

的老板在打电话称病之后来晚了。他解释说刚在车上"干呕"，卡罗尔打断他说，"当然是干呕！你可不会把那辆新车弄湿的。"她的语言模式使她位于领先的语言变化的前沿位置。然而辛德尔的研究超越了平均值；我们可以看到什么时候卡罗尔·迈耶斯处在语言变化的前沿，而什么时候并非如此。

辛德尔对迈耶斯的全部录音话语进行了声学分析。[①] 为了分离出控制她的言语变异的因素，他采用了广泛的多元回归分析。他发现最强最显著的影响因素是主要的社会情景：办公室，家中和桥牌游戏。图 13.9 是辛德尔的主要成果。[②] 每个元音都有三个

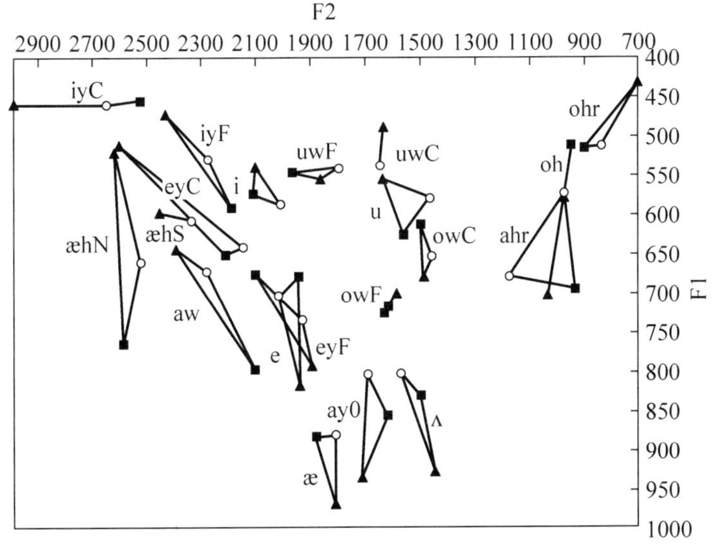

图 13.9　卡罗尔·迈耶斯在三种情景的元音共振峰平均值
（办公室：空心圆；家里：实心方块；桥牌桌：实心三角）

① 对 500 个短 **a** 元音的声学测量值的完整图表，见 Labov 1989a，图 1—2。

② （æh）变量的数据已加入辛德尔的表 4.4，（iyC）的游戏值扩大到它的正确值。

符号:三角形代表打桥牌时元音的平均值,圆圈代表办公室的,方形代表在家吃饭的。大多数元音的共振峰值都在桥牌游戏时变化最明显,当时正是卡罗尔·迈耶斯用最活跃的方式和密友们交谈。对于/æhN/、/æhS/、/eyC/和/aw/,代表桥牌游戏的三角形明显更高、更靠前。对/ow/和/uw/变量,没有语体转换的标记。在后高位置,/ohr/也表现出游戏情景在变化的方向上的移动。[①] /ahr/是一个已经完成的音变,表现为相同的模式。低元音在游戏情景中显示为一致的向下移动。/æ/的情况是社区中的初期变化;对于/ay0/这个男性主导的特征,它的音变方向跟社区音变方向相反;/ʌ/有同样情况。

440 除了确定这些主要情景,辛德尔还区分了一组关键的话语类别:事务类、严肃类、轻松类、兴奋类、抱怨类,其他类。最大的是事务类,它跟每个具体情景都有关系,如办公室里的出差信息,晚餐时把盐递过去,游戏时玩桥牌。跟这种情景最显著的相关是/ay0/的F1升高,这是费城方言中男性主导的音变。抱怨类中有相反的效应,跟/æh/和/aw/都有显著的相关性,这都是女性主导的变化。辛德尔引用卡罗尔在办公室对旅游社同事多特(Dot)说的话作为抱怨类的例子:

> 我接待的这四对夫妇要乘船出游的,他们只能在20号到29号才有假……哦,这些一周前才决定要去哪儿的人啊,我可杀了他们!

① 注意这是一个男性主导的变化。

抱怨类对探寻音变背后的社会作用力至关重要:在这里,情感和强调跟社交活动结合在一起。在抱怨类中/aw/的 F1 回归系数是 - 82Hz:即我们必须预期音核在音变方向上比所有其他类别的平均值要高出 82Hz($p<0.05$)。表 13.5 显示的是对/æh/的 F2 更具体的分析。这里的作用是在前化的维度上:F2 的值随着抱怨 441
的增强而增加。尽管数值太小,难以有统计意义,但它们表明很强的社会作用与变量的领先形式相互联系。

表 13.5　卡罗尔·迈耶斯的录音中抱怨类跟其他类的(æh)F2 值对比

	抱怨		其余	
	单词	F2	单词	F2
(æhS)				
	last	2544	last	2406
	last	2734	laugh	2139
	last	2351	laugh	2460
	half	2773	ask	2192
			pass	2468
			pass	2682
平均值		2601		2391
标准差		194		199
(æhN)				
	jam	2679	can't	2593
	jam	2437	can't	2375
	Anne's	2529	stamp	2417
			stamp	2355
			man	2657
			chance	2575
平均值		2548		2495
标准差		122		128

来源:Hindle 1980,表 4.7

对图 13.9 和话语类别的相关性有两种可能的解释。第一种解释,这些都是音位变化,基于和派生于这些变量在社区中的社会分层。跟往常一样,社会分层和语体转换涉及的都是相同的变量(第 3 章)。这个事实反映在图 13.10,其中把卡罗尔·迈耶斯的元音转换跟图 4.8 提供的虚时变化的总体观点联系起来。对于这 14 个元音中的每一个,圆圈显示的是社区整体的平均值,箭尾显示的是比平均值大 25 岁的说话人的预期值,箭头是比平均值小 25 岁的说话人的预期值。卡罗尔·迈耶斯使用的三个/aw/值叠加在左下角。迈耶斯从家到办公室再到游戏的语体转换方向,跟
442 社区中的音变方向是平行的。在和密友相处中,迈耶斯把她的元

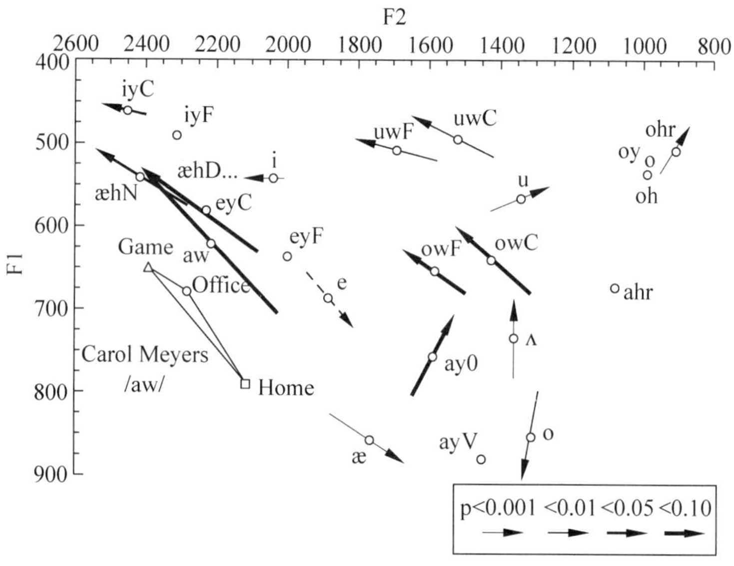

图 13.10　卡罗尔·迈耶斯在费城元音(aw)虚时变化值(图 4.8)的叠加
圆圈代表街区研究中 112 人的平均值。带箭头的线段连结比平均值大 25 岁和小 25 岁的值

音系统转向女性引导的费城音变的领先形式。总之，卡罗尔·迈耶斯语体转换的轴心与语言变化的轴心是平行的。[1]

对于男性主导的/ay/在清辅音前的央化，卡罗尔·迈耶斯在事务类环境中遵循社区模式，但是在玩桥牌时跟女性朋友交谈中却转为相反的方向。她在社交中的转换可以认为是社区中语言变量的性别差异的反映。

对图 13.9 的第二种解释是**语音**变化：卡罗尔·迈耶斯的语体转换可能只是一种整体的语音变化，与特定的费城音变无关。若真如此，那么她的行为就是由表意性和发音姿势之间的普遍的象征性关系决定的。图 13.11 是三种情景的语体风格各占据的整体 443
元音空间：实线连接最外围的游戏类情景的平均值，虚线是家中情景，点线是办公情景。我们可以看到，游戏情景扩展了音系空间，除了中部的几个符号之外把其他情景都包括进来了。在前高、后高和低的区域，游戏情景都超出其他两种情景以外；办公情景和在家情景之间没有一致的区别。那么，迈耶斯在游戏情景中的语体转换可以理解为一种更有表现力的姿态的自然反映，其中嘴唇的舒展、下巴的张开、嘴唇的拢圆都充分夸张，造成图 13.11 的效果。那么有什么证据认为图 13.9 是对费城语音系统更具体的调整，也就是说，是音位变化呢？

语音的假设必须能够从机制上预测在游戏情景中哪些元音会

① 主要的例外是(æhN)的情况，办公室的平均值垂直下降，同时 F2 比正常变化路径高得多。我们能够在这里识别办公语体的语体修正标志。如第 6 章所示，(æhN)是费城变量中低俗程度最大的，这种类型的修正，在纽约比费城更为常见，通常是在修正元音的高度的时候，保持原来的松紧和前后的程度。

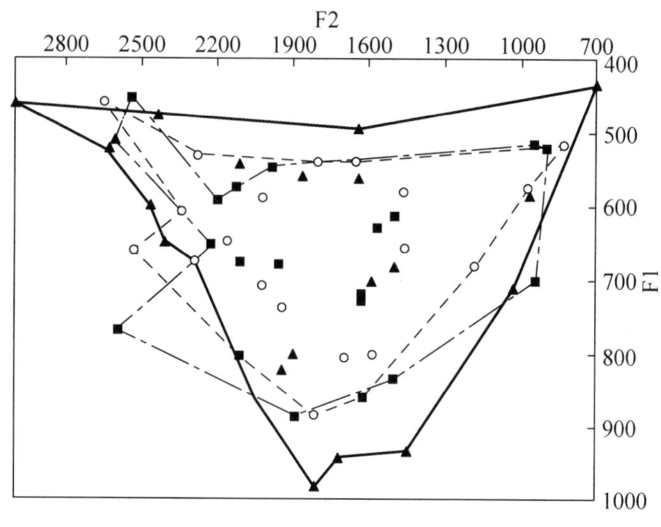

图 13.11　基于图 13.9 的卡罗尔·迈耶斯情景语体的轮廓线

实线=桥牌;虚线=家里;虚线=办公室

向下移动,哪些会向上移动。(aw)、(eyF)和(e)实际上高度大约相同,但它们语体变换的方向相反;对于(aw),游戏情景的表现符合进行中的音变方向;对于(eyF),游戏情景的开口度更大,早期的费城方言大概就是如此;对于(e),它遵循的是初始的变化方向,现在似乎更充分地实现了(第 15 章)。游戏情景在高位都有向前
444 后外缘位置的移动,但是对于央化变量(uwF)、(uwC)、(owE)和(owC)则没有什么相应的变化。实际上,它们没有很明显的前移,而只有(uwC)在游戏情景里完全向元音系统的外缘移动。这符合音位的解释,因为向上移动并不是这些元音社会性所驱动的方向:如果有的话,元音是向下移的。

尽管语体转换的语音解释不容易排除,但对卡罗尔·迈耶斯语体变转最为一致性的解释倾向于音位解释。我们将进一步假

设,卡罗尔·迈耶斯的语体变换清楚地表现了费城音变的社会过程。认识到女性和女性交谈的非正式语体接近年轻人的形式,观察者可以预测出语言变化的方向。[①]

正如我们对图13.9的分析,幼儿通过观察父母的行为而学到语体转换的维度,这是有可能的。但是,对儿童最大的影响似乎更有可能来自比他们大一两岁的其他儿童。卡罗尔·迈耶斯的行为反映出她在青少年成长期学到的语体转换。

这种推论得到以下事实的支持:成人在一个新模式兴起的时候改变自己行为的能力是很有限的。在二战后纽约市传统权威方言被r-发音变体所取代,这一点表现得很清楚(Labov 1966a)。(r)变量是一个自上而来的变化,其中几乎所有的纽约人都把元音后的/r/发成辅音的[r],尤其在较正式的语体中频率更高。第1卷的图4.3显示,1962年(r)的分层在1986年的调查中重复出现,24年来[r]的总体使用增长得很少,竟然只有12%。对大多数纽约人来说,辅音[r]仍然是在他们成年后习得的。一个叠加的特征,在纽约下东区的访谈中,当他们试图按照要求在读一篇文章中把每个**r**都发成辅音时,很少有人能够成功地做到。

由此可见,卡罗尔·迈耶斯在图13.9—13.10中所表现的系统性转变是来自她成长时期的传承,而不是过去20年间持续变化过程的结果。让我们接受这样的观点:女性在和同伴——其他女性的亲密和兴奋的交谈中,会使用语言变化中更为领先的形式。

① 不能通过一个有经验的观察者从青少年使用的形式进行同样的推论,因为,如我们已经看到的,稳定的社会语言变量的特点就是具有青春期峰值(见第3章)。

让我们同样接受这样的事实:青春期的女孩,语音系统比卡罗尔·
445 迈耶斯更具可塑性,是音变传递的主要接受者。在南费城的学校,或贝尔顿高中,12 岁的女生会观察 16 岁的女生使用的领先形式,并可以通过模仿来提高自己的使用能力。这就是在最简单意义上的传播形式,但是这还没有解释我们在第 9 章里在年轻女性中观察到的有规律的线性增长。我们必须面对增量问题,即下一章的主题。

第14章　增量 446

上一章在确定语言变化传播的社会场所方面取得了相当大的进展。下面所面临的问题是语言变化一步步向前发展的机制，即*增量问题*。在探索语言变化中的社会因素的整个过程中，一个至关重要的问题被推向讨论的前沿，它仍然是上文所述的传播机制中的一个空白。这个问题在典型的活跃的新变化中表现得最为清楚，即女性比男性领先了一代人。这种女性领先模式以十年为期，接近线性不断发展，至今还没有得到解释。这种增量是怎样发生的，为什么会发生呢？

14.1　稳定化

第1卷第4章评述了四个进行中的语言变化的实时研究，这些研究有助于解释音变的虚时分布。现在的年龄层级可以代表在每代人中重复出现的年龄阶变：所有的说话人都会随着年龄增长改变自己的变量水平。或者，年龄分层可能代表了一代人变化，即说话人在最初的习得和社会化阶段之后，保持一个恒定的水平。如果说话人确实是不稳定的，并且整个社区一起发生了变化，实时研究将会发现，虚时研究低估了正在发生的变化的程度。

这些实时研究都没有提供明确的证据表明老年人是否保持着一个稳定的系统，尽管他们有一定程度的实时变化和一些年龄阶变的迹象。塞德格伦对巴拿马城/ch/的弱化进行的再研究发现

(Cedergren 1973,1984),这个音变从 40 岁到 70 岁进展了大约 10%。可是跟间隔 13 年的年龄组的数据相匹配,可以看到社区变化的证据,因为这个年龄范围的说话人已经超过了他们 1973 年的水平。第 1 卷第 4 章的结论是,有足够的社区变化的证据使我们怀疑,虚时研究低估了音变的速率。

447 最近诺德伯格和他的同事在 29 年后再次调查了瑞典的埃斯基尔斯蒂纳镇(Eskilstuna)的社区(Nordberg 1975,Nordberg and Sundgren 1998)。他们的趋势研究包括在 1996 年再次访谈的一组 1967 年的 13 位说话人。他们发现了进行中的音变的一个明确例证:当地复数中性后缀-*ena* 代替标准形式-*en* 的整平现象。在这里,那些 1967 年在 45 岁以下的成员显示出变化的增量与整个社区的增量相同,而那些当时 50 岁以上的人却没有变化。诺德伯格和松德格伦(Sundgren)的结论是,50 岁以后方言就稳定下来了。这正符合第 4 章引用的关于费城老年人稳定性的证据(Labov and Auger 1998)。30—50 岁之间的说话人的不稳定可能是与自下而来的变化相对的自上而来的变化的特点,或者是跟音系学相对的形态学的特征,但是这强调了一个事实,即青壮年稳定性的假设——已经据此建立模型——可能必须做出修改。

下面建立的音变模型把音系稳定化的年龄设定在 17 岁。①

---

① 在约翰森和纽波特的实验中(Johnson and Newport 1989),17 岁是习得母语句法的直觉能力下降的底线年龄。佩恩对普鲁士王村研究中的一些证据(第 13 章)表明,对于习得抽象的语音规则,8 或 9 岁可能是更为关键的年龄。对于一些变量,年轻人的变化会继续发展到十几岁和 20 岁出头的时候,而在诺德伯格和松德格伦的上述研究中,这会持续到 30 岁和 40 多岁。

这并非是实质性的表述，而是一种简化，使我们能够有一个可控的空间采用其他假设的结果。

14.2　一个线性音变模型

考虑到女孩和男孩都是起始于母亲的元音系统的水平这个事实，那么女孩必定是通过对她们最初习得的方言进行重组，来增加对语言变化形式的使用。最简单的假设，这是一种持续性的增长，从儿童最初离开父母的语言主导(4—5 岁)，到他们的语言系统稳定化(17—20 岁，或也许更晚)这段时间。下面的讨论将集中在构建这个时期增量的线性模型。这个模型通过设定两个常量来简化。把一代设定为 28 年，相对稳定化的年龄(或“临界年龄”)设定为 17 岁，以使模型的形状保持在界限以内。任何其他的稳定化年龄将会得到同样结果。

图 14.1 是单个说话人逐年的音变预期值的图示。我们假定这是一位女性，并正参与一种女性主导的音变。在这个模型中，变 448
量水平在 1 到 3 岁最初习得的跟 30 岁看护人的水平一致，设定为

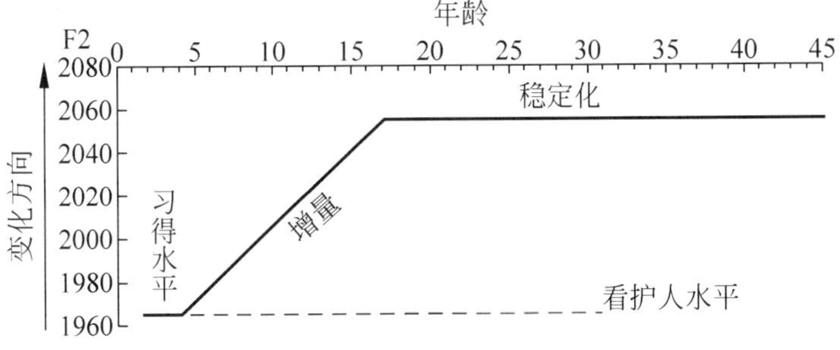

图 14.1　单一女性说话人从 1 岁到 45 岁的线性增量模型

任意水平 0。变量的 F2 从 4 岁开始增长,持续 13 年。在 17 岁时,增量结束,语音系统稳定下来。

作为一种最简单的可能性,假设这个模型适用于每个人:当变化开始的时候,所有的女性说话人在她们的成长期都表现出相同的增长速率。让我们进一步假设这是一个简单的机械过程,并任意设定以下参量。儿童 4 岁之前一直保持他们看护人的语言系统,并且经历音变的影响后到达 17 岁的稳定年龄。音变将由任意设定的 0 开始计量,每个说话人的话语以每年 1 个单位的速度增长。每一代设定为 25 岁,即母亲初次生育的平均年龄是 25 岁。

图 14.2 显示的就是这样一个开始于 1900 年具有一致增量的音变对于语言社区的影响。纵轴代表单位,横轴表示说话人的年龄。图 14.2 底部的第一年的轨迹(标为实心圆形)是 1925 年。此时,看护人的言语仍在基线 0 的水平。刚刚从这个水平出来的 5 岁儿童在一年中前进到单位 1;而 9 岁的儿童已经升到单位 5。17 岁水平为 13,这是所有 17 岁到 25 岁的说话人(即,生于 1900—1908 的人)达到并保持的稳定水平。生于 1900 年以前的人并没

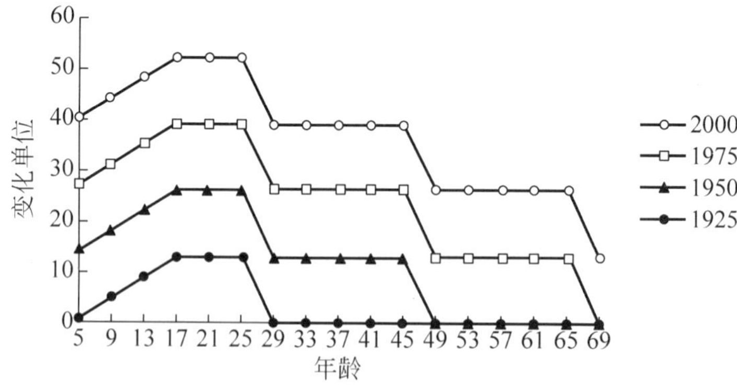

图 14.2 一个具有一致增量的进行中语言变化的年龄分布曲线

有受到这个音变的影响，保持在基线 0 的水平。

考虑到这种增量的一致性，这个 1925 年的模式将重复出现，直到 1929 年。但是 1930 年会引入一个新的现象。受到音变影响的母亲养育的 5 岁儿童将首次进入更大的言语社团。这些孩子的母亲 449
生于 1900 年。因为他们已经习得了母亲(或其他女性看护人)的语音形式，他们将从一个基数为 13 的水平开始，并在 5 岁时达到 14。

图 14.2 中带黑三角的轨迹记录了 1950 年达到的情况。在这点上，学龄人群将沿着向上的轨迹从单位 14 到 26，并在这一水平上稳定到 29 岁的。29 岁到 45 岁的说话人会继续保持他们已经达到的稳定水平 13，只有那些 49 岁及更大年龄的人将继续保持从未受到音变影响的人的基线水平 0。

1950 年这个阶梯型模式在 1975 年和 2000 年重复出现。由离散水平表现的非连续性是由儿童们带来的创新浪潮造成的代际效应，这些儿童的母亲的音变处于比前一代更高的离散水平。这不是我们在第 9 章和第 11 章中发现的女性的线性模式，而是与男性模式相似，这被解释为女性看护人的代际影响的结果。

我们可以对进行中的语言变化用一个更合理的模型来代替统一的增量。很多研究发现语言变化遵循一种逻辑的进程(Bailey 1973:77；Weinreich，Labov，and Herzog 1968；Kroch 1989；第 1 卷，65—67 页)：在这个过程中，变化开始时速度较慢，在中期达到最大速率，再逐渐慢下来到结束。逻辑表达式(1)生成了这样一种分布：

(1) $I=K_1/(1+K_2/N_0\times e^{-rt})$ 450

这里 K_1 是音变一年内可能的最大值，K_2 是音变的极限，N_0 是起始年，r 是变化速率，t 是以年为单位的时间。设定 K_1 和 K_2 为

100,N_0 为 1 年,r 为 0,就生成了图 14.3 中的结果,显示出变化从 0 到 100 的逐年进程。图 14.4 画出每年比前一年的增量。这些增量一开始很小,在变化中途上升到最大值,再以对称的方式下降。下文中逻辑增量的发展就要使用在这些图的基础数据,详见表 14.1。

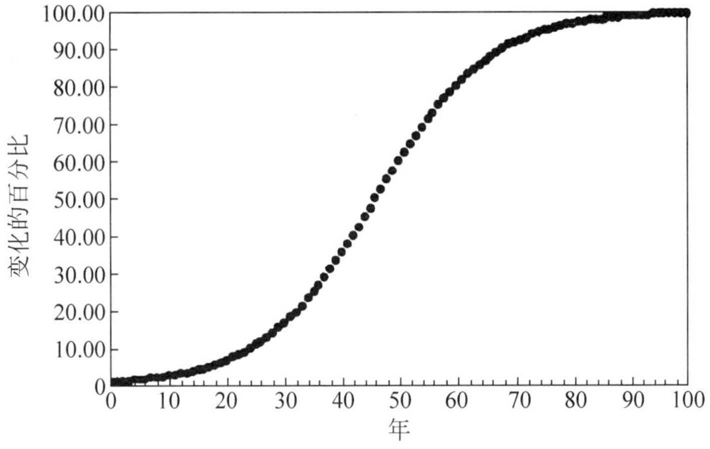

图 14.3　一个具有逻辑增量的音变的 100 年进展过程

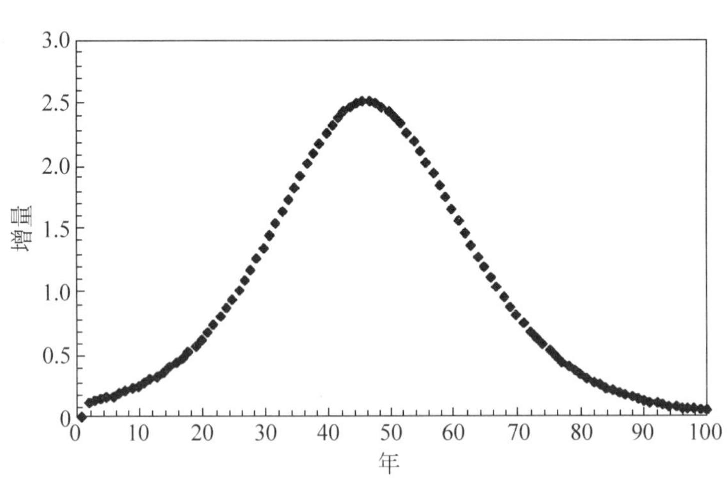

图 14.4　逻辑曲线递增率的升降

452

表 14.1 一个世纪逐年的逻辑增量数据表

年	水平	增量	年	水平	增量	年	水平	增量	年	水平	增量
1	1.09	0.00	26	11.87	1.01	51	62.12	2.38	76	95.23	0.47
2	1.21	0.11	27	12.95	1.09	52	64.45	2.32	77	95.67	0.43
3	1.33	0.13	28	14.12	1.17	53	66.70	2.26	78	96.06	0.40
4	1.47	0.14	29	15.38	1.26	54	68.89	2.18	79	96.43	0.36
5	1.62	0.15	30	16.73	1.35	55	70.99	2.10	80	96.75	0.33
6	1.79	0.17	31	18.17	1.44	56	73.00	2.02	81	97.05	0.30
7	1.97	0.18	32	19.70	1.53	57	74.93	1.92	82	97.33	0.27
8	2.18	0.20	33	21.33	1.63	58	76.76	1.83	83	97.58	0.25
9	2.40	0.22	34	23.06	1.73	59	78.50	1.74	84	97.80	0.23
10	2.65	0.25	35	24.88	1.82	60	80.14	1.64	85	98.01	0.21
11	2.92	0.27	36	26.79	1.92	61	81.68	1.54	86	98.19	0.19
12	3.21	0.30	37	28.80	2.01	62	83.13	1.45	87	98.36	0.17
13	3.54	0.33	38	30.89	2.09	63	84.49	1.36	88	98.52	0.15
14	3.90	0.36	39	33.07	2.17	64	85.75	1.27	89	98.65	0.14
15	4.29	0.39	40	35.32	2.25	65	86.93	1.18	90	98.78	0.13
16	4.72	0.43	41	37.63	2.32	66	88.03	1.09	91	98.90	0.11
17	5.19	0.47	42	40.01	2.37	67	89.04	1.01	92	99.00	0.10
18	5.70	0.51	43	42.43	2.42	68	89.98	0.94	93	99.09	0.09
19	6.27	0.56	44	44.89	2.46	69	90.84	0.87	94	99.18	0.09
20	6.88	0.61	45	47.37	2.48	70	91.64	0.80	95	99.26	0.08
21	7.55	0.67	46	49.87	2.50	71	92.38	0.73	96	99.33	0.07
22	8.28	0.73	47	52.37	2.50	72	93.05	0.67	97	99.39	0.06
23	9.07	0.79	48	54.86	2.49	73	93.67	0.62	98	99.45	0.06
24	9.93	0.86	49	57.32	2.46	74	94.24	0.57	99	99.50	0.05
25	10.86	0.93	50	59.74	2.43	75	94.76	0.52	100	99.55	0.05

图 14.5 记录了遵循这个逻辑进程的语言变化的发展轨迹,始于 1900 年,一直延续跨越 20 世纪。横轴是说话人的年龄,按照 4 年间隔计算,纵轴显示从最小值 0 到最大值 100 变化的抽象比例。图表底部带实心圆形的线是 1925 年的情形。一个点的值就是说话人到这一年参与进行中变化的增量的总和。例如,9 岁的孩子会从 5 岁到 9 岁参与到变化中,也就是从 1921 到 1925 年。他们达到了 3.98 的水平,这是表 14.1 第三列从 21 到 25 年的 5 个增量的总和。17 岁的人群参与变化已有 13 年,从 1913 年到 1925
451 年,增量总和达到 7.64 的最高值。由于音变在 17 岁时稳定化(假设的),所以现在 21 岁的人比 17 岁的水平更低,因为他们是在更早时期,从 1909 到 1921,参与变化的。表 14.1 中,9 到 21 年的增量总和只有 5.37。于是对于 29 岁和更大年龄的人,1925 年的曲线进一步下降到 0 水平,因为根据假设,这个音变只影响那些 1900 年以后进入更大的言语社区的人。

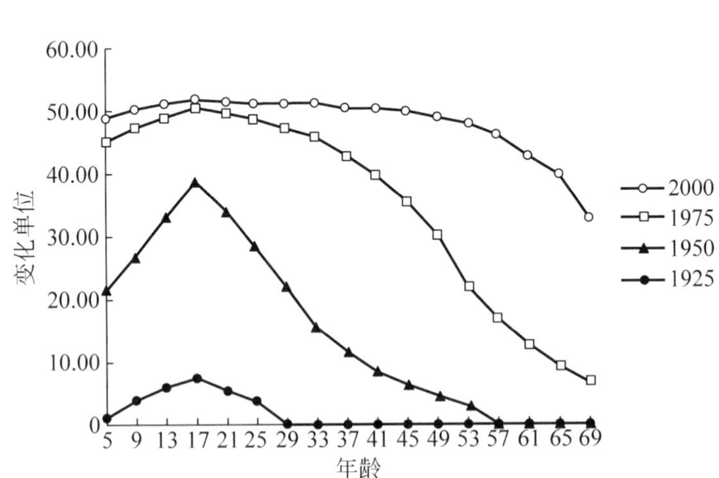

图 14.5　一个进行中的语言变化中女性的年龄分布及其逻辑增量的曲线

对于 1950 年的计算更为复杂，因为这必须把儿童的增量加到她母亲所达到的水平上。一个在 1950 年为 5 岁的女孩是在 1945 年出生。这时她的母亲是 30 岁（假设 25 年为一代），是 1920 年出生；她从 1925 到 1937 年完全参与了音变。表 14.1 中，从 1925 年到 1937 年增量的总和达到了母亲的最大值：18.87。再加上 1950 年的增量 2.43，这时 5 岁的儿童参与了音变，得出了儿童在这一年达到的值为 21.30。

1950 年的曲线急剧上升，因为这是逻辑曲线的斜率达到最大值的点，然后就在前四个值对称下降。这个曲线的右侧分支对应于图 9.5 的费城音变中接近线性的成年人模式。图 14.5 的曲线没有保持同样的斜率，而是越降越平缓。不过，它比图 14.2 的阶梯型模式更接近于一条直线。通过 17 岁到 57 岁的 11 个点画一 453
条直线会表现出很好的拟合：r^2 为 0.953，接近于图 9.5 中的女性说话人在(aw)上的年龄模式的值 0.961。对图 14.2 阶梯型进程进行类似计算得出 r^2 值为 0.84，与图 9.5 中男性 0.79 的斜率相去不远。

这些计算的中心兴趣点是从母亲受到变化影响的说话人到母亲没受变化影响的说话人的过渡。首先考虑 1950 年为 29 岁的人。他们的母亲当时是 54 岁，1896 年出生，1900 年上学，那时音变刚刚开始。而那些 1950 年为 33 岁的人的母亲并没有参与到变化中。她们当时应是 58 岁，1892 年出生，1896 年上学，那是在变化开始的四年前。在图 14.5 中，29 岁和 33 岁人群之间的曲线没有明显的中断，而是有一个轻微的坡度变化。

对于 1975 和 2000 年的计算都需要进行这样的计算，考虑到每一代的母亲都会把她们的儿童的初始水平提升到自己在成长期取得的最高值,并把每一代的累积贡献考虑进来。例如,在 1975 年为 17 岁的人最大值是她们外祖母从 1913 年到 1925 年的增量与她们母亲从 1938 年到 1950 年的增量以及她们自己从 1963 年到 1975 年参与变化的增量的总和。随着语言变化接近完成,年龄
454 差异也趋向最小,所以 2000 年的曲线升高到 17 岁最大值后下降,但偏离直线的幅度很小。

逻辑增量是否能够完全解释成年女性中的线性发展,或者这是不是进一步平滑化的结果,这仍然是个问题。第 1 卷第 4 章回顾的那些实时研究都表明,成年说话人还会有进一步的变化,这就需要我们对那些 17 岁以上的说话人不再参与变化进展的假设做出修改。不论需要再做什么修改,变化速率与时间之间的逻辑关系——或者类似的 S 形函数——显然是对增量问题合理的最初近似。

根据逻辑增量对进行中音变的建模具有更广泛的意义。逻辑函数在群体遗传学中的应用最为突出,为物种或变体之间一种逐渐取代另一种的竞争建模。到目前为止,我们一直把(æ)的高化或(aw)的前化看作在一个连续语音底层中的渐进变化,很可能也是以这种方式开始的。不过,如果自下而来的变化的发展出现了社会评价,社会对这个过程的看法更有可能是在“领先”形式与规范形式之间的极性对立。埃克特在底特律对北方城市音变的研究(第 13 章)也按照这个逻辑,把主观印象的多元分级改为“领先”和“非领先”的二元对立,并把它用于变项逻辑回归分析,得出满意的结果。关于逻辑模型对于音变机制的影响,将在第 15 章和第 16 章音变机制的探讨中进一步论述。

虚时中的峰值

目前我们的关注点在如何解释成年女性说话人的线性模式。这里生成的曲线形状还有些其他特征。最引人注目的一个特征就是在稳定年龄附近存在峰值。

早期对进行中变化的研究并没有预料到虚时中会出现峰值。人们设想，随着年龄组越来越年轻，一个活跃变化的虚时反映会在同一方向继续发展。在诺里奇(el)的后化中反映了这个模式(Trudgill 1974b)，这似乎是纽约市和巴拿马城音变的特点，形成了第 1 章提出的弧形假设的基础。那个假设的陈述是“年龄组中的单调分布与社会经济层级中的一个弧形模式相联系”。但是在一些语言变化中发现，20 岁以下说话人的指数有所下降，这引起我们推 455
测，这些变化实际上可能已经达到极限，并在衰退中。艾施(Ash 1982a)对费城的(l)元音化的研究就是这种情况，其中说话人在 20 岁左右达到峰值。第 1 卷第 4 章回顾了塞德格伦(Cedergren)对

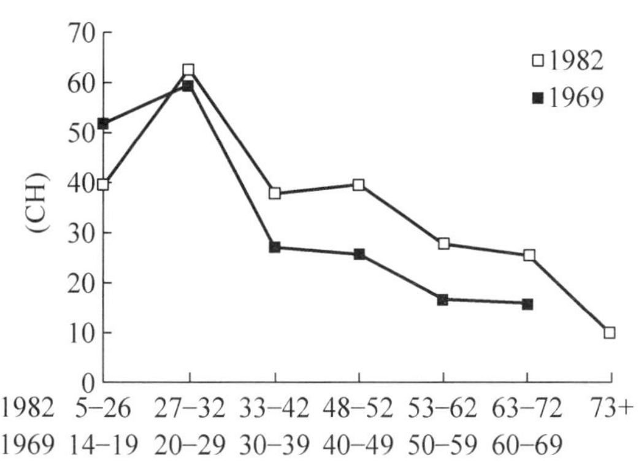

图 14.6　赛德格伦对巴拿马城(ch)弱化的实时再研究
(Cedergren 1973，1984)

巴拿马城(ch)的弱化做的两次实时研究(图 4.8，这里复制为图 14.6)。对于在最年轻的群体中弱化的减少没有给出解释；我们现在可以看到这是进行中变化的一个普遍条件。

在图 14.2 的统一增量模型中，并没有出现虚时中的峰值。然而，图 14.5 的逻辑增量必定会显示出这样一个峰值，因为每一年的人群的经验都把它比大一岁的说话人更推进一步。实证研究中峰值的存在，进一步证实这个模型符合实际情况。

第 9 章的结果没有显示出足够详细的分组情况，无法考察这样一个峰值的存在。为此，我们需要把女性样本划分为几个更小的年龄组。因为 17 岁是关键年龄，我们需要在 17 岁以下分出几个年龄组。根据费城街区研究的数据，我们分出以下几个年龄组：[①]

年龄	说话人数目
13 岁以下	6
13 到 16 岁	17
17 到 29 岁	22

456 图 14.7 显示使用这些修改后的年龄分组的两个活跃的新变化
(aw)和(eyC)的预期值。它们是图 9.5 和图 9.6 的扩展形式，重
新安排为女性分布图在上，男性分布图在下。在这些分析中保留
457 了所有显著的职业和街区类别。[②] 常见的女性线性模式一直向上

① 尽管 17 岁被选作稳定化的临界年龄，费城街区研究数据中的四名 17 岁少年并不像 16 岁少年那样具有累加音变的代表性。因此，我把 17 岁的少年合并到年龄更大一些的青年人群组。

② 所有分析中都保留了弧形模式，技术工人职业组为正值(aw2 女性 83，男性 117；eyC2 女性 173，男性 179)。只有维克街男性显著领先(aw2 170，eyC2 179)。

到 13—16 岁组，在 13—16 年龄组出现峰值。下图为相对应的男性模式，以阶梯型模式向上累加，直到最小年龄组。因此，实证数据显示出模型预测的峰值，这个模型是为表现在女性引领的音变中女性随时间的增量而设计的。男性表现为相反的模式，这符合性别不对称模型的预测：他们参与音变是因为继承了女性看护人的增量，而不是由于图 14.5 中的增量过程。

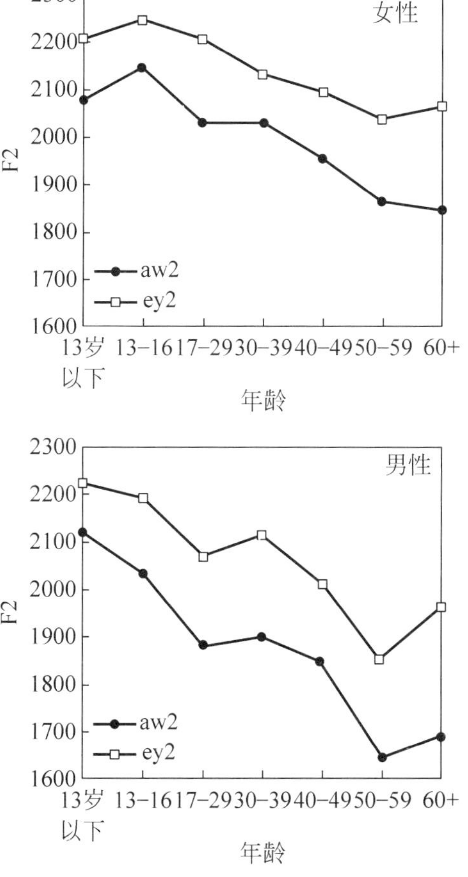

图 14.7　(aw2)和(eyC2)的预期值，通过把再分组的女性和男性受试者的年龄回归系数与常数相加得出

跟图 14.5 相对应的男性人群的变化模型将没有个人的增量部分。每一代人的每个年龄组的值将完全以他母亲(并通过继承,外祖母和曾外祖母)的经历来计算。图 14.8 显示的是男性在假设的从 1900 年到 2000 年的音变的结果。1925 年没有音变的证据,因为这时还没有说话人的母亲参与了音变。1950 年出现一个急剧下降的模式,这完全是母亲的最初作用造成的。1975 年没有出现峰值。但是在 2000 年,显示跟图 14.5 中女性 1975 年相同的微小波峰。

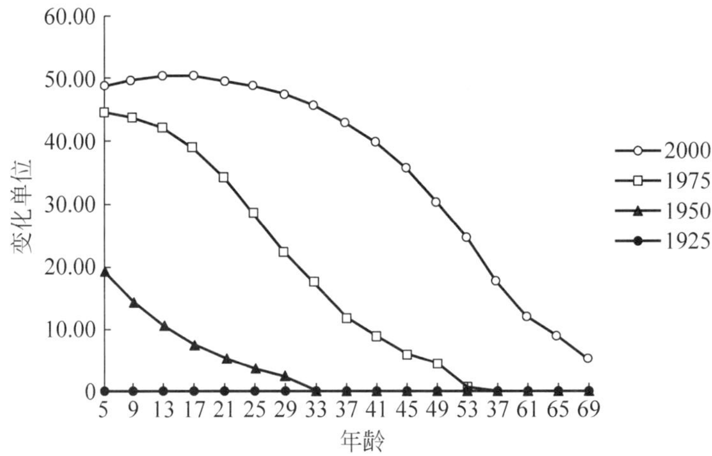

图 14.8　男性在进行中语言变化中的年龄分布与逻辑增量的关系

因此,逻辑增量模型反映了在图 14.7 中看到的男性和女性音变模式之间的主要差异。然而,图 9.5 和图 9.6 的男性阶梯型模式没有在这些计算中清晰地出现。用一条直线与 1975 年的曲线相拟合,我们可以得到一个 0.93 的 r^2 值。尽管这比女性的低,还是远高于在言语社区中得出的值。逻辑增量模型没有完全解释成年男性和女性在这方面的差异。

458

图 14.7 中从 13 岁以下组到 13—16 岁组的女性增量本身并不显著。如果我们把 13 岁以下组作为回归分析中的残差参照组，那么 13—16 岁组的(aw)和(eyC)随机上升的概率分别是 0.4907 和 0.6837。然而，费城方言中有九种女性主导的进行中的音变，如果这里提出的增量模型有效，就应该适用于所有这些变化。图 14.9 就是把所有这九个变量的年龄系数画在一幅图中。因为它们都涉及第二共振峰的提高，所以它们处于一个大致可比的量度，范围为 -150Hz 到 350Hz。其中每一个变量都显示出在虚时中的一个峰值；对于(uwC)，峰值位于 17—29 岁年龄组；对于其他变量，位于 13—16 岁年龄组。这对图 14.2 中的逻辑增量模型是有力的证明。有几种方法来计算这个结果的显著性。简单地把这 459
个系列作为一种二元选择：每个峰值都有是否出现的可能，得到全

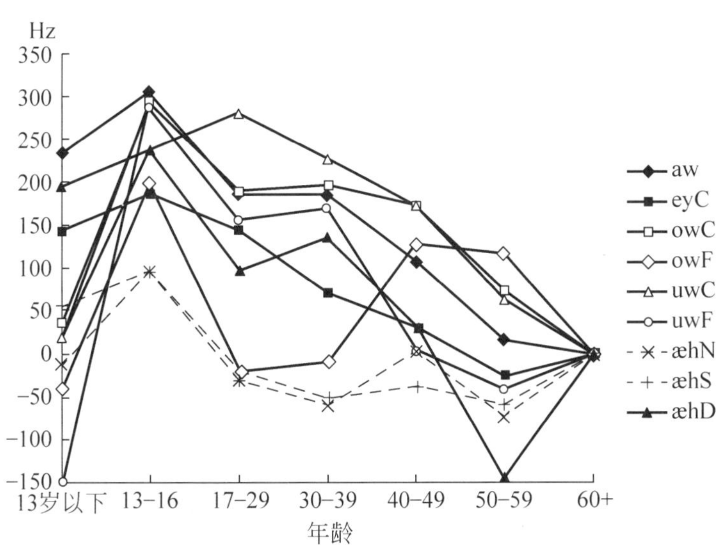

图 14.9　女性主导的费城九种进行中的音变中女性说话人的年龄系数

部九个变量都有峰值的概率是 $1/2^9$ 或者 0.0019。一种更准确的估算是采用来自回归系数 t 检验的概率对数总和。这个和的负值的二倍就是这个系列的方差值,29.23;自由度为 8 度,这样的结果得出随机概率是 0.0003。

在图 14.9 中,三个活跃的新变化用实心图形和粗线表示:三种模式有明显的相似性。中期变化用空心图形和细线表示,在成年人的分布中规律性较差,可在从 13 岁以下年龄组到 13—16 岁年龄组上升的陡峭斜度上是非常一致的。接近完成的变化用带交叉形状的虚线表示;它们总体的年龄斜度和向上的偏移都很小。

把同样的方法用在费城街区研究中的男性说话人时,结果的规律性就差多了(图 14.10)。活跃的新变化(aw)、(eyC)和(æhD)再次出现了平行现象,并表现出一种没有青春期峰值而上升到最

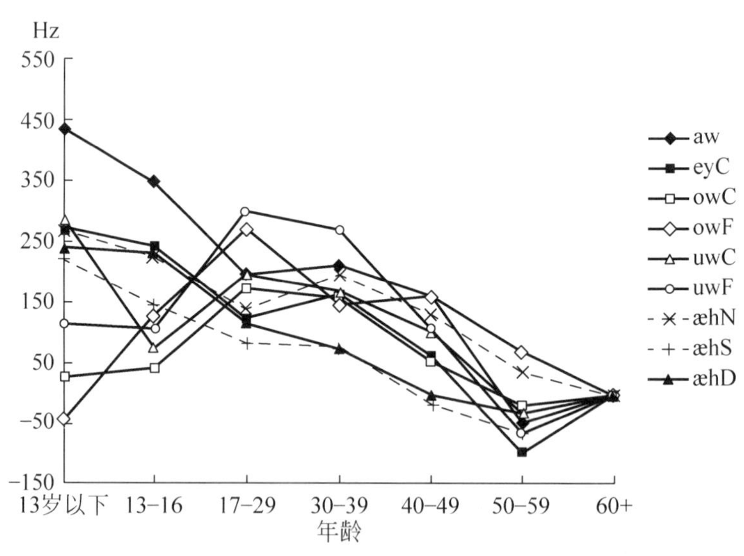

图 14.10 费城方言中女性引领的九种进行中音变中男性说话人的年龄系数

小年龄组的模式。接近完成的变化(æhN)和(æhS)也是同样的情况。然而,中期变化一般是在 17—29 岁年龄组出现峰值。因此, 460
这些中期音变很可能在到达完成阶段之前就后退了。图 14.9 中女性 13 岁以下组的陡然下降和图 14.10 中男性 17—29 岁组的峰值,二者都指向这种趋势。

弧形假设的再陈述

现在我们清楚地看到,进行中的语言变化在社会和年龄两个维度上都遵循着弧形模式。稳定变量与自下而来的变化之间的最初区别不再保留了。第 1 章的弧形假设最好是从成年人群体的角度重新做出陈述:

> 稳定的社会语言变量把成年人平缓的年龄分布与单调的社会阶级分层结合起来;进行中的变化把成年人年龄组的单调分布与社会经济层级的弧形模式结合起来。

这个重新陈述的优点是与第 3 章的研究结果相一致,描述了稳定社会语言变量的年龄模式,并排除了低俗化语言变量中典型的青少年尖峰。

解释男性主导的变化

与女性主导的九个变化相对的是男性主导的语言变量(ay0)。图 14.11 显示出男性和女性的预期值,通过把每个年龄组的系数与回归常数相加,再加上性别系数(女性为 36Hz)计算得出。正如我们已经看到的,音核的央化从 60 岁以上年龄组的基准水平向上发展,是男性领先的。在这个例子中,男性在 13—16 岁年龄组出现峰值,女性则是持续向上发展。

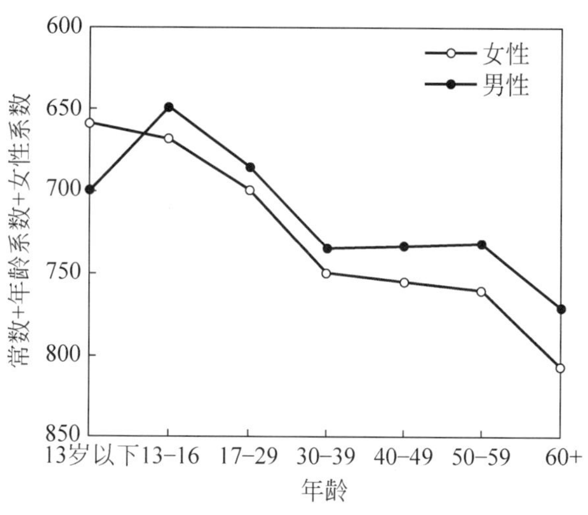

图 14.11 按照年龄和性别用回归常数、年龄系数和性别系数计算的(ay0)预期值

把增量模型用于一个男性主导的变化并不是一件简单的事。如果我们做出跟女性模型相反的假设——即男性具有逐年变化的逻辑增量,而女性没有,女性就会一直停留在零的水平。如果没有任何来自母亲的语言输入,男性会遵循跟图 14.5 大致相同的模式变化,但速度要慢得多,而女性则完全不会参与变化。不过事实并非如此:女性并没有放弃/ay0/的央化,而是作为一个整体紧紧跟随在男性之后。

女性可以有几种方式在较低水平上跟随(ay0)音变。她们可
461 能变化速率较慢。或者她们可能在任何一年中的变化量(逻辑公

式中的变量 K_1）有一个下限。或者她们可能在以后的 13、14 或 15 岁开始模仿男性的音变。这里的困难在于，本章一直在描述言语社区似乎所有男性和女性的行为方式都是相同的，而第 5—12 章的情况却与此相反。图 14.2 表现的趋势似乎在很大程度上独立于把塞莱斯特使用(aw)和(eyC)的领先形式跟梅的保守形式相区分的作用力。但是(ay0)的情况与此不同。图 9.14 和图 9.15 表现出不同社会阶层在(ay0)上的曲线。虽然专业人员中男性和女性使用(ay0)存在巨大差异，可是在非技术工人群体中却没有任何差异。在这方面，(ay0)跟(eyC)相反，性别与阶层的效应各自独立。[①] 在这点上，把(ay0)作为人群总体模式的努力不太可能成功，因为这只是单个的案例，没有决定性的方法解释女性是怎样进入这个变量的发展的。

开始与结束 462

上一节的说明对于那些自己的母亲受到进行中变化影响的年轻说话人最为适用。不仅他们的母亲给了他们一个领先的基础，而且他们自己也模仿了朝向音变方向的语体转换模式。但是，他们的母亲位于基线水平的第一代人该是什么情况呢？第一代人中的语言变化必定发展缓慢，因为这主要是机械因素推动：通过下一代对概率匹配造成的不对称系统进行重新调整。图 14.4 的模型

---

① 中期的音变在性别和阶层的独立程度上处于中等水平，接近完成的变化表现出相当大的交互作用。这种交互作用伴随着对于这些变化的社会意识的增长。但(ay0)远非一种社会传统规范，公开的社会低俗化与我们这里看到的性别差异没有任何关系。

表现出第一代中的变化确实很慢,以至于用仪器分析可能都检测不出显著性。1970年代中期在费城街区研究中发现的几个变化就是这种情况:/e/和/æ/的低化和/ʌ/的后化都被描述为初始的变化(有可能,但没有显著的年龄系数证实)。当这个最初的变化附属于或联系于一种特定语体或社会群体的时候:像伯闹茨这样的社会类别或像肯辛顿这样的街区,变化的加速就从逻辑上开始了。这种联系是一种任意的,几乎是偶然的事件。很可能大多数初期的变化都不会有这样的联系,也永远不会有进一步的发展。如果这个音变与男性相联系,那么不论发生怎样的加速,都会受到机械因素的影响。在第二代,儿童将会从他们相对保守的女性看护人那里获得最初的语言输入,并在一个不太领先而不是领先更多的位置上开始自己的语言发展轨迹。大多数男性主导的初期变化都可能无声无息地消失。那些幸存下来的音变大多是与向上流动的阶层中的女性说话人相联系,并遵循着根据上文的逻辑所描述的逻辑曲线的线性部分发展。

我们知道最终的情况将是,多数音变会达到S形曲线的顶部,然后减速,逐渐接近极限。出现这样的曲线不需要什么条件。在种群生物学中,当种群增长接近环境承受能力时,就会出现减速现象。在语言结构中不存在这种极限。然而,对于某些接近语音可能性界限的语音变化是有自然极限的。当/æ/的音核达到前高位置,就不能在这个方向继续前进了。音变可以把它转为另一方向,例如在音节性变化中把它转变为上升的双元音。另一类限制因素是与另一个音位混淆与合并。当/ow/的音核到达一个前部的非外缘目标[ɛ>ʊ]时,可能就已经到了这样的极限,因为对应的外缘音核[E>U]被视作/aw/。考虑到合并现象非常频繁，我们不能把这种结构上的极限绝对化。不过，在这种情况下，发起音变的机制 463
同样会起到限制作用。

语言变化的驱动力

就女性主导的音变而言，增量问题似乎已经得到一些有希望的答案。机制因素（看护人的逐步增量）与社会驱动因素（逻辑增量）结合起来产生了成年人随年龄增长近似线性的下降和儿童随年龄增长有较小的线性上升。现在，我们可以对驱动语言系统前进的作用力的性质做出一些有根据的推测。

尽管社区言语系统会随时间向前推进，可是一个进入这个系统的女孩子必须迅速觉察到比她大的女孩子们使用更为领先的语言变量形式。当说话人采用这些更为领先的形式时，通常是按照把大孩子们的行为当作榜样的正常思路。按照增量模式，她最终会超越她们的水平。只是在她们成为具有稳定语音系统的成年人之后，她的音变还在发展的情况下，这种情况才会发生。最重要的问题是解释为什么增量会向上发展为S形曲线。

第1卷对链式音变背后的驱动力提出了一种机械的解释（586—587页）。对于任何具有不对称领域模式的音位，如果离群值与近邻音位的安全边界重叠，那么它们被听错的概率要比它们在没有近邻音位的方向扩展的概率大一些。当儿童的概率分布与观察到的看护人和大孩子们的结果相匹配时，在一个方向上离群值的缺失会自动使她的平均值移向相反的方向。因此，元音有一种朝着模式中的空位方向移动的系统趋势。尽管这可以解释拉链的优势,可还是不能解释两个事实:(1)并不是所有的模式中空位都被填满;也不是所有的链式音变一直都被激活。(2)确实会出现推链(例如,当北方城市音变中/e/后化先于/ʌ/后化时)。必定有一种社会力量激活这种音变并推动它的增长。

在第 13 章,我们观察到语言形式跟两极性的联系,如正式/非正式、年长/年少、更高/更低、本地人/外来者、乔克斯/伯闹茨等。在大多数情况下,大多数说话人对于任何一极来说,都是作为中间派,并随着朝向极性目标的方向的改变而改变自己的行为。从频
464 率或共振峰水平来看,我们感知的可能并不是一个具体的目标值,而是变化的一个维度或方向。这里,离群值的作用非常重要。大多数进行中的元音变化的分布在平均值周围并不出现对称分布。有些发音在变化的方向上偏离了其他发音,结果中位数总是比平均值更为保守。平均值本身并没有展示出进行中变化以及这些离群值的全部影响,这些离群值是强调的、完全重读的词例发音,其领先位置并不完全归因于它们的语音环境。图 14.12 显示的是北方城市音变最领先的代表之一的一个极端的例子,来自罗切斯特的珍妮特(Jeannette S.)。图中只显示了鼻音前的短/æ/元音。一组保守的词例发音,大多是开音节,集中在 F1、F2 值分别为 600、2300 的周围。一组更为领先的词例发音,都是闭音节,集中在 325、2500 周围,还有一个离群值,单词 *can*,位于 224、2600。尽管词首软颚音和后接鼻音促成了这个领先位置,但正是对这个词例的用力发音,导致了/æ/的极端高化和前化,标志着从[æ]到[iːə]的移动。

离群值似乎在确立两极化的社会语言维度方面起到了重要作

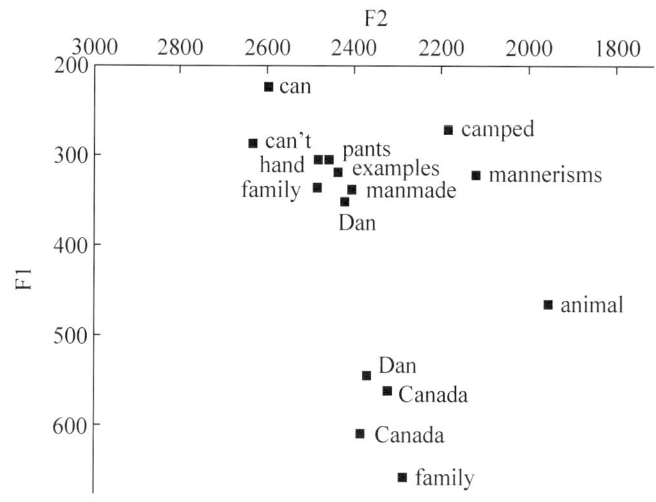

图 14.12　珍妮特鼻音前/æ/的分布(56 岁,纽约州罗切斯特市,电话调查 Telsur 359)

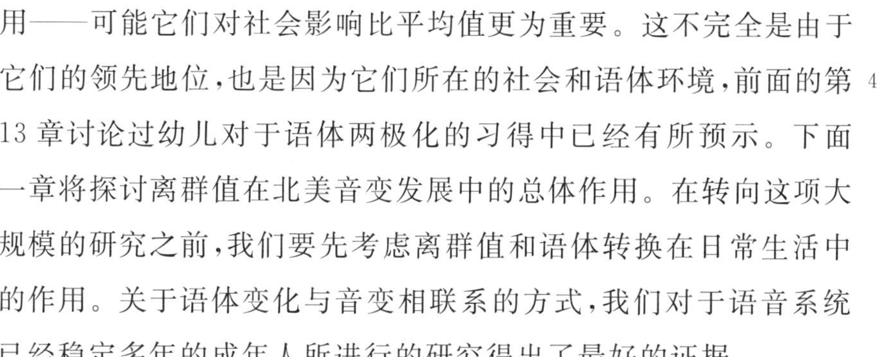

用——可能它们对社会影响比平均值更为重要。这不完全是由于它们的领先地位,也是因为它们所在的社会和语体环境,前面的第 465
13 章讨论过幼儿对于语体两极化的习得中已经有所预示。下面一章将探讨离群值在北美音变发展中的总体作用。在转向这项大规模的研究之前,我们要先考虑离群值和语体转换在日常生活中的作用。关于语体变化与音变相联系的方式,我们对于语音系统已经稳定多年的成年人所进行的研究得出了最好的证据。

466 # 第 15 章 持续

传播问题,正如第 13 章已经说明的,似乎确实是难以解决的。借助于费城语料库的量化模型,我们在理解音变引领者的社会轨迹以及音变如何跨代际和跨街区传播等方面已经取得了一些进展。仍然还有变化的驱动问题没有解决。为什么是此时此地?音变的起始仍像以往一样神秘。为什么不是此时此地?音变的终结同样难以让人理解。驱动问题的对立面是持续。如果变化已经开始,并没有结束,那就是在持续中。那种百年前失踪的、启动了北方城市音变并使它持续到今天的力量到底是什么?因为本书关注的重心是进行中的音变,通过研究对应的持续问题来解决驱动问题似乎是合理的。

15.1 费城方言中的持续变化

一直跟随我们讨论的读者心里一定会有这样的问题:今天的费城是什么情况?我们在这里分析的大部分数据都是在二十多年前的 1970 年代收集的。那些接近完成的音变已经结束了吗?处于中期的变化是否还在继续?活跃的新变化是否进一步发展?初始的变化真的实现了吗?过去二十年的变化当然会让我们了解到一些变化的机制。

第 1 卷第 4 章回顾了不同类型的实时研究和它们的结果。对同一个人的再次访谈（定组研究）不如抽取新的样本（趋势研究）对研究更有帮助。宾夕法尼亚大学的语言学实验室设计了对费城方言的第二次调查，将使用费城街区研究的方法，但必须要等《北美英语地图集》完成后才能开始。在这段时间，我们可以利用一些资料，包括地图集里的访谈，来了解一些费城方言的现状。

短元音 a 的分布 467

第 1 卷讨论了有关历史上短元音 **a** 变为紧松两种形式的复杂和不规则的分化的一些问题。第 18 章做出结论认为这是一种词汇制约规则，基于吉帕斯基（Kiparsky）的观点，随时间的推移，规则的改变具有受规则支配的特征。目前的发展已经证明了这个观点。

在 1970 年代，我们发现短元音 **a** 分布中变化活跃的位置在元音间的/l/和/n/之前。本卷第 13 章总结了南费城近期的一些发展，那里 3 到 5 岁的儿童已经提高了在优势词 *planet* 中的紧化频率，而且通常以词汇扩散的方式向前推述（Roberts and Labov 1995）。对于北费城工人阶级地区中相对保守的里士满港在/l/前的紧化的研究发现（Banuazizi and Lipson 1998），元音间和音节尾的/l/之前的紧化几乎达到了范畴化状态。一般的假设是这种紧化环境的增加与/l/的元音化相联系，尽管这个问题并不完全清楚。无论情况如何，紧化规则的扩展仍在持续，自从最初在带鼻音的辅音串前确认宽元音 **a** 开始，一直如此（第 1 卷第 18 章）。

语音发展

关于目前的元音系统,我们最可靠的信息来自《北美英语地图集》。这是宾夕法尼亚大学的语言学实验室中的 Telsur(电话调查)研究项目所产生的。考虑到我们在费城街区研究中所看到的元音表现的极大范围,只是在一个大城市随机抽取两个或六个电话用户来描述城市的元音系统,似乎是不可能的事情。在《北美英语地图集》中,地区方言的统一性和连贯性归因于以下几个因素:

- 上层工人阶级和下层中产阶级在北美城市的欧洲裔美国人口中占了大多数。
- Telsur 只选择那些在这个城市中出生并成长的本地人群。[①] 这进一步把符合条件的人群集中在感兴趣的社会阶层中,因为上层中产阶级的流动性最大。
- Telsur 样本需要至少有一位年龄在 20 到 40 岁之间的女性。

468 不用说,有些 Telsur 的说话人并不代表音变的领先浪潮,此中原因已在本卷书中有所说明。另一方面,每个大城市的 Telsur 样本都包括了那些与我们以前在芝加哥、底特律、水牛城、伯明翰或诺克斯维尔(Knoxville)所遇到的说话人具有同样领先程度的说话。考虑到我们对费城全部情况的了解,这个城市的研究结果会为 Telsur 研究方法和 LCV 研究方法提供一种检验。

① “出生于”一词不是十分准确。基于佩恩在普鲁士王村所做的研究中提供的证据(Payne 1976),5 岁以前来到一个城市的人也包括在样本中。

Telsur 说话人的元音系统

罗莎娜(Rosanne V.)是 Telsur 研究中的 587 号受访者,一位具有语言变化引领者全部社会特点的 30 岁女性。卡罗尔(Carol Orr.)在 1997 年对她做了访谈。她的父亲是一位焊工,母亲是超市收银员。她本人是一位注册护士,就要搬到上达比(Upper Darby)的上层工人阶级/下层中产阶级郊区,在费城西北部。如果她在 1977 年曾有录音,她的元音系统就会被看作是领先的。让我们定性地考察这个系统,看它是否发展了当时没有发现的新特征或达到新水平。

图 15.1 显示罗莎娜的前上滑元音,包括两个活跃的新变化(eyC)和(ay0)。就(ay0)而言,罗莎娜的特点是,在清辅音前有央化的/ay/,在其他位置上有低音核,与女性通常的情况一样有点靠
前。如果说罗莎娜是 1990 年代的典型代表,那么图 9.14—9.15 469

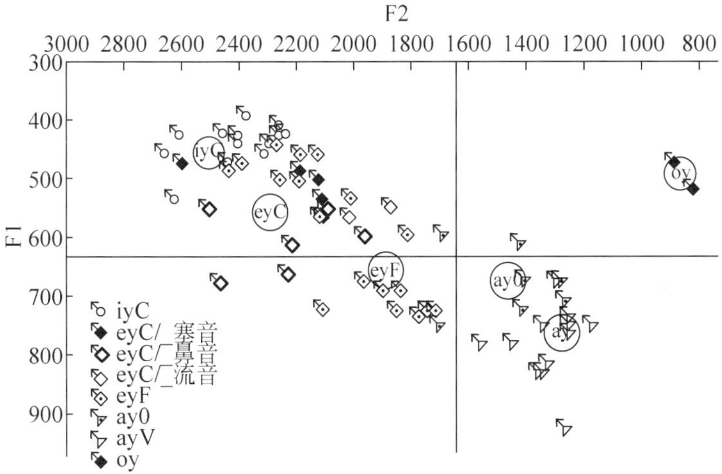

图 15.1　费城说话人罗莎娜的前上滑元音(30 岁,Telsur 587)

所示的男性和女性之间的差距似乎缩小了。在前面,(eyC)与(iyC)重叠,这是领先的说话人的典型方式。/eyC/的词例发音又按照后接音段细分,这是以前没有观察到的模式。所有那些提升的发音后面都是阻塞音(实心符号)。后面是鼻音的/ey/发音低得多,在中元音位置,有相当大的前移(粗体空心符号)。在《北美英语地图集》的全部记录中,可以观察到北方的一个普遍趋势是前元音在鼻音前降低,但是(eyC)这种明显分化为两个变体的情况重新定义了这个变量。现在高化是/ey/在阻塞音前的特征,而响音前的/ey/位于/eyF/的水平。[①] 这种重新定义在费城社区中普遍程度如何,还有待观察。

图 15.2 展现的后上滑元音,包括中期的变化(uw)和(ow),以及活跃的新变化(aw)。(aw)的模式并不极端,音核大多位于中线以下。鼻音前的元音跟其他的元音区别不明显。另一方面,(uw)和(ow)表现出一种明显区别于 1970 年代费城方言的模式。/iw/[〔1〕]和/uwF/在中央位置前面是常见的,尽管在这里它们还不像在很多南方方言中那么靠前。闭音节的/uw/和/ow/已经前化
470 到完全央化的位置,这是南方中部地区的结构特征。已经前化的元音和那些/l/前的元音之间的间隔大约有 500Hz;在 1970 年代的费城语音系统中,这个空间是由闭音节变体填充的。

在罗莎娜的话语中,/ow/在闭音节和开音节之间的明显差异

① 这里高化是沿着前对角线轨道。如果我们继续单独分析第二共振峰值,那么鼻音会大致处于阻塞音的水平,/l/前的元音像以前一样更加靠后。然而,与/iyC/的重叠却是涉及两个共振峰。

〔1〕 这里应为/uwC/。——译者

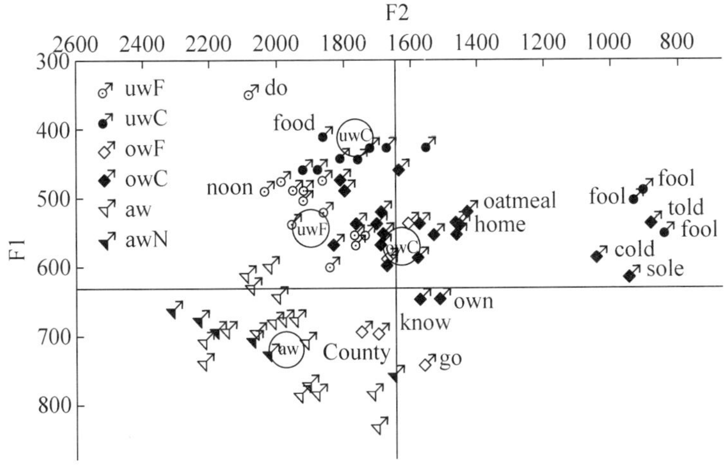

图 15.2　费城说话人罗莎娜的后上滑元音

没有了，而这曾在 1970 年代占主导地位。在 F2 方面变化较慢的变体似乎赶上了变化较快的变体。对于/ey/和/ow/来说。闭音节和开音节之间的差别主要是高度问题。

费城方言正在经历着人们熟悉的后元音在/r/前面的链式音变：

/ahr/→/ohr/→/uhr/

这个过程的第一阶段已在 1970 年代完成；然后/ahr/向后低元音的变化对费城说话人是一个常量。/ohr/上升为/uhr/在当时是一个接近完成的变化，[①]但一些说话人的/ohr/还没有表现为完全的高元音，并且还有一个较小的年龄系数。在图 15.3 中，/ohr/已经确定在后高元音位置。尽管这里没有标记出/uhr/的词例发音，但大多数/ohr/的发音都高于在/l/前的后高元音/uw/的水平。

① 正如在所有其他中部城市中一样，费城方言有一个/owr/和/ohr/的绝对合并现象，因此这里的“/ohr/”代表两个词群。

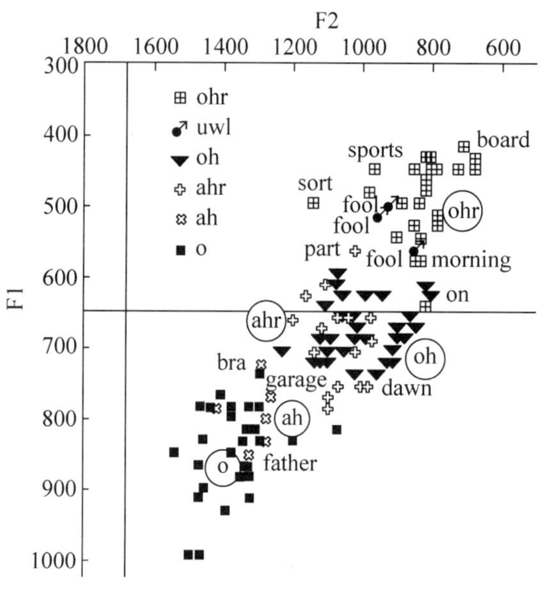

图 15.3　费城说话人罗莎娜的/r/前的后元音

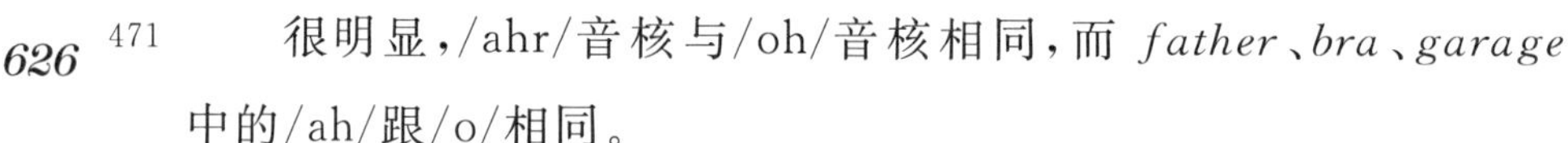

626 471 很明显，/ahr/音核与/oh/音核相同，而 *father*、*bra*、*garage* 中的/ah/跟/o/相同。

罗莎娜的短元音 **a** 的模式没有表现出显著的创新。紧/æh/与松/æ/之间的分隔在图 15.4 中表现得相当清楚。像卡罗尔·迈耶斯的语音系统一样，几个带有明显不利的音段环境的紧元音跟松/æ/词群毗邻：*grandfather*、*last* 和 *glass*。如果这些都归为松元音类别，它们会位于它的右下角位置。*plastic* 这个词曾是 1970 年代的一个变体，在这里属于紧元音，由于有一个词首塞音串和一个后接音节而使位置下降并后移。在紧元音中，可以看到鼻音前的元音和其他元音之间的区分比我们在 1970 年代看到的更为完全。

在 1970 年代费城方言进行中的语言变化中，有几种音变被认为是“初始的”变化。它们的年龄系数并不显著，早期的研究报告

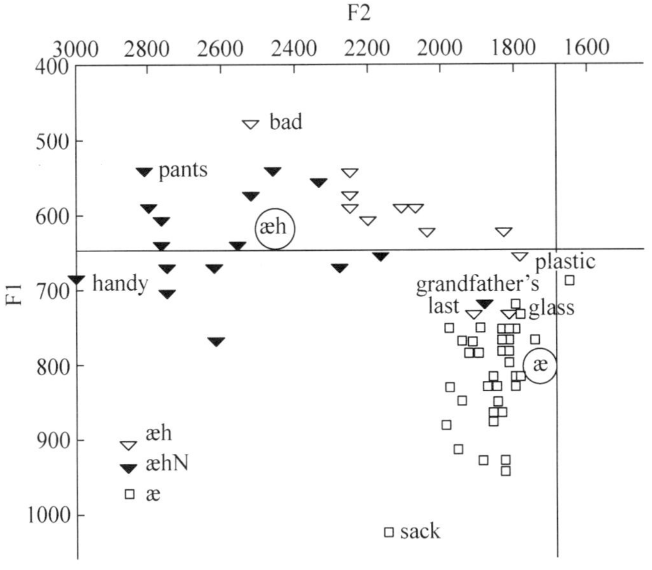

图 15.4　费城说话人罗莎娜的短元音 **a** 的分布

中也没有它们的迹象，但它们却表明了一种协调一致的运动方向，在逻辑上与语音系统内部的发展相联系。短的前元音如/i/、/e/和/æ/的低化是一种现在被称为加拿大音变的模式（Clark et al. 1995），在加拿大年轻人中有明显表现。由于目前还不清楚的原因，费城方言部分地退出南方模式而加入了北方模式。

这些初始的变化中，最明显的一个就是/e/的低化，如图 4.8 473
所示。1980 年代和 1990 年代对费城方言中的自然误解的研究已经搜集了很多/e/的低化导致跟/æ/相混淆的例子，如 *laughed* 和 *left*。图 15.5 表现出明显的证据，详细展示了罗莎娜的短元音情况。大多数/e/的发音都在半低位置，但有四个很明显地降到低位：*F*、*deck*、*seven* 和 *yes*。另一位费城 Telsur 说话人杰克逊有同样的变化，甚至更为引人注目。图 15.6 显示了这位说话人的短元

472

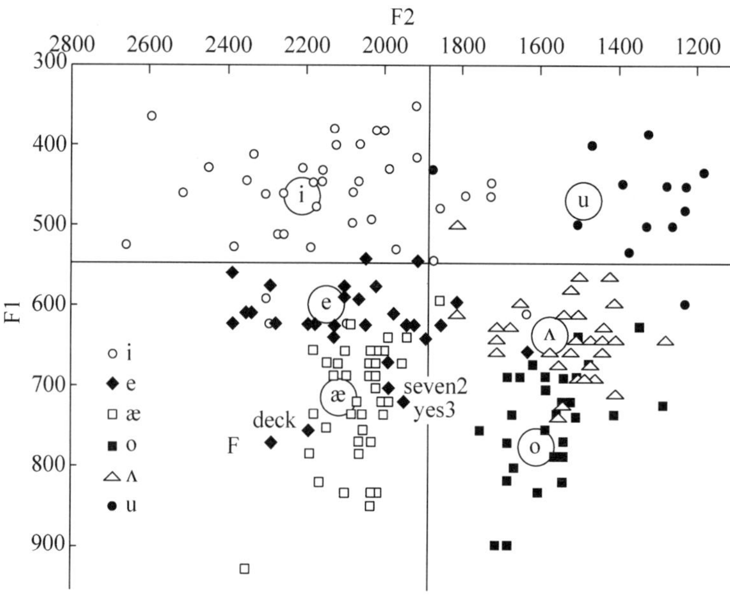

图 15.5　费城说话人罗莎娜的短元音

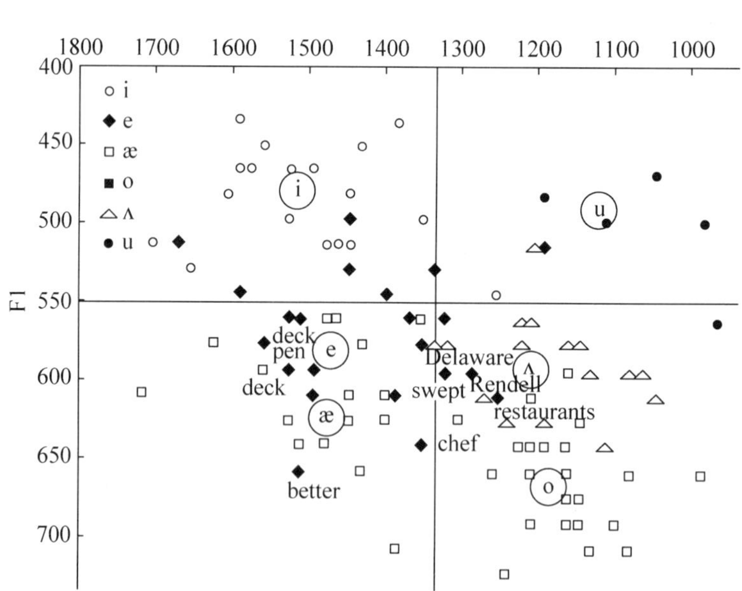

图 15.6　费城说话人杰克逊的短元音(28 岁)

音系统。三个前元音的平均位置清楚表明,/e/已经下降,并跟/æ/有相当多的重叠。有四个/e/的词例发音出现在低位/æ/模式的中间:*better*、*chef*、*pen* 的两个发音,以及 *deck* 的两个发音——与图 15.5 中的这个位置出现的词相同。(/e/的其他低位词例发音都出现了跟语音环境相符合的明显央化。)

对费城说话人做的最详细最认真的研究,可能就是近期对一位北费城的年轻人克里斯的元音系统的研究,他在宾州房地产部门工作。图 15.7 以两倍于本章其他图表的比例绘制出/e/和/æ/的分布。/e/低化到/æ/的区域,在简单的单音节词 *head*、*chest*、 474
death、*steps*、*Rec*,以及多音节词 *eleven*、*letter*、*Elmer's* 中都可以得到证明。这种/e/的低化与芝加哥研究(Labov, Yaeger, and

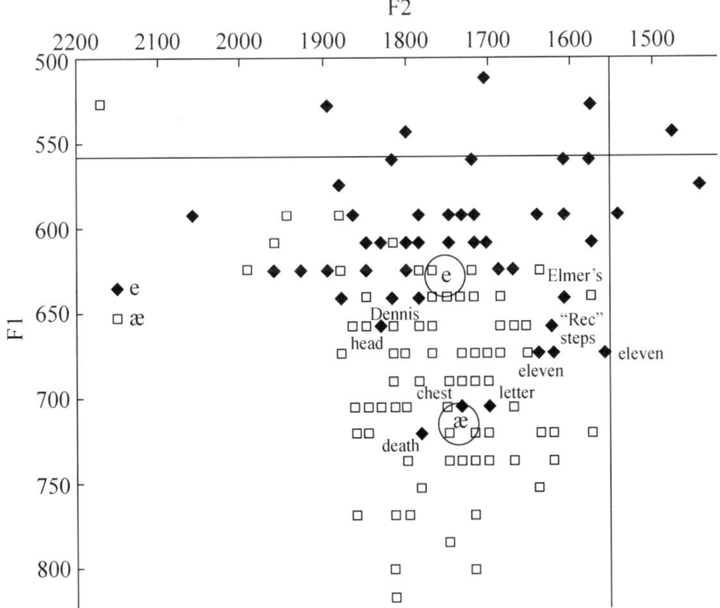

图 15.7　费城说话人克里斯元音系统中/e/的下降(22 岁)

Steiner 1972，图 23)记录的/e/的最强低化趋势是一致的。我们完全有理由认为，1970 年代在回归方程中/e/的初始低化到 1990 年代已经发展成熟为一种活跃的新变化了，尽管我们还没有足够的说话人来证实这一点。

克里斯表现出了第二个特征，这还不一定能被证明为费城方言将来的普遍趋势。鼻音前的紧短元音 **a**，即(æhN)，在 1970 年代的很多说话人似乎已经达到高化和前化的极限。这些音核在克里斯的元音系统中位于半高位置，而不是高位。其中有好几个都失去了内滑音，因此变为跟/eyC/同音了。在克里斯的话语中，*tan* 明显是跟 *stain* 押韵的。

如果我们要想确定本卷书中研究的音变中哪些在继续变化，哪些不再变了，就需要对费城方言进行全面的重新考察。然而，一些持续变化的主要轮廓已经表现出来了：

1. 短元音 **a** 词群中的词汇传播持续发展：短 **a** 在/n/和/l/前面的开音节单词已经加入到紧音类别中。

2. /ohr/的高化更加接近完成，随后是与/uwr/合并。

3. 处于中期的/uwC/和/owC/在闭音节中的前化已经前移到完全央化的位置，减小或消除了闭音节元音和开音节元音之间的距离。

4. /e/的初始低化已经完全实现为一个进行中的变化。

离群值在费城音变中的作用

第 14 章认为离群值在音变发展中具有重要作用：它们是社会驱动力投影的主要对象。图 15.2 显示出罗莎娜一个 *do* 的发音在(uwF)前化中的突出表现,以及(owF)的低化和前化中 *know* 和 *go* 的领先位置。尽管(æh)的高化在费城方言已基本完成了,可是 *bad* 和 *pants* 还是作为离群值出现在图 15.4 中。*sack* 的一个发音在分布的下端占据了同样的位置,表明(æ)的初始低化已经成为现实。正是在音变的早期阶段,离群值才会真正具有突出作用,费城方言(e)的低化表现了这个过程。在图 15.5 中,*deck* 和字母 *F* 下降到/æ/的范围里,没有明显的语音动因。在图 15.6 中,杰克逊的 *better* 和 *chef* 都明显位于/æ/的平均值以下。在图 15.7 中,*death* 和 *chest* 与/e/分布的主体明显分离。这些音核 475
的语音环境中,没有导致更高 F1 值的因素;作为完全重读的单音节词,它们似乎是指向一个只是在最近才在费城言语社区中实现的目标值。这些例子需要我们对语言变化中离群值的作用进行系统的研究,这也是下面一节的主题。

15.2　北美音变的增量

在对于音变原因的探寻中,费城社区是一个有用的平台,因为它涵盖了音变发展史中多个不同的阶段。为了更准确地弄清离群值的作用,我们需要观察同一个变量在初始期、活跃期、中期和接近完成时期的表现。我们可以利用 Telsur 研究为《北美英语地图集》建立的数据库,找出在整个北美大陆上按照同一方向进行的一系列变化。如北方城市音变或南方音变这样的变化,在不同方言中移动的方向相反,则不适于这个目的。/æ/的高化和紧化曾经在整个美国非常普遍,但在几个地区却表现出明显的逆转迹象。

最有希望用于这个目标的音变是/uw/和/ow/的前化;这个过程在整个北美都很普遍,并且相反方向变化的证据最少。

为了大规模地研究这些元音的前化,本节利用了 Telsur 研究中 361 位说话人元音系统的 11 万个测量值的数据库。对于每个单独的元音系统,这些数据比费城街区研究中提供的数据更为丰富和准确,因为测量技术和关于音变的知识在这段时期都有了长足进展。[①] 利用 Plotnik 程序对 361 个元音系统进行测绘作图、归一化并分析。然后提取归一化数据,把全部 361 位说话人的所有元音和音位变体的数据合并为一个包括三千到一万个词例发音的文档。在这个文档中,每一个词例发音都带有来自 Telsur 研究中的人口统计学信息,包括说话人的性别和年龄、言语社区的人口和《北美英语地图集》的地理分析划定的方言区。然后,结果数据集
476 产生了每种方言中 F2 前化的很多重要统计数据:平均值、标准差、偏离值、值域、最大值和最小值。最后,把每个元音的共振峰数据进行回归分析以决定年龄、性别、人口数量和其他社会变量对前移程度的影响,以及各种内部语音条件的制约。Telsur 研究的样本提供了大量的年龄差异数据,因为每一社区中都采访了至少一位 20—40 岁年龄段和 40—60 岁年龄段的说话人。Telsur 样本没有按照社会阶级分层,但有足够变异表明职业和教育的显著效应。

在这个过程中,/uw/分成了两个不同的音位变体。以舌尖音起始的音核(*two*、*do*、*noon*、*shoes* 等)比非舌尖音起始的互补组

---

① 这套数据的数值计算大部分归因于查尔斯·博伯格(Charles Boberg)的技术和语音理解能力,他在 1994—1998 年为 Telsur 项目做了绝大多数的测算工作。在后来的两年中巴拉诺夫斯基(Maciej Baranowski)为这个数据库做出重大贡献。

(roof,boots,coop,coo 等)有更大程度的前移。图 15.8(左图)显示/uw/整体分布上鲜明的双峰特点。舌尖音起始的音位变体大都在较高频率,非舌尖音起始的变体多是位于较低部分。这种双峰分布的特点是由于/l/前的变体不参与前化的音变过程而造成的(除了一些南部方言中有适度的变化之外)。图 15.8(右图)是把/l/之前的元音排除在外的/uw/的直方图。这样,就是一个在 1900Hz 的前化位置的单峰模式,但舌尖音和非舌尖音变体的差异仍然很清楚。①

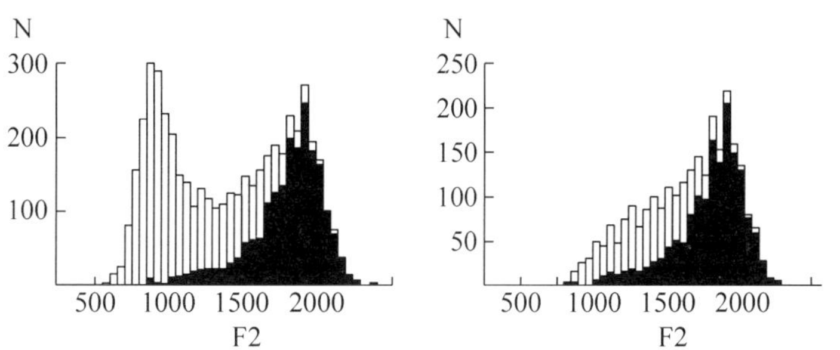

图 15.8　左:北美地区所有/uw/的双峰分布(实心条:舌尖音起始);
右:不在/l/前的/uw/的分布(实心条:舌尖音起始)

现在的问题仍然是,/uw/和/ow/的这种整体的前移是否会遵循跟本书关注的费城方言中活跃的新变化同样的社会模式。第 477
8 章表明,女性在新的音变中的主导地位并不限于费城,也是横跨北部内陆的重大音变的特征。如果有迹象表明类似的力量在影响

① 到目前为止,/uw/和/ow/已经表现出闭音节和开音节的变体划分,(uwC)和(owC)对(uwF)和(owF)。在费城,这种区别相当强势,但在大多数其他方言中这两个元音的权重并不相等。对于大多数方言,舌尖音/非舌尖音的区分对于/uw/是主要因素,并稍稍超过开音节和闭音节对/ow/的重要性。

整个北美的音变中运作,那我们对于费城方言详细考察的结果就会得到更有力的证明。这些全局性事件不大可能跟局部现象如费城方言中(aw)或(eyC)的情况完全符合。我们必须知道,社会相关性对(ow)有中等程度的影响,而对(uw)几乎不存在。

在 Telsur 数据中有 5005 个/uw/词例发音的测量值可以用于分析。除去其中大量在/l/前面的元音,表 15.1 显示了/uw/的 2619 个词例发音的回归分析结果。

表 15.1　不在/l/前的 2619 个(uw)词例发音的 F2 回归分析

	系数	*t* 的概率
常数	1557	≤0.0001
语音因素		
舌尖音起始	357	≤0.0001
词尾	70	≤0.0001
社会因素		
年龄	−3.6	≤0.0001
南部地区	112	≤0.0001
北部地区	−233	≤0.0001
女性,职业指数>40	44	≤0.0001
男性,职业指数<30	77	0.0022

表中最大的单一因素是舌尖音起始,在 F2 值上超过非舌尖音起始 357Hz。(/uw/的这个子类将称为/Tuw/,跟非舌尖音起始类/Kuw/相对。)完全在词末位置会有一个适度的增量:*too*、*do* 类的词显著领先于 *noon*、*toot* 类的词。在社会因素里,在虚时中出现一个很强的整体趋势,元音前化随着年龄的下降而增加。这个因素在费城活跃的新变化中有相同的数量级:年龄差异为 50 岁

的说话人在 F2 上升中表现出 175Hz 差异。表 15.1 后面的两个因素是北美方言的大区域分组，具体说明如下：在前化过程中，南方明显领先，北方大为落后。最后，表格显示出性别与社会阶层之间显著的相互作用。这里使用的职业量表比费城的研究更为详 478
细。这是采用最初开发(Duncan 1961)之后，经过更新(Nakao and Treas 1990，1992)的 NORC 100 分职业声望量表。职业等级高于 40 的女性偏向于适度使用(uw)的前化形式，但其 t 检验概率与其他因素一样低。此外，对于低职业等级的男性意外地出现了积极因素，最后证明是北方地区的特有现象。这表明在性别、社会阶层和地理区域之间的相互作用，超出这个表格展示的范围。总之，表 15.1 表明/uw/的前化是一种(uw)变量，它的社会语言条件跟费城音变相似但又不尽相同。

尽管/uw/和/ow/在/l/前的分离是一个定性的现象，美国各方言中在两个元音前化方面的区别却是定量的表现。它们为划分北美主要的方言群提供了最简单和最系统的方法。图 15.9 绘制了(Tuw)和(Tow)——全部北美各方言中舌尖音起始的/uw/和/ow/的第二共振峰平均值。[1] 这些方言就是《北美英语地图集》中确认的那些，主要是基于定性特征。[2] 这两个元音的相对前化程度建立了三个主要方言群，在地理上也有明确的界定。

---

① 因为舌尖音起始的/uw/与非舌尖音组之间的区别相当明显，所以/uw/和/ow/的对比应该都是只用舌尖音起始的两种元音，即使/ow/在舌尖音和非舌尖音后的差别不像/uw/那么明显。

② 北部内陆的界定是/e/和/o/的前后排列，以及/e/和/ey/相对高度和前化的逆转；大西洋沿岸中部地区的界定是短元音 **a** 词群的词汇分化；南部的界定是阻塞音前和词末的/ay/单元音化。

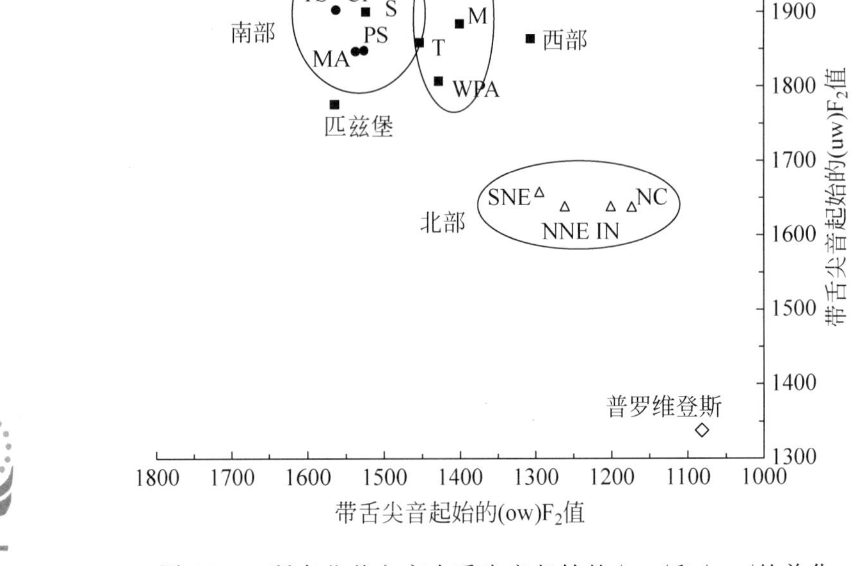

图 15.9　所有北美方言中舌尖音起始的/uw/和/ow/的前化

北方：SNE：新英格兰南部；NNE：新英格兰北部及沿海各州；IN：北部内陆；NC：北部中心。中部：SL：圣路易斯；CI：辛辛那提；WPA：宾州西部；T：过渡带；M：中部其余地区。南方：NO：新奥尔良；FL：佛罗里达；PS：皮埃蒙特南部；TS：德州南部；MA：大西洋沿岸中部；S：南部其余地区

在图 15.9 中，两个当地城市方言界定了两个极端位置。[①] 右下角是普罗维登斯（Providence），（Tuw）和（Tow）都在后面——分别为 1338 和 1081。左上角是查尔斯顿（Charleston），两个元音的前移都是最大的，（Tuw）是 1990，（Tow）是 1739。在图表中间靠右的一组是四种北部方言，都有（Tuw）的适度前移，而（Tow）相

① 以下讨论中涉及（Tuw）和（Tow）的所有数值都是以赫兹为单位的第二共振峰的平均值。

对前移很少，按照(Tow)递增的次序：北方中部各州(1172)，北部内陆(1201)，新英格兰北部和加拿大沿海各省(1264)，新英格兰南部(1296)。

图 15.9 的上部的一系列方言全都表现出很强的(Tuw)前化，但是对(Tow)前化却有广泛的范围。加拿大在右上角，(Tow)值为 1144，并不比普罗维登斯高多少。西部地区的(Tow)值为 1306，领先相当多。再往左是一组中部地区方言：圣路易斯、宾夕 479
法尼亚州西部(不包括匹兹堡)，以及标为 M 的中部方言的主体。在中部地区，(Tow)的前化明显小于以 1500 为中心的南部方言大组。辛辛那提是与南方最为接近的中部方言，位于南方组的中间位置。匹兹堡比较独特，跟其他中部方言相比，那里(Tow)的前化比(Tuw)相对程度更高——1564 对 1774。一组标为"T"的"过渡区"方言正好在中部和南部之间的边界上。这些过渡区的方言正好在地理上处于这个位置。

图 15.9 显示，在所有语言社区中都是(Tow)的前化跟随在(Tuw)的前化之后，而北美方言在这两种音变的相对进展中，划分为少数离散的类型。

偏移 480

对于一个不参与进行中变化的元音，共振峰值的分布接近正态曲线，如图 15.10 中所示中部地区/o/元音的第一共振峰归一化的值。左侧是一个直方图，显示的是对称的钟形曲线。在这种对称分布中，中数与平均数相等。当数据接近正态分布时，正态概率图就是一条直线，如图 15.10 的右图所示。

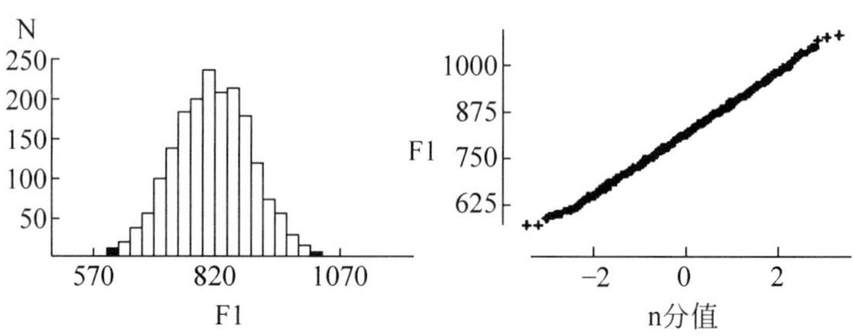

图 15.10　中部方言区(o)F1 值的正态分布。左图:1912 个词例发音的直方图。平均值:816Hz。中数:816Hz。标准差:82Hz。偏移度:0.045。峰度:-0.08。实心条形:离群值(>2.5 标准差)。右图:同一数据的正态概率图

拟合正态分布的两个测量值是*偏移度*和*峰度*。峰度是测量曲线相对平缓度或陡峭度的值;在图 15.10 中近似于 0。峰度在以下的讨论中不起作用。在对音变路径和机制的探索中,*偏移度*
638 是最重要的参数,它是对数据分布尾部左右对称性的度量。偏移度是由平均值周围的第二和第三阶矩来定义的。

第二阶矩:$m_2 = \frac{1}{n}\sum x_i^2 - \bar{x}^2$

第三阶矩:$m_3 = \frac{1}{n}\sum x_i^3 - \frac{3}{n}\bar{x}\sum x_i^2 + 2\bar{x}^3$

偏移度:$\gamma_1 = \frac{m_3}{m_2^{3/2}}$

偏移度的正值与右侧更大的尾部相关,更高的值较多。偏移度的负值表明相反的情况:左侧的尾部更大,有较多更低的值。

无论偏移正负,并不等于离群值的出现。偏移是一个定量的
481 概念,而离群值本质上是定性的。在图 15.10 中,离群值定义为位

于分布中最高和最低的 1%的词例发音，它们距离平均值大于 2.5 个标准差。在图 15.10 中，它们的分布是对称的。实际上正好有 19 个高离群值和 19 个低离群值。离群值也可以通过它们与主体分布之间的非连续性来确认，这对观察者就是增加了它们的显著性。这种离群值通常表示测量中的误差。在 Telsur 数据中，离群值通常是通过对比听觉印象和其他邻近元音的发音来检验的。图 15.10 中没有明显的非连续现象；这个过程中已经删除了七个明显的误差。

对于/ow/和/uw/前化的考察将仍然保留舌尖音和非舌尖音的区分，尽管这对于/ow/的划分不像对/uw/的划分那样鲜明。因此，这个过程包括四个变量：(Tuw)、(Kuw)、(Tow) 和(Kow)，其中 "T"表示舌尖音起始，"K"表示非舌尖音起始。(Kow)在前化中落在最后。图 15.11 是(owC)值的直方图，实心条仍然表示大于 2.5 个标准差的离群值。这里明显有向右的偏移。平均值高于中数，偏移度指数是 0.533。有 42 个高离群值，只有 11 个低离群值。

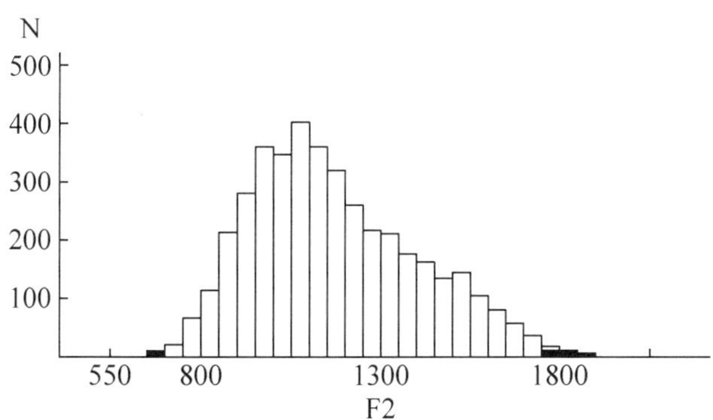

图 15.11　所有方言合在一起的(Kow)词例发音的分布。平均值：1175Hz。中数：1135Hz。偏移度：0.533。n=4231。实心条形表示离群值

这种正偏移是我们要考察的很多数据的特点,认识它对于我们探求音变的驱动力的作用是很重要的。有四个不同的因素可以解释在一个方向或另一个方向上的离群值过多:

1. 生理限制。当一个音位的发音接近元音发音的可能的生
482 理(或声学)的极限时,在这些极限的方向上的离群值会更少,而在给定维度的另一方向上的离群值会更多 。

2. 语音限制。当一个元音音核的时长由于重读减弱,或者由于复杂词尾或后接音节的存在而受到限制,这个元音就达不到目标值。这样的元音经常出现在更加央化的位置上,而完整的重读单音节词的目标值更接近外缘。因为 Telsur 数据只包括那些带主重音的元音,所以这里注意的主要影响是音段环境:词尾的复杂性和后接音节的数量(见第 1 卷,表 18.1)。

3. 结构不对称。根据第 1 卷第 20 章所述的机制(586—588 页),当一个音位的邻接音位不对称时,元音系统的功能简约性会偏向于在距离较远的邻接音位的方向上有更多的离群值。

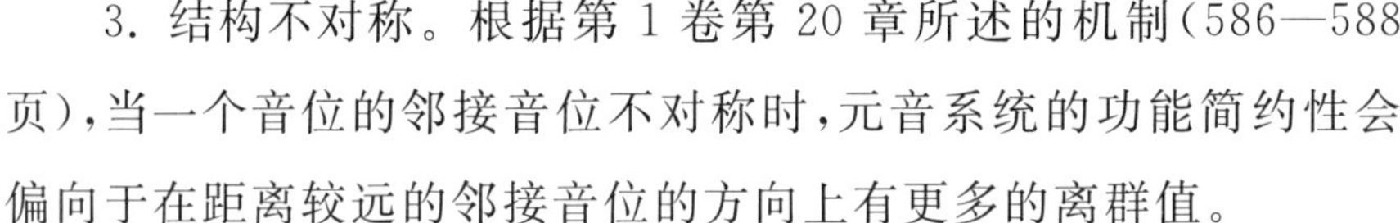

4. 社会动机映射。如上一章所述,某些离群值可能被认为比典型值更能够代表变量的主要趋势,因而数量也会增加。

为了得出是哪些因素造成了偏移以及考察偏移度与语言变化的关系,考察涉及/uw/和/ow/前化的每种地区方言的相对偏移度会很有帮助。一系列散点图将展示出图 15.9 中所有方言的音变的进展与偏移之间的关系,横轴为第二共振峰平均值,纵轴为偏移度指数。横坐标将延展到整个数据集的第二共振峰最小值和最大值,以便每一种方言变化的水平位置都会包括在能够显示的范围之内。

图 15.12 是(Kow)的第二共振峰与偏移度的点状图。如同下

面的其他图表一样,主体分布是从右上角到左下角。这个图表给出了音变进展和偏移度之间显著的负相关:在这个例子中,r = -0.77。大多数方言都表现出正偏移度,以北方方言为主,聚集在大约 0.5 的位置;七种较为领先的方言,南部、大西洋沿岸中部和匹兹堡(PI),显示为负偏移度。这种活跃的进展与变化机制的关系将是本节将要讨论的主题。

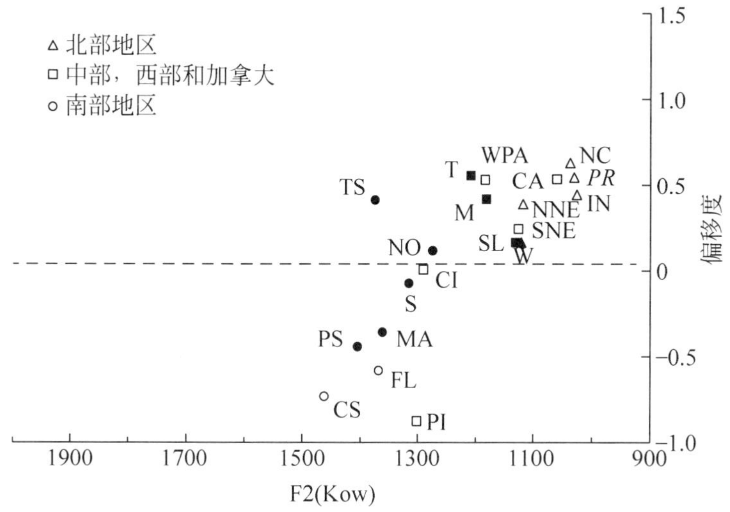

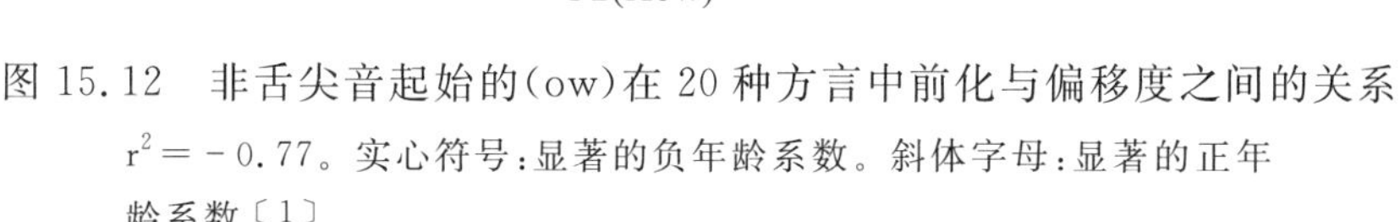
图 15.12　非舌尖音起始的(ow)在 20 种方言中前化与偏移度之间的关系 $r^2 = -0.77$。实心符号:显著的负年龄系数。斜体字母:显著的正年龄系数[1]

第二共振峰 F2 的值并不是偏移度与音变之间关系的唯一指标。在这些图中,加黑的符号标示具有显著的负年龄系数的方言,表明前化在虚时中增加。斜体符号标示相反的情况:正的年龄系

[1] 各字母序列代表方言地区,同图 15.9。——译者

数表明年轻说话人元音后移的变化。在图 15.12 中,北方中部各
484 州是最保守的方言,表现出这种后退的移动,但这只是唯一的情况。从德州南部和西部到查尔斯顿(CS),一系列方言都显示出虚时中的变化。领先的方言中只有匹兹堡一处没有。[①]

在有可能影响(Kow)的偏移度的因素中,首先必须考虑到语音系统的生理限制,因为大多数方言中的(Kow)都是接近音系空间的后部外缘。这种生理极限的位置是由在/l/前面的(Kow)变体标示的,除了南部方言之外,它在所有方言中,都是完全的后位。在目前所有的计算中,都从(Tow)和(Kow)中排除了/l/前面的/ow/元音。在下文中把这个/l/前面的变体标为(owl)。

图 15.13 显示/l/前的/ow/元音跟其他元音平均值的对比。对于五种保守的北方方言和加拿大,两种平均值相当接近,差距只有约 100Hz。从西部和中部地区开始,非边音前的(Kow)值稳步
485 上升,而边音前的(owl)则停留在 1000Hz 以下,实际上在匹兹堡和宾州西部有更低的值,而(Kow)元音的主体值显示出更高的值。南部方言中的(Kow)值比较高,而(owl)也有明显的上升。在最领先的南部方言皮埃蒙特南部和德州南部,(Kow)和(owl)之间的距离跟北方方言差不多。在查尔斯顿,这种情况正好相反,(Kow)值最大而(owl)值最小。(Kow)和(owl)的平均值最大差距在宾州西部、匹兹堡和辛辛那提方言,达到 500Hz。

---

① 年龄系数的显著性必须跟样本大小和效应大小联系起来;在这方面可参阅表 15.2。

表 15.2　《北美英语地图集》中每种方言的说话人数目

方言	代表符号	说话人数目
普罗维登斯(罗德岛)	PR	3
新英格兰北部	NNE	17
中北部地区	NC	36
北方内陆	IN	61
新英格兰南部	SNE	6
匹兹堡	PI	3
宾州西部	WPA	8
过渡地带	T	13
西部	W	45
加拿大	CA	15
中部地区	M	72
辛辛那提	CI	5
圣路易斯	SL	4
亚特兰大中部	MA	12
得克萨斯南部	TS	8
皮埃蒙特南部	PS	17
南部	S	27
佛罗里达	FL	4
新奥尔良	NO	2
查尔斯顿	CS	3
总数		361

图 15.13 的虚线表示(Kow)在每种方言中的偏移度(乘以500)。偏移度为最强正值的地方,(Kow)值接近(owl)值,表明它们靠近后元音的最大极限,并且随着距离的增加,偏移度会减小。

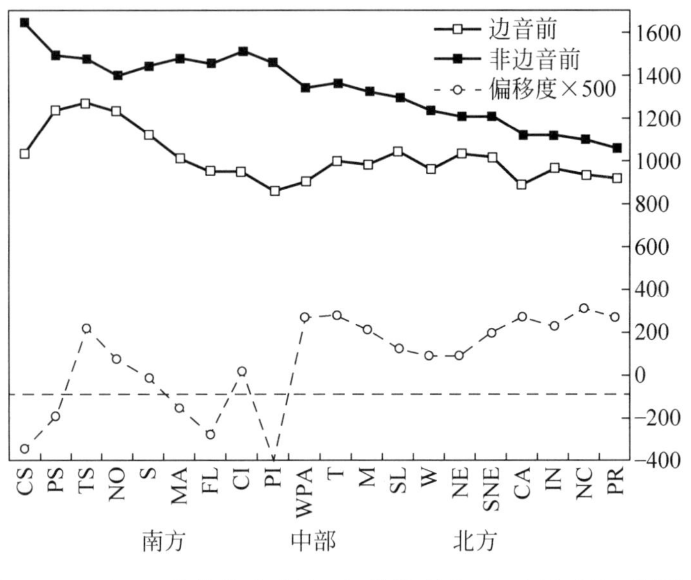

图 15.13 在 20 种北美方言中,与偏移度(×500)相对比,/l/前的(Kow)与/ow/元音之间的关系

纵轴表示以赫兹为单位的(Kow)F2 平均值

这跟简单的机械因素是一致的,即偏移方向是与外缘的距离造成的。相比于低端尾部这些词例发音在高端尾部有更多的空间偏离平均值。

表 15.3 显示了对(Kow)3062 个词例发音中有利于或不利于前化的因素进行回归分析的结果。常量 1149Hz 标示中度靠后的起始位置。显著的年龄因素 -1.1 表示适度的虚时变化:15 岁的说话人比 65 岁的说话人前移 55Hz。后接鼻音对前面元音的作用相反:它使元音向后部外缘移动 48Hz。在这些语音环境效应中,最大的是单音节词 137Hz 的优势:这是在音变机制的探求中要注意的一个重要因素。

表 15.3　所有方言中(Kow)的 3062 个元音的回归系数

变量	系数	t 概率
常数	1149	≤0.0001
年龄	-1.1	0.0001
后接鼻音	-48	0.0044
后接浊音	79	≤0.0001
后接舌尖音	-61	≤0.0001
复合音节尾	44	0.0048
单音节词	137	≤0.0001

图 15.14 显示了(Kuw)的模式,即一组相对应的非舌尖音起始的/uw/元音,如 *roof*、*boots*、*coo*、*move* 等。这个变量第二共振峰值的范围与(Kow)大致相同。除了四种方言之外其他所有方

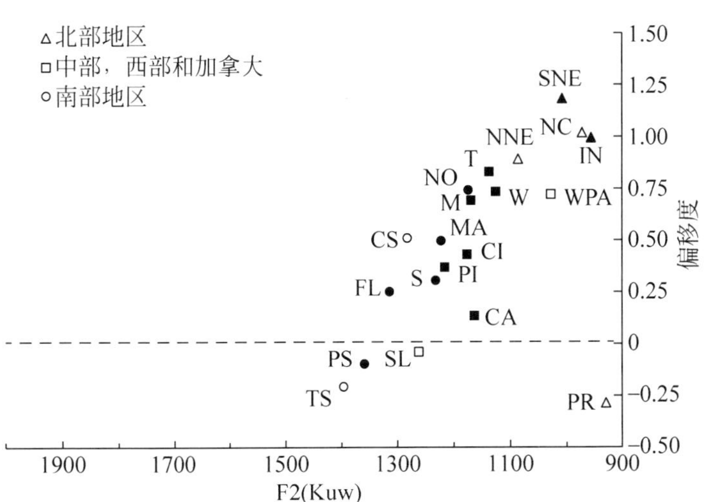

图 15.14　20 种北美方言中(Kuw)的前化与偏移度的关系
实心符号:显著负年龄系数〔1〕

〔1〕 字母代表地区方言,同图 15.9。——译者

486 言都表现为正偏移,但出现了同样的线性模式,第二共振峰的增加值与偏移度的下降多相关(r=-0.56)。[①] 表现出显著年龄相关性的方言数量多大于(Kow)的情况:20种方言中有13种。

图15.12—15.14表明,正尾部在前化的早期阶段出现,因为一些有利的形式导致第二共振峰增加的变化。随着音变进行,后面带有较低的第二共振峰值的负尾部不断增长。这自然是来自于离开外缘的简单物理结果。

图15.15a表现在舌尖音起始的*no*、*know*、*toast*等词中变量(Tow)的偏移和音变发展之间的关系。初看起来,方言的分布似乎与图15.12和图15.14完全不同。这个变量的第二共振峰值与偏移度下降之间不再有线性关系。相反,很多(Tow)值领先的方言在偏移度坐标上接近于零。如果我们注意到中部和过渡方言在这个图的中心占据一个狭窄的纵向椭圆区,这幅图的情况就比较清楚了。如图15.15b那样,如果移除这些方言,画面将更为清晰。
488 保守的方言集中在右上方:加拿大具有最小的前移和最大的正偏移度;然后是四种北方方言,都有略小的正偏移度,都有中等程度的前移;还有新英格兰南部和西部地区,沿着通常的路径进一步增加前移并减小偏移度。南部方言形成了完全不同的模式。从大西洋沿岸中部到得克萨斯州南部的一系列方言,按照接近线性的模式,负偏移逐渐减小,直到完全没有明显偏移。这条线的r相关是正值:0.66,斜率为0.016;随着第二共振峰每增加100Hz,偏移度增长1.6。

① r相关系数更低的事实完全是普罗维登斯的一个异常值造成的。若是没有普罗维登斯,皮尔斯相关系数就是-0.88。

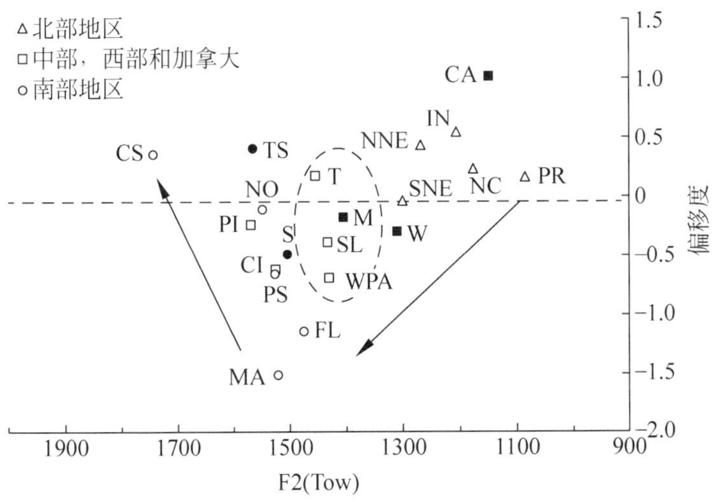

图 15.15a　20 种地区方言中(Tow)的前化与偏移度的关系。实心符号:显著的负年龄系数;斜体字母:显著的正年龄系数

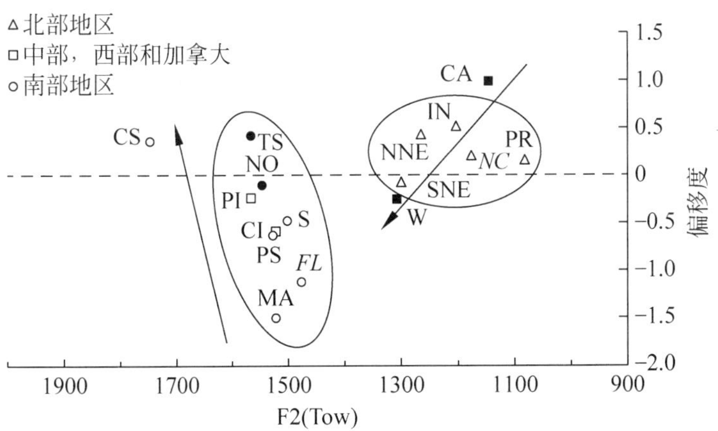

图 15.15b　移除中部和过渡方言后,(Tow)的前化与偏移度的关系

跟其他图中的表现一样,查尔斯顿在左上方占据一个孤立的位置。

(Tow)表现的这种新模式并不难解释。它比(Kow)和(Kuw)都领先得多,显示了前化过程的后期阶段。这个模式表明了四步过程:

1. 前化开始于使分布朝变化方向严重偏移的一组离群值。

2. 随着音变的持续,越来越多的词例发音沿着这个方向移动,直到恢复对称性。

3. 当变化接近某个极限值时,领先的离群值数量会减少,因此在前化中落在后面的词例发音会形成一个跟变化方向相反的方向上偏移的尾部。

4. 当变化完成的时候,那些不太领先的形式加入主体,再次产生一个对称的正态分布。

这种模式类似于赛跑中选手的分布:在起点的时候,大家聚在一起,分不出谁快谁慢;在赛程中间,选手们按照各自固有的速度分散开;到了终点,他们像在起点时一样,又聚在一起。

这个系列中最后的图是偏移度跟最领先的变量(Tuw)在 *do*、*two* 等词的前化之间的关系。在图 15.16 中,整个结构明显左移。甚至最保守的普罗维登斯方言,(Tuw)也在 1300Hz,还有相当多的南部方言平均值在 1900Hz 以上,在基准元音[ü]的区域。

图 15.15 中分为两组的结构在这里更加清楚地再现了。五种保守方言排列在右边,并表现为朝着过渡方言向下发展的趋势,r 相关为 -0.87。中部地区、加拿大、宾州西部和过渡区方言不再占据图的中心位置:它们移到最右端,具有较高的第二共振峰值,并与南部方言保持一致,随着第二共振峰升高,负偏移度逐渐减小。
489 皮尔森相关系数为 0.68。这条线的斜率是 0.0098:即,第二共振

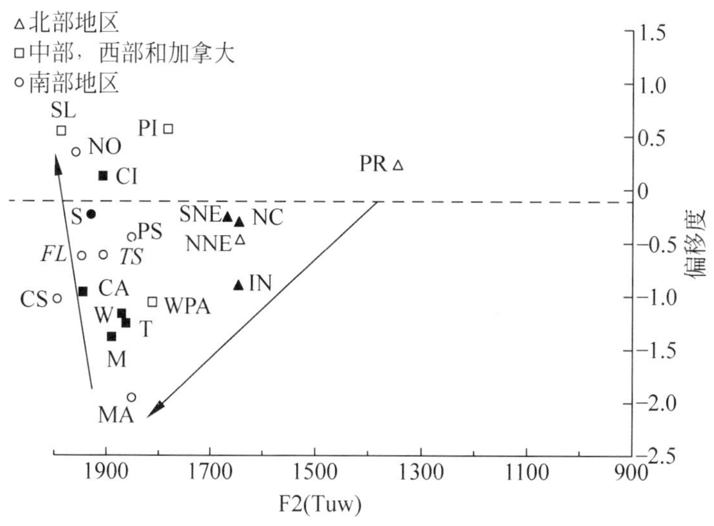

图 15.16　20 种北美方言中(Tuw)的前移与偏移度的关系。
实心符号:显著负年龄系数

峰每增长 100Hz,负偏移度就几乎下降 1。这个斜率跟(Tow)相似,但并不那么陡。

加黑符号表示虚时变化,分布情况跟图 15.12 和图 15.14 完全不同。右上方的四种北部方言有三种在音变方向上表现出显著的年龄系数。在图中间靠下的部分聚集了那些在图 15.15 的中间位置的全部方言:西部、中部、加拿大和过渡区的方言;它们都表现出显著的负年龄系数。但是沿着这个方向继续向上,右侧[1]只有两种方言表现出这一模式,即南部和辛辛那提,还有两种表现出正年龄效应。总的来说,大多数领先的方言在这个变化中都没有再进一步向前发展,而是似乎已经达到了极限。

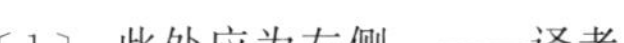

〔1〕 此处应为左侧。——译者

离群值的特性描述

解开音变机制的一个重要步骤，是在上一节研究的分布中，确定正尾部和负尾部的词例发音特点。到目前为止，一个音变从正偏移到负偏移再到正态对称的规律性发展，被看作是它跟音系空间外缘以及与其他音位之间关系的一种机械性结果。对变量在某
490 一个方向上扩展的限制造成了这种不对称性，这些限制有两种不同的类型。当一个音位接近音系空间的外缘时，语音产出会受到生理上的制约而不能超出一定限度。当一个音位接近一个邻接音位的安全边界时，发挥作用的是感知上的制约。根据第1卷第20章的链式音变的机制体系，人们认为一个紧密邻接的音位形成一个感知的障碍，限制了一个给定音位的变体在这个方向上的延伸。进入邻接音位正常分布范围(即两个标准差之内)的离群值，显然有更高的概率被误认为属于邻接音位。因此，这样的音核不会进入语言学习者用以计算预期音位的平均值的语音库。这将对防止任何进一步的扩展产生保守效应。

因此，音变开始时的最初正偏移是在第二共振峰低值方向上的语音产出受到限制的结果。在(Tow)和(Tuw)的例子中，音变后期的负偏移则不是这类限制的结果——这些音位并不接近元音系统的前部外缘，而是靠近了其他音位的安全边界。

南部方言中(Tuw)的第二共振峰平均值是1920Hz；/i/的第二共振峰平均值跟它很接近，1992Hz，/iyF/的平均值也相差不多，2177Hz。来自跨方言理解的研究数据在这一点上有更为直接

的反映。在切音实验中，高度前化的伯明翰发音在北方人（以及很多南方人）中间被一致地误听为/iy/。带有（iw）的单词 *knew* 在 *knew the guy*（认识这个人）短语中经常被听为/iy/而常被误解为 *need the guy*（需要这个人）或者 *near the guy*（靠近这个人）。在 96 位芝加哥听辨者中，有 50%的人把 *knew* 听为圆唇的前元音/uw/，26%的人听为/iy/。Kuw 的词例 *bouffed*（吃饱）的元音在孤立发音时经常被听为短/i/（21%）或/iy/（13%），仅有 27%听为/uw/。甚至在伯明翰本地的受访者，也只有少数人（38%）能听出单个词的/uw/：17%的人听为/iy/，还有 17%的人听为/i/。这表明伯明翰的/Tuw/已经达到结构的极限；高离群值很可能被误听为其他类别的成员。

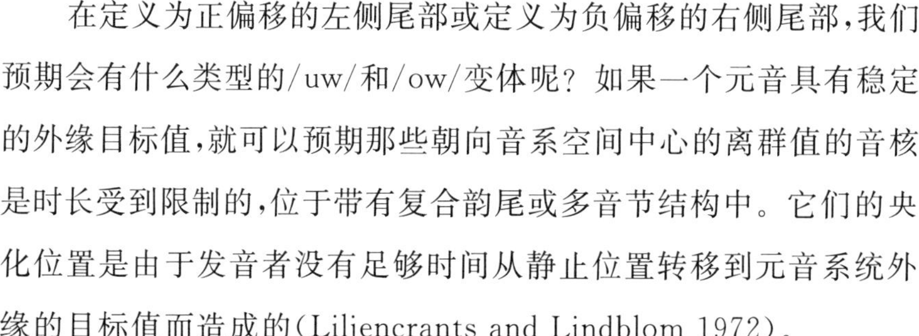

在定义为正偏移的左侧尾部或定义为负偏移的右侧尾部，我们预期会有什么类型的/uw/和/ow/变体呢？如果一个元音具有稳定 651 的外缘目标值，就可以预期那些朝向音系空间中心的离群值的音核是时长受到限制的，位于带有复合韵尾或多音节结构中。它们的央化位置是由于发音者没有足够时间从静止位置转移到元音系统外缘的目标值而造成的（Liljencrants and Lindblom 1972）。

这种模式是稳定的元音目标值位于音系空间外缘的典型特点。表 15.4 显示的是音节和单词结构对/o/的第一共振峰分布 491 的影响，这曾在图 15.10 中表现为正态分布。如果韵尾有两个辅音而不是一个，第一共振峰的预期值会朝着中央位置移动 13Hz。如果后面还有一两个音节，就再加上一个更大的 26Hz 的移动。

表 15.4　复合韵尾对一个稳定元音的影响:/o/的 F1 回归系数(n=9098)

	系数	概率(*t*)
常数	826	
复合韵尾	-13	<0.0001
后接音节	-26	<0.0001

在音核从外缘移开的进行中的变化中,正好出现了相反的情况。表 15.5 显示的是/uw/的回归系数。边音前的元音被排除在外,因为它们的模式完全不同,将出现在下文的分析中。表中列出了北美大陆整体的数据,后面是三个主要地区的数据。[①] 表格倒数第二行显示第二共振峰平均值。整个北美的平均值 1653,远远超过归一化的元音系统的一般中点位置 1550。三个地区的平均值按照从北部到中部地区再到南部的顺序递增。年龄系数乘以 50,列在第一行。这在北美大陆和各地区都是相当大的显著性负
492 值,表明了虚时中的持续变化。在这个变化中女性领先一般是适量的,除了北方之外的所有地区都是这样。最大的有利因素是舌尖音起始的存在,如我们以前看到的那样。这里关键的因素是第四行表示的位于词尾的开音节元音(如在 *two*、*do* 等词中)的效应。对于整个北美地区,这些词例在变化方向上前移了 62Hz。北部和中部地区同样表现出这个效应,而在南部却消失了。如图 15.16 所示,这个前移过程接近极限的南部方言具有对称性分布。

表 15.6 显示对应的/ow/前化的情况。如最下面一行的数字

① 这里的"中部地区"包括加拿大、西部地区、圣路易斯、宾州西部和匹兹堡,与图 15.9 中的模式一致。辛辛那提划为南方。

表 15.5　/uw/的 F2 回归系数。移除/l/前的元音(n=3310)

	北美		北部		中部		南部	
	系数	p	系数	p	系数	p	系数	p
年龄×50	-215	<0.0001	-275	<0.0001	-155		-186	<0.0001
女性	32	0.0007			44	<0.0001	59	<0.0001
舌尖音起始	334	<0.0001	420	<0.0001	361	<0.0001	292	<0.0001
开音节	62	0.0001	82	0.007	94	<0.0001		
多音节	-98	0.8						
平均值	1653		1482		1709		1771	
r^2	0.37		0.43		0.55		0.47	

表 15.6　/ow/的 F2 回归系数。移除/l/前的元音(n=3310)

	北美		北部		中部		南部	
	系数	p	系数	p	系数	p	系数	p
年龄×50	-59	<0.0001	36	0.006	-68	<0.0001	-186	<0.0001
女性	33	0.0007					77	<0.0001
舌尖音起始	120	<0.0001	125	<0.0001	149	<0.0001	125	<0.0001
开音节	110	<0.0001	110	<0.0001	103	<0.0001	75	<0.0001
多音节	-42	<0.0001			-53	<0.0001	-45	0.0008
平均值	1267		1117		1276		1452	
r^2	0.14		0.24		0.19		0.22	

所示，内部因素的变异解释量比表15.5中的(uw)略小，而关于分布的左尾和右尾的组成情况更为清楚。平均值从保守的北部方言开始，到中等水平的中部地区，再到领先的南部，表现出规律性的进展。/ow/的年龄系数比/uw/小，而且不一致：北部地区的虚时变化跟其他地区不一样，也没表现出女性的性别优势。第三行的舌尖音起始的一致性效应是最大的内部因素，不过也比/uw/小很多。

表15.6的关键数据出现在第四行和第五行。词末位置上的开音节元音在三个地区中都表现出75Hz到110Hz的显著优势。而且除了北部以外的地区，重读音核后接一个或两个音节的多音节词都表现出规律性的显著负系数。/ow/的数据支持了从/uw/的分布得出的推断，即位于变化方向上的离群值高度集中了完全重读的单音节词，而负的离群值集中了具有复合韵尾和后接音节的词。

493 的词。由此可知，在/uw/和/ow/前化的这个过程中，说话人瞄准的目标不是平均值，而是朝音变的方向移动。此外，这也意味着音变方向上的极端离群值并不是作为异常发音，而是作为进行中的变化的原型和榜样。

同时，对于没有参与进行中变化的后中元音，应该可以发现相反的模式。完全重读的单音节词会主要在靠近外缘的尾部，而多音节词会更多地出现在靠近中心的尾部。/uw/和/ow/在/l/之前的音位变体又进一步检验了表15.3到15.6得出的结论。这里大大简化了音韵因素，因为不存在元音位于词末的开音节情况，而带有复合韵尾的例子又很有限(主要是以*-old*结尾的词)。于是主要的音韵对立就是单音节对多音节(*pole*对*Polish*)。

表15.7显示的是在/l/前的/uw/和/ow/的合并数据，包括整

个北美和主要地区的方言。[①] 平均值表明图 15.9 中所预期的进展，南部方言具有明显的前化趋势。但对于多数方言，在/l/前面的后元音靠近音系空间的外缘。因为这里没有什么正在进行的变化，语音差异较小，r^2 值自然也就相当低，因为大多数变化都是围绕平均值的随机扰动，而不是这里所考虑的语音或社会因素造成的结果。

表 15.7　全部北美方言按地区的/l/前的/uw/和/ow/F2 回归系数（n=2524）

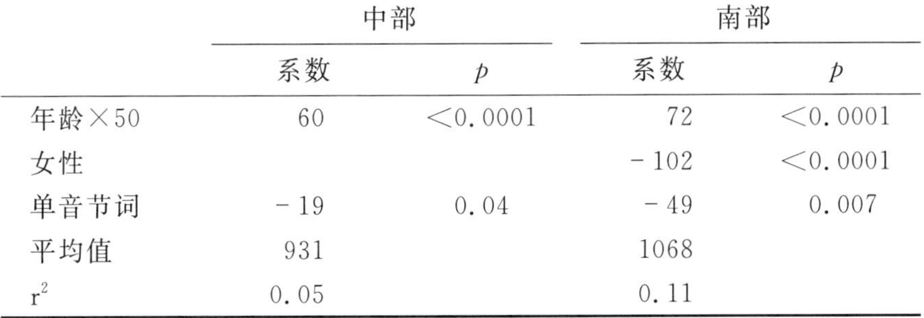

	北美		北部	
	系数	p	系数	p
年龄×50	81	<0.0001	56	0.0003
女性	-56	0.0007	-31	0.0004
单音节词	-49	<0.0001	-77	<0.0001
平均值	959		905	
r^2	0.07		0.11	
	中部		**南部**	
	系数	p	系数	p
年龄×50	60	<0.0001	72	<0.0001
女性			-102	<0.0001
单音节词	-19	0.04	-49	0.007
平均值	931		1068	
r^2	0.05		0.11	

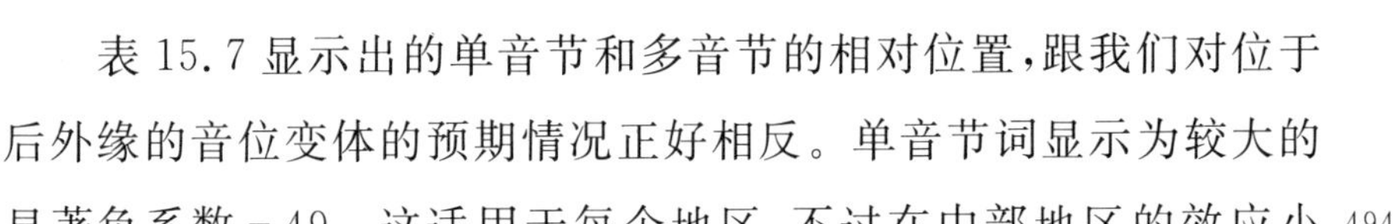

表 15.7 显示出的单音节和多音节的相对位置，跟我们对位于后外缘的音位变体的预期情况正好相反。单音节词显示为较大的显著负系数 -49。这适用于每个地区，不过在中部地区的效应小 494

① 在/l/前的/uw/元音的方言模式与图 15.13 中的/owl/模式非常匹配。在词汇分布上存在差异，/ow/的多音节形式更多，但随后的相似性要远远大于差异性。

一些。因此/owl/和/uwl/的目标值位置比平均值的分布更靠后,多音节词则向中心偏移,它们越来越靠近中心目标值,正好跟/uw/和/ow/音核的主体相反。同样令人惊奇的是社会因素的作用也出现相反情况。年龄效应对边音前的音位变体表现为正相关,而不是负相关,表明年轻人的这些音位变体正在进一步向后移动。各个地区都同样如此。最后,这种边音前的变化跟这里研究的绝大多数音变是一致的。女性的负系数表明女性在/l/前的/uw/和/ow/的第二共振峰值更低。此外,在年轻说话人中间,这种男女之间的差异正在增加。[①]

这两种相反变化的净效应——/uw/和/ow/的普遍前移和在/l/前的音核的不断后缩——就是增大了这两组音核的语音分化。我们已经看到,这种差异在宾州西部达到最大值(图 15.13)。在这个地区韵尾/l/的元音化也达到最大值(Ash 1982a,b)。这是导致音位变体的差异音系化的制约条件丢失,因而在这种情况下的/uw/和/ow/的前化就可以看作是增大音位的分散度,使新分化的音位之间的安全边界达到最大化。不过,这也有可能是一种机械效应,一个紧音核与一个松滑音之间的最大区别,在元音化的/r/前面也有这种现象。另一方面,我们不能排除这样一种可能性,在/l/前面的元音不断后退是受到社会动机投影引起的,归因于对边音前/uw/和/ow/前移的一种负面评价。

图 15.13 还显示了一组方言,其中在/l/前的/ow/前移达到

① 对男性和女性分别进行回归分析,显示了在单音节形式的同样后缩和虚时变化的方向相同;但女性的年龄系数(1.97)大约是男性(1.08)的两倍。

1250Hz 的最大值，只比这些方言中/ow/的主体低 200Hz，并且比保守方言中的所有/ow/都更加靠前。这些方言——得克萨斯南部和皮埃蒙特南部——被认为是南方音变中最极端的例子：/ay/的单元音化，/e/和/ey/相对位置的逆转，以及/i/和/iy/的逆转。如果在这些方言中，/owl/和/uwl/的前化继续发展，与主流语言平行，那么单音节词应该倾向于进一步发展，而多音节词落在后面。

表 15.8 显示了这些方言跟所有其他方言相比的显著回归系数。女性比男性具有更多后缩的元音，跟所有其他方言一样。但对于这些领先的方言，单音节和多音节之间没有显著差异，这表明这 495
些方言和其他方言之间在一个问题上有些不同，这就是本节主要的关注点：离群值的作用。造成这种情况的关键可能在于年龄系数的差别很大。领先方言的正年龄系数是其他方言合起来的六倍。当我们分别对男性和女性进行分析时，结果是相同的：单音节和多音节之间无显著差异，二者都具有较大的正年龄系数（女性：5.29；男性：4.19）。不能确认有哪种语音或音系的作用造成这种差异。似乎最有可能的原因是，在这些地区中，/uw/和/ow/在/l/前面的极端前化已经引起负面的社会评价，而女性正在带头从这个最领先的位置上后退。

表 15.8　在最领先的方言（皮埃蒙特南部，得克萨斯州南部，新奥尔良）和所有其他方言中，/l/前的/uw/和/ow/前移的语音和社会制约

	领先的方言		其他方言	
	系数	p	系数	p
年龄×50	244	<0.0001	39	0.0002
女性	-42	0.011	-57	<0.0001
单音节	—		-46	<0.0001
平均值	1482		1292	

本节考察的命题是,离群值被认为自下而来的语言变化中较新形式的原型和榜样。这不能直接应用在那些在音变后期由于负面社会评价而从峰值后退的变量。不过,在任何情况下,单音节的全重读形式似乎都是社会评价的主要目标。以全重读音节(主要是强化形式)为中心的变化,与音段的缩减、弱化和磨蚀的变化之间,似乎有着明显的对立。因此重读单音节应该在强化中主导,而非重读复音节应在弱化中主导。

实际上,在这种情况下,单音节词确实跟多音节词的行为截然不同。表 15.9 显示在这些领先方言中对在/l/前和非/l/前两个词群分别进行回归分析得到的结果。对于在/l/前的元音,年龄和性别的影响集中表现在(重读)单音节,而这些影响在多音节中消失了。表 15.9 的右侧表明,非/l/前的元音具有相反的表现。年
496 龄系数为负值,而不是正值,表明年轻人更多地使用/uw/和/ow/的前移形式。性别系数表明女性在前移中处于领先地位。单音节的平均值也比多音节的平均值更高。

表 15.9 按照元音在/l/前和非/l/前的/uw/和/ow/在最领先的方言中的社会制约

	/l/前			
	单音节(n=177)		多音节(n=62)	
	系数	p	系数	p
年龄	296	<0.0001	—	
女性	-74	0.025	—	
平均值	1158		1218	

续表

	非/l/前			
	单音节(n=578)		多音节(n=152)	
	系数	p	系数	p
年龄	-132	0.0002	-262	<0.0001
女性	89	<0.0001	78	0.005
平均值	1607		1490	

表 15.9 为我们展示了一个令人惊奇的发现，重读单音节词导致横跨北美大陆的元音变化。这不可能是简单的发音或语音因素造成的，因为单音节词在两个方向上都在领先位置：朝向外缘或者离开外缘，这取决于音变的性质。单音节词的这种主导作用不可能用最大分散或者安全边界的调整这样功能上的论据来解释。因此，我们的结论是重读单音节词的突显特点造成了它们的主导地位。这反过来又强化了这样的命题：在音变过程中，离群值比分布中更靠中心的成员具有更大的权重，并且感知到的/uw/和/ow/的央化趋势朝向正尾部的离群值转移。

单音节目标突显性的含义

这项对整个北美方言中/uw/和/ow/的前化所做的调查研究为语言变化的*目标原理*提供了证据。在语音质量保持不变或增加的音变中，后代人的音位目标不是总体平均值，而是朝着变化方向上突显的离群值移动(数量不确定)。在元音转换中，这些突显的离群值是重读单音节词，其中的音核具有达到目标值所需的最大时长。

497 这个原理涉及结构因素,但又不能用任何有关语言交际功能的结构论据做出预测。把重读单音节词作为出现在变化前沿的离群值,不存在任何物理的或结构的限制。突显的离群值跟总平均值的关系决定于它跟年轻人采用的目标的平均值的关系。在给定的进行中的音变中,链式音变的普遍原理将会预测这种关系。然而,在这个方向上一个音变的实现,以及为突显离群值建立明确的目标,则是这个社区特有的事实,不是通过结构因素来预测的。

这种大规模的音变研究也有力地支持了性别与语言变化之间的系统性联系,使得这些变化似乎更不可能单纯只是由内部因素驱动。不过我们还没有完全弄清是什么样的社会动因能够作用于像/uw/和/ow/的前化这样基础广泛的语言变化。也许有这样一种机制,使地区性社会习惯能够普遍化,从而影响整个城市,但是我们还不清楚它们如何解释影响整个北美大陆的音变。

最后一章将更为明确地界定这些仍未解决的问题,考察对于持续的社会支持的证据,并努力澄清“社会动机投影”的意义。

第 16 章　结论 498

本书第 1 卷已经阐明了，进行中的语言变化在很大程度上受到它所在的生理环境的制约，并受到限制变化进程的结构因素的制约。同时，本研究认为，造成音变的启动和发展，并且跨越几代人的增长与传播的作用力量，在本质上主要是社会性的。最后这一章将再次观察这些因素如何相互作用，并尝试对我称为社会动机投影的社会进程做出更为详细的定义。

16.1　持续性的语言基础

贯穿本卷始终的，是假定第 1 卷中提出的语言变化原理在积极地制约着变化方向，即便不是制约变化速度。前一章列出了可能影响单个元音偏移的因素，但是没有关注作用于整个语音系统的基本原理。在我们最直接的研究对象——费城方言中，可以看到这些原理在很多方面发挥的作用。

- 合并的扩展以区别的消失为代价这个原理（第 1 卷第 11 章）在费城方言中适用于/ohr/和/uhr/ 的合并，也可能适用于在元音间的/r/之前的/e/和/ʌ/的合并，尽管这里没有进行中的变化的明确证据。
- 链式音变的普遍原理（第 1 卷第 5—6 章）在/r/前面的外

缘元音变化中实现为/ahr/→/ohr/→/uhr/。/ow/的前化跟/aw/的前化和高化相连接，使它们作为前中位置的外缘/aw/和非外缘/aw/相互联系。不过，以(eyC)高化为代表的类似的活跃的新变化并不符合这种结构性解释。

- 马丁内提出的功能简约原理(Martinet 1955)可被认为适
499 用于由邻接音位的配置支配一个音位的变化的情况。在实质性音位/eh/和/ih/缺失的情况下，它们适用于/æh/到[eːə]和[iːə]的高化，还可用于/uw/和/ow/的前化。第15章证明/uw/在南部方言已经达到极限位置，受到在瑞士德语中(Moulton 1962)阐释的结构因素类型的制约。

在普遍语言原理的适用范围内，它们对那些正在进行中的音变形成有利的潜流或者顺风的优势。如果有足够的社会动机或反向的语言压力，语言的逆行变化是能够发生的，正如一条船可以逆风行驶。当制约变化的所有其他条件都得到平衡或中和时，结构性原理本身就可能成为变化持续的充分基础。这似乎尤其适用于合并的扩展，因为其中的社会压力和社会意识是最小的。

北方城市音变也许就是我们现在见到的最显著的持续性的实例。开始于20世纪中叶的这一系列的音变，以一致的方式影响着北部内陆的广大地区，从威斯康星州的麦迪逊一直延伸到纽约州的雪城(Syracuse)。三千五百万人遵循着同样的链式音变原理，在81,000平方英里的土地上，按照100年前形成的移民聚居模式整齐地划出界限。没有一种现代交际模式能够解释这种一致性，也找不到任何其他解释，似乎只有把它归因于链式音变结构性原理的单独运作。

普遍原理既适用于音变的持续也适用于音变的终结。其中有些是生理方面的。在费城方言中，(æh)高化到前高位置可能接近一个生理极限，决定于声门上的声腔动作的极限及其声学结果。因此一个元音只能这样打开或这样闭合。① 当一个音变接近这个极限时，它的平均值的进一步移动必定会减速。根据上一章的逻辑，离群值在音变机制中是重要目标值，当离群值在进行中变化的方向上不可能再出现的时候就达到了这个点。其他界限都是结构上的。两种互相竞争的语言形式中，其中一种的逐渐淘汰会自动遵循逻辑曲线上部的渐进线。不过，经常发生的情况是，这样一个终点并没有导致音变消失，而是导致音变的重新调整。单元音可以变为双元音，双元音可以变为单元音，元音可以声门化(第 1 卷第 9 章)。

功能简约原理可以决定一个音变的终结，就在开音节 (uwF) 500
的实例中一样。

没有解释的变化

尽管结构原理和生理原理在解释音变方面取得了不少成功，却有很多音变跟这些原理相抵触。第 15 章中最清楚地记录的费城语音新变化是/e/的低化。这不是跟/i/和/æ/的相关变化相伴随的一个链式音变。/e/和/æ/的大量重叠跟功能简约的保守压

① 尽管这种极限不总是这样明显。通常认为一个高元音的极限是由响音音核的可能性设定的，但斯德哥尔摩的音变(Kotsinas，个人通信)却导致高紧元音[i]被一个清擦音代替，按照第 1 卷第 8 章的术语，这就是从开口度 1 变为开口度 0。

力相违背,也与第1卷第20章提出的概率匹配机制相违背。这就跟其他的推链的情况一样,带来了相同的问题,如北方城市音变中芝加哥方言里后化的/e/相对于静止的/ʌ/(第1卷第6章)。短元音低化比高化更多,这只是一个相对较弱的原理,我们必须推论(e)的低化得到某种其他的支持力量。在缺少结构性解释的情况下,这个变化只能归因于社会评价在语音进程上的投影。在这一点上第2卷的逻辑必定取代第1卷的逻辑。探索一个给定的音变的原因将实现为寻求这个音变的引领者。在未来的研究中,我们也许可以通过寻找/e/低化的倡导者来考察社会价值在这个过程中的投影。为了证明这类研究的合理性,让我们来看对1970年代语言变化引领者的研究取得了怎样的成功。

16.2 变化引领者的社会定位

本卷书的中心问题就是探寻语言变化引领者的社会位置,以此作为理解音变的原因和动机的一种途径。费城街区研究中的多元回归分析,得到费城电话调查的数据支持,证明了最初的弧形模式假设。第14章出现的弧形原理的重新陈述把音变引领者定位在社会经济层级的中位部分。对于活跃的新变化(aw,eyC)和中期变化(owC),上层工人阶级的年龄系数明显领先于其他工人阶级和中产阶级。这一点在社会经济指数的主要成分——职业中,同样清晰可见:技术工人显著领先于非技术工人和失业者(第5章)。

501 第7章的街区研究发现,最早的工人阶级聚居区肯辛顿一直领先于其他地区。这个发现不太容易作为一个普遍原理——因为没有足够多的阶层和街区的可比性研究——但它确立了两种变化引领者之间的不同，这在第 10—12 章有进一步的描述。其中一类引领者——维克街的肯德尔一家，是稳稳植根于肯辛顿街区地理、文化和经济中心地带的中层工人阶级。他们代表了最初发展出费城方言的文化母体的完整进程。另一类引领者——以克拉克街的塞莱斯特和特蕾莎为首——初看起来似乎是典型的南费城人。但第 11 章和 12 章的详细描述表明，她们——尤其是塞莱斯特——是具有向上流动性的特别类型的南费城人，既是语言变化的推动者也是社会变化的推动者。

性别问题一直是我们研究的重要关注点，关于性别在语言变化中的作用的原理已经使我们更加接近研究目标。任何关于音变原因的理论都必须面对这样一种普遍发现：在绝大多数语言变化中，女性都比男性领先一代人，并表现出以十年为期的近似线性的递增。另一方面，男性在女性主导的音变中，表现出几代人阶梯型的增量。基于儿童抚养的不对称模型相当好地拟合了费城研究的数据。阶梯型的男性模式可以归因于一个简单的事实，每位说话人的起点都是最初把语言传递给他的女性看护人的语言水平（第 9 章）。

第 10 章进一步界定了语言变化的引领者，选择那些在当地街区具有最高程度社交互动的女性，而且她们的大多数朋友和熟人都在本街区之外。最显著的性别差异是，社交网络中的地位与女性的语言行为密切相关，但对男性则并非如此。第 11 章发现，当涉及稳定的社会语言变量时，这些引领者并不是严格遵从适当的语言行为规范。在相反方向上，她们在对待低俗变量时同样也是不遵从者(第 11 章)。对音变引领者个人的研究追溯了她们人生经历中的非遵从性(第 12 章)。人们假设她们在早期生涯中采用了非遵从性的语言形式,并在后来向上发展的生活道路上保持(或进一步发展)了这些形式。(费城音变)与开罗的腭化音变的引领者之间的相似性为这种模式提供了有力的证据。因此,语言变化的引领者被看作造成语言变化在整个城市言语社区的扩散,并造成这种语言社区在地理上的一致性的人。尽管我们不排除她们进
502 入成年后语言变化还会继续发展,并影响周围的人,我们假设大部分语言影响是在青春期早期和中期,在语言系统稳定化之前发挥作用的。语言变化引领者的成年人行为可以被看作是她的成长时期行为的一种结果和投影。

总之,费城语言变化的研究表明,最早的工人街区是当地方言得以形成并持续发展的地理和文化的母体。拥有更广泛的社交联系的上层工人阶级或下层中产阶级说话人进一步推进这些发展,成为最终影响整个言语社区的模式。

16.3 传递和增量

传递问题被看作是语言变化理论的一个独立的关键问题:儿童是怎样学会跟父母不同的讲话方式,并且有着在同一方向上跨越好几代人的发展(第 13 章)。在费城、普鲁士王村、底特律和米尔顿·凯恩斯所做的实证研究都指出,在前青春期和青春期阶段进行了口语重组。特别是早期阶段表现出跟个人在两极社会维度上的一致性,此后不久发展出男/女两极维度的一致性。我们相当

关注一个抽象的传递模型，它可以预测在女孩和年轻女性中观察到的稳定的和接近线性的增量。一个逻辑上变化的增量持续到青春期后期才稳定化，在社区中产生了一个音变模型，其中女性没有明显的代际中断现象(第 14 章)。这个模型正确地预测了成年女性中的青春期峰值，而成年男性中则没有这种峰值，但没有解释男性中存在的代际中断。产生这种稳定增长的力量就是我们一直在探索的语言变化的原因。

离群值的作用

在很多方言中对同一种音变的研究表明，随着变化进展，语音分布从正偏移到负偏移有规律地发展(第 15 章)。在正偏移的方言中，离群值是重读的和可重读的单音节词。我们假设这些离群值在音变过程中承担了社会评价的主要负载。这种观点的证据包括(1)对卡罗尔·迈耶斯一整天活动的录音的研究，在她与女性朋友亲密互动时，元音按语言变化的方向移动；(2)音变早期阶段变量的正偏移，其中最为突显的单音节词位于分布 503
的高端。

社会动机投影

在关于语言变化机制的各种讨论中，人们引入了“社会动机投影”这个术语，来表明社会价值被赋予变化方向上突显的离群值。需要用这种投影来解释这样的事实：在女性主导的音变中，年轻女性连续不断地逐年增加对一个语言变量的使用，增幅大于比自己年龄大的群体，而(在这种变化中)男性并非如此。社会动机投影被认为是在逻辑变化模型中,女性的近似线性递增变化背后的作用力。为了给出这样一个概念内容,有必要明确是哪些社会价值被赋予突显离群值。为此,我们现在必须转向一个更广阔的视野,即语言变化的社会基础。

16.4 语言变化的社会基础

研究语言变化的一种历史的和演化的方法的起点,就是我们不能用任何人类或语言的任何普遍特性来解释语言变化(Meillet 1926:17)。这个原理已经以多种方式多次重新陈述,但在最近的演化论讨论中,从经常翻开的页面摘取一叶,它可以概括为偶发性原理。决定语言变化进程的因素来自一种社会行为的模式,它与语言变化的结果没有任何可预测的联系。社会维度和语言特征之间的某种联系是历史上一种任意的和偶然的相遇的结果。如果把磁带重新播放,没有理由认为结果还会是同样的(Gould 1989:284—291)。对于逐渐增长的社会支持必然是来自这个言语社区历史上的一次偶发事件。最有可能找到这种事件的地方是社区人口构成的变化。

言语社区构成上的变化

初次有效定居的原则(Zelinsky 1992)限制了新到群体的影响进入一个已经建立的社区,最初定居的群体决定后来者的文化模式,即使新移民比最初定居者在人数上多好几倍。这跟纽约市、费
504 城、波士顿和芝加哥这三个主要由19世纪欧洲移民构成的大城市

中，外来族群的语言在本地方言中影响甚微的事实是一致的。[①]

在任何一代人中，如果移民人数上升到超过了现存人口的更高的数量级，那么这个原则可能会被推翻，总的言语模式会发生质的变化。[②] 这就是斯拉夫语说话人在 20 世纪初大量移民到宾州东部矿区城镇而发生的情况，一个明显而简单的语言变化的例子——/o/和/oh/的合并，就是由人口变动引发的（Herold 1997；第 1 卷第 11 章）。或者，这些移民潮的影响更为间接，以微妙的方式改变已经进行的音变过程。第 7 章记录了意大利裔族群对于费城的/uw/和/ow/的前化所产生的影响。正如在很多其他实例中一样，我们对于跨语言影响的了解还不足以解释为什么这个特定族群会落后于其他族群，因为他们的底层语言中相关元音的结构跟意大利语没有差别。[③] 不过在这里，我们比关注底层效应更多的，是第 2 章描述的费城一系列移民潮跟推动费城音变持续增长的驱动力之间的联系。

在马撒葡萄园岛，研究发现葡萄牙裔和印第安裔群体在进入当地经济和政治主流之前并没有参与（ay）和（aw）的央化（Labov 1963）。[④] 当他们进入主流后，（ay）和（aw）的关系有了重新定位，（aw）的央化程度比岛上的本地美国人大得多。在纽约市，犹太裔和

① 这个原理在克里奥尔语研究中至少独立阐述了两次，桑科夫（Sankoff 1980）称为“领先者通赢”原理，穆夫温（Mufwene 1996）称为“创始者效应”。

② 在种植园殖民史上，一个殖民地的奴隶人口数量超过奴隶主人口的那一年被称为“第一大事”，从这个时间点开始，不断变化的克里奥尔语开始明显从殖民者的语言中分离出来（Baker and Corne 1982）。

③ 赫罗尔德（Herold）对于合并理论有很多贡献，但仍然不能解释为什么克罗地亚语、波兰语、捷克语的底层会偏向于后低元音的合并。

④ 对于葡萄牙裔，已有三代人；对于印第安裔，有多达八代人。

意大利裔的第二代在本地就业和住房市场上跟早先定居的族群竞争,他们在本地方言的使用上与第三代没有区别(第 7 章,Labov 1976)。可是两个族群之间也有明显的差异:在两个平行的音变,(eh)的高化或(oh)的高化当中,哪一个更为领先(Labov 1966 a,b)。

505 让我们来考虑新移民的第二代是怎样分辨出跟进行中的语言变化相联系的有关社会维度的,就像费城 3 岁到 5 岁的儿童分辨出跟(ing)相联系的正式/非正式的维度那样。城市新移民主要关心的是获得当地的权利和优惠:工作、住房、小企业的差额,使用街道及其他公共场所进行本地销售和娱乐活动等。因为最早定居的群体使用当地语言变量表现了最强的发展(Hershberg 1981; 第 7 章),把那些变量跟本地/非本地、特权/非特权的两极对立联系起来是合乎情理的。考虑到习得的目标是进行中的语言变化的突显离群值而不是平均值或是中位数的原理,习得复制这些离群值为语言变化提供了合理的增量机制。新移民第二代成员的后代将不只是感知到原有群体的离群值,还有他们自己群体成员的离群值。随着移民人数不断增长,对群体内部音变快速形式的接触也将增多。当新来的群体在获取本地特权的相对成功降低了变量的领先形式跟本地出身和当地特权之间的关联强度的时候,音变的减缓将随之而来。

斯特蒂文特(Sturtevant 1947)提出的机制与此不同,它涉及用一个特定参照群体来识别语言变量,并决定采用某种语言形式作为跟这个参照群体的特性相联系的方式。这个过程后来有这样的详细说明(Le Page and Tabouret Keller 1985)。

一个人创造自己的言语行为系统,以便跟他希望被认同的某个或某些群体的共同系统相似,达到这样的程度,

（a）他能够识别这些群体

（b）他的动机足够明确而有力

（c）他有充足的学习机会

（d）他的学习能力——即，在必要时改变自己的习惯——没有减弱。

作者做出这个说明，用来解释一个说克里奥尔语的社会中的语言变化，比起本卷所讨论的音变，那里的语言选择更为离散，有更为明显的社会意义。我们不认为卡罗尔·迈耶斯或塞莱斯特是创造了一个言语行为的系统，而是她们在环境压力下改变了自己习惯的费城变量的取值范围。（b）中说的“明确而有力”的动机在费城并不存在。如果我们重放那些说话人实际的语言选择的录音，他们会感到尴尬，并为那样的讲话方式而抱歉的。

语言结构与社会结构之间的联结似乎并不太可能涉及语言形 506
式或使用频率跟特定群体的联系，以及计算采用他们的言语形式的后果。如以往一样，最好是先考虑一个更简单和更机械的观点，即社会结构通过交际频率的变化来影响语言输出。葡萄牙裔和印第安裔更多地进入马撒葡萄园岛的本地社会结构，是跟他们和当地美国人的日常会话互动频率的增加同步进行的。同样的机制也可以用于进入大城市的乡村人的互动。在方言区的边界，大多数地区的情况可以通过机制因素来预测，但是也有少数地区在社会因素的强大影响下跟这种趋势背道而驰。[①] 这种较为简单的解释

① 对平均日常交通流量的研究表明，除了纽约市之外，传统美国方言边界的定位与互动交际的低谷区相关（Labov 1974）。

产生的主要问题在于处理非洲裔美国人的特殊行为中。

非洲裔美国人的排除

上面讲的新族群进入美国社会的理论并不适用于在美国北方大城市中发生的最大规模的人口变化:来自南部乡村地区的大量非洲裔美国人,还有迅速增长的拉美裔人口。

到目前为止,我们把席卷美国的音变描绘为一种普遍现象,在不同程度上影响了言语社区中各个层级。但是实际并非如此。在波士顿、纽约市、费城、水牛城、底特律、克利夫兰、芝加哥、旧金山和洛杉矶,我们一直在研究的音变进程到种族界线就止步了。所有在社会上称为白人、主流或欧裔的美国说话人都在不同程度上参与了音变,有引领者,还有追随者,在主流社区几乎不可能找到一个与变化完全隔绝的人。可是,对于那些美国社会称为“非白人”——黑人、拉美裔、土著人——的子社区成员的儿童,结果就迥然不同了。无论他们多么频繁地接触当地的方言,地区性音变的新模式都不会出现在他们的言语中。在更深层的句法与语义上,非洲裔美国人社区在另一股语法变化的潮流中越来越远,并且很大一部分拉美裔说话人也一起随之改变。日益增长的亚裔美国人
507 社区中的情况还不清楚,可是在费城,目前的表现是至少第二代的英语说话人并不采用当地方言的特征。进一步研究亚裔美国人社区中的不同部分应该会阐明属于美国社会的“非白人”社区的意义。

这并不是说所有的非洲裔美国人讲话方式都是一样的。非洲裔美国人社区中有各种各样的言语形式,既有内城区相对一致的

非洲裔美国英语土语[AAVE]，还有标准的非洲裔美国英语，后者跟其他标准语的区别只是少数的语音特征。还有大量上层中产阶级的非洲裔美国人讲的英语跟白人同龄人实际上是完全一样的。然而，跟白人说相同的本地方言的非洲裔美国人并不多。这样的人是存在的，但为数稀少，而且他们几乎都是在成长的早期就脱离了内城的非洲裔美国人言语社区。①

这个事实是美国特有的，在任何欧洲国家都没有类似的情况。在伦敦，本地出生的牙买加人讲的话跟伦敦其他工人阶级的方言没有明显的区别。② 美国这种特殊情况是北方城市的非洲裔美国人居住隔离日益严重造成的(Labov and Harris 1986，Hershberg et al. 1981)。对费城非洲裔美国人的语音和语法系统的初步研究表明，黑人和白人的言语模式是在分离而不是在融合(Ash and Myhill 1986)；从那时开始，贝利和他的同伴对此积累了更有力的证据(Bailey 1993；Bailey and Maynor，1987，1989)。白人社区中使用的地区方言正按照本书各卷所描述的模式发展，黑人在任何大城市都不参与这个变化过程，这个事实是黑人和白人言语模式的分离稳定增长的主要因素。

对费城黑人言语的声学研究表明，社区的老年成员跟费城语

① 这里描述的情况是我们迄今研究的所有北部和中部城市的典型情况。在南部方言区，非洲裔美国人和白种人之间口语的差距并不很大，但有迹象表明这种差距在增大(Bailey 1993，Wolfram et al. 2000)。

② 在1980年代，我在伦敦的贝特西(Battersea)公园录制了一系列牙买加年轻人的录音。第二天，我又回到这里，带了一盘录有他们的六段话语片断的磁带，请几个伦敦白人分辨说话人的族群背景。大部分听音人把其中两个认定为白人发音，而且没有一个被毫不犹豫地认定为黑人。

音系统局部接近:他们有近似短 **a** 的模式,并表现出同样在/r/前面的后元音配置。年轻的非洲裔美国说话人越来越脱离费城语音
508 系统:有/aw/从央到后的音核,[①]有/ay/的前化,有/uw/和/ow/极端的后音核。他们普遍使用的北方黑人音系也表现出语体性的/ay/单元音化、(r)变量的元音化、/i/和/e/在鼻音前的合并,以及短/e/在/d/前的系统性紧化。通过用更高的第二共振峰重新合成的实验程序,来改变黑人说话人的/aw/、/ow/和/æh/的音核,表现出对这个语音参数的极大敏感性(Graft, Labov, and Harris 1986)。在 *out* 和 *house* 中/aw/音核的简单前化,就导致了种族身份从黑人到白人的极端转变,相当于最极端的自然语体的转换。当黑人、白人或波多黎各受试者听到/aw/的前化形式时,绝大多数人都把说话人种族身份的认定从黑人改为白人。因此带有前低元音[æo]的最保守的费城方言,对于黑人来说有着明显的"白人"标志。

对于非洲裔美国人不参与本卷所述的音变,我们可以解释为曾在马撒葡萄园岛的葡萄牙裔和印第安裔中存在的同类因素造成的结果:他们知道自己使用本地方言形式并不会导致完全融入本地社会。这也可以解释为,他们在成长时期与主流的本地方言说话人面对面交流的次数较少的结果。上文所引北费城的研究表明,这种交流的增加会导致对当地方言语法特征的部分习得,但不会参与白人社区进行中活跃的新变化(Labov and Harris 1986)。

这里的困难在于对于非洲裔美国土语(AAVE)的语音差异有

① 除了在鼻音之前和之后。

很多可能的解释。非洲裔美国人不参与主流音变，是否因为他们不能识别作为参照组的语言变化引领者？或者因为他们自己的语音系统在全然不同的方向上发展？或是因为他们在成长时期与这些音变相分隔而造成的？还是因为他们不相信采用这些音变形式就会得到跟白人一样的本地权利和特权？还是以上这些原因共同造成的？这个主题需要留给另一卷书去探讨，因为它是美国社会条件下特有的，还因为非洲裔美国土语的迅速发展和分离进入了与本书研究迥然不同的语言学分析领域。

音变引领者的社会流动性

到目前为止，我们考察的言语社区人口构成的变化是外来新成员进入造成的结果。不过，也许社区中最重要的变化是内部的： 509
社区成员相对社会地位的变化。这种社会流动性并不是一个常量，也不是普遍的情况。它对特定社会条件下任何重大的波动都很敏感。在经济萧条时期向上的社会流动性最小，在较为繁荣的时期就会加速。在战争期间，人们会得到那些以前被禁止的工作机会——二战期间美国女性和黑人的情况就是如此。正如我们已经看到的，向上的社会流动性显然是语言变化引领者的一个主要特征。这项研究确认，城市社会中语言变化的引领者都是那些有能力、有活力并且不墨守成规的女性，她们在青年时期吸取了较低阶层的语言形式，并把它们保留在后来的向上流动的轨迹中。[1]

① 他们在成年的早期阶段对这些语言变量有多少进一步的发展，仍然是一个没有答案的问题。

这些女性是在整个城市地区传播音变的主要推动者,因为她们比其他人的社会接触范围更大。作为朋友和邻居中的突出人物,她们自己的言语模式成为他人模仿的榜样。此外,她们对于社区规范压力的抵制排除了她们年轻时确立的语言模式任何后退的倾向。

社会流动性在很大程度上与语言变化联系在一起。在英国,正确性规范的发展跟向上流动的商人阶层的增长相联系,他们早期所受的教育与现在获得的社会地位并不相称。[①] 元音大转移在伦敦的加速发展,可能就是主要来自英格兰东南部的这个商人阶层推动的(Wyld 1936)。高度的社会流动性是北美社会的主要特征之一,与欧洲方言的相对稳定性相比,北美语言变化和分离的发展更为迅速,可能跟这个事实相关。

社会流动性涉及社会阶层之间的互动,这可能是我们一直研究的语言变化的一个重要组成部分。让我们回到克罗齐的观点(Kroch 1978),他认为语言变化发源于工人阶级,中产阶级基于意识形态而抵制这种变化。[②] 这似乎与我们观察的结果相反,在音变进程中最领先的,或是上层工人阶级或是下层中产阶级——也就是"中位"阶层——就语言变化来看,中产阶级与工人阶级之间并没有重要的断裂。克罗齐的观点可以按照第 11 章的研究发现
510 加以改进,上层工人阶级和下层中产阶级被划分为遵从已有规范的多数人和不遵从的少数人。

---

① 见第 8 章,注 21。

② 我把"自然性"的讨论放在一边,因其中有很多问题对于这里讨论的主题并不重要。

从费城街区研究以及埃克特的底特律研究中所阐释的音变机制，对社会阶层发挥的作用有不同看法，得与克罗齐的观点相差并不很大。尽管最领先的说话人是在向上流动的群体中，但他们建立和推动的变化都是发源于下层工人阶级。基本概念就是，语言变化是对公认规范的偏离：它是对社会主流模式的一种非遵从性表现。这不仅是限于那些在学校和教堂公开认定的规范。第 15 章展示的(uw)和(ow)的平均值就是根深蒂固的本地规范。语言教师和大学生可能会批评或谴责这些形式，但它们已经取代早期形式成为稳固的规范模式。关于语言变化原因的问题可以重新陈述为：人们是怎样以及何时开始背离那些早期规范并继续这样做的？

下层工人阶级是城市社区中非遵从性的主要来源。[①] 大量的社会学文献关注他们对于中产阶级规范的背离，他们拒绝承认对吸烟、毒品、咒骂和斗殴的禁令。下层工人阶级在很多方面也背离了大多数工人阶级更为广泛的公共规范：住房的维护、自我展示和宗教信仰。从费城数据来看，在音变早期阶段，下层工人阶级说话人似乎是语言创新的重要来源，但当音变势头越来越大并成为社区整体的特点时，他们又稍微落后了一些。下层工人阶级男性从女性主导的音变中后退只是这个过程的一个方面。正如我们所看到的，向上流动的年轻人——主要是女性——带头推广变直到它成为最广泛意义上的社区规范。这是我们在图 15.8—15.17 中看

① 人们经常会把中产阶级的辍学者、嬉皮士和艺术家看成是不遵从者的主体，因为这些人最明显，也最新潮。然而，正如这里所讨论的，对于社会主导规范的主要抵制是来自下层工人阶级。

到的大规模音变发展的社会基础。

更大的图景

本卷书的主要内容集中于费城本地音变的发展,顺便也考察了很多其他城市——贝尔法斯特、开罗、底特律、米尔顿·凯恩斯。
511 随着对语言变化引领者的探寻,我们成功地缩小视野,直到第12章获得了语言变化引领者的个人画像。第15章拓宽了视野,包括了整个北美大陆。这取得了音变机制方面的丰富收获,但也遇到了随之而来的有关大规模音变的一些最让人困惑不解的问题。

图15.9—15.16表明同样的音变在整个北美大陆广泛传播的情况。尽管(uw)和(ow)的前化在不同方言中形成了不同结构的组成部分,但是它们的变化机制和制约因素始终是一样的。如本章开头所述,北方城市音变是音变一致性更为显著的例证。在整个南部,从北卡罗来纳州到得克萨斯州,在距离遥远的地区都出现了南方音变的共同特征:/ay/的单元音化,/i/、/e/和/æ/的紧化和高化,/iy/和/ey/松音核的低化,/ʌ/的高化和前化。

如果这些音变的增长是社会动机投影所驱动的,那我们如何解释它们是在彼此相距很远并无关联的城市中对数百万人产生影响的呢?

16.5 社会动机投影的总体两极性

斯特蒂文特提出的音变的社会实现模型包括对特定参照群体的确认,这是勒佩奇(Le Page)和塔波若-凯勒(Tabouret-Keller)

做出进一步改进的基础。这个模型适用于他们所描述的社交情境：由个人对克里奥尔语系统做出离散和有意识的选择，他们的社会身份部分地取决于他们的身体特征。这也可以应用于美国的种族对立，其中语言系统中离散的变化与离散的群体相联系，受到种族二元理论的支配。但是在主流的北美欧裔美国人社区中，没有强有力的证据把进行中的语言变化与特定的可识别的社会群体联系起来。相反，突显离群值的社会投影似乎跟更抽象的社会维度或两极性有关联。

尽管在首次分析中语言使用是跟特定场合或说话人连在一起的，它通常会随着更为普遍的联系的经验而变得更加明显。在马撒葡萄园岛，(ay)和(aw)的央化联系于特定群体——扬基人对葡萄牙裔，上岛人对下岛人——但是最终我们把它理解为跟更普遍的维度相关联，即本地人对非本地人。尽管这似乎像是一种二元对立，其实它是作为一种连续的维度作用于语言形式，随着变量从
一代向下一代稳定地向前发展(Labov 1965)。客观地讲，这种变 512
化的进展跟年龄呈负相关。但是很难想象儿童会采用一种越来越年轻的说话方式。正如增量模型所示，儿童模仿的是那些比他们大一个年龄段的人。而模仿不能造成变化增长。至少直到青春期后期，儿童不会超越比他们大的孩子们设定的标记。然而等他们长到曾是他们榜样的大孩子的年龄时，他们对同一个语言变量的使用却超过了这些人。导致这种增量产生的机制是什么呢？

非遵从性假设

无论我们是研究稳定的社会语言变异还是进行中的语言变

化,言语社区中的态度几乎总是会强化在学校里教的高雅形式和那些更早期的形式。第6章表明,在费城对于稳定的变量或进行中的变化,工作适配和友好程度量表之间没有显著差异。尽管研究者自由地谈论“潜在的规范”,对于它们存在的主要证据仅仅是非标准形式一直存在的事实。[①] 在这一节,我想要依据第11章和12章的证据提出一种假设。它涉及的规范在有些情况下是潜在的,而在另外的情况下,出现得更为自由。

第13章提出的语言变化机制五个步骤中的第二步,是对正式/非正式维度的早期识别。人们认为,在父母生气、说教、放松或亲昵的时候,儿童会从这些特定情境中获取这种对立的值。正式/非正式的范围也覆盖了可为社会接受的行为的范围。在适当的非正式场合,多数成人会默许使用/in/变体、否定一致形式和(dh)的弱化形式,可是在更为正式的场合,他们会反对使用这些形式,认为它们不得体甚至有违社会规范。[②] 正式/非正式的两极对立可以扩展,把那些完全不能接受的行为包括进来,而且这种对立还可以转化为遵从性/非遵从性的维度(或者更简单地说是“好”/

① 例如,见瑞安(Ryan 1979)的文章“为何低俗的语言变体仍然存在?”尽管她坚信这个问题的答案就是潜在规范的存在,她还是报告“没有观察到预期的墨西哥裔美国人比美国白人对非标准形式有更强偏好的群体差异。可能是因为正式的场合(群体研究是在一所高中的教室里进行的)阻止了墨西哥裔美国人用他们族群的言语来表现内部团结和身份认同的真实情绪。”

② 关于这一点的重要证据见塞利格曼等(Seligman,Tucker,Lambert 1972)。这是一个精巧的实验,梳理出一个儿童的外貌、书写、绘画和言语对教师产生的影响。非标准言语(魁北克法语)与高评价的照片、书法和绘画的结合造成这种反应,认为这个儿童一定在“顽皮”量表得高分。我们可以把这个发现解释为教师对纪律问题的观念,这个问题通常表现为有意无视社会规范。

“坏”)。这在 *damn*(该死)、*shit*(粪便)、*fuck*(杂种)这样的诅咒词 513
中最为明显。尽管在非正式场合这些词的使用频率会增加，人们并不认为它们是“非正式”的词。儿童很早就被教导对于这些词语的社会禁忌，并懂得使用它们是一种非遵从形式，会引起成人看护者的惩罚。在某种程度上，对进行中的音变的领先形式的使用就会在遵从性/非遵从性的维度上获得一个位置。**非遵从性假设**可以陈述如下：

> **儿童习得的语言的第一个社会分层是把正式/非正式维度上的语体分层重新解释为遵从对非遵从的言语。**

这个维度比乔克斯/伯闹茨这类群体成员的名称更具有普遍性，并且事实上是定义这些群体成员身份的行为分类特征。北方城市音变的领先形式似乎跟一个“群体”中的“成员身份”没有关系。埃克特对**中间派**的研究表明，说话人把自己置于一个连续的维度上，乔克斯和伯闹茨的名称只不过是一些取向的定位点。这个维度的延伸超出了这些类别，正如极端伯闹茨(Burned-out Burnouts)的存在所表明的情况。

遵从性维度的普遍性可能跟整个费城(/aw/ 的前化)、整个北部内陆(北方城市音变)、整个北美(/uw/的前化)或整个英语世界(新的引用动词 *be like*)语言变化的普遍性联系在一起。[①] 这里提出的假设跟埃克特对于美国高中普遍的对立现象的假设紧密相关。乔克斯和伯闹茨是基于底特律地区的几个高中的研究。若是

---

① 关于这种变化在国际上的状况，参见塔利亚蒙特和哈得森(Tagliamonte and Hudson 1999)。

这种对立的情况普遍适用于美国社会,我们就能够预期对推动语言变化的社会因素进行总体说明方面取得一些成功。

用于定义非遵从性的维度有很多不同程度的标签。不遵从规范的人可以是“笨蛋(Jells)”“粗鲁(rough)”“粗暴(tough)”或者就是一个“坏”。但是,遵从性的普遍概念把这个社会维度跟语言创新结合起来。在不同时间和地点,语言形式可能同样跟强化音变进程的其他维度相联系:本地/非本地,女性/男性,城市/乡村,时尚/传统。但是非遵从/遵从的两极对于语言变化的进程具有权威的地位。这有助于解释它的最普遍的社会特征。大量证据表明,
514 只要说话人觉察到在语言机制中的变化——语法或语音系统——他们就会拒绝这个变化。在对数千受访者进行访谈的过程中,我和同事们发现,老年人喜欢周围的社会变化。他们通常对新的汽车、飞机、电脑、电视,甚至新的音乐和超市里的新食品都抱有赞赏的态度。不过从来没有人讲过:“我真喜欢今天年轻人的说话方式,这可比我们年轻时的说话方式好多了。”

我对这个问题的讨论总是在语言学家中间引起笑声,但是对于其他人,这就是个严肃的情绪化的问题。对于语言最普遍和最深刻的信念就是**黄金时代原理**:

在过去的某段时期,语言曾经处于一种完美的状态。

人们认为在这种状态中,每个语音都是正确和优美的,每个词语和表达都是得体、准确和适宜的。此外,那种完美状态一直在有规律地持续衰落中,因此每一次变化都代表离黄金时代更远,而不是回归。每个新的发音都被认为是难听的,每个新的表达方式都被看做是不得体、不准确也不适宜的。按照这个原理,语言变化显

然一定会被解释为不符合已有的规范，在人们察觉到这些语言结构中的变化时，就会拒绝它们。

我们需要构建完善而精细的实验，来更准确地定义社会动机投影的两极化控制。本节的主题不是定义有关社会语言参数的实质内容。这意味着我们不是在处理如参照组这样具体的事物，而是抽象的两极性，它们在很多相隔很远的言语社区中可能采取相同形式。反映在职业、教育、收入或这些综合因素之中的社会经济层级，就是这样的一种两极性。在北美的流动性社会中，没有上层工人阶级的“成员资格”，也没有可以识别、赞赏或贬低的“上层工人阶级”。意大利裔或犹太裔确实有族群的身份，是一种社会事实。也有公认的街区：住在 K&A 公寓或第六沃尔夫大街对于某个说话人是个确定而特别的事实。这样的事实过于独特和具体，不能跟席卷费城或北部内陆的大规模语言变化相联系。因此，在第 7 章对语言变化的描述中，街区和族群只是一种边缘的角色并非偶然。

人们可能会认为第 8、第 9 和第 11 章研究的是稳固确定的社会群体，其中成员是明确而分立的：男性和女性。有人提出，性别 515
并不影响语言这种二元的划分，而是一系列随时间变化的社会协商行为(Eckert and McConnell-Ginet 1992)。在语言变化过程中，男性和女性的行为确有差异，但是并不存在一种明确定义为“男性话语”或“女性话语”的方言。[①] 埃克特在底特律学校的研究表明，

① 跟现代城市状况形成鲜明对照的是描述夸萨蒂语(Koasati)中这类方言的著名文章(Mary Haas 1944)。

在一个时期属于男性的特点可能会在另一个时期成为女性的特点。因此,就语言来看,女性/男性的对立是一种抽象和连续的两极性。我们对于卡罗尔·迈耶斯话语的观察,正是表现了这种在连续维度上的一系列变化,而不是从"男性话语"到"女性话语"的转换。

在考虑美国社会中黑人/白人的维度时,情况就大不相同了。这里是离散的群体成员,每个群体有界限清楚的土语。出于这种原因,非洲裔美国人英语土语(AAVE)的发展和黑人不参与进行中的变化,都是遵循跟本章的讨论不同的动因和不同的社会原则。

最后,这些抽象的两极化的高度普遍性使我们可以设想,语言变化是如何在相距几千英里的很多不同的语言社区中,朝着同一个方向推进的。正如我们在对费城的详细研究中的很多发现一样,对于整个北部内陆的北方城市音变,以及对于南部和加拿大的地区性音变中超乎寻常的一致性的考察,我们预期会有更多发现。第1卷总结的链式音变普遍原理为我们提供了线索,了解在这些广大的地区音变的一致性。如果本卷书使我们增进了对于语言变化的理解,那也必须在这个广大地区中对社会动机投影的一致性做出解释。非遵从性假设是在这一方向上迈出的第一步。

非遵从性假设的含义超越了地区一致性。这对我们进一步理解跨越几代人的语言传递以及语言变化持续更新背后的推动力也有重要作用。我们的讨论在很多方面强调了改变言语社区人口构成的重要性。但是进行中的语言变化并不仅仅限于那些已经接纳了大规模外来移民的地区。从另一角度来看,每个社区都在不断地接纳新的成员。进入成人状态的青少年跟外来的移民有着相同的问题。在我们的社会中，除少数人之外，所有人都在为获取稳定的工作、住房、伴侣和社会地位而进行着一种不确定的奋斗。这些 516
新成员对于已有规范的遵从程度，代表了他们为了实现这些目标所采取的奋斗策略，尽管奋斗的结果很不确定。本卷书的主要结论可以重新阐述为语言变化的两个原理。

1. 非遵从原理：**进行中的语言变化代表了对于既定社会规范的非遵从性，并且是在最一贯地违反这些规范的社会环境中产生。**

非遵从原理作为一种解释性原理，针对的是造成语言变化增量、传递和持续的推动力。这是从第 9 章到第 12 章的连续不断的调查研究中得出的合乎逻辑的结论。这些研究表明，语言变化的引领者不仅是上层工人阶级的成员，不仅是女性，而是具有特别的能力来应对既定规范，并有动力去反抗它们的女性。不过，这个原理必须跟前几章的实证性发现产生的弧形原理相联系：音变的引领者是在社会中位阶层的向上流动的群体之中。这些章节还确立了女性通常是自下而来的变化的引领者的原理。那么，非遵从原理跟这些早期的研究发现有怎样的联系呢？

女性在大多数自下而来的变化中都是引领者的事实，是语言传递不对称性不可避免的结果。使这些女性成为语言变化引领者的，是她们的非遵从的行为，而不是她们的性别。然而弧形原理与非遵从原理之间有什么联系呢？我们知道很多下层社会的人是拒绝更广泛的社会中公认的社会规范的非遵从者。可是他们并不是语言变化的来源。

答案就在于语言变化引领者的地位跟个人影响力研究中的意见引领者之间的密切联系（第 10 章）。并不是任何一个非遵从者都会在语言变化的增长中引领社区；而是那些受到邻居们尊敬，被作为信息的来源以及主持公道的榜样的非遵从者。为了建立这种联系，需要有第二个原理。

2. 建设性非遵从原理：**语言变化通过在更大的向上流动模式中表现出非遵从特征的那些人推广到更广泛的社区中**。

建设性非遵从原理［CNP］把非遵从原理跟弧形原理联系起
517 来。从更广泛的观察来看，由于新的语言规范在城市范围内迅速传播，大都市社区具有地理上的一致性。CNP 在活跃的新变化的研究、个人影响力的研究中，都具有坚实的基础。同时也对作为大都市特点的有序语言区分奠定了统一的基础。

CNP 描述的是语音系统相对稳定阶段的成年人行为。埃克特对于高中学校的北方城市音变研究涉及的是青少年。第 8 章描述的进行中的变化并不是都显示出青少年时期的峰值，但是第 14 章预测的峰值在 13 岁到 19/20 岁的说话人中间最为普遍。CNP 描述的模式是否跟年轻人和青少年都有联系？埃克特认为在北方城市音变的后期，女性/男性是主要的对立（图 13.7），音变最领先的引领者是表现出所有向上的社会流动性特征的女性（图 13.8）。同时，我们还要保留这样的可能性，即音变在年轻成人中间持续推进到一个显著性的程度。

对非遵从原理的这种延伸，把本卷出现的几个语言变化原理都联系在一起，为语言变化的机制提供了一个合理的情景。以下几个阶段代表了获得社会评价的语言变化的社会轨迹。这并不适用于大部分的合并现象和其他在发展过程中没有得到任何象征价值的音变。我们从语言结构的不对称导致的不稳定性开始。

1　对于一个具有平均值 P 并且邻接音位不对称的特定音位，在远邻音位 N1 方向上的离群值比近邻音位 N2 方向上的离群值更容易被听为有效的词例发音。

2　新的语言学习者习得的是在 N1 方向上移动的平均值 P′。

3　第(1)和第(2)阶段在连续几代人中持续发展，不管社会评价如何，使得 P′和 N1 方向的离群值在 N1 方向上稳步前移。

4　N1 方向的离群值(N1 离群值)被视为年轻说话人的特点，以及强调的、不受监控的话语，偏离老年人公认的规范。

5　因此，年轻的非遵从说话人使用 N1 离群值的频率更高。

6　女性说话人使用 N1 离群值超过了男性，因此这些离群值现在被认为是女性话语的特征。

7　男性非遵从说话人放弃使用 N1 离群值。

8　向上流动的女性非遵从说话人把 N1 离群值和变化的平 518
均值 P′的使用传播到言语社区的边界。

9　平均值 P 的社会分层模式，随着向上流动的非遵从说话人最集中的社区中变量的最高值发展。

10　对 N1 离群值的使用增长达到公众察觉水平，开始无规律的社会修正。

第(8)阶段是 CNP 的一种重新陈述。这是寻找语言变化引领者的一个关键环节，也是本卷书的关注中心。这里的非遵从意味着背离成人社会的主流规范，而不管这些规范是什么。非遵从的普遍性使我们可以避免把产生音变的中心固定在社会经济层级的任何一个特定的点。在任何一个向上流动程度合理的社会中，CNP 都将倾向于把语言变化引领者聚集在中位阶层——上层工人阶级或下层中产阶级。在一个缺少向上流动性的社会中，语言变化引领者会保持在最低的社会阶层，变化将从这一点向上传播（Oliveira 1983）。

这里概述的语言变化的社会动机，是一个自下而来的变化的模型，发源于语言系统和社会系统内部。它不涉及可能来自方言接触或其他母语底层作用的影响，也没有涉及美国言语社区中白人-非白人划分的结果。这里所讲的非遵从者群体基本上就是指白人非遵从者。在有激烈的敌对冲突的一些边缘地带，白人下层说话人会表现出黑人言语模式的影响，但是这在北部和西部社区高度分隔的城市里并不常见。白人语言变化更新背后的一些动力有可能是对于来自非白人群体要求分享工作、住房和其他本地特权的压力的反应（Labov 1980）。这在最初对音变社会动机的研究中是一个重要因素（Labov 1963）。然而，这种跨种族的压力在本书关注的社区隔离的大城市中还没有表现出来，我们需要对于黑人和白人言语社区之间的界面进行更多的研究，才能在全国范围对此进行评估。

后　　记 519

在本卷书中，我尝试使用社会语言学研究与分析中一切可以获得的资源来说明长期存在的语言变化问题。如在前言中所述，这个研究中两种主要数据库来自前后相隔二十年的研究。对费城的研究获取了对本地街区与社交网络中的说话人的详尽具体的描述。起初，通过覆盖整个城市的电话调查证实了主要的结果，其中输入的数据不太接近日常生活的语言。通过从整个北美的更大规模调查资料中提取数据，同样也对个人做电话调查，使得几乎每一章都进一步扩展了这些发现的意义。对于这些资料采用了各种各样的分析方法。多元回归和主成分分析方法对提取支配语言变化的基本规则发挥了重要作用。为了完整展示相关联系的规律性，需要把这些方法跟大量的交叉列表和图表展示结合起来。随着我们对年龄、社会阶层、性别、族群、街区和社交网络等熟悉的社会语言学维度的探索更加深入，这些方法都是在逐步寻找语言变化引领者时所必需的。当找到这些人的时候，在第 12 章对于她们的性格特点和人生经历做更完整的描绘，就成为更全面地认识语言变化的动机与机制的基础。只有具备这样的认识，我们才能以一种有意义的方式，在后面的章节中，探讨更为普遍和抽象的传递、增量和持续问题。

鉴于我们最终的结果是有用的，我一定要对在这两项主要研

究中的同事们重申自己的感谢之情。在费城的语言变化与变异的研究中,参加者有:Anne Bower、Elizabeth Dayton、Gregory Guy、Don Hindle、Matt Lenning、Arivilla Payne、Shana Poplack、Deborah Schiffrin。在电话调查和《北美英语地图集》中,我主要的合作者是 Sherry Ash 和 Charles Boberg,主要贡献来自 Thomas Macieski、Carol Orr、David Bowie、Shawn Maeder、Christine Moisset、Maciej Baranowski。我在这项研究中不仅有
520 这些同事。从始至终,我都从 James 和 Lesley Milroy、Jack Chambers、Paul Kerswill、Peter Trudgill、Penelope Eckert 的杰出论著中获益匪浅,其乐融融。在本卷书的写作过程中,我感到没有一种简单的方式可以表达我对这些同事和他们的贡献的深深谢意,以及对他们的贡献做出公正的评价。我对于作为贯穿全书的原型和典范的语言变化引领者 Celeste S.(塞莱斯特)怀着同样的钦佩心情,并感谢她和 Anne Bower 在克拉克街社区的调查工作中给予我们的深刻见解。然而,那些从三十多年前就开始关注社会语言学历史的人们,将会欣赏本卷中自然遵循 Uriel Weinreich 最初提出的观念的道路,他的名字必须跟第 1 卷一样出现在本卷的扉页中。

参考文献

Abdel-Jawad, Hassan 1981. Phonological and social variation in Arabic in Amman. University of Pennsylvania dissertation.

Abdel-Jawad, Hassan R. 1987. Cross-dialectal variation in Arabic: competing prestigious forms. *Language in Society* 16: 359-367.

Alba, Orlando 1990. *Variacion Fonetica y Diversidad Social en el Espanol Dominicano de Santiago*. Santiago: Pontificia Universidad Catolica Madre Y Maestra.

Albo, Xavier 1970. Social constraints on Cochabamba Quecha. Cornell University dissertation: Latin American Studies Progam, Dissertation Series No. 19.

Alexander, John K. 1973. Poverty, fear and continuity: an analysis of the poor in late eighteenth-century Philadelphia. In Allen Davis and Mark Haller (eds), *The Peoples of Philadelphia: A History of Ethnic Groups and Lower-Class Life, 1790-1940*. Philadelphia: Temple University Press, pp. 13-36.

Andersen, Peter A., and John P. Garrison 1976. Media consumption and population characteristics of political opinion leaders. *Communication Quarterly* 26: 40-50.

Anisfeld, Elizabeth, and Wallace E. Lambert 1964. Evaluational reactions of bilingual and monolingual children to spoken languages. *Journal of Abnormal and Social Psychology* 69(1): 89-97.

Anshen, Frank 1969. Speech variation among Negroes in a small southern community. New York University dissertation.

Anspach, Karlyne 1967. *The Why of Fashion*. Ames: The Iowa State

University Press.

Ash, Sharon 1982a. The vocalization of /l/ in Philadelphia. University of Pennsylvania dissertation.

Ash, Sharon 1982b. The vocalization of intervocalic /l/ in Philadelphia. *The SECOL Review* 6: 162-175.

Ash, Sharon, and John Myhill 1986. Linguistic correlates of inter-ethnic contact. In D. Sankoff (ed.), *Diversity and Diachrony*. Philadelphia: John Benjamins, pp. 33-44.

Babbitt, E. H. 1896. The English of the lower classes in New York City and vicinity. *Dialect Notes* 1: 457-464.

Bailey, Charles-James N. 1973. *Variation and Linguistic Theory*. Washington, D. C.: Center for Applied Linguistics.

Bailey, Guy 1993. A perspective on African-American English. In Dennis Preston (ed.), *American Dialect Research*. Philadelphia: Benjamins, pp. 287-318.

Bailey, Guy, and Natalie Maynor 1987. Decreolization? *Language in Society* 16: 449-473.

Bailey, Guy, and Natalie Maynor 1989. The divergence controversy. *American Speech* 64: 12-39.

Bailey, Guy, and Gary Ross 1992. The evolution of a vernacular. In M. Rissanen et al. (eds), *History of Englishes: New Methods and Interpretations in Historical Linguistics*. Berlin: Mouton de Gruyter, pp. 519-531.

Bailey, Guy, Tom Wikle, Jan Tillery, and Lori Sand 1991. The apparent time construct. *Language Variation and Change* 3: 241-264.

Baker, P., and C. Come 1982. *Isle de France Creole: Affinities and Origins*. Ann Arbor: Karoma Press.

Bakir, Murthada 1986. Sex differences in the approximation to Standard Arabic: a case study. *Anthropological Linguistics* 28: 3-9.

Baltzell, E. Digby 1958. *Philadelphia Gentlemen: The Making of a*

National Upper Class. New York: Free Press.

Banuazizi, Atissa, and Mimi Lipson 1998. The tensing of /æ/ before /l/: an anomalous case for short-a rules of white Philadelphia speech. In Claude Paradis (ed.), *Papers in Sociolinguistics: NWAVE-26 a l'Université Laval*. Quebec: Editions Nota Bene.

Bauer, Robert S. 1982. Lexical Diffusion in Hong Kong Cantonese: "Five" Leads the Way. Paper given at the 8th annual BLS meeting.

Baugh, John 1983. *Black Street Speech: Its History, Structure and Survival*. Austin: University of Texas Press.

Baumgarten, Steven A. 1975. The innovative communicator in the diffusion process. *Journal of Marketing Research* 12:12-18.

Beckman, Mary E., Kenneth De Jong, Sun-Ah Jun, and Sook-Huang Lee 1992. The interaction of coarticulation and prosody in sound change. *Language and Speech* 35: 45-58.

Bell, Allan 1984. Language style as audience design. *Language in Society* 13: 145-204.

Bell, Quentin 1949. *On Human Finery*. New York: A. A. Wyn.

Bickerton, Derek 1981. *Roots of Language*. Ann Arbor: Karoma Press.

Binzen, Peter 1970. *Whitetown, USA*. New York: Random House.

Bloch, Bernard, and Trager, G. L. 1942. Outline of linguistic analysis. LSA Special Publication, 82 pp. Washington, D. C.: Linguistic Society of America.

Bloomfield, Leonard 1933. *Language*. New York: Henry Holt.

Blumer, Herbert 1969. Fashion: from class differentiation to collective selection. *Sociological Quarterly* 10: 275-291.

Boissevain, Jeremy 1974. *Friends of Friends: Networks, Manipulators, and Coalitions*. Oxford: Basil Blackwell.

Bortoni-Ricardo, Stella M. 1985. *The Urbanization of Rural Dialect Speakers: A Sociolinguistic Study in Brazil*. Cambridge: Cambridge University Press.

Bott, Elizabeth 1955. Urban families: conjugal roles and social networks. *Human Relations* VI(4): 345-384.

Bourdieu, Pierre 1980. The production of belief: contribution to an economy of symbolic goods. *Media, Culture and Society* 2: 261-293.

Bower, Anne 1984. The construction of stance in conflict narrative. University of Pennsylvania dissertation.

Bradley, David, and Maya Bradley 1979. *Melbourne Vowels*. Working Papers in Linguistics 5. University of Melbourne, Linguistics Section.

Braga, Maria Luisa 1982. A study of left dislocation and topicalization in Cape Verdean Creole. University of Pennsylvania dissertation.

Brouwer, Dede 1989. *Gender Variation in Dutch. A Sociolinguistic Study of Amsterdam Speech*. Dordrecht: Foris Publications. Topics in Sociolinguistics 8.

Burstein, Alan 1981. Immigrants and residential mobility: the Irish and Germans in Philadelphia. In Theodore Hershberg (ed.), *Philadelphia: Work, Space, Family and Group Experience in the Nineteenth Century*. New York: Oxford University Press, pp. 174-203.

Callary, R. E. 1975. Phonological change and the development of an urban dialect in Illinois. *Language in Society* 4: 155-170.

Cameron, Richard 1991. Pronominal and null subject variation in Spanish: constraints, dialects and functional compensation. University of Pennsylvania dissertation.

Carver, Craig M. 1987. *American Regional Dialects: A Word Geography*. Ann Arbor: University of Michigan Press.

Casper, Lynne M. 1997. My Daddy takes care of me: fathers as care providers. Census Current Population Reports: Household Economic Studies. Report P70-59.

Cedergren, Henrietta 1973. The interplay of social and linguistic factors in Panama. Unpublished Cornel University dissertation.

Cedergren, Henrietta 1984. Panama Revisited: Sound Change in Real Time.

Paper given at NWAVE, Philadelphia, 1984.

Cedergren, Henrietta, and David Sankoff 1974. Variable rules: performance as a statistical reflection of competence. *Language* 50: 333-355.

Chae, Seo-Yong 1995. External constraints on sound change: the raising of /o/ in Seoul Korean. University of Pennsylvania dissertation.

Chambers, J. K. 1995. *Sociolinguistic Theory*. Oxford: Blackwell.

Chambers, J. K., and Margaret F. Hardwick 1985. Dialect homogeneity and incipient variation: changes in progress in Toronto and Vancouver. In J. Harris and R. Hawkins (eds), *Sheffield Working Papers in Language and Linguistics* 2. Sheffield: School of Modern Languages and Linguistics, University of Sheffield.

Chomsky, Noam 1964. *Comments for Project Literacy Meeting*. Project Literacy Reports No. 2. Ithaca: Cornell University.

Chomsky, Noam, and Morris Halle 1968. *The Sound Pattern of English*. New York: Harper and Row.

Christy, Craig 1983. *Uniformitarianism in Linguistics*. Philadelphia: John Benjamins.

Clark, Dennis 1973. The Philadelphia Irish: persistent presence. In Allen Davis and Mark Haller (eds), *The Peoples of Philadelphia: A History of Ethnic Groups and Lower-Class Life, 1790-1940*. Philadelphia: Temple University Press, pp. 135-154.

Clarke, Sandra 1987. Dialect mixing and linguistic variation in a non-overtly stratified society. In Keith M. Denning et al. (eds), *Variation in Language: NWAVE-XV at Stanford*. Stanford: Department of Linguistics, Stanford University, pp. 74-85.

Clarke, Sandra, Folrd Elms, and Amani Youssef 1995. The third dialect of English: some Canadian evidence. *Language Variation and Change* 7: 209-228.

Cloward, Richard A., and Lloyd E. Ohlin 1960. *Delinquency and Opportunity: A Theory of Delinquent Gangs*. Glencoe, IL: The Free

Press.

Cofer, Thomas 1972. Linguistic variability in a Philadelphia speech community. University of Pennsylvania dissertation.

Cook, Stanley 1969. Language change and the emergence of an urban dialect in Utah. Unpublished University of Utah dissertation.

Cukor-Avila, Patricia 1995. Tile evolution of AAVE in a rural Texas community: an ethnolinguistic study. University of Michigan dissertation.

Danielsson, Bror 1948. *Studies on the Accentuation of Polysyllabic Latin, Greek, and Romance Loan-Words in English: with special reference to those ending in -able, -ate, -ator, -ible, -ic, -ical, and -ize*. Stockholm: Almqvist and Wiksells.

Darwin, Charles 1871. *The Descent of Man, and Selection in Relation to Sex*. 1st edn, 2 vols. London: John Murray.

Davis, Allen F., and Mark H. Hailer 1973. *The Peoples of Philadelphia: A History of Ethnic Groups and Lower-Class Life, 1790-1940*. Philadelphia: Temple University Press.

Dayton, Elizabeth 1996. Grammatical categories of the verb in African American Vernacular English. University of Pennsylvania unpublished PhD dissertation.

De Camp, L. Sprague 1933. Transcription of "The North Wind" as spoken by a Philadelphian. *Le Maître Phonétique*.

Delattre, Pierre, Alvin M. Liberman, Franklin S. Cooper, and Louis J. Gerstman 1952. An experimental study of the acoustic determinants of vowel color: observations on one- and two-formant vowels synthesized from spectrographic patterns. *Word* 8: 195-210.

Di Paolo, Marianna 1988. Pronunciation and categorization in sound change. In K. Ferrara et al. (eds), *Linguistic Change and Contact*: NWAVE XVI. Austin: Dept of Linguistics, University of Texas, pp. 84-92.

Dobson, E. J. 1957. *English Pronunciation 1500-1700*. Vol. II: *Phonology*. Oxford: Oxford University Press.

Douglas-Cowie, Ellen 1978. Linguistic code-switching in a Northern Irish village: social interaction and social ambition. In P. Trudgill (ed.), *Sociolinguistic Patterns in British English*. London: Edward Arnold, pp. 37-51.

Dowries, William 1998. *Language and Society*, 2nd edn. Cambridge: Cambridge University Press.

Dressler, Wolfgang, and Alexander Grosu 1972. Generative Phonologie und indogermanische Lautgeschichte: Eine kritische Wurdigung. *Indogermanische- Forschungen* 77: 19-72.

DuBois, W. E. B. 1967. *The Philadelphia Negro: A Social Study*. Philadelphia: Schocken Books.

Duncan, Otis D. 1961. A socioeconomic index for all occupations. In A. Reiss (ed.), *Occupations and Social Status*. New York: The Free Press, pp. 109-138.

Eckert, Penelope 1986. The roles of high school social structure in phonological change. Chicago Linguistic Society.

Eckert, Penelope 1988. Adolescent social structure and the spread of linguistic change. *Language in Society* 17: 183-208.

Eckert, Penelope 1989a. *Jocks and Burnouts: Social Categories and Identities in the High School*. New York: Teachers College Press.

Eckert, Penelope 1989b. The whole woman: sex and gender differences in variation. *Language Variation and Change* 1: 245-268.

Eckert, Penelope 1991. Social polarization and the choice of linguistic variants. In P. Eckert (ed.), *New Ways of Analyzing Sound Change*. New York: Academic Press.

Eckert, Penelope 1996. Age of a sociolinguistic variable. In Florian Coulmas (ed.), *Handbook of Sociolinguistics*. Oxford: Blackwell.

Eckert, Penelope 1999. *Linguistic Variation as Social Practice*. Oxford: Blackwell.

Eckert, Penelope, and Sally McConnell-Ginet 1992. Think practically and look

locally: language and gender as community-based practice. *Annual Review of Anthropology* 21: 461-490.

Eco, Umberto 1979. *A Theory of Semiotics*. Bloomington: Indiana University Press.

Edwards, Walter F. 1992. Sociolinguistic behavior in a Detroit inner-city black neighborhood. *Language in Society* 21: 93-115,

Eisikovits, Edina 1981. Inner-Sydney English: an investigation of grammatical variation in adolescent speech. University of Sydney dissertation.

Fasold, Ralph 1969. A sociolinguistic study of the pronunciation of three vowels in Detroit speech. Mimeograph.

Feagin, Crawford 1979. *Variation and Change in Alabama English*. Washington, D. C.: Georgetown University Press.

Feldberg, Michael 1973. Urbanization as a cause of violence: Philadelphia as a test case. In Allen Davis and Mark Haller (eds), *The Peoples of Philadelphia: A History of Ethnic Groups and Lower-Class Life, 1790-1940*. Philadelphia: Temple University Press, pp. 53-70.

Ferguson, Charles A. 1975. "Short a" in Philadelphia English. In Estellie Smith (ed.), *Studies in Linguistics in Honor of George L. Trager*. The Hague: Mouton, pp. 259-74.

Fillmore, Charles J., Daniel Kempler, and William S-Y. Wang (eds) 1979. *Individual Differences in Language Ability and Language Behavior*. New York: Academic Press.

Fischer, John L. 1958. Social influences on the choice of a linguistic variant. *Word* 14: 47-56.

Frank, Yakira 1948. The speech of New York City. Unpublished University of Michigan dissertation.

Frazer, Timothy C. 1983. Sound change and social structure in a rural community. *Language in Society* 12: 313-328.

Frazer, Timothy C. 1987. Attitudes towards regional pronunciation. *Journal of English Linguistics* 20: 89-100.

Gal, Susan 1978. Peasant men can't get wives: linguistic change and sex roles in a bilingual community. *Language in Society* 7: 1-17.

Gal, Susan 1980. *Language Shift: Social Determinants of Linguistic Change in Bilingual Austria*. New York: Academic Press.

Gallistel, Randolph 1990. *The Organization of Learning*. Cambridge, MA: MIT Press.

Gambhir, Surendra 1981. The East Indian speech community in Guyana: a sociolinguistic study with special reference to Koine formation. University of Pennsylvania dissertation.

Gauchat, Louis 1905. L'unité phonétique dans le patois d'une commune. In *Aus Romanischen Sprachen und Literaturen: Festschrift Heinrich Mort*, pp. 175-232.

Gay, Thomas 1977. Effect of speaking rate on vowel formant movements. Haskins Laboratories Status Report on Speech Research 51-52: 101-117.

Gehl, Jan 1977. *Interface*. Melbourne: Department of Architecture and Building, Melbourne University.

Gerson, Stanley 1967. *Sound and Symbol in the Dialogue of the Works of Charles Dickens*. A survey of the divergencies from normally received spellings in the dialogue of Dickens' works, together with an investigation into Dickens' methods of conveying an impression of divergent sounds of speech. Stockholm: Almqvist and Wiksell.

Gerstman, Louis J. 1967. Classification of self-normalized vowels. Paper delivered to 1967 Conference on Speech Communication and Processing.

Gilbert, Dennis, and Joseph A. Karl 1993. *The American Class Structure: A New Synthesis*. Belmont, CA: Wadsworth Publishing Co.

Gleason, H. A. 1961. *An Introduction to Descriptive Linguistics*, rev. edn. New York: Holt, Rinehart and Winston.

Gordon, Elizabeth 1997. Sex, speech and stereotypes: why women use prestige speech forms more than men. *Language in Society* 26: 1-14.

Gordon, Matthew, and Jeffrey Heath 1998. Sex, sound symbolism and sociolinguistics. *Current Anthropology* 39.

Gould, Stephen Jay 1989. *Wonderful Life*. New York: W. W. Norton.

Graft, David, William Labov, and Wendell A. Harris 1986. Testing listeners' reactions to phonological markers. In D. Sankoff (ed.), *Diversity and Diachrony*. Philadelphia: John Benjamins, pp. 45-58.

Granovetter, Mark 1973. The strength of weak ties. *American Journal of Sociology* 78: 1360-1380.

Greenberg, Joseph H. 1959. Language and evolution. In *Evolution and Anthropology: A Centennial Appraisal*. Washington, D. C.: Anthropological Society of Washington.

Greenberg, Joseph 1969. Some methods of dynamic comparison in linguistics. In J. Puhvel (ed.), *Substance and Structure in Linguistics*. Berkeley: University of California Press, pp. 147-204.

Gregersen, Frans, and Inge Lise Pedersen (eds) 1991. *The Copenhagen Study in Urban Sociolinguistics. Parts I and II*. Copenhagen: C. A. Reitzels Forlag.

Gryner, Helena, and Alizira Tavares de Macedo 1981. La prononciation du *s* post-vocalique: deux processus de changement linguistique en portugais. In D. Sankoff and H. Cedergren (eds), *Variation Omnibus*. Alberta: Linguistic Research, pp. 135-140.

Guy, Gregory R. 1980. Variation in the group and the individual: the case of final stop deletion. In W. Labov (ed.), *Locating Language in Time and Space*. New York: Academic Press, pp. 1-36.

Guy, Gregory R., and Sally Boyd 1990. The development of a morphological class. *Language Variation and Change* 2: 1-18.

Guy, Gregory, B. Horvath, J. Vonwiller, E. Daisley, and I. Rogers 1986. An intonational change in progress in Australian English. *Language in Society* 15: 23-52.

Haas, Mary R. 1944. Men's and women's speech in Koasati. *Language* 20: 142-149. Reprinted in D. Hymes (ed.), *Language in Culture and*

Society. New York: Harper and Row, 1964, pp. 228-233.

Habick, Timothy 1980. Sound change in Farmer City: a sociolinguistic study based on acoustic data. University of Illinois at Urbana-Champaign dissertation.

Haeri, Niloofar 1987. Male/female differences in speech: an alternative interpretation. In Keith M. Denning et al. (eds), *Variation in Language: NWAVE-XV at Stanford*. Stanford: Department of Linguistics, Stanford University, pp. 173-182.

Haeri, Niloofar 1996. *The Sociolinguistic Market of Cairo: Gender, Class and Education*. London: Kegan Paul International.

Halle, Morris 1962. Phonology in generative grammar. *Word* 18: 54-72.

Harris, John 1985. *Phonological Variation and Change: Studies in Hiberno-Irish*. Cambridge: Cambridge University Press.

Haudricourt, A. G., and A. G. Juilland 1949. *Essai pour une histoire structurale du phonétisme français*. Paris: C. Klincksieck.

Hazen, Kirk 2000. *Identity and Ethnicity in the Rural South: A Sociolinguistic View through Past and Present BE*. Publication of the American Dialect Society 83. Durham: Duke University Press.

Heath, M. R., and S. J. Bekker 1986. *Identification of Opinion Leaders in Public Affairs, Educational Matters, and Family Planning in the Township of Atteridgeville*. Pretoria: Human Sciences Research Council.

Henry, O. 1945. *The Best Short Stories of O. Henry*. Selected, and with an introduction, by Bennett A. Cerf and Van H. Cartnell. New York: The Modern Library.

Hermann, E. 1929. Lautveränderungen in der individualsprache einer Mundart. *Nachrichten der Gesellsch. der Wissenschaften zu Göttingen*. Phl. -his. Kll., 11, 195-214.

Herold, Ruth 1990. Mechanisms of merger: the implementation and distribution of the low back merger in Eastern Pennsylvania. University of Pennsylvania dissertation.

Herold, Ruth 1997. Solving the actuation problem: merger and immigration in eastern Pennsylvania. *Language Variation and Change* 9: 149-164.

Hershberg, Theodore (ed.) 1981. *Philadelphia: Work, Space, Family and Group Experience in the Nineteenth Century*. New York: Oxford University Press.

Hershberg, Theodore, et al. 1981. A tale of three cities: blacks, immigrants and opportunity in Philadelphia, 1850-1880, 1930, 1970. In T. Hershberg (ed.), *Philadelphia: Work, Space, Family and Group Experience in the Nineteenth Century*. New York: Oxford University Press, pp. 461-495.

Hibiya, Junko 1988. Social stratification of Tokyo Japanese. University of Pennsylvania dissertation.

Hindle, Donald 1974. Syntactic variation in Philadelphia: positive *anymore*. Pennsylvania Working Papers on Linguistic Change and Variation, No. 5. Philadelphia: Linguistics Laboratory, University of Pennsylvania.

Hindle, Donald 1978. Approaches to vowel normalization in the study of natural speech. In D. Sankoff (ed.), *Linguistic Variation: Models and Methods*. New York: Academic Press, pp. 161-172.

Hindle, Donald 1980. The social and structural conditioning of phonetic variation. University of Pennsylvania Ph. D. dissertation.

Hindle, Donald, and Ivan Sag 1973. Some more on *anymore*. In R. Fasold and R. Shuy (eds), *Analyzing Variation in Language*. Papers NWAVE II. Washington, D. C.: Georgetown University Press.

Hinskens, Frans Léon Marie Paul 1992. Dialect leveling in Limburg: structural and sociolinguistic aspects. Catholic University of Nijmegen dissertation.

Hock, Hans Heinrich 1986. *Principles of Historical Linguistics*. Berlin: Mouton de Gruyter.

Hockett, Charles 1958. *A Course in Modern Linguistics*. New York:

Macmillan.

Hoekje, Barbara 1978. Make or Let? MS. Paper submitted to Linguistics 660, 1978.

Hollingshead, August, and Frederick Redlich 1958. *Social Class and Mental Illness*. New York: John Wiley.

Holmquist, Jonathan C. 1985. Social correlates of a linguistic variable: a study in a Spanish village. *Language in Society* 14: 191-203.

Holmquist, Jonathan 1987. Style choice in a bidialectal Spanish village. *International Journal of the Sociology of Language*: 21-30.

Holmquist, Jonathan 1988. *Language Loyalty and Linguistic Variation: A Study in Spanish Cantabria*. Dordrecht: Foris.

Hong, Yunsook 1991. *A Sociolinguistic Study of Seoul Korean*. Seoul: Research Center for Peace and Unification of Korea.

Horvath, Barbara 1985. *Variation in Australian English: The Sociolects of Sydney*. London: Cambridge University Press.

Horvath, B., and D. Sankoff 1987. Delimiting the Sydney speech community. *Language in Society* 16: 179-204.

Houston, Anne 1985. Continuity and change in English morphology: the variable (ING). Chapter 6: Establishing the continuity between past and present morphology, pp. 220-286. University of Pennsylvania Ph. D. dissertation.

Houston, Anne 1991. A grammatical continuum for (ING). In P. Trudgill and J. Chambers (eds), *Dialects of English: Studies in Grammatical Variation*. Singapore: Longman Singapore, pp. 241-257.

Hoyenga, Katherine B., and Kermit T. Hoyenga 1993. *Gender Related Differences: Origins and Outcomes*. Boston: Allyn and Bacon.

Hubbell, Allan F. 1962. *The Pronunciation of English in New York City. Consonants and Vowels*. New York: King's Crown Press, Columbia University.

Humboldt, Wilhelm von 1836. *Über die Kawisprache*. Part I, *Über die*

verschiedenheit des Menschlichen Sprachbaues und Ihren Einfluss auf die geisteige Entwickelung des Menschengeschlechts. Berlin: Abhandlungen der Akademie der Wissenschaften zu Berlin.

Hymes, Dell 1961. Functions of speech: an evolutionary approach. In F. C. Gruber (ed.), *Anthropology and Education*. Philadelphia: University of Pennsylvania Press.

Jahangiri, Nader 1980. A sociolinguistic study of Persian in Teheran. London University dissertation.

Jain, Dhanesh K. 1973. Pronominal usage in Hindi: a sociolinguistic study. University of Pennsylvania dissertation.

Jakobson, Roman 1972. Principles of historical phonology. In A. R. Keiler (ed.), *A Reader in Historical and Comparative Linguistics*. New York: Holt, Rinehart and Winston, pp. 121-138.

Jespersen, Otto 1921. *Language: Its Nature, Development and Origin*. New York: W. W. Norton and Co. [1946].

Johnson, S. Jacqueline, and Elissa L. Newport 1989. Critical period efforts in second-language learning: the influence of maturational state on the acquisition of English as a second language. *Cognitive Psychology* 21: 60-99.

Kaisse, Ellen M. 1977. On the syntactic environment of a phonological rule. Papers from the Regional Meetings, Chicago Linguistic Society.

Katz, Elihu, and Paul Lazersfeld 1955. *Personal Influence*. Glencoe, IL: Free Press.

Kemp, William, and Malcah Yaeger-Dror 1991. Changing realizations of A in (*a*)*tion* in relation to the front A-back A opposition in Quebec French. In P. Eckert (ed.), *New Ways of Analyzing Sound Change*. New York: Academic Press.

Kenyon, John 1948. Cultural levels and functional varieties of English. *College English* 10: 31-36.

Kerswill, Paul 1993. Rural dialect speakers in an urban speech community:

the role of dialect contact in defining a sociolinguistic concept. *International Journal of Applied Linguistics* 3(1): 33-56.

Kerswill, Paul, and Ann Williams 1994. A New Dialect in a New City: Children's and Adults' Speech in Milton Keynes. Final report to Economic and Social Research Council.

Kerswill, Paul and Ann Williams 2000. Creating a new town koine: children and language change in Milton Keynes. *Language in Society*, 29(1).

Kimura, Doreen 1983. Sex differences in cerebral organizations for speech and praxic functions. *Canadian Journal of Psychology* 37: 19-35.

King, Robert 1969. *Historical Linguistics and Generative Grammar*. New York: Holt, Rinehart, and Winston.

King, Robert 1975. Integrating linguistic change. In K. H. Dahlstedt (ed.), *The Nordic Languages and Modern Linguistics*. Stockholm: Almqvist and Wiksell, pp. 47-69.

Kiparsky, Paul 1971. Historical linguistics. In W. Dingwall (ed.), *A Survey of Linguistic Science*. College Park: University of Maryland, pp. 577-649.

Kiparsky, Paul 1982. *Explanation in Phonology*. Dordrecht: Foris.

Knack, Rebecca 1991. Ethnic boundaries in linguistic variation. In P. Eckert (ed.), *New Ways of Analyzing Sound Change*. New York: Academic Press.

Kökeritz, Helge 1953. *Shakespeare's Pronunciation*. New Haven: Yale University Press.

Kroch, Anthony 1978. Toward a theory of social dialect variation. *Language in Society* 7: 17-36.

Kroch, Anthony 1989. Reflexes of grammar in patterns of language change. *Language Variation and Change* 1: 199-244.

Kroch, Anthony 1996. Dialect and style in the speech of upper class Philadelphia. In G. Guy, C. Feagin, D. Schiffrin, and J. Baugh (eds), *Towards a Social Science of Language*, vol. 1. Philadelphia: John

Benjamins, pp. 23-46.

Kurath, Hans 1939. *Handbook of the Linguistic Geography of New England*. Providence, RI: American Council of Learned Societies.

Kurath, Hans 1949. *Word Geography of the Eastern United States*. Ann Arbor: University of Michigan Press.

Kurath, Hans, and Raven I. McDavid, Jr. 1961. *The Pronunciation of English in the Atlantic States*. Ann Arbor: University of Michigan Press.

Kurylowicz, Jerzy 1964. On the methods of internal reconstruction. In H. G. Lunt (ed.), *Proceedings of the Ninth International Congress of Linguistics*. The Hague: Mouton.

Labov, William 1963. The social motivation of a sound change. *Word* 19: 273-309. Revised as ch. 1, pp. 1-42 in *Sociolinguistic Patterns*. Philadelphia: University of Pennsylvania Press, 1972.

Labov, William 1964. Stages in the acquisition of standard English. In R. Shuy (ed.), *Social Dialects and Language Learning*. Champaign, IL: National Council of Teachers of English, pp. 77-103. Reprinted in H. B. Allen and Gary Underwood (eds), *Readings in American Dialectology*. New York: Appleton-Century-Crofts, 1971, pp. 473-498.

Labov, William 1965. On the mechanism of linguistic change. *Georgetown Monographs on Language and Linguistics* 18: 91-114. Reprinted as ch. 7 in *Sociolinguistic Patterns*. Philadelphia: University of Pennsylvania Press, 1972.

Labov, William 1966a. *The Social Stratification of English in New York City*. Washington, D. C.: Center for Applied Linguistics.

Labov, William 1966b. The effect of social mobility on linguistic behavior. In S. Lieberson (ed.), *Explorations in Sociolinguistics*. Bloomington: Indiana University Press, pp. 186-203.

Labov, William 1972a. Negative attraction and negative concord in English grammar. *Language* 48: 773-818. Revised as ch. 4 of *Language in the Inner City* (1972), Philadelphia: University of Pennsylvania Press.

Labov, William 1972b. *Sociolinguistic Patterns*. Philadelphia: University of Pennsylvania Press.

Labov, William 1972c. The linguistic consequences of being a lame. *Language in Society* 2:81-115. Reprinted in *Language in the Inner City* (1972), Philadelphia: University of Pennsylvania Press, pp. 255-297.

Labov, William 1972d. Where do grammars stop? In R. Shuy (ed.), *Georgetown Monograph on Languages and Linguistics* 25, pp. 43-88.

Labov, William 1974. Language change as a form of communication. In Albert Silverstein (ed.), *Human Communication*. Hillsdale, NJ: Erlbaum, pp. 221-256.

Labov, William 1976. The relative influence of family and peers on the learning of language. In R. Simone et al. (eds), *Aspetti Socioling. Dell' Italia Contemporanea*. Rome: Bulzoni.

Labov, William 1980. The social origins of sound change. In W. Labov (ed.), *Locating Language in Time and Space*. New York: Academic Press, pp. 251-266.

Labov, William 1981. What can be inferred about change in progress from synchronic descriptions? In D. Sankoff and H. Cedergren (eds), *Variation Omnibus* [NWAVE VIII]. Alberta: Linguistic Research, pp. 177-200.

Labov, William 1982. Building on empirical foundations. In W. Lehmann and Y. Malkiel (eds), *Perspectives on Historical Linguistics*. Amsterdam/Philadelphia: John Benjamins, pp. 17-92.

Labov, William 1984. Field methods of the Project on Linguistic Change and Variation. In J. Baugh and J. Sherzer (eds), *Language in Use*. Englewood Cliffs, NJ: Prentice-Hall, pp. 28-53.

Labov, William 1988. The judicial testing of linguistic theory. In D. Tannen (ed.), *Language in Context: Connecting Observation and Understanding*. Norwood, NJ: Ablex, pp. 159-282.

Labov, William 1989a. The child as linguistic historian. *Language Variation*

and Change 1: 85-94.

Labov, William 1989b. The exact description of the speech community: short *a* in Philadelphia. In R. Fasold and D. Schiffrin (eds), *Language Change and Variation*. Washington, D. C.: Georgetown University Press, pp. 1-57.

Labov, William 1989c. The limitations of context: *Chicago Linguistic Society* 25, Part 2, pp. 171-200.

Labov, William 1990. The intersection of sex and social class in the course of linguistic change. *Language Variation and Change* 2: 205-54. Reprinted in J. Cheshire and P. Trudgill (eds), *The Sociolinguistics Reader*, vol. 2: *Gender and Discourse*. London: Arnold, 1998, pp. 7-52.

Labov, William 1992. On the adequacy of natural languages I: the development of tense. In J. Singler (ed.), *Pidgin and Creole Tense-Mood-Aspect Systems*. Philadelphia: John Benjamins, pp. 1-58.

Labov, William 1995. The two futures of linguistics. In Ik-Hwan Lee (ed.), *Linguistics in the Morning Calm 3: Selected Papers from SICOL-1992*. Seoul: Hanshin Publishing Co., 1995, pp. 113-148.

Labov, William, 2001. The anatomy of style-shifting. 2001. In P. Eckert and J. Rickford (eds.) *Style and Sociolinguistic Variation*. Cambridge. UK: Cambridge University Press: 85-108.

Labov, William, and Sharon Ash 1997. Understanding Birmingham. In C. Bernstein, T. Nunnally, and R. Sabino (eds), *Language Variety in the South Revisited*. Tuscaloosa: University of Alabama Press, pp. 508-573.

Labov, William, Sharon Ash, and Charles Boberg 2006. *Atlas of North American English: Phonetics, Phonology and Soundchang*. Berlin: Mouton de Gruyter.

Labov, William, and Julie Auger 1998. The effect of normal aging on discourse: a sociolinguistic approach. In Hiram H. Brownell and Yves Joanette (eds), *Narrative Discourse in Neurologically Impaired and Normal Aging Adults*. San Diego, CA: Singular Publishing Group, pp.

115-134.

Labov, William, P. Cohen, C. Robins, and J. Lewis 1968. A study of the non-standard English of Negro and Puerto Rican Speakers in New York City. Cooperative Research Report 3288, vols I and II. Philadelphia: U. S. Regional Survey (Linguistics Laboratory, University of Pennsylvania).

Labov, William, and Wendell A. Hams 1986. De facto segregation of black and white vernaculars. In D. Sankoff (ed.), *Diversity and Diachrony*. Philadelphia: John Benjamins, pp. 1-24.

Labov, William, and Wendell Harris 1994. Addressing social issues through linguistic evidence. In J. Gibbons (ed.), *Language and the Law*. London and New York: Longman, pp. 265-305.

Labov, William, Mark Karan, and Corey Miller 1991. Near-mergers and the suspension of phonemic contrast . *Language Variation and Change* 3: 33-74.

Labov, William, and Gillian Sankoff, to appear. *The Study of the Speech Community*.

Labov, William, Malcah Yaeger, and Richard Steiner 1972. *A Quantitative Study of Sound Change in Progress*. Philadelphia: US Regional Survey.

Ladefoged, Peter 1957. Information conveyed by vowels. *Journal of The Acoustical Society of America* 29(1): 98-104.

Laferriere, Martha 1979; Ethnicity in phonological variation and change. *Language* 55: 603-617.

Lambert, Wallace 1967. A social psychology of bilingualism. In J. Macnamara (ed.), *Problems of Bilingualism*. *Journal of Social Issues* 23:91-109.

Lavandera, Beatriz 1975. Linguistic structure and sociolinguistic conditioning in the use of verbal endings in 'SI' clauses. University of Pennsylvania Ph. D. dissertation.

Lazarsfeld, Paul F. , Bernard Berelson, and Hazel Gaudet 1949. *The People's Choice*. New York: Columbia University Press.

Lebofsky, Dennis 1970. The lexicon of the Philadelphia metropolitan area.

Princeton University dissertation.

Lefebvre, Anne 1991. *Le Français de la Région Lillioise*. Paris: Publications de la Sorbonne.

Lehmann, Winfred P. (ed.) 1967. *A Reader in Nineteenth-Century Historical Indo European Linguistics*. Bloomington: Indiana University Press.

Lennig, Matthew 1978. Acoustic measurement of linguistic change: the modern Paris vowel system. University of Pennsylvania dissertation.

Lenski, Gerhard E. 1954. Status crystallization: a non-vertical dimension of social status. *American Sociological Review* 19: 405-413.

Leonard, Sterling A. 1929. *The Doctrine of Correctness in English Usage 1700-1800*. London.

Le Page, Robert B., and Andree Tabouret-Keller 1985. *Acts of Identity: Creole-based Approaches to Language and Ethnicity*. Cambridge: Cambridge University Press.

Levine, Lewis, and H. Crockett Jr 1966. Speech variation in a Piedmont community: postvocalic *r*. In S. Lieberson (ed.), *Explorations in Sociolinguistics*. *Sociological Inquiry* 36, No. 2.

Lighffoot, David 1997. Catastrophic change and learning theory: *Lingua* 100: 171-192.

Liljencrants, J., and Lindblom, B. 1972. Numerical simulation of vowel quality systems: the role of perceptual contrast. *Language* 48: 839-862.

Lin, Yen-Hwei 1988. Consonant variation in Taiwan Mandarin. In K. Ferrara et al. (eds), *Linguistic Change and Contact: NWAV-XVI*. Austin: Department of Linguistics, University of Texas, pp. 200-208.

López, Leticia 1983. A sociolinguistic analysis of /s/ variation in Honduran Spanish. University of Minnesota dissertation.

Lurie, Alison 1981. *The Language of Clothes*. New York: Random House.

Luthin, Herbert W. 1987. The story of California (ow): the coming-of-age of English in California. In Keith M. Denning et al. (eds), *Variation in*

Language: *NWAV-XV at Stanford*. Stanford: Department of Linguistics, Stanford University, pp. 312-324.

Lyell, Sir Charles 1873. *The Geological Evidences of the Antiquity of Man*, 4th edn. London: John Murray (1st edn, 1863).

Macaulay, R. K. S. 1978. Variation and consistency in Glaswegian English. In P. Trudgill (ed.), *Sociolinguistic Patterns in British English*. London: Edward Arnold, pp. 132-143.

Maccoby, Eleanor E., and Carol N. Jacklin 1974. *The Psychology of Sex Differences*. Stanford: Stanford University Press.

Makhoul, J. 1975. Spectral linear prediction: properties and applications. *IEEE Transactions on Acoustics, Speech and Signal Processing*, ASSP-23, No. 3.

March, Robert M., and Margaret W. Tebbutt 1979. Housewife product communication activity patterns. *Journal of Social Psychology* 107: 63-69.

Martinet, André 1955. *Economie des changements phonétiques*. Berne: Francke.

McCafferty, Kevin 1998. Shared accents, divided speech community? Changes in Northern Ireland English. *Language Variation and Change* 10: 97-122.

Meillet, Antoine 1921. *Linguistique historique et linguistique générale*. Paris: La société linguistique de Paris.

Meillet, Antoine 1926. *Linguistique historique et linguistique générale*, 2nd edn. Paris: Librairie Ancienne Honoré Champion.

Merton, Robert K. 1949. Patterns of influence. In Paul F. Lazarsfeld and Frank N. Stanton (eds), *Communications Research*. New York: Harper and Brothers, pp. 180-219.

Merton, Robert K. 1957. *Social Theory and Social Structure*. Glencoe, IL: Free Press.

Milroy, J. 1990. *Linguistic Variation and Change*. Oxford and New York:

Blackwell.

Milroy, James 1992. *Linguistic Variation and Change: On the Historical Sociolinguistics of English*. Oxford: Blackwell.

Milroy, James, and Lesley Milroy 1978. Belfast: change and variation in an urban vernacular. In P. Trudgill (ed.), *Sociolinguistic Patterns in British English*. London: Edward Arnold, pp. 19-36.

Milroy, Lesley 1980. *Language and Social Networks*. Oxford: Basil Blackwell.

Mock, Carol 1979. The social maturation of pronunciation: a family case study. *The Rural Learner* 1: 23-37. School of Education and Psychology, Southwest Missouri State University, Springfield, Missouri.

Modaressi, Yahya 1978. A sociolinguistic investigation of modern Persian. University of Kansas dissertation.

Moore, Samuel, S. Meech, and H. Whitehall 1935. *Middle English Dialect Characteristics and Dialect Boundaries*. University of Michigan Language and Literature Series.

Morales, Humberto Lopez 1986. Velarization of -/N/ in Puerto Rican Spanish. In D. Sankoff (ed.), *Diversity and Diachrony*. Philadelphia: John Benjarnins, pp. 105-113.

Morgan, James L., and Lisa L. Travis 1989. Limits on negative information in language input. *Journal of Child Language* 16: 532-552.

Mougeon, Raymond, and Edouard Beniak 1987. The extralinguistic correlates of core lexical borrowing. In Keith M. Denning et al. (eds), *Variation in Language: NWAV-XV at Stanford*. Stanford: Department of Linguistics, Stanford University, pp. 337-347.

Mougeon, Raymond, Edouard Beniak, and André Valli 1988. VAIS, VAS, M'A in Canadian French: a sociohistorical study. In K. Ferrara et al. (eds), *Linguistic Change and Contact: NWA V-XVI*. Austin: Department of Linguistics, University of Texas, pp. 250-262.

Moulton, William G. 1962. Dialect geography and the concept of phonological space. *Word* 18: 23-32.

Mufwene, Salikoko 1996. The Founder Principle in creole genesis. *Diachronica* 13: 83-134.

Müller, Max 1861. Lectures on the Science of Language, Delivered at the Royal Institution of Great Britain in April, May and June, 1861. First Series. London: Longman, Green, Longman and Roberts.

Nakao, Keiko, and Judith Treas 1990. *Computing 1989 Occupational Prestige Scores*. GSS Methodological Report No. 69. Chicago: National Opinion Research Council.

Nakao, Keiko, and Judith Treas 1992. *The 1989 Socioeconomic Index of Occupations: Construction from the 1989 Occupational Prestige Scores*. GSS Methodological Report No. 74. Chicago: National Opinion Research Council.

Nearey, Terence 1977. Phonetic feature system for vowels. University of Connecticut dissertation.

Nicholas, J. Karl n. d. Study of a sound change in progress. Interdepartmental program in linguistics, University of North Carolina, Greensboro.

Nichols, P. C. 1976. Black women in the rural south: conservative and innovative. In B. Dubois and I. Crouch (eds), *Proceedings of Conference on the Sociology of the Languages of American Women*. San Antonio, TX: Trinity University.

Nordberg, Bengt 1975. Contemporary social variation as a stage in a long-term phonological change. In K.-H. Dahlstedt (ed.), *The Nordic Languages and Modern Linguistics*. Stockholm: Almqvist and Wiksell, pp. 587-608.

Nordberg, Bengt, and Eva Sundgren 1998. On observing real-time language change: a Swedish case study. FUMS Report No. 190. Uppsala: Enheten för Sociolingvistik, Institutionen för Nordiska Språk vid Uppsala Universitet.

Nordström, P.-E., and B. Lindblom 1975. A normalization procedure for

vowel formant data. Paper 212 at the Eighth International Congress of Phonetic Sciences, Leeds.

Oliveira, Marco de 1983. Phonological variation in Brazilian Portuguese. Unpublished University of Pennsylvania dissertation.

Owens, Thompson W., and Paul M. Baker 1984. Linguistic insecurity in Winnipeg: validation of a Canadian Index of Insecurity. *Language in Society* 13: 337-350.

Paul, Hermann 1891. *Principien der Sprachgeschichte*, new and rev. edn. Translated from the 2nd edn of the original by H. A. Strong. London and New York: Longmans, Green.

Payne, Arvilla 1976. The acquisition of the phonological system of a second dialect. University of Pennsylvania dissertation.

Payne, Arvilla 1980. Factors controlling the acquisition of the Philadelphia dialect by out-of-state children. In W. Labov (ed.), *Locating Language in Time and Space*. New York: Academic Press, pp. 143-178.

Pederson, Lee A. 1965. *The Pronunciation of English in Metropolitan Chicago*. Publications of the American Dialect Society #44.

Peterson, Gordon E., and Harold L. Barney 1952. Control methods used in a study of the vowels. *Journal of the Acoustical Society of America* 24: 175-184.

Peterson, Peter G. 1985. *-ing* and *-in*: The Persistence of History? Paper given at ALS Annual Conference, Brisbane.

Poplack, Shana 1979. Function and process in a variable phonology. University of Pennsylvania dissertation.

Poplack, Shana 1980. The notion of the plural in Puerto Rican Spanish: competing constraints on /s/ deletion. In W. Labov (ed.), *Locating Language in Time and Space*. New York: Academic Press, pp. 55-68.

Poplack, Shana 1981. Mortal phonemes as plural morphemes. In D. Sankoff and H. Cedergren (eds), *Variation Omnibus*. Alberta: Linguistic Research, pp. 59-72.

Preston, Dennis 1989. Style, Status, Change: Three Sociolinguistic Axioms. Paper given at NWAVE XVII.

Preston, Dennis 1996. Where the worst English is spoken. In Edgar Schneider (ed.), *Focus on the USA*. Amsterdam: Benjamins.

Rand, David, and David Sankoff 1991. *Goldvarb* 2.0. Program and documentation. Montreal: Centre de recherches mathématiques, Université de Montréal.

Reiss, Albert J. 1965. *Occupations and Social Status*. With Otis Dudley Duncan and Paul K. Hart. New York: Free Press.

Rickford, John 1979. Variation in a creole continuum. University of Pennsylvania dissertation.

Rickford, John R., Arnetha Ball, Renee Blake, Raina Jackson, and Nomi Martin 1991. Rappin on the copula coffin: theoretical and methodological issues in the analysis of copula variation in African-American Vernacular English. *Language Variation and Change* 3: 103-132.

Ringe, Donald A. 1992. On calculating the factor of chance in language comparison. *Transactions of the American Philosophical Society* 82: 1-110.

Roberts, Julie 1993. The acquisition of variable rules: *t*, *d* deletion and *-ing* production in preschool children. University of Pennsylvania dissertation.

Roberts, Julie, and William Labov 1995. Learning to talk Philadelphian: acquisition of short *a* by pre-school children. *Language Variation and Change* 7: 101-112.

Robinson, John P. 1976. Interpersonal influence in election campaigns: two step flow hypotheses. *Public Opinion Quarterly* 40: 304-319.

Romaine, Suzanne 1984. *The Language of Children and Adolescents: The Acquisition of Communicative Competence*. Oxford: Blackwell.

Ryan, Ellen Bouchard 1979. Why do low-prestige language varieties persist? In Howard Giles and Robert N. St Clair (eds), *Language and Social Psychology*. Baltimore: University Park Press, pp. 145-157.

Sallam, A. M. 1980. Phonological variation in Egyptian spoken Arabic: a study of the uvular and related plosive types. *Bulletin of the School of Oriental and African Studies* 43: 1.

Sankoff, David 1988. Sociolinguistics and syntactic variation. In F. Newmeyer (ed.), *Linguistics: The Cambridge Survey*. Cambridge: Cambridge University Press.

Sankoff, David, and William Labov 1979. On the uses of variable rules. *Language in Society* 8:189-222.

Sankoff, David, and Gillian Sankoff 1973. Sample survey methods and computer-assisted analysis in the study of grammatical variation. In R. Darnell (ed.), *Canadian Languages in their Social Context*. Edmonton, Alberta: Linguistic Research, pp. 7-64.

Sankoff, Gillian 1980. *The Social Life of Language*. Philadelphia: University of Pennsylvania Press.

Sankoff, Gillian, and Suzanne Laberge 1973. On the acquisition of native speakers by a language. *Kivung* (1973): 32-47. Reprinted in Gillian Sankoff (1980), *The Social Life of Language*. Philadelphia: University of Pennsylvania Press, pp. 195-210.

Santorini, Beatrice 1989. The generalization of the verb-second constraint in the history of Yiddish. University of Pennsylvania dissertation.

Sapir, Edward 1921. *Language; An Introduction to the Study of Speech*. New York: Harcourt, Brace and Co.

Saussure, Ferdinand de 1949. *Cours de Linguistique Générale*, 4th edn. Paris: Payot.

Saussure, Ferdinand de 1959. *Course in General Linguistics*. Translated by Wade Baskin. New York: Philosophical Library.

Scherre, Maria Marta, and Anthony J. Naro 1992. The serial effect on internal and external variables. *Language Variation and Change* 4: 1-13.

Schiffrin, Deborah 1981. Tense variation in narrative. *Language* 57: 45-62.

Schilling-Estes, Natalie, and Walt Wolfram 1999. Alternative models of dialect death: Dissipation vs. concentration. *Language* 75: 486-521.

Schmidt, Richard 1986. Sociolinguistic variation in spoken Arabic in Egypt: a re-examination of the concept of diglossia. Brown University dissertation.

Seligman, C. R. , G. R. Tucker, and W. E. Lambert 1972. The effects of speech style and other attributes on teachers' attitudes towards pupils. *Language in Society* 1: 131-142.

Sherman, Julia A. 1978. *Sex-related Cognitive Differences: An Essay on Theory and Evidence*. Springfield, IL: Charles C. Thomas.

Shopen, Tim, and Benji Wald 1982. The Use of (ing) in Australian English. MS.

Shrank, Holy L. , and D. Lois Gilmore 1973. Correlates of fashion opinion leadership: implications for fashion process theory. *The Sociological Quarterly* 14: 534-543.

Shuy, Roger, Walt Wolfram, and William K. Riley 1967. *A Study of Social Dialects in Detroit*. Final Report, Project 6-1347. Washington, D. C.: Office of Education.

Silva, David James 1988. The sociolinguistic variance of low vowels in Azorean Portuguese. In K. Ferrara et al. (eds), *Linguistic Change and Contact: NWAV-XVI*. Austin: Department of linguistics, University of Texas, pp. 336-344.

Silva-Corvalán, Carmen 1981. Extending the sociolinguistic variable to syntax: the case of pleonastic clitics in Spanish. In D. Sankoff and H. Cedergren (eds), *Variation Omnibus*. Alberta: Linguistic Research, pp. 335-342.

Silva-Corvalán, Carmen 1986. The social profile of a syntactico-semantic variable: three verb forms in Old Castile. In D. Sankoff (ed.), *Diversity and Diachrony*. Philadelphia: John Benjamins, pp. 279-292.

Simmel, Georg 1904. Fashion. *International Quarterly* 10: 130-155.

Simon-Miller, Francoise 1985. Commentary: signs and cycles in the fashion system. In Michael R. Solomon (ed.), *The Psychology of Fashion*.

Lexington, MA: Lexington Books, pp. 71-81.

Stone, Gregory P. 1962. Appearances and the self. In Arnold R. Rose (ed.), *Human Behavior and Social Interaction*. Boston: Houghton Mifflin, pp. 86-118.

Sturtevant, Edgar 1947. *An Introduction to Linguistic Science*. New Haven: Yale University Press, ch. VIII, esp. pp. 81-84.

Swadesh, Morris 1971. *The Origin and Diversification of Language*, ed. Joel Sherzer. London: Routledge.

Tagliamonte, Sali, and Rachel Hudson 1999. Be like et al. beyond America: the quotative system in British and Canadian youth. *Journal of Sociolinguistics* 3: 147-172.

Tarallo, Fernando 1983. Relativization strategies in Brazilian Portuguese. Ch. 6: Relativization. University of Pennsylvania Ph. D. dissertation.

Tarde, Gabriel 1873. *Les Lois d'imitation*. English translation, New York: Henry Holt, 1903.

Taylor, Ann 1994. The change from SOV to SVO in Ancient Greek. *Language Variation and Change* 6: 1-37.

Thibault, Pierrette 1983. Equivalence et grammaticalisation. University of Montréal dissertation.

Thomason, Sarah, and Terrence Kaufman 1988. *Language Contact, Creolization, and Genetic Linguistics*. Berkeley: University of California Press.

Thornton, Simon, and Freda Brack (eds) 1977. The Interface between Public and Private Territories in Residential Areas: A study by students of Architecture at Melbourne University under the supervision of Jan Gehl. Melbourne: Department of Architecture and Building.

Toon, Thomas E. 1983. *The Politics of Early Old English Sound Change*. New York: Academic Press.

Trudgill, Peter 1972. Sex, covert prestige and linguistic change in urban British English. *Language in Society* 1: 179-195.

Trudgill, Peter 1974a. Linguistic change and diffusion: description and explanation in sociolinguistic dialect geography. *Language in Society* 3: 215-246. Reprinted as ch. 3 of *On Dialect: Social and Geographical Perspectives*. New York: New York University Press, 1984.

Trudgill, Peter 1974b. *The Social Differentiation of English in Norwich*. Cambridge: Cambridge University Press.

Trudgill, Peter 1986. *Dialects in Contact*. Oxford and New York: Blackwell.

Tucker, R. Whitney 1944. Notes on the Philadelphia dialect. *American Speech* 19:39-42.

Underhill, Robert 1988. LIKE is, like, focus. *American Speech* 63: 234-246.

van Ostade, Ingrid Tieken Boon 1982. Double negation. *Neophilologue* 66: 278-285.

Varbero, Richard A. 1973. Philadelphia's South Italians in the 1920's. In Allen Davis and Mark Haller (eds), *The Peoples of Philadelphia: A History of Ethnic Groups and Lower-Class Life, 1790-1940*. Philadelphia: Temple University Press, pp. 255-276.

Veatch, Thomas 1992. Racial Barriers and Phonological Merger. Paper given at NWAVE XXI, Ann Arbor, October 1992.

von Raumer, Rudolph 1856. Linguistic-Historical Change and the Natural-Historical Definition of Sounds. *Zeitschrift für die Osterreichischen Gymnasien* V: 353-373. Translated by W. Lehmann. In W. Lehmann (ed.), *A Reader in Nineteenth Century Historical Indo-European Linguistics*. Indiana University Press, 1967, pp. 67-86.

Wakita, Hisashi 1975. Estimation of the vocal-tract length from acoustic data. Paper given to 87th meeting of the Acoustical Society of America, New York City.

Wald, Benji 1973. Variation in the system of tense markers of Mombasa Swahili. Columbia University dissertation.

Wald, Benji, and Timothy Shopen 1979. A Researcher's Guide to the Sociolinguistic Variable (ING). MS, ch. 6, pp. 1-53. Reprinted in

Timothy Shopen and Joseph Williams (eds), *Style and Variables in English* (1981), Cambridge, MA: Winthrop Publishers.

Warner, Sam Bass Jr. 1968. *The Private City: Philadelphia in Three Periods of its Growth*. Philadelphia: University of Pennsylvania Press.

Warner, W. Lloyd 1960. *Social Class in America: A Manual of Procedure for the Measurement of Social Status*. New York: Harper.

Waterman, John T. 1963. *Perspectives in Linguistics*. Chicago: University of Chicago Press.

Weimann, Gabriel 1982. On the importance of marginality: one more step into the two-step flow of communication. *American Sociological Review* 47(6): 764-773.

Weinberg, Maria Fontanella de 1974. Un Aspecto Sociolinguistico del Espanol Bonaerense: la-S en Bahia Blanca. Bahia Blanca: Cuadernos de Linguisticca.

Weiner, E. Judith, and William Labov 1983. Constraints on the agentless passive. *Journal of Linguistics* 19: 29-58.

Weinreich, Uriel, William Labov, and Marvin Herzog 1968. Empirical foundations for a theory of language change. In W. Lehmann and Y. Malkiel (eds), *Directions for Historical Linguistics*. Austin: University of Texas Press, pp. 97-195.

Whitney, William Dwight 1868. *Language and the Study of Language*. New York: Charles Scribner and Co.

Whitney, William Dwight 1904. *Language and the Study of Language: Twelve Lectures on the Principles of Language Science*, 6th edn. New York: Charles Scribner and Co.

Williams, Ann, and Paul Kerswill 1999. Dialect levelling: continuity vs. change in Milton Keynes, Reading and Hull. In P. Foulkes and G. Docherty (eds), *Urban Voices: Accent Studies in the British Isles*. London: Arnold. pp. 141-162.

Wolf, Clara, and Elena Jiménez 1979. A sound change in progress: devoicing of Buenos Aires /ž/. MS.

Wolfram, Walt 1969. *A Sociolinguistic Description of Detroit Negro Speech*. Arlington, VA: Center for Applied Linguistics.

Wolfram, Walt 1993. Ethical considerations in language awareness programs. *Issues in Applied Linguistics* 4: 225-255.

Wolfram, Walt, and Natalie Schilling-Estes 1998. *American English*. Oxford: Blackwell.

Wolfram, Walt, Erik Thomas, and Elaine Green 2000. The regional context of earlier African American speech: reconstructing the development of African American Vernacular English. *Language in Society* 29(3).

Woods, Howard 1979. A socio-dialectology survey of the English spoken in Ottawa: a study of sociological and stylistic variation in Canadian English. University of British Columbia dissertation.

Wright, Charles R., and Muriel Cantor 1967. The opinion seeker and avoider: steps beyond the opinion leader concept. *Pacific Sociological Review* 10: 33-43.

Wurman, Richard S., and Gallery, J. A. 1972. *Man-Made Philadelphia: A Guide to its Physical and Cultural Environment*. Cambridge, MA: MIT Press.

Wyld, Henry Cecil 1936. *A History of Modern Colloquial English*. London: Basil Blackwell.

Zelinsky, Wilbur 1992. *The Cultural Geography of the United States*. A Revised Edition. Englewood Cliffs, NJ: Prentice-Hall.

索　　引

注：用斜体标出的页码表示在图表中的词语，
这里的页码为原书页码，即本书边码。*

* 这里只保留原文中的人名、地名、语言名和专门术语。——译者